C000085823

1 MONTH OF
FREE
READING

at

www.ForgottenBooks.com

By purchasing this book you are eligible for one month membership to ForgottenBooks.com, giving you unlimited access to our entire collection of over 1,000,000 titles via our web site and mobile apps.

To claim your free month visit:
www.forgottenbooks.com/free1292344

* Offer is valid for 45 days from date of purchase. Terms and conditions apply.

ISBN 978-0-267-06552-3
PIBN 11292344

This book is a reproduction of an important historical work. Forgotten Books uses
state-of-the-art technology to digitally reconstruct the work, preserving the original format
whilst repairing imperfections present in the aged copy. In rare cases, an imperfection in
the original, such as a blemish or missing page, may be replicated in our edition. We do,
however, repair the vast majority of imperfections successfully; any imperfections that
remain are intentionally left to preserve the state of such historical works.

Forgotten Books is a registered trademark of FB &c Ltd.
Copyright © 2018 FB &c Ltd.
FB &c Ltd, Dalton House, 60 Windsor Avenue, London, SW19 2RR.
Company number 08720141. Registered in England and Wales.

For support please visit www.forgottenbooks.com

Carinthia.

Zeitschrift

für

Vaterlandskunde, Belehrung und Unterhaltung.

Herausgegeben vom

Geschichtverein und naturhistorischen Landesmuseum

in Kärnten.

Redigirt von

Dr. Heinrich Weil.

Fünfundfünfzigster Jahrgang.

1865.

Klagenfurt.
Druck von Ferd. v. Kleinmayr.

Aus 39505.5

~~Aus 27.3~~

Harvard College Library

AUG 16 1916

Hohenzollern Collection
Gift of A. C. Coolidge

Carinthia.

№. 1. Jänner **1865.**

Aeber die innere Einrichtung der Burgen, das Leben in denselben, die Art des Angriffes und die Vertheidigung der Burgen.

Vortrag, gehalten im kärntnerischen Museum in Klagenfurt, am 16. Dezember 1864.

Von Max Ritter von Moro.

Am Schlusse des Vortrages, den ich über den Bau der kärntnerischen Burgen am 11. Dezember verflossenen Jahres gehalten hatte, sagte ich, daß ich mir ein anderes Mal erlauben werde, über die innere Einrichtung der Burgen, das Leben in denselben, endlich die Art des Angriffes und der Vertheidigung der Burgen zu sprechen.

Wenn ich bei Schilderung dieses Gegenstandes nur das zum Maßstabe nehmen wollte, was uns in Kärnten selbst an innerer Burgen Einrichtung erübriget, und was uns urkundlich über das friedliche und kriegerische Leben unserer Vorfahren bekannt ist, so ließe sich freilich nur wenig sagen, denn es erübrigt uns aber nur Weniges. Wenn man jedoch das, was in uns benachbarten Ländern (wo im Wesentlichen die gleichen Verhältnisse wie in unserem Vaterlande obwalteten) erhalten ist, mit den wenigen Resten, welche sich bei uns befinden, zusammenhält, so kann man beiläufig Folgendes annehmen:

Die Thore der Burgen waren, selbst in friedlichen Zeiten, in der Regel verschlossen. Nahte sich Jemand denselben, so verkündete dieß gewöhnlich ein auf dem Wartthurme oder auf der Ringmauer weilender Wächter mittelst eines Hornes. Geschah dieß nicht, und gelangte man unangemeldet an die Thore, so mußte man, um Einlaß zu erwirken, den Thorwart, wenn man nicht von ihm bemerkt worden war, durch ein Zeichen zur Oeffnung des Thores, und bei Vorhandensein einer Zugbrücke, zum Niederlassen derselben auffordern. Dieses Zeichen wurde gewöhnlich durch die an den Thoren angebrachten Klopfringe gegeben. Bei manchen Burgen bestanden aber zu diesem Zwecke eigene, vor den Thoren aufgehängte Schalltafeln, welche, angeschlagen, einen sehr lauten Ton gaben. In der Halle des Thorthurmes, in dem in der Regel der Thorwart wohnte, und sich aufhielt, befanden sich die Vorrichtungen, welche die dicken Ketten und Taue, die zum Aufziehen und Niederlassen der Zugbrücke dienten, in Bewegung setzten. Die Ketten oder Taue selbst liefen durch runde, in den Mauern über dem Thore befindliche Löcher. Die Zugbrücke bestand aus starkem Holze, und verstärkte, wenn sie aufgezogen war, das Thor. War der Graben breit, so überdeckte die Zugbrücke nur einen Theil desselben, über den anderen führte eine feste, auf hölzernen oder gemauerten Pfeilern ruhende Holzbrücke. Die Thorflügel waren aus dickem Holze angefertiget und in der Regel mit Eisen beschlagen. In einem derselben war häufig ein kleines Einlaß-Pförtchen für Fußgeher angebracht, wie dieß z. B. an einigen Thoren von Hochosterwitz der Fall ist.

Hinter dem Thore war in der Halle bisweilen noch ein aus Holz oder Eisen angefertigtes Fallgitter, wie ein solches im obersten, vierzehnten Thore von Hochosterwitz noch erhalten ist. Die Fallgitter bestanden, wie ich schon in meinem vorjährigen Vortrage anführte, aus unten zugespitzten, durch Querhölzer verbundenen Pfählen oder Eisenstangen, welche aufgehängt waren, und schnell herabgelassen werden konnten. Da diese Gitter den Uebelstand hatten, daß, wenn nur an einer Stelle ein Hinderniß untergeschoben wurde, die ganze Vorrichtung zum Stehen kam, so erfand man später das sogenannte Orgelwerk, an welchem die einzelnen vertikal geordneten Pfähle oder Stangen zwar in einer geschlossenen Reihe, aber ohne mechanische Verbindung niederfielen, so, daß wenn ein Hinderniß ein oder das andere Stück aufhielt, doch die übrigen herabfallen konnten.

Das Innere der Burg enthielt ein Zimmer oder einen Saal für den Verkehr der Männer und Gäste (Palas, Rittersaal), die Wohnzimmer für den Burgherrn und dessen Familie, die Zimmer für das Dienst- und Vertheidigungspersonale, die nöthigen Wirthschaftslocalitäten, wie Küche, Keller ꝛc., die zur Aufbewahrung des Rüstzeuges und zu Verließen verwendeten Räume, gewöhnlich eine Kapelle, und endlich in den meisten Burgen eine Stallung für die Reitpferde.

Die Thüren der Wohnzimmer, Kammern und Gewölbe waren dick, aus hartem Holze, hatten einfache Schlösser, und hingen in der Regel ohne Verkleidung in der Thüröffnung. Die Thüren zu den Verließen,

Rüstkammern und dergleichen Räumen, die man vorzugsweise schützen wollte, waren entweder ganz von Eisen oder mit Eisenblech beschlagen.

Die Fenster hatten theilweise keinen andern Schutz als Bretterladen, die auch nicht immer in Angeln hingen, sondern gewöhnlich zu beiden Seiten in die Mauern zurückzuschieben waren. Ein besserer Schutz derselben bestand darin, daß sie zwar nicht verglast, aber mit feinen Darmhäuten bezogen wurden, ungefähr im 15. Jahrhunderte endlich erschienen Glasscheiben, welche in der ersten Zeit klein und von runder, später von sechs und achteckiger Form waren, und durch kleinere Einfassungen zusammengehalten wurden. In den Fensternischen findet man in der Regel zu beiden Seiten des Fensters gemauerte Sitze angebracht, was darauf hinweiset, daß die Burgbewohner sich gerne an den Fenstern aufhielten, und das bequeme Ausschauen für sie ein beliebtes Vergnügen war.

Der Boden bestand zumeist aus Estrich, welcher in späterer Zeit und in reicher ausgestatteten Burgen den Steinfließen, Ziegeln oder feinerer Töpferarbeit Platz machte. Im Winter wurde er mit Heu, Stroh oder Matten bedeckt, und bei festlichen Gelegenheiten mit frischen Blumen bestreut oder mit Teppichen belegt, die theils gewirkt, theils durch Frauenhände gestickt waren.

Die Zimmerdecken bildeten da, wo sie nicht durch Gewölbe ersetzt waren, einfache Balken, später findet man hier und da getäfelte Plafonds.

Die Wände der Zimmer waren in der Regel mit glattem weißem Mörtel überzogen, bisweilen waren sie bemalt. In Nußberg, Liebenfels u. s. w. sieht man noch Reste von Wandmalereien. Man hatte aber auch ganz mit Holz ausgetäfelte Zimmer, wie solche in Frauenstein, Groppenstein noch zu sehen sind. Wollte man eine Räumlichkeit schmücken, so geschah dieß insbesondere dadurch, daß man an den Wänden oder längs derselben an Stellagen Teppiche aufhing. Um die Burgbewohner auf den rauhen Höhen und in den mangelhaft verschlossenen Zimmern vor Kälte zu schützen, waren die Oefen groß, aus Ziegel- oder Töpferarbeit, die bisweilen mannigfaltig verziert war, aufgebaut. Nicht selten findet man anstatt der Oefen Kamine, deren Mäntel uns in einigen Burgen, wie in den großen Thürmen von Petersberg und Geyersberg in Friesach noch erhalten sind.

Die Küchen hatten große Herde und bisweilen ungeheuere Schornsteine. Die in den Burgruinen von Petersberg und Geyersberg in Friesach nach erhaltenen pyramidalen, oben zu einer Oeffnung sich zusammenziehenden Gewölbe sind so groß, daß man den

Räumen, über denen sie sich befinden, allenthalben eine andere Bestimmung zuweiset, wie man z. B. die Localität in Petersberg, über welcher einer dieser großen Schornsteine sich erhebt, gewöhnlich als die Schmelze der Friesacher Münzstätte bezeichnet; und doch waren diese Gewölbe offenbar nur die Schornsteine der Burg-Küchen. In diesen Küchen, welche oft den Unterhaltungs- und auch den Arbeitsplatz eines Theiles der Burgleute bildeten, befanden sich gewöhnlich ringsum Bänke und neben dem Herde Stangen zum Trocknen der durchnäßten Gewänder.

Bei der großen Vorliebe, die man im Mittelalter für das Baden hatte, bestand wohl in den meisten Burgen eine eigene Bade-Stube. Fehlte diese, so hatte man doch gewiß Bade-Wannen, welche man in die Wohnzimmer brachte.

Zur Bewaffnung der Mannschaft in den Burgen war ein Vorrath von Rüstungen und Waffen unerläßlich, daher eine Rüstkammer sich wohl in jeder Burg befunden haben wird.

Die Waffen bestanden hauptsächlich aus Spießen, Hellebarden, Armbrüsten mit ihren Bolzen und Schwertern. Nach Erfindung des Schießpulvers befand sich in jeder solchen Rüstkammer wohl auch eine Anzahl von Handbüchsen, Doppelhaken und bisweilen ein oder mehrere große Geschütze. Ein interessantes Exemplar eines solchen ist das Geschütz, welches gegenwärtig in diesem Landhause unter den Arkaden des Ganges, gegenüber dem Fürstensteine steht. Dieses Geschütz befand sich ursprünglich auf der Burg Petersberg in Friesach und wurde vom Herrn Friedrich Edlen v. Knappitsch, Besitzer der ehemaligen Herrschaft Friesach, dem kärntnerischen Geschichtvereine großmüthig zum Geschenke gemacht. Es dürfte aus der Hälfte, vielleicht sogar aus dem Beginne des 15. Jahrhunderts herrühren und hatte, wie seine Construktion anzeiget, die Bestimmung, steinerne Vollkugeln zu schießen. Die einzige in Kärnten noch vorhandene Rüstkammer ist in Hochosterwitz, welche jedoch, seit die Franzosen im Jahre 1809 die auf der Burg bewahrten Geschütze und alle Angriffswaffen, mit Ausnahme einiger Armbrüste, wegführten, fast nur Rüstungen und zwar meistens nur einfache Knappenrüstungen enthält.

Die Haupteinrichtungsstücke in den Wohnzimmern bildeten große Bettstellen, hölzerne Truhen zur Aufbewahrung der Habseligkeiten, schwere eichene Tische, hölzerne Stühle und Bänke. Häufig findet man in die Mauer gefügte Wandschränke oder bloße Mauerblenden, letztere besonders in den Fensternischen. Kostbarkeiten wurden in der Regel nicht in den Wohnzimmern, sondern im großen Thurme aufbewahrt, oder doch in kriegerischen Zeiten dorthin gebracht. Im 13. Jahrhundert waren die Zimmer in den bedeutenderen Burgen schon mit mehr Bequemlichkeit ausgestattet, ja es gab um diese Zeit bei Reichen sogar schon Federbetten mit schönen Ueberzügen von Thierfellen. Die Stühle und Tische wurden da schon mit Schnitzwerk verziert und erstere mit Pölstern, letztere mit Tüchern, gewöhnlich aus weißen Linnen, bedeckt. Ein Betschemel mit einem Heiligenbilde, ein Schrank mit Arzneien, in späterer Zeit ein Spinnrad und bei größerer Wohlhabenheit ein Stickrahmen bezeichneten die Kemenate der Burgfrau.

Zur Beleuchtung verwendete man Holzspäne auf eisernen Leuchtern und Talglampen, in späterer Zeit Oel und Kerzen, welche letztere auf eine Spitze, die die Stelle der Vertiefung in unseren jetzigen Leuchtern vertrat, aufgesteckt wurden.

Die Speisen wurden in Schüsseln aufgetragen, deren Stoff sich nach dem Reichthume der Besitzer richtete. Als Trinkgefäß dienten in ältester Zeit Thierhörner, später Becher aus Holz und Metall. Löffel und Gabeln sah man auf den Tafeln des Mittelalters nur selten, auch Messer wurden nicht für jeden Tischgast hingelegt, sondern die Gesellschaft begnügte sich mit einer geringeren Anzahl.

An der Außenseite der Gebäude, gewöhnlich der Thürme gab es in vielen Burgen Sonnenuhren, man sieht selbe z. B. noch in Mannsberg, Eberstein, Grades u. s. w. Auch findet man an die Wand gemalte Abbildungen von seltenen Thieren, die im Bereiche der zur Burg gehörigen Wälder und Gewässer gefangen oder erlegt wurden, z. B. am Corridore in Hollenburg. Endlich waren ober den Thoren, in den Hallen und Gängen häufig Wappen und Inschriften, bisweilen auch Bildhauerarbeiten angebracht, wie dieß insbesondere in Hochosterwitz noch zu sehen ist.

Von den Burg-Kapellen waren nicht alle zum Messelesen eingeweiht und mit den hierzu nöthigen Gefäßen und Paramenten versehen, sondern viele derselben waren nur zur häuslichen Andacht bestimmt. Als Zeichen der Einweihung kann es angesehen werden, wenn sich an den Wänden gemalte Kreuze befinden, die gewöhnlich ein Band oder Kranz umgibt und in denen hier und da auch Spuren eingeschlagen gewesener geweihter Nägel zu finden sind.

In den Gefängnissen waren ein Paar Steinblöke zum sitzen und einige Ringe zum Anfesseln der Gefangenen die einzige Einrichtung.

Häufig befanden sie sich in den Thürmen unter dem Erdboden, hatten also keinen Eingang an den Seiten, es wurden daher die Gefangenen mit Winden hinab gelassen und wieder heraufgezogen, und ihnen eben so die Lebensmittel durch eine Oeffnung von oben hinab gereicht. Abgesehen von den Schauergeschichten, welche über solche Verließe erzält worden, ist es die Wahrheit, daß die Gefangenen in diesen kleinen, finsteren, feuchten Räumen, wo ihnen oft selbst das Stroh zum Lager fehlte, elend existirten und in kurzer Zeit, wenn auch nicht ihr Leben, so doch ihre Gesundheit arg gefährdet war.

Die Jagdgeräthschaften als: Bogen, Pfeile, Armbrüste, Messer, Spieße, Fangeisen, Netze und in späterer Zeit Feuergewehre befanden sich theils in eigenen Jagdzimmern, die man noch in einzelnen Burgen z. B. in Frauenstein, Mannsburg u. s. w. an den Wandmalereien erkennt, theils in den Zimmern der Burgbewohner vertheilt.

In Burgen endlich, in welchen Pferde gehalten wurden, was wohl in den meisten der Fall war, mußte natürlich auch ein Vorrath an Sätteln und Geschirren bestehen. Die Wagen waren im Mittelalter noch sehr unbequem construirt und es mag sich wohl nur in sehr wenigen Burgen einer befunden haben, da es üblich war, daß auch die Frauen sowohl kleine Ausflüge als Reisen zu Pferde machten. Dieß bestätigen auch die Wege, welche zu unseren Burgen führen, von denen die meisten steil und schmal, daher auch nur für Fußgeher und Pferde, aber durchaus nicht für Wagen geeignet sind.

Das Leben in den Burgen theilte sich in ein friedliches und ein kriegerisches, und wir wollen zunächst das erstere betrachten:

Die friedlichen Beschäftigungen der Männer bestanden in der Sorge für die täglichen Bedürfnisse, in der Leitung der zur Burg gehörigen, in der Regel freilich nur unbedeutenden Landwirthschaft, in der Pflege der im Bereiche der Burg gelegenen kleinen Gärten und in der Beaufsichtigung und Einhaltung der Gebäude, so wie deren innerer Einrichtung. Die Pflege der oft zu den Rechten der Burgbesitzer gehörigen Gerichtsbarkeit unterbrach bisweilen die Einförmigkeit dieser Beschäftigungen. Der Burgherr hielt da seine Gerichtstage meistens nach altem Herkommen im offenen Hofe oder vor der Burg unter einem Baume. Nicht selten folgte dem Urtheilsspruche schnelle blutige Vollziehung. Zu den Hauptbeschäftigungen gehörte auch die Jagd. Die zu jener Zeit selbst in den Ebenen und Mittelgebirgen ausgedehnten, nur selten durch menschliche Wohnungen unterbrochenen Wälber und die Lage der Burgen in unmittelbarer Nähe, ja häufig in der Mitte derselben begünstigten das Jagen auf das zahlreiche Wild, welches ein Hauptnahrungsmittel der Burgbewohner bildete. Die Jagd war ferner schon wegen ihrer Aehnlichkeit mit dem Kriege, daher als Mittel, die Körperkräfte für denselben auszubilden und sich in Führung der Waffen zu üben, eine stets beliebte Beschäftigung des kampfsüchtigen Mittelalters. Endlich nahm auch die Beaufsichtigung und Verpflegung der Gefangenen, an denen es selten in einer Burg fehlte, die Burgbewohner in Anspruch. Die Gefangenen waren entweder im Kriege eingebrachte, oder in Privatfehden gemachte, oder solche, welche aus Raublust auf der Straße ergriffen und bis zur Zahlung des Lösegeldes ihrer Freiheit beraubt wurden, bisweilen waren es auch Verbrecher, welche von den Burgherren vermöge der ihnen zustehenden Gerichtsbarkeit eingekerkert wurden.

Eigene Geistliche gab es wohl nur in wenigen unserer heimatlichen Burgen, denn, obwohl der größte Theil derselben Kapellen hatte, so waren wahrscheinlich die meisten von diesen nur zur häuslichen Andacht bestimmt und konnten nur die Einkünfte bedeutender Burgenbesitzer ausreichen, um ununterbrochen einen Geistlichen zu unterhalten.

Um das Leben der Frauen in den Burgen beurtheilen zu können, muß man vor Allem ihre Stellung dem Manne gegenüber betrachten. Vor dem 11. Jahrhunderte trat der Mann entschieden in den Vordergrund und das Weib stand bescheiden zurück. Um diese Zeit entstand jedoch ein von Frankreich ausgehender Umschwung, der durch die Kreuzzüge und durch die Berührung der Franzosen mit ihren arabischen Nachbarn in Spanien herbeigeführt wurde *).

Nun bewegten sich die Frauen im Mittelpunkte des Lebens, die Männer waren nur mehr ihre Diener und Anbeter und es begann die sogenannte ritterliche oder höfische Zeit. In Deutschland hat dieses Leben erst in späterer Zeit Platz gegriffen, ging nur wenig in das Blut des

---

*) In den byzantinischen Ländern, in denen sich altrömische und altgriechische Kultur eigenthümlich gemischt und weiter gebildet hatte, so wie bei den Arabern in Spanien, welche, Erben einer alten Bildung, in Wissenschaft und Kunst über den christlichen Völkern standen, lernten die abendländischen Ritter ein Leben reich an geistigen und sinnlichen Feinheiten, reich an Poesie und Schwärmerei kennen. Bereitwillig nahmen die lebenslustigen Südfranzosen Sitten und Gebräuche ihrer muhamedanischen Feinde an, erhoben die Frauenliebe über Alles und gaben dem Minnedienste die höchste Bedeutung.

Volkes über und dauerte nicht lange. Bald nach der Mitte des 13. Jahrhundertes ist nur mehr ein Schatten davon übrig, und die Frau tritt wieder in ihr natürliches Verhältniß zurück.

Im Allgemeinen kann man sagen, daß sich die Bewohnerinnen der Burgen unter Leitung der Burgfrau der Besorgung der Wirthschaft, der Verfertigung und Ausbesserung von Kleidungsstücken, der Erziehung der Kinder und Pflege der Kranken und Verwundeten widmeten. Spinnen am Rocken und Weben war eine Beschäftigung selbst der vornehmsten Frauen. (Die Spinnräder sind erst im 15. Jahrhunderte erfunden worden.)

Zu den Vergnügungen der Frauen gehörten Würfel- und Schachspiel, im 13. Jahrhunderte scheinen auch schon die Karten erfunden gewesen zu sein. Das Singen war bei den Frauen vom 13. Jahrhunderte an beliebt, auch Instrumental-Musik wurde von ihnen betrieben, und zwar: Harfe, Lyra und wälsche Fiedel (eine dreisaitige Fiedel). Die Kunst zu lesen und zu schreiben war bei den Frauen gemeiner als bei den Männern, ja es entbehrten derselben selbst berühmte Dichter, wie Ulrich von Lichtenstein, Wolfram von Eschenbach ꝛc., da durch das Mittelalter hindurch die Wissenschaft im Allgemeinen den Männern weibisch und pfäffisch erschien.

Eigentlich gesellige Belustigungen gab es auf den Burgen selten, und nur Besuche von Nachbarn, Reisenden, Pilgern, Krämern, wandernden Spielleuten und Sängern unterbrachen die Einförmigkeit des täglichen Lebens. Bei den wenigen und schlechten Verbindungsmitteln, bei der Unkenntniß des größten Theiles der Burgbewohner im Lesen und Schreiben, erhielt man von den Vorgängen in der Welt fast ausschließend nur durch die Erzählungen fremder Ankömmlinge Kunde. Insbesondere waren es wandernde Spielleute, von denen man Sitten und Gebräuche anderer Länder erfuhr, sowie sie für Männer und Frauen die Vermittler der Poesie des Tages waren. Die in Deutschland seit der ältesten Zeit mit Recht gepriesene Gastfreundschaft, verbunden mit dem Bedürfnisse nach Mittheilungen öffnete jedem Wanderer bereitwillig die Thore der Burg. Von den Zeiten der Kreuzzüge an gehörten Pilger, die vom heiligen Lande zurückkehrten, zu den nicht seltenen Gästen. Mag auch unter diesem Kleide mancher Betrug gespielt, und mögen Pilger deßhalb den Burgbewohnern bisweilen verdächtig geworden sein, so waren solche Wanderer auf den einsamen Burgen doch stets willkommen. Man denke sich eine Familie in einer unserer hochgelegenen, schwer zugänglichen Burgen, wie z. B. in Alt-Finkenstein, Hohenwart oder Sternberg, Alt-Linnenberg am Göseberge u. s. w. zur Winterszeit, und man wird sich vorstellen können, mit welcher Freude ein Ankömmling aus fremdem Lande aufgenommen wurde.

Die Gäste wurden mit aller Zuvorkommenheit behandelt und ihnen in der Regel zuerst ein Bad gegeben. Die Sorge für diese Erquickung gehörte zu den willkommensten Aufmerksamkeiten, wie überhaupt das Baden im Mittelalter von Männern und Frauen als ein großer Genuß geschätzt wurde. Waren die Ankömmlinge nicht hinreichend mit Wäsche und Kleidern versehen, so wurden ihnen solche gereicht. Die Bewirthung geschah mit aller Sorgfalt, und wußten die Gäste die Burgbewohner durch Erzählungen, Musik oder Tanz zu unterhalten, so suchte man ihren Aufenthalt so viel als möglich zu verlängern, und beim Abschiede wurden sie von vermöglichen Burgherren nicht selten auch noch beschenkt. Diese Bedeutung fremder Ankömmlinge war auch die Hauptursache, daß die Bewohnerinnen sich so gerne auf Balkonen, Söllern, und an den Fenstern aufhielten, um in die Ferne zu sehen, ob sich ein Reisender der Burg nahe.

Gab es in der Burg ein Fest, so wurde es insbesondere im Palas und im Hofraume, der gewöhnlich einen Rasenplatz mit einem großen Baume oder mehreren Bäumen hatte, gefeiert, daher auch, wie ich schon im Vortrage über den Bau der Burgen erwähnte, der Palas häufig einen Balkon oder ein großes Fenster dem Hofraum zu hatte, von dem aus man bequem in denselben sehen konnte. Festtage wurden gewöhnlich mit dem Besuche der Messe begonnen, in die man sich im feierlichen Zuge begab. Doch war es gewöhnlich gerade nicht die Frömmigkeit, welche die Gesellschaft dahin führte, sondern man betrachtete die Kirche häufig als Gesellschaftsort, wo vertrauliche Gespräche geführt wurden. Nach der Messe wurde der Morgeninbiß genommen, und war dieser vorüber, so schritt man zu allerlei geselligen Unterhaltungen. Bei dem darauf folgenden Hauptessen trennten sich häufig die Geschlechter, theils in verschiedene Räume, theils im selben Raume an verschiedene Tische. Französischer Einfluß führte endlich in der höfischen Zeit den Brauch, daß beide Geschlechter paarweise bei Tische saßen, auch in Deutschland ein. Die Bedienung bei Tische geschah im ritterlichen Kreise durch Knappen. Die Speisen bestanden größtentheils aus Fischen, Geflügel und Rauchfleisch mit sehr gewürzter, aber in der Regel mangelhafter Zubereitung; ebenso wurde auch der Wein gewürzt. Wie die Speisen,

so mag auch der Wein auf den heimatlichen Burgen nicht am besten
gewesen sein, da, wie sowohl Urkunden als auch Reste von Weingärten
in der Nähe vieler Burgen darauf hinweisen, man sich mit einheimischem
Weine begnügte, der, wie bekannt, in unserem Klima und Boden nicht
am besten gedeiht und bei der damaligen noch geringeren Cultur auch
von noch geringerer Qualität als jetzt gewesen sein dürfte. Die Gast-
mahle wurden fast immer durch Gesang erheitert, und Spielleute unterhielten die Tischgenossen durch Lieder, Instrumentalmusik und Vortrag
von Erzählungen. Auch mußte bisweilen jeder der bei Tische Anwesenden ein Liedchen singen oder eine Geschichte erzählen. Die Poesie war
im Mittelalter auf das Engste mit der Musik verknüpft, und der Dichter
hatte nicht nur die Worte, sondern auch die Weise dazu zu erfinden,
und begleitete den Gesang auf der Harfe, Fiedel oder Rotte, einem Sai-
teninstrumente, das zwischen Harfe und Fiedel die Mitte hielt. Nach
aufgehobener Tafel suchte Jeder den ihm angenehmsten Zeitvertreib im
Schach- oder Bretspiele oder mit Würfeln, ein Theil lustwandelte, oder
unterhielt sich im Freien mit Ballspiel; Waffen- oder Leibesübungen,
denen die Frauen zusahen, wurden abgehalten; man ließ Falken oder
andere Stoßvögel steigen, es wurden Tänze und mancherlei Spiele begonnen. Der Tanz war vorzugsweise ein ruhiger, gehender, und wurde
entweder durch Spielleute mit Instrumental-Musik oder von den Tänzern
selbst mit Gesang begleitet. Die Abendmahlzeit ging unter denselben
Verhältnissen, wie das Hauptmahl vor sich, auf sie folgten bisweilen noch
Unterhaltungen und Trinkgelage, gewöhnlich aber ging man bald zu Bette.

Was den Ton, der bei diesen Unterhaltungen herrschte, anbelangt,
so mag er allerdings kein feiner gewesen sein, denn unsere Ritter in den
Burgen auf rauhen Bergeshöhen waren gerade Degen mit rauher Hand
und Zunge, und die Frauen waren einfach und ungeziert. Es wird daher
oft derb hergegangen sein, allein gewiß blieben auch die lächerlichen
Spitzfindigkeiten im Minnedienste, welche zur höfischen Zeit im Westen
Europa's gangbar waren, weg oder kamen wenigstens nur ausnahmsweise vor.

Bei solchen Festen kam endlich oft auch manche ernste Angelegen-
heit zur Verhandlung und zum Abschlusse. Da die Burgen in der Regel den ersten Geschlechtern des Landes gehörten, so wurden in ihren
Mauern die wichtigsten Angelegenheiten nicht nur des Familienlebens
(wie Eheverlöbnisse, letztwillige Anordnungen, Schenkungen, Käufe u. dgl.)
sondern auch jene des Landes, wie Zuzüge zum Heere des Landesfürsten,
Bündnisse für und wider denselben u. s. w. verabredet. Daher sind so

viele Urkunden aus Burgen datirt, daher oft von jener großen Anzahl von Zeugen gefertiget, welche eine schöne Jagd, ein fröhliches Gelage, oder ein gemeinsam ausgefochtener Streit da zusammengeführt hatte.

Turniere dürften auf unseren heimatlichen Burgen, außer in Friesach (wo namentlich das von Ulrich von Liechtenstein beschriebene große Turnier im Jahre 1216 oder 1217 stattfand) und in St. Veit (zur Zeit, als die Herzoge aus dem Hause Spanheim dort residirten) nicht abgehalten worden sein, und die bei manchen Burgen befindlichen ebenen Plätze (sogenannte Turnierplätze) waren wohl nur Plätze zu ritterlichen Uebungen.

Wenden wir uns nun zu dem kriegerischen Leben in den Burgen.

Wenngleich Krieg und Fehden, und in Folge derselben Belagerungen von Burgen die Bewohner nicht ununterbrochen in Anspruch nahmen, so glich doch die Beschäftigung des wehrhaften Theiles derselben jener eines Platzes, dem mehr oder weniger Gefahr droht. Plötzliche Ueberfälle einer Burg, um ein wirkliches oder vermeintliches Recht durchzusetzen, um Rache zu nehmen, auch wohl nur, um Beute zu machen, waren zur Zeit des Faustrechtes etwas ganz Gewöhnliches, daher in einer Burg die Einrichtungen immer derart getroffen sein mußten, daß man solchen Ueberfällen nicht unterlag, und selbst längeren Belagerungen trotzen konnte. Darum waren auch die Beschäftigungen der männlichen Burgbewohner vorzugsweise kriegerische, ja es bestand die Erziehung der Söhne des Burgherrn fast ausschließend in Abhärtung des Körpers zur Ertragung der mit dem Kriege verbundenen Beschwerden, in der Ausbildung der Körperkraft, in Uebungen im Reiten und in der Führung der Waffen. Kriegerische, von den Burgen ausgehende Unternehmungen, sei es in Landes-Angelegenheiten oder in Privatfehden, sei es endlich, um reisende Kaufleute oder andere Wanderer aufzugreifen und ein Lösegeld zu erzwingen, kamen alltäglich vor, und nahmen den wehrhaften Theil der Burgbewohner ununterbrochen in Anspruch.

Die Oberleitung der Vertheidigung und aller kriegerischen Unternehmungen hatte der Burgherr, und in dessen Abwesenheit der Vogt oder Pfleger. Die Anzahl der Kriegsknechte war nach dem Vermögen des Burgherrn, und der Ausdehnung der Burg sehr verschieden, auch wurde sie in besonders kriegerischen Zeiten möglichst erhöht, in welchem Falle man wohl auch die zu friedlichen Beschäftigungen bestimmten Burgbewohner, und die Landleute, welche sich aus ihren schutzlosen Wohnungen in die Burg flüchteten, wehrhaft machte. Jede Burg mußte jedoch gewiß einige, nur zur Bewachnng, und im Falle des Angriffes, zur Vertheidigung bestimmte Diener gehabt haben. So bedurfte wohl jede Burg eines Thorwartes, weil das Thor in der Regel geschlossen war, und schon wegen der Verrichtungen der Burgbewohner außer derselben oft geöffnet werden mußte, hauptsächlich aber, weil eine sorgsame Bewachung des Zuganges wohl die erste Bedingung der Sicherheit der Burg war. Auch auf den hohen Wartthürmen werden gewöhnlich Wächter bestanden haben, um Feinde, oder (in Raubburgen) Beute zu erspähen und Signale von benachbarten Burgen zu bemerken. In gefährlichen Zeiten, oder in Burgen, welche durch ihre Lage oder Bauart nicht gut geschützt waren, mag außerdem noch ununterbrochen ein Theil der männlichen Bewohner zur Wache verwendet worden sein.

Die erste und vorzüglichste Sorge in einer Burg war dahin gerichtet, selbe vor einer Ueberrumpelung zu schützen; man entfernte also in der unmittelbaren Nähe derselben alle Bäume und Gebüsche, hinter denen ein heranschleichender Feind sich hätte verbergen können. Die Berge und Hügel, auf deren Spitze sich die Burgen erhoben, waren also in der Regel größtentheils oder wenigstens in der Nähe der Mauer, kahl, und der schöne Laubschmuck, der jetzt die Burg-Ruinen umgibt, wuchs erst später, als die Burgen ihre eigentliche Bedeutung verloren hatten. War doch ausnahmsweise ein Wald ganz in der Nähe der Burg, so gebot es die Vorsicht, daß derselbe, wenn auch nicht täglich, so doch in gefährlichen Zeiten öfters zu Fuß und zu Pferd, bisweilen auch mit Hunden durchsucht wurde. Eine weitere Vorsicht bestand darin, daß man das innere Thor der Burg mit dem äußeren in dem Vorwerke oder der Umfassungsmauer nie zugleich öffnete. Wenn man also Jemanden durch das äußere Thor einließ, so blieb das innere Thor so lange verschlossen, bis das äußere hinter dem Eingetretenen wieder zugemacht worden war. Auch wurde für Fußgeher in der Regel nur das kleine Einlaß-Pförtchen, durch welches nur eine Person auf einmal eintreten konnte, geöffnet. Wenn aber auch Vorsicht gegen einen Handstreich bei der Besatzung stets zu vermuthen war, so wurde, wenn man die Einnahme einer Burg beabsichtete, doch gewöhnlich zuerst ein Ueberfall versucht. Die Angreifenden nahten sich also so unbemerkt als möglich der Burg, sprangen oder kletterten in den Graben, suchten durch unbewachte Oeffnungen einzudringen, mittelst Leitern einzusteigen oder die Zugbrücken-Ketten mit Hellebarden abzuhauen.

Mißlang dieser Versuch, so schritt man zur Belagerung, und da mußte natürlich die Lage und Bauart der Burg über die Art und Weise entscheiden, auf welche dieselbe unternommen wurde. Befand sich vor der Burg ein Graben, so war die erste Aufgabe, denselben mit Erde, Holzbündeln, ausgerissenem Gebüsche u. dgl. auszufüllen. War dieß geschehen, und war die Mauer nun zugänglich, so suchte man bisweilen selbe einzuhauen, einzustoßen oder zu unterminiren, bisweilen aber trachtete man, ohne die Zerstörung der Mauer zu unternehmen, sie mit Leitern zu ersteigen oder hölzerne Thürme an selbe zu schieben, und von der Höhe dieser Thürme auf die Mauer, und in das Innere der Burg zu dringen.

Wollte man eine Mauer durch Spitzhacken einhauen oder mittelst eines Mauerbrechers (nämlich eines zugespitzten, bisweilen mit Eisen beschlagenen Balkens) einstoßen, so war es vor Allem nothwendig, die Vertheidiger, welche von der Höhe der Mauer diesen Angriff zu verhindern suchten, durch Bogenschützen möglichst entfernt zu halten, und die, welche die Mauer mit Zerstörungswerkzeugen angriffen, zu schützen, was durch gedeckte, hölzerne Häuschen, die auf Rädern an die Mauer geschoben wurden (sogenannte Katzen), oder andere dergleichen Schutzdächer, geschah.

Das Unterminiren hatte entweder den Zweck, unbemerkt durch einen ausgearbeiteten unterirdischen Gang in die Burg zu bringen, oder die Mauer zu untergraben, selbe so zum Einsturze zu bringen, und über die Bresche einzudringen.

Gestattete die Stellung oder Stärke der Mauer das Einhauen oder Einstoßen derselben nicht, und war, wenn sie z. B. auf Felsen aufgeführt war, auch das Unterminiren nicht ausführbar, so versuchte man bisweilen einen Angriff mit Sturmleitern, der jedoch, wenn man den ungleichen Kampf der einzelnen, auf schwankenden Leitern stehenden Angreifer mit den auf der Höhe der Mauer frei und sicher sich bewegenden und geschützten Vertheidiger bedenkt, nicht leicht, und wohl nur dann gelingen konnte, wenn man die Besatzung zu überraschen im Stande war, oder mit großer Uebermacht angriff.

Besser führte es zum Ziele, wenn man dem Platze mit hölzernen Sturm-Thürmen nahe rückte, und von der Höhe derselben auf die Mauer zu gelangen suchte.

Die Sturm-Thürme, welche man auch mit dem Namen Burg-friede bezeichnete, wurden vor der zu belagernden Burg aus Balken zusammengefügt, mit einem dichten Breterschuhe versehen und mittelst Walzen oder Rädern an die Mauer geschoben. Sie mußten an Höhe der Mauer mindestens gleichkommen, und bestanden gewöhnlich aus drei Geschoßen, die durch Leitern verbunden waren. In dem untersten Geschoße spielte der Mauerbrecher, zu oberst auf der Plattform waren Bogenschützen aufgestellt, welche die Vertheidiger von den Zinnen der Mauer zu entfernen suchten, und in der mittleren Abtheilung befand sich die Brücke aufgestellt, welche man im entscheidenden Momente auf die Mauer niederließ, und über welche dann die Angreifer auf selbe drangen. Die Wirksamkeit dieser Thürme hing daher vorzüglich von Ueberhöhen der Mauer ab, welche dagegen die Vertheidiger dadurch, daß sie die Mauer durch Balken und allerlei Material erhöhten, zu vereiteln suchten. Die Angreifer ersannen daher bisweilen eine List und construirten einen Doppelthurm. Dieser war in der Art aufgebaut, daß sich in dem Sturm-Thurme ein den Vertheidigern der Burg nicht sichtbarer, beweglicher, kleinerer Thurm befand. Die Besatzung traf nur gegen die sichtbare Höhe des äußeren Thurmes ihre Vorkehrungen; im entscheidenden Momente aber, als der Thurm schon an die Mauer gerückt war, wurde der innere Thurm mit Winden in die Höhe getrieben, überragte die Mauer, die Brücke wurde niedergelassen und die Angreifer gelangten über selbe auf die Mauer. Der Angriff durch die Sturm-Thürme wurde durch eine Menge von Wurf- und Schleudermaschinen, die man mit dem allgemeinen Namen Antwerke bezeichnete, unterstützt, welche hauptsächlich den Zweck hatten, die Fortificationen der Burg, namentlich die Zinnen und Schutzdächer derselben, hinter denen die Vertheidiger geborgen waren, zu zerstören. Wir kennen eine Menge Namen für solche Angriffs-Maschinen, wie Blyde, Mange, Triboc ꝛc., sind jedoch leider über die Construction derselben noch im Unklaren, da uns keine solchen Maschinen erhalten worden sind, und wir über selbe nur theilweise Beschreibungen besitzen. Die Projektile bestanden zumeist aus großen Steinen. Um die Burg in Brand zu stecken, warf man Bränder, Feuerpfeile, Pechkränze u. dgl. hinein. Auch suchte man der Besatzung durch das Hineinschleudern ekelhafter Gegenstände, wie Unrath in Fäßern, Aesern, ja selbst menschlicher Leichen, den Aufenthalt unerträglich zu machen und sie dadurch zur Uebergabe zu zwingen.

Die Vertheidigung gegen diese verschiedenartigen Angriffe wurde größtentheils mit Handgeschoß und Handwaffen bewirkt, denn zu Wurfmaschinen bot der schmale Wallgang und das enge

Gebäude zu wenig Raum. Steine, siedendes Waſſer, Pech, geschmolzenes Blei wurden auf die Angreifenden von der Höhe der Mauer herab geſchüttet. Die Thore wurden bisweilen sogar vermauert und die gefährdeten Stellen der Burg mit Bogenschützen vertheidiget, die hinter den Zinnen und Schußlöchern einen geſicherten Platz hatten. Die Wurfmaschinen suchte man vorzüglich durch Brandpfeile zu zerstören, den Minen begegnete man durch Contreminen, die Arbeit des Mauerbrechers wurde durch dazwischen geschobene Polster gehindert, die Sturm-Thürme suchte man anzuzünden oder durch gegengestemmte Balken umzuwerfen. Hatte die Mauer ernstlichen Schaden gelitten, so führte man hinter ihr schnell eine neue auf, oder erſetzte sie durch Pfahlwerke. Endlich unternahm man Ausfälle, um die Belagerungs-Arbeiten und Maschinen zu zerstören.

Gelang es den Angreifenden die Mauern zu zerstören oder die Vertheidiger von den Mauern zu vertreiben und in das Innere der Burg einzudringen, so zog ſich die Besatzung in den innersten festesten Theil der Burg, in der Regel den großen Thurm zurück, wo dann, weil dieß einerseits für die Belagerten der letzte Zufluchtsort war, andererseits den Belagerern, wenn sie diesen festen Platz einnehmen wollten, noch bedeutende Arbeiten und Menschenopfer bevorstanden, gewöhnlich capitulirt wurde.

Wenn eine Burg wegen ihrer Lage auf unzugänglichen Felsen auf keine Weise mit Erfolg angreifbar war, so blieb wohl nur das Mittel, sie durch Aushungern zur Uebergabe zu zwingen, übrig, was jedoch, weil die Burgen gewöhnlich gut verproviantirt waren, oft lange dauerte, oder gar nicht zum Ziele führte, indem die Belagerer durch die lange Belagerung ermüdet, selbe wieder aufhoben.

Die Erfindung des Schießpulvers bewirkte in der ersten Zeit keinen bedeutenden Unterschied in der Angriffs- und Vertheidigungsweise der Burgen. Einige plumpe, langsam zu bedienende Handbüchsen wurden unter die Armbrüste gemischt, und ausnahmsweise schleppte man ein schweres Geſchütz herbei, welches große Steinkugeln in langen Zwiſchenräumen gegen die Burg schleuderte. Dabei blieben aber noch die alten Wurfmaschinen in Ansehen und Gebrauch. In späterer Zeit nach besserer Ausbildung der Feuerwaffen, traten eigentliche Beschießungen von Burgen häufiger ein, schweres Geschütz wurde aufgeführt, in die Mauer Bresche geschossen, die Besatzung von den Wällen vertrieben, und dann, wenn nicht eine Capitulation zu Stande kam, gestürmt. Analog mit diesen Angriffsmitteln schritt auch die Vertheidigung fort. An die Stelle der rohen Handbüchsen traten weittragende, besser eingerichtete Doppelhacken, und auf den Wällen, so wie den vorspringenden Bastionen wurden Geschütze aufgestellt. So befand sich in Hochosterwitz bis zum Jahre 1809 eine bedeutende Anzahl großer Geschütze.

Leicht wurde übrigens die Einnahme der Burgen auch nach Einführung der Feuerwaffen nicht. Denn bei der Lage der meisten Burgen auf isolirten Höhen und Felsen war es ohnehin schwer, theilweise unmöglich, die damaligen schwerfälligen Geschütze in wirksamer Schußweite gegen selbe aufzuführen; aber auch die Widerstandsfähigkeit der mit vortrefflichen Mörtel sorgfältig aufgeführten Mauern war nicht gering, und in Anbetracht der noch mangelhaften Construction der Geschütze nicht zu unterschätzen.

Eingenommene Burgen wurden, wenn sich nicht die Belagerer in ihnen festsetzen wollten, gewöhnlich, wenn auch nicht ganz, so doch theilweise zerstört. Man zündete die Bedachungen an, zertrümmerte einen Theil der Ringmauer, füllte den Graben an den wesentlichsten Stellen aus und machte so die Burg wenigstens für eine kurze Zeit zur Vertheidigung unfähig. Da jedoch die Zerstörung des festen Mauerwerkes nicht so leicht war, so blieb der größte Theil desselben gewöhnlich stehen, und die Burgen wurden in nicht langer Zeit wieder hergestellt.

Von unseren heimatlichen Burgen wurde wohl nur ein sehr kleiner Theil in Folge feindlicher Einnahme zerstört, ja es ist bekannt, daß unsere bedeutendsten Burgen, wie z. B. Petersberg in Friesach, Hochosterwitz, Griffen u. s. w. gar nie eingenommen worden sind. Der bei weitem größte Theil derselben wurde im 17. Jahrhunderte, als unsere Vorfahrer ihre Wohnungen in den Ebenen aufschlugen, von ihnen verlassen und der allmäligen Zerstörung durch die Elemente preisgegeben.

Gering ist in Kärnten die Anzahl der noch erhaltenen Burgen, groß dagegen die der Ruinen und Trümmer dieser mittelalterlichen Bauten. Ihr Anblick führt unwillkührlich unsere Gedanken in jene Zeit zurück, wo diese einst so stolzen Herrensitze das Land beherrschten und in diesen nun öden Mauern noch reges Leben waltete.

Unsere Landsleute in Nordamerika.

Von Heinrich Hermann.

Kein Land in der Welt ist von so verschiedenen Volksstämmen bewohnt, als Nordamerika. Seitdem England dort festen Fuß gewonnen,
suchten Flüchtlinge aus Europa daselbst ihre Unterkunft. Die politische und
religiöse Duldung, das dem Europäer zusagende Clima, die Fruchtbarkeit
des Bodens, die dünne einheimische Bevölkerung, der leicht zu vermittelnde
Verkehr zur See, waren die Faktoren, welche auf das Einwandern aus
Europa und das Gedeihen der Colonien einwirkten, so wie andererseits
Frankreich nördlich in Canada und südlich in Louisiana durch Missionen
und Niederlassungen sich die einheimischen Indianer und die Früchte der
Pflanzungen zu gewinnen suchte. Ohne uns in eine weitläufigere geschichtliche Auseinandersetzung einzulassen, erwähnen wir bloß, daß bereits im
Jahre 1733 einige hundert vertriebene Salzburger mit ihren Predigern
Bolz und Groneu in Georgien, dem Schauplatze der jetzigen Kämpfe,
sich niederließen, und die Stadt Ebenezer am Savanahflusse gründeten. Indessen diese Ansiedlung verschwand gegenüber den vielen Colonien der An-
glikaner. Die Deutschen, die von allen Seiten herbeiströmten, wären im
Stande gewesen, hätten sie sich vereinigt, verschiedene reindeutsche Staaten
zu bilden; allein da sie religiöse Spaltung und Stammesfeindschaft auseinander hielt, ging das germanische Element in dem der Yankees unter.
Mit der Constituirung der amerikanischen Freistaaten, nach einem sieben-
jährigen Kampfe mit dem Mutterlande, durch den Frieden vom Jahre 1782,
wurde die Verbindung derselben auch mit Oesterreich durch den Hafen von
Triest angebahnt. Thaddäus Reyer befuhr im Interesse des Eisen- und
Stahlhandels Kärnten's die atlantischen Häfen, und Franz von Silbernagel fungirte als österreichischer Consul zu New-York. Indessen die
Wanderung nach Nordamerika blieb bis 1815, von Deutschland aus noch
sehr vereinzelt, und erst von da an erhielt sie theilweise durch die Verar-
mung im Vaterlande, man denke sich die Hungersnothjahre von 1814 bis
1818 und die zunehmende Uebervölkerung in der langen Friedensperiode
bis 1848, einen erhöhten Zuwachs.

2

Die politischen Wirren seit dem Jahre 1830 gaben zur Auswanderung in Deutschland einen verstärkten Antrieb,[*] und als nach dem Revolutionsjahre 1848 die Emigration, die gezwungene wie freiwillige, wie wir später sehen werden, förmlich organisirt wurde, ward auch Oesterreich von ihr ergriffen. Von Polen, dessen Held Kosciusko schon unter Washington als dessen Adjutant, dann als General diente, gingen seinem Beispiel folgend einzelne Polen nach den Freistaaten; doch da nur Krieg und nicht die Arbeit und Künste des Friedens sie zog, hörte die Emigration dahin größtentheils auf. Reichlicher war der Abfluß aus Böhmen, und neuestens aus Krain und Kärnten nach den vereinigten, nun zweitheiligen und feindlichen Staaten, während Tirol seinen Menschenüberfluß an Südamerika, und zwar nach Brasilien in die Gegenden der gemäßigten Zone am Rio Grande abgab.

Wir haben uns seit einem halben Jahre zum Geschäfte gemacht, die Briefe unserer Landsleute von dort und wo solche sich nicht vorfanden, die Notizen von ihnen zu sammeln, und es hat sich ein unerwartet bedeutendes Resultat davon herausgestellt, welches wir um so mehr hier zu veröffentlichen uns gedrungen fühlen, als nicht nur die Theilnahme an dem Schicksale unserer Landsleute uns die Kenntnisse desselben erwünschlich und interessant macht, sondern auch für zukünftige Fälle sich eine Zahl praktischer Rathschläge, wohlthätiger Erfahrungen und Vorsichten ergiebt, so wie selbst bei sich dort ergebenden Erbschaften die Kenntniß des Ursprunges und der Abkunft unsre überseeischen Stammesgenossen die Beweisführung der Berechtigung für Agnaten erleichtert. Wir sondern unsere Mittheilungen nach der uns gebotenen Veranlassung und der verschiedenen Richtung der Wanderungen in drei Gruppen: in die der Kärntner, welche die alten vereinigten Staaten zum Ziele ihrer Ueberfahrt wählten, in jene, welche nach dem neu acquirirten Staate Texas, und endlich jene, welche nach Californien und Nevada, als die neuestens hinzu gekommenen Staaten

---

[*] Man rechnet die Zahl der Deutschen in Nordamerika auf 5 Millionen, wovon die Hälfte aus dort gebornen, aber noch immer ihrer Nation angehörigen Abkömmlingen besteht. In der Weltstadt New-York befinden sich unter der neuestens eine Million betragenden Bevölkerung wenigstens 120.000 Deutsche, die ein eigenes Stadtviertel bewohnen; nach dieser Stadt hat Cincinnati am meisten derselben, nämlich 70.000, nicht viel weniger St. Louis, Baltimore 50.000 u. s. f. nur in den Sklavenstaaten sind deren weniger, Texas ausgenommen. In den von New-York nördlich gelegenen sechs Staaten leben am wenigsten Deutsche, da dort die Heimat der Yankees (Natives und Know Nothings) ist.

überſchifften. Zum Führer dienten uns außer jenen Original-Correſpondenzen und Mittheilungen die Werke des bekannten Reiſenden Friedrich Gerſtäcker, ſeine „Reiſen" nach Californien, 2 Bände, Stuttgart und Tübingen bei Cotta 1853; ſeine Miſſiſſippibilder, 3 Bände, Dresden und Leipzig bei Arnold 1847; Die „Wanderungen durch die Pratrien und Wüſten im weſtlichen Nordamerika von Balduin Mölhauſen, Leipzig bei Mendelſohn 1860; „Land und Leute in Amerika" von Theodor Grieſinger, 2 Theile. Stuttgart bei Kröner 1863; „Das Leben in den vereinigten Staaten" von Albert Gloß bei Wiegand in Leipzig, 2 Bände, 1864. „Die Geſchichte und Beſchreibung der vereinigten Staaten" von Roux de Rouchelle, Ueberſetzung bei Schweizerbart, Stuttgart 1839; dann außer Stielers Handatlas und ſeinen neueſten Nachträgen die Karte von Californien und Nevada bei Leander Ranſon in St. Franzisko vom Jahre 1863.

I.

Zur Zeit, wo Texas, das Land der Verheißung, Californien, das Land des Goldes in Europa kaum mehr als dem Namen nach bekannt waren, wendeten ſich die Europamüden durchaus den Oſtküſten der alten Staaten der Republik zu. Wenn wir nun mit dieſem Kapitel unſerer heimiſchen Wanderer beginnen, wollen wir dieſelben vorzüglich nach ihrer chronologiſchen Reihenfolge aufführen, indem bei ihrem meiſtens unſtäten Aufenthalte in den vereinigten Staaten eine örtliche Klaſſifizirung unthunlich iſt.

Der erſte, welcher den Reigen beginnt, iſt Ignaz von Frabeneck, Sohn des Fürſt Roſenberg'ſchen Güterinſpektors Johann v. Frabeneck, geboren im Jahre 1779; er widmete ſich in Trieſt der Handlung, verließ dieſen Ort im Mai 1804, und begab ſich auf einem nordamerikaniſchen Schiffe, ohne Vorwiſſen ſeiner Eltern und Verwandten, von Hoffnungen auf die leichte Erwerbung größerer Glücksgüter getrieben nach Nord-Amerika. Zwölf Jahre vergingen, ohne daß ſeine väterliche Familie, meiſtens wohl in Folge der damaligen kriegeriſchen Zeitverhältniſſe, von ihm eine Nachricht erhielt; erſt im Jahre 1816 erfuhr man durch ſeine brieflichen Mittheilungen, daß er nach verſchiedenen Schickſalen und Prüfungen zu Mount Bethel in Pennſylvanien am Delaware in dem County (Canton) Northampton 60 engl. Meilen von Philadelphia und 6 von Eaſton, in dem Handlungshauſe Call eine Anſtellung fand. Er verehelichte ſich dort mit der Tochter eines Fabrikinhabers und erzeugte mit ihr mehre Kinder. Nachdem das Etabliſſement Call's ſich aufgelöst hatte, übernahm er in Ermanglung einer andern gleichen Anſtellung eine

Landſchule zu Mount Bethel und leitete ſie von 1818 bis 1829. Mit
dem nicht bedeutenden Erbtheile ſeiner Frau kaufte er ſpäter eine kleine
Beſitzung zu Bainfield bei Eaſton an, welche aber in Folge nachtheiliger
Ereigniſſe wieder geopfert werden mußte. Er ſtarb in drückenden Ver-
hältniſſen ein halbes Jahr nach ſeiner Gattin im Jahre 1858 und hinterließ einen verheiratheten Sohn, eine verheirathete Tochter und mehre
Enkel.

Wie wir erfahren, wanderten noch andere unſerer Landsleute als
ein Kronthal, ein Opelt, wahrſcheinlich aus ähnlichen Gründen,
gleichzeitig nach Nordamerika, von deren Schickſal wir jedoch nichts wiſſen.

Ein davon ganz verſchiedener Antrieb führte den Kärntner Doktor
Ernſt Ritter von Glaunach zu Kotzenſtein nach den vereinigten
Staaten. Er hatte das Studium der Medizin abſolvirt, wurde k. k.
Bezirksarzt zu Kloſterneuburg, trat in den Orden der Redemptoriſten
und folgte vor ungefähr dreißig Jahren dem Rufe als Miſſionär dahin.
Von New-York aus wanderte er in die Südſtaaten und erlag nach kur-
zer Zeit in einem Spitale dem Dienſte der Menſchheit. Wir erhielten
von ihm ſehr eingehende Briefe über den Culturſtand der einzelnen
Staaten, über Manufakturen und Gewerbe, und mußten doppelt den Ver-
luſt dieſes ſo vielſeitig gebildeten Mannes bedauern.

Eine von dem Schickſale ſo Vieler verſchiedene glückliche Stellung
ward unſerer Landsmännin, Urſula Trunk, geboren beim Betſchnia
zu St. Martin bei Roſegg, vorbehalten. Sie ging nach Trieſt um 1838
in Dienſt, heirathete einige Jahre darauf den Kellner eines dortigen
Gaſthofes, Namens Ditz, einen gebornen Würtemberger, und beide wanderten, ihr künftiges Schickſal auf das Spiel zu ſetzen, nach New-York. Sie
fingen da einen Kleinausſchank mit Spirituoſen an; Glück und Geſchick
ließen ſie ihr Geſchäft fort und fort erweitern, bis ſie zum Beſitz eines
der erſten Hotels alldort kamen. Im Jahre 1863 beſuchten ſie ihre
Heimath, mit dem Vorſatze, ſich in Würtemberg ein Gut anzukaufen;
indeſſen, da ſie von dem Käufer ihres Hotels nicht befriedigt wurden, kehrten
ſie dahin zurück, um ihre Wirthſchaft wieder ſelbſt zu betreiben. Bei ihrem
Beſuche allhier fiel die feine Bildung, die vortheilhafte Geſtalt und Haltung dieſer Carinthe-Amerikanerin allgemein auf. Wenngleich der Haupt-
zweck der Reiſe nicht erreicht wurde, hatte ſie doch die Folge, daß die
Ditz den größten Theil ihrer Familie, der ihr folgen wollte, mit nach
New-York nahm, und zwar ihre Schweſter Thereſia Trunk und
deren Tochter Urſula; Maria Tſcheinigg, geborne Trunk und

Tochter Theresia, geboren zu Krottendorf, Pfarre Damtschach, ihre Brüder Simon Trunk, Bürstenbinder und Franz Trunk, Hafner, die alle nun beholfen von ihr, in der ersten Stadt der neuen Welt ihr Leben fristen, wahrscheinlich auch zur höheren Geltung bringen, da der Familie eine besondere Rührigkeit und Begabung angeboren ist.

Eben dahin wanderte vor einem Jahrzehnte der Sohn des k. k. Zollbeamten in Klagenfurt Perko, welcher anfangs dem Handelsstande angehörig, durch inwohnende Neigung und Geschicklichkeit geleitet, sich dem Atelier eines Bildhauers in New=York einverleibte.

Auch das Katsch= und Lavantthal Kärntens, wenn gleich durch Lage und Natur sehr verschieden, lieferten ihr Contingent für Nord= amerika. Der zu St. Peter im Katschthale geborne Schuhmacher Jo= hann Illwitzer, welcher in Graz verheiratet, kümmerlich sein Brod erwarb, wanderte bereits im Jahre 1850 über Hamburg, sammt Weib und zwei Kindern, nach New=York. Seine Reise dauerte, wie wir es aus seinem ersten Briefe an dessen Bruder entnahmen, über 60 Tage, es war ein Segelschiff, welches ihn und die Seinen barg; bei seiner Ankunft indessen fand er gute Aufnahme, Arbeit in seinem Fache, und sein Weib als Wäscherin, so daß er die Hoffnung aussprach, sich bald die Selbstständigkeit erwerben zu können, worüber wir jedoch nichts weiteres erfuhren.

Ihm folgte sein Pfarrgenosse Franz Ramsbacher, Karlbauer= sohn am Wirnsberge, der im Jahre 1854 von Winterthur in der Schweiz, wo er bereits einige Jahre zugebracht hatte, über Havre sich nach New=York begab, dort ein halbes Jahr in Arbeit stand, dann nach Richmond, der Hauptstadt Virginiens zog, von wo er nach Verlauf dreier Jahre, nachdem er die Tochter eines Elsässers, Magdalena Ort= scheid geheirathet, mit Schwiegermutter und Schwager nach Casville am Mississippi in Wisconsin übersiedelte. Dort kaufte er sich Land, erbaute sich eine Wohnung und wirthschaftete als Farmer. Sein erster Brief vom 21. Februar 1865 aus Richmond athmet freiheitliche Luft, sein Gemüth ist gehoben und seine Aussichten glänzend, daher er seine Brü= der Heinrich und Peter zu gleichem Unternehmen einladet, so sehr sein Herz es schmerzlich fühlte, wenn auch sie von der geliebten Mutter sich trennen sollten. Ganz verschieden klingt sein zweiter Brief vom 7. Juli 1862 aus Casville. Er hat seine Gattin, zwei Kinder verloren, nur eine Tochter ist ihm geblieben, und „obgleich, schreibt er, die Zeiten hier in Folge des Krieges (der jedoch Wisconsin nicht berührt) ziemlich schlecht find, verdiene ich mir doch immer genug, um anständig zu leben". Jetzt sind mehr als zwei Jahre vorüber, und man kann denken, um wie viel mehr sein sonst kräftiges Gemüth noch herabgestimmt sein wird.

Von dem gesegneten Lavantthale und zwar von Wolfsberg, wo S e = b a s t i a n S e t a r i, geboren zu Meran in Tirol, seit Jahren als Lederer seßhaft, verehelicht mit Maria Bischof aus Eibiswald, sein Fortkommen gefunden hatte, wanderte derselbe vor einem Jahrzehnte nach dem Staate Tenessee und bearbeitet zu Wartborg, Morgan County, einen Farm, den er von Doctor Fallwirkel, bei dem sich seine Schwägerin Elisabeth als Wirthschafterin befand, in Pacht erhielt. Weitere Nachrichten fehlen uns.

Unseres Landsmannes Josef L o r b e r, bekannt durch seine Reisen und seinen Aufenthalt im Oriente wie in Amerika, Schwester M a r i a heirathete den aus Kärnten zu Mauten gebürtigen Josef Jochum, mit dem sie zu New=York sich befindet, wo er in der Nähmaschinenfabrik eines gewissen Planer als Werkführer angestellt ist.

Interessant für uns sind besonders auch die drei Brüder J o s e f G e o r g und G o t t l i e b K o c h, Landleute aus Pattendorf beim Eingange des Möllthales, die einen bisher ungewöhnlichen Weg nach den vereinigten Staaten einschlugen, indem sie ihre gemeinschaftliche Fahrt nach Canada richteten, wo sie am 12. Juni 1854 in Quebek landeten und von da auf dem St. Lorenzstrome nach Montreal fuhren, wie sie drei Monate als Bräuer sich verdingten. Ihr Brief von dort, gefertigt den 20 October 1854, be= weiset ihre seltene Entschlossenheit, ihr Sprachtalent, indem sie sich in kurzer Zeit die englische Sprache, so weit es ihre Stellung erforderte, eigen gemacht hatten und ihre Gabe sich schnell in Alles zu finden. Sie durchwanderten von da, indem Montreal wegen der Ueberfüllung mit Leuten ihnen nur kargen Verdienst bot, die Fahrt auf den canadischen Seen benutzend, die Staaten Michigan und Wiscousin, um im nördlichen Illinois bei Galena, wo auf Blei gebaut wird, wieder festen Fuß zu fassen, indem sie sich Grund und Boden ankauften. Wir verlassen sie hier, indem bereits die Carinthia vom Jahre 1856 Nr. 11 die detaillirten Nachrichten von ihnen, so wie die von 1862 Nr. 4 den zuletzt von dorther eingelangten Brief des Bruders Josef vom 6. September 1861 enthält, womit er bekannt gibt, daß sie da= mals einen bedeutenden Landbesitz sich eigen und urbar gemacht und am 1. September 1860 die Scheine als Bürger der Vereinigten Staaten sich ver= schafft hatten. Georg durchreiste in der Zwischenzeit dieselben beinahe in ihrem ganzen Umfange und beabsichtigte schlüßlich nach Californien zu gehen, um wie er sich ausdrückt, die Welt kennen zu lernen.

Eine wenn auch untergeordnete, doch immer in diese Reihe gehörige Person ist Maria Uschnigg, geboren zu Klagenfurt im Jahre 1833, welche in die Dienste des amerikanischen Ingenieurs Gilbert, der zu Pola bei dem Hafenbaue sich verwendete, getreten, mit ihm nach Chester im Staate Conecticut übersiedelte, von wo aus sie in obiger Eigenschaft zu seiner Tochter in New-York in das Haus kam.

Wir schließen für diesmal vorstehendes Verzeichniß mit drei Individuen ab, wovon die beiden ersteren dem geistlichen, das letzte dermalen dem Militärstande angehört. Jene sind die Gebrüder Rösch, gebürtig zu Pörtschach in der Pfarre Töllerberg bei Völkermarkt. Als der bekannte Bischof und Apostel der Indianer Nordamerika's, Friedrich Baraga, ein Krainer von Geburt, vor einem Decennium nach Oesterreich für eine Zeit wiederkehrte, um neue Gehilfen für sein schwieriges Missionswerk sich zu erwerben, da schlossen sich die beiden Brüder, damals Lavanter Seelsorgs-Priester ihm an und folgten bei seiner Rückkehr nach Amerika. Josef Rösch ließ sich als Missionär verwenden und ist an den Seen der Erzdiöcese New-York thätig. Georg Rösch trat in den Orden der Redemptoristen und hält sich in der Diöcese Baltimore auf. Er steht brieflich fortwährend mit seinem Vaterlande in Verbindung, sendete bald nach seiner Hinkunft an den naturhistorischen Verein in Klagenfurt verschiedene Beiträge für die zoologische Sammlung, und noch gegenwärtig dem Oberhirten seiner Geburts-Diöcese theilt er die Blätter der Baltimorer Volkszeitung gleich nach ihrem Erscheinen mit.

Wir kommen damit an den jüngsten der Wanderer nach den alten Staaten Nordamerika's, den gebornen Wolfsberger Benno Wohlgemuth oder Francis Eder, wie er dort heißt. Er hatte hier als angehender Handelsbeflissener und Comptoirist bei Merlin und R. v. Rainer conditionirt; doch trotz seiner Brauchbarkeit und Beliebtheit ergriff ihn der Trieb in der neuen Welt sein Glück zu versuchen. Mit Empfehlungen unseres Amerikafreundes Lorber versehen, schiffte er nach New-York über, eigentlich mit der Absicht, sich von dort nach Californien zu begeben. Ein ungünstiger Zufall hinderte das Einlangen der Ordre Lorbers bei dem betreffenden Banquier. Wohlgemuth, als er am 24. März 1862 in New-York ankam, und sich an denselben wendete, mußte zu seiner nicht geringen Verlegenheit die verneinende Antwort vernehmen. Um sich nicht vollends aufzehren, und sein Quartier im Hotel Park, dem Volksgarten am Rathhause New-York's, in dem jede Nacht Hunderte Heimatloser ihr Lager aufschlagen, nehmen zu müssen, sah er sich in der Lage in einer Tabakfabrik Arbeit zu nehmen und da er da nicht aushalten konnte, zu gleichem Zwecke sich bei einem Farmer zu verdingen. Da man eben damals, wo der Krieg mit den Südstaaten eine ungünstige Wendung genommen, mit allen nur erdenklichen Mitteln Freiwillige, für die Armee anzuwerben bemüht war, verschwendete man auch an Penno alle möglichen Versprechungen, um ihn zu gewinnen. Unter den vorhandenen Umständen gelang dieses Bemühen bei unserem vereinsamten, verlassenen Landsmann, für den jedoch in der Zwischenzeit, ohne daß er es wußte, der Credit bei dem Wechsler bereits flüssig geworden, um so eher, als man bei seiner Behauptung, er tauge nicht für die Musquete, die Aussicht auf eine Verwendung bei einem Magazine oder sonst im Schreib= und Verwaltungsfache vorspiegelte. Es war den 13. Juni 1862, wo Wohlgemuth sich anwerben ließ und zuerst in die Potomacarmee unter Hallek und Hooker eingereiht wurde. Eine Zeit verwendete man ihn als Privatdiener, bald jedoch trat er wieder unter die Waffen, machte die Schlacht bei Chattanoga und die bei Lookout Mountain mit. Anfangs des Jahres 1864 wurde er zur zweiten Brigade der zweiten Division des zwanzigsten Armeecorps transferirt, welches unter Sherman gegen Johnston zu operiren und Atlanta zu nehmen bestimmt war. Sein Regiment erhielt seit dem Treffen bei Gettysborg, ob seines Wohlverhaltens den Ehrennamen: „Stonewall=Regiment". Bei Mill Creek Mountain gegen Morgan wurde es in Tirailleurs aufgelöst, kämpfte in dieser Verwendung am 8. und 15. Mai, so wie am 25. bei Dallas, wo er im Vordertreffen zu stehen kam. Der Feind räumte bald darauf seine Position. Am 12. Juni 1864 schrieb er zum letzten Male seinem Vater, es war aus dem Lager bei Marietta, wahrscheinlich sind seitdem mehrere Briefe an denselben nicht zugekommen, wie es bei unseren Correspondenzen aus Amerika öfter der Fall war und sich im Laufe des Krieges desto leichter erklären läßt. Trübe Vermuthungen bemächtigten sich unser, da wir lasen, daß Sherman nach der Besetzung von Atlanta den kühnen Zug gegen Savanah antrat, der ihn mitten durch Feindes Land unter den größten Entbehrungen, Strapazen und Gefahren führte. Doch unsere Befürchtungen sollten sich nicht erwahren, im Gegentheile sollte ein an sich unglücklicher Zufall unseren Landsmann ferneren Wechselfällen des tödtlichen Kampfes entziehen, denen er früher mit seltenem Geschicke entgangen war. Ein Brief vom 20. November 1864, von ihm an einem seiner Freunde hier geschrieben, berichtet, daß im Verfolge der Operationen gegen Süden, sich die Nothwendigkeit ergab, einen Sumpf zu überbrücken, um ihn für das schwere Geschütz passirbarer zu machen; Wohlgemuth wurde dazu commandirt, als Pionnier mitzuwirken. Man mußte mitunter mannsdicke Bäume fällen und zube=

reiten, und dabei geschah es, daß ihm seine Axt ausglitschte und am Fuße schwer verwundete. So dienstunfähig wurde er zurückgebracht, kam in Heilung, wo er jedoch, wenn auch hinkend, die Gelegenheit ersah, auf der nächsten Eisenbahn nach New=York zu gelangen und dort bei Lincolns Wiederwahl seine Stimme für ihn als amerikanischer Bürger abzugeben. Er ist nun in der Kanzlei eines Armeespitales in Verwendung, was ihm den Vortheil verleiht, sich in der Sprachkenntniß mehr auszubilden. Dieses und die zahlreichen früheren Schreiben beweisen, mit welch ungeschwächtem Muthe, ruhiger Hingebung und seltener Resignation Benno sein unvorhergesehenes, hartes Schicksal erträgt. Voll Enthusiasmus für Abraham Lincoln und Sherman weiß er ihrer Vorsorge Dank, mit welcher sie den Nachschub von Mundvorrath trotz aller Hindernisse vermittelten, obschon er uns mit lebhaften Farben die oft wiederkehrende Noth der Kämpfenden und Lagernden schildert, wo sie mit dem Wenigen, was sie vorfanden oder um theueres Geld sich verschaffen konnten, vorlieb nehmen mußten, so z. B. wie ein Marquetender, von Geburt ein Deutscher, eine Art Pfannenkuchen, das kleine Stück um einen Dollar feilbot, welches man, so lange was da war, mit Hinopferung seiner Baarschaft kaufte und mit Heißhunger verzehrte. Nun glaubt unser Landsmann, da er von obigem Datum an in nicht ganz neun Monaten seine dreijährige Dienstzeit vollendet, wenn es ihm indessen gelingt, das Spanische sich bis zu einem gewissen Grade eigen zu machen, die ihm angebotene Condition in einer der ersten Buchhandlungen New=Yorks, welche nach Mexiko und den Süden Amerika's versendet, antreten, oder, wenn dieses nicht ginge, nach Californien abgehen zu können, wozu ihm die ernweldete Subvention noch immer vorbehalten ist, und wir ihm vom Herzen Glück und Gedeihen vom Himmel wünschen, welcher ihn bisher so augenfällig beschützet.

Noch haben wir zwei Landsleute zu erwähnen, die zwar nicht mehr unter die in Amerika Weilenden gehören, jedoch einen Beitrag zu den dort gemachten Erfahrungen liefern. Es ist August G. v. G. und Max G., die in Folge der Ereignisse vom Jahre 1848 nach New=York sich begaben, um in den Nordstaaten unterzukommen. Beide haben durch die Schwielen an ihren Händen den Beweis zurückgebracht, daß Amerika keineswegs das vielgeträumte Eldorado sei, wo man nach dem Glücke nur zu haschen brauche, sondern das Land, wo Jedermann ohne Unterschied der Geburt und des Standes, nöthigenfalls das Brod im Schweiße seines Angesichtes verdienen muß. Ersterer weilt nun wieder in Oesterreich, während sein Schicksalsgenosse, welcher nach seiner Hinüberkunft im Dienste der Republik die kaum erst entdeckten Goldlager Californiens untersuchte, darüber eine Brochüre

schrieb, dann mit dem Verdienten sich eine Farm unweit Washington ankaufte, die er von einem Genossen beholfen, bearbeitete, später nach Europa
zurückkehrte, nach mehrjährigen Aufenthalte bei Zürich in der Schweiz, in
der Nähe von Bruchsal auf eigener Villa, mitten im Geranke von Reben,
sich und seinen Erinnerungen zu leben.

Wir behalten uns vor in Erwartung weiterer Einläufe durch nach-
trägliche Beiträge diese erste Rubrik noch weiters zu vervollständigen, wo
wir dann am Schlusse der dritten die Uebersicht der gegenwärtigen Zustände
Nordamerika's und die Folgerungen für kommende Fälle darzustellen
beabsichtigen. (Fortsetzung folgt.)

Die Montan-Industrie im Verwaltungsjahre 1863 in Kärnten.

T—sch—k. Die nun vorliegenden, das genannte Jahr betreffenden Daten geben folgendes Gesammtbild des Bergwerk-Be-
triebes in Kärnten für diese Periode. (Die Ergebnisse für das Jahr
1862 siehe im Heft 4, Seite 187.)

Was zuvörderst die räumliche Ausdehnung des Bergbaues betrifft, so hat die Zahl der Freischürfe 190 gegen das Vorjahr um
30 abgenommen, dagegen ist der Flächenraum der verliehenen Berg-
werksmassen, der in der Zahl von 11,892.205 Quadratklafter seinen
Ausdruck findet, so ziemlich gleich geblieben, indem statt der im Wege
der Auflassung oder Entziehung zur Löschung gelangten Bergwerks-
massen neue Verleihungen eingetreten sind. Als die wichtigsten neuen
Einrichtungen werden hervorgehoben: Die Aufstellung je einer Dampfmaschine bei dem Braunkohlenwerke Homberg und bei dem Fried-
richsstollen Werkskörper in Bleiberg, die Verlängerung der Eisen-
Förderbahnen von 11.820 auf 13.919 Current-Klafter, welche Verlängerung in Heft durchgeführt wurde, ferner die Errichtung von
zwei schwedischen Gasöfen und die Einführung des Bessemerns daselbst.

Die bedeutende Reduction des Arbeiter-Personales von 8005
auf 7160 hatte seine Ursache in dem Mangel an Absatz für Roh-
Eisen und für Eisenwaaren, wie in den niederen Bleipreisen und
ließ auch nur eine Vermehrung des Vermögensstandes der 45 Bru-
derladen (mit Beginn des Jahres 300.659), um 65 Gulden zu.

Unter den Arbeitern fanden 37 Verunglückungen, darunter 7 schwerere und 3 tödtliche statt.

Bei den einzelnen Zweigen der Bergwerks-Production ergaben sich folgende Verhältnisse:

Die Roheisen-Erzeugung erreichte im Jahre 1863 die Summe von 789.228 gegen 941.131 Centner des Jahres 1862, somit um 151.908 Centner weniger. Die Ursachen dieses Darniederliegens der der Eisen-Industrie wurden in der bekannten Petition der kärnt. Eisen-Industriellen an den Landtag in Klagenfurt in 9 Punkten präcisirt und insbesondere ist es der Umstand, daß dem Lande ein geeigneter, mineralischer Brennstoff fehlt, warum nicht der gegründeten und berechtigten Aufforderung nach einem billigen Roheisen entsprochen werden konnte, ungeachtet Kärnten Lagerstätten der besten Eisensteine, großartige, mit allen neueren Verbesserungen ausgestattete Hochöfen u. s. w. besitzt. Gleich der Roheisen-Production ist auch die Gußeisenerzeugung zurückgegangen und betrug im Jahre 1863 nur 6191, daher um 4205 Centner weniger als im Jahre 1862, wie auch um 117.925 Centner weniger an Eisensteinen erzeugt wurden. Im Ganzen wurden bei Eisenschmelzwerken 11,344.649 Cubikfuß Holzkohlen verwendet.

Die Bleierzeugung im Betrage von 59.336 Centnern ist gegen 1862 um 3400 Centner zurückgeblieben, wobei die vielen Hindernisse, womit der Bleibergbau in Kärnten zu kämpfen hat, in Betrachtung zu ziehen sind, wie die Absätzigkeit der Erzmittel, der Mangel an Wasser, bisweilen selbst an Trinkwasser bei vielen Bergwerken, die hohe Lage der Bergbaue, das durch keine bergmännische Theorie vorhinein zu bestimmende, somit unregelmäßige Bleierzvorkommen in Unterkärnten und in einigen Gegenden Oberkärntens und bei Bleiberg die große Zersplitterung des Besitzes und das Nichtzustandekommen einer bereits wiederholt angestrebten Union desselben u. s. w.

Dagegen zeigte die Höhe der Zinkerzeugung von 36.421 Ctr. eine Vermehrung von 920 Centnern. Die Verhüttung geschah jedoch außer Landes und zwar in Sagor in Krain, in Lichtenwald in Steiermark und in Ivanec in Croatien. Die im Jahre 1863 etwas gesteigerte Erzeugung von Graphit, nämlich 421 Ctr., ist in Kärnten überhaupt unbedeutend.

Eine Folge der bedauerlichen Geschäftsstockung in der Eisen-Industrie war auch, daß im Vergleiche mit dem Vorjahre um 527.230

Centner weniger, nämlich im Ganzen bloß 792.043 Centner Braun-
kohlen erzeugt wurden.

Entsprechend diesem Zustande der Bergwerks-Production mußte
auch der Geldwerth desselben in der Höhe von 3,490.331 fl. 83 kr.
gegen das Jahr 1862 den bedeutenden Rückgang von 817.683 fl.
34 kr. nachweisen. An Bergwerks-Abgaben entfielen 45.877 fl. 41 kr.
Bis Ende 1863 waren beim Bergbaue auf Kohlen 5 Dampfma-
schinen mit 80 Pferdekraft und eine in Bleiberg mit 10 Pferdekraft
in Verwendung.

Notiz.

Mit Bezug auf die Notiz im 12. Hefte 1864, Seite 569, „Ein
Priesterjubiläum“ freuen wir uns, die Mittheilung machen zu können, daß
Se. k. k. Apostolische Majestät mit Allerhöchster Entschließung vom 26. Dez.
v. J. dem Gurker fürstbischöflichen Domkapitular und Konsistorialrathe
Heinrich Hermann in Anerkennung seines vieljährigen verdienstlichen Wirkens für die Kirche und den Staat das Ritterkreuz des Franz Joseph-Ordens
allergnädigst zu verleihen geruht haben.

Literatur.

Albert Guzman's, k. k. Lieutenants, Erinnerungen aus dem italienischen
Feldzuge des Jahres 1859. Mit lyrischem Anhang. Aus dem Nach-
lasse des Verstorbenen, herausgegeben von Robert Hamerling.
(Wien, Karl Schönewerk, 1864.)

Wenn es ein Mittel gäbe, die Kritiker zu veranlassen, lyrische Gedichte eines Unbekannten, die noch dazu als Anhängsel eines Prosawerkes
erscheinen, aufmerksam zu durchlesen und nicht bloß zu durchblättern, so
würde eben auf den poetischen Theil dieser Veröffentlichung mit Nachdruck die Aufmerksamkeit gelenkt und dem Publicum die Kenntniß einer
poetischen Kraft von seltener Art vermittelt werden. Aber die Kritik ist
bis jetzt fast durchgehends bei den prosaischen Memoiren des jungen
Kriegers stehen geblieben, an welchen wir die schlichte und doch anspre-

chende Form, die naive Treue der Darstellung und den sich kundgeben=
den frischen Lebensmuth des Autors allerdings auch anerkennen; doch
möchten wir zunächst das Urtheil über den Guzman'schen Nachlaß nach
der poetischen Seite hin ergänzen. „Es sproßt in den österreichischen
Alpenländern,". sagt der Herausgeber in seinem Vorwort, „manche wür=
zige Blüte der Poesie, von welcher die literarischen Marktplätze und die
„Büchertische" der Recensenten sich nichts träumen lassen. Ein traum=
haft zartes Element geht durch die Lieder der norischen Poeten, potenzirt
sich aber in einzelnen Fällen, wie in Fercher von Steinwand's und Fritz
Pichler's Balladen zu wahrhaft genialen Tönen der kräftigsten und
edelsten Poesie. Einiges in Guzman's erzählenden Dichtungen klingt an
die großartige Weise der letzteren an, während in den rein = lyrischen sich
die Verwandtschaft mit einer ganz anderen, durch den pikantesten der
modernen Lyriker vertretenen Richtung kund gibt." Dieß Urtheil deutet
die Hauptrichtungen der Guzman'schen Lyrik an, läßt aber noch die Man=
nigfaltigkeit der Töne nicht ahnen, die auf den wenigen Blättern des
lyrischen Anhanges angeschlagen werden. Kräftige, bedeutende Züge, ein
Colorit, das an Lingg erinnert, zeichnen gleich das erste Gedicht in der
Reihe: „Alexanders Tod" aus. Einen interessanten Gegensatz dazu bildet
die stimmungsvolle, zarte, farben= und blütenreiche Romanze „am Qua=
dalquivir." „Vulkan und seine Cyklopen" ist ein Stück von überraschender
Schönheit und Energie des schildernden Ausdruckes, während „Cain"
ein echt dramatisches Pathos in kräftigen Jamben hervortreten läßt.
Die „Lieder" erinnern allerdings an Heine, wir müssen aber gestehen,
daß uns die Heine'sche Manier in diesen Liedern weniger peinlich be=
rührt, als dieß bei andere Nachahmern des Unnachahmlichen der Fall ist.
Wenn auch nicht dem Grade, besaß doch der Art nach, das Guz=
man'sche Talent eine gewisse innere Verwandtschaft mit dem Heine'schen.
Ein Paar Stücke des Anhauges legen auch für einen glücklichen Humor
Zeugniß ab, über welchen der Dichter verfügte. Ausgezeichnet sind die
Sonette. Frische und Kraft der Gedanken schließt hier mit edler Ge=
diegenheit des Ausdruckes einen Bund, der selten ist. Eigenthümlich
rührend aber wirken die beiden Schlußsonette: „Auf den Tod meines
Freundes L. Morocutti." Es sind Trauerklänge, mit welchen der
Dichter, ohne es zu ahnen, das passendste Grablied für sich selber sang.
Er erzählt, wie er mit seinem Freunde in begeisterten, jugendmuthigen
Gesprächen beisammen saß. —

„Zu ringen nach dem höchsten, schönsten Preise
Der Poesie, das schwuren wir uns leise,
Und lauter fühlten wir die Herzen pochen.

Nicht wollten wir nach eitlem Flitter ringen,
Das wahrhaft Schöne treuen Sinnes erstreben,
Und zu dem Gipfel der Vollendung bringen.

Darauf haben wir uns Hand und Kuß gegeben,
Und fröhlich ließen wir die Gläser klingen,
Gefüllet mit dem edlen Saft der Reben.“

Dann fährt er um den Frühgeschiedenen klagend fort:

„Dahin, dahin! Zerrissen ist das Blatt,
Sein schrecklich Veto hat der Tod geschrieben
Mit schwarzen Lettern. Uns ist nichts geblieben,
Des Schicksals Zorn den Blütenkranz zertrat.

Eh' noch der Früchte holde Zeit genah't
Dort schon der Baum, die Hoffnungen zerstieben,
Wie leichter Sand, vom Winde fortgetrieben,
Wie Flocken, die das Meer verschlungen hat.

Den edlen Freund, den Dichter, ach, sie haben
Ihn heut gelegt tief in den Schooß der Erde,
Die Riesenpläne sind mit ihm begraben.

Das Feuer ist verkohlt am Opferherde,
Wo wir gebracht den Musen uns're Gaben,
Und unsern Zukunftstraum bedeckt die Erde.“

Vermischtes.

Naturgeschichtliches.

(Anglesitkrystalle aus den Bleibergbauen von Schwarzenbach und Miß in Kärnten.) Herr Dr. V. v. Zepharovich
übersandte der k. Akademie der Wissenschaften eine Mittheilung über die
Anglesitkrystalle aus den Bleibergbauen von Schwarzenbach und Miß, als
Ergänzung einer in den Sitzungsberichten der Akademie vom Jahre 1859,

erschienenen größern Arbeit, der Monographie des Bleivitriols von Dr. V. v. Lang, für diese lagen aus Kärnten nur Krystalle von Bleiberg zur Untersuchung vor. Das Anglesitvorkommen von Schwarzenbach war schon früher bekannt; in Miß, unweit von Schwarzenbach, hat man das Mineral aber erst in neuerer Zeit beobachtet. Die Schwarzenbacher Krystalle können den ausgezeichnetsten von anderen Fundorten würdig angereiht werden; bei wasserklarer Masse und ansehnlichen Dimensionen bieten sie einen bemerkenswerthen Formenreichthum; Flächen, 17 verschiedenen Gestalten angehörig, konnten an ihnen nachgewiesen werden; darunter 3 bisher nicht beobachtete: 2 Pyramiden $\frac{1}{3}$ P und $\frac{1}{4}$ P und ein Domm $\frac{1}{3}$ P ∞. Die neuen Pyramiden erschienen ebenfalls an den Krystallen von Miß — also Uebereinstimmendes der beiden nachbarlichen Vorkommen bei auffallender Verschiedenheit für den ersten Blick — in dem allgemeinen Typus der Formen. An den beiden beschriebenen Lokalitäten, wie an den meisten übrigen bekannten, bildet Galenit, mehr oder weniger zerstört, die Unterlage der Anglesitkrystalle; auch die Begleitung von rohrigem Limonit wird in Schwarzenbach nicht vermißt, während in Miß nette Cerussitkrystalle, 2 Generationen angehörig, vor und nach der Anglesitbildung aufgetreten sind.

(**Welwitschia mirabilis.**) Wohl den wenigsten unserer Leser dürfte die Entdeckung bekannt sein, welche unser berühmte Landsmann Dr. Fried. Welwitsch im Jahre 1860 in St. Paolo de Loanda, an der Westküste Afrika's machte. Er fand einen Baum, der sich bei mächtigem Umfange nur 2 Zoll hoch über die Erde erhebt und so den größten Gegensatz zu den riesigen Adansonien bildet, deren 6000jährige Kronen die Ufer des Senegal beschatten und die alljährlich noch Blüten und Früchte tragen, wahrhaftige Bilder ewiger Kraft und Verjüngung. Diese Zwergbäume wurden seither auch von Baines und Anderson im Lande von Damaras und am Cap Negro wieder aufgefunden. Die Linnean-Society in London erhielt Exemplare dieser merkwürdigen Holzpflanze, und der Botaniker Hooker beschrieb sie in den Schriften der genannten Gesellschaft, und bildete sie in allen ihren Theilen vollständig ab, so daß über die Existenz derselben nunmehr kein Zweifel mehr obwalten kann. Zu Ehren des Entdeckers wurde sie Welwitschia mirabilis genannt.

Sie wächst an sandigen Stellen, wo außer ihr nur wenige zarte Graspflanzen gedeihen. Anderson berichtet, daß er an einer solchen Stelle einmal etwa fünfzehn Welwitschien beisammen getroffen habe, und daß dieser Pygmäen-Wald einen sonderbaren Anblick gewährte. Die neue

Pflanze gehört in eine eigene Familie des Pflanzenreiches, welches mit unseren Coniferen und den exotischen Casuarinen in einer entfernteren Verwandtschaft steht, und die in Europa nur durch eine einzige Gattung (Ephedra) vertreten ist; der Stamm derselben ist holzig, ragt, wie erwähnt, nur 2 Zoll über den Boden und breitet sich da tischartig aus, so daß er, von oben besehen, mit seiner braunen zerschrundenen Rinde und zwei lappenförmigen Vorsprüngen einem Riesenlaibe schwarzen Brotes nicht unnähnlich sieht. Am Seitenrande des Stammes entspringen die zwei Blätter, von denen jedes etwa 6 Fuß lang und am Ende zerfasert und gekräuselt ist; sie berühren mit ihrer Fläche theilweise den Boden.

Zur Zeit der Blüthe erhebt sich aus dem obern Theile des Stammes eine mächtige, etwa einen Fuß lange Rispe mit aufgerichteten kegelförmigen Früchten, welche den Zapfen unseres Lärchenbaumes an Größe, Gestalt und Färbung nicht unähnlich sehen. Die eigentlichen Blüthen, mit ihren Pistillen und Antheren stehen zwischen den carminroth gefärbten Schuppen des Fruchtzapfens, wo sich zur Zeit der Reife auch der Same findet.

Die Eingebornen benützen seit Langem das Harz, welches dieser Zwergbaum ausschwitzt, das sie Tumbor nannten; ein Name, der auch auf die Pflanze selbst übertragen wurde. Die Hottentotten nennen sie „Ghories," die Damaras „Nyanka=Hykamkop," welche Namen alle uns wohl seiner Zeit die Alles erforschenden Philologen zu verdolmetschen in der Lage sein werden. Seit der Entdeckung von Rafflesia Arnoldi, einer blätter- und fast stiellosen Riesenblume von 2 bis 3 Fuß im Durchmesser, welche auf den Sunda=Inseln an den Wurzeln von Cissus=Arten parasitisch wächst, ist im Reiche Florens ein interessanterer und merkwürdigerer Fund nicht gemacht worden.

(**Entdeckung von Giftorganen bei Fischen.**) Seit den ältesten Zeiten werden viele Fische, der Wunden halber, die sie mit ihren auf den Kiemendeckeln und in der Rückenflosse angebrachten Stacheln beizubringen im Stande sind, von den Fischern gefürchtet; hieher gehören viele Rochen, welsartige Fische, und vor allem die Meerdrachen oder Petermännchen (Trachinus vipera und Trachinus draco), denen aus diesem Grunde, zum großen Aerger der vergleichenden Anatomen, gleich nach dem Fange die besprochenen Stacheln von den Fischern abgebrochen werden, weshalb auch wenige vollständig unversehrte Exemplare auf den Märkten zu bekommen sind. Cuvier und seine Nachfolger konnten weder Giftorgane, noch das Gift leitende Canäle bei diesen Fischen entdecken, und schrieben die Bös=

artigkeit der von ihnen verursachten Wunden der Gestalt des Stachels und der dadurch veranlaßten argen Zerfleischung zu. Im Mai 1849 gelang es Herrn Isaak Byerley Esq. und dessen Freunde Dr. Inman bei Trachinus eine längs der Kante des Kiemendeckel-Stachels hinlaufende Furche aufzufinden, welche mit der den Stachel bis an die Spitze umhüllenden Haut einen Kanal bildet; doch ein Giftorgan wurde auch diesmal vergebens gesucht, und nur der von allen Fischen ohne Ausnahme abgesonderte Schleim konnte durch diesen Canal der Wunde zugeführt werden, mußte jedoch, wie viele Beispiele lehrten, bei Trachinus von besonders irritirender Beschaffenheit sein. Am 22. März l. J. endlich machte Dr. Albert Günther in der zoologischen Gesellschaft zu London das Resultat seiner, an einem Fische der Familie der Batrachoiden, aus Guatemala, Thalassophryne reticulata, vorgenommenen diesbezüglichen Untersuchungen bekannt. Er fand an dem 10½'' langen Fische einen einzelnen scharfen Dorn an jedem Kiemendeckel und zwei solche in der Rückenflosse, jeder 8''' lang. An der Spitze fand er eine Oeffnung, durch welche er mit der Sonde (in diesem Falle eine steife Schweinsborste) in ein an der Basis gelegenes, eine rahmartige Flüssigkeit enthaltendes Säckchen gelangte, das mittelst einer Röhre mit dem Schleimkanal-System des Fisches in Verbindung stand. Die Seltenheit des ihm zu Gebote stehenden einzigen Exemplares ließ Injectionen oder weitere anatomische Untersuchungen nicht zu, doch wurden solche für die nächste Zukunft, nach Anlangung einer zweiten Sendung aus Panama, in Aussicht gestellt. Niemand wird es wohl beifallen, diesen komplicirten Apparat als einen, für harmlose Zwecke geschaffenen zu betrachten, und die Anwesenheit von Giftorganen bei Fischen ist somit endlich zweifellos festgestellt; der Unterschied von jenen der Giftschlangen liegt nur darin, daß wir es mit keiner einzelnen Giftdrüse, sondern mit einem Reservoir, das den giftigen Körperschleim aufsammelt und behufs Einführung in die mit dem Stachel beizubringende Wunde bereit hält, zu thun haben.

Bodenkultur.

(Aufbewahrung des Blütenstaubes.) In dem Bulletin der Gartenbaugesellschaft an der Rhone wird ein neuer und sehr interessanter Fall mitgetheilt, in welchem getrockneter Blütenstaub seine befruchtenden Eigenschaften bewahrte. Für die Praxis ist dieser Gegenstand wichtig genug, um strebsame Gärtner zu selbstständigen Versuchen zu veranlassen. Wichtig ist er zumal für die diöcischen Pflanzen, von denen bisweilen nur das eine oder das andere Geschlecht in dem Gewächshause vertreten ist, für sonstige Kreuzungsversuche, wenn die Artpflanze, mit deren Pollen man zu befruchten wünscht, noch wenig verbreitet ist. Das Factum, über welches jenes Bulletin berichtet, ist folgendes: Am 5. Jänner 1862 wurde in Lyon der Blütenstaub von Gesneria cinnabarina gesammelt und um ihn gegen Licht und Feuchtigkeit zu schützen, in Papier eingeschlagen. Im Jänner 1863 wurden einige Körner dieses Pollens zur Befruchtung derselben Varietät der Gesneria cinnabarina benützt, von welcher er genommen war. Die Operation gelang auf das Vollständigste.

(Baumwollencultur in Venetien.) Die günstigen Resultate, welche die in Süditalien zuerst gemachten und dann noch in einigen Districten Oberitaliens nachgemachten Versuche mit der Einführung der Baumwollencultur erzielten, haben mehre angesehene und erfahrene Agricultoren Venetiens angeregt, diesen wichtigen Productionszweig auch hierlands zu cultiviren. Bereits wurde eine ersehnliche Anzahl von Baumwollstauden gezogen und schon im nächsten Frühjahre wird in mehren Gemeinden Venetiens Baumwolle angebaut werden. Nach den Resultaten anderer Länder, mit gleichen klimatischen Verhältnissen hofft man hier schon in wenigen Jahren dahin zu gelangen, wenigstens einen Theil des Bedarfes an Baumwolle für diese Provinz durch eigenen Anbau zu decken.

(Das Mutterkorn.) Ueber die Entstehung des Mutterkorns ist schon viel vermuthet und behauptet worden, die meisten Angaben haben sich aber als unzulässig erwiesen. So glaubt man noch ziemlich allgemein, das Mutterkorn erscheine nur in nassen Sommern, während es doch in trockenen Sommern ebenfalls und oft weit reichlicher angetroffen wird. Nach den Beobachtungen Schlanzig's, welche durch anderwärts, namentlich in Schlesien und Oesterreich gemachte Erfahrungen bestätigt werden, entsteht diese Krankheit des Roggens durch den Biß eines ein Drittel Zoll langen, hellbraunen Käfers, Rhagonycha melanura, welcher jedes Jahr im Juni zahlreich erscheint. Nach dem Verblühen des Roggens, wenn die Körner sich bilden, und noch zart und weich sind, setzt er sich an den Aehren fest und saugt den wichtigen Inhalt der Körner aus. An der verwundeten Stelle des Korns tritt dann eine etwas klebrige Flüssigkeit hervor, welche widrig riecht, später eintrocknet, verhärtet und als ein Deckelchen abfällt. Bald darauf schwellen die verwundeten Körner auf, sehen anfangs blaß aus, nehmen dann eine gelbliche Farbe an, die immer dunkler wird, strecken sich auch in die Länge und bilden allmälig so das Mutterkorn.

Zur Länder- und Völkerkunde.

(Neuer Fund von menschlichen Körpern in den Ausgrabungen von Pompeji.) Da uns die Ausgrabungen von Pompeji das Leben der alten Römer von manchen Seiten besser und klarer erläutern, als die erhaltenen Nachrichten der klassischen Schriftsteller, so ist es erklärlich, daß jeder neue Fund das allgemeine Interesse erregt und dieß um so mehr, wenn er menschliche Leichen selbst enthält. Am 29. September 1864 hielt der italienische Naturforscher de Luca einen Vortrag in der Akademie der Wissenschaften in Paris über die chemische Beschaffenheit von in letzter Zeit in Pompeji gefundenen Knochen, unter welchen auch solche von Menschen vorkommen. Aus diesem Vortrage wollen wir hier zunächst nur eine kurze Skizze über die Art und Weise einschieben, wie diese alte Stadt so tief unter die Erde gekommen und mit so mächtigen Schichten lockeren Gesteines überdeckt worden ist.

Es unterliegt keinem Zweifel, daß der Vesuv lange vor jenem Ausbruche, der den Untergang von Pompeji bewirkte, ein thätiger Vulkan gewesen sei; es scheint aber auch, daß er im Jahre 79 nach Christi ein erloschener Vulkan gewesen, denn bis dahin war nicht einmal eine Sage von einem Ausbruche desselben vorhanden. Auf dem Berge bestand nur ein großes, eingesenktes, mit wildem Wein überranktes Becken, in welchem Spartakus während des Sclavenkrieges mit 10.000 Mann gelagert hatte, und an seinem Fuße blühten die jetzt überschütteten Städte. Der Vesuv hatte damals keinen Kegel, der frühere war in den Schlund zusammengestürzt, und es bestand somit eine völlige Verstopfung desselben. Dieß war auch die Ursache, daß jene erste historische Eruption eine so ungeheuere gewesen. Nicht Lavaströme, sondern Schlammfluthen sind es, welche Pompeji und Herkulanum stellenweise in einer Mächtigkeit von 112 Fuß überdecken. Diese Decke ist aber auch nicht das Product einer einzigen Eruption, sie rührt von mehreren Ausbrüchen her. Aus dem Krater wird oft Tage lang staubartig, feinzertrümmertes Lavagestein, Bimssteine ꝛc., die vulcanische Asche mit großer Heftigkeit und in ungeheuerer Quantität ausgeworfen. Es vermischt sich diese vulcanische Asche mit den Wasserdämpfen, welche mit enormer Gewalt aus dem Krater in die Lüfte sich erheben, und so gestaltet sich die prachtvolle Piniensäule, welche 1000—7000 Fuß hoch aufsteigt und bei der Verdichtung des Dampfes als vulcanischer Platzregen aus dem Wolkenschirm am oberen Theile der Pinie um den Vulcan niederfällt. In der Gestalt von Schlammfluthen wälzen sich dann Wasser und Asche die Berge und Hügel hinab, bekleiden und erfüllen ganze Thäler, und bleiben nach ihrer Austrocknung als Tuffgestein zurück. Diese weiche zähe Masse muß daher von jedem Gegenstande, den sie überzogen, einen höchst getreuen Abdruck liefern. Wenden wir uns nun wieder zu den Mittheilungen des de Luca über die Funde. In einer kleinen Straße von Pompeji fand man einen offenen Raum unter einer Masse von Trümmern, in welchem Gebeine zum Vorschein kamen. Sogleich goß man Gyps mit Wasser vermischt hinein. Nach kurzer Zeit war der Gyps ver-härtet und nach vorsichtiger Abnahme der Tuffdecke, erhielt man den getreuen Abdruck von 4 Leichen, genau so, wie die sterbenden Men-schen zur Zeit der Tuffbedeckung beschaffen waren. Zwei Leichen lagen zusammen und zwei andere von einander getrennt. Einer diese Körper gehörte einer Frau an, bei welcher sich eine Anzahl von Münzen und Schmucksachen fanden, welches andeutete, daß sie auf der Flucht war und sich mit ihren Kostbarkeiten zu retten suchte. Man konnte sehr gut ihren Haarputz und das Gewebe der Kleidung erkennen. Die rechte Hand mit dem Arme streckt sie von dem Körper aus, die linke Hand erhebt sich in gedrehter Stellung, und sie ist zusammen-gepreßt. Die ganze Stellung gibt einen Zustand der Agonie zu erkennen.

Neben ihr lag eine andere Frau und ein junges Mädchen; jene konnte die Mutter des letzteren gewesen sein. Sie hatten das Ansehen, als schliefen sie auf einem Bette, sie lagen so, daß sich der Kopf der einen bei den Füßen der anderen befand. Das junge Mädchen hatte ihr Kleid über den Kopf geschlagen, wie zum Schutze gegen die niederfallenden Massen, sie stützte sich auf einen Arm; eine Hand ist halb geöffnet, so als wenn sie damit etwas festge-halten hätte.

Der vierte Körper gehört einem Manne an, vielleicht einem Soldaten. Er lag auf dem Rücken. Seine Kleidungsstücke sind sehr ausgezeichnet, Sandalen trägt er an den Füßen, selbst die Nägel

unter den Sohlen sind erkennbar. Die ganze Leiche hat ein martia-
lisches Ansehen.

Die gegenwärtigen Ausgrabungen in Pompeji liefern überhaupt
schöne Resultate und werden vortrefflich geleitet. So hat man denn
auch jüngst einen großen vierseitig behauenen Marmorblock aufgefunden, auf welchem auf seinen vier Seiten ein römischer Kalender in
Schriftzügen eingemeißelt ist. Er enthält interessante Nachrichten aus
dem Gebiete der alten Astronomie, der Landwirthschaft und der Religion, namentlich sind die römischen religiösen Feste darin verzeichnet.

Meteorologisches.

Witterung im Dezember 1864.

Beklagen wir uns, und zwar häufig mit sehr begründetem Rechte,
über unsere strengen Winter, so müssen wir dem Wetter aber auch unsere
Anerkennung nicht versagen, wo es uns gnädiger war, als andern. Der
vergangene Dezember war nicht überall so schön und mild wie bei uns,
er war vielmehr im größten Theile Europa's sehr kalt und stürmisch.
Wie der November geendet, begann der Dezember mit ziemlich strenger
Kälte im Nord und Ost unseres Welttheiles, in Moskau — 18.0 in
Riga — 19·3, Petersburg — 14·5). Unter dem Einflusse von Südwest-
Stürmen, die um die Mitte des Monats in der Nordsee und dem bal-
tischen Meere herrschten, verschwand die Kälte, welche aber um Weihnachten in Mitteleuropa sehr empfindlich war, indem in (Moskau — 20·1,
Odessa — 12·0, Leipzig — 12·5, Wien — 12·7°) andauernd tiefe Tem-
peratur beobachtet wurden, gegen Ende des Monats jedoch war wieder
überall ziemlich gleichmäßig Wärme verbreitet.

In Kärnten war die Witterung den ganzen Monat über sehr
gleich und regelmäßig, die geringe Schneelage, welche am 12. gefallen
war, war in der darauf folgenden warmen Witterung schon am 19.
wieder verschwunden, am 23. fiel fast den ganzen Tag aus blau durch-
schimmerter Wolkendecke sehr trockener, krystallinischer Schnee, der jedoch
kaum eine 3 Zoll hohe Decke bildete, und gegen Ende des Monats die
Felder nicht mehr vollkommen deckte. Dabei blieb die Temperatur, obwohl der Luftdruck in fortwährendem Schwanken war, ziemlich gleich-

mäßig. Sie stieg in Klagenfurt am 1. noch auf + 3·7., fiel am 7. auf das Minimum von nur — 7·9, und war im Mittel nur — 2·11. — Auch auf den Höhen war die Temperatur sehr gleichmäßig vertheilt. Die höchste, meist am 1. wurde mit 3 bis 4° beobachtet, nur in Sachsen-burg stieg sie auf + 7·0 und am hohen Obir 6300' Seehöhe war sie an den drei sonnigen Tagen, 7. bis 9. + 5·0. Die tiefste Temperatur war an den meisten Stationen — 8 bis — 10, nur in Raibl, Lug-gau und am Hochobir fiel sie auf — 12·0, im Bad Vellach auf — 13·0. — Die mittlere Temperatur war zwischen — 2 und 3½ Gra-ben, am hohen Obir — 3·98 in St. Peter und Luggau — 4·1. — Der Niederschlag war nirgends sehr bedeutend, nur bei 5''', nur in Raibl war er wieder bedeutend, nämlich 44·2, in Luggau 35·2, Saif-nitz 23·8. — Die meisten Tage war eine gleichmäßige Wolkendecke über den Himmel ausgebreitet, und daher an den meisten Stationen sehr viel trübe Tage.

Die mittleren Witterungselemente im Vergleich mit den normalen (welche die eingeschlossenen Zahlen geben), waren folgende in Klagenfurt: Luftdruck: 321·87 (320·87). Luftwärme: — 2·11 (— 2·92). Feuchtigkeit der Luft + 2, Niederschlag 5·89 (24·13). Bewölkung 8·00 (4·08).

Mittheilungen aus dem Geschichtverein.

Aus dem Vereine getreten ist: Herr Valentin Hermann, Curatpfarrer zu Obermillstatt.

Als Geschenke wurden dem Vereine gütig gewidmet: Vom Vereine für Meklenburgische Geschichte und Alterthums-Kunde: dessen Jahrbücher und Jahresbericht 29. Jahrgang. — Enthält interessante Mittheilungen über Höhlen-Wohnungen und Pfahlbauten in Meklenburg.

Von der königl. baier. Akademie der Wissenschaften in München: deren Sitzungsberichte; I. Heft IV. und V.; II. Heft 1 von 1864.

Vom Museum Francisco-Carolinum in Linz dessen 24. Jahresbericht und 19. Lieferung der „Beiträge" zur Landeskunde von Oesterreich ob der Enns.

Vom Vereine für Hamburgische Geschichte in Hamburg dessen Zeit-schrift. Zweites Heft des zweiten Bandes neuer Folge.

Von der Gesellschaft für Salzburger Landeskunde deren Mitthei-lungen für das Vereinsjahr 1864.

Vom germanischen Museum in Nürnberg: Anzeiger für Kunde deutscher Vorzeit Nr. 9 und 10 vom Jahre 1864.

Vom Herrn Wieser, Offizial der hiesigen k. k. Landeshauptkasse: Theresianische Hammerordnung für Steiermark.

Vom Herrn Dechante und Stadtpfarrer in Völkermarkt, Andreas Alliantschitsch: Ein sehr gut erhaltenes gedrucktes Missale vom Jahre 1498 mit dem Wappen des Erzbischofes von Salzburg, Leonhard von Keutschach.

Vom Herrn Domcapitular Heinrich Hermann: Original-Abschied (mit Siegel) für den kais. Hauptmann Georg Weß, ausgestellt von Jakob Reichsgrafen von Leslie, Hofkriegsraths-Präsidenten, General-Feldmarschall und „Bestellten Obristen über ein Regiment zu Fuß" am 28. März 1690.

Vom Herrn Peter Ritter v. Rittinger, k. k. Ministerialrathe im Finanz-Ministerium wurde dem Geschicht-Vereine im Namen des Comité's, durch welches dem in den Ruhestand getretenen Chef der k. k. Aerarial-Bergwerks-Verwaltung, Sr. Excellenz Herrn k. k. Ministerialrath Karl Freiherrn von Scheuchenstuel, die ihm von den montanistischen Fachgenossen in Oesterreich gewidmete Denkmünze übergeben wurde, ein Exemplar dieser Medaille im Bronce — wie das begleitende Widmung-Schreiben lautet — „zur Aufbewahrung für immerwährende Zeiten" zugesendet, nachdem der gefeierte Jubilar „dem Herzogthume Kärnten durch seine Geburt angehört und hierlandes seine dienstliche Thätigkeit begann".

Vom Herrn Ferdinand Hauser, k. k. Rathe und emeritirtem Bürgermeister der Landeshauptstadt Klagenfurt: 12 antike Silbermünzen (2 Kaiser- und 10 Familien-Münzen) aus dem Zollfelde.

Vom Herrn Anton v. Scheuchenstuel, k. k. Landesgerichtsrathe in Pension wurde dem Vereine über Bitte der Vereinsdirektion, das lithographirte Portrait, Sr. Excellenz des Herrn k. k. Ministerialrathes Karl Freiherrn v. Scheuchenstuel als Geschenk übergeben.

Vom Herrn Franz Biber, k. k. Landesgerichtsrathe in Pension: 3 Stück französische Assignatscheine.

Vom Herrn Alois Weiß, Scriptor des Geschichtvereines: Eine Sammlung von nahezu 200 Stück Siegel-Abdrücken.

Ankäufe:

a) Denkmale deutscher Baukunst, Bildnerei und Malerei, von Ernst Förster. 223. bis 225. Lieferung

b) Allgemeine Weltgeschichte von Cäsar Cantu, 73. bis 75. Lieferung.

c) Geschichte Kaiser Ferdinand's II. von Friedrich v. Hurter. 4. Band.

d) Deutsches Staats-Wörterbuch von Dr. J. C. Bluntschli u. K. Brater. 83. und 84. Heft.

e) Das neue Testament in griechischer Sprache. Pariser-Druck vom J. 1549.

f) Gloria Austriae seu Compendium genealogico-historicum de serenissima Domo Lotharingica. Ceniponti 1718.

g) 2 Orig. Urkunden auf Pergament (eine vom Jahre 1479 mit 2 anhäng. Siegeln, eine vom Jahre 1660).

h) Ein alter Stuhl mit geschnitzter Lehne.

i) Waffen: 4 Hellebarden seltener Form; 2 Schwerter; 2 Dolche.

Roheisen- und Blei-Preise am Beginn des Jahres 1865.

Eisen-Preise.

Köln: Holzkohlen- und Spiegeleisen per Zollcentner 1 1/3 — 1 3/4 Thlr., Cokes-Roheisen affinage 1 1/3 — 1 4/10 Thlr., graues 1 1/3 — 1 4/10 Thlr, schottisches Nr. 1 1 4/10 — 1 1/2 Thlr., Stabeisen grobes 3 1/3 — 3 4/10 Thlr., Gußstahl 22 — 24 Thlr., Puddelstahl 10 Thlr., Edelstahl 14 Thlr.

Berlin: Schlesisches Holzkohlenroheisen 1 Thlr. 23 Sgr., Cokes-Roheisen 1 Thlr. 20 Sgr.; Stabeisen gewalzt 3 3/4 — 4 Thlr., geschmiedet 4 1/3 — 4 1/2 Thlr.

Auf österr. Währung und Gewicht berechnet:

Köln per Meiler zu 10 Wiener Cntnr.: Holzkohlen- und Spiegeleisen 25 fl. 20 kr. — 29 fl. 40 kr., Cokes-Roheisen affinage 21 fl. — 23 fl. 50 kr., graues 25 fl 20 kr. — 26 fl. 88 kr., schottisches Nr. 1 26 fl. 88 kr. — 28 fl. 56 kr., Stabeisen grobes 53 fl. 76 kr. — 57 fl. 12 kr., Gußstahl 359 fl. 60 kr. — 403 fl. 20 kr., Puddelstahl 168 fl., Edelstahl 255 fl. 20 kr.

Berlin: Schlesisches Holzkohlen-Roheisen 29 fl. 68 kr., Cokes-Roheisen 28 fl., Stabeisen gewalzt 63 fl. — 67 fl. 40 kr., geschmiedet 72 fl. 80 kr. — 75 fl. 60 kr.

Kärntnerisches Roheisen loco Hütte 27 — 29 fl.

Blei-Preise.

Köln per Zollcentner: Raffinirtes Weichblei 6 1/3 — 6 1/2 Thlr., Hartblei 6 — 6 1/6 Thlr., Goldglätte 6 1/6 — 6 1/3 Thlr., Silberglätte 5 5/6 — 6 Thlr.

Berlin: Tarnowitzer 6 7/12 Thl., sächsisches 6 1/2 Thlr.

Auf österr. Währung und Gewicht berechnet:

Köln per Wiener Cntnr.: Raffinirtes Weichblei 10 fl. 64 kr. — 10 fl. 92 kr., Hartblei 10 fl. 8 kr. — 10 fl. 36 kr., Goldglätte 10 fl. 42 kr. — 10 fl. 50 kr., Silberglätte 9 fl. 74 kr. — 10 fl. 8 kr.

Berlin: Tarnowitzer 11 fl. 6 kr., sächsisch 10 fl. 92 kr.

Durchschnittspreise der Lebensmittel zu Klagenfurt im Dezember 1864.

		fl.	kr.			fl.	kr.
Weizen	der Vierling	4	50	Speck, geselchter	das Pfund	—	40
Roggen	der Vierling	3	40	„ roher	das Pfund	—	38
Gerste	der Vierling	2	80	Schweinschmalz	das Pfund	—	50
Hafer	der Vierling	1	50	Eier	das Paar	—	5
Heide	der Vierling	3	—	Hendl	das Paar	—	60
Mais	der Vierling	3	16	Kapaunen	das Paar	2	—
				Enten	das Paar	1	—
Brein (gestampfte Hirse)	der Vierling	7	44	Gänse	das Paar	1	75
Erbsen	der Vierling	4	42	12″ Scheiterholz, hartes	loco Lend eine n. ö. Klftr.	4	30
Linsen	der Vierling	5	—	12″ Scheiterholz, weiches	loco Lend eine n. ö. Klftr.	3	30
Fisolen, weiße	der Vierling	5	—	30″ Scheiterholz, weiches	loco Lend eine n. ö. Klftr.	5	30
Fisolen, rothe	der Vierling	4	50				
Erdäpfel	der Vierling	—	—				
Rindschmalz	das Pfund	—	53 1/3	Heu	der Zentner	1	—
Butter	das Pfund	—	50	Stroh	der Zentner	—	55

Herausgegeben vom kärntnerischen Geschicht-Vereine und natur-historischen Landesmuseum in Klagenfurt. — Verantwortlicher Redakteur Dr. Heinrich Weil. — Druck von Ferd. v. Kleinmayr in Klagenfurt.

Carinthia.

№. 2.   Februar   1865.

Unsere Landsleute in Nordamerika.

Von Heinrich Hermann.

(Fortsetzung und Schluß.)

Aus dem Canalthale wanderte Anton Tomasini, gebürtig zu Tarvis, wo seine Eltern seßhaft waren, im Jahre 1850 als Uhrmacher in die Ferne. Er hatte im 9. Jägerbataillon gedient, wurde 1848 blessirt und in Folge dessen entlassen. Auf seiner Wanderung gelangte er 1852 nach Hamburg, schiffte nach England über und von da nach New-York. Dort arbeitete er eine Zeit, etablirte sich dann zu Great Morlow und hatte als Uhrmacher vielen Zuspruch. Indessen, da er durch Spekulationen und durch Unterschlagung der Gelder auf der keinen Ersatz leistenden Post herbe Verluste erlitt, verließ er sein Geschäft, hing seinem Triebe nach Abenteuern nach und begab sich in die noch unkultivirten Gegenden, wo er jedoch mit genauer Noth den Waffen der Wilden entging. Seine eingehenden Naturschilderungen sind äußerst anziehend; Schade, daß wir sie nicht geben können. Nach diesem Umzuge fing er im Jahre 1858 in Baltimore ein kleines Juwelengeschäft an, doch er that es nur zur Noth, sein Gemüth zog ihn fort nach fernen Zonen, um die Welt in ihrem weiten Umfange zu sehen. Er wollte nach Australien und begab sich daher nach New-Orleans, von wo er den 21. August 1859 zum letzten Male seinen Eltern schrieb, die im gleichen Jahre nach einander der Tod hinwegraffte. Das Klima in New-Orleans schreckt ihn, da das gelbe Fieber dort im Jahre 1858 16.000 Menschen getödt hatte, so sehr übrigens sein Geschäft gut ging. Was weiter aus ihm geworden, wissen wir nicht, wahrscheinlich hat er, um jenem sich zu ent

---

*) Der ursprünglich beabsichtigte Schluß, worin die Auswanderer nach Californien und Nevada behandelt werden sollten, muß nun leider, in Folge Ablebens des Verfassers, unterbleiben.   Anm. d. Red.

ziehen, den Weg nach Australien gesucht. Erwähnungswerth ist es, daß er, von dem üblen Erfolge des Krieges von 1859 in Italien unterrichtet, den Wunsch ausspricht, noch einmal seinen Stutzen gegen die Reichsfeinde ergreifen zu können. Ein Bruder befindet sich im Oriente, der andere in der merikanischen Armee, vielleicht führt sie ihr Schicksal noch einmal zusammen.

Auch von unserem sonst so ruhigen heimischen Krapfeld, zog ein weibliches Individuum in jenes Land des fernen Westens, Maria Schreiber, geboren zu Dürnfeld, Pfarre St. Peter bei Taggenbrunn, heiratete den in Trieben in Obersteier als Sattler seßhaften Anton Lenz. Durch Fleiß und Wirthschaftlichkeit tilgten sie bald die Schuldenlast des Hauses; indessen bei aller heitern Aussicht im Vaterlande ergriff sie beide, wahrscheinlich angefacht von Außen, das Auswanderungsfieber. Im Juni 1853 schifften sie sich in Bremen ein, gelangten nach einer vierzigtägigen Fahrt, auf welcher sie unter Anderem eines ungeheuren Walfisches ansichtig wurden, nach New-York und von dort mit Dampfschiff und Dampfroß nach St. Louis, den Ort ihrer Bestimmung. Es war am 15. August, dem Namensfeste der Gattin, wo sie, tief ergriffen von dem herrlichen Anblicke, den ihnen die hunderte von Thürmen und Giebeln der Stadt, die sich in den Fluthen des Riesenstromes Mississippi spiegelten, gewährten, die jenseitigen Ufer betraten, in die kath. Cathedrale eilten, um Gott zu danken und ihm die Rückgebliebenen zu empfehlen. Sechzig englische Meilen von St. Louis kauften sie sich um 1000 Dollars, 300 hatten sie auf die Reise, wovon 100 auf hier leicht ersetzliches Gepäcke verwendet, eine Farm; doch so glücklich die Wirthschaft sich anließ, warf nach Kurzem das Fieber beide Gatten auf das Krankenlager, so daß sie, um dem verderblichen Clima im Süden von Missouri zu entgehen, ihr Anwesen um 1500 Dollars wieder verkauften und dafür in St. Louis eine Cigarrenfabrik, dann ein Tapezier- und Möbelgeschäft mit Erfolg betrieben. Lenz war bei der Präsidentenwahl ein Gegner Lincolns, entging jedoch dem Dienste als Soldat, nicht ohne als Sattler drei Monate lang bei Fremonts Leibgarde zu dienen.

Von den Brüdern Koch erfahren wir aus dem letzten Briefe Joseph's an seine Mutter, datirt vom 5. März 1864, daß Georg Soldat wurde, im 46. Regimente Illinois diente, welches sich in allen Schlachten sehr auszeichnete, gegenwärtig in Tenessee steht, wo er monatlich 30 Dollars bezieht. Gottlieb ging, wie vorausgesehen, nach Californien, verwendete sich in einer Eisengießerei, dann in einem Brauwerke, wo er viel verdiente, aber bei der großen Theuerung, welche die Dürre des Sommers 1863 und der folgende schneelose Winter verursachte, es wieder verzehrte. Die Brüder sind Lincoln's treue Anhänger, und Joseph noch immer Farmer in Illinois.

II.

Bald nachdem Amerika entdeckt und von den Spaniern als ihr künftiges Eigenthum in Besitz genommen war, wurde ihnen dasselbe von andern seefahrenden Nationen, den Engländern, Franzosen, Portugiesen, Holländern und selbst Dänen an einem oder dem andern Punkte streitig gemacht und behauptet. Nur allein Deutschland betheiligte sich nicht an diesen Eroberungen und nicht einer seiner vielen Fürsten und freien Städte, sondern ein Privatmann Bartholomäus Welser in Augsburg, erhielt von Kaiser Karl V., als König von Spanien, über geleistete Vorschüsse von nicht weniger als zwölf Tonnen Goldes an Zahlungsstatt jenen Küstenstrich am karaibischen Meere südlich von den Antillen, welcher von ihm „Klein Venedig", spanisch Venezuela genannt wurde. Diese große und herrliche Provinz, welche jedoch ob ihres heißen Himmelstriches weniger für deutsche Ansiedlungen geeignet war, wurde nun von den Rothschilds jener Zeit mit eigenen Schiffen befahren und deutsche Ansiedler dort untergebracht; allein als es im Begriff war, für immer ein deutsches überseeisches Königreich zu bilden, versetzten die Religionsunruhen und der schmalkaldische Krieg die Welser in die Lage, sich dieser Besitzung wieder zu entäußern und sie an König Philipp II. in Spanien gegen eine verhältnißmäßig kleine Entschädigung zurückzugeben. Eine ähnliche Gelegenheit schien nach drei Jahrhunderten gekommen zu sein, als die am Venezuela, entgegengesetzten, Ufer im Golf von Mexiko gelegene, Provinz Texas sich im Jahre 1836, nach einem glücklichen Kampfe, von Mexico losriß und selbstständig constituirte. Die Machthaber dieses zwar ausgedehnten, aber dünn bevölkerten Landes suchten sich in der Voraussicht, daß es über kurz oder lang wieder ein Bestandtheil, wenn nicht von Mexico, doch der Texas von zwei Seiten umgebenden vereinigten Staaten werde sein müssen, Colonisten zu verschaffen und machten den Auswanderungslustigen die einladendsten Versprechungen. Diese letztern und der allgemeine, wenn auch durch Agenten vorsätzlich weit übertriebene Ruf von der Fruchtbarkeit, dem angenehmen Klima und den vielen Verbindungen der Provinz Texas, veranlaßten im Jahre 1844 mehrere deutsche Fürsten und Standesherrn sich zu Mainz zu vereinen, ihren deutschen Mitbrüdern, um deren Noth im Vaterlande sie wußten, eine neue Heimat zu verschaffen und so in jenem fernen Lande ein neues Deutschland zu gründen. Der Verein erwarb sich von der damaligen Regierung von Texas ausgedehnte Länderstrecken, und versprach nun jedem Deutschen, der dorthin auswandern wolle, gegen Einzahlung von 300 fl. vollständig freie Ueberfahrt, so wie ein fertiges Blockhaus nebst 160 Acres (je ungefähr zu 1100 Quadr. Klftr.) Grundfläche, während eine Familie, die 600 fl. einzahlte, die doppelte Anzahl von Aeckern bekommen sollte. An der Spitze des Vereines stand der Prinz Karl von Solms Braunfels, dessen Besitzungen, so wie die Stadt und das Residenzschloß Braunfels unsern Wezlar, einst reichsunmittelbar, nun im preußischen Regierungsbezirke Koblenz, liegen. Bis zum März 1846 waren bereits 3000 Deutsche auf den vom Vereine gemietheten Schiffen in Texas eingetroffen; allein sie mußten, da man sie nicht sogleich mit ihrem Habe in den nordwestlichen Theil des Landes, welchen der Stieler'sche Atlas in der Karte von Nordamerika eigens mit gelber Farbe, in der Beugung des Grenzflusses Colorado, als das Gebiet oder die Colonie des deutschen Mainzer Vereines ausmarkt, überführen konnte, monatlang in der ungesunden Hafenstadt Matagordo verweilen, wo sie Hunger und Krankheit decimirten. Viele von ihnen konnten gar nicht in die ihnen verheißene gesunde, weil mehr gebirgige Gegend am Colorado gelangen, sondern mußten in dem Strich Landes am obern Guadalupe sich niederlassen, wo man die anfangs aus elenden Hütten bestehende Stadt Neu-Braunfels gründete, die nun auf allen Karten figurirt. Weiter gegen Norden erhielt sie eine Schwesterstadt, Namens Friedrichsburg. Indessen den armen Colonisten hatte man nicht Wort gehalten und sie statt mit jener Zutheilung, wenn ohne Familie, nur mit 10 Acres und einem halben als Bauarea und die mit Familien mit dem Doppelten bedacht.

Unter diesen Verhältnissen wurde Texas, wie vorausgesehen, ein Staat der Republik in Nordamerika, allein dieses Verhältniß änderte in den Angelegenheiten der Colonie nichts, im Gegentheile die Aufregung in Deutschland nach dem Jahre 1848 war den Absichten der Unternehmung nur förderlich, da sie die großartige Geldspekulation mit den Ländereien durch den Andrang der Emigranten begünstigte, wie wir es später aus den Briefen eines Landsmannes selbst hören werden. Der Fürst von Solms-Braunfels leitete noch immer die Einwanderung nach Texas im Großen; nach ihm befaßte der bekannte Julius Fröbel zu Rudolstadt sich mit der Correspondenz und Instradirung der Deutschen, und in Texas selbst war es der gewesene Kapitän Roos, welcher die Ankömmlinge unterbrachte und von ihnen sich die erworbenen Grundstücke bezahlen ließ. Da das Unternehmen in den Händen von Nichtkatholiken war, so wurden die Aufforderungen an die Wanderlustigen auf dem Wege der confessionellen Stimmführer verbreitet und es nahmen fast nur Evangelische den Weg nach dieser Seite.

Der erste, welcher in Kärnten sich dazu entschloß, war Thomas Teng, Tischlermeister aus Himmelberg. Seine Umgebung in der Heimat schildert ihn als einen geschickten Arbeiter in seinem Fache, dem es nur an angestrengter Verwendung fehlte. Sein Kopf war mit überspannten Ideen angefüllt, er befaßte sich mit naturwissenschaftlicher und ökonomischer Lektüre und hatte überdieß einen besonderen Hang zu Abenteuern. Es war im Jahre 1851, wo er mit seiner Ehegattin und zwei Söhnen die Ferne suchte. Seine Correspondenz mit Kapitän Roos hatte schon mehr als ein Jahr früher begonnen, und dieser war es, welcher die Auswanderer unseres Oberlandes, denen man mit Recht Wisconsin als das passendste Ziel geschildert hatte, dahin brachte anstatt diesem, der Gesundheit und der gewohnten Bearbeitung des Bodens am meisten zusagenden Lande, Texas zu wählen, wobei ihm eine bedeutende Provision in Aussicht stand. Die Schilderung, welche die Briefe Tengs uns von Texas machen, sind ganz mit denen, welche sein Nachfolger und Schicksalsgenosse Stranner davon entwirft, übereinstimmend, daher wir sie dahin sparen und nur noch erwähnen, daß Teng in der Stadt St. Antonio de Bexar sich um 1800 fl. C. M. ankaufte, anfangs als Möbeltischler arbeitete, dann wegen seines neu zu bauenden Hauses mit seinem Nachbar in einen Prozeß gerieth, den er verlor, so daß er an seinen Mitteln herabgekommen', genöthigt war, bei einer Gesellschaft, die mit einem Steinbruche Geschäfte machte, sich als Zimmermann bleibend unterzubringen.

Gleichzeitig mit Teng wanderte dahin Simon Eder, gewesener Besitzer der Gasser Realität im Rauth, in der Gemeinde Feld. Der Bestand seiner Familie war aus der Briefen, welche seiner erwähnen, nicht zu ersehen, und wir müssen uns begnügen, die zufälligen Mittheilungen Stranner's zu benutzen. So viel geht aus denselben hervor, daß er im Jahre 1854 in St. Antonio de Bexar in Texas neben seinem Landsmanne Teng eine Behausung besaß. Da ihm der Aufenthalt alldort nicht zusagte, wollte er im Winter von 1854 auf 1855 über den Hafen Galveston nach New=Orleans und von da in die gesunderen Nordstaaten, in Gemeinschaft mit seinem Freunde Stranner, übersiedeln; doch Familien= und Gelddrücksichten hielten ihn in Galveston zurück und da indessen Stranner weiter reiste, verlor dieser seine Spur, und erfuhr erst im Jahre 1857, daß Eder noch lebe, sich an seiner Seite zu wohnen sehne, ohne dessen eigentlichen Aufenthaltsort zu erfahren.

Wir kommen damit an die gemeinsame Wanderung, welche die drei Landleute aus der Gegend von Gmünd: Johann Stranner, Simonbauer zu Aich, Georg Dulnigg, Weiherer zu Zlatting, Pastorat Trebesing, und Johann Grübler, Weber zu Saps, Pastorat Fischertratten im Jahre 1853 vollführten. Diese drei, sämmtlich verehelicht, nahmen ihre Familie mit. Die Stranner's bestand aus 4, die Dulnigg's aus 5 Individuen, die Grübler's, der vom Handwerke ein Binder, aus 4 kleinen Kindern, so daß sich die Zahl der Köpfe, einschließlich die Frauen, auf 19 summirte. Dulnigg disponirte mit einem Vermögen von 4000 fl., Stranner mit kaum der Hälfte, die er noch dazu nach dem Verkaufe seiner Realität nur theilweise und mit vielen Schwierigkeiten und manchen Verlusten bezog. Grübler, der nur über 4 — 500 fl. verfügte, wovon den größten Theil die Reise nahm, konnte nur dem harten Loose entgegensehen, nach seiner Ankunft in Amerika als Handarbeiter sich zu verdingen. Bei seiner Abreise erklärte er, er würde Niemanden schreiben, wenn es ihm schlecht ginge; er hat es gehalten und wir können sein Schicksal, da uns über ihn keine Mittheilungen vorliegen, nur ahnen.

Von den dreien war Stranner der begabteste. Schreiber dieses lernte ihn bei seiner Anstellung in Gmünd näher kennen. Er fand in ihm einen geraden, ehrlichen, religiösen und vielbelesenen Mann von ungemeiner Wißbegierde, welche ihn besonders mit geographischen Werken beschäftigte und in die Ferne zog. Seine uns vorliegenden Briefe sind mit vieler Sach- und Menschenkenntniß abgefaßt, sie dringen tief in alle Verhältnisse und geben ein klareres Bild von den West- und Südstaaten Nordamerikas, als viele der neueren und neuesten Geographien. Es thut uns nur leid, da dieselben nur freundschaftliche Mittheilungen ohne innern Zusammenhang und zu umständlich sind, sie nicht durchaus wörtlich geben zu können, was wir uns nur für einzelne Stellen vorbehalten.

Die Gesellschaft begab sich nach diesen auf die Eisenbahn in Marburg und kam den 25. Oktober 1853 in Hamburg an, ging Tags darauf nach England zur See, wo sie am 28. zu Liverpool ankerte, nicht ohne durchaus stark seekrank geworden zu sein. Durch eine zahlreiche Schaar Irländer vermehrt setzten unsere Reisenden am 3. November ihre Fahrt auf den Ozean am Borde eines Kauffahrteischiffes fort; am 4. Dezember bekamen sie St. Domingo in Westindien zu Gesicht, konnten aber erst am 23. Dezember, durch eine Windstille zurückgehalten, New-Orleans erreichen, wo man im Gegentheile von Europa alles in schönster Blüte antraff. Den 25. Morgens gingen sie wieder mit einem Dampfer in die See und landeten am 29. Abends im Hafen Indianiola, dem Endziele ihrer Seefahrt. Nach kurzer Rast verließen unsere Landsleute am 2. Jänner 1854 diesen Ort und kamen den 10. zu St. Antonio de Bexar an, wo sie so glücklich waren, sogleich ihre Landsleute Teng und Eder zu erfragen, welcher letzterer sie beherbergte, wo dann alle drei Familien ein gemeinschaftliches Quartier mietheten. In seinem zweiten Briefe vom 12. August 1854, der erste vom 26. Jänner gelangte erst den 16. April nach Trebesing, geht Stranner auf die Schilderung seines Aufenthaltes zu St. Antonio und des Landes ein. „Indianiola," schreibt Stranner, „der Landungsplatz in Westtexas ist eine Stadt von weniger Bedeutung, meistens aus Bretterhäusern bestehend und vom gelben Fieber in Sommermonaten stark heimgesucht. Die 160 englischen Meilen (man rechnet nicht ganz fünf auf eine deutsche Meile), lange Straße nach St. Antonio führet tagelang durch unübersehbare, meistens baumlose Ebenen, die bewachsenen Stellen sind mit verkrüppelten Eichen besetzt, nur hie und da erblickt man eine Farm, wo Indigo und Mais gebaut wird. Die Pferdezucht, die zwar im Großen betrieben wird, liefert nur unansehnliche, die Rindviehzucht große und wohlgenährte Thiere. An Halmfrüchten ist in Texas nicht zu denken, da bei ungeheurer Hitze, wo die Sonne im Sommer fast senkrecht ob den Häuptern, das Thermometer zwischen 29 und 32 Grad + Reaumur, und nie unter dem Gefrierpunkt steht, jedoch heftige Nordwinde wehen, schießt das Halmgetreide gleich auf und kommt weder ordentlich zur Reife, noch bringt es ein anderes als nur kümmelartiges Korn. Außer Mais wachsen noch am liebsten Bataten, die jedoch unsere an Geschmack nicht erreichen, sondern zu süßlich sind. An Obst gedeihen hier nur Pfirsiche und etwas Feigen. Blumengärten gibt es hier keine, und die wenigen Blumen, die hier im Freien wachsen, haben als den Charakter ihrer Ursprünglichkeit die scharfen Dornen; ebenso schlecht steht es mit dem Gemüse, welches selten und sehr theuer ist. Vögel gibt es weder viele noch schön singende, und ich weiß nicht, wo Viktor Bracht, Stermann in St. Anton, und derjenige, welcher sich zum Geschäfte machte, Unwahrheiten nach Europa zu senden, den schönen Vogelgesang gehört hat, den er beschreibt." Aehnliches müssen wir leider auch von andern geographischen Werken sagen, wie z. B. von dem des Dr. Heinrich Berghaus, welcher in seiner 45 Seiten langen Schilderung von Texas dasselbe als ein Zauberland erscheinen läßt, und sich gewaltig, jenen nachschreibend, über die Einwanderer entrüstet, welche es nicht so finden. Nach Stranner ist über Texas das Werk J. Werners, zu haben bei G. Fröbel in Rudolstadt, noch das wahrheitsgetreueste.

So viel ist gewiß, daß jetzt der Baumwollenbau sehr in Aufnahme ist, die man vielfach über Matamoros in Mexico absetzt, was aber nur so lange dauern dürfte als der Krieg, da Ost- und Süd Texas selbst ein Sclavenstaat ist. „Die Jagd, besonders auf Hirschen, ist jetzt noch ergiebig, so daß man bei den Hütten der deutschen Einwanderer davon Stücke an den Bäumen hängen sieht. Da das Land an Holz, denn außer jenen Eichen und einigen Cedern — an den Flußufern gibt es nur einige mit wilden Nußbäumen, Tannen und Fichten bewachsenen Strecken — arm ist, und an Wasser Mangel herrscht, wird es sich nie zur Urbarmachung eignen, und der Export, welcher jetzt gegen den Import wie zu 10 steht, sich nie zu einer besonderen Höhe erheben.

Das Land kostet zwischen St. Anton und Braunfels unkultivirt von 5 bis 30 Dollars per Acker; hinter Friedrichsburg nur 5 Cents. Die Stadt St. Anton besteht meistens aus einstöckigen steinernen Häusern, mitunter auch Hütten, mit 5 — 6000 Einwohnern, wovon der dritte Theil Deutsche, auch finden sich darin bei 300 Stores, d. i. gemischte Waarenhandlungen. Von da zieht sich nach Neu-Braunfels ein Kalksteinlager, schlecht bewaldet und dürre. Neu-Braunfels ist wohl auf eine große Ausdehnung berechnet, aber fast nur aus Breterhäusern bestehend, so daß viele deutsche Einwanderer, enttäuscht von ihren Erwartungen, entweder nach St. Anton herab oder vom Lande hinaus ziehen.

Was die Handwerker in Texas betrifft, so werden Möbeltischler so lange einen guten Verdienst haben, als nicht Eisenbahnen die Einfuhr fertiger Arbeit von den Nordstaaten begünstigen; dieses ist bei den Schneidern, außer den für Frauen, überhaupt bei allen denen, so Kleider und deren Bestandtheile liefern, der Fall. Noch bezahlt man Maurer und insbesonders Wagner am besten. Wir nährten uns meistens von Fleisch, wovon das Pfund hier 4 Cents, 100 auf einen Dollar, und Kaffee. Anfangs ohne Beschäftigung, allein überzeugt, daß sich mit dem Landbau von mir nichts anfangen lasse, entschloß ich mich für einen Maurer mich auszugeben, und ich verdingte mich an einen Meister um einen Dollar täglich in so lange, bis ich die hiesige Art der Arbeit erlernt haben würde; indessen gelang es mir nach drei Wochen bei einem andern täglich 1½ Dollar zu verdienen, meinem Sohn, als Gehilfe 75 Cents und meiner Tochter, die ebenfalls bei dem gleichen Meister in Dienst trat, nebst der Kost 3 Dollars monatlich zu verschaffen. Das Quartier kostete uns monatlich 5 Dollar.

Der Culturzustand steht, was Religion und Sittlichkeit betrifft, auf einer niedrigen Stufe. Die Religion heißt Dollarreligion, besonders auch bei Deutschen. Hier wird Sonntags Vormittag meistens gearbeitet; fragt man, wo ist deutscher Gottesdienst, so heißt es: im Gasthaus. Eine Gemeinde zu gründen ist hier nicht thunlich, es fehlt an jeder Grundlage, an dem Glauben der Wiedervergeltung jenseits, für welchen einzig die Wissenschaft und das Leben diesseits gesetzt wird. Nach dem Zeugnisse der Zeitung von Louisville im Staate Kentucky ergaben sich voriges Jahr in Texas 90 Mordthaten, ohne daß die Thäter bestraft wurden.

Bei solchen Verhältnissen, wo ich mit meinen beschränkten, nur tropfenweis fließenden Mitteln ohnehin auf keinen Länderkauf denken konnte, entschlossen wir uns, das ist ich, Dulnigg und Eder den Winter 1854 St. Anton zu verlassen, ihn entweder in Galveston oder New-Orleans, wo es gute Arbeit gibt, zuzubringen, und dann in die Nordstaaten, besonders die am Ohio, wo Clima und Boden für Deutsche am besten geeignet sind, zu wandern und letztere sich Land anzukaufen. Wie richtig Stranner die Verhältnisse ansah, beweist der Ausschnitt eines Zeitungsblattes von St. Louis aus Missouri, welchen er Anfangs 1859 einsandte, und worin es unter der Aufschrift Texas heißt: „Viele deutsche Ansiedler aus dem nordwestlichen Theil des Staates, bereiten sich zur Uebersiedlung nach Mexico vor. Sie beabsichtigen, sich in Coahuila niederzulassen, wo ihnen der Gouverneur Langberg bedeutende Vortheile bietet. Wahrscheinlich wird ein großer Theil der deutschen Bevölkerung in den Counties Guadaloupe, Bexar, Comel, Medina und Gillespie, die auf 15 — 20000 Personen geschätzt wird, sich dieser Bewegung anschließen."

Aus einem spätern Briefe Stranners aus Davenport im Staate Jowa vom 10. Juli 1855, da sein früherer aus New-Orleans vom 18. Nov. 1854 verloren gegangen, erfahren wir seine und seiner Genossen fernere Schicksale. Er hatte den 29. Oktober 1854 St. Anton verlassen, wo jedoch sein Schwager Dulnigg, der sich dort angekauft und Geld ausständig hatte, zurückblieb, dessen ältester Sohn jedoch mit Stranner fortzog. Eder, wie wir gehört, verweilte in Galveston, und so kam jener mit seiner Familie allein in New-Orleans an, welches er in acht Tagen verlassen und auf dem Mississippi nach den Nordstaaten fahren wollte. Indessen eine furchtbare Katastrophe brach über ihn herein. Seine jüngere Tochter Katharina, die schon in St. Anton gekränkelt, starb, nachdem sie sechs Wochen am Stechenbette gelegen. Das Vaterherz war dabei noch durch den qualvollen Vorwurf gekränkt, sie durch seine Auswanderung dem Tode überliefert zu haben, und er suchte Trost bei seinem vormaligen Pfarrer in Trebesing, dem er auch sonst treue Freundschaftsdienste und Mittheilungen verdankte, und an den er seine meisten Briefe richtete. Kaum war dieser Schrecken vorüber, ergriff ihn selbst die Cholera, und zwei Monate schwebte er zwischen Leben und Tod. Doktor Neumaier, ein Baier, und die Pflege der Seinen retteten ihn. Durch diesen erfuhr er, in welche Lage er sich begeben hatte. New-Orleans, die Stadt von 100.000 Einwohnern in der Ausdehnung von vier Stunden, am Mississippi gelegen, dessen sumpfige Niederungen in heißer Jahreszeit giftige Dünste aushauchen, war 1853 vom gelben Fieber, wie alle Jahre, aber damals in einem kaum erhörten Grade, heimgesucht worden. Die Zahl der Todten stieg auf 4 — 600 täglich, die Särge blieben auf den Kirchhöfen stehen, und selbst gegen 5 Dollars für die Stunde wollte niemand sie begraben. Es ergaben sich schauerliche Scenen, wovon uns Stranner mehrere beschreibt. Auch außer dieser Schreckenszeit begräbt man hier die Leichen ohne Sang und Klang, fast ohne alle Begleitung. Es schauderte Stranner vor dieser Todtenstadt, wie er sie nennt, wo selbst das Mitgefühl erstorben, und er suchte je eher desto lieber davon zu kommen, um so mehr, da er nicht Arbeit fand. Hier machte er einen Rückblick auf seine Erlebnisse und beklagt das Loos derjenigen, so ohne auf Arbeit gewohnt zu sein, nach Amerika kommen. „Ich sah," schreibt er, „in Texas Barone, die den Farmern das verlorne Vieh aufsuchten, und ihre Frauen baarfuß laufen; so in Europa Schullehrer und Kaufleute waren, in Zuckerplantagen bei einer Kost arbeiten, die hier einzig in Maisbrod, etwas Speck und schwarzem Kaffee besteht.

Am 11. Februar 1855 fuhr Stranner mit seiner Familie von New-Orleans ab und kam zu Wasser bereits den 19. zu St. Louis in Missouri an. Diese große Stadt ist zur Hälfte von Deutschen bewohnt, treibt bedeutenden Handel mit Weizenmehl, gesalzenem Schweinfleisch und Speck. Schweine im Großen werden um 3 Cents das Pfund verkauft, und es ist in St. Louis überhaupt am wohlfeilsten zu leben, nur die oft wiederkehrende Cholera macht den Aufenthalt gefährlich. In dieser Jahreszeit war die Kälte sehr groß, so daß er kaum ausgehen konnte. Den 2. April, sobald der Mississippi in seinem obern Bette vom Eise befreit war, fuhr Stranner mit den Seinen auf demselben nach Davenport in Jowa ab, wo er am 8. ankam, um da sich im Sommer aufzuhalten. Auch hier fand er nichts zu thun, und beschloß daher noch weiter nördlich, nach Minnesota hinauf zu fahren, wo er, wie man es ihm schilderte, wohlfeiles Land und gesundes Klima finden würde. Nicht weniger als 300 englische Meilen dauerte diese

Fahrt, während Stranners Familie indessen in Davenport zurückblieb; doch wie getäuscht fand sich unser Reisender. Die Lebensmittel, bei der kargen Bevölkerung und dem fehlenden Anbau des Landes, waren theuer, oft kaum zu erhalten, die herumschwärmenden Rothhäute bedrohten mit ihren sichern und oftmals vergifteten Pfeilen den Wanderer. Indessen schien ihm zu Wabasha, in mehr südlicher Lage und bevölkerter Gegend (44 Grad nördl. Breite), der Aufenthalt angemessen, indem er dort sehr wohlfeil sich ankaufen konnte, was er auch that.

Die Fahrt auf dem obern Mississippi schildert uns Stranner als wenig einladend. Hohe Ufer umgeben und dichte Wälder umsäumen ihn, nur hie und da erblickt man eine Farm und in einigen Häusern den Embryo einer künftigen Stadt. Der Staat Minnesota ist einer der jüngsten und der nördlichst gelegene gegen Canada; der Sommer ist verhältnißmäßig heiß, so daß alle Früchte, wie in Kärnten, wovon Mais jedoch mehrmals eine Ausnahme macht, zur Reife kommen; aber der Winter, der mit November beginnt und erst mit März oft April endet, ist ob der Nordstürme furchtbar kalt, so daß das Thermometer auf 40, selbst 42 (?) Grad fällt und der Mississippi eine zwei Schuh dicke Eisdecke trägt. Stranner wurde in Folge einer Verkältung augen- und nervenkrank, sein Gemüth litt ungemein und die dort so kostspielige ärztliche Hilfe fruchtete nicht. Da verschaffte ihm seine Tochter Elisabeth, die in einem Wirthshause diente, von einem dortigen Kellner ein homöopathisches Mittel, auf das er genaß. Indessen das Land um Wabasha herum kam in Prozeß; eine Gesellschaft Franzosen, Häsbritt genannt, Mischlinge, deren Mütter Indianerinnen gewesen, sprach das Eigenthum davon an, und gewannen den Rechtsstreit, dem nach allgemeiner Ansicht die Bestechung der gegentheiligen Rechtsvertreter mit 20000 Dollars solche Wendung gab. Die Settler, welche nicht um einen höhern Preis sich neu einkaufen wollten, mußten abziehen und unter ihnen war auch Stranner. So hatte er das Jahr 1856 und 1857 unter Leiden und Verlusten zugebracht. Anfangs November 1857 fuhr er von Wabasha — er hatte von St. Anton in Texas bis dahin 2500 englische Meilen Wegs, freilich fast nur zu Wasser, zurückgelegt — wieder nach St. Louis, wo er auf die Kunde, daß 5 Millionen Acres Land von 12 Cents bis zu 1¼ Dollars der Acker zu verkaufen seien, sich dazu entschloß, sich mit dem Wenigen, was er hatte, anzukaufen, da er ohnehin in St. Louis damals nicht genug Arbeit bekam. Auf die einladendste Schilderung der sich mit dem Verkaufe aus zweiter Hand befassenden Mäkler machte sich Stranner den 20. März 1858 mit seinem Sohne auf, selbst Augenschein zu nehmen. Sie gingen auf einer neu angelegten, auf 85 engl. Meilen bemessenen, Eisenbahn gegen Westen, wo sie eine Menge irischer Arbeiter antrafen. Als sie 25 Meilen zurück- gelegt hatten und es Abend geworden, begegneten sie zweien Männern, die sie ihrer Sprache nach für Amerikaner hielten. Statt ihren freundlichen Gruß zu erwiedern, riefen sie ihnen ein „Halt" zu und machten Miene, sie anzugreifen. Stranner und Sohn bereiteten sich mit Revolver und Bowie Messer zur Abwehr; doch da sie noch weitere zwei Männer kommen sahen, ergriffen sie vor der doppelten Uebermacht in den nahen Wald die Flucht. Eine Zeit verfolgt, fanden sie im Dunkel der Nacht unter den dichten Aesten einer Eiche Schutz. Am dritten Tage wieder zurückgekehrt, beschlossen sie einen zweiten Platz am Ufer des Mississippi, wo der Agent 320 Acres für 65 Dollars zu verkaufen versprochen hatte, zu besehen, behufs dessen sie 60 Meilen den Fluß hinabfuhren. Auch hier sahen sie sich in ihren Erwartun- gen von der Qualität des Bodens betrogen, indem derselbe von der gang- baren Straße weit entlegen, nur einen düstern Urwald bot.

Die Schilderung, die uns Stranner von dem dortigen Culturleben macht, ist eben so wenig einladend für Auswanderungslustige. Er sagt, die eigene Bewaffnung, welche ich und mein Sohn uns verschafften, ist hier nothwendig, denn Mord und Todtschlag sind alltäglich. Man liest in den Zeitungen fortwährend von Raub, Raufereien und Nothzucht, wo die Opfer der Lust in den meisten Fällen auf haarsträubende Weise ermordet werden. Immerhin trägt das Aeußere das Gepräge des Wohlstandes; man sieht Frauen der Farmer in Seide, Schleier und mit Sonnenschirmen in die Städte kommen, vor denen ein Bauer in Kärnten den Hut ziehen und einen Katzenbuckel machen würde; indessen gibt es auch hunderte von Armen und Nothleidenden, so daß im letzten Winter in vielen Städten Suppenanstalten errichtet werden mußten, um sie vor dem Hungertode zu retten. Hier stiegen Niemanden gebratene Vögel in den Mund; an Professionisten und Hand- arbeitern hat dieses Landes keinen Mangel, nur wer wenigstens 700 — 1000 Dollars über seine Reisekosten in den Händen behält, mag als Far- mer auf eine ruhige Zukunft hoffen. So unser Landsmann Stranner. Seine letzten Briefe aus St. Louis lauten vom 1. Jänner und 20. September 1859. Ersterer beschreibt die Noth, welche die Geldkrisis im Herbste 1857 angerichtet, das Stillstehen vieler Fabriken, während jedoch, wie jetzt bei uns, die Lebensmittel wohlfeil waren. Der Mississippi trat im Frühjahr 1858 meilenweit aus und machte ungeheuren Schaden an Feldern, Häu- sern, ja ganze aufkeimende Städte nahm er weg. Stranner brachte sich sei- nerseits noch so endlich fort. Außerdem vernahmen wir Dulniggs Ableben, jedoch, daß es sonst seiner Familie gut gehe. Mit Diesem schließt sich unsere Mittheilung über unsere ursprüngliche Texaner Colonie; denn von 1859 an haben wir von Stranner und Consorten keine Briefe mehr und können nur hoffen, da Maier, der Bruder des Musterlehrers Joseph Maier zu Trebesing vor Kurzem nach Nordamerika abging, daß es ihm gelingen möge, uns Nachricht von dem Schicksale seines Freundes Stranner zu geben.

✝

Heinrich Hermann,

Domkapitular von Gurk, Franz Josephs-Ordensritter und Jubelpriester,

wurde am 29. Jänner d. J. Nachmittags 4 Uhr in seinem 72. Lebens-jahre in ein besseres Jenseits abgerufen.

Domherr Heinrich Hermann.

(Biographische Skizze.)

Kaum hat die „Carinthia" in ihren letzten Heften die erfreulichen Mittheilungen gemacht, daß ihr ältester und fruchtbarster Mitarbeiter sein Priesterjubiläum gefeiert, daß er für seine Verdienste für Kirche und Staat mit dem Ritterkreuz des Franz Joseph-Ordens geschmückt wurde, so wird ihr auch schon die traurige Pflicht, den Heimgang des edlen Greises zu melden, der gewiß in den weitesten Kreisen tief betrauert wird, geht doch mit ihm wieder ein Stück des guten alten Kärnten zu Grabe. Es möge mir vergönnt sein, seine biographische Skizze zu zeichnen, denn wenn auch gewiß manche andere Feder gewandter ist als die meine, so wird doch gewiß keine von größerer Liebe und Verehrung geführt; Hermann war ja mein erster Religionslehrer, er reichte meinen Eltern und Geschwistern die letzten Tröstungen der Religion, er taufte und traute meine Schwester, er war mir, so lange ich denken kann, ein väterlicher Freund, ein liebenswürdiger Gesellschafter, und nannte sich selbst den Spiritual unserer Familie.

Er ward im Jahre 1798 im Moser'schen Haule in Klagenfurt geboren, seine Mutter war nämlich eine geborne Moser. Sein Vater war ständ. Zeichenmeister in Klagenfurt, wurde später nach Graz überseßt, und war ein wackerer Maler. Hermann's Jugend war eine vielbewegte, sie fiel in die Zeit der französischen Invasionen; in einem Gasthause wohnend konnte er viel sehen und erleben, was er bis in sein spätes Alter in lebhafter Erinnerung behielt und mit der ihm eigenthümlichen Frische erzählte. Diese Erlebnisse und eigene Anschauungen bildeten auch eine reichliche Quelle für die Verfassung der Geschichte jener Zeit. Begreiflicher Weise entfaltete sich in dem feurigen Knaben eine große Neigung zum Kriegerstande. Seine Mutter stellte ihm aber vor, daß er als Soldat eher seiner Familie zur Last fallen, als ihre Stüße sein würde, was sie für die zahlreiche Familie, die den Vater früh verloren, von ihm erwartete. So entschied sich Heinrich für den geistlichen Stand, dessen Stolz und Zierde er wurde, und las am 14. September 1814 seine erste Messe. Beseelt von der reinsten Frömmigkeit und Menschenliebe, von der wahrsten Religiösität, prunkte er doch nie damit, war nie unduldsam gegen Verirrte oder Andersglaubende. Im Beichtstuhle, am Krankenbette waren seine Worte, seine Tröstungen wahrhaft erhebend.

Zu jung zur Seelsorge, blieb er, nachdem er zum Priester geweiht war, noch ein Jahr in Klagenfurt, dann kam er als Kaplan nach Guttaring, später nach St. Veit und wieder als Stadtkaplan nach Klagenfurt, überall als Priester und Mensch hochgeachtet, als Gesellschafter gesucht. Fürstbischof Mayer beförderte ihn zum Hoffkaplan uud zum Konsistorialkanzler, schon damals seine amtliche Verwendbarkeit erkennend. Nach Mayers Tode wurde Gündl Fürstbischof von Gurk. Dieser, ein edler Menschenkenner, erkannte Hermanns herrliche Eigenschaften und zeigte ihm großes Wohlwollen. Hätte der Tod Gündl nicht so rasch ereilt, so würde Hermann wohl eine seinen Verdiensten entsprechende Carriere gemacht haben. Im Jahre 1843 wurde er zum Dechant von Gmünd ernannt. Er lebte auf dieser paritätischen Station, wie sich wohl nicht anders erwarten ließ, im schönsten Frieden mit seinen protestantischen Nachbarn, denen er auch manche materielle Unterstüßung gewährte. Aber hier durchlebte er auch schwere Zeiten. Die Unterthanen erfüllten ihre Verpflichtungen nicht mehr, die Wirthschaftsgebäude brannten ihm ab 2c. Da wurde er endlich 1851 von seinem alten Freunde, Fürstbischof Slomschek als Domherr nach St. Andrä berufen und fühlte sich glücklich, in einem bescheidenen, aber ruhigen Hafen einzulaufen. Der Fürstbischof hatte das 4. Jahr

Theologie für die angehenden Priester aus seiner Diözese nach St. Andrä verlegt und betraute Hermann mit der Professur der Pastorale, der praktischen Seelsorge, wozu er wohl nicht leicht eine bessere Wahl hätte treffen können. Für Hermann war es ein Genuß, das Andere zu lehren, worin er durch sein ganzes Leben so verdienstlich gewirkt. Jene Jahre waren auch die genußreichsten meines eigenen, persönlichen Verkehrs mit ihm. Wenigstens wöchentlich einmal brachte er einen ganzen Tag bei mir zu; da tauschten wir uns jene Erlebnisse, unsere Lesefrüchte, wissenschaftlichen und belletristischen Inhalts aus, sprachen über seine kärntnerische Geschichte, die er damals noch in Arbeit hatte, machten mit andern Freunden ein harmloses Spiel u. s. f.

Als dann im Jahre 1859 das Bisthum Lavant nach Marburg übersiedelte und der kärntnerische Theil desselben dem Bisthum Gurk einverleibt wurde, sollte auch Hermann mit dem Capitel nach Steiermark wandern. Das war wohl die schwerste Zeit seines Lebens und ich glaube, er hätte die Trennung vom Vaterlande nicht überlebt. Der neu kreirte Fürstbischof von Gurk, Dr. Valentin Wiery, der ihn dem Vaterlande erhalten wollte, berief ihn aber als Domherrn nach Klagenfurt, und übertrug ihm das Referat über Kirchenbauten und Diözesanbuchhaltung, worin er unermüdlich wirkte.

So brachte er die letzten Jahre seines Lebens heiter und zufrieden, allgemein geschätzt und geliebt wieder in seiner Vaterstadt zu, bis ihn bald nach seiner Jubelfeier, die er aus angeborner Bescheidenheit in aller Stille gefeiert hatte, und kurz nach der Anerkennung seiner Verdienste durch den Franz Joseph=Orden nach sechstägiger Krankheit am 29. Jänner 1865, viel zu früh für seine Freunde der Tod ereilte. In seinem Testamente bedachte er auch das von seinem Gönner, Fürstbischof Wiery, gestiftete Knabenseminar.

Am 31. Jänner wurden seine sterblichen Ueberreste bestattet, der Fürstbischof, tief ergriffen, nahm selbst die Einsegnung vor. Trotz des heftigen Schneefalles war eine äußerst zahlreiche Menschenmenge versammelt, viele begleiteten die Leiche zu Wagen oder zu Fuß bis zur letzten Ruhestätte, man sah nur tief ernste, ergriffene Mienen, und viele Thränen fließen.

Zum Schlusse will ich noch seiner Thätigkeit auf dem literarischen Felde gedenken. Hermann begann im Jahre 1820 mit seinen geschichtlichen Arbeiten, und eröffnete seine Lukubrationen mit einer Geschichte der

Hauptpfarrkirche in Klagenfurt, die im Jahre 1821 in der „Carinthia"
erschien. Er durchforschte das bisher noch unbekannte Archiv von St. Veit,
welches einen besondern Urkundenreichthum darbot, die Archive am Ma-
gistrate zu Klagenfurt, im Schlosse Hallegg, zu Pulst, Straßburg, den
beiden Ordinariaten Gurk und Lavant, Millstatt und Gmünd, durchlas
die Rathsprotokolle und Schriften der Herren Stände sowohl als des
Magistrates, so wie er sich aus dem geheimen Archive in Wien eine große
Anzahl Urkundenregesten auf seine Kosten verschaffte. Er verlegte sich
mehrere Jahre auf die Ausbeutung und Erklärung der für die heimische
Geschichte so wichtigen, aber schwer verständlichen Reimchronik Ottokars von
Horneck, wovon er in der „Carinthia" 1821 — 1824 eine Zahl Proben
lieferte und woran er damals mit Professor Schach in Mainz und später
allein arbeitete. Auch ward er hiebei durch die Mittheilungen aus den St.
Pauler Urkundensammlungen, so wie des Herrn Mitherausgebers des Handbuchs der kärntnerischen Geschichte unterstützt. Die vorzüglichsten Früchte
dieser Vorarbeiten waren: Die Geschichte der Hauptstadt Klagenfurt, jene
der alten Hauptstadt Kärntens, St. Veit, die Topographie von Klagenfurt,
die Genealogien der Grafen von Lodron, Grafen und Fürsten von Khevenhüller, Fürsten von Rosenberg, endlich sein Hauptwerk, das Handbuch der
Geschichte Kärntens in der Vereinigung mit den österreichischen Fürstenthümern. Dieses wurde in der „Carinthia" so ausführlich besprochen, daß
es wohl unnöthig erscheint, eingehender darauf zurückzukommen. Aber noch
ein anderes Unternehmen muß hier angeführt werden, dessen Ausführung
wohl zum größten Theile der Energie und Vaterlandsliebe unseres verewig-
ten Freundes zu danken ist. Ich meine die Ansichten von Kärnten, herausgegeben von Joseph Wagner. Wagner glaubte, durch einen unglücklichen
Versuch mit den lithographirten Bildern des Lavantthales nicht abgeschreckt,
doch an das schon lange von Hermann im Entwurfe gehegte Werk, die
Herausgabe von Illustrationen Kärntens mit Text, in der Art, wie einst
Valvasor, sich wagen zu können. Es bedurfte tüchtiger Vorarbeiten,
namentlich im Gebiete der Lithographie, es brauchte einen auslangenden
Fond, eine hinreichende Anzahl Subskribenten. Für erstere sorgte die
Leon'sche lithographische Anstalt, für letztere Hermann als Garant, indem
er sich an alle hohen, reichen und patriotischen Kärntner wandte, und dadurch
1000 fl. an Vorschüssen, so wie 500 Abonnenten erzielte. Die Bearbeitung des Textes, wozu eine Zahl Vaterlandsfreunde die Beiträge lieferten,
übernahm gleichfalls Hermann. So wurde das Werk unter der Aufschrift:
„Ansichten von Kärnten" in 100 Blättern in 25 Heften à 1 fl. nach unend-

lichen Schwierigkeiten gefördert. Wagner unternahm dann eine zweite Ausgabe in kleinerem Format, das Album, wobei er wiederholt seine Rechnung fand. Keine Provinz Oesterreich's hatte damals ein gleichstehendes Werk aufzuweisen. Noch müssen wir seine Genealogie der Grafen Thurn, die Ende 1863 in der „Carinthia" erschien, erwähnen, so wie seiner in den letzten Jahrgängen desselben Blattes vertheilten Lebensbilder aus der Vergangenheit, welche wohl vorzüglich dem älteren Kärntner werthvolle Erinnerungsblätter waren. Sein letzterschienener Aufsatz im Jännerhefte der „Carinthia": „Unsere Landsleute in Amerika", zeigt, daß sein reger frischer Geist noch nicht abgenommen hatte. Rührend war es, daß er noch zwei Tage vor seinem Ende die Fortsetzung desselben*) der Redaktion übersandte, in dem man sieht, daß selbst der Schmerz der Todeskrankheit sein Interesse an der „Carinthia" nicht schmälern konnte. Der hist. Verein besitzt noch einen ungedruckten kulturhistorischen Aufsatz über die Zeit der Sponheimer von ihm. Ich kann nicht unerwähnt lassen, daß er für seine vaterländischen Arbeiten nicht nur keine Honorare bezog, wohl aber sich seine Materialien mit großen Kosten selbst verschaffte, daß er neben oft spärlicher Anerkennung manche unverdiente Kränkung, Zurücksetzung, Verkennung erfahren mußte.

Der Verlust Hermann's als Priester, Mensch und Geschichtschreiber ist für Kärnten unersetzlich; das Vaterland wird sein Andenken treu bewahren und ihn zu den Besten seiner Söhne zählen.

Die Wälschen in der Sage.

Vorliegende Abhandlung von Valentin Pogatschnigg, Docenten der Handelsgeschichte an der Akademie in Graz, bespricht nach einer kurzen Einleitung „Die Sage von den Wälschen", welche sich in verschiedenen Ländern Deutschland's Bergschätze gewonnen haben, hat somit für das Alpenland Kärnten, welches seit uralten Zeiten in seinen Bergen einen namhaften Metallreichthum verborgen hatte, für die Kulturgeschichte Kärnten's ein besonderes Interesse. Nachdem Val. Pogatschnigg die Sage von den Schätze suchenden Wälschen in ihrer

*) Diese Fortsetzung bildet den ersten Aufsatz des gegenwärtigen Heftes; — ein letzter Gruß an die Freunde der Carinthia! Anm. d. Red.

geographiſchen Verbreitung, ihre Geſchichte, ihr Alter und die kritiſche Methode dieſelbe zu behandeln, beſprochen hat, beſchließt er das Ganze mit einem hiſtoriſchen Exkurſe. Denn dieſer Sagenkreis wird hier mit der Geſchichte in Verbindung gebracht. Schon eine oberflächliche Betrachtung reicht hin zur Einſicht, daß in dieſer weit verbreiteten Sage ein Problem vorgelegt werde, welches nicht allein den Sagenforſcher vom Fache, ſondern auch den Hiſtoriker herausfordert und anzieht. Es iſt hier nicht von Märchen die Rede, worin überirdiſche Mittelkräfte zwiſchen dem Göttlichen und Menſchlichen auftreten und handeln, z. B. Feen und Elementargeiſter, ſondern fremde, induſtrielle Menſchen, welche auf eine myſteriöſe Weiſe kommen und verſchwinden. Man kann ſie ausländiſche Metallurgen und Schatzgräber heißen. Allerdings verbirgt auch dieſer Sagenkreis den Kern einer Geſchichte oft in einer ſehr harten Schale, welche die neueſte beſſere Kritik erbrochen hat, ſo ſchwer es auch ſein mag, aus der Mannigfaltigkeit der Sagen, die ſchwankender Natur ſind, einen feſten geſchichtlichen Grund zu präcipitiren und ein ſicheres Ergebniß für die Geſchichte zu gewinnen. So wird Sage, Spruch und Brauch beim Volke eine wunderbare Chronik, in welche die Menſchen aller Zeiten die Myſterien ihres innerſten Gemüths- und Gedankenlebens eingetragen haben. Oft führt uns die Sage an der Hand der Poeſie auch in fern liegende Zeiten und Zuſtände zurück, gar oft klingen Erinnerungen wirklicher Begebenheiten aus ihren Tiefen wieder. So liefert die Sage einen erklärenden Kommentar zur Geſchichte, da die Wiſſenſchaft die Methode erfand, welche bei ſtrenger Kritik zu einigermaßen brauchbaren Reſultaten führt. Es folgt nämlich der unveränderten, ſachgetreuen Wiedergabe der Sage eine Vergleichung derſelben mit den einzelnen gleichartigen Sagen der Heimat und der Fremde. Dann werden in der eingehenden Analyſe die verbundenen Elemente geſondert, rangirt und der Prozeß angegeben, durch welchen dieſelben ſich zur Einheit eines Sagenkreiſes verquickt haben. So werden oft durch die Sagen richtige Daten für die Geſchichte geläutert und gerettet. Zu dieſem Zwecke heben wir die Sage von den Gold ſuchenden Wälſchen in Kärnten heraus, die ſich in ſchönen Variationen an vielen Orten und Gegenden unſeres Alpenlandes wiederfindet. Ich halte mich bei der Aufzählung dieſer Sagen nicht an die Ordnung, in der ſie Pogatſchnigg aufführt; ich mache vielmehr einen Kreis von Maria Elend im Roſenthale hinauf ſüdweſtlich nach Oberkärnten, ins Möllthal, von da nördlich nach der Grenze von Oberſteier und dann nach Oſten zur Koralpe und nach

Süden in das Kankerthal. Ein Hirte im untern Rosenthale weidete bei Maria Elend auf der Höhe des Cervic sein Vieh und bemerkte einmal, wie ein Wälscher, der sich unbeachtet glaubte, zu einem freistehenden Busche trat, mit dem Körper nach rückwärts drei Kreuze schlug und dann auf den Knieen gegen den Busch hinrutschte, den Busch leicht auseinander schob, und durch eine verborgene Oeffnung zur Tiefe hinunterstieg. Bald kehrte er schätzebeladen denselben Weg wieder zurück. Als nun der Hirt allein war, versuchte er dasselbe Manöver, das der Wälsche gemacht hatte. Unten in der Grube fand er nun viele glän-zende Steine, von welchen er, so viel er nur tragen konnte, mit sich nach Hause nehmen wollte. Aber der Wälsche überraschte den Hirten, als dieser die Grube verlassen hatte und drohte ihm mit dem Tode, wenn er etwas davon verrathen würde. Nachdem er ihm noch das hei-lige Versprechen abgenommen hatte, alljährlich für die weitere Erlaubniß der Benützung dieses Metallschatzes einen Zins nach Mailand zu schicken, entfernte er sich, und ward in jenen Gegenden nie mehr ge-sehen. Als nun der Hirte das nächste Jahr nach Mailand kam, um dem Wälschen seinen Tribut zu entrichten, und durch die Gassen der Stadt wanderte, sah er jenen Wälschen am Fenster eines großen, präch-tigen Palastes, der ihm zuwinkte. Der Deutsche ging in den Palast des Wälschen, der ihn aufs Beste bewirthete, so daß der Hirte ganz stutzig darüber wurde. Dann sollte er aus einem großen Kruge trinken. Kaum hatte er des Kruges Rand berührt, erblickte er lauter blanke Dukaten darin, welche der Wälsche dem Hirten beim Abschiede zum Geschenke gab. Als nun der Hirte nach Hause kam, ließ er zum Danke die Kirche des heil. Oswald bauen.

Nach einer andern Sage im Rosenthale loosten mehrere Wälsche untereinander, wer von ihnen in die sehr tiefe, erst entdeckte Goldgrube hinabsteigen sollte, nachdem sie noch früher übereingekommen, daß der durch das Loos bestimmte nach dem 9. Sacke nicht mehr hinuntergelassen würde. Schon war der 8. Sack herauf gefördert und der Mann zum letzten Male hinuntergeseilt. Allein sie ließen ihn in der Grube, um mit ihm nicht die Schätze zu theilen. Ohne Erfolg rief der Unglückliche nach Hilfe. Voll Verzweiflung ging er in der Grube herumtappend und kam endlich zu einem Gange, der wie ein Stern hell leuchtete. Es war ein Karfunkelstein. Bei den Alten waren sie Edelsteine, besonders die Rubine; der feuerrothe, goldglänzende, auch im Dunkeln leuchtende machte in der Fabel den Träger des Steines unsichtbar. Noch zu Anfang des

19. Jahrhundertes gehörte der Karfunkel in der mystisch=romantischen Schule zum Bilde des unbekannten Etwas, das sie in überschwenglichem Gefühle zu empfinden vermeinte. Von einem solchen Karfunkelstein brach der armselige Wälsche in der Höhle ein Stück und bediente sich desselben als einer Leuchte bei seinem Gange im Dunkeln. Plötzlich hörte er ein Geräusch, wie ein Rauschen eines Wassers, dem er folgte, bis er zur Mündung dieses unterirdischen Baches kam, aus welcher ihm das Tageslicht entgegenleuchtete. Mit vieler Mühe wand er sich glücklich hinaus. Aber von seinen Gefährten war keine Spur mehr zu entdecken.

Eine weitere Sage spielt zu Swetschach (Sveče) im Rosenthale. Da kehrten einmal zwei Wälsche in einem Bauernhause ein, dessen Eigenthümer kurz vorher gestorben war. Um Mitternacht erschien ihnen der Geist des Verstorbenen und befahl ihnen, in der Kirche beim Altare unter der Platte ein reiches Erzlager zu suchen.

In der nächsten Mitternacht wälzten sie die kaum bemerkbare Platte weg und ließen einen mitgenommenen Knaben in die Tiefe hinab. Unten rauschte ein kaltes Wasser und Gold und Silber war in Menge zu sehen. So viel er konnte, legte er in das Schaff, das gefüllt hinaufgezogen wurde. Als der Knabe das dritte mal das Schaff hinaufreichte, wurde er zurückgestoßen und die Platte wieder darüber gewälzt. Dann fand man weder die Wälschen mehr, noch die Grube. Nun begegnet uns die Sage von einem Italiener, der auf der Jepcaalpe südlich von Latschach und südöstlich von Villach etwa noch vor 100 Jahren aus einer nicht mehr kenntlichen Grube edles Metall holte. Er blieb über Nacht auf der Alpe in der Hütte bei der Sennerin, und bezahlte seine Unterkunft jedesmal mit zwei Stück Thalern. Ein Latschacher Bauer, Eigenthümer der Alpe, beauftragte die Sennerin, die Wiederkehr des Wälschen am Rande des Gebirges durch Feuer zu künden. Der Bauer überraschte sodann wirklich den fremden Goldgräber und nöthigte ihn mit vorgehaltenem Schießgewehre zur Theilung der Ausbeute. Erschreckt überließ der Wälsche ihm die Goldgräberei gegen die Verpflichtung, daß er alljährlich am Pfingstsonntage den halben Gewinn nach Görz bringe. Der Bauer brachte wirklich am festgesetzten Tage einen Sack voll Gold nach Görz zum Wälschen, der ihn unter fürchterlicher Drohung schwören ließ, daß er auch künftig die bestimmte Frohne nach Görz liefern wolle. Der Bauer hielt den Schwur gewissenhaft und wurde sehr reich. Am Sterbebette vertraute der Bauer das Geheimniß einem andern Latschacher an, der ebenfalls viel Nutzen daraus gezogen habe. Als er große

Menge seines Goldes in Verkehr gebracht habe, sei er in den Ruf eines ausgezeichneten Chemikers gekommen. Er bereicherte seine Verwandten und ließ die Kirche zu Latschach neu aufbauen. Diese Sage ist auch in der Gegend von Villach und Faal verbreitet und bildet das Lieblingsthema der Aelpler auf den dortigen Gebirgen.

In einer andern Gegend um Maria Elend im Rosenthale führte ein Wälscher öfters einen Krug bei sich, der sehr schwer zu tragen war, in einen Wald, dessen Besitzer ihm dahin einmal nachschlich und sah, wie jener vor einem im Gebüsche verborgenen Felsen stehen blieb und nach rückwärts drei Kreuze schlug, worauf sich der Fels öffnete, daß der Wälsche hintreten konnte. Als dieser nun mit gefülltem Kruge die Höhle verlassen hatte, trat der Bauer mit einem Prügel bewaffnet vor ihn hin mit der Frage: was er hier auf seinem Grunde zu thun habe? Der so bedrohte Wälsche mußte ihm Alles entdecken und versprechen, den Gewinn mit ihm zu theilen. Seit Jahren benützte er nämlich hier eine Quecksilberquelle; würde der Bauer das Geheimniß verschweigen, so wolle er ihm auch die Benutzung entdecken. So wurde der Bauer bald sehr reich. Auch im Gailthale spielt in der Nähe des Reißkofels eine Sage von den Wälschen, die auf dem öden Steinfelde Gold fanden, das dort verborgen lag und sie Jahr aus Jahr ein zu graben kamen. Auf der sogenannten Leiter fanden sie das fläzzeste Gold. Die Gummerer, sagte einmal Jemand, werfen der Kuh oft einen Stein nach, der mehr werth ist als die Kuh selbst. An der Grenze des Möll- und Drauthales am Lemnizgraben, an die wälsche Alm knüpft sich die Volkssage von einem wälschen Männlein, welches vor kaum 100 Jahren dort nach Gold gegraben habe. In einem ledernen Ränzchen trug dieser Wälsche die gewonnenen Golderze nach Venedig. Dort wurden die Erze kunstgerecht geschmolzen, um das edle Metall zu allerlei Schmucksachen zu verarbeiten und zu verwerthen. Auf der Alpe zeigte ihm die Wünschelruthe die Fundstellen des verborgenen Goldes an; sie war auch seine Wegweiserin unter der Erde im wilden Gebirge. Im Möllthale auf der Hochalpe bei Kolbnitz wurden viele Schätzesucher von den Goldmassen in den schwarzen See hingezogen, unter Andern auch Wälsche. Ein Wälscher entlehnte immer beim Almhirten ein paar Zugochsen und lohnte es demselben damit, daß er die Ochsen mit Gold an den Hörnern zurückschickte. Nördlich von Maltein liegt nicht fern unter dem Gipfel des 9571 W. F. hohen Sonnenblickes ein Alpensee. Im Grunde desselben sollen viele Schätze liegen und eine

Menge reinen Goldes. Wälsche rissen den Boden der Ochsenhütte heraus, und bedienten sich desselben als eines Floßes, und schafften mit langen Stangen (an welche sie ihre Schuhe banden) das Gold heraus. Nördlich von Malta am Faschaunernock (8812 W. F. hoch) ließen die Wälschen einen Mann in die Grube hinunter, der dann weiter geschlöffen und beim Frauenwandl herauskam. An der Stangalpe birgt die sogenannte Freimannshöhle in ihrem Innern unermeßliche Schätze, wozu aber den Eingang ein schreckliches Ungethüm drohend versperrt. Doch Wälsche besuchten diese sogenannte Freimannshöhle sehr oft. Eine steile Felsenwand mit eingehauenen Stufen heißt noch jetzt die wälsche Leiter. Im Norden zwischen Obersteier und Kärnten auf der Krebenze ist in der sogenannten Derflinger Höhle ein kleiner See ohne merklichen Zu= und Abfluß. Hier stellten sich jährlich Wälsche ein, um Gold zu wäschen und den gelben Sand fortzutragen. Einmal wurde in eine solche Grube, deren es dort mehrere gibt, ein Knabe hinuntergeseilt, der, was an Gold und Edelsteinen dort zu finden war, fleißig sammelte und den oben wartenden Fremden brachte. Diese aber ließen nach Empfang der Ausbeute den Knaben wieder in die Grube hinunter und überließen ihn seinem Schicksale. Seitdem war keine Ausbeute mehr zu machen.

Bei Guttaring beherbergte ein Bauer die alljährlich dahinkommenden Wälschen gegen gutes Geld. Diese sagten endlich zum Bauer: Jetzt haben wir schon so viel, was wir, unsere Kinder und Kindskinder brauchen werden. Diese rasch verbreitete Rede zog noch viele andere Menschen zur Grube, in welche bisher nur Wälsche ein= und ausgestiegen waren. Allein die Andern, die sich jetzt hineinwagten, fanden keinen Ausgang mehr und kamen jämmerlich um. Nur ein Bauer, der auch darin Gold suchte, war am andern Tage oben auf der Alm bei einer Mündung herausgekommen. Eine andere Sage im Görtschitzthale verjüngt sich von Geschlecht zu Geschlecht von der am Schlosse Silberberge bei dem nahen Hörafelde versunkenen Stadt Höra und von den verschwundenen Bergschätzen, welche einst die Herren von Silberberg so reich und mächtig machten. Nun gehen wir nach Osten: Auf der Koralpe von Speik abwärts, links nach der Ebene waren einst reiche Goldgruben, in welche ein Hirte von Wälschen hinuntergelassen wurde, und darin Wasser und dahinter Goldzacken fand.

Von diesen nahm er nun so viel er tragen konnte mit sich. Allein die Wälschen nahmen ihm alles Gold weg und ließen ihn unbelohnt weiter ziehen. Nun sind wir im Kankerthale bei der letzten Schatzstelle.

Hinter der Kappel fanden dort die Wälschen Blei, Gelbbleierz und Zink, ohne daß es kund wurde, wohin sie diese Metallschätze brachten. Die übrigen ähnlichen Sagen, die Val. Pogatschnigg noch aus andern Ländern anführt, übergehen wir hier, weil wir das vaterländische Interesse zuerst im Auge haben und selbe zu viel Raum hier einnehmen würden. Zu bemerken ist noch, daß die Wälschen beim Chronisten Aventinus Walen heißen, die sich auf Gold verstanden. Im Tirolerlandreim werden sie Walchen genannt. Man soll, heißt es darin, den armenischen Stein (lapis Armenius) nicht offenbaren, weil sonst der Walchen viele im Lande herumfahren, alle Berge und Thäler durchstreifen, um was Köstliches zu entdecken, und heimlich aus dem Lande zu tragen. Auch auf der Bildertafel mit dem Voldersberg im Unterinthale heißt es: In diesen Bergen sind an mehreren Orten Walchen, die man hat das Erz davon tragen sehen. Indeß kennt man sie in Tirol, in der Schweiz und in Salzburg auch unter dem Namen Venetianer und Venedigermännchen, dann führen sie nur in den mitteldeutschen Ländern vorwiegend den Namen Walen, Wahlen, Walchen; in Oesterreich, Steiermark, Kärnten und Krain sind sie nur als Wälische oder Wälsche bekannt. Auch sind die Bergsagen in Krain, Kärnten, Steiermark, Oesterreich, Mähren und Böhmen mehr konkrete Gestalten, als in andern Ländern. Aber allen Sagen ist gemeinsam die Hindeutung auf einen lang dauernden, heimlich im Großen und Kleinen betriebenen Wechselverkehr zwischen italienischen und deutschen Ländern. Der Hauptsache nach sind die Wälschen unserer Bergsagen wandernde italienische Krämer und Bergwerker, welche die Bergschätze besser auszubeuten verstanden, als die eingebornen Landeskinder. Allerdings hatten die Kelten auch Bergwerke. Aber die bessere und mehr kunstgerechte Metallurgie brachten ihnen die Fremden aus dem Süden. Bei Strabo lesen wir: „Einst hatten die Taurisker den Italienern erlaubt, auf den Bergen um Aquileja herum in den reichen Goldbergwerken zu graben; da sei sogleich das Gold in Italien um den dritten Theil wohlfeiler geworden. Als nun die Taurisker dies bemerkten, schlossen sie jene ausländischen Bergarbeiter von ihrem Bergbau aus und behielten ihn für sich allein. Strabo beruft sich bei dieser Nachricht auf Polybius, der schon 150 Jahre vor Christus dieses Zeugniß für den Bergbau der Taurisker niederschrieb. Er erklärt selbst, daß man vom Geschichtschreiber strenge Wahrheit fordere. Denn die Geschichte, die der Wahrheit entbehre, sei eine unnütze Erzählung. Strabo bezeichnet im 5. Buche

Noreja als eine Stätte von sehr einträglicher Goldwäscherei und großer Eisenwerke. Auch über die alten Veneter berichten die römischen und griechischen Klassiker. Von den letztern erwähnt schon Homer in der Ilias 2. B. V. 852 der Heneter in Paphlagonien, welche später mit den Venetern in Italien in Verbindung gebracht wurden. Livius leitet sie von den Henetern aus Paphlagonien her. Sie waren nach Homer Bundesgenossen des Priamos, wohnten am Fluße Parthenius auf der südlichen Küste des schwarzen Meeres, wo sie eine Stadt Amisos bewohnten; sie kamen dahin aus dem Innern Kappadokiens und auf andern Zügen selbst allmälig sogar bis an das adriatische Meer und verschwinden in Asien in der Folge. Diese adriatischen Heneter (Veneter) glaubten selbst ernstlich an ihre asiatische Herkunft und gaben sich als Meder aus. Das am meisten Anerkannte ist, sagt Strabo, daß die Heneter der beträchtlichste Stamm der Paphlagonen waren, zu dem auch Pylaimenes gehörte. Daher folgten ihm zum Heerzuge die meisten Heneter, und kamen nach Trojas Fall nach Thrakien und nach langer Irrfahrt in das jetzige Henetike am adriatischen Meerbusen. — Zahlreiche Spuren weisen bestätigend nach Paphlagonien zurück, wo noch ein Stock des Volkes zurückblieb, das sich in der Folge Kappadoker nannte, ohne seinen frühern Namen aufzugeben.

Denn zu Alexanders Zeit gab es freie, mit Paphlagonien verbundene Heneter. Kornelius Nepos sagt: Die Paphlagonier gingen von Henetos nach Italien und wurden nachher Veneter genannt. Uebrigens waren die Heneter in Paphlagonien viel gebildeter, als die eigentlichen Paphlagonier. Nach Polybins 217 unterschieden sie sich an Sitten und Tracht nur wenig von den Kelten, obgleich sie eine andere Sprache hatten. Jedenfalls waren die Veneter eingewanderte und den Kelten an Bildung überlegen. Ihre Schrift bestand nach Niebuhr aus erkünstelten etruskischen Charakteren. Da aber, wie Inschriften beweisen, in den Alpen hier Etrusker wohnten, so dürften die Veneter selbe von ihnen erlernt haben. Obwohl Contzen unsere Veneter zu Slaven stempeln möchte, so gesteht er doch selbst, daß er dafür keine Beweise aus alten Quellen beibringen könne. Wer sind denn die Welischen? Auch diese kamen aus Asien. Denn Plinius, der ältere, diese lebendige Encyclopädie des Wissens der Alten erzählt uns im 6. Buche, K. 12, daß die Vali oder Walen hinter der kaukasischen Pforte an den gordiäischen Gebirgen wohnten, welche Gold und Metall zu graben verstanden. Also läßt uns hier nicht die Gleichheit der Beschäftigung mit dem Bergbau, sondern vorzüglich auch die Identität des Namens auf dem geschichtlichen Zusammenhange mit unsern metallsuchenden Walen oder Wälischen mit Grund schließen, die nur in Kärnten, Krain, Steiermark und Oesterreich unter diesem Namen in den Bergsagen erscheinen. Der fremde Einfluß aus dem Süden auf die Metallurgie in unsern Ländern wird auch noch durch archäologische Belege bestätiget. Ich berufe mich auf die in der neuesten Zeit ausgegrabenen Alterthümer südlich von Hallstatt im Lande ob der Enns, im Salzkammergut auf einem Hochplateau. Professor Dr. Weinhold findet hier wie sonst bei derartigen Anticaglien einen Zusammenhang und eine Abhängigkeit der Gieß- und Schmiedekunst der Alpenvölker von Italien, namentlich von den Etruskern. Dieses wird bei einigen Anticaglien ganz unläugbar für jeden, der sich nicht seine Augen durch die großkeltische Brille verdorben hat, welche da die Selbstständigkeit dieses Stammes herausfindet. Ebenso hat man zu Strettweg bei Judenburg in Obersteier einen Wagen ausgegraben, der durch die Arbeit seinen etruskischen Charakter ausspricht. An keltischen Ursprung, sagt Dr. Weinhold, ist ob der technischen Gewandtheit gar nicht zu denken. Auch Koch sagt in seinen Alpenetruskern S. 13, daß der Handel aus dem Süden nicht ausreiche, das zu erklären, was die Etrusker von den Egyptern besaßen und in sich verarbeitet haben; dieß sei weit mehr als das, was man auf dem Handelsweg erwerbe. Koch erklärt auch die alten Etrusker für die Philistäer, die bekanntlich gute Metallurgen waren. Aber eben diese sollen nach Theophrastus Paracelsus in den Alpen hier viel gewohnt haben. Es ist etwa in Chroniken gefunden, sagt er, daß die Philistiner in diesen Landen viel gewohnt haben. Und wie man noch deren Sachen halb in andern fremden Ländern Antiquitates findet, die von Philistinerischen ausgegangen, also gleichmäßig werden sie in Carinthia aufgefunden. „Dann hebt Hohenheim ihre Kunstfertigkeit in der Metallurgie und im Bergbau hervor." Es weist, sagt er weiter, auch der Verstand aus, daß Kärnten zu denselbigen Zeiten in allen Metallen überflüssig begabt gewesen und Japhets Kinder insonderheit mit den metallischen Künsten begnadet (waren), auch daß sie aus Liebe der Erze in den Landen blieben, hat sich auch alles dieses nachmals befunden. Es beweist sich auch daß dieses Land Kärnten mit Künsten die ersten in diesem deutschen Lande gewesen, was da angetroffen hat die Metalle. — Denn ältere Bergwerke mögen die Chroniken nicht anzeigen, sondern sind in diesem Lande erstlich gelernt worden, und dann in andere Länder getragen und

demnach in andern Ländern auch Bergwerke gefunden worden und nach
dem kärntnerischen Gebrauch in das Werk gebracht." So Hohenheim,
der Kärnten sein zweites Vaterland nennt und bei den Fuggern, die
Bergwerke in Oberkärnten hatten, im Dienste stand. Seine vielen und
fernen Reisen brachten ihn mit ausländischen Gelehrten zusammen, so
daß er Chroniken, die nun verloren gegangen sind, noch benutzen konnte.

Dr. Carlmann Flor.

Einige Bemerkungen über Cretinismus.

Von Raimund Kaiser.

In tausendfacher Gestalt regt und bewegt sich täglich vor uns die
Erscheinung des „Lebens", allein was selbes eigentlich ist, wissen wir
nicht und werden es nie wissen. Erde, Luft und Meer sind bekanntlich
mit unzähligen, wenn auch öfters nur mikroskopischen Lebensgestalten
erfüllt, täglich fliegen dieselben, so zu sagen vor unsern Augen, z. B. in
Gestalt von Flechten an einem neuen Ziegeldache an, oder gewinnen sich
zersetzend und mit andern Grundstoffen sich verbindend, neue Formen;
allein woher all' dies Leben komme oder wohin es entschwinde? wir
wissen es nicht und zerbrechen uns den Kopf darüber vergebens. Die
Grundstoffe, aus welchen der Thier= und Pflanzenleib aufgebaut ist, sind
bekannt und nicht minder der in diesen Körpern fortwährend sich erge-
bende Stoffwechsel, aber einen Grashalm hervorzubringen oder einem an
Blutarmuth leidenden Menschen normale „Ernährungsflüssigkeit", welche
etwa von einem Chemiker fabriksmäßig erzeugt würde, mitzutheilen, vermögen wir nicht. Wir wissen: das Gehirn ist das Organ des Denk-
vermögens, allein die Art und Weise dieser Thätigkeit einzusehen war
bisher vergeblich und wird es wahrscheinlich auch für immer verbleiben.
Nur um einen aliquoten Theil geringer ist das Gehirn eines Cretins
im Entgegenhalt gegen das eines mit gesundem Verstande begabten Menschen und dennoch umfängt ewige Nacht seinen Geist! — Und wie viele
dieser wahrhaft Erbarmungswürdigen gibt es noch in unserem engeren
Vaterlande Kärnten! So manche dieser Unglücklichen sah ich im Verlaufe
meiner beinahe dreißigjährigen Seelforgszeit; ihr Anblick hatte für mich
nichts mehr Ungewöhnliches, weder in Ober= noch, und zwar vorzüglich
in Unterkärnten. Aber Ein solches Individuum, und zwar eine junge

Cretine von 18 bis 20 Jahren werde ich zeitlebens nie vergessen, denn ihr Anblick war grauenhaft. Während ihr Körper naturgemäß zur vollen Blüte sich entfaltete, war von einem geistigen Vermögen, wenigstens äußerlich, keine Spur vorhanden, und so ungern ich es auch sage, kann ich es doch nicht verschweigen: thierisch und unbestimmt glotzten ihre Augen in den Tag hinein und nur die bloße Gestalt eines Menschen war ihr übrig geblieben. Der Sprache unfähig, saß oder lag sie den ganzen Tag und das ganze Jahr hindurch zusammengekauert und still in einem Winkel der elterlichen Rauchstube, oder kroch bisweilen, des Gehens kaum mächtig, auf allen Vieren von einem Orte zum andern oder hinaus ins Freie. Der Anstand verbietet es mir, ihr eckelhaftes Gebahren zu beschreiben und jederzeit ergriff mich das innigste Mitgefühl, wenn mich ein Geschäftsgang in dieses Haus und in ihre Nähe führte. Unwillkührlich drängte sich mir bei ihrem Anblicke immer die Frage auf: gibt es denn durchaus keine Hilfe für diese Unglücklichsten der Menschen und gar kein Mittel, um solchen bedauernswerthen Pasquillen auf unser Geschlecht für künftige Generationen wenigstens vorzubeugen?

Mit Freude las ich daher vor ungefähr einem Jahre in der Grazer „Tagespost" die Aufforderung eines Menschenfreundes an Alle, welche sich für diese Sache interessiren, ihre über Cretinen gemachten Erfahrungen und Beobachtungen zur etwaigen Bekämpfung des Uebels öffentlich bekannt zu geben. Dieser Aufforderung nun in einem kurzen Aufsatze über den bezüglichen Gegenstand nachkommend, sprach ich mich nach den theils von mir selbst gemachten Beobachtungen, theils nach den mir von redlichen Menschen, welche lange Zeit in der Nähe von Cretinen lebten, zugekommenen Mittheilungen in Kürze dahin aus, daß außer der Zeugung im Zustande der Trunkenheit, namentlich eines klassischen Branntweindusels und einem für die Entwicklung der Gehirnmasse gewisse ungünstige Bestandtheile führenden Wasser, vorzüglich die Ueberfütterung der Kinder mit mehligen, insonderheit grobmehligen fetten Speisen zur Genesis dieses schrecklichen Uebels am meisten beitrage. Denn junge Kinder, welche nach den übereinstimmenden Zeugnissen bewährter und beobachtungsfähiger Menschen in der ganzen Zeitdauer, in welcher sie naturgemäß mit Mutter- oder Kuhmilch ernährt wurden, keine Spur des Cretinismis zeigten, verfielen allmählig in denselben, als ihnen anstatt der vorerwähnten natürlichen Nahrung ein grobmehliger fetter Brei dargereicht wurde, und sie, im Besitze eines kräftigen Verdauungsapparates gierig und in Menge davon genossen.

Ich finde nun meine damals geäußerte Ansicht in der bekannten Zeitschrift „Die Gartenlaube" im 8. Hefte des laufenden Jahres von dem bekannten Doktor Bock, Professor der pathologischen Anatomie zu Leipzig und Verfasser des „Buches vom gesunden und kranken Menschen", wenigstens in Bezug auf die naturwidrige Nahrung vollständig bestätigt. Mag man nun über die „realistischen" Ansichten dieses deutschen Arztes denken und urtheilen wie man wolle, so müssen ihm selbst seine ärgsten Gegner insoferne Gerechtigkeit widerfahren lassen, daß ihm gründliche anatomische Kenntnisse, vielseitige ärztliche Praxis und aufrichtiges Wohlwollen gegen seine Nebenmenschen nicht fremd sind. Seine „Strafpredigten für Mütter und Erzieher," worin er, ähnlich einem eminenten Kanzelredner, gegen manche unter ihnen eingerissene Unsitte donnert, deßhalb donnert, weil in ihre Hände vorzüglich das körperliche und geistige Wohl der Kinder durch eine vernünftige Erziehung gelegt ist und er also von ihnen Vermeidung mancher diesbezüglichen Mißgriffe künftig erwartet, sind ebenso köstlich als dankenswerth; seine gute Intention verdient volle Anerkennung.

Es sei mir daher erlaubt, seine in Nr. 8 der „Gartenlaube", Seite 510 und 511 unter der Aufschrift: „Der angefütterte Blödsinn" geäußerte Meinung wörtlich hier zu reproduziren:

„Es gibt ein Organ im menschlichen Körper, welches zum großen Nachtheile der ganzen Menschheit von den Erziehern viel zu wenig gekannt und beachtet wird. Daher kommt es denn aber auch, daß der Mensch der Jetztzeit nur das Produkt des Zufalls und nicht das einer naturgemäßen, vernünftigen Erziehung ist. Ob ein Mensch gut oder böse, klug oder dumm, herrschsüchtig oder sklavisch, abergläubisch oder aufgeklärt u. s. f. ist, das hat er in der Regel nur dem Zufalle nicht selten in Gestalt einer alten Kindermuhme, zu verdanken. Das darf aber nicht so fortgehen; eine auf die im menschlichen Körper herrschenden göttlichen Naturgesetze gegründete richtige Erziehung muß andere, bessere, vollkommenere und gesündere Zukunftsmenschen schaffen. Und das kann nur mit Hilfe jenes Organes erreicht werden, welches Gehirn heißt und in der Schädelhöhle des Kopfes, von einer festen knöchernen Wand rings umgeben, geschützt liegt.

Der Mensch hat zur Zeit von allen Geschöpfen das vollkommenste Gehirn und kann deßhalb auch, sobald dasselbe nur durch richtige Erziehung zum richtigen Arbeiten gewöhnt wird, am vollkommensten denken, fühlen und wollen. Das Thier mit seinem kleinern, unvollkommenern

Gehirn wird dieß, auch bei der sorgfältigsten Erziehung, niemals in solcher Vollkommenheit thun können wie der Mensch. Wohl aber kann ein
Thier, zumal eins aus den höheren Thierklassen (Affe, Hund, Elephant),
weit verständiger sein und handeln als ein Mensch, dessen Gehirn unvoll-
kommen entwickelt oder von aller Erziehung fern gehalten wurde, wie
dieß bei Blödsinnigen der Fall ist. Was übrigens die Erziehung (Gewöhnung) des Gehirns zu immer besserer, vollkommener Thätigkeit betrifft, so läßt sich nicht bloß bei dem Menschen, wenn wir die jetzigen
mit den früheren vergleichen, sondern auch bei den Thieren ein bedeutender Fortschritt wahrnehmen. Viele unserer jetzt lebenden Thiere (wie
Hunde, Pferde und andere Hausthiere), sind weit klüger und besser als
ihre Vorfahren und das macht bloß ihre besser gewordene Erziehung
nicht nur durch den Menschen, sondern auch durch die schon etwas gebildeteren Eltern dieser Thiere. — Wir wollen jetzt nachweisen, wie
eine falsche Ernährung des Kindes im ersten Lebensalter dem Gehirn so
schaden kann, daß es zum richtigen Erlernen seiner Thätigkeiten ganz
unfähig wird und fürs ganze Leben blödsinnig bleibt. — Beim neugebornen Menschen zeigt sich die ovale Kapsel, in welcher das Gehirn
eingeschlossen liegt, und die den obersten Theil des Kopfes, den sogenannten
Schädel bildet, noch nicht überall knöchern hart, wie dieß später der Fall
ist, sondern stellenweise noch häutig-, sehnig- oder knorplig weich und ela-
stisch, so daß sie deßhalb allmählig auch noch ausgedehnt (der Schädel
größer) werden und einen immer größer werdenden Raum in ihrem Innern (eine sich erweiternde Schädelhöhle) enthalten kann.

Nur bei dieser Einrichtung, daß nämlich die Hirnkapsel auch nach
der Geburt noch längere Zeit ausdehnbar ist, wird es dem Gehirne
möglich bis zu der Größe zu wachsen und dabei den Schädel zu vergrößern, welche zu seinem ordentlichen geistigen Thätigsein nöthig ist. Bei
dem Umfange, welchen das Gehirn zur Zeit der Geburt und in den
ersten Lebensjahren hat, ist von verständig sein und werden gar keine
Rede, und es würde also das Gehirn, wenn es diesen Umfang zeitlebens
behalten müßte, niemals zum ordentlichen Denken, Fühlen und Wollen
befähigt werden können. Der Mensch mit einem solchen kleinen Gehirne
muß fürs ganze Leben mehr oder weniger blödsinnig bleiben. Und das
eben ist gar nicht selten der Fall, wenn die Hirnkapsel früher als es sein
sollte, vielleicht sogar bald nach der Geburt vollständig hart wird, und
nun nicht mehr durch das Gehirn erweitert werden kann. Das Gehirn
wird dadurch in seinem Wachsthume aufgehalten, bleibt widernatürlich

klein und behält zeitlebens die Größe und Thätigkeit wie beim Kinde. Natürlich wird in solchen Fällen auch der Kopf in seinem obern oder Schädeltheile auffallend klein erscheinen. Man bezeichnet diesen durch Hartwerden (Verknöchern) der Hirnkapsel bedingten und wegen der dadurch gehemmten Entwicklung des Gehirnes vom Blödsinn begleiteten Zustand als Kleinköpfigkeit, Microcephalie.

Wie kann nun ein solches vorzeitiges, Blödsinn erzeugendes Hartwerden (oder Verknöchern) und Kleinbleiben der Hirnkapsel (des Schädels) zu Stande kommen? Die Wissenschaft ist zur Zeit noch nicht im Stande, mit Sicherheit darüber genaue Auskunft zu geben, auch sind die Ursachen ohne Zweifel verschiedenartige. Mit großer Wahrscheinlichkeit läßt sich aber annnehmen, daß eine dieser Ursachen eine widernatürlich große Menge desjenigen Stoffes im Blute ist, welcher die Verknöcherung zu Stande bringt, den Knochen ihre Härte und Festigkeit verleiht und ohne welchen die Knochen weich, biegsam, knorplig, häutig bleiben. Dieser Stoff heißt „Knochenerde" und besteht vorzugsweise aus phosphorsaurem Kalk, dem etwas kohlensaure Kalkerde und phosphorsaure Talkerde beigemischt ist Die Knochen erhalten diese Erde aus dem Blutstrome, ins Blut gelangt sie durch die genossenen und verdauten Nahrungsmittel, und diese nehmen sie aus der uns umgebenden anorganischen Natur, aus dem Erdboden und Mineralreiche auf. Da wir nun wissen, daß die Knochenerde durch die Speisen und Getränke (Wasser) unserm Blute und durch dieses den Knochen zugeführt wird; da wir ferner mit ziemlicher Sicherheit vermuthen können, daß, wenn zu viel oder zu wenig von dieser Erde in das Blut geschafft wird, die Knochen als hauptsächlichste Ablagerungsstelle für dieselbe, auch am meisten dadurch zu leiden haben, so ist es doch sicherlich erlaubt, zu fürchten, daß, wenn einem kleinen Kinde, zumal dem Säugling, dessen Knochen noch nicht vollständig gehärtet sind, eine kalkreichere Nahrung, als sich gehört, verabreicht wird, dadurch die noch weichen Knochen desselben widernatürlich schnell, nämlich vor der gehörigen Zeit, hart werden, die Gehirnkapsel also viel zu zeitig unausdehnbar wird.

In der Muttermilch befindet sich die Knochenerde in solcher zweckmäßiger Menge und Beschaffenheit, daß sie die Verknöcherung der noch weichen kindlichen Knochen weder widernatürlich beschleunigt, noch verlangsamt. Die Milch ist deßhalb auch, abgesehen von ihren übrigen, dem kindlichen Körper ebenfalls angepaßten und unentbehrlichen Bestandtheilen (besonders Käse und Butter) das allein naturgemäße und zweckmäßige Nahrungsmittel für den Menschen in seinem ersten Lebensalter. Nur ganz dumme Mütter können sagen: „Mein Kind wird von der Milch nicht satt." — Die Kuhmilch enthält weit mehr Mineralbestandtheile, als die Mutter= und Ammenmilch, und es muß deßhalb dieser Milch, beim Aufziehen des Kindes damit, etwas Wasser, sowie auch Milchzucker und Sahne zugesetzt werden. — Eine mehlige, breiige Nahrung ist für das Kind im ersten Lebensalter die allergefährlichste, insofern sie viel zu reich an erdigen und unverdaulichen Stoffen und viel zu arm an nährenden Bestandtheilen ist. — Auch das Wasser, welches zur Verdünnung der Kuhmilch benützt wird, ist nicht unberücksichtigt zu lassen, da ein mit großen Mengen Kalksalzen versetztes, sogenanntes hartes Wasser die kindlichen Knochen doch vielleicht auch vorzeitig hart machen könnte.

Angefüttert könnte also der Blödsinn dadurch werden, daß man einen jungen Weltbürger seine naturgemäße Nahrung, und das ist die Muttermilch, nicht saugen läßt, sondern denselben durch künstlich zubereitete, wohl gar durch breiige Nahrung aufzieht und daß man dadurch zum vorzeitigen Hartwerden des Schädels, sowie zum Kleinbleiben des Gehirns Veranlassung gibt."

Soweit der denkende, den Müttern und Erziehern einen weisen Fingerzeig gebende Arzt. Wer unter den Landleuten von Kärnten (und wahrscheinlich gilt es auch für Steiermark) längere Zeit gelebt und sich in dieser Beziehung etwas umgesehen hat, der wird auch oft genug wahrgenommen haben, wie so manche Eltern in ihrem Unverstande ihren einjährigen oder auch nur ein halbes Jahr alten Sprößlingen oft mächtige Portionen von grobmehligen, tüchtig „abgeschmalzenen" Klösen einschoppten, und wenn sie auch nicht mehr essen wollten oder konnten, sie dennoch mit Gewalt ihnen in den Mund stopften! Und wenn dann der Vater oder die Mutter oder auch wohl beide zugleich an Verstandesgaben nichts weniger als excellirten, mithin die Entwickelung und Erziehung ihres eigenen Gehirns auf einer mehr oder minder niedern Stufe geblieben ist, wie hätten dann ihre Nachkommen zu einem normalen Gehirne gelangen können?

Wohl aber ist es erfahrungsmäßig, daß bei den Descendenten eines solchen Elternpaares, wovon der eine Theil mehr oder weniger blödsinnig, der andere aber mit natürlichem Menschenverstande begabt und kropflos ist, Blödsinn und immense Kröpfe sich immer mehr verlieren und in mehreren Generationen endlich ganz aufhören. Die Natur sucht also dergestalt die eingerissene Degeneration von selbst langsam wieder auszugleichen. — Daß mehrere Ursachen zur Genesis des Cretinismus beitragen, unter denen die grobmehlige fette Nahrung, kalkhaltiges Wasser und Zeugung im Zustande der Trunkenheit als die vorzüglichsten müssen genannt werden, dürfte kaum zu leugnen sein; ob die genannten Ursachen aber die einzigen Quellen des Uebels sind, oder auch noch andere uns bisher unbekannte Momente dazu beitragen, muß bei dem Umstande, als wir nicht wissen, was das Leben eigentlich ist, wie es entsteht und wie die Funktionen des Denkens im Gehirne vor sich gehen, dahin gestellt bleiben.

Nächtliche Reise.

Von J. Petschenegg.

Sterne, die ich wandernd grüße
  Gehen ruhig ihre Bahn.
Ach! Wer mich zu ihnen ließe!
  Freudig schwebt' ich himmelan.

Träte in den schönen Reigen
  Lichtumfloss'ner Wandler ein;
Keine Trauer kann sich zeigen,
  Wo sich Welten ewig freu'n.

Keine böse Stunde schreckte
  Mich auf meiner Fahrt zum Licht,
Und aus gold'nen Träume weckte
  Mich der Menschen Treiben nicht.

Und die Herrlichkeiten alle,
  Die des Höchsten Schöpfung zählt.
Würden kund mit einem Male,
  Eine neue Wunderwelt.

Sterne, die vorübersausen,
  Merkt' ich alle mir im Flug,
Säh' die Wesen, die dort hausen,
  Wohin nie das Sehrohr trug.

Und so zög' ich weiter, weiter
  Bis zum Ursprung alles Seins,
Bis ich mit dem Weltenleiter
  Wär' ein unzertrennlich Eins.

Sieh! Da kam aus jenen Höhen
Brausend eine Stimme her,
Wie die Flamm' im Windeswehen,
Wie der Sturm im wilden Meer:

Stets, vermeff'ner Sohn der Erde,
Hebst du hoch dein Haupt empor,
Sinnst, daß dir zu Eigen werde,
Was der Höchste sich erkor.

Glühst vor brennender Begierde,
Dich zu tauchen in das All,
Und vergiffest deine Würde
In des Taumels Wogenschwall.

Freiheit ist nur dir verliehen,
Der Natur Gesetz ist Zwang;
Und die Freiheit willst du fliehen
In des Herzens wildem Drang?

Gehe, Thor! Vergiß des Strebens,
Das so unwerth deiner ist;
Tauche dich in's Meer des Lebens,
Das allein das Sein versüßt!

Handle froh im Menschenkreise,
Schaffe viel und wirke weit,
Denn nur so führt deine Reise
In den Schooß der Ewigkeit.

Aus der Oper.

Klagenfurt, im Februar.

Der Standpunkt der Cultur in vergangenen Zeitperioden spiegelt sich im Leben der großen Städte nicht nur nicht einzig und allein ab, sondern es wäre nicht schwer zu beweisen, daß die Culturgeschichte aller Zeiten und fast aller Völker, ihre meisten und unverfälschtesten Beiträge aus dem Leben Einzelner, aus den Zuständen kleinerer Genossenschaften bezieht. Je größer die Zahl der an einem Orte wohnenden Menschen ist, je verwickelter ihre Verkehrsverhältnisse sich gestalten, je größer die Extreme im Besitz und in den mit solchem zusammenhängenden Gewohnheiten erscheinen, desto trüber und verwirrter wird das Lebensbild, desto leichter ist man Täuschungen ausgesetzt, wenn man das Charakteristische in dem jeweiligen Stadium der Entwicklung heraussuchen, wenn man die Periode gleichsam auf ihren geistigen Gehalt prüfen, auf ihr wirkliches Schrot und Korn probiren will. Von diesem Gesichtspunkte aus werden Sie es vielleicht gerechtfertigt finden, wenn ich Ihnen in so ungezwungener Form wie heute, auch künftig meine Gedanken über geistige und soziale Erscheinungen bei uns eröffnen werde, indem ich von der Voraussetzung ausgehe, daß die „Carinthia" ein passender Ort ist, um die Spuren der auch bei uns mit jedem Jahrzehent immer schneller sich umgestaltenden Culturformen in sich aufzunehmen, und sie vielleicht zum Nutzen und Frommen späterer Generationen aufzubewahren. Wenn wir es so unternehmen gleichsam antizipando einige Striche für das künftige Bild zu liefern, das sich die Epigonen von uns entwerfen werden, so ist es uns auch erlaubt, unserer Phantasie in Ausmalung späterer Zustände die Zügel schießen zu lassen, wobei sich freilich mancher wehmüthige Zug in jenes Bild mischen wird. So könnte es leicht geschehen, daß wir auf den Gedanken kommen, diese Herren Epigonen würden es gar nicht der Mühe werth finden, die vergilbten Hefte mit der Aufschrift „Carinthia" zu durchblättern und sich über die Gedanken ihrer Altvordern zu unterrichten; es könnte geschehen, daß so ein aufgeblasener Epigone — ein Epitheton, welches, wenn man in der Entwicklung nur eine arithmetische Progression annimmt, schon sehr glimpflich wäre — während er, ähnlich wie heutzutage nach gerauchter Cigarre an einem Stück Zucker saugt, zu dessen Bereitung vielleicht unsere heutigen guten ehrlichen Knochen mitverwendet wurden, sich, weil er unser gegenwärtiges Deutsch so wenig versteht, als wir das Nibelungenlied oder gar Ulfila's gothische Bibelübersetzung ohne eingehende Studien, mit hochmüthigem Achselzucken von dem „antiquarischen Plunder" wegwendet; sei es darum, wir wollen uns durch solche Reflexionen in unserem Vorhaben nicht irre machen lassen, und käme einst selbst ein zweiter Omar, welcher es für zweckmäßig fände, die Bibliothek des historischen Vereines oder Landesmuseums zu verbrennen.

Ich beginne somit meine zwanglosen Mittheilungen, und zwar mit der Oper; ist doch die Musik die jüngste der Künste auch diejenige, welche von Tag zu Tag, ja man könnte sagen von Stunde zu Stunde im Leben der Völker größern Raum gewinnt und mit ihren ältern Schwestern erfolgreich in Concurrenz getreten ist. Unsere hiesigen Theaterzustände mögen noch so viele Angriffseiten der Kritik darbieten, so muß doch die

Aufführung zweier Opernwerke in der heurigen Saison als ein aus mehreren Rücksichten erfreuliches und alle Anerkennung verdienendes Ereigniß begrüßt werden, wir meinen die Aufführung der „Dinorah" von Meyerbeer und der „Zauberflöte" von Mozart. Für heute lassen Sie mich bloß von der letztern sprechen. O quae mutatio rerum! rufen wir dabei mit dem Musensohne, dem der als Vorspiel zur Feier des Universitäts-Jubiläums in Wien entsponnene Streit zwischen Professoren- und Doktorenkollegium es schwer macht zu entscheiden, ob er Professor, ob er „bloß" Doktor oder nicht gar am liebsten „bemoostes Haupt" werden solle. Wir meinen aber jenen Ausruf nicht ironisch und noch weniger im Sinne des achselzuckenden Fashionables, dem Alles fade scheint was nicht nach dem Modejournal gearbeitet ist, sondern ganz ernsthaft, ernsthafter vielleicht als es sich für einen harmlosen Briefsteller ziemt. Ja welche Veränderung seitdem in der Musik, im Texte, in den Musikern und im „hochverehrungswürdigen" Publikum! Die Zauberflöte! welches Stück Culturgeschichte und welcher Glanz künstlerischen Ruhmes liegt nicht in diesem einen Worte. Wo sind die Zeiten, wo man noch von Tugend, Vernunft und Weisheit, wie sie auf den drei Eingangsthürmen zu Sarastro's Palast wörtlich verzeichnet sind, sprechen durfte ohne — ausgelacht zu werden!? Wo sind aber auch die Zeiten, wo man glaubte, das tausendfach verschlungene Gewebe der Welt in ein paar Fäden zerzausen zu können, von denen die Kette Vernunft und der Einschlag Tugend hieß, wo man nur Licht und Schatten, nur Tugend und nur Laster, auf der einen Seite nur Vernunft und auf der andern nur Thierheit kannte, von jenem bedeutungsvollen Halbdunkel aber gar nichts wußte, in welchem der heutige Forscher jene Extreme in einander übergehend ertappt, in dem aber freilich auch der französische Romanschriftsteller seine tugendhaften Phrynen und die edlen Scheusale schildert. Es war die Zeit der Blüte des Freimaurerthums, wo Tausende aus Begeisterung für ziemlich unverständliche, wenigstens lebenlose Abstraktionen auf dem Polizeiamte Fatalitäten hatten, wo ein im gewöhnlichen Umgang sonst ganz liebenswürdiger „Sarastro" sich plötzlich die Tugend in einem solchen Grade in den Kopf setzte, daß er es für löblich und der Weltverbesserung äußerst zuträglich hielt, irgend einen jungen Menschen, z. B. den „Tamino" auf eine höchst ungesetzliche Weise und ganz im Widerspruche mit dem Strafgesetze festzuhalten, und ihn verschiedenen Prüfungen und selbsterfundenen moralischen Martern zu unterwerfen, um herauszubringen, ob besagter junger Mensch in die Gemeinschaft der „Weisen" zugelassen werden oder wieder beim Weisheitstempel hinausexpedirt werden solle. Kam er aber endlich nach „mit Vorzug" bestandenen Prüfungen, welche der Libretto-dichter Schikaneder äußerst volksthümlich durch Hunger und Durst, Feuer und Wasser darstellen ließ, in den ersehnten Weisheitstempel, dann wurde er zur Belohnung in die „großen Geheimnisse" eingeweiht, welche sich bei-läufig in den monumentalen Satz zusammenfassen lassen: „Ich bin dein Vater Sephises, — Und sage dir nicht mehr als dieses." Ein anderes Zeit-merkmal findet sich in der ebenfalls dualistischen Trennung der Menschen in civilisirte und Naturmenschen, in welcher Trennung eigentlich nur der damals für absolut gehaltene Unterschied zwischen Geist und Materie, Ci-vilisations= und Naturstaat kurz der Standpunkt Rousseau's durchschimmert.

Da sehen wir nun auf der einen Seite den mit ganz tüchtigen Legitimationspapieren und seinen glänzenden Kleidern nach zu schließen auch mit einer gespickten Geldbörse versehenen „Prinz" Tamino, und auf der andern Seite den nur mit Federn bekleideten Naturmenschen „Pa-pageno" seines Zeichens ein Vogelfänger, welcher gar nicht einmal weiß daß es eine Welt gibt, der aber trotz seiner unverschämten Unschuld ein sehr bestimmt ausgesprochenes Liebesbedürfniß an den Tag legt. Auch eines der Rousseau'schen Grundrechte des Naturmenschen! Den Sauerteig in dieses lammweiße Osterbrot müssen nun natürlich die Damen bringen, welche sämmtlich dem Zwischendeck in dem Weltschiffe, unter welchem die ordinären Menschen und über dem die Götter sich befinden, ange-hören; wir haben da nämlich als perennirende dei oder vielmehr deae ex machina die Königin der Nacht mit ihren äußerst gut dressirten drei Genien und dann die reizende Tochter der Ersteren, Namens Tamina; das Vogelweibchen „Papagena" kommt zur Completirung von zwei glück-lichen Paaren erst zu Ende, wo sie sich mit ihrem männlichen Ebenbilde in einer Abhandlung über Stammbaumbildung singend ergeht, womit Schikaneder augenscheinlich den Höhepunkt natürlicher Unschuld aus-drücken wollte. Diese überirdischen, genienhaften Mithilfen logen nämlich schon im Geiste der dramatischen Schöpfung jener Zeit, wenigstens des volksmäßigen Dramas und wurden erst viel später, nachdem die Kritik in Form humoristischer, ja selbst sarkastischer Behandlung wie z. B. bei den Volksstücken Raimund's, das Mystische ihrer Erscheinung unbarm-herzig zerstört hatte, von der Dichtung aufgegeben.

Dem Allem durfte aber auch der Intriguant nicht fehlen, welche Rolle der wahren bête noire jener Zeit, dem „Mohren" zufiel. Aeußerlich und innerlich schwarz, das war das Rezept für die Mohren.

Und doch können wir uns des Mitgefühles nicht erwehren, wenn derselbe zu seiner Rechtfertigung gewissermassen, in jener Mondscheinscene und in leidenschaftlicher Hast, beim Anblick der schlafenden Tamina die Worte singt: „Alles fühlt der Liebe Freuden — Alles herzet, liebt und küßt — Und ich soll die Liebe meiden — Weil ein Schwarzer häßlich ist". Es sind dies nach unserm heutigen Geschmacke keine schönen Verse aber wenigstens stimmungsrichtig; dagegen dürfte die Vorsteherin einer höhern Töchterschule bei der Arie der Tamina: „Bei Männern, welche Liebe fühlen — fehlt auch ein gutes Herze nicht", Worte, welche eigentlich ziemlich viel Beobachtung und man möchte sagen Routine verrathen, wohl etwas die Nase rümpfen. Geradezu aus der Rolle fällt aber Schikaneder, wenn er Sarastro den Virtuosen auf der Saite der Tugend seiner schönen Gefangenen die impertinenten Worte ins Gesicht singen läßt: „Zur Liebe kann ich dich nicht zwingen — Doch schenk ich dir die Freiheit nicht". Doch nun genug des Scherzes! In jenen Formen liegt ein gehaltvoller Kern, in jenen Abstraktionen, der Frucht philosophischer Arbeit liegt ein sittlicher Schatz, und im Freimaurerthume, das wir heute zu belächeln geneigt sind, vernimmt das geübte Ohr das Gerassel der Waffen, mit welchen eine Geisterschlacht geschlagen werden sollte, die Sehnsucht nach einer besseren Weltordnung, den Drang nach menschen= würdiger Freiheit. Heute können wir lächeln, wo jene Schlacht im Ganzen genommen zu unsern Gunsten geschlagen und gewiß wenigstens die Präliminarien des Friedensvertrages unterzeichnet sind.

So wichtig aber auch für die Oper das Libretto ist, so ist es im Grunde dem musikalischen Theile gegenüber nur Nebensache. Ueber diesen eigentlich noch ein Wort zu verlieren, hieße Eulen nach Athen tragen. Dieses Werk ist in seinen außerordentlichen Schönheiten und — seinen Schwächen bereits längst erkannt; obwohl diese Oper hinter seinen andern größern Werken zurücksteht, so hat sich Mozart doch durch die Ouverture zur Zauberflöte allein schon einen Ruhmestempel erbaut. Nur auf Ein Mo= ment möchte ich noch aufmerksam machen; es ist oft bewundert worden, wie es Mozart möglich war, auf solch' schlechte Verse, auf so hausbackene Worte so herrliche Melodien zu finden, und man hat sich ausgemalt, welche Sphärengesänge er geschaffen hätte, wenn ihm Texte wie den heu= tigen Tonsetzern zu Gebote gestanden wären. Darüber habe ich nun meine eigenen Ansichten.

Schlechte Verse! Zugegeben, daß damals schon ein Göthe, ein Schiller gesprochen hatten, ich frage aber, sprechen wir neben Hochdeutsch nicht auch unsern heimischen Dialekt, essen wir nebst Torten nicht auch Schwarzbrod? Das waren damals eben keine schlechten Verse, es waren nur keine so hohen, wie sie zu jener Zeit bereits erklungen waren im deutschen Dichterwald. Aber Sprache, Empfindungen und Gedanken wechseln ewig im Laufe der Zeiten, und Manches, was uns heute schaal und leer vorkommt, erschien früher als ein ganz anständiges Reimwerk. Alle Achtung vor Gellert, aber wer würde heutzutage anheben: „Um das Rhinoceros zu sehen"?

Das Wichtigere ist aber dies, daß zur Zeit Mozarts noch nicht der Augenblick gekommen war, wo man die Anforderung stellte, daß der musikalische Ausdruck möglichst genau dem sprachlichen Begriffe angepaßt sei. Obgleich dann der große Gluck diese Fährte schon betreten hatte, wurde diese Anforderung doch erst in neuester Zeit von Richard Wagner in allem Ernste auf theoretischem Wege gestellt, und erst von ihm in größern Werken mit Consequenz angestrebt. Mozart kümmerte sich also eigentlich sehr wenig um die Worte, er ließ sich von ihnen nur im Allgemeinen die Stimmung diktiren, und ließ dann unbekümmert wie der junge Phöbus die Sonnenrosse schießen, seine unsterblichen Melodien aus seinem Herzen perlen.

Der Raum, den ich mir vorgesteckt, ist aber wie ich jetzt leider sehe zu Ende, die Parze am Setzkasten schneidet mir den Faden ab. Nächstens vielleicht mehr.   H. W.

Glockenweihe in St. Paul.

Aus St. Paul erhielt die Direktion des Geschichtvereines durch die Güte des dortigen Vereins=Gaucorrespondenten, des hochw. Herrn Stifts-kapitulars P. Hugo Breyer, ausführliche Mittheilung über die am 26. Dezember 1864 stattgehabte Weihe der für die alte Pfarrkirche St. Erhard im Markte St. Paul bestimmten vier neuen Glocken.

Wir geben nachfolgend einen Auszug dieses in die Vereins = Chronik vollinhaltlich aufgenommenen Berichtes.

Einem lange gefühlten und vielbeklagten Mangel abzuhelfen, hatten schon im Jahre 1863 mehrere opferwillige Pfarr = Insassen zur Beistellung dreier neuer Glocken für die genannte Pfarr= und zugleich Friedhofskirche im Markte St. Paul sich vereiniget. Die Weihe dieser Glocken fand am

8. Februar 1864 statt und ist in heimatlichen Zeitungsblättern geschildert worden.

Leider vermißte man am neuen Geläute die reine Stimmung. Diese zu erzielen, ließen sich die wackern Pfarrgenossen nicht nur zu dem Opfer bereit finden, die zwei kleineren Glocken umgießen zu lassen, sondern sie entschlossen sich auch, noch eine vierte Glocke im Gewichte von 11 Centnern 27 Pfund anzuschaffen.

Diese große Glocke erhielt nebst den zwei kleineren umgegossenen am St. Stephanstage, den 26. Dezember v. J. vom hochwürdigen Abte des Stiftes St. Paul, Herrn P. Ferdinand Steinringer mit angemessener Feierlichkeit die kirchliche Weihe.

Sämmtliche vier neuen Glocken sind aus der Werkstätte des Glockengießers Ludwig Korrentsch in Wien hervorgegangen, wiegen zusammen nahezu 24 Centner und kosteten die bedeutende Summe von 2.300 fl. ö. W., welche ausschließlich mittelst der, durch die eifrige Thätigkeit des frühern Stiftskaplans, nunmehrigen Pfarrers zu St. Martin im Granitzthale, Hrn. P. Bernhard Wicher, und des k. k. Steuer-Einnehmers, zugleich Bürgermeister-Stellvertreters in St. Paul, Herrn Andreas Dörflinger, gesammelten freiwilligen Spenden der gesammten Pfarrgemeinde bestritten wurde.

Seit dem 27. Dezember 1864 tönen die harmonischen Klänge des neuen Geläutes vom Thurme des uralten, vor zwei Jahren durch die Munifizenz des hochw. Herrn Stiftsabtes würdig renovirten Gotteshauses und geben jetzt auch das tägliche dreimalige Ave-Zeichen, welches früher von dieser Kirche nie ertönte.

Notiz.

Se. Majestät der Kaiser haben in huldvollster Anerkennung der Verdienste der Rauscher'schen Eisenwerks-Compagnie zu Heft in Kärnten um die Einführung, Verbreitung und Vervollkommnung des Bessemer-Verfahrens in Oesterreich, das Allerhöchste Wohlgefallen ausdrücken lassen, ferner aus gleichem Anlasse dem Berg- und Hüttenverwalter der Rauscher'schen Eisenwerks-Compagnie, Friedrich Münichsdorfer zu Heft das goldene Verdienstkreuz mit der Krone zu verleihen geruht.

Vermischtes.

(Eine dreifache goldene Hochzeit) fand im Maltathale am 23. d. M. in der Pfarrkirche zu Maltein statt. Die Männer sind: 79, 76 und 74, die Weiber 78, 75 und 70 Jahre alt. Sie verehelichten sich Anno 1811, 1812 und 1815. Die Feier war auf Ansuchen der Jubelgreise und Jubelgreisinnen ganz einfach und wenig bekannt, und wohl auch deßhalb nicht zahlreich besucht. — Sowohl die kirchliche als außerkirchliche Ceremonie machte auf Jedermann einen eigenthümlichen Eindruck, und wohl schwerlich wird einer der Anwesenden ein zweites solches interessantes Fest erleben.

(Fabriksbrand.) Am 27. Jänner Abends nach halb 7 Uhr war in der zur Bleiweißfabrik des Herrn Baron Herbert gehörigen Tischlerei ein Brand ausgebrochen, welcher schnell die anstoßende Essigfabrik, das Essigmagazin und ein Kohlenmagazin ergriff. Trotz der von allen Seiten herbeigeeilten Hilfe und der thätigsten Anstrengungen war es nicht möglich, die vom Feuer ergriffenen Objekte zu retten, doch wurde ein Weitergreifen des Brandes auf die umliegenden zahlreichen Fabriksgebäude glücklich verhindert.

Die Generalversammlung des kärntnerischen Geschicht-Vereines für das Sonnenjahr 1864,

welche zuerst auf den 31. Jänner 1865 anberaumt war, wurde, wegen des an diesem Tage stattgehabten Begräbnisses des Herrn Domkapitulars Heinrich Hermann, am 3. Februar d. J., um 4 Uhr Nachmittags, unter dem Vorsitze des Vereins-Direktors Max Ritter v. Moro, abgehalten.

Einschließlich des Vereinsausschusses waren 16 Mitglieder anwesend.

Der Vorsitzende eröffnete die Sitzung, indem er das tiefe, schmerzliche Bedauern über das Ableben des Domkapitulars, Herrn Heinrich Hermann aussprach, durch welches das Heimatland Kärnten und speziell der Geschichtverein einen sehr schweren Verlust erlitten haben. Er erwähnte in

tiefbewegender Rede der hohen Verdienste des Hingeschiedenen um die vaterländische Geschichtforschung und seines bis in die letzten Tage vor seinem
Tode unermüdeten Wirkens für die wissenschaftlichen Interessen der von ihm
stets treu und innig geliebten Heimat, und schloß mit den Worten: „Ehre
dem Manne, der durch sein Wirken für das Vaterland sich in diesem ein
unvergängliches Denkmal errichtet hat." — Die Versammlung gab ihrer
Theilnahme durch Erheben von den Sitzen Ausdruck.

Hierauf verlas der Vereins-Sekretär A. Ritter v. Gallenstein den
Rechenschaftsbericht für das Verwaltungsjahr 1864. In diesem wurde
den Vereinsmitgliedern die demnächst erfolgende Ausgabe des neunten
Heftes der Vereins-Jahresschrift angekündigt und der befriedigenden Erfolge erwähnt, welche durch die Herausgabe der Monatschrift „Carinthia" unter der Aegide des naturhistorischen Landesmuseums und des Geschichtvereines im Jahre 1864 erzielt worden sind. Mit Worten des wärmsten lebhaftesten Dankes wurde der unermüdeten, hingebenden Thätigkeit
gedacht, mit welcher Herr Dr. Carlmann Tangl an der Fortsetzung des
„Handbuches der Geschichte Kärntens bis zur Vereinigung mit den österreichischen Fürstenthümern" ununterbrochen arbeitet, von welcher das
1. Heft bereits im Druck erschienen ist, das 2. Heft der Vollendung nahe
unter der Presse liegt, das 3. bereits seit einem halben Jahre als vollkommen fertiges Manuscript in Händen der Geschichtvereins-Direktion sich
befindet und das 4. ebenfalls binnen Kurzem als vollendete Handschrift das
Arbeitspult des hochbegabten, mit Jünglingskraft und jugendlichem Feuer-
eifer diesem Werke sich widmenden Herrn Verfassers verlassen wird.

Hiernächst berichtete der Vortragende, daß die durch die eifrige Thätigkeit des Vereins-Ausschußrathes, Herrn F. M. v. Jabornegg-Al-
tenfels, in's Leben gerufene kärntnerische Chronik bereits bis
zum Schlusse des Jahres 1863 vorgediehen sei, und daß der Geschicht-Verein im abgewichenen Sommer 1864 die 4723 Nummern zählenden, für
die Geschichte Kärntens vielfach wichtigen und interessanten Archivalien
erhalten habe, welche aus dem Archive der in Graz bestandenen k. k. Finanz-
Landesdirektion für Steiermark, Kärnten und Krain ausgeschieden und dem
Geschichtvereine über sein Ansuchen überlassen worden sind, bei welchem
Anlasse der Herr Direktor des historischen Vereines für Steiermark, Dr.
Göth, durch die thätigste Förderung der bezüglichen Verhandlungen und
durch die persönliche Ueberwachung und Leitung der sehr entsprechend durch-
geführten Verzeichnung dieser reichen urkundlichen Materialien den Anspruch

auf den lebhaftesten herzlichsten Dank des kärntnerischen Geschichtvereines sich erworben habe.

Mit der Mittheilung über die (im September- und Oktober-Hefte der „Carinthia" 1864 ausführlich besprochene) Betheiligung des Geschicht-Vereines an den Forschungen über Pfahlbauten in den Seen Kärnten's schloß die Berichterstattung über die wissenschaftliche Thätigkeit des Vereines.

Nach Erwähnung der dem Geschichtvereine im Jahre 1864 gewidmeten zahlreichen Geschenke, unter denen die reichen Beiträge vom hohen Landtage und der löblichen Sparkassa-Direktion per 500 fl. und 300 fl., sowie die Spende des Herrn Hofrathes Ritter von Tschabuschnigg per 50 fl. hervorgehoben wurden, gab der Vortragende eine Uebersicht der im Personalstande des Vereines eingetretenen Veränderungen, welcher zufolge dieser im Jahre 1864 durch den Tod ein Ehrenmitglied und 7 ordentliche Mitglieder und durch freiwilligen Austritt 4 Mitglieder verloren hat, wogegen demselben 8 neue Mitglieder beigetreten sind.

Die Einnahmen der Vereins-Kasse haben 1684 fl. 47 kr., die Ausgaben 1676 fl. 13 kr. betragen und ist mit dem Schlusse des Sonnenjahres 1864 ein Kassarest per 8 fl. 34 kr. ausgewiesen worden.

Nach Beendigung des Berichtsvortrages verlas der Vorsitzende eine vom Mitgliede Herrn Baron Paul Herbert, der Vereinsdirektion schriftlich übergebene Motion, worin der Wunsch ausgesprochen wurde, daß der bisher sehr verzögerte Druck und die Herausgabe der (wie auch im Berichte erwähnt ward) im Manuscripte bereits bis zum 4. Hefte vorgediehenen Fortsetzungen des Handbuches für die Geschichte Kärnten's möglichst beschleuniget werden und die Vereinsleitung hierauf geeigneten Einfluß nehmen und daß von dieser auch für die baldige Bearbeitung der so wichtigen Epoche der Kärntner Herzoge aus dem Hause Sponheim thätig Sorge getragen werden möge.

Der Vereinsdirektor gab, mit Berufung auf den eben vorgetragenen Bericht, noch einige, den bisherigen Verlauf der Drucklegung entschuldigende Mittheilungen. Er betonte, bezüglich der Ausarbeitung der Sponheimer Periode wiederholt die schon im vorjährigen Rechenschaftsberichte dargestellte Nothwendigkeit der möglichst sorgfältigen Aufsammlung und Vorbereitung des außerordentlich reichhaltigen und auch außerhalb des Landes, vielfach zerstreuten urkundlichen Materials für selbe, und sprach die zuversichtliche Hoffnung aus, daß es bis zu deren Vollendung gelingen werde, auch für die schließliche Zusammenstellung der eigentlichen Geschichte dieser

Epoche eine befähigte Hand zu gewinnen, indem er beifügte, daß schon das nächste (zehnte) Heft der Vereinszeitschrift zwei bedeutende, auf diese Periode der vaterländischen Geschichte Bezug nehmende Arbeiten bringen werde, nämlich: eine Abhandlung „über das Verhältniß der Kärntner Herzoge aus dem Hause Sponheim zu den Hohenstaufen" vom nun seligen Herrn Domkapitular Heinrich Hermann und „die Nekrologien von St. Paul" vom Herrn Professor P. Beda Schroll.

Hierüber beschloß, nach dem Antrage des Vereinsmitgliedes Dr. Heinrich Weil, die Generalversammlung mit Stimmeneinhelligkeit: dem Vereinsausschusse zur Pflicht zu machen, daß er mit allen ihm zu Gebote stehenden Mitteln auf die möglichst schnelle Drucklegung der im Manuscripte bereits vorliegenden, so wie der aus den Händen des Herrn Verfassers noch zu gewärtigenden Fortsetzungen des Handbuches einwirke, und denselben zu ermächtigen, daß er mit der Verlagsbuchhandlung in Unterhandlung trete, um von Seite derselben die Uebernahme der Verpflichtung, bei dem Drucke bestimmte vereinbarte Fristen einzuhalten, zu erwirken, und daß er im äußersten Falle selbst die Geldmittel des Vereines in Anspruch nehme, um das vaterländische Geschichtwerk auf eine andere als die bisherige Weise zu veröffentlichen.

Meteorologisches.

Witterung im Jänner 1865.

Wenn wir die Durchschnitte der im vergangenen Jänner in Klagenfurt beobachteten Witterungselemente mit den aus der Beobachtungsreihe von 50 Jahren berechneten mittleren oder normalen vergleichen, so finden wir darin mehrfache Abweichungen, ja selten vorgekommene Erscheinungen. So ist der normale Luftdruck im Jänner 320·67 P. Linien, heuer war er nur 317·91, wir müssen zurückblicken bis zum Jahre 1814, um einen solchen wieder zufinden. Die normale Temperatur des Jänner ist —5·8, heuer war sie nur — 3·74; in den letzten 52 Jahren waren nur 15 Jahre mit noch wärmern Jänner: (1863 mit — 0·95, 1856 mit — 2·93, 1851 mit — 1.55, 1845 mit — 1·40, der wärmste Jänner 1834 hatte — 0·23, der kälteste 1864 aber — 10·47). Die tiefste Temperatur wurde erst am 30. mit — 13·3 beobachtet; im Durchschnitt fällt das Thermometer einmal im Jänner auf — 16·3, und es waren in den letzten 52 Jahren wieder nur 15, in welchen es nicht unter — 13·0 gefallen ist (1863 nur — 10·3, 1853 nur — 8·2, 1845 auf — 11·0, 1834 gar nur auf — 5·5).

Dabei war der Luftdruck wie die Luftwärme fortwährend im starken Schwanken, wie selten. Dabei waren die Niederschläge häufig und ziemlich bedeutend; in Summa betrugen sie 2·4 Zoll Wasserhöhe, davon kommt 0·8″ auf Regen, das übrige war Schnee; nach 50jährigem Durchschnitt ist der Niederschlag im Jänner nur 1·4, und davon nur 0·5″ Regen; es regnet im Durchschnitt nur an einem Tage und schneit an 4 Tagen; heuer war die Anzahl der Tage mit Regen 5, die der mit Schnee 9. — In den letzten 50 Jahren waren nur 7 Jahre mit noch mehr Niederschlag im Jänner: (1863 mit 2·45, 1856 mit 2·73, 1843 mit 6·1 u. s. f.) Ganz auffallend groß war die Zahl der Tage mit Nebel, deren 17 gezählt worden, während sie im Jänner durchschnittlich nur 5 beträgt. Der vergangene Jänner war also bei extrem schwachem Luftdruck warm feucht, reich an Regen, Schnee und Nebel und sehr wechselndem Wetter.

Denselben Charakter hatte das Wetter auch in den höhern Gegenden Kärnten's; kälter als Klagenfurt im Durchschnitt war Tröpelach (—4·5), Bad Villach (—3·9), der hohe Obir (—4.1), fast so kalt: Wiesenau (—3·0), Kappel (—3·0), Gottesthal (—3·3), St. Paul (3·0); wärmer hingegen Saifniz (—2·8), Hausdorf (—2·7), St. Peter (—2·5), Maltein (—2·3), Raibl (—2·3). Die größte Kälte wurde vom 1. bis zum 4. in Tröpelach (—16·1), Sachsenburg (—13·8), Maltein (—11·4), St. Peter (—11·0), sonst überall am 29. oder 30. beobachtet, in Raibl nur —10·2, Saifniz —11·9, Gottesthal —12·0, Wiesenau —10·3 u. s. f. Die Niederschläge waren nur in Raibl bedeutend, wo sie 3·3″ betrugen.

Schon der tiefe Luftdruck zeigt das Vorherrschen der warmen südwestlichen Luftströmungen an. Schon am 7. und 8. begannen solche mehr oder weniger stürmisch über Europa zu wehen, am 10. Morgens war in Petersburg und selbst in Haparanda Thauwetter, das bis zum 20. anhielt, während heftige Stürme mit Gewittern in fast allen Theilen unseres Welttheiles wütheten, und am 27. und 28. theilweise wiederkehrten. Wir verspürten in Kärnten diese stürmische Witterung nur als ruhiges Thauwetter, das vom 13. bis 18., und am 28. viele Niederschläge brachte und nur durch (in Raibl, Tröpelach x.) wahrgenommenes Wetterleuchten die fernen Stürme andeutete. Zu Ende des Monats trat im Norden allmählig Kälte ein und am 31., wo bei uns die tiefste Temperatur beobachtet wurde, waren in Moskau —14·4, in Petersburg —9·3, in Haparanda bei starkem Nordwinde —17·8.

Diözesan-Notizen.

Auszeichnung. Der hochwürdige Herr Domkapitular und Konsistorial-rath Heinrich Hermann erhielt durch allerhöchste Entschließung vom 26 Dezember 1864 das Ritterkreuz des k. k. Franz Josephs-Ordens.

Ernennungen: Der Herr Pfarrer zu Himmelberg, Johann Freiherr von Aichelburg wurde als Administrator des Dekanalamts und der Schuldistriktsaufsicht zu Feldkirchen bestellt.

Herr Matthäus Scherwitzl, Administrator der Pfarre St. Georgen am Sandhof, wurde zum Konsistorial-Sekretär, 2. Fürstbischöflichen Hofkaplan und Schrift-führer bei dem Fürstbischöfl. Gurk. geistl. Ehegerichte ernannt.

Herr Joseph Martinis hat die ihm verliehene Pfarre Micheldorf vor ihrem Antritte resignirt und wurde selbe dem Pfarrer zu Steinbichl, Herrn Martin Kra-bath, die Pfarre Hohenpressen dem Herrn Kaplan Albin Jörger und die Pfarre Feistritz ob Grades dem Pfarrer am Kamp, Herrn Lorenz Mattel verliehen. Herr Johann Marinitsch, Pfarrvikar zu Mieger, wurde auf sein Ansuchen als Admi-nistrator der Pfarre St. Georg am Sandhof, Herr Philipp Lobe, Stadtpfarrkaplan in St. Leonhard als Provisor der Pfarre Kamp, Herr Karl Krammer als Pro-visor der Pfarre Feldkirchen, Herr Joseph Hrobatin, ernanuter Provisor von Fei-stritz ob Grades als Kaplan in St. Leonhard, Herr Provisor Johann Oberjörg als Stadtpfarrkaplan zu St. Andrä und Herr Joseph Sketh als Kaplan in Stift Griffen angestellt. Herr Eduard Theusch wurde als Kaplan in Grafenstein belassen. Die Pfarre Steinbichl wird vom Kuraten zu heil. Dreifaltigkeit am Gray, die Pfarre Grafenbach vom Pfarrer zu Diex mitprovidirt.

Als Kapläne wurden übersetzt: Herr Gustav Stangl von Althofen nach St. Georgen am Längsee und Herr Franz Lippitz von St. Michael nach Althofen.

Gestorben: Titl. Herr Mathias Egger, Konsistorialrath, Dechant, Schul-distriktsaufseher, Pfarrer zu Feldkirchen und Jubelpriester, am 2. Jänner; Herr Georg Illgo, Pfarrer von Grafenbach, am 18 Jänner; welche dem frommen Andenken empfohlen werden.

Mittheilungen aus dem Geschichtverein.

Dem Verein als ordentliches Mitglied beigetreten ist Herr Severin Chri-sten, Kapitular des Stiftes St. Paul.

Im Jänner 1865 sind dem Geschichtvereine folgende Geschenke zugegangen: Von Herrn Adam Doppler, fürsterzbischöflichem Consistorialrathe und Archivar in Salzburg, Ehrenmitgliede des kärntnerischen Geschichtvereines 2c.

a) Historisch-statistisches Handbuch der Erzdiözese Salzburg in ihren heutigen Grenzen. 2. Band, 1 Heft.

b) Personalstand der Säcular- und Regular-Geistlichkeit des Erzbisthumes Salzburg. 1865.

c) 16 Urkunden-Auszüge, einem alten Salzburger Copialbuche entnommen.

d) Reise durch einige Theile vom mittäglichen Deutschland und Venedig. Erfurt 1791. (Auch Kärnten berührend)

Diesen Geschenken fügte der hochwürdige wohlwollende Geber noch einen Beitrag per 10 fl. für die Vereinskasse bei.

Von der Vorstehung des hiesigen naturhistorischen Landes-Museums: Die bisher im Drucke erschienenen sechs Hefte des Museums-Jahrbuches.

Von der königl. bairischen Akademie der Wissenschaften in München: deren Sitzungsberichte. Jahrgang 1864. II. Heft II.

Vom „Vereine für Geschichte der Deutschen" in Böhmen:

a) Beiträge zur Geschichte Böhmens, Abth. II. Band II. Enthält: Aberglauben und Gebräuche in Böhmen und Mähren.

b) Vereins-Mittheilungen. 3. Jahrgang; Heft Nr. 2 und 3.

Abtheilung III, Band II enthält: Die Kaiserburg zu Eger und die an dieses Bauwerk sich anschließenden Denkmale. Mit 19 Tafeln und mit Illustrationen.

c) Mitglieder-Verzeichniß des Vereines.

Von Herrn J. Karl Schuller, k. k. Statthalterei-Rathe in Hermannstadt, Ehrenmitgliede des kärntnerischen Geschichtvereines: Gedichte aus dem Englischen des Charles Boner (Herausgegeben vom Herrn Geschenkgeber.)

Vom „Germanischen Museum" in Nürnberg: Anzeiger für Kunde der deutschen Vorzeit. Nr. 11 vom Jahre 1864.

Von Herrn Joseph Reiner, Gewerks-Miteigenthümer und Direktor ꝛc. in St. Veit: Ein alterthümliches, reich mit Perlmutter verziertes Eßbestek

Ankäufe:

a) Allgemeine Encyclopädie von Ersch und Gruber. 77., 78. und 82. Band.

b) Handbuch des Herzogthums Kärnten. 1865.

c) Mittelhochdeutsches Wörterbuch von Wilhelm Müller und Friedrich Zarnke. 2. Band, 2. Abtheilung. — 2. und 3. Lieferung. (Buchstabe S.)

d) Die Geschichtschreiber der deutschen Vorzeit; in deutscher Bearbeitung herausgegeben von G. H. Pertz, J. Grimm, K. Lachmann, L. Stanke und K. Ritter. 12. Jahrhundert. 5. Band; 2. Hälfte.

e) Allgemeines Künstler-Lexikon von Dr. Klungnizer. 37. — 39. Lieferung.

f) Mittheilungen der k. k. Central-Commission zur Erforschung und Erhaltung der Baudenkmale. 9. Jahrgang. November und Dezember 1864.

Im Tauschwege erworben:

Sechs alte Stühle (Anfang des 17. Jahrhunderts) mit geschnitzten Lehnen.

Mittheilungen aus dem naturhistor. Landes-Museum.

I. Erworben im Schriftentausche:

1, Öfversigt af kongl. Vetenskaps Akademiens: Stockholm 1864.

2. Museum Francisco Carolinum in Linz, 24. Bericht 1864. — Enthält nebst Andern einen Aufsatz „Aus der volksmäßigen Ueberlieferung von P. A. Baumgarten, eine Aufzählung in Oberösterreich im Volke bekannter Aberglauben. — Funde von Ursusspelaeus zu Kremsmünster.

3. Sitzungsberichte der kaiserl. Akademie der Wissenschaften 1. und 2. Abtheilung, Jänner 1864. — Enthalten: Zepharovich Studien über den Idokras. — Ettingehausen Beiträge zur Kenntniß der Farrenskelette. — Leitgeb, zur Kenntniß der Hartwegia comosa. — Zwei Aufsätze von Hyrtl — Haidinger über Meteoriten ꝛc. ꝛc.

4. Compte-rendu de la Société Impériale Geographique de Russie. Petersburg 1863.

5. Bulletin de la Société Imperiale des Naturalistes de Moscou III 1864.

6. Sitzungsberichte der königl. bairischen Akademie der Wissenschaften in München 1864. I.: 4 und 5, II.: 1.

7. Mittheilungen des naturwissenschaftlichen Vereines in Steiermark 1864.

8. Neunzehnter Jahresbericht der naturforschenden Gesellschaft in Emden 1864, und deren meteorologische Beobachtungen durch Dr. Prestel 1864.

9. Jahresbericht der Wetterauischen Gesellschaft für gesammte Naturkunde in Hanau.

10. Schriften der kön. physikalisch-ökonomischen Gesellschaft zu Königsberg 1864.

II. Erkauft:

1. Spektral-analytische Untersuchungen der Metalle von H. F. Brasack Eine sehr verdienstvolle, ausgezeichnete Arbeit, die beigegebene colorirte Tafel zeigt die Spectro sehr genau.

2. Die Bastardbefruchtung im Pflanzenreich von Max Wichura. Dieses ausgezeichnete Schriftchen ist die Frucht langjähriger, sorgfältiger, direkter Forschung, verwirft die Spezieskrämerei so gut als den reinen Darwinismus, und sollte die in selbem verfolgte Methode den Naturforschern zum Vorbild dienen. Wir empfehlen dessen Beischaffung allen Botanikern auf's Wärmste.

3. Lehrbuch der kosmischen Physik von Dr. Joh. Müller. Braunschweig 1865.

4. Jahrbuch für Mineralogie, Geologie und Paläontologie 1864.

5. Die rationelle Zucht der Süßwasserfische und einiger in der Volkswirthschaft wichtiger Wasserthiere von Dr. Molin. Ein mit vielem Fleiße und großer Sachkenntniß gearbeitetes Werk! Möge es endlich auch hier dazukommen, diesen wichtigen, überall noch mit reichlichem Nutzen gekrönten Industriezweig ins Leben zu rufen.

6. Ueberblick über die Trias von Dr. Alberti.

7. Bronns Klassen und Ordnungen des Thierreich's 35 — 38.

8. Brehm's illustrirtes Thierleben 30, 31, 32.

9. Zeitschrift für wissenschaftliche Zoologie 1864. 4.

10. Journal für praktische Chemie von Erdmann 1864, 2 und 3.

11. Archiv für Naturgeschichte von Troschel 1864, 2.

12. Journal für Ornithologie von Canabis 1864. V

13. Zeitschrift für gesammte Naturwissenschaft von Giebel 1864. Oktober.

III. Geschenke:

Naturalien: Von Herrn J. Weißenhof, Apotheker in St. Veit: einen Steißfuß, Podiceps minor.

Von Herrn Dr. A. Hussa, einen Bandwurm.

IV. Mitglieder:

Neu eingetreten sind: Hr. F. X. Zill, Musterlehrer in Wolfsberg mit 2 fl Jahresbeitrag; Herr Fr. Brunner, k. k. Notar in Kötschach mit 3 fl.; Herr Otto v. Hibler mit 2 fl.; Herr Karl Merby aus Libau in Curland mit 2 fl.; Herr J. Kreiner mit 2 fl.

Ausgetreten ist Herr A. Pirker in Bleiberg.

Gestorben: Herr Franz Kullnig, Dechant in Saifnitz.

Eingesendet wurden: Vom Gau Tarvis durch Hrn. Himmelbauer die Jahresbeiträge für 1864 von den Mitgliedern: Herr A. v. Canal 5 fl., Herrn E. Schnablegger 4 fl., Herrn Emil Martin 2 fl.; für 1865 von Herrn J. Rudolf 2 fl., Herr J. Schneerich 3 fl., Herrn J. Himmelbauer 3 fl.

Vom Gau Völkermarkt durch Herrn Dr. J. Hussa die Jahresbeiträge für 1864, von den Mitgliedern: Herrn J. Kronig 2 fl., Herrn Dr. Mertlitsch 2 fl., Hrn. Dr. Hussa 4 fl., Herrn Fr. Herzog 3 fl., Herrn S. Samitz 3 fl., Hrn. E. Zeman 3 fl., Hrn. Rinkisch 2 fl., Hrn. J. Nagele 3 fl., Hrn. Schimanschek 3 fl.

Vom Gau St. Veit durch Herrn Dr. Tambor für 1864: Von Herrn Pfarrer Allesch 2 fl., Hrn. M. Seyerl 5 fl., Hrn. Dr Tambor 2 fl., Hrn. J. Weißenhof 10 fl. 50 kr., Hrn. J. Werzer 3 fl 15 kr.

Von Herrn R. v. Mohrhagen für Se. Durchlaucht Fürst Lichtenstein für 1864: 10 fl. 50 kr.

Angewiesen wurde vom hohen Landesausschuß die vom hohen Landtag für 1865 gnädigst genehmigte Dotation für 1865 mit 1050 fl. ö. W.

Roheisen- und Blei-Preise im Jänner 1865.

Eisen-Preise.

Köln: Holzkohlen-Roheisen 1 1/5 — 1 2/5 Thlr., Cokes-Roheisen affinage 1 1/6 — 1 4/15 Thlr., graues zum Guß 1 1/5 — 1 4/15 Thlr., schottisches Nr. 1 1 1/15 — 1 1/10 Thlr., Stabeisen grobes 3 1/5 — 3 4/15 Thlr., Gußstahl 22 — 24 Thlr., Puddelstahl 10 Thlr., Edelstahl 14 Thlr.

Berlin: Schlesisches Holzkoblenroheisen 1 Thlr. 21 Sgr., Cokes-Roheisen 1 Thlr. 19 Sgr.; Stabeisen gewalzt 3 1/4 — 3 2/3 Thlr., geschmiedet 4 — 4 1/3 Thlr.

Auf österr. Währung und Gewicht berechnet sich der Preis von Meiler mit 10 Wiener Centner.

Köln: Holzkohlen-Roheisen 25 fl. 20 kr.— 29 fl. 40 kr.. Cokes-Roheisen affinage 21 fl. — 23 fl. 50 kr., graues 25 fl. 20 kr.— 26 fl. 88 kr., schottisches Nr. 1 26 fl. 88 kr. — 28 fl. 56 kr., Stabeisen grobes 53 fl. 76 kr. — 57 fl. 12 kr., Gußstahl 359 fl. 60 kr. — 403 fl. 20 kr., Puddelstahl 168 fl., Edelstahl 235 fl. 20 kr.

Berlin: Schlesisches Holzkohlen-Roheisen 28 fl. 56 kr., Cokes-Roheisen 27 fl. 45 kr., Stabeisen gewalzt 54 fl. 60 kr. — 61 fl. 60 kr., geschmiedet 67 fl. 20 kr. — 72 fl. 80 kr.

Oesterreichische Eisenpreise. Roheisen loco Hütte: Vordernberger weißes 34 fl., Eisenerzer 30 fl., Kärntner 26 — 28 fl., böhmisches 35 — 40 fl. mährisch-schlesisches 36 39 fl., oberungarisches weißes halbirt 21 fl. 50 kr. — 23 fl., Betlér loco Poprad 24 fl. — 26 fl

Blei-Preise.

Köln per Zollcentner: Raffinirtes Weichblei 6 1/6 — 6 1/3 Thlr., Hartblei 6 Thlr., Goldglätte 6 1/5 — 6 1/3 Thlr., Silberglätte 5 4/5 — 6 Thlr.

Berlin: Tarnowitzer 6 7/12 Thl., sächsisches 6 1/3 Thlr.

Auf österr. Währung und Gewicht berechnet per Wiener Cntnr.:

Köln: Raffinirtes Weichblei 10 fl. 36 kr. — 10 fl. 92 kr., Hartblei 10 fl. 8 kr. — Goldglätte 10 fl. 41 kr. — 10 fl. 92 kr., Silberglätte 9 fl. 75 kr. — 10 fl. 8 kr.

Berlin: Tarnowitzer 11 fl. 6 kr., sächsisches 10 fl. 92 kr.

Kärntnerisches Blei loco Hütte 12 fl. — 13 fl 50 kr.

Durchschnittspreise der Lebensmittel zu Klagenfurt im Jänner 1865.

		fl.	kr.
Weizen	der Vierling	4	49
Roggen	der Vierling	3	48
Gerste	der Vierling	2	89
Hafer	der Vierling	1	78
Heide	der Vierling	3	41
Mais	der Vierling	3	20
Brein (gestampfte Hirse)	der Vierling	6	95
Erbsen	der Vierling	—	—
Linsen	der Vierling	4	30
Fisolen, weiße	der Vierling	—	—
" rothe	der Vierling	—	—
Erdäpfel	der Vierling	—	—
Rindschmalz	das Pfund	—	52
Butter	das Pfund	—	51

		fl.	kr.
Speck, geselchter	das Pfund	—	40
" roher	das Pfund	—	33
Schweinschmalz	das Pfund	—	49
Eier	das Paar	—	5 1/2
Hendl	das Paar	—	60
Kapaunen	das Paar	2	34
Enten	das Paar	—	—
Gänse	das Paar	—	—
12" Scheiterholz, hartes	loco Lend eine n. ö. Klftr.	4	30
12" Scheiterholz, weiches	loco Lend eine n. ö. Klftr.	3	22
30" Scheiterholz, weiches	loco Lend eine n. ö. Klftr.	—	—
Heu	der Zentner	1	—
Stroh	der Zentner	—	52

Herausgegeben vom kärntnerischen Geschicht-Vereine und natur-historischen Landesmuseum in Klagenfurt. — Verantwortlicher Redakteur Dr. Heinrich Weil. — Druck von Ferd. v. Kleinmayr in Klagenfurt.

Carinthia.

№. 3. März 1865.

Wodurch wird der Wärmeverlust ersetzt, den die Sonne durch fortwährende Ausstrahlung erleidet?

Dionys, König von Syracus, versammelte einst die hervorragendsten Gelehrten seines Reiches und legte ihnen die Frage vor: „Warum ein mit Wasser gefülltes Gefäß, in welchem ein lebender Fisch sich befindet, weniger wiege als das gleichgefüllte selbe Gefäß, wenn der Fisch todt ist?" Erstlich erbaten sich die Gelehrten Bedenkzeit, dann traten sie vor den König, erbaten sich nochmals Bedenkzeit, und als sie wieder erschienen, erklärten sie bis auf Einen, die Ursache davon nicht haben finden zu können. Jener Eine aber machte die Bemerkung, daß der König von ihm nicht früher die Angabe der Gründe für die befremdliche Thatsache verlangen könne, bevor er ihm nicht das wirkliche Bestehen jener Thatsache nachgewiesen habe. Da dieß der König nicht vermochte, so behob sich die Frage und der vorsichtige Physiker wurde reichlich beschenkt. Durch diese Anekdote gewitzigt, halten wir uns daher verpflichtet, vorerst die Thatsache: daß die Sonne im Verlaufe der Aeonen im Resultate keinen merklichen Wärmeverlust erlitten und somit immer wieder Ersatz erhalten habe, zu beweisen oder wenigstens zur größten Wahrscheinlichkeit zu erheben. Um dabei mit größter Gewissenhaftigkeit vorzugehen, müssen wir auf der einen Seite den Verlust feststellen, den die Sonne durch Ausstrahlung wirklich erleidet, wobei natürlich die Frage des Ersatzes vorläufig bei Seite bleibt. Hiebei kommen uns die einschlägigen Untersuchungen von John Herschel und Pouillet zu Statten, deren sorgfältige Berechnungen ergaben, daß die von der Sonne während einer Stunde in das Weltall ausgesandte Wärme genügen würde, 700.000 Millionen Kubikmeilen eiskalten Wassers in's Kochen zu bringen, und daß die von der Erde allein während eines Jahres aufgefangene Sonnenwärme, eine über die ganze Erdoberfläche ausgebreitete Eislage von 100 Fuß Dicke zu schmelzen im Stande wäre. So enorm

7

diese letztere Wärmemenge auch ist, so ist doch die Wärmemenge, welche die Sonne in das ganze Weltall ausstrahlt, 2300 Millionen Mal größer, und es ist unzweifelhaft, daß die Sonne diese Verschwendung schon Millionen und Millionen Jahre treibt! Machen es schon diese ungeheuren Summen wenigstens dem Leichtgläubigen probabel, daß die Sonne ohne Wärmeersatz schon lange ein wärme= und lichtloser Ball hätte werden müssen, so ist dieß auch für den vorsichtigen Denker unschwer nach=zuweisen. Es ist nämlich kaum zu zweifeln, daß die Gesetze der Aus=strahlung auf der Sonne von den irdischen nicht wesentlich verschieden sind, weil hinlängliche Gründe für die Annahme vorhanden sind, daß die Sonnenmaterie in ihren physikalischen Eigenschaften von der irdi=schen nicht wesentlich verschieden sei. Zu diesen Gründen gehören vor=züglich die Ergebnisse der erst der neuesten Zeit angehörenden sogenann=ten Sonnenchemie, welche der Spektralanalyse ihr Entstehen verdankt, durch welche das Vorhandensein einer großen Anzahl irdischer Stoffe auch in der Sonne nachgewiesen wurde. Würde man sich nun die Sonne selbst aus minder schnell sich abkühlenden Stoffen, z. B. durchaus aus Wasser bestehend denken, wodurch die Abkühlung möglichst langsam vor sich ginge, so müßte sie schon in der kurzen geschichtlichen Zeit von 5000 Jahren eine Temperaturabnahme von 9000 Grad erlitten, sich also schon viel früher mit einer erkalteten Kruste überzogen haben, wodurch über=haupt alle Strahlung wenigstens ein Ende gehabt hätte. Daß dieß nicht geschehen, wissen wir aber. Andererseits konnte auch die Wärmeausstrah=lung zu jener Zeit als das Sonnenlicht dem Schooße der Erde jene üppigen Vegetationen entlockte, welche dann im Laufe der Aeonen die mächtigen und ältesten Kohlenlager bildeten, nicht wesentlich anders als heute gewesen sein. Dieß Alles berechtigt uns nun gewiß zu dem Schlusse, welcher hinsichtlich der Ueberzeugungskraft fast an mathematische Gewißheit grenzt, daß die Sonne im Laufe ungezählter Zeiten trotz ihrer ungeheuren Aus=gabe von Wärme effektiv keinen merklichen Verlust erlitten, folglich für die nothwendige Verminderung immer auch und zwar stetig Ersatz erhal=ten habe. Nach Feststellung dieser Thatsache wenden wir uns nun zur Erforschung der Quelle dieses Ersatzes. — Diese Frage gehört zu jenen, welche nicht erst heute, sondern seit lange her Fachmänner und Laien lebhaft interessirte, und welche der ältere Herschel das „große Geheim=niß" genannt hat.

Die neueste Theorie, welche die Frage des Ersatzes der Sonnen=wärme zum Gegenstande hat, ist die sogenannte meteorische Theorie, welche zuerst Dr. J. R. Mayer in Heilbronn in einer 1848 veröffentlichten Broschüre auseinandersetzte. Dieselbe blieb; wie dieß bei einem Landsmanne Kepler's sich schon so verstand, unbeachtet, bis dieselbe zum zweiten Male von Waterston und Thomson gefunden worden war. Mayer's Verdienste selbst verschaffte erst der Engländer Tyndall durch einen Vortrag während der Londoner Ausstellung die gebührende Anerkennung. Von dieser Theorie gab in neuester Zeit Dr. Edmund Reitlinger, der sich die Popularisirung neuerer physikalischer Entdeckungen angelegen sein läßt, unlängst erst eine sehr faßliche Darstellung in der bei ihm gewohnten anziehenden Form, bei welcher Gelegenheit er auch die einige der bisherigen Ansichten entwickelte, welche die Frage nach der Quelle des Ersatzes der Sonnenwärme behandelten.

Wir glauben am besten zu thun, wenn wir im Folgenden den genannten Schriftsteller im Wesentlichen selbst sprechen lassen.

Nicht die Feueranbeter allein, sondern wohl die meisten denkenden Menschen dürften bis vor Kurzem als Quelle der Sonnenwärme eine fortdauernde Verbrennung betrachtet und die Sonne selbst für eine riesige Himmelsfackel gehalten haben. Wäre dieß der Fall, so müßte sich in jeder Stunde eine die Sonnenoberfläche bedeckende feste Kohlenlage von 10 Fuß Dicke mit Sauerstoff verbinden. Wie soll das hiezu nöthige Gas herbeigeschafft werden? Aber selbst angenommen, die ganze Sonnenmasse sei ein riesiger Klumpen Steinkohle, der unter stetem Zuflusse von Sauerstoff verbrennt, so würde die Sonne dennoch durch diesen Brand ihren Wärmeaufwand nur 4600 Jahre bestreiten können. Nun liegt aber ein solcher Zeitraum innerhalb Menschengedenken, und Niemand kann zweifeln, daß in jener dunkeln und grauen Urzeit der Geschichte die Sonne so sonnig, so warm und so hell geschienen habe, wie heutzutage. Wer sich dieß überlegte, dem lachte die hellleuchtende Sonne wie spöttisch vom Himmel entgegen. Sie mußte ihm ein so dunkles Räthsel scheinen, wie es noch heute der Zweck der Welt ist.

Auch eine äußere Zufuhr von Materie an die Sonne konnte nicht helfen, wenn sie durch Verbrennung den Wärmeverlust ersetzen sollte. Sie mußte binnen 4600 Jahren die Sonnenmasse verdoppeln. Dies hätte aber seit der Zeit astronomischer Beobachtung sowohl direkt als an den Planetenbahnen bemerkt werden müssen.

Durch den verzweifelten Stand der Frage ließen sich Manche zur Hypothese verleiten, an und für sich seien die Sonnenstrahlen kalt und erst innerhalb der Erdatmosphäre erweckten sie Wärme. Aber ein richtiges Verständniß der Beobachtungen von Herschel und Pouillet zeigt die Unmöglichkeit einer solchen Annahme, und sie ist ebenso werthlos, wie wenn man das Welträthsel, weil man es nicht lösen kann, ganz und gar läugnen wollte.

Eine physikalische Entdeckung vom allgemeinsten Interesse war auch für die Frage der Sonnenwärme epochemachend.[*]) Man fand die wichtige Wahrheit, daß Wärme Bewegung sei. Graf Rumford wurde auf dieselbe durch die Wahrnehmung der beim Kanonenbohren unaufhörlich steigenden Wärme des Rohres geleitet. Er erkannte, daß hier die Arbeit des Bohrens vermöge der Reibung in eine Bewegung kleinster Theilchen verwandelt wird, welche man Wärme nennt. Wenn zwei bewegte Massen so zusammenstoßen, daß sie zur Ruhe gelangen, so werden sie erhitzt. Dies bedeutet nichts anderes, als die Bewegung endlicher sichtbarer Massen ist in die unsichtbare Bewegung kleinster Theilchen verwandelt worden, deren physiologische Wirkung die Wärmeempfindung ist. Würde diese Wärme z. B. durch eine Dampfmaschine wieder in eine Bewegung endlicher Massen umgewandelt, man würde die frühere Bewegungssumme wieder erscheinen sehen. Da Wärme und Bewegung identisch sind, so ist eine bestimmte Wärmemenge einer unveränderlichen Bewegungssumme äquivalent. Hieran knüpft sich das merkwürdige Gesetz, daß die Summe der wirklichen und der in der Form einer Spannkraft angesammelten möglichen Bewegung im Weltganzen weder vermehrt noch vermindert werden kann. Wohl aber wird die Schwerkraft ebenso wie jede andere Kraft, indem sie Bewegung von Körpern erzeugt, die nachher durch Reibung aufgehoben wird, in Wärme verwandelt. Ja eine nähere Erforschung hat dargethan, daß die Schwerkraft sogar die bedeutendste aller Wärmequellen ist. Wenn ein Meteor aus den Himmelsräumen auf unsere Erde stürzt, so erhält er durch Umsetzung seiner durch die Anziehung erzeugten Bewegung eine bei weitem größere Hitze, als wenn ein gleich großes Gewicht Kohle sich mit Sauerstoff verbindet. Die im Verhältnisse ihrer Masse so viel mächtigere Anziehung der Sonne ertheilt aber einem in ihre Photosphäre gerissenen Meteor eine solche Geschwindigkeit, daß deren Umwandlung 4000 bis 9000mal mehr Wärme gibt, als wenn ein gleiches Gewicht Kohle verbrennt.

---

*) Eine sehr faßliche Darstellung der Lehre von der Umsetzung der Kräfte, welche hier erwähnt wird, findet sich unter der Aufschrift: „Die Unsterblichkeit der Kraft" in Dr. Louis Büchner's „Aus Natur und Wissenschaft". (Leipzig Theodor Thomas 1862.) Die Redaktion.

Nachdem man erkannt hatte, Bewegung selbst sei eine Wärmequelle, tauchte zunächst der Gedanke auf, die Drehung der Sonne um ihre eigene Axe könne vielleicht die von ihr ausgestrahlte Wärme liefern. Man prüfte dieß durch die Rechnung. Würde die Axendrehung der Sonne gänzlich aufgezehrt und in Wärme verwandelt, sie vermöchte nicht einmal die während zwei Jahrhunderten ausgestrahlte Sonnenwärme zu ersetzen. Dann wäre also die Sonne, die über Copernikus leuchtete, als er sie für den Mittelpunkt der Planeten erklärte, über Laplace, dem Vollender seines Systems, nicht mehr aufgegangen. Aber bietet nicht vielleicht doch die Himmelsmechanik noch eine andere Erklärung der Sonnenwärme dar?

Kepler sagte: „Es gibt mehr Kometen im Himmelsraume, als Fische im Ocean." Dies gilt in noch erhöhterem Maße von den Meteoren. Es sind dieß geballte Massen, welche ihrer geringen Größe wegen als kosmische Atome angesehen werden können. Sie gehorchen der Schwere und umkreisen die Sonne. Kommen sie durch Zufall in die unmittelbare Nähe der Erde, so verwandeln sie Bewegung in Wärme. Sie geben dann das Schauspiel der Sternschnuppen oder fallen auch als feurige Meteorsteine nieder. Man findet als ihren Hauptbestandtheil Eisen. Zu gewissen Zeiten werden sie in erstaunlicher Menge beobachtet. Man hat ihre Zahl während eines neunstündigen Sternschnuppenfalles in Boston, wo sie „wie Schneeflocken zusammengedrängt" fielen, auf mehr als 240.000 berechnet. Noch viel zahlreicher aber müssen die gedrängten Schaaren der Meteoriten in das mächtige Centralgestirn unseres Planetensystems hineingezogen werden. Wir gedachten der ungeheuren, sonst unerhörten Wärme, die ein Meteor in diesem Falle im Verhältniß zu seiner Masse und seinem Gewicht entwickelt, und die jede mögliche Verbrennungswärme bei gleicher Masse und gleichem Gewichte 4000 bis 9000mal übertrifft.

Diese enorme Wärme ist Ursache, daß eine den Wärmeverlust völlig deckende Menge dieser kosmischen Körper in die Sonne fallen kann, und daß doch erst nach 30—60.000 Jahren der scheinbare Durchmesser der Sonne um die kleinste für uns wahrnehmbare Größe vermehrt würde. Und so muß man in der That annehmen: die Sonne werde geheizt — mit Meteoren. Dieses sind die Steuerabgaben, welche die Himmelsräume der Sonne liefern, um ihren sonst unerklärlichen Wärmeaufwand zu bestreiten. So lautet das höchst überraschende Resultat der modernen Wärmelehre. Anderseits ist aber der Fall der Me-

teore in die Sonne keineswegs ein complicirter, sondern ein höchst ein=
facher Vorgang. Es bedarf hiebei keiner wunderlichen Hypothese, wie
sie Schopenhauer erfinnt, um das Fliegen der Mücken in das Licht zu
erklären. Die Natur gab diesen, meint Schopenhauer, keine inftinctive
Furcht vor dem Lichte, weil bei ihrer Entstehung die Menschen noch gar
nicht waren und daher auch keine Kerzen angezündet hatten, deren Licht=
glanz sie jetzt in den Tod lockt. Der Meteor dagegen wird durch den
Widerstand des kosmischen Aethers und die Anziehung der Sonne mit
mechanischer Nothwendigkeit in die Sonne gezogen. Wahrscheinlich ist
es die bei der Annäherung an den gemeinschaftlichen Mittelpunkt sich
zusammendrängende Schaar meteorischer Substanzen, die wir im Zodia=
kal=Licht erblicken, wenn in tropischen Gegenden nach dem Untergang der
Sonne sein bleicher nebliger Schein erglänzt. Man gedenke des flim=
mernden Sonnenstaubes im dunklen Zimmer, wenn ein einzelner Son=
nenstrahl in dasselbe fällt. So scheinen nach Sonnenuntergang die in
die Sonne fliegenden Meteoriten=Körner sonnenstaubartig das Zodiakal=
Licht darzustellen. Wie wichtig ist aber dieser Staub, der die Wärme
der Sonne erzeugt!

Der Egoist, welcher der Sonne ihre Dienste als Ofen des Plane=
tensystems besonders hoch anrechnete, feiert jetzt den Triumph, daß die
Sonne auch wirklich ähnlich einem Ofen von außen geheizt wird. Aller=
dings wird die Sonne nicht wie der Feuerungsraum eines Dampfkessels
mit Kohlen, sondern mit eisenhältigen Meteoriten genährt. Auch kommt
hier nicht die Verbrennungswärme, sondern die beim Fall in die Sonne
wirksame, in Wärme verwandelte Schwere, die bei gleichem Gewicht
mehrtausendmal mächtiger ist, in Betracht. Dennoch kann man mit Recht
sagen, die Sonne sei nicht selbst die Wärme= und Lichtquelle für das
Planetensystem, sie sei nur der riesige Feuerherd, wo mit unzähligen
Meteoriten geheizt werde. Wenn man daher von der Sonne als der
einzigen Quelle alles vegetabilischen und animalischen Lebens auf der
Erde spricht, so verfährt man wie der Geschichtforscher, der den Sieg
des Feldherrn preist und dabei seiner Soldaten vergißt. Der demokra=
tische Respect vor den Meteoriten wächst noch durch die Berechnung,
daß, wenn alle Planeten in die Sonne stürzen würden, sie die Ausstrah=
lung durch die in Wärme verwandelte Schwerkraft nur ungefähr 45.000
Jahre decken würden, während die Geologie zeigt, daß die Meteoriten=
schaar die Sonnenwärme Jahrmillionen zu erhalten vermochte.

So befremdend auch die Vorstellung erscheinen mag, daß ein unauf-hörlicher Hagel von Meteorsteinen zur Sonne niederrollt und dort stetig und regelmäßig die seit Jahrmillennien mit unverminderter Leuchtkraft strahlende, Alles belebende Sonnenwärme erzeugt, ist sie doch bei dem heutigen Stande der Naturwissenschaft die einzig mögliche und muß nach allen Gründen der Wahrscheinlichkeit für richtig gehalten werden. Wie viel großartiger erscheint aber auch wieder in diesem Falle, wie in so vielen anderen, die Wirklichkeit, welche die moderne Naturforschung lehrt, als jede von der Mythe erfundene Fabel? Wie kindisch ist dagegen zum Beispiel die mohamedanische Vorstellung, wonach die Sternschnuppen feurige Steine sind, welche nach den Djinn, den bösen Geistern, vom Himmel geschleudert werden, damit sie die Rathschlüsse Gottes nicht be-lauschen. Anderseits rechtfertigt die Rolle der Meteore im Weltall theil-weise die Verehrung, die in der Kaaba zu Mekka einem Meteorsteine zu Theil wird. — Das Leben strebt die Schwere zu überwinden, die zur Erde zieht. Dem Menschen gelingt es, aufrecht zu gehen und den Blick, der Schwere entgegen, nach dem Himmelsraume zu richten. In ihm feiert das Leben seinen höchsten Triumph. Alles Leben selbst entstand aber durch Sonnenwärme, welche jedoch selbst wieder durch die Schwer-kraft Newton's erzeugt wird. Diese ist es, die den Apfel vom Baume zur Erde fallen macht; sie führt den Mond um die Erde, die Erde um die Sonne; sie leitet aber auch die Meteore zur Sonne, wodurch diese geheizt wird und ihre belebende Wärme erhält. So ist also die letzte Ursache des Lebens selbst wieder jene Schwere, der wir im Tode die Atome unseres Körpers aufs neue zu unbeschränkter Herrschaft anheim-geben. Es gleicht demnach die Schwerkraft jener Schlange, die sich in den Schwanz beißt und welche man als Stütze des Weltalls auf alten orientalischen Bildern erblickt.

Die Erzeugung von Bessemerstahl am Comp. Rauscher'schen Eisenwerke zu Heft in Kärnten.

Mitgetheilt

von Friedrich Münichsdorfer,

Berg- und Hüttenverweser zu Heft.

Wenige Jahre sind es, seit sich der Ruf einer neuen Stahlbereitungs-Methode, „das Bessemern", nach seinem Erfinder Georg Bessemer so benannt, bei uns in Oesterreich verbreitete.

Wie gewöhnlich selbst die höhere Intelligenz die Erfolge einer großartigen Erfindung Anfangs mißtrauisch beobachtet, ja sogar als Schwindelei ansieht, so war es lange Zeit mit der Stahlbereitung nach der Methode des Herrn Bessemer. Kaum glaublich schien es, daß, um das zu verfrischende Roheisen, wie es vom Hochofen kömmt, im flüssigen Zustande zu erhalten, und während des ganzen Prozesses die nöthige Temperatur beizubehalten, kein besonderes Brennmaterial hiezu erforderlich sei, und das gefrischte Produkt, sei es Eisen oder Stahl, jene Dünnflüssigkeit besitze, um sich von der Schlacke zu trennen und aus dem Ofen abzufließen.

Doch Gott sei Dank, ist jetzt auch in Oesterreich das Bessemern eine vollendete Thatsache.

Die ersten Nachrichten durch die Jahrbücher der k. k. Montanlehranstalten, IX. Band 1860 und X. Band 1861, Seite 201, lüfteten das Dunkel dieser Sache; man schenkte der Ausbildung dieses Prozesses größere Aufmerksamkeit.

Alle diese Berichte, so schätzbar sie für die Wissenschaft zu nennen sind, erlaubten keine genügende Einsicht in das praktische Wesen des Bessemerns, bis Herr Hofrath Peter Ritter von Tunner nach Beaugenscheinung der Sache an Ort und Stelle in der Bessemerhütte des Herrn Brown und Comp. zu Sheffield, in seinem zu Anfang des Jahres 1863 erschienenen Werke „Bericht über die Londoner Industrie-Ausstellung 1862 und das Bessemern in England" eine mit Zeichnungen belegte, so klare, deutliche und umfassende Beschreibung veröffentlichte, daß jedem Fachmanne hiedurch genügende Aufklärung und praktische Einsicht über das noch schwebende Dunkel des Bessemerns nach englischer Manier gegeben ward.

In Schweden erlangte das Beſſemern kurz nach ſeinem Bekanntwerden allſogleich Eingang und größere Ausdehnung; man ſchenkte der
Erfindung mehr Aufmerkſamkeit. Mit großer Beharrlichkeit führte man
in Schweden die verſchiedenartigſten Verſuche durch, und dieſer Beharrlichkeit iſt es zu danken, daß dieſe für das Eiſenhüttenweſen ſo hoch-
wichtige Erfindung gerettet und ausgebildet wurde. Die dort angewendeten Oefen unterſcheiden ſich aber weſentlich von denen in England. In
Oeſterreich wurde der Stand des Beſſemerns in Schweden erſt durch
das Werk „das Beſſemern in Schweden in ſeiner jetzigen Praxis, von
L. B. Boman, Hüttingenieur des ſchwediſchen Gewerkenvereins „Jern
contoret", verſehen mit einem Vorworte von dem um die Einführung
dieſes Prozeſſes in Oeſterreich ſo hochverdienten Herrn Hofrath Peter
Ritter von Tunner, genau bekannt.

In Oeſterreich iſt das Beſſemern bereits an zwei Orten mit dem
beſten Erfolge durchgeführt. Das fürſtlich Schwarzenberg'ſche Werk zu
Turrach in Steiermark, deſſen Betriebsorgane das Beſſemern bei Brown
zu Sheffield zu ſehen Gelegenheit hatten, begann im Laufe des Jahres
1862 mit dem Baue einer Beſſemerhütte und erzielte nach einigen Ver-
ſuchen am 21. November 1863 unter ſpecieller Leitung des Herrn Hofrathes Peter Ritter von Tunner das erſte glückliche Reſultat, hat bis
heute über hundert Chargen durchgeführt, von denen in letzterer Zeit
alle vollkommen gelangen.

Das zweite Werk, welches das Beſſemern einführte, war das Comp.
Rauſcher'ſche Radwerk zu Heft in Kärnten; dieſes Werk iſt übrigens
das erſte in Oeſterreich, welches zuerſt nach ſchwediſcher Manier beſſe-
merte und einen ſchwediſchen und engliſchen Ofen erbaute.

Nachſtehende Zeilen ſollen eine kurze Beſchreibung der Heſter
Beſſemeranlage bilden und die Darſtellung des heutigen Standpunktes
und der Erfolge des Beſſemerns von Heft angeben.

Bevor ich nun an dieſe Darſtellung ſchreite, kann ich nicht umhin
des Fortſchrittes und der hohen Verdienſte zu erwähnen, die ſich die
löbliche Comp. Rauſcher durch den großartigen, nach dem Standpunkte
der neueſten techniſchen Wiſſenſchaft angelegten Werksumbau und durch
Einführung des Beſſemerprozeſſes um die geſammte Eiſeninduſtrie des
Landes erwarb. Dieſe Verdienſte müſſen um ſo höher angeſchlagen werden, als die Ausführung der Beſſemerhütte, im Vertrauen auf die ausgezeichnete Roheiſen-Qualität, einzig und allein auf Grundlage der durch
Herrn Hofrath Peter Ritter von Tunner veröffentlichten Mittheilungen,

ohne anschauliche Erfahrung (also in der Kindheit der Erfindung), weiters zur Zeit des gänzlichen Darniederliegens der Eiseninbustrie, einer gänzlichen Verkehrs- und Absatzstockung unternommen wurde, und die löbliche Compagnie sich von den riesigen, für bezeichneten Werksumbau gebrachten Geldopfern noch nicht erholen konnte.

Um den Bedürfnissen damaliger Zeitverhältnisse zu entsprechen, unternahm Comp. Rauscher im Jahre 1857 den Bau einer Hochofenanlage mit zwei Hochöfen von 42' Höhe, 6 Formen für eine Jahreserzeugung von 300.000 Centnern Roheisen. Während dieses Baues trat ebenfalls eine drückende Verkehrsstockung ein. Im Jahre 1860 kam diese Anlage in Betrieb, und es wurden damit Resultate erreicht, wie sie in Oesterreich selten ein Holzkohlen-Hochofen aufzuweisen vermag. So lieferte die letzte Campagne mit dem Pulcheria-Ofen in 370 Schmelztagen die riesenhafte Erzeugung von 169.120 Ctr. 74 Pfd. bei einem Schmelzkohlverbrauche von 8·63 C' per Centner, 48·53% Ausbringen und der Durchschnittserzeugung von 457 Ctr. per 24 Stunden, die öfters in besagter Zeit bei gutem Gange des Ofens auf 580 Ctr. stieg.

Zur Hochofenanlage wurden alle zugehörigen Nebengebäude, Betriebsmaschinen, wie z. B. ein Kohlbarren von 35° Länge, Gebläse, Quetsche u. s. w. neu erbaut.

Im Jahre 1860 erfolgte die Anlage einer Erzförderbahn vom Bergbaue und dem tiefsten Abbauhorizonte Barbarastollen zu der Hütte in einer Länge von 1180 Wr. Klftrn. mit einer schiefen Ebene von 450 Klftrn. unter vielen variablen Steigungswinkeln von 14 bis 20 Graden; 1861 wurde diese Eisenbahn zur Erzförderung zum höchsten Andreaskreuzer Horizonte verlängert, mit einer 180 Klftr. langen schiefen Ebene, so daß gegenwärtig die mit Rails belegten Förderbahnen die Länge von 1730 Klftrn. ausmachen. 1862 kam eine Erzvorrathshalde mit zwei Parallelstollen nach eigenem Principe für 80.000 Ctr. Erze bei der Grube zur Vollendung, mit dem Baue einer ähnlichen Vorrathshalde bei der Hütte für 150.000 Ctr. Erze, so wie einer schwedischen Gasröstungsanlage wurde begonnen und beide letzteren Objekte 1863 dem Betriebe übergeben, zugleich in diesem Jahre die Ausführung der Bessemerhütte in Angriff genommen. 1864 wurde ein großartiges Arbeiterhaus erbaut, so daß sich jetzt Heft zu einem der größten Roheisenwerke Oesterreichs emporgeschwungen hat.

Schon im Jahre 1861 hatte die Comp. Rauscher dem Bessemerhüttenprozesse alle Aufmerksamkeit zugewendet, zugleich den Beschluß gefaßt, das Bessemern dann zu versuchen und einzuführen, wenn die eben im Baue befindlichen Werksobjecte sich ihrer Vollendung nahen, welcher Beschluß zu Anfang 1863 zur Reife gedieh.

Im Jänner 1863 reiste Schreiber dieser Zeilen nach Leoben zu einer Besprechung mit Herrn Peter Ritter von Tunner; nach selber erfolgte der Entwurf der Pläne für die Anlage zur Bessemer-Stahlbereitung und der Beginn des Baues nach den nöthigen Erdarbeiten mit Anfang Juli 1863.

Den Hauptfactor des Prozesses für die erforderlichen Windspannungen von 1 bis 1¼ Atmosphären bildet ein vorzüglich gut construirtes Gebläse, wozu man an roher Betriebskraft 120 bis 180 Pferdekräfte oder bei der in Heft erzielten Totalgefällshöhe von 33', 27 bis 40 C' Wasser per Sekunde erforderlich hat. Die Anwendung von Dampfkraft zur Erreichung dieses Effectes mag sich nur dort lohnen, wo man die Dampferzeugung ohne Anwendung eigenen Brennstoffes durch Ueberhitze bewerkstelligen kann; in Heft hat man die Concentration der vom Hochofengebläse überschüssigen Wassermenge in einem Reservoir als billiger vorgezogen, was um so leichter angeht, als der Bessemerprozeß temporär ist und abgeführt wird, wenn das nöthige Roheisenquantum im Hochofen angesammelt ist.

Nach mehreren Messungen ergab sich von der für den Hochofenbetrieb erforderlichen Wassermenge ein Ueberschuß von circa 5 C' per Sekunde; dieser Ueberschuß fließt in ein Reservoir von 152.000 C' Fassungsraum. Bei dem Verbrauche von 27 bis 40 C' Wasser per Sekunde und dem stetigen Zulaufe von 5 C', bei Annahme einer mittleren Chargendauer von 18 Minuten, könnte man daher 10 bis 15 Chargen per 24 Stunden abführen, allein da erfahrungsgemäß zum Anwärmen der Oefen mit dem Bessemergebläse die Hälfte jener Wassermenge verzehrt wird, die man zu einer Charge verbraucht, so können in Heft dennoch 6 bis 10 Chargen per 24 Stunden abgeführt werden.

An das Wasserreservoir schließt sich ein 50 Klftr. langes, nahezu horizontales Holzfluther von 16□' Querschnitt mit einer gußeisernen Schützenvorrichtung und dazu gehörigem doppelten Vorgelege und nöthigen Sperrklinken. Zur Erreichung der größtmöglichsten Gefällshöhe bekam das Gebläsehaus eine solche Lage, daß man das Wasser durch den Hochofenraum zu leiten gezwungen war, daher sich vom bezeichneten Fluther eine 18° lange, gußeiserne Röhrenleitung von 45" Durchmesser auf Eisenträgern an die senkrechten Einfallsröhren einer 140 pferdekräf=

tigen Jonvalschen Turbine vom Gußwerke Maria Zell mit 42" Rad-durchmesser anschließt. Diese Turbine bildet den Motor des Bessemer-gebläses nach dem Patente der Herren Civilingenieure Leyser und Stiehler in Wien. Die erzeugte Gebläseluft gelangt zu einem Trockenregulator aus Kesselblech mit 600 C' Fassungsraum und einem Sicherheitsventile und durch eine 20° lange gußeiserne 12zöllige Röhrenleitung zu den Bessemeröfen. Die Bessemerhütte selbst wurde der größeren Bequemlich-keit und kürzesten Roheisenleitung halber, unmittelbar vor den beiden Hochöfen um 8½' vertieft mit 1152 □' Flächeninhalt angebracht und hat in Kürze bedeutende Vergrößerung zu erwarten.

Bei dem ersten Entwurfe der Pläne kannte man nur näher aus Herrn Ritter von Tunner's Bericht die Arbeit und Manipulation mit dem englischen Ofen, daher man auch die Absicht hatte, zwei englische Oefen (Retorten) nebeneinander aufzustellen. Diese Bestimmung erhielt dadurch ihre Abänderung, daß Herr Hofrath Peter Ritter v. Tunner den Schreiber dieser Zeilen zu Anfang Novembers 1863 nach Leoben berief, mit großer Liberalität ihm die eben aus Schweden erhaltenen, später in Druck gegebenen Nachrichten über das Bessemern in Schwe-den von C. E. Boman zur Einsicht und Copirung vorlegte, sich hie-durch für Förderung dieser Sache ein neues hohes Verdienst erwarb und wesentlich beitrug, daß in Oesterreich das Bessemern nach schwedischer Manier so schnell zur Ausführung kam.

Die in Boman's Berichte enthaltene praktische Darstellung bestimmte die Comp. Rauscher, den ursprünglichen Plan abzuändern und neben dem englischen Ofen einen schwedischen aufzustellen. Diese Abänderung hatte eine Verzögerung von ein Paar Monaten bis zur Abführung des ersten Versuches zur Folge. Mit Anfang Novembers 1863 war das rohe Mauerwerk für die Bessemerhütte und das Gebläsehaus so weit herge-stellt, daß mit Aufstellung der Turbine, des Gebläses, eines Hebekrahnes von Gußeisen, der Wind- und Wasserleitung u. s. w. begonnen werden konnte, und ungeachtet des so strengen Winters und der dadurch erhöh-ten Baukosten arbeitete man rüstig weiter, um ehemöglichst zu den ersten Versuchen zu gelangen.

Die ersten Gebläseproben in Anwesenheit des Herrn Civil-Inge-nieurs Leyser zu Ende Februars 1864 gaben das erfreuliche Resultat, daß dieses so sinnreiche Gebläse vollkommen den Anforderungen ent-spreche. Bei 3·5 □" Ausströmungsquerschnitt und 80 bis 85 Doppel-hüben pr. Minute, Ausströmen des Windes in die Atmosphäre, wurden

15 ℔ = 1.25 Atmosphären-Pressung erreicht. Hiebei wurde nur etwa ³/₅ der disponiblen Wasserkraft verwendet. Das Gebläse, dessen Construction aus der von den Herren Patent-Inhabern veröffentlichten Broschüre zu entnehmen ist, hat zwei liegende Cylinder von 2′ Durchmesser und 2′ Hub, ist außerordentlich fest und mit ungemeiner Genauigkeit construirt. Die Ringe aus Kautschuck bei den Saug- und Drucköffnungen, die eigenthümliche Kolbenliederung haben sich vorzüglich bewährt. Nicht der mindeste Anstand ergab sich bis jetzt, ungeachtet 196 abgeführter Chargen, und erst nach der 110. Charge wurde ein Kautschuckring ausgewechselt. Der Regulator hat die erforderliche Größe. Das Manometer schwankt nicht um eine Viertellinie. Zwar tritt unmittelbar an der Ausströmöffnung des Gebläses eine Erwärmung der Luft ein, die nach den abgeführten Proben bei 90 Wechsel per Minute eine Dauer des Ganges von 20 Minuten, gegen Ende des Versuches bis auf 77° C. stieg; am Ende der Windleitung zeigte aber das Thermometer wieder nur 15° C. bei einer äußeren Temperatur von 8° C.

Dem Principe nach ist der chemische Vorgang in einem englischen und schwedischen Ofen der gleiche; der Construction nach unterscheiden sich beide, wie aus den erwähnten Werken ersichtlich, dadurch von einander, daß der englische Ofen die Form einer Retorte besitzt, die auf Achsen in Lagern ruht und entsprechend durch Vorgelege im Kreise gedreht werden kann. Der schwedische Ofen ist stationär. Bei der Ausführung und Anordnung für Heft hielt man sich ganz an die von den Herren Tunner und Boman ihren bezüglichen Broschüren beigefügten Zeichnungen. Die Windzuströmung im englischen Ofen geschieht durch einsteckbare Thondüsen (Feren) am Boden der Retorte. Jede dieser Feren hat mehrere Oeffnungen, in Heft 6 ⅓ 4‴ weit, so daß der Wind durch 42 solcher Oeffnungen zuzuströmen hat und der Ausströmungsquerschnitt 3·5 □″ ausmacht. Die Wände der Retorte sind von Kesselblech, mit feuerfester Masse 6″ dick ausgefüttert. Am Boden hat der englische Ofen 24″ Durchmesser, in der Mitte 4′, die Oeffnung der Kehle ist 8″, die Höhe vom Boden bis Beginn der Kehle 62″, Höhe der Feren 18″. Die Anfertigung derselben bietet große Schwierigkeiten; sie müssen gut eingestampft, gepreßt und sorgfältig gebrannt sein, sonst werden sie durch die hohe Windpressung abgehoben. Die dermalen im Gebrauche stehenden Feren sind aus der k. k. Porzellanfabrik in Wien und halten durch 8 bis 10 Chargen. Die hier angefertigten bestehen aus ½ Theile Quarz und ½ Theile feuerfestem Thone von Blansko; die im Kessel eingestampfte Masse aus ⅔ Quarz und ⅓ feuerfestem Blanstoer Thone. Damit der Wind nicht früher eintreten kann, bevor der Ofen nach dem Roheiseneingusse aufgedreht wird, ist an einer hohlen Achse des Ofens, durch die der Wind strömt, ein Excentrik, welches das im Windständer steckende Ventil mittelst eines Hebels hebt und dadurch dem Winde Zutritt zur Achse und dem Bessemerofen gestattet.

Der schwedische Ofen besteht aus zwei Theilen, dem Untertheile mit dem Windkasten von Gußeisen, durch welchen die Feren einzuschieben sind, und dem vom Untertheile abhebbaren Obertheile, d. i. einem mit feuerfesten Ziegeln ausgefütterten und oben eingewölbten Blechcylinder. Von 19 Feren à 6‴ Durchmesser geschieht die Windzuströmung durch die Seitenwände, die Richtung der Windachsen ist tangential auf einen mittleren Kreis. Am Boden hat der Ofen 3′ 6″, in 6″ Höhe 4″, geht von da an cylindrisch; die Höhe vom Boden bis zum Scheitel des Gewölbes ist 46″. In der Mitte des Gewölbes ist eine quadratische Oeffnung für die schiefstehende Kehle. Die angewandten Ziegel und Feren eigener Erzeugung von ¾ bis ½ Quarz und ¼ bis ½ feuerfestem Thone sind in gußeisernen Chablonen gepreßt und gut gebrannt. Nachdem längere Zeit die Arbeiter bei kaltem Ofen eingeschult und denselben die nothwendigen Handgriffe beigebracht waren, wurde zu Heft der erste Versuch, Bessemerstahl zu erzeugen, am 4. Juni 1864 unter specieller Leitung des Herrn Hofrathes P. R. v. Tunner und in Anwesenheit der Herren Werksinhaber und einer Anzahl von Gästen in dem schwedischen Ofen mit glänzendem Erfolge durchgeführt. Aus dem Einsatze von 25 Centner grauem Roheisen wurden 18 Ctr. 89 Pfd. = 74·26% harter, gut schmiedbarer Gußstahl nach 18 Minuten Blasezeit erzeugt; hiervon an Blöcken 1588 Pfd., an Abfällen 301 Pfd.

Leider konnte der zweite Versuch wegen nothwendiger Reparaturen am Wasserreservoir erst am 27. und der 3. am 28. Juni unter Anwesenheit des Herrn Hofrathes von Tunner mit den Hütteneleven von Leoben und einer sehr großen Anzahl von Gästen, sogar vom Auslande, durchgeführt werden. Auch diese Versuche gelangen vollkommen und krönten das von der Comp. Rauscher so rasch durchgeführte Unternehmen. Vorzügliches Lob verdient dabei die Liberalität, mit der von Seite der Werksinhabung allen Fachleuten freier Zutritt in die Hütte und Theilnahme an einer bis zwei Chargen gestattet wird.

Von dieser Zeit an wurden die Chargen unter meiner persönlichen Leitung fortgesetzt, und es fällt der continuirliche Betrieb von Heft so ziem lich mit dem stetigen Betriebe von Turrach zusammen. Den ersten Versuch mit dem englischen Ofen unternahm ich am 5. September 1864. Auch dieser gelang vollkommen. Aus 2700 Pfd. Roheisensatz wurde aus schwach halbirtem Eisen 2235 Pf. = 82·77% harter, gut schmiedbarer Gußstahl nach 14 Minuten Blasezeit erreicht; hievon an Blöcken 58·14% ausgebracht.

Der Vorgang beim Bessemern mit dem schwedischen Ofen in Heft ist folgender: Wenn der Ofen je nach Umständen mit 7 bis 10° Holzkohle angewärmt, dabei das Gebläse mit $\frac{1}{4}$ bis $\frac{1}{2}$ Pfund Pressung etwa durch eine halbe Stunde zur besseren Umwärmung angelassen wurde, wird die im Hochofen angesammelte Eisenmasse von 25 bis 30 Ctnr. in eine mit Lehm ausgeschmierte, vorgewärmte Pfanne abgelassen, die allfällige Schlacke abgezogen, mit dem Krahne gehoben, und zum Eingußtrichter des Ofens gedreht. Das Gebläse wird indessen auf 8 bis 9 Pfd. Pressung angelassen, um die im Ofen noch vorhandene Kohle auszublasen. Hat die Roheisenpfanne die richtige Stellung über dem Eingußtrichter, so wird durch einfaches Hebelwerk die Bodenöffnung der Roheisenpfanne gelüftet, und das Roheisen fließt in ein bis zwei Minuten durch bezeichneten Trichter in den Ofen. Zu Anfang des Eingießens wird die Windpressung mit 5 Pfd. genommen, steigt aber allmälig während desselben, so daß man am Ende schon die normale Pressung von 9 bis 10 Pfd. erreicht. Die Oeffnung des Eingußtrichters wird mit einem Lehmpfropfen verstopft, Sand darüber gebracht und mit einer Gußeisenplatte beschwert.

Schon während des Eingießens entströmt die Flamme aus der Kehle des Ofens kegelförmig mit schmutzig gelber Farbe, am obern Rande des Kegels zeigt sich ein langer kometartiger Funkenschweif; die einzelnen Funken sind hell, lang und dünn, gehen nicht selten an der äußeren Spitze gabelförmig auseinander. Kurze Zeit darauf, je nach der verwendeten Roheisenqualität nach $\frac{1}{2}$ bis 4 Minuten, wird die Flamme des Flammenkegels heller, geht mitunter zuerst vom gelben in's blaßröthliche über, wird an den Rändern schmutzig weiß, in der Mitte bleibt ein dunkler Kegel; oft zeigen sich an den Rändern und in der Flamme selbst violette Streifen. Auch diese Erscheinungen dauern nur 1—4 Minuten, die violetten Streifen verschwinden, die Flamme wird blaßgelb, intensiver, dichter und stärker, verlängert sich bedeutend, schlägt an die gegenüberliegende, mit Gußeisenplatten bedeckte Hüttenwand und geht strahlenförmig auseinander. Bis zum Eintritte dieser Erscheinung, als dem Vorläufer der beginnenden Kochperiode, verfließen, je nach der Roheisenqualität, bei normalem Gange 2—16 Minuten. Diese erste Periode selbst bis zum Beginne des Kochens wird die Schlackenbilbungsperiode genannt; das Manometer steigt, wahrscheinlich in Folge des Verlegens von einigen Ferenöffnungen, auf 11—14 Pfd., bei grauem Eisen höher als bei weißem, sinkt aber beim Eintritt des Kochens um 1—2 Pfd. Bei übergrauem Roheisen mit großer Graphitausscheidung findet ein starkes Verlegen der Feren statt, die Flamme zieht sich ganz gegen die Kehle zurück, wird ruhig, etwas rauchend mit wenigen, aber starken Funken; in Folge dieses Verlegens der Feren dauert natürlich die erste Periode sehr lang, dafür ist die Kochperiode sehr kurz, 5—8 Minuten. Wir hatten einen Prozeß mit übergrauem Roheisen, wo nach 5 Minuten Blasezeit das Verlegen der Feren eintrat, durch 40 Minuten anhielt; nach 45 Minuten endlich wurde die Flamme wieder lebhaft, mit Funken und violetten Streifen, und es dauerte die Schlackenbildungsperiode 50 Minuten; das Manometer stieg auf 16 Pfd.

Die Flamme wird immer heftiger und intensiver, oft unruhig flackernd; der Funkenschweif am obern Flammenrande dauert zwar fort, ist jedoch nicht mehr so dicht; die einzelnen Funken sind kürzer, dünner und weniger hell; endlich fallen einzelne gelbe Schlackenkugeln aus dem Ofen, auch von hellen sternförmigen Eisenfunken mit etwas Rauch begleitet, bogenförmig nieder. Im Ofen selbst entsteht ein Getöse mit hörbaren Detonationen, bis der erste stürmische Auswurf von Schlacken mit nur wenig Eisen, begleitet von dichtem braunem Rauche, erfolgt. Bei hitzigem Ofengange wiederholen sich diese Auswürfe stark und schnell nacheinander, und es wird bald mehr, bald weniger Schlacke aus der Ofenkehle geschleudert. Im erkalteten Zustande ist diese Schlacke blaßgrün, bouteillengrün und schwarz, sehr porös, und schließt viele Eisenkörner ein. Sobald der erste Auswurf kömmt, wird mit der Pressung zurückgegangen, und während der Kochperiode mit 7—8 Pfd. Pressung gearbeitet, um das zu stürmische Aufkochen und zu starke Auswürfe, mithin größeren Calo zu vermeiden. Bei jedem erneuerten Auswurfe, dem immer ein steigendes Getöse im Ofen vorgeht, schwächt man übrigens aus gleichen Gründen die Windpressung auf 5 bis 4½ Pfd.; dieß geschieht durch den an einer geeigneten Stelle der Windleitung angebrachten Regulirhahn, der so gedreht wird, daß ein Theil des Windes durch ein stellbares Auslaßventil ausströmt, die Pressung jedoch nie unter 4½ Pfd. herabsinken kann. Nach erfolgtem Auswurfe schließt man den Regulirhahn und das Manometer steigt wieder auf 7—8 Pfd. Die Flamme während der Kochperiode bleibt immer hell leuchtend, aber 1—4 Minuten nach Beginn derselben, wird sie unmittelbar am Rande der Kehle bis auf ¼ bis ⅓ ihrer Länge heller und weißlich, mit einzelnen baßblauen Streifen, ja manchmal ganz blaßblau; dieß ist das Zeichen des beginnenden Frischens. Diese Erscheinung tritt bald früher, bald später ein, und es nimmt die Länge dieser Färbung gegen Ende der Kochperiode zu; dabei werden in Zwischenräumen Eisen= und Schlackentheile büschel= förmig mit einiger Heftigkeit an die Hüttenwand geworfen und spritzen in tausenden von kugel= und sternförmigen Funken auseinander. Das stür= mische Auswerfen nacheinander nimmt allmälig ab, erfolgt nur in größeren Zwischenräumen, hört auf einmal ganz auf, die Flamme wird ruhiger, senkt sich etwas, wird kürzer, breiter und durchsichtiger, schmutzig weiß mit blaß= blauer Färbung. Diese Erscheinung ist die eigentliche Frischperiode, obwohl die Entkohlung auch schon während dem Kochen stattfindet, und wir arbei= ten während selber mit 7 bis 10 Pfd. Pressung.

Die Kochperiode dauert je nach Umständen und der Roheisenqualität 4—16 Minuten. Würde man bei Beginn der Frischperiode, also bei Ein= tritt der beschriebenen Flammenerscheinungen abstechen, so würde man noch Roheisen erhalten.

Die Entkohlung während dieser Periode geht rasch vor sich, und die eigenthümliche Färbung der Flamme dabei, die Zeitdauer und Höhe der Pressung, sind die wichtigsten Anhaltspunkte für Beendigung des Prozesses; um immer nahezu gleich harten Stahl zu bekommen, dazu gehört also genaue Beobachtung und Uebung.

In Heft hat man es in kurzer Zeit dahin gebracht, harte und weiche Stahlsorten nach Belieben zu erzeugen.

Die Frischperiode dauert je nach dem Härtegrad des Stahles 1—4 Minuten. Bei übergrauem Roheisen oder Brucheisen bleibt die Flamme nach Eintritt der Kochperiode bis an das Ende des Prozesses hell ohne blaue Färbung, und das Erkennen der Frischperiode wird ungemein schwie= rig, weil der Uebergang von der Kochperiode zu derselben fast ohne wesent= liche Merkmale stattfindet.

Bei der Stahlerzeugung mit dem schwedischen Ofen wird das Pro= duct in eine vorgesetzte Pfanne abgestochen. Das Abstichloch von 16☐" Größe ist mit einem 1" dicken, gebrannten, feuerfesten Steine geschlossen und darauf wird ein mit Lehm beschlagener, gußeiserner, mit einem Oehre versehener Stöpsel eingeschoben. Sobald das Zeichen zum Abstich gegeben ist, wird dieser Stöpsel herausgeschlagen, der Stein eingestoßen und es fließt der Stahl in die vorgestellte, zum Vermeiden von Schalen rothglü= hend angewärmte Pfanne, in welche unmittelbar vor dem Abstiche 1% vom

Einſatze flüſſiges Roheiſen vom Hochofen gegeben wird. Man ſoll porenfreie Eingüſſe erhalten und Kürze des Stahles vermeiden.

Die gefüllte Stahlpfanne wird mit dem Krahne gehoben, über die mit Graphit beſchmierten, gut angewärmten, gußeiſernen Formen (Coquillen) gebracht, und in ſelbe entleert. Der Stahl fließt durch eine Bodenöffnung der Stahlpfanne, die durch ein Hebezeug geöffnet und geſchloſſen werden kann, in die Coquillen. Die Coquille wird bis auf einige Zoll unterm Rande allmälig durch Lüften des Hebezeuges gefüllt, darauf kömmt ein mit Graphit beſchmierter gußeiſerner Deckel, der durch einen Keil in an den Formen angebrachten Oehren feſtgehalten und ſo das Heben und Aufſteigen des Stahles vermieden wird. So wird die Stahlpfanne von einer Coquille zur anderen geſchoben. Zu Anfang des Betriebes hatten wir die Coquillen auf einer Drehſcheibe ruhend und die Stahlpfanne fir. Die Coquillen wurden nacheinander vor die Bodenöffnung der Pfanne gedreht. Dieſe Vorrichtung hat ſich aber als eine zu langſame Operation bewährt, und es ſteht mit der bald auszuführenden Hüttenerweiterung auch die Einrichtung einer vollkommeneren Gußvorrichtung bevor. Nach dem Entleeren des Ofens wird noch ein ſchwacher Windſtrom von 3 bis 4 Pfd. Preſſung in den Ofen geblaſen, damit ſich die Feren nicht verlegen, dann ſchnell der Deckel des Windkaſtens abgenommen, die Feren gereiniget und auf ihre Länge unterſucht. Wenn ſie ſich bis auf 3″ ausgebrannt haben, müſſen ſie ausgewechſelt werden. Die Stahlblöcke werden etwas erkalten gelaſſen, dann die Coquillen mittelſt des Krahnes von den Blöcken abgehoben. In Heft erzeugt man Blöcke von 6 bis 12″ im Quadrat, 36 bis 40″ Höhe, im Gewichte von 2 bis 12 Ctr.

Das Gießen des Stahles durch die Bodenöffnung iſt unerläßlich, um ſchlackenfreie Blöcke (Eingüſſe, Ingots) zu bekommen, jedoch ſchwierig, wenn der Stahl nicht ſehr flüſſig iſt, weil ſonſt ein Verlegen der Bodenöffnung ſtattfindet. (Schluß folgt.)

Malteiner Studien.

Aerztliche Kenntniſſe und Arzneimittel der Landleute.

Ich wage es nicht zu entſcheiden, ob man auch heut zu Tage den Spruch des Weltweiſen unterſchreiben könne, daß nämlich jene Gemeinweſen die glücklichſten ſind, wo man am wenigſten Anwälte und Aerzte braucht.

Wäre nämlich der Spruch so ganz zweifellos wahr, so müßten die Landgemeinden weit glücklicher sein, als Städte und größere Orte, weil sie die Vorerwähnten allerdings wenig in Anspruch nehmen. — Sollte man sie etwa für so aufgeklärt halten, daß sie sich in fraglichen Angelegenheiten selbst zu helfen wüßten? O nein! Sie sind nur eines Theils zu phlegmatisch und zu einfältig, als daß sie sogleich in Streit geriethen und ihr Recht verfolgten; anderen Theils hat das Landleben viele der Gesundheit zuträgliche Seiten, und so wird der Arzt leichter entbehrt.

Das Glück der ländlichen Bevölkerung ist in beiden Beziehungen nicht so hervorstechend, als man gerne glauben möchte. Die Proceßsucht ist auch in manchen entlegenen Thälern endemisch; und wo gibt es nicht hartgesottene, durchtriebene Leute, die auf die Einfalt oder Beschränktheit ihrer Nachbarn speculiren? Die ländliche Isolirung bringt es mit sich, daß der Bauersmann in geistiger Beziehung, wenn überhaupt, sich immer nur einseitig ausbildet. Wenn nun nicht das bürgerliche Gesetzbuch seine Stärke ausmacht, so wird er durch die modernen Schriftgelehrten unter seinen Nachbarn oft in Angst und Kummer versetzt und weiß sich nicht zu rathen, während der Städter beim Mittagstische von gewiegten Rechtsfreunden oft die heikelsten Fragen erörtern hört und immer Gelegenheit hat, sich über seine Angelegenheiten informiren zu lassen.

Das wird auch wahrscheinlich immer so bleiben, denn die Natur der Verhältnisse wird stets maßgebend sein.

Rücksichtlich der Gesundheitsverhältnisse ist die ländliche Bevölkerung auch oft in einer bemitleidenswerthen Lage. Der Arzt ist ferne — und wäre er auch in der Nähe, so muß man ihn am Ende doch bezahlen, und das Geld ist rar. Was also thun, wenn plötzlich eine Krankheit eintritt, wie sich helfen bei Unfällen, an die man nicht denkt, bis sie da sind?

Betrachten wir also in Kürze den Umfang und Gehalt der ärztlichen Kenntnisse, welche bis in die äußersten Wellenlinien der Bevölkerung gedrungen sind, so wie die Arzneimittel, die man in diesen Kreisen zur Hand hat.

Die Natur des Landlebens bringt auch eine eigenthümliche Lebensordnung mit sich. Frühes Schlafengehen, frühes Aufstehen, kräftige und öftere Kost, beständige Beschäftigung, warme Kleidung, frische Luft und noch einige andere allgemein beobachtete Vorschriften bilden die Grundlage einer dauerhaften Gesundheit, wie man sie in der Regel unter dem Landvolke antrifft. Stellt sich Schwäche ein und geht es mit der Arbei nicht recht vorwärts, so zieht der Landmann als Hirt über Sommer ins Hochgebirge, um durch das frische Wasser, die reine Luft und durch mehreres Fasten und größere Ruhe wieder zu Kräften zu kommen.

Der Tourist stößt daher bei seinen Alpenparthien selten auf sehnige Burschen und schmucke Dirnen unter dem Hirtenvolke, er trifft gewöhnlich schwächliche Reconvalescenten und alte, alte Patienten.

Was nun die ärztlichen Kenntnisse der bäuerlichen Bevölkerung selbst betrifft, so ist zu sagen, daß in diesen Gegenden, wo die Viehzucht die einzige Erwerbsquelle ist, die einzelnen Theile des thierischen Organismus fast allgemein sehr wohl bekannt sind. In jeder Haushaltung werden Nutzthiere geschlachtet und zerlegt. Man lernt so den Zusammenhang und die Wechselwirkungen der Glieder, Flechsen, Adern ꝛc. kennen, und so ist es nicht zu verwundern, wenn sehr viele Landleute äußerliche Schäden, Wunden, Verrenkungen, Beinbrüche richtig zu beurtheilen und zu behandeln vermögen. Die Noth ist oft eine zwingende Lehrmeisterin gewesen und ist es noch. Die fähigsten Köpfe bringen es bei fortgesetzter Uebung in dieser Behandlung zu einer Kunstfertigkeit, die alle Anerkennung verdient. Freilich sind sie dünn gesäet, diese Bein-Doctoren, aber es gibt deren, welchen Cavaliere, Beamte und selbst wirkliche Aerzte ihre geraden Glieder zu verdanken haben, und die sich als echte Bramarbasse mit ihrer Ruhmredigkeit noch weit größere und mehrere Kunststücklein zuschreiben, als sie wirklich verrichtet haben. Sie entschädigen sich dadurch gewissermaßen für die Verfolgungen, denen sie von anderen Aerzten und Beamten ausgesetzt sind, weil ihnen das Gesetz das Handwerk stellt. Auch sind sie nicht so uneigennützig, wie man glauben sollte. Man hat Beispiele, daß sie das Rechnen auch verstehen, während sie oft gleich herzlosen Tyrannen sich bitten und anstehen lassen, ohne einen Schritt zu thun, da doch der Gemeindearzt gehen und zugreifen muß, sobald man ihn verlangt. Uebrigens herrscht auch hier wie anderwärts unter der ländlichen Bevölkerung eine Antipathie gegen kalte Umschläge, eingreifende Operationen, Beinabnahme und dergleichen, und man meidet, wo nur irgend möglich, den geprüften Arzt, um sich dem Beindoctor obbesagter Kategorie zu überlassen.

Es gibt daher keine Einharl, keine Holzfüße, keine künstlichen Glieder hier, wenn schon Beinbrüche fort und fort eintreten.

Die Kenntniß der innerlichen Krankheiten dagegen ist auf dem Lande wohl nur höchst oberflächlich; die darauf bezüglichen Ansichten der Bevölkerung erstrecken sich nicht viel über die gewöhnlichsten Zustände hinaus, und wo sie darüber hinausgehen, strotzen sie von Irrthümern und abergläubigem Unsinne, wie die Bücher, aus denen sie entnommen sind.

Wenn zwei Leute dasselbe thun, so ist es doch nicht das Gleiche dies gilt in vorzüglichem Grade vom Lesen medicinischer Bücher und Werke. Diese kann doch nur der gebildete Arzt recht benützen; in der Hand des Laien werden sie gefährlich und wirken oft verderblich. Das Landvolk hat nicht Zeit, Zeitungen zu lesen, und nimmt daher auch keine Notiz von den in den Tagesblättern angerühmten Wundermitteln aller Art; was wohl für die Gesundheit und den Geldbeutel desselben gleich vortheilhaft ist. — Aber leider, es hat andere Feinde im Hause selbst, die es als seine intimsten Freunde hätschelt und pflegt und von denen es nicht lassen will — das sind die mittelalterlichen Arzenei- und Kräuterbücher. Darein stecken nur gar zu Viele ihre Köpfe und glauben dann auch etwas zu wissen, lassen ihr Licht leuchten und machen nun auch in innerlichen Krankheiten dem geprüften Arzte Concurrenz. Es gibt vielleicht keine noch so haarsträubende Meinung über Krankheiten und deren Gegenmittel unter dem Landvolke, die sich nicht auf irgend ein altes Arzeneibuch zurückführen ließe. Man braucht nur das nächste beste zu durchblättern, um wahrzunehmen, welche Gaukeleien und (vielleicht wohl unabsichtliche) Betrügereien diese Sammelwerke enthalten.

Für den Nichtarzt wird es in den meisten Fällen immer schwer bleiben, die Quellen innerlicher Krankheiten zu entdecken. Er wird stets der Versuchung ausgesetzt bleiben, sie da zu suchen, wo die Krankheit empfunden wird, und daher aus Mangel an Erfahrung zu Fehlschlüssen verleitet werden. Es ist daher ein großes Glück für das Landvolk, daß die Natur selbst manchen Fingerzeig gibt, den man nur zu beachten braucht, um sie wieder in das regelmäßige Geleise zurückzuführen. Die gewöhnlichsten Krankheiten geben sich bald zu erkennen, und da weiß man auch bald, was anzufangen sei. Ein Theil der Hausapothecke steckt doch immer im Küchengärtlein, als Veiglblüh, Camillen, Frauenblatt, Krenn; ein Theil wird auf Alpen, z. B. goldenes Wildnißkraut, Edelrauten, Peterstamm, Speik, Schanickl (Dentaria ennea phyllos) ꝛc., — oder auf Wiesen, wie Gachel, Baldrian ꝛc.; oder in Gärten, wie Kirschen, Hollunder und Lindenblüh, gesammelt. Etwas steckt immer in den Schreinen von destillirten Oelen, stinkendem Balsam, Salben ꝛc. Etwas leistet der Milchkasten mit Butter und Schmalz, und das Uebrige holt man aus dem nächsten Kaufladen, und so wendet man je nach Umständen Brech-, Schweiß-, Abführmittel an, greift wohl auch zum Aderlassen, zu warmen Umschlägen von verschiedenartigem Inhalte, Sauerteige, Bädern ꝛc. ꝛc. — Die Bereitung dieser Gegenstände zum Gebrauche des Kranken geschieht durch die Hand der Hausfrau. Die Pflege obliegt ebenfalls ihr und ihren Gehilfinnen. Das weibliche Geschlecht ist ja überall der erste Hausarzt, und von seiner Geschicklichkeit und aufopfernden Liebe hängt zumeist das Befinden des Kranken, seine Rettung oder sein Untergang ab.

Es liegt also sehr viel daran, daß gerade das weibliche Geschlecht die nöthige Bildung des Verstandes und Herzens erhalte, und ist sehr zu bedauern und nicht genug zu bekämpfen der Wahn sehr vieler Menschen, daß nämlich die Mädchen nicht jene Bildung brauchen, wie die Knaben; daß nichts daran liege, ob sie etwas erlernen, oder nicht.

Solche Reden wird Jeder bleiben lassen, der einmal die traurige Erfahrung machen muß, was man auszustehen hat, wenn man in schwerer Krankheit von einer unwissenden und daher dummen oder rohen Person bedient wird. P. K.

— ••• —

An eine Orange.

Goldfrucht, süßanduftende, mächtig weckst du
— Während draußen wirbelnden Schnee der Sturm peitscht
Sehnsucht mir im Busen nach deiner Heimat
    Ewigem Lenzhauch!

Nach dem lichtumflossenen Hain Sizilien's,
Wo dich unter Scherz und Gesang gepflückt einst
Ach! vielleicht ein reizendes, schwarzgelocktes
    Ländliches Mädchen.

Abend war's — kein Wölkchen im Himmelstiefblau,
Spiegelklar erglänzte die See, durch's Laubwerk
Spielend goß die Sonne auf braune Wangen
    Wärmeren Purpur.

Aber sieh! aus zierlichem Glaskorb nimmt dich
Jetzt die Hand der nordischen Hausfrau, sorgsam
Löst sie deine Hülle, und reicht voll Anmuth
    Dich zum Genuß hin!

Träumt' ich? — Fort ihr Träume des Südens! hier auch —
— Während draußen wirbelnden Schnee der Sturm peitscht
Lächelt zauberinnig aus blauen Augen
Ewiger Lenz mir!

Ernst Rauscher.

In der Weinlaube.

Ruhend unterm Rebendache
Blick ich auf zur vollen Traube,
Heiter sinnend, ward der Zeit auch
Meine Jugend längst zum Raube.

Von dem Stock, der mich beschattet,
Ward gekeltert mir der Becher,
Lieg' ich lang schon tief im Grabe,
Schlürft den Wein ein andrer Zecher.

Mög' er fröhlich mein gedenken,
Denk' auch derer, die geschieden,
Und so mögen viele rasten
Sinnend, trinkend hier im Frieden.

Adolph Pichler.

Die Volksschule in Oesterreich.

Als vor ungefähr einem Jahre die Arbeiter von Paris in ihr Wahlprogramm den Satz aufnahmen: „Wir wollen vor Allem Bildung, denn wie sollen wir, nicht ausgerüstet mit geistigen Waffen, den ungleichen Kampf um unsere Existenz auskämpfen?" hatten sie in kürzester Form die Nothwendigkeit eines den Forderungen der Zeit und den Bedürfnissen des Volkes entsprechenden Schulwesens nachgewiesen. Unter den sechs Millionen Familien, welche Oesterreich zählt, sind 89 Percent oder fast 5,300.000, welche ein Jahreseinkommen von nicht mehr als 400 fl. besitzen und sich folglich in der allerdrückendsten Lage befinden. Gerade diese liefern die größte Masse der Arbeiter und deshalb auch der Production, und zahlen folglich auch den größten Theil der Steuern, namentlich der indirecten. Mindestens 95 Percente ihrer Kinder aber schließen ihren Bildungsgang mit der Volksschule ab. Man wird sich daher vielleicht berechnen können, was eine Reform der Volksschule für das Volk und den Staat bei uns zu bedeuten hat, wenn man es auch nicht einsehen sollte.

Einer Reform bedarf aber unser Volksschulwesen in der That, und zwar einer baldigen und durchgreifenden. Schon die Zahl der vorhandenen Schulen ist nicht mehr ausreichend, obschon officielle Stimmen wiederholt bemüht waren, das Gegentheil unter Hinweis auf England und Frankreich darzuthun. Aber gerade in diesen beiden Staaten war es erstens nie so arg, als man es gemacht hat, und ist überdies in neuester Zeit so viel für die Hebung des Volksschulwesens geschehen, daß wir in Bezug auf die Menge der Schulen schon eingeholt, in Bezug auf deren Leistungen aber sogar überholt worden sind. Denn in Frankreich kommt bereits eben so wie in Oesterreich auf 1200 Einwohner eine Schule, und in England auf 1250. Vor diesen beiden Ländern haben wir somit nichts mehr voraus; dafür stehen wir aber hinter Belgien, wo eine Schule auf 876 Einwohner entfällt, Preußen, welches eine Schule auf 694 Seelen zählt, und der Schweiz, wo sogar schon auf 456 Menschen eine Schule kommt, weit zurück. Der Mangel an Volksschulen wird aber bei uns um so fühlbarer, als die großen Städte und die Industrie-Bezirke mit ihrer dichten Bevölkerung in gleichem Verhältnisse stehen, und die Ueberfüllung der Schulen dort jeden Erfolg des Unterrichtes in vorhinein unmöglich macht. Es ist unter solchen Verhältnissen gar nicht wunderbar, daß in Oesterreich durchschnittlich 30 Percent der schulpflichtigen Kinder den Schulbesuch unterlassen, während dies in Preußen nur mit 6 Percent der Fall ist, und in der Schweiz sogar alle schulfähigen Kinder auch wirklich am Unterrichte Theil nehmen.

Noch weniger aber entspricht die Volksschule bezüglich des Unterrichtsstoffes den Anforderungen der Zeit. Es gibt freilich auch heutzutage noch Menschen, welche behaupten, mit dem Lesen, Schreiben und Rechnen sei für das Wissen und Können genug geschehen, und Wolfgang Menzel behauptet sogar: „Die Dorfkinder kommen mit dem nöthigen Religions-Unterrichte, dem Lesen, Schreiben und Rechnen vollständig aus. Alles, was darüber ist, ist vom Uebel." Allein die Erfahrung lehrt, daß gerade das Volk selbst am besten einsieht, daß der Unterricht in der Elementarschule für seine Bedürfnisse nicht ausreiche; denn nicht selten hört man gerade den ländlichen Taglöhner und städtischen Arbeiter sagen: „Warum sollte ich meine Kinder in die Schule schicken? Sie lernen dort nicht das, was sie brauchen und womit sie sich einmal fortbringen müssen; darum lasse ich sie lieber in die Arbeit gehen." Dieses Urtheil ist ein treffendes; denn in der That genügt in unseren Tagen, wo die

Landwirthschaft zur Industrie, das Handwerk zur Kopfarbeit und der Handel zur großartigsten Speculation geworden ist, der Unterricht der Volksschule nicht einmal mehr für den künftigen ländlichen oder städtischen Hilfsarbeiter, denn jeder Geschäftsmann wird es bestätigen, daß mit der Intelligenz des Arbeiters die Größe der Productions-Leistung in geometrischem Verhältnisse zunimmt.

Aber nicht einmal die eingeführten Gegenstände werden in vielen Fällen an unseren Volksschulen entsprechend behandelt; denn einerseits schreibt das aus dem vorigen Jahrhunderte stammende „Methodenbuch" noch ein Lehrverfahren vor, dessen Wesen in todten Gedächtnißübungen und einer mechanischen Abrichtung besteht, und andererseits genügen, ob der Ungunst der Verhältnisse, die Kräfte des Lehrers vielfach für eine höhere Leistung nicht, und wenn sie auch, wie dies namentlich bei unseren jüngeren, frisch vorwärts strebenden Schulmännern der Fall ist, vollkommen ausreichen könnten, dürfen sie nicht geübt werden, denn vor ihnen steht die Schranke der „politischen Schulverfassung von 1805", und als Bleigewicht lastet auf ihnen auch noch der „Meßnerdienst". Dazu kommt die geringe Dotirung, welche gegenüber der in anderen Staaten, sogar in dem verschrieenen Rußland, geradezu karg und ärmlich erscheint und auch die tüchtigste Thätigkeit lähmt, denn, wie ein neuerer Volkswirth richtig sagt: „Wer mehr als das Wenigste leisten soll, muß frei von Nahrungssorgen sein."

Stoy behauptet, die Schul-Inspection sei der Regulator im System der Lehrkräfte. Aber gerade dieser wichtige Regulator des inneren Schullebens ist bei uns sehr mangelhaft. Man kann doch das keine genügende Schulaufsicht nennen, wenn der ohnehin mit Schreibereien überbürdete Pfarrer etwa jeden Monat einmal die Schule auf eine Stunde besucht und einige Fleißzettel oder Heiligenbilder unter die Kinder vertheilt, und wenn der Bezirksdechant alle Jahre zweimal zu einer zweistündigen Prüfung und einer Mittagstafel, der Schulrath aber gar nur alle zwei Jahre einmal kommt. Und der Letztere kann gar nicht öfter kommen, denn der niederösterreichische Schulrath z. B. hat etwa 2000 Schulen zu inspiciren. Wenn er auch jeden Tag eine besucht, so braucht er, abgesehen von allem Zeitverluste für die Wege, und ohne Rücksicht auf seine Amtsstunden, doch fünf Jahre, um alle unter seiner Leitung stehenden Anstalten auch nur einmal zu visitiren. Man sieht daraus, daß die Reform unserer Volksschulen eine sehr umfassende werden muß, wenn sie etwas nützen soll. Sie wird sich sowohl auf den Lehrplan, den Unterrichtsstoff, das Lernziel, die Schulzeit und die Behandlungsweise der einzelnen Gegenstände, als auch auf die Vermehrung der Schulen, die Bildung der Lehrer, die Dotation derselben und die Inspection zu erstrecken haben.

Heutzutage, wo die Zeit für immer vorüber ist, in welcher ganze Stände von Haus aus zur Arbeit und andere zum Genuße bestimmt waren, heutzutage, wo vielmehr Jeder berufen ist, sich durch seine Fähigkeiten und Kenntnisse, durch seinen Fleiß und seine Ausdauer bis zu den höchsten Stufen im praktischen und socialen Leben emporzuschwingen, wo aber auch anderseits Jeder auf seine „Selbsthilfe" angewiesen ist, muß auch die Schule Jedem die Gelegenheit bieten, sich wirklich selbst zu helfen und selbst erheben zu lernen.   (R. F. P.)

Einiges über Petroleum.

Das Aufsehen, das dieser relativ neue Beleuchtungsstoff, man kann sagen in der ganzen civilisirten Welt bei Gelegenheit seiner erst jünst geschehenen Einführung machte, ist kaum viel geringer gewesen als jenes, welches die Einführung des „Gases" (Kohlenwasserstoffgas) auf dem Continente seinerzeit begleitete. Die Erwägung, ob und in wiewett dasselbe gerechtfertigt sei, sowie überhaupt eine gründlichere Besprechung dieses interessanten Gegenstandes wollen wir einem größeren Aufsatze vorbehalten, und dießmal nur einige der Empirie entnommene Daten vorbringen, wozu uns das in großen Kreisen dagegen noch bestehende Mißtrauen Veranlassung gibt.

Dieses seit Kurzem sehr in Aufnahme gekommene Erleuchtungsmaterial hat nämlich seiner leichten Entzündbarkeit wegen zu so zahlreichen großen und kleinen Unglücksfällen Veranlassung gegeben, daß sein Ruf der Gefährlichkeit den der Crinoline womöglich noch überbietet. Doch ist auch das Petroleum „besser als sein Ruf" und ebenso wenig etwas Neues, als unsere modernen Reisen und Reifröcke. Bei beiden ist eigentlich nur der Name und — die Verbreitung neu.

Viele Völker Asiens, sowie die Griechen, brauchten Petroleum als E.leuchtungsmaterial bereits vor Jahrhunderten, die alten Aegypter zur Einbalsamirung ihrer Todten; die um die ägyptischen Mumien gewickelten

Leinwandstreifen sind mit Steinöl getränkt und zeigen die Substanz noch in erkennbarer Weise. Ebenso ist das ewige Feuer Persiens brennendes Erdöl oder Steinöl; die Bekenner der Lehre des Zoroaster werfen vor diesem Feuer sich nieder und beten in ihm die Macht ihres Gottes an. Auch eine Gegend Indien's brennt in Naphtaflammen, doch die Indier fliehen den Ort als — Aufenthalt des Teufels! Nach den Behauptungen einiger Alterthumsforscher waren die immerbrennenden Feuer auf den alten heidnischen Altären nichts weiter als natürliche Ausströmungen mineralischer Oele; sogar die noch jetzt in Baku, Proviz Schirwan, in Ehren gehaltenen heiligen Flammen sind entzündete flüchtige Gase, die dem naphtahaltigen Boden freiwillig entströmen. — Ferner ist nahe bei Derbent, unweit des kaspischen Meeres, eine Stelle, wo das Steinöl auf einer Fläche im Umkreis einer Viertelmeile brennt.

Von den Alten und bisher überhaupt ward dieses Erdöl, in den verschiedenen Arten, in denen es zu Tage trat, Bitumen, Naphta ꝛc. genannt; wir nennen es petroleum (Fels- oder Steinöl); damals ward es zur Beleuchtung der Tempel und Altäre benutzt, wir benutzen es zur Beleuchtung unserer Häuser und Zimmer. Es hat seine religiöse Bedeutung verloren und dafür eine ökonomische gewonnen. Die finsteren Geister, die ehemals um die brennenden Erdmündungen kreisten, haben es verlassen und den freundlichen Geistern der Gemüthlichkeit Platz gemacht, die jetzt um jeden Tisch schweben, auf welchem die schönen Petroleumlampen brennen.

Die ergiebigsten Petroleum-Quellen haben, so viel uns bekannt, Asien und Amerika; die wichtigsten für die neuere Industrie jedoch sind die des letztgenannten Erdtheils, namentlich der nordamerikanischen Freistaaten, wo seit einigen Jahren durch sogenannte Senkbrunnen Steinöl in unerhörten Massen gewonnen und nach allen Weltgegenden hin versandt wird. Aber auch in manchen Gegenden Europa's fließt Steinöl; in England bei Coalbroodale entspringt eine Quelle in Steinkohlenlager; in Italien bei Amiano im Herzogthum Parma, bei Modena und in Monte-Chiaro, unfern von Piacenza; in der Schweiz bei Lampertsbach; an vielen Stellen Galiziens und endlich in Frankreich bei Béziers gab und gibt das Erdreich Petroleum. Seefahrer sahen es zu Zeiten auch auf der Meeresfläche schwimmen, z. B. bei den Inseln des Cap Vert.

Man hat Mittel gefunden, das Petroleum zu reinigen von den Bestandtheilen, welche seine leichte Entzündbarkeit verursachen, doch leider vernichtet Habgier und Betrug oft die Wohlthat der Wissenschaft wieder, indem sie dem als gereinigtes Petroleum in den Handel kommenden Brennstoff Schieferöl oder Naphta beimischt. Es ist daher Pflicht, bei Einkauf und Anwendung mit Vorsicht zu Werke zu gehen.

Das gereinigte Petroleum muß fast farblos sein und darf bei Berührung eines brennenden Körpers nicht sogleich Feuer fangen.

Um sich von dieser Eigenschaft zu überzeugen, gießt man etwas Petroleum in eine Untertasse und fährt mit einem brennenden Zündhölzchen dicht über die Flüssigkeit. Ist diese gebührend gereinigt von den leicht entzündlichen Oelen und Gasen, so geräth sie nicht in Flammen, und wenn man das Zündhölzchen hineinwirft, brennt es noch einige Augenblicke, um dann gänzlich zu erlöschen.

Jedes zur Erleuchtung bestimmte mineralische Oel, das nicht diese Probe besteht, muß als gefährlich gemieden werden.

Doch auch wenn das Petroleum von den sogenannten Naphtasubstanzen gesondert ist, welche ihm die rasche Entzündbarkeit mittheilen, bleibt immer noch Grund genug, bei seinem Gebrauch vorsichtig zu sein, bei Aufspeicherung und Aufbewahrung, bei Kauf und Verkauf, beim Ein- und Ausgießen achtsam zu Werke zu gehen, denn von Leinen, Baumwolle oder Wolle eingesogen, erhöht sich die Entzündbarkeit des Petroleums in hohem Grade.

Eine Eigenthümlichkeit der gewöhnlichen Petroleumlampen ist die, daß der mit einem sehr schmalen Rande brennende Docht derselben, in Folge stoßweiser, wenn auch verhältnißmäßig schwacher Lufterschütterungen verlöscht, wie wir dieß heuer in unserm Theater in Klagenfurt zu beobachten Gelegenheit hatten, wo fast immer, wenn in einer Szene Schüsse abgefeuert wurden, selbst wenn dieselben in einer andern Richtung als in jener des Zuschauerraumes geführt wurden, sowohl die meisten Lampen des Lustres als mehrere von den an der ersten Logenreihe angebrachten Lampen auslöschten. Die im Zuschauerraume selbst entstehenden Bewegungen oder der Luftstrom, den das Aufziehen oder Herunterlassen des Theatervorhanges mit sich bringt, vermochten dagegen der Stätigkeit der Petroleumflammen nicht das Geringste anzuhaben.

Zur Aufbewahrung und zum Transport des Petroleums sind metallene Gefäße am zweckmäßigsten; die Verkaufslager müssen durch Sicherheitslampen oder durch außen angebrachte Lampen erleuchtet werden.

Eine Lampe, in welcher Petroleum oder anderes mineralisches Oel gebrannt wird, darf keinen Spalt, keinen Sprung haben, welche eine direkte Communication des Brennstoffs mit dem Raume, wo der Docht sich befindet, ermöglichen könnte.

Das Reservoir muß mehr Oel enthalten, als mit einem Male verbrannt wird, damit die Lampe nie ganz leer sei, und da es wichtig, dies stets beurtheilen zu können, so sind die Oel=Reservoirs von durchsichtigen Massen, als Glas, Porzellan ꝛc. die vorzüglichsten. Die Reservoirs selbst müssen sehr stark, die Aufsätze und Verbindungsglieder mit festem Kitt, der durch mineralisches Oel nicht erweicht wird, schlußfest gemacht sein.

Der Fuß der Lampen muß schwer sein, um die Gefahr des Umstoßens möglichst zu verringern.

Ist das Oel=Reservoir mit Petroleum gefüllt zum sofortigen Gebrauch, so muß es vor dem Anzünden sorgfältig wieder geschlossen werden; geht das Oel zur Neige, so muß man die Lampe auslöschen und erkalten lassen, ehe man sie wieder öffnet, und ist man genöthigt, sie vor dem völligen Erkalten wieder zu füllen, so muß das Licht, womit man zum Eingießen leuchtet, ganz fern gehalten werden.

Zerbricht der Cylinder, so muß man die Lampe unverzüglich auslöschen, damit die Flamme nicht die Metalleinfassungen erhitze. Denn sobald diese Erhitzung eine gewisse Intensität erreicht, dampft das Oel in dem Reservoir, der Dampf kann Feuer fangen und eine Explosion veranlassen, die nicht nur die Lampe zerstört, sondern durch Ausströmen der sehr entzündlichen, oft schon entzündeten Flüssigkeit größeren Schaden den übrigen Geräthen, den Menschen schwere Verletzungen zufügen kann.

Um entzündetes Petroleum zu löschen, ist Sand, Erde, Asche, Kies dem Wasser vorzuziehen.

Gegen Brandwunden durch entzündetes Petroleum ist rasche Anwendung leinener Umschläge mit frischem Wasser, oft erneuert, zu empfehlen, wenn ärztliche Hilfe im Augenblick nicht zu erlangen.

Zum Schlusse wollen wir noch das Faktum konstatiren, daß die Gebrauchsaufnahme dieses Beleuchtungsstoffes in Kärnten dem Bekanntwerden desselben in neuester Zeit unmittelbar folgte, daß die Verbreitung desselben in unserem Lande eine sehr rasche und allgemeine war, und daß das flache Land der Landeshauptstadt überraschenderweise darin selbst vorausging. K. W.

Aus der Oper. — Eis. — Corsofahrt.

Klagenfurt im März 1865.

In meinem letzten Briefe erwähnte ich der Aufführung von Meyerbeer's „Dinorah", und siehe da! innerhalb weniger Wochen hat uns die Oper noch mit zwei großen dramatischen Werken, nämlich mit den „Hugenotten" und dem „Don Juan", beschenkt. Wer möchte da nicht mit dem Studenten Frosch in Auerbach's Keller sagen: „Mein Leipzig lob' ich mir, — Es ist ein klein' Paris, und bildet seine Leute". Ist doch Paris der Ort, von dem aus jene ersten Zwei ihren siegreichen Zug durch die civilisirte Welt begonnen. Die Hugenotten sind zwar in Oesterreich nicht mehr neu, sie zählen auch da schon mehrere Decennien, und doch kennt man sie als solche erst seit kürzerer Zeit. Vor 1848 als illegitime Kinder behandelt, welche „Welfen und Ghibellinnen" hießen, wurden sie erst spät durch die nachgefolgte Ehe der Theaterpolizei mit dem Geiste des Fortschrittes legitimirt, und erhielten nun auch in der Welt den ihnen angestammten Namen „die Hugenotten". Es ist ein erfreuliches Zeichen, daß diese beiden Tonwerke, denen die Kritiker aus allen Parteien wenigstens den Ruhm genialer Erfindung, Melodienreichthums und dramatischer Gewalt zugestehen, bei uns zur Darstellung kommen, und dies um so mehr, als die größten Opernbühnen Europa's ihre ganze Kraft diesen Opern zur Verfügung stellen müssen, um ihnen gerecht zu werden. Wir bedauern fast, es uns zur Aufgabe gemacht zu haben, bei Besprechung theatralischer Ereignisse, nur eine allgemeine Kritik zu üben und jene der Persönlichkeiten bei Seite zu lassen, da wir gerade in diesem Falle hinreichend Gelegenheit gehabt hätten, einzelnen Darstellern für ihre schönen, meist überraschenden Leistungen den wohlverdienten Tribut des Lobes zu leisten.

Denn in der That, es hatte Niemand diesen Erfolg hoffen zu können geglaubt; wußte man doch, daß die Hugenotten zur Erzielung einer mächtigen Wirkung außer den gewöhnlichen Erfordernissen einer großen tragischen Oper auch einen Aufwand von Chören verlangen, den selbst ziemlich große deutsche Bühnen nicht zu bestreiten vermögen, und daß die Dinorah neben einer tüchtigen Coloratursängerin auch das so seltene Gewächs eines Buffo-Tenores bedürfe, ein Erforderniß, welches bis jetzt die Aufführung dieser Oper im Wiener

Hofopern theater unmöglich machte. Und doch fand sich dies Alles bei uns, vorausgesetzt, daß man nicht einen Maßstab anlegt, der nur bei den ersten Kunstinstituten am Platze ist. Wir hatten Mittelmäßiges erwartet und Gutes, stellenweise sogar sehr Gutes erhalten. Sogar die berühmte Ziege, welche in jeder Stadt, wo bisher noch die Dinorah zum ersten Male aufgeführt wurde, der Journalistik wohlfeilen Stoff zu Witzen lieferte, wußte man beizustellen, und sie ist wenigstens in den ersten Aufführungen nicht merklich aus der Rolle gefallen. Sie sollte nach dem Libretto zwar weiß sein, ihre „diesländige historisch-politische Individualität" war aber schwarzgefleckt. Auch ein Zeichen der Zeit! Nicht die schwarzen Flecken, sondern daß eine Ziege eine wesentliche Ingredienz einer großen Oper sei. Daß man dieselbe in Paris im Theater der Opéra comique gab, ändert nichts an der Sache. Bis in die jüngste Zeit ging es so mit dem Ballet. In einer großen Oper mußte getanzt werden.

War der Dichter mit dem Libretto fertig, so sah er sich um die Stelle darin um, wo ein Ballet angebracht werden sollte. Die Stelle war nun mit Hilfe des Centimêtres glücklich gefunden, so ungefähr gegen die Mitte des Ganzen. O weh! aber die Worte paßten nicht, denn es war ja gerade die Stelle, wo ein schwer getroffener Mann mit den Worten: „Ich sterbe" zusammen sinkt. Wie aber, wenn man diesen Worten andere hinzufügte, z. B. „Ich sterbe" — (große Pause) „die Bilder meiner Jugend tanzen mir vor meiner Seele vorbei". Das ist's. Rum, rüm — und aus den Coulissen tänzeln die Jüngerinnen *) Terpsichorens heraus, und das Ballet ist fertig. So unorganisch das auch war, das Publikum wollte ein Ballet oder vielmehr die Ballettänzerinnen sehen, um jeden Preis also auch um jenen der gesunden Vernunft, des Geschmackes, der Poesie, — und der Preis wurde richtig bezahlt. Der Librettodichter der Dinorah scheint aber gar in die Zoologie hinuntergestiegen zu sein, denn es macht fast den Eindruck, als wäre die Oper von ihm der Ziege „auf den Leib geschrieben" worden, wie man sich in den literarischen Flickanstalten technisch ausdrückt. Das ist aber neu, das ist piquant, das war noch nicht dagewesen, das zieht! Schade, daß auf die Folgen Niemand denkt, daß nämlich derlei Dinge, die heute noch fast den Schein eines poetischen Bildes haben, der Anfang der poetischen Verwilderung seien. Dixi et salvavi —

*) Bisweilen freilich wie lucus a non lucendo.

Der Aufführung des Don Juan machte ich schon oben Erwähnung, und kann mich um so kürzer fassen, als diese Oper bereits
öfter schon über die Bretter wandelte, welche die Welt, prosaisch aber
genommen, unser baufälliges, unbequemes und unschönes Theater
bedeuten.

In der Präcision und der Zusammenwirkung hinter den Aufführungen der andern Opern zurückbleibend, kann derselben doch die
Anerkennung nicht versagt werden, wenn man bedenkt, daß die orche-
stralen Schwierigkeiten nicht geringer als dort sind, und daß die Haupt-
rollen drei erste Sängerinen und eben so viele Sänger erfordern,
ein Aufwand, der für kleinere Bühnen zu einem ganz ungewöhnlichen wird.

Wer zur Winterszeit über das Leben in Klagenfurt schreibt,
kann das Vergnügen auf dem Eise nicht unerwähnt lassen; es ist
das eine Specialität unserer Stadt. Dasselbe hat sogar zwei Ab-
arten, von denen jede wieder zwei Seiten hat, deren eine der bloßen Vergnügung, die andere aber bereits der Kunst oder richtiger
gesagt — der Wissenschaft angehört, ich meine das Eisschießen und Eisfahren. Bei Beiden gibt es Dilettanten, die natürlich die große Mehrzahl ausmachen und die es zum Vergnügen treiben, bei Beiden aber
gibt es auch höhere Grade, die die Sache als Gegenstand des Studiums, des Systems behandeln, wobei eben dann die Unterscheidung
so schwer wird, ob man es mit einer Kunst oder einer Wissenschaft
zu thun habe. Für Kenner will ich hier beispielsweise nur an die
„längste Schlange nach hinten" erinnern.

Die eigentliche Specialität bildet wohl das Eisfahren, da das Eisschießen außer Klagenfurt in Kärnten mindestens ebenso eifrig, ja eigentlich mit
weit größerer Leidenschaft betrieben wird. Der heurige Winter mit seiner
ewig thauenden Charakterlosigkeit war aber keineswegs dazu angethan,
jenes Eisvergnügen auf seine Spitze zu bringen, und Sie werden es
mir daher auch nicht verdenken, wenn ich heute zu keiner rechten Begeisterung darüber gelangen kann. Denn daß ich es nun kurz heraus-
sage, der Wörthersee, das eigentliche Adyton für die Eisanbeter, geruhte
erst im März den feurigen Stoßgebeten der Gläubigen nachzugeben,
oder vielmehr nicht nachzugeben sondern hart zu werden, und das
nur auf wenige Tage und in einer Art, daß es nur stellenweise
möglich war um mit einem Fanatiker dieses Kultus zu sprechen,
„über ihn in der Richtung gegen Abend hinweggleitend den Vorgeschmack
des Paradieses zu empfinden." Und was sind alle Wonnen des „Kreuz-

bergelteiches" gegen den See? besonders wenn diese Wonnen nicht sehr
stark waren, wenn die Schrunde oder „Schricke" die Fläche in die Kreuz
und Quer durchzogen, oder den leider noch unausgeführten Plan des
österreichischen Eisenbahnnetzes darstellten, wenn das Eis oder richtiger
„der Eis" mehr Schnee als Eis war? — Wir schmollen daher dem
Eisgotte, wir finden keinen Ton zu seinem Lobliede, mit einem Worte
er erhält die Censur „sehr ungenügend" unter der Erlaubniß, dieselbe
bis übers Jahr zu verbessern, was wir übrigens hoffen und erwarten. —

Um uns in bessere Laune zu versetzen, müssen wir uns an ein
Faschingsereigniß erinnern, das unstreitig das größte Publikum, wenn
auch ein „gemischtes", hatte, wodurch es aber gerade so lebensvoll wurde.
Wir meinen unsere Corsofahrt am Faschingssonntage. Seit einigen
Jahren denkt alle Welt daran, im Fasching einmal einen recht „kolossalen
Spaß" zuwege zu bringen, das Faschingsvergnügen auf seinen Höhepunkt
zu heben, ein paar Stunden der höchsten Lustigkeit zu Stande zu bringen.
Man versuchte es mit den sogenannten Narrenabenden. Ihr Schicksal
war vorauszusehen, weil es das alles Irdischen ist; ein Zunehmen bis zu
einem höchsten Punkte und von da an die Abnahme bis zum Verschwinden. In das heurige Jahr fiel die vorletzte Periode, nächstes Jahr
wird der Thermometer wahrscheinlich auf Null sinken, wenn es überhaupt
dazu kommen sollte. Was war also natürlicher als daß sich ein Komité
von Männern, denen die Faschingslustigkeit des Publikums eine Flamme
scheint, die man noch sorgsamer hüten muß als jene der Vesta, sich zu-
sammenthut, um etwas Neues von mächtiger Zugkraft zu erfinden. Weil
nun Ben Akiba sagt: „Es gibt nichts Neues unter der Sonne", so re-
vidirte man die alte Rumpelkammer europäischer öffentlicher Vergnügungen.
So fand man im Mittelalter und noch lange später die „Faschingszüge"
der deutschen Reichsstädte und erinnerte sich, daß ja der Italiener heute
noch etwas Aehnliches habe, die Corsofahrten. Gesagt, gethan. Den Namen
nahm man — wie gewöhnlich — von den Nachbarn, in der Sache
aber dachte man an die Späße unserer Vorfahren. Der Versuch wurde
gemacht, und — er gelang vollständig. Wir haben doch wenigstens den
Trost, daß die Sache entwicklungsfähig sei, daß das Bedürfniß nach
einer auf ein größtmögliches Publikum berechneten Faschingsbelustigung
wenigstens auf einige Jahre gedeckt sein werde.

Der neue Platz, unstreitig einer der schönsten der Monarchie, was
man von den darauf befindlichen monumentalen Werken freilich nicht
sagen kann, war der Mittelpunkt des Treibens. Wagen und Schlitten
— bei 100 an der Zahl — mit einzelnen Charaktermasken oder ganzen
Gruppen besetzt, welche scenische Darstellungen gaben, oder einen saty-
rischen Gedanken zum Ausdrucke brachten, durchzogen die Stadt und gelangten immer wieder in das Herz derselben, auf den neuen Platz, dessen
Häuser mit Zuschauern besetzt waren, während das große Publikum die
Mitte des alten Platzes einnahm und von da sich in lebendige Wechselwirkung mit den Theilnehmern des Zuges setzte. Diese Wechselwirkung
mit den an den Fenstern Postirten und den Zuschauern auf dem Platze
wurde nach italienischer Sitte durch Unmassen von Coriandoli (Gyps-

kügelchen) und Confetti (Bonbons, Oranzen, Zuckerplätzchen u. s. f.)
vermittelt, welche in Strömen die Luft durchflogen, hinauf und hinab,
hier helles Lachen dort Schreie der Aengstlichkeit, des Schreckens erzeu-
gend. Dazwischen flogen Worte und Ausrufe aller Art, und mancher
Blick aus schönem Auge heilte urplötzlich den kleinen Schmerz, den eine
Handvoll Kügelchen auf dem Antlitz des „Ueberseligen" erregt hatte.

Die Betheiligung war, worauf wir einen sehr großen Werth legen,
eine allgemeine in dem Sinne, als man mit Don Juan sagen konnte:
„Hier gilt kein Stand, kein Name". Gerade die „Mischung" wird
dieses Vergnügen vor Ausschreitungen nach rechts und links, vor dem
bei uns Deutschen bei derlei Spässen immer drohendem Fallen in platte
Handgreiflichkeit oder gezierte exklusive Fadheit bewahren.

Schon senkte sich die allgemeine Lust etwas zur Reige, während
ein äußerst komischer Trompeter auf seinem wiederspänstigen Instrumente
irgend ein Signal gab, als von der westlichen Seite des Platzes her sich
ein stiller Leichenzug mit „einfachem Konduct" durch die tollen Masken
gerade über den Platz hin bewegte. Hier Faschingslust — hier Todes-
schauer! Jetzt noch tolles buntes Leben — plötzlich Tod und Schweigen
der urewigen Nacht! So ist das Menschenleben. —   H. W.

Schmerzlich ergriffen theilen wir unsern Lesern mit, daß
heute hier um 4 Uhr Nachmittag, in seinem 35. Lebensjahre Herr

Ignaz Adler von Kleinmayr,
Gemeinderath und Hauseigenthümer,

Buchhändler und Besitzer einer Buchdruckerei, in welcher
auch die Carinthia gedruckt wurde, verschieden ist. Er
hinterläßt eine trauernde Wittwe und zwei unmündige
Kinder. Das Taubstummen- und Waiseninstitut verlieren
an ihm einen wahren Wohlthäter, die Freunde das treueste
Herz, die Stadt einen ihrer geachtetsten Bürger.

Ehre seinem Andenken!

Klagenfurt, am 13. März 1865.   Die Redaktion.

Meteorologisches.
Witterung im Februar 1865.

Allenthalben in Europa begann der Winter erst im Februar seine strenge Herrschaft fühlen zu lassen. Schon in den letzten Tagen des vorigen Monats trat im Norden bei völliger Windstille beträchtliche Kälte auf, welche bis gegen Mitte des Februar intensiver wurde und gegen Ost und Süd sich auszubreiten begann. Schon am 1. wurden in Petersburg — 21·0 beobachtet, am 6. stieg die Kälte in Haperanda bis — 29·7, in Petersburg und Helsingfors auf — 25·1, am 12. selbst in Odessa auf — 14·2, in Wien auf — 12·5, am 16. und 17. drang die kalte Luft in heftigen Nordost- und Ost-Stürmen südlich und westlich, so daß allenthalben von starken Schneeverwehungen und selbst in Madrid von Schnee und Eis bei — 2·0 zu lesen war. Am 18. aber bis 21. kamen starke Südweststürme und brachten namentlich im Canal und der Nordsee Gefahr und Schaden; am 26. war zwar Windstille, doch wiederholten sich die Stürme und dauerten bis gegen Ende des Monats, während allenthalben warme Witterung sich einstellte.

In Kärnten war somit der Februar im Allgemeinen kalt, doch war die Kälte nicht sehr extrem. Die größte Kälte und meist die tiefste Temperatur des ganzen Winters war an den meisten Orten am 8. bis 11., jedoch nicht über — 11 bis 13°; in den Ebenen und Thalniederungen aber trat das Temperatur-Minimum am 24. oder 25. ein, und zwar in Klagenfurt mit — 14·5, in Bad Villach — 15·0, in Sachsenburg — 10·6, Tröpelach — 13·5, am Hochobir am 13. mit — 17·0. Die Durchschnittswärme des ganzen Monats war in Klagenfurt —5·0, in Bad Villach —4·5, in St. Peter — 4·01, Saifnitz — 4·1, Luggau —4·5, in höheren Lagen aber minder kalt, so in Wiesenau — 3·8, Bad Vellach —3·7, Hausdorf —3·3, Raibl 3·3, — in Maltein nur — 2·3, in Althofen — 2·9, am Hochobir jedoch — 8·6. Der Luftdruck war dabei im Allgemeinen sehr nieder und schwankend, die Niederschläge überall, selbst in Raibl, nur sehr gering. Vergleicht man die mittleren meteorologischen Elemente des Februar in Klagenfurt mit den normalen (vieljährigen) Durchschnitten, so war der Luftdruck um 1·15''', die Luftwärme um 2·58° zu tief, der Niederschlag ziemlich normal. Wir finden sogar nur wenige Jahre, wo der Februar so kalt oder kälter war: 1860 (— 6·1), 1858 (— 6·7, der kälteste in fünfzig Jahren), 1830 (— 5·0), 1816 (— 5·6) u. s. f. Dabei war er ungewöhnlich trüb und hatte 23 Tage mit Nebel, während sonst nur 2 bis 3 Tage vorkommen, wo Nebel beobachtet wird.

Diözesan-Notizen.

Als Kapläne wurden übersetzt: Herr Gregor Jäger von Wolfsberg nach Villach, Herr Eduard Teusch von Grafenstein nach Wolfsberg, Herr Lukas Selnik von St. Walburgen nach Grafenstein, Herr Johann Dragatin von St. Andrä nach Ottmanach, Herr Friedrich Sternath, Provisor zu Lasnitz, nach St. Walburgen.

Gestorben ist: Der hochwürdige Herr Heinrich Hermann, Domcapitular von Gurk, Consistorialrath von Gurk und Lavant, Leiter der Diözesanbuchhaltung, Ritter des k. k. Franz Joseph-Ordens und Jubelpriester, am 29. Jänner, welcher dem frommen Andenken empfohlen wird.

Roheisen- und Blei-Preise im Februar 1865.

Eisen-Preise.

Köln: per Zollcentner in Oe. W.: Holzkohlen-Roheisen 2 fl. 25 kr. — 2 fl. 62 kr., Cokes-Roheisen affinage 1 fl. 87 kr. — 2 fl. 10 kr., Cokes-Roheisen, graues 2 fl. 25 kr. — 2 fl. 55 kr., Stabeisen grobes 4 fl. 80 kr. — 5 fl. 10 kr., Gußstahl 33 fl. — 36 fl., Puddelstahl 15 fl., Edelstahl 22½ fl. **Berlin:** Schlesisches Holzkohlenroheisen 2 fl. 60 kr., Cokes-Roheisen 24½ fl., Stabeisen gewalzt 4 fl. 87 kr. — 4 fl. 75 kr., geschmiedet 6 fl. 6 fl. 75 kr.

Oesterreichische Roheisenpreise. loco Hütte: Vordernberger 3 fl. 3 kr., Eisenerzer 2 fl. 67 kr., Kärntnerisches 2 fl. 32 — 2 fl. 50 kr., böhmisches 3 fl. 12 — 3 fl. 57 kr., mährisch-schlesisches 3 fl. 21 — 3 fl. 48 kr., oberungarisches halbirt 1 fl. 78 kr. — 2 fl. 5 kr., Betlér loco Poprad 2 fl. 10 — 2 fl. 23 kr. Kärntner Stabeisen grobe Sorte loco Hütte 6 fl. 78 kr. — 7 fl. 14.

Auf österreichische Meiler à 10 Wiener Centner berechnet: **Köln:** Holzkohlenroheisen 25 fl. 20 kr. — 29 fl. 40 kr., Cokes-Roheisen affinage 21 fl. — 23 fl 50 kr graues 25 fl. 20 kr. 26 fl. 88 kr. Stabeisen grobes 53 fl. 76 kr. — 57 fl. 12 kr. Gußstahl 359 fl 60 kr. — 403 fl. 20 kr., Puddelstahl 168 fl., Edelstahl 135 fl. 20 kr. **Berlin.** Schlesisches Holzkohlen-Roheisen 27 fl. 32 kr., Cokes-Roheisen 25 fl. 65 kr. Stabeisen gewalzt 54 fl. 60 kr. — 61 fl. 44 kr., geschmiedet 67 fl. 20 kr. — 75 fl. 80 kr.

Oesterreichisches Roheisen: Vordernberg 34 fl., Eisenerz 30 fl., Kärntner 26 fl. — 28 fl., Böhmisches 35 fl. — 40 fl., mährisch-schlesisches 36 fl. 39 fl., Oberungarisches 20 fl — 23 fl., Betlér loco Poprad 23 fl. 50 kr. — 25 fl.

Blei-Preise.

Köln per Zollcentner: Raffinirtes Weichblei 9 fl. 25 kr. — 9 fl. 75 kr. Hartblei 9 fl., Goldglätte 9 fl. 30 kr. 9 fl. 75 kr., Silberglätte 8 fl. 70 kr. — 9 fl. **Berlin:** Tarnowitzer 9 fl. 88 kr., sächsisches 9 fl. 75 kr. Kärntnerisches loco Hütte 10 fl. — 12 fl. 50 kr. per Wiener Centner.

Köln: Raffinirtes Weichblei 10 fl. 36 kr. — 10 fl. 92 kr., Hartblei 10 fl. 8 kr. — Goldglätte 10 fl. 41 kr. — 10 fl. 92 kr., Silberglätte 9 fl. 75 kr. — 10 fl. 8 kr. **Berlin:** Tarnowitzer 11 fl. 6 kr., sächsisches 10 fl. 92 kr. Kärntnerisches 12 fl. — 13 fl 50 kr.

Durchschnittspreise der Lebensmittel zu Klagenfurt im Februar 1865.

		fl.	kr.				fl.	kr.
Weizen		4	39	Speck, geselchter		das Pfund	—	40
Roggen		3	28	roher			—	32
Gerste	der Vierling	3	11	Schweinschmalz			—	42
Hafer		1	87	Eier			—	4
Heide		3	36	Hendl			—	70
Mais		3	11	Kapaunen	das Paar		2	81
Brein (gestampfte Hirse)		6	29	Enten				
				Gänse				
Erbsen		3	90	12" Scheiterholz, hartes			4	25
Linsen	der Vierling	—	—		loco Lend eine n. ö. Klftr.			
Fisolen, weiße		5	—	12" Scheiterholz, weiches			3	20
rothe		—	—	30" Scheiterholz, weiches				
Erdäpfel		—	—					
Rindschmalz	das Pfund	—	50	Heu		der Zentner	—	90
Butter		—	47	Stroh			—	50

Herausgegeben vom kärntnerischen Geschicht-Vereine und natur-historischen Landesmuseum in Klagenfurt. — Verantwortlicher Redakteur Dr. Heinrich Weil. — Druck von Ferd. v. Kleinmayr in Klagenfurt.

Carinthia.

№. 4. **April** **1865.**

Ueber den Begriff der Temperatur nach der mechanischen Wärmetheorie. *)

Von Joseph Payer.

I. Einleitung.

Es gibt wohl kaum einen zweiten Vorgang in der Natur, der sich durch so einfache und sich immer gleichbleibende Wirkung auf die uns umgebenden Körper und durch so lebhafte Eindrücke auf unsere Empfindungsorgane offenbaren würde, als die Erscheinungen der Wärme und ihrer Temperatur. Ungeachtet dessen aber, daß der Mensch bei seinen täglichen Verrichtungen mit Körpern in Berührung kommt, die sich seinem Tastsinne je nach Umständen bald heiß, bald warm, bald kalt zeigen, wirft er sich doch selten die Frage auf, worin denn eigentlich jener Zustand der Körper bestehe, den wir Wärme nennen, oder was denn in einem Körper vorgehen mag, wenn sich die Temperatur desselben ändert.

Derjenige aber, der sich diese Frage entweder selbst aufwirft, oder aber bei dem Studium der Physik zur Beantwortung derselben geführt wird, findet in den Büchern meist nichts als leere Worte, die als Definitionen der Wärme und der Temperatur ausgegeben werden, in der That aber nichts als bloße Umschreibungen sind.

II. Bisherige Definitionen der Temperatur.

So heißt es allgemein: die Ursache der verschiedenen Zustände, des heißen, warmen, kalten u. s. w., nennt man Wärme. Diese sein sollende Definition ist ein Ueberrest jener materiellen Vorstellung, nach welcher die Wärme als ein äußerst feiner unwägbarer Stoff aufgefaßt

---

*) Nach dem gleichnamigen Vortrage, gehalten im naturhistorischen Museum am 3. März 1865.

wurde. Nach dieser unhaltbaren Vorstellung nahm man an, daß ein Körper um so wärmer sei, je mehr Wärmestoff er enthielt. Was die Temperatur anbelangt, so heißt es in den Büchern: den Wärmezustand eines Körpers nennt man seine Temperatur. Die Temperatur war darnach um so höher, je mehr Wärme, und um so niedriger, je weniger Wärme der Körper enthielt.

Das Ziel, welches ich mir gesetzt habe, ist der Begriff der Temperatur nach dem gegenwärtigen Stande der Wissenschaft. Der Zusammenhang der Temperatur mit der Wärme bedingt es jedoch, daß ich bei der Entwicklung dieses Begriffes auch von der Wärme sprechen muß.

Die ursprünglichste Vorstellung von der Temperatur bringt sich uns durch die Wahrnehmung verschiedener Wärmezustände oder verschiedener Grade der Wärme durch den Tastsinn auf. In dieser Beziehung nennt man den Wärmezustand des Körpers seine Temperatur und spricht nicht selten von Wärme und Kälte, indem man jenen Wärmezustand, den das Wasser beim Gefrieren in freier Luft besitzt, mit Null bezeichnet und sagt, die Temperatur des gefrierenden Wassers sei Null. Diese Bezeichnung ist bei den Thermometern nach Reaumur und Celsius auch in der That ausgeführt und man unterscheidet sogar an der Stellung des Quecksilbers über Null sogenannte Wärmegrade, an der Stellung des Quecksilbers unter Null aber Kältegrade. Dieser Gebrauch bringt es mit sich, daß man selbst beim Messen der Temperatur mittelst des Thermometers auch von der unrichtigen Auffassung ausgeht, als gäbe es einen wesentlichen Unterschied zwischen Wärme und Kälte. Man gibt sich daher Mühe, diese unrichtige Vorstellung zu beseitigen, indem man Beobachtungen anführt, welche erkennen lassen, daß uns ein und derselbe Körper bei demselben Wärmezustande bald warm, bald kalt erscheint, je nach dem Zustande der Hand, mit der wir den Körper berühren, dadurch kommt man zu dem Schlusse, daß Kälte von der Wärme nicht dem Wesen, sondern nur dem Grade nach verschieden ist, oder wie man gewöhnlich sagt, daß die Kälte nur ein geringerer Grad von Wärme ist.

Die Beobachtung der Temperatur eines Körpers mittelst unseres Tastsinnes beim Berühren desselben kann uns aber kein richtiges Urtheil über seine Temperatur verschaffen, da unser wechselndes Gefühl, welches noch überdieß bei verschiedenen Personen verschieden ist, mit keiner Sicherheit auf die Temperatur der Umgebung schließen läßt. Man benützt daher zur Beobachtung der Temperatur der Körper eigene Instrumente, die uns unter dem Namen Thermometer bekannt sind. Die Thermometer verdienen hier insoweit angeführt zu werden, als ihre Erfindung, Verbesserung und Anwendung die ursprüngliche Vorstellung über Temperatur der Wahrheit immer näher brachte, und den Naturforscher vor der unsichern Wahrnehmung verschiedener Wärmegrade durch das Gefühl zu sichern und unter einander vergleichbaren Messungen der Temperaturen der Körper geführt hat.

Man würde sich aber täuschen, wenn man annehmen wollte, daß die Messung der Temperatur mittelst der Thermometer einen richtigen Begriff der Temperatur selbst in sich schließt; denn wäre dieß der Fall, so müßten sich unsere Vorstellungen über die Temperatur in demselben Grade klären, in welchem die Sicherheit der Angaben der Temperatur mittelst dieser Instrumente durch die glückliche Beseitigung aller störenden Einflüsse zunimmt. Dieses ist jedoch nicht der Fall. Den schlagendsten Beweis für diese Behauptung liefert die etwa 250 Jahre zurückreichende Geschichte der Thermometer selbst, denn diese überlebten die frühere Hypothese eines Wärmestoffes und blieben in ihrem Principe auch gegenwärtig ungeändert, während das Phantom des Imponderabils der Wärme in der neuesten Zeit einer natürlicheren Auffassung der Wärmeerscheinungen Platz machen mußte.

III. Mechanische Wärmetheorie im Allgemeinen.

Im Bereiche der Naturwissenschaften dehnt sich die Mechanik immer mehr aus. Die Astronomie ist durch die Entdeckung der allgemeinen Schwere zur Mechanik des Himmels geworden, ohne dadurch ihrer Herrschaft über die Erde zu entsagen. Denn die Gesetze der irdischen Schwere sind nur Erläuterungen von Weltgesetzen.

Unter diesen sind die Gesetze der Pendelschwingungen Veranlassung zur ferneren Erweiterung der Herrschaft der Mechanik geworden. Man hat nämlich längst den Schall als Wirkung einer Bewegung angesehen; aber erst Vergleichungen der Bewegung eines schweren Pendels mit jenen einer tönenden Saite haben zur Ueberzeugung geführt, daß über beide dieselbe Macht gebiete. So ist eine neue Wissenschaft entstanden: die Akustik, ihrem Wesen nach eine Mechanik des Schalles.

Es konnte nicht unbemerkt bleiben, daß sich Schall und Licht auf analoge Weise fortpflanzen und auf ihrem Wege übereinstimmende Veränderungen erleiden. Als man gar intime Beziehungen zwischen den Farben am Sonnenstrahle und der Höhe der Töne gewahr wurde, konnte man nicht mehr umhin zu untersuchen, ob nicht etwa Licht und Schall

auf analogen Gründen beruhen, um so mehr, da die damals herrschende
Ansicht, das Licht sei ein materieller Ausfluß von leuchtenden Körpern,
denkenden Köpfen nicht mehr genügen wollte. Als endlich gar an der
doppelten Brechung, Polarisation, Interferenz des Lichtes und der Aenderung seiner Geschwindigkeit in brechenden Mitteln Lichtgesetze bekannt
wurden, die in der Ausflußhypothese keine Erklärung mehr fanden, ja
zum Theile mit derselben im Widerspruche standen, mit der Schwin-
gungstheorie hingegen sich friedlich vertrugen, ist die Lichtlehre der Mechanik unterthan geworden und kann füglich als Mechanik des Lichtes
bezeichnet werden. Die Physiker einer nahen Vergangenheit sagten, die
Sonne sende uns mit den Lichtstrahlen auch Wärmestrahlen zu, die heutige Physik behauptet, von der Sonne werden uns Wärmestrahlen zugesendet, von denen ein großer Theil auch leuchtet. Fallen Sonnenstrahlen
auf eine wägbare Masse, von der sie ganz oder theilweise absorbirt, d. h.
ihrer Bewegung beraubt werden, so wirken sie anf diese Masse wie ein
mit ihr in Berührung stehender warmer Körper. Dieses deutet darauf
hin, daß die Bewegung vom Aether an die wägbare Masse übertragen
werden könne, und ladet ein zu versuchen, ob sich nicht die Gesetze der
Wärme aus einer Bewegung der kleinsten Körpertheilchen ableiten lassen.
Diese Ansicht, durch anderweitige zahlreiche Gründe unterstützt, hat zur
mechanischen Theorie der Wärme geführt, welche der bisherigen Wärme-
stoffhypothese gegenüber steht und den menschlichen Verstand von einer
bisher unentbehrlich gehaltenen Krücke, „dem Wärmestoff", befreit. So ist
die Wärmelehre zu einer Mechanik der Wärme geworden.

Den rastlosen Bemühungen der Naturforscher ist es nämlich in
der neuesten Zeit gelungen, durch experimentelle Thatsachen sowohl, als
durch theoretische Untersuchungen den Beweis zu liefern, daß die Wärmeerscheinungen nicht aus dem Wärmestoffe entspringen, sondern daß die
Wärme in immer kontinuirlicher Bewegung der kleinsten Theilchen der
Körper besteht.

Da die kleinsten Theilchen der Körper Moleküle und Atome genannt werden, so kann man sagen, die Wärme besteht in einer kontinuirlichen Molekularbewegung. Diese neue Theorie, welche die Wärmeerscheinungen aus der Molekularbewegung erklärt, nennt man die mechanische Wärmetheorie. Schon Cartesius betrachtete die Wärme als Resultat der Bewegung der ersten Elemente oder einer subtilen Masse,
Baco de Verulam sah die Wärme nur als Bewegung der kleinsten
Theilchen der Körper an, und auch Newton näherte sich einer solchen

Ansicht. Durch Ampère erhielt die Vibrationstheorie die erste bestimmtere Fassung. Nach ihm beruht der Schall auf den Schwingungen der Molekule, während die kontinuirlichen Schwingungen der Atome die Erscheinungen des Lichtes und der Wärme bewirken, indem sie sich durch den Aether fortpflanzen.

Nach dieser Vibrationstheorie ist die Temperatur eines Körpers die lebendige Kraft der Schwingungen seiner Molekule. Eine Zunahme der Stärke der Schwingungen der Molekule ist demnach von einer entsprechenden Wärmezunahme und Temperaturerhöhung begleitet, während eine Abnahme der Schwingungsintensität als eine entsprechende Wärmeabnahme und Temperaturerniedrigung in den äußerlich wahrnehmbaren Erscheinungen auftritt.

IV. Rumford's erster Versuch.

Ein schönes Beispiel, wie unermüdlich der Kampf um die Erkenntniß der Wahrheit seit jeher fortgesetzt wurde, und wie durch diesen Kampf die Begriffe über Wärme und Temperatur allmählig zu immer größerer Wahrheit gelangten, haben wir an Rumford, der sich zu Ende des vorigen Jahrhundertes noch allen Ernstes damit beschäftigte, das Vorhandensein des Wärmestoffes mittelst Wägung desselben nachzuweisen, was ihm natürlich nicht gelang. Zwar suchte I. T. Mayer dem aus der Unwägbarkeit gegen die Existenz des Wärmestoffes erhobenen Einwurfe mit der Bemerkung zu begegnen, daß die Eigenschaft der Schwere noch gar nicht als eine nothwendige Bedingung aller Materie nachgewiesen sei; aber Rumford's Forschersinn erkannte dennoch, daß seine Versuche über die durch Reibung entwickelte Wärme mit der Vorstellung eines Wärmestoffes, der von jedem Körper in dem bestimmten Verhältnisse seiner Wärmecapacität ausgeschieden und aufgenommen werden sollte, nicht zu vereinigen sind, und so war Rumford der Erste, der die durch Reibung erzeugte Wärme lediglich als Folge einer durch Reibung auf die Körpertheilchen übertragenen Bewegung ansah. Er hatte in der Kanonenbohrerei zu München einen stumpfen Bohrer mit einem Drucke von 10.000 Pfd. auf den Boden einer fertigen Kanone gedrückt und versetzte denselben durch Pferde in so schnelle Drehung, daß der Bohrer ungefähr 32 mal in der Minute um seine Achse gedreht wurde. Die Kanone stand in einem hölzernen Kasten, welcher 26.6 Pfund Wasser enthielt. Beim Drehen des Bohrers steigerte sich die Wärme und die Temperatur dergestalt, daß nach 2½ Stunden das Wasser um 100° C.

erwärmt wurde. Zur Schätzung der Arbeit, welche nach Rumford's Ansicht durch die Drehung und Reibung des Bohrers die Metalltheilchen der Kanone in Bewegung versetzte und dadurch die Erscheinung von Wärmezunahme und Temperaturerhöhung hervorbrachte, gibt Rumford an, daß der benützte Apparat durch 1 Pferd hätte bewegt werden können. Nun ist ein Pferd im Stande, in einer Minute 2.580 Pfd. 10 Fuß hoch zu heben, d. h. es vermag eine Arbeit von 25.800 F. Pfund zu leisten. Als Einheit wird hier jene Arbeit gesetzt, welche beim Heben von 1 Pfd. auf die Höhe von 1 Fuß verrichtet wird. In 2½ Stunden oder 150 Minuten ist demnach die Arbeit eines Pferdes $150 \times 25.800 = 3,870.000$ F. Pfd. Diese Arbeit erwärmte nun 26·6 Pfd. Wasser um 100° C., daher entfällt auf 1 Pfd. und 1° C. Temperaturerhöhung die Arbeit von $3,870.000/26·6 \times 100 = 1455$ F. Pfd.

Wir haben uns hier die beiden Maßeinheiten zu merken, nach denen man Wärme und Arbeit mißt. Zur Einheit der Wärme wird jene Wärmemenge genommen, welche 1 Pfd. Wasser von 0° auf 1° C. erwärmt; zur Einheit der Arbeit aber jene Arbeit, welche beim Heben von 1 Pfd. auf die Höhe von 1 Fuß verrichtet wird; man nennt erstere auch eine Kalorie, letztere ein Fußpfund. Darnach würde die Arbeit von 1455 F. Pfd. durch Reibung in Bewegung der kleinsten Körpertheilchen umgesetzt, in dem Körper eine Wärmeeinheit erzeugen. Diese Zahl 1455 F. Pfd. ist aber ungenau, denn offenbar ist die Rumford'sche Schätzung der zur Bewegung des benützten Apparates nöthigen Kraft eine nur beiläufige, und selbst vorausgesetzt, daß diese Kraft richtig bestimmt worden wäre, erscheint die Zahl 1455 F. Pfd. zu groß, weil sie in der That mehr Wärme geliefert hat, als zu der angegebenen Erwärmung des Wassers nothwendig war, und zwar um so viel mehr, als einerseits während der Arbeit Wärme durch Ausstrahlung an die Umgebung abgegeben und zugleich andererseits von dem hölzernen Kasten aufgenommen wurde.

Wenn auch die angegebene Arbeit nach Rumford zu groß erscheint, so gelangte doch Rumford auf diese Weise durch Versuche und Rechnung zu der wichtigen Folgerung, daß die durch Reibung erzeugte Wärmemenge proportional sei der beim Bohren angewendeten mechanischen Arbeit. Demnach kann man durch einen beliebigen Aufwand von Arbeit beim Reiben eine beliebige Wärmemenge in einem Körper erzeugen. Dieser Schluß stößt die Hypothese eines Wärmestoffes um, denn einen

Stoff kann man nicht erst erzeugen und auch nicht in jeder beliebigen Menge aus einem Körper pressen.

V. Weitere dießbezügliche Versuche.

Durch den Rumford'schen Versuch war die Bahn für die mechanische Wärmetheorie gebrochen und wir finden einzelne Forscher mit dieser Aufgabe beschäftiget; so Davy, Dulong, Carnot, Mayer. Der Erste jedoch, welcher den experimentellen Beweis lieferte, daß die mechanische Arbeit immer der erzeugten Wärmemenge proportional sei, und der zugleich die Größe der mechanischen Arbeit genau bestimmte, welche eine Wärmeeinheit zu erzeugen vermag, war der englische Physiker Joule. Zur Herstellung dieses Beweises brauchte es die Zeit von 1840 bis 1849.

Zu seinen genauesten Versuchen rechnet Joule selbst diejenigen, bei denen er in einem kupfernen Kasten ein Schaufelrad rotiren ließ, wobei die Flügel des Rades das in den Kasten gefüllte Wasser zwischen verschiedenen Wänden hindurchtrieben und dadurch eine Reibung desselben verursachten. Das Schaufelrad ließ Joule durch sinkende Gewichte treiben, berechnete die Triebkraft und die Arbeit derselben, während er sorgfältig alle Nebenverluste von Arbeit und Wärme ermittelte und selbst den Widerstand der Luft beim Fallen der Gewichte in Rechnung brachte. Auf diese Weise fand Joule aus 40 Reibungsversuchen des Wassers, daß zur Erzeugung einer Wärmeeinheit die mechanische Arbeit von 1338 Fußpfund erforderlich ist. Diese Zahl gibt also die einer Wärmeeinheit entsprechende oder äquivalente Arbeit an, daher nennt man sie das mechanische Wärmeäquivalent.

VI. Gegenversuch.

Wenn dieser Zusammenhang zwischen Wärme und Arbeit richtig ist, so muß auch umgekehrt eine Wärmeeinheit, wenn man sie zur Verrichtung einer Arbeit verwendet, ebendieselbe Arbeit hervorbringen, durch welche sie erzeugt werden kann. Dieses ist in der That der Fall. Man kann eine Luftmasse unter zwei verschiedenen Umständen auf 1° C. erwärmen, nämlich entweder bei konstantem Volumen oder aber bei konstantem Drucke.

Denken wir uns einen Kubikfuß Luft unter dem Drucke der atmosphärischen Luft, aber in einem Würfel eingeschlossen, dessen eine Wand von 1 Quadratfuß Fläche von dem Drucke bewegt werden kann. Wird die eingeschlossene Luft unter konstantem Luftdrucke von 1785·5 Pfd. auf die Fläche von 1 Quadratfuß um 1° C. erwärmt, so dehnt sie sich derart aus, daß 1 Kubikfuß erwärmter Luft den Raum von 1·003365 Kubikfuß einnimmt. Durch die Ausdehnung der eingeschlossenen erwärmten Luft wird also die atmosphärische Luft um 0·003665 Fuß gehoben und während dieses Weges der atmosphärische Luftdruck von 1785·6 Pfd. überwunden, d. h. die um 1° C. erwärmte Luft verrichtet bei konstantem Drucke die Arbeit von 1785·6 × 0·003665 = 6·544224 F. Pfd. Um zu erfahren, eine wie große Arbeit die Wärmeeinheit bei der Ueberwindung des Luftdruckes liefert, hat man nur noch die zur Arbeit 6·544224 verbrauchte Wärme zu bestimmen. Wird die Luft bei konstantem Drucke erwärmt, so benöthiget die Gewichtseinheit (1 Pfd.) die Wärme 0·2377, wird sie aber bei konstantem Volumen erwärmt, wobei sie sich nicht ausdehnt und somit keinen Luftdruck überwindet, so benöthiget die Gewichtseinheit nur die Wärme 0·1711. Der Unterschied 0·2377 — 0·1711 = 0·0666 gibt also die von der Gewichtseinheit zur Ueberwindung des Luftdruckes verbrauchte Wärme. Das Gewicht eines Kubikfusses Luft beträgt aber nur 0·0733 Pfd., daher ist 0·0666 × 0·0733 = 0·00488178, die bei der Ausdehnung eines Kubikfusses um 1° C. erwärmte Luft zur Ueberwindung des Luftdruckes verbrauchte Wärme. Das heißt die Wärme 0·00488178 verrichtet die Arbeit von 6·544224 F. Pfd., also entspricht der Wärmeeinheit die Arbeit 6·544224 : 0·00488178 = 1340·5 F. Pfd.

Diese Zahl stimmt ziemlich genau mit dem von Joule aus den Reibungsversuchen des Wassers erhaltenen Werthe überein; man nimmt gegenwärtig das Mittel aus diesen beiden Zahlen, nämlich 1339 F. Pfd., als den genauesten Werth des mechanischen Wärmeäquivalentes an.

VII. Folgerungen aus den besprochenen Versuchen.

Auf die hier angegebene Weise wurde der experimentelle Beweis geliefert, daß die Arbeit von 1339 F. Pfd. einer Wärmeeinheit äquivalent ist, indem genau dieselbe Arbeit, durch welche eine Wärmeeinheit erzeugt werden kann, durch den Verbrauch einer Wärmeeinheit bei Ueberwindung eines Widerstandes wieder erzeugt wird. Der Schluß, den wir aus der Thatsache der Aequivalenz von Wärme und Arbeit ziehen, führt zur Erkenntniß, daß in allen Fällen, wo die Wärme Arbeit verrichtet, der zur Verrichtung von Arbeit verbrauchte Theil von Wärme geradezu in Arbeit umgewandelt wird, und daß in allen Fällen, wo die Arbeit Wärme erzeugt, die zur Erzeugung von Wärme verbrauchte Arbeit geradezu in Wärme umgewandelt wird. In der That lehrt eine nähere Betrachtung der Wärmeerzeugung durch Arbeit, daß die Wärme stets bei solcher Kraftaufwendung gewonnen wird, wo keine äußerlich sichtbare Last gehoben wird. So wird z. B. beim Reiben, Stoßen und Comprimiren eine gewisse Arbeit gleichsam in das Innere des Körpers aufgenommen, tritt aber an dem Körper als Wärme auf. Die Arbeit besteht also gleichsam fort, nur ist sie in eine andere Erscheinungsform übergetreten.

Darnach ist die Wärme nicht ein besonderes Erzeugniß, entstanden durch Arbeit, sondern sie ist nichts Anderes, als die auf die kleinsten Körpertheilchen oder Moleküle übertragene Arbeit selbst.

Wird dieses zugegeben, so folgt daraus, daß die Wärme in einer Bewegung der Moleküle der Körper bestehen müsse, denn jeder mechanischen Arbeit liegt eine Bewegung zu Grunde.

Geht Arbeit in Wärme über, so hat sich sichtbare Bewegung der Körper in unsichtbare Bewegung der Moleküle umgesetzt; liefert aber Wärme eine Arbeit, so ist aus der unsichtbaren Molekularbewegung sichtbare Bewegung ganzer Körper geworden.

Da sonach der mechanischen Wärmetheorie zufolge die Wärme in einer gewissen Molekularbewegung des Körpers besteht, und eine Vermehrung der Wärme des Körpers nichts Anderes, als eine Vermehrung oder Verstärkung seiner Molekularbewegung ist, mit einer Wärmezunahme aber die Temperatur des Körpers erhöht wird, so kann man den Schluß ziehen, daß die Temperaturerhöhung eines Körpers in einer entsprechenden Verstärkung der Bewegung seiner Moleküle besteht.

Sucht man sich den Zusammenhang zwischen dem mechanischen Wesen der Wärme und unserem Wärmegefühl zu erklären, so fällt es auf, daß das Gefühl der Wärme, welches so ganz verschieden ist von dem Eindrucke, den Stöße auf unseren Tastsinn üben, durch Molekularstöße hervorgebracht werden soll. Das Auffallende verschwindet jedoch sofort, wenn man sich erinnert, daß auch der Ton eines schallenden Körpers eine Folge der das Trommelfell stoßenden Lufttheilchen ist, während unser Gehörorgan bei der Wahrnehmung desselben auch nicht den Eindruck von Stößen empfindet.

VIII. Temperatur nach der mechanischen Wärmetheorie.

Unser Begriff von der Temperatur ist in der Vorstellung, die sich uns mit dem Gebrauche der Thermometer aufbringt, ein noch sehr primitiver. Wir können aber diese primitive Vorstellung bedeutend erweitern, wenn wir den aus der Aequivalenz von Wärme und Arbeit gezogenen Schluß, daß die Temperaturerhöhung eines Körpers in einer entsprechenden Verstärkung der Bewegung seiner Moleküle und Atome besteht, zu weiteren Folgerungen benützen. Sobald es nun erwiesen ist, daß eine Verstärkung der Molekularbewegung eine Temperaturerhöhung zur Folge hat, so ist auch erwiesen, daß die Temperatur mit der in einem Körper bestehenden Bewegung der Moleküle in ganz bestimmtem Verhältnisse steht, so zwar, daß eine Aenderung der einen dieser Erscheinungen gleichbedeutend ist mit einer Aenderung der anderen, oder wie man zu sagen pflegt, es ist eine dieser Größen die Funktion der andern. Ist aber Temperatur eine Funktion der der Wärme zu Grunde liegenden Molekularbewegung, so kann von einer Temperatur wie von Wärme überhaupt nur so lange die Rede sein, als eine solche Molekularbewegung besteht. Der Moment des Verschwindens dieser Molekularbewegung bezeichnet demnach jenen Zustand des Körpers, in welchem seine Temperatur verschwindet und in der That Null ist. Dieser rationelle Nullpunkt ist nicht zu verwechseln mit dem willkührlich angenommenen Nullpunkte am Quecksilberthermometer, daher man zur genauen Unterscheidung den rationellen auch den absoluten Nullpunkt der Temperatur nennt. Die vom absoluten Nullpunkte an gezählte Temperatur heißt man zum Unterschiede von der gewöhnlichen am Quecksilberthermometer abgelesenen Temperatur die absolute Temperatur. Um zur Bestimmung des absoluten Nullpunktes der permanenten Gase zu gelangen, fassen wir den früher erwähnten Versuch mit dem Kubikfuß atmosphärischer Luft näher in's Auge. Wir haben gesehen, daß ein Kubikfuß Luft bei der Erwärmung um 1° C., wenn sich die Luft bei konstantem Drucke ausdehnt, sein Volumen um 0·003665 Kubikfuß vergrößert. Ist hingegen keine Wand des Würfels, in welchem wir uns diese Luft eingeschlossen dachten, beweglich und kann sich die Luft beim Erwärmen nicht ausdehnen, so lehrt das Gay-Lussac'sche Gesetz, daß die Expansivkraft der eingeschlossenen Luft bei der Erwärmung um 1° C. gerade um so viel zunimmt, als im vorigen Falle das Volumen zugenommen hat, d. i. für je 1° C. um 0·003665 oder $1/273$. Setzt man die Expansivkraft bei 0° C. gleich e_0, und bezeichnet die Expansivkraft bei t° mit e, so ist zufolge des Gay-Lussac'schen Gesetzes $e = e_0$ $(1 \times 1/273 \, t)$.

Wir haben nun noch den Zusammenhang zwischen der Expansivkraft eines permanenten Gases und jener Molekularbewegung, welche die

Erscheinung der Wärme und Temperatur hervorruft, aufzusuchen. Würden sich die Moleküle der Gase untereinander abstoßen, wie man vor der mechanischen Wärmetheorie allgemein annahm, so würde es äußerst schwierig, wenn nicht geradezu unmöglich sein, aus dem Gay-Lussac'schen Gesetze einen Schluß auf den absoluten Nullpunkt der Temperatur zu machen. Aus dem Umstande aber, daß die bei der Temperaturerhöhung der Luft bei konstantem Drucke zur Ueberwindung des äußeren Druckes verbrauchte Wärme genau der dabei verrichteten äußeren Arbeit äquivalent ist, muß man schließen, daß sich die Theilchen der Luft nicht abstoßen, sondern ganz indifferent gegen einander verhalten, weil im Falle einer Abstoßung der Theilchen durch diese Abstoßung ein Theil der äußeren Arbeit verrichtet werden müßte, was nicht der Fall ist.

Aus diesem folgt nun, daß die ganze einem permanenten Gase bei einer Temperaturerhöhung bei konstantem Volumen mitgetheilte Wärme die Form von wirklicher Bewegung seiner Moleküle annimmt, so daß für jede mitgetheilte Wärmeeinheit die Arbeitsfähigkeit seiner Molekularbewegung um eine Einheit oder um 1339 F. Pfd. wächst.

Von der Stärke der Stöße der bewegten Gasmoleküle gegen die Wände hängt also die Expansivkraft ab; da aber die vorhin bezeichnete absolute Temperatur von der Stärke der Bewegung der Moleküle abhängig ist, so hängt auch die Expansivkraft von der absoluten Temperatur derart ab, daß beim absoluten Nullpunkte oder beim Verschwinden dieser Bewegung der Moleküle auch die Expansivkraft verschwindet und Null wird.

Man findet also aus dem Gay-Lussac'schen Gesetze den absoluten Nullpunkt der Temperatur der atmosphärischen Luft, wenn man die Voraussetzung macht, daß die Expansivkraft bei Temperaturen unter 0° C. genau so abnimmt, als sie bei Temperaturen über 0° C. zunimmt, und jene Temperatur sucht, für welche die Expansivkraft Null wird, d. h.

$$0 = e_0 \left(1 + \tfrac{1}{273} t\right), \text{ daher } t = -\frac{1}{\tfrac{1}{273}} = -273° \text{ C.}$$

Der absolute Nullpunkt der Temperatur liegt also bei der Luft 273° unter dem Gefrierpunkte des Wassers. Ein Quecksilberthermometer nach Celsius würde also dann die Temperatur in absoluten Graden angeben, wenn man an die Stelle seines Nullpunktes 273°, von da abwärts und aufwärts zählen und den Siedpunkt mit 373° C. bezeichnen wollte. Da jedoch die Ausdehnungscoefficienten verschiedener Gase etwas verschiedene Werthe haben, so ergeben sich auch für die absoluten Nullpunkte derselben etwas abweichende Werthe.

Da also die Theilchen eines permanenten Gases sich nicht abstoßen, sondern ganz indifferent gegen einander verhalten und die Expansivkraft eines Gases bei konstantem Volumen in gleichem Verhältnisse mit der absoluten Temperatur wächst; wir aber andererseits bereits erkannt haben, daß die Bewegung der Moleküle es ist, welche durch ihre Arbeit den Druck auf die Wände, und dadurch die Expansivkraft des Gases hervorbringt, so müssen wir schließen, daß die absolute Temperatur der Arbeitsfähigkeit der Bewegung der Moleküle eines Gases, oder der ganzen im Gase enthaltenen lebendigen Kraft proportional ist.

Wir haben somit erkannt, wie den Erscheinungen und Gesetzen der Wärme Bewegungen der kleinsten Körpertheilchen zu Grunde liegen, und daß sonach zwischen Schall, Licht und Wärme eine sehr nahe Verwandtschaft bestehe. Alles, was Bewegung ist, gehorcht den Gesetzen der Mechanik, mag es sich auf Weltkörper oder auf Moleküle beziehen; das Ohr bedarf keines Schallstoffes mehr; wie er in ferner Vergangenheit für nothwendig erachtet wurde, das Auge hat den Lichtstoff und das Gefühlsorgan den Wärmestoff seiner Dienste enthoben.

———

Die Erzeugung von Bessemerstahl am Comp. Rauscher'schen Eisenwerke zu Heft in Kärnten.

Mitgetheilt

von Friedrich Münichsdorfer,
Berg- und Hüttenverweser zu Heft.

(Schluß.)

Der Vorgang beim Bessemern mit dem englischen Ofen ist ähnlich; die Retorte wird nach guter Anwärmung durch Schwenken von Kohle gereiniget, in horizontale Lage gebracht, das Roheisen durch die Kehle eingegossen, hierauf das Gebläse angelassen und die Retorte aufgedreht. Am Ende des Prozesses wird sie wieder in die Horizontale gesenkt, der Wind abgestellt und das Metall durch die Kehle in die Stahlpfanne ausgegossen, hierauf wieder ein schwacher Windstrom aus schon angegebenen Gründen durchgelassen, der Bodendeckel des Windkastens abgehoben, die Feren gereiniget und auf ihre Länge untersucht.

Die Flammenerscheinungen beim englischen Ofen sind ähnlich, wie beim schwedischen, nur noch intensiver; der Proceß selbst ist viel stürmischer, insbesondere während der Kochperiode; die Auswürfe äußerst heftig, und es ist während des Kochens ein heftiges trommelartiges Getöse wahrnehmbar. Das Gebläse, mit 12 Pfd. angelassen, steigt bis 16 Pfd. Pressung während der Schlackenbildungsperiode; während der Kochperiode arbeiten wir mit 9 Pfd. und gehen bei den Auswürfen bis auf 5 Pfd. zurück; während der Frischperiode strömt der Wind mit 8 bis 10$\frac{1}{2}$ Pfd. zu. Bei der Schlackenbildung entströmt der Kehle oft gar keine Flamme, sondern nur Funken, und die Flamme entsteht erst mit Beginn des Kochens, wo sie oft kurze Zeit intensiv blau wird.

Die früher beschriebenen Flammenerscheinungen sind normal; allein nach der Roheisensorte, bei mehr oder weniger angewärmtem Ofen, größerer Abschmelzung der Ofenwände, bei Zurückbleiben von mehr oder weniger Schlacke im Ofen von den vorigen Chargen, weichen diese Erfahrungen hie und da bezüglich ihrer Intensivität etwas ab, und der Proceß wird bald länger, bald kürzer.

Die Eisensäule hat im englischen Ofen bei 30 Ctr. Einsatz 14'', im schwedischen bei 8'' Höhe.

Bezüglich des gegenseitigen Werthes und der Vortheile beider Oefen kann man bis jetzt noch keinen Vergleich anstellen, da man mit dem englischen Ofen erst 24 Chargen, wegen Mangel an Düsen, von denen erst in Kürze eine größere Anzahl gebrannt wird, durchführen konnte, und meistens ohne Nachtragen von Roheisen gearbeitet wurde. Für schlechte Roheisensorten, wie in England, wo man vernünftiger Weise immer ganz entkohlt und reines Eisen zur Carbonisirung nachträgt, mögen die beweglichen Retorten dem schwedischen Ofen vorzuziehen sein.

Das Ausbringen scheint im englischen Ofen etwas kleiner zu sein, die Anlagekosten höher, doch gewährt der englische Ofen den Vortheil, daß man bei Unfällen während des Processes selben augenblicklich unterbrechen kann, während man beim schwedischen Gefahr läuft, daß sich Feren und Windkasten verlegen. Die mechanische Arbeit ist etwas einfacher beim schwedischen Ofen. Bei übergrauem Roheisen findet das Verlegen der Feren weniger statt durch die Zuströmung des Windes von unten, der Proceß, insbesondere die Schlackenbildungsperiode, ist kürzer, als im schwedischen Ofen, und für solches Roheisen möchte ich den englischen Ofen vorziehen.

Wie bekannt bei allen Frischprocessen durch Einwirkung der flüssigen Frischschlacke auf das geschmolzene Roheisen dessen Kohlenstoff und Silicium oxydirt und Kohlenoxydgas gebildet wird, welches entweicht, während die entstandene Kieselsäure in die Schlacke geht, so dürfte auch bei dem Bessemerprocesse ein ähnlicher Vorgang stattfinden, nur unterscheidet sich dieser, wie Eingangs schon bemerkt, vor allen andern Frischprocessen dadurch, daß kein eigenes Brennmaterial zum Einschmelzen des Roheisens erforderlich wird, daß das erhaltene Product durch die Dauer des ganzen Processes so flüssig bleibt, daß es sich von der Schlacke trennen, rein abfließen und in Formen gegossen werden kann, und durch diese wichtigen Eigenschaften erlangt das Bessemern jenen hohen Werth, der ihn vor allen bisherigen Frischprocessen so sehr auszeichnet.

Bei der Schlackenbildungsperiode entsteht aus den Bestandtheilen des Roheisens und feuerfesten Zustellungsmaterials durch die oxydirende Einwirkung des Gebläsewindes Frischschlacke; es wird die Dauer dieser Periode von dem Siliciumgehalte und der Menge des eingesetzten Roheisens abhängig sein, daher das weiße, an Silicium ärmere Roheisen schneller ins Kochen gerathen muß. So hatten wir in Heft beim Bessemern mit weißem Roheisen Fälle, wo diese Periode nur 1 bis 2 Minuten dauerte, ja das Kochen schon beim Roheisen-Eingießen begann, während bei stark grauem Roheisen die Schlackenbildungsperiode 6 bis 40 Minuten anhält, bei gleichem Stande des Manometers. In diesem ersten Stadium verbrennt auch Eisen.

Der Sauerstoff des Gebläsewindes bleibt bei seiner Verbindung mit Eisen in der Schlacke, und wenn diese hinreichend eisenreich geworden ist, um entkohlend auf das Roheisen einzuwirken, wird die Eisenmasse durch die in allen Theilen stattfindende heftige Kohlenoxydgas-Entwicklung in das mit Explosionen verbundene, heftige Kochen versetzt, und dieß hält so lange an, bis die Schlacke zu eisenarm wurde, oder der größte Theil vom Kohlenstoffgehalte des Roheisens abgeschieden ist. Schon aus der, der Kehle entströmenden, eigenthümlich blauen Färbung der Flamme ist die Kohlenoxydgasentwicklung bemerkbar.

Ist der größte Theil des Kohlenstoffgehaltes abgeschieden, so strömt dann die Flamme rein, hell und ruhig mit bläulicher Färbung aus der Kehle; das ist die eigentliche Frischperiode; in dieser geht das weitere Entkohlen rasch vor sich und man läuft bei zu langer Dauer Gefahr, einen Theil oder alles Eisen in Schlacke zu verwandeln, wie dieß bei der zehnten Charge der Fall war, als wir mit weißem Roheisen bei Rohgang unter abnormalen Flammenerscheinungen bessemerten.

Zu Heft unterscheiden wir fünf Roheisensorten, stark grau, schwach grau, schwach halbirt, gut halbirt bis eingesprengt, und weiß.

Das weiße Roheisen enthält nach vorgenommenen Analysen 4·20% gebundenen Kohlenstoff, 0·44% Grafit, 0·64% Silicium, 1·87% Mangan, 92·85% Eisen. Das graue Roheisen 1·53% gebundenen Kohlenstoff, 2·63% Grafit, 1·79% Silicium, 4·24% Mangan, 89·81% Eisen. Mit allen diesen Roheisensorten wurden Versuche abgeführt und vom 1. Juli bis 30. November v. J. 186 Chargen gemacht. Das Roheisen zum Bessemern wurde vom Hochofen genommen, wie es eben abfiel. Unter diesen 186 Chargen ist nur eine einzige mißlungen, wie erwähnt, die zehnte Charge mit weißem Roheisen unter abnormalen Flammenerscheinungen. Das Ausbringen war 60% halbverbranntes Schmiedeisen, der Rest eine schwere metallische Schlacke.

Vorzugsweise sind es weiche Sorten von Bessemerstahl, die wegen ihrer leichten Bearbeitung und weil sie die saftigsten Schweißhitzen ertragen, gesucht werden; die Erzeugung ist insoferne schwieriger, als man gerade den geeigneten Moment zur Unterbrechung des Prozesses treffen muß, und dieß liegt in den engen Grenzen von 1 bis 4 Minuten; dessenungeachtet hat man es in Heft schnell dahin gebracht, vorzugsweise diese Sorten zu erzeugen.

Eine fernere Schwierigkeit der Erzeugung weicher Stahlsorten liegt in dem Umstande, daß der aus dem Ofen fließende weiche Stahl nicht so dünnflüssig als der härtere ist, schneller breiartig wird, und durch die in Folge dessen beim Abfließen an den Rändern der Stahlpfanne erfolgte Schalenbildung und Verlegen der Bodenöffnung nach dem Gusse von 3 bis 4 Coquillen Rückstände (Abfälle) entstehen, welche, obwohl an sich dasselbe Product wie die Blöcke, doch nur, bis durch Versuche eine passende Verwendung dafür gefunden wird, von geringerem Werthe sind. Durch Anwärmen des Stahlgußkessels bis zur Roth- und Weißglühhitze kann diesem Uebelstande nur zum Theile abgeholfen werden. Der Stahl fließt schon aus dem Ofen dick. Diese Erscheinung tritt nicht allein bei weniger hitzigem Ofengange, sondern vorzugsweise bei stark halbirtem und weißem Roheisen, und auch öfter bei schwach halbirtem ein, wenn das Roheisen zähe und dickflüssig ist, während bei grauem Roheisen selbst bei großer Weichheit des Bessemerproductes dasselbe sehr dünnflüssig ist und stark aufquillt, und in Folge dessen wenig

oder keine Abfälle entstehen. Die fortgesetzten Versuche, geeignete Wind=
führung, genaue Beobachtung des Hochofenganges und Bessemerprocesses
werden noch besseren Aufschluß über diese Erscheinung geben, und auf
Grundlage derselben hat Abhilfe zu erfolgen. Von gut grauem Roheisen
und auch schwach halbirtem dünnflüssigen Roheisen erzielte man bisher
die besten Chargen, daher der Hochofenproceß mit großer Vorsicht zu
leiten und insbesondere eine richtige Erzgattung zu treffen ist, wenn
man, was zum wahren Werthe des Bessemerns gehört, das Roheisen
directe vom Hochofen nimmt. Die Erscheinung, welche Boman mit
Kürze des Stahles bezeichnet, kommt selten vor, meistens aber bei aus
weißem Roheisen erzeugtem Stahle.

Das Sortiren des Stahles nach seinem Härtegrade geschieht vor
der Hand, bis zur baldigen Einführung der Eggertz'schen Probirmethode,
noch auf empirischem Wege, indem aus Abfällen Stäbe ausgezogen wer=
den, aus dem Bruchansehen, der leichten Schmied= und Schweißbarkeit
ihre Härte beurtheilt und in 7 Härtegrade gebracht wird; Nr. 1 und 2
sind bei vorsichtiger Glühhitze gut schmied=, aber unschweißbar, 3 ist
etwas schweißbar, 4 und 5 vollkommen, 6 präsentirt ein Feinkorn, 7
Schmiedeisen. Nr. 6 und 7 ist schon beim Ausfließen aus dem Ofen
erkennbar, indem beim Aufquillen der Schlacke in der Stahlpfanne
eigenthümliche Ringe entstehen; bei Stahl schlagen durch die über selbem
stehende Schlacke Kohlenoxydgas=Flämmchen.

Die in letzterer Zeit erzeugten Blöcke sind rein und tadellos, ohne
Boden= und selten mit Querrissen, was nur durch vorsichtiges Gießen
zu erzielen ist. Schon aus den von Abfällen in der Schmiede ausge=
zogenen Stäben erlangten wir die vollkommene Ueberzeugung, daß aus
dem Hefter Roheisen ein Stahl von überraschender Güte, der bei ent=
sprechender Härte große Festigkeit und Zähigkeit als vorzügliche Eigen=
schaften des Bessemerstahls besitzt, erzeugt werden könne.

Weiche, vollkommen schweißbare Sorten ritzen abgehärtet noch Glas,
das Korn bei Verwendung von grauem Roheisen ist lichtgrau, ganz
gleichartig und übertrifft an Gleichartigkeit Gußstahlsorten. Die Farbe
des Kornes bei von gut halbirtem oder weißem Roheisen erzeugtem Stahle
ist nahezu silberweiß, das Korn ungemein fein und gleichartig.

Alle Anwürfe, die noch theilweise dem Bessemerstahle gemacht wer=
den, müssen schon durch die bisher in Heft erzielten Resultate schwinden.
Die Porosität, entstanden durch die nach dem Eingießen fortdauernde
Gasentwicklung, schadet keineswegs der Güte des Metalls, denn die ein=

zelnen Poren schweißen gut zusammen und der Bruch zeigt eine Homogenität, wie sie kaum durch einen anderen Proceß zu erreichen steht.

Je weicher der Stahl, desto weniger porös scheinen die Blöcke. Ein abgeschlagener Schmiedeisenblock von 12" im Quadrat zeigte sich ganz porenfrei. Aus Abfällen, Härte 7 ausgeschmiedet, zeigte der Bruch sehnige Textur, während aus Blöcken ausgeschmiedete Stangen bei der großen Weichheit noch körnige Textur zeigen.

Höchst beachtenswerth sind die Momente, die die Bessemerstahlbereitungsmethode vor allen übrigen Stahlprozessen auszeichnet. Schon dadurch, daß man das Roheisen directe vom Hochofen nimmt, das Brennmaterial für den reinen Frischproceß beim Bessemern sich nur auf den geringen Bedarf zum Auswärmen des Ofens, der Coquillen und Kessel erstreckt, erlangt das Bessemern nationalökonomische Wichtigkeit; vermöge der Dünnflüssigkeit des Productes ist die billigste Massenfabrikation erreichbar (in Schweden und England soll man bereits Roheiseneinsätze von 100 Ctr. per Charge machen); in Heft wurden im November Versuche mit Einsätzen von 40 bis 45 Ctr. abgeführt, bei gleicher Ofenconstruction. Die Güte des Productes von ausgezeichneten Roheisensorten und vollkommene Homogenität wird manche Gußstahl=, die vollkommene Schweißbarkeit und Zähigkeit die meisten Schmiedeeisensorten verdrängen.

Vergleicht man den Bessemerproceß mit den übrigen Frisch= oder Pudblingsprocessen, so muß man einsehen, daß letztere zur Erreichung eines immerwährend gleichartigen Productes unzuverlässiger sind; man hat sich dabei der rohen Kraft des Arbeiters zu überlassen; die Stelle der rohen Kraft beim Bessemern vertritt das Gebläse, der Proceß selbst ist und bleibt ein Proceß der Intelligenz.

Vom 1. Juli bis 30. November, in dem Zeitraume von 5 Monaten, wurden 186 Chargen abgeführt, dabei folgende Durchschnitts-Resultate erzielt:

Die Roheiseneinwage betrug 527.590 Pfd. oder durchschnittlich per Charge 2833 Pfd.; höchster Einsatz per Charge 4500 Pfd., kleinster 2200 Pfd. Das Stahlausbringen betrug: 432.443 Pfd.; hievon in Blöcken 305.345 Pfd., an Kesselschalen oder Abfällen 127.108 Pfd. Nach Procenten ausgedrückt, wurde, von der Roheiseneinwage gerechnet, ausgebracht: an Blöcken 57·88%, an Abfällen 24·08%, in Summa 81·96%. Am höchsten war das Ausbringen im Monate September mit 89%, weil vorzugsweise mit halbirtem und weißem Roheisen gearbeitet wurde, denn von 40 Chargen wurden nur 11 mit grauem Eisen abgeführt; am niedrigsten im Monate November mit 73·25%, weil wir erstlich von 47 Chargen 28 mit grauem Eisen durchführten und Einsätze mit 4500 Pfd. machten, bei welcher Einwage ein sehr heftiger und viel Auswurf, und daher geringeres Ausbringen stattfand. Die dermaligen Oefen erweisen sich für hohe Einsätze daher zu klein und genügen nur für 30 Ctr. Einwage. Die Abfälle haben sich in letzterer Zeit vermindert und betrugen im Monate Oktober und November · nur mehr 19·5%.

Vom erhaltenen Stahle kommen auf Blöcke 70·73%, auf Abfälle 29·27%, Kohlenverwendung zum Anwärmen des Ofens, der Pfanne, Coquillen ꝛc. 1·2 C' per Centner Stahl.

Das verwendete Roheisen war stark grau bei 22, schwach grau bei 63, schwach halbirt bei 53, stark halbirt bis eingesprengt bei 28, und weiß bei 20 Chargen. Von den abgeführten Chargen hatten Härtegrad I: 2, Härte II: 13, Härte III: 31, Härte IV: 47, Härte V: 45, Härte VI: 24 und Härte VII: 24 Chargen. Die Schmied- und Schweißbarkeit des Stahles war sehr gut bei 112 Chargen, gut bei 49, mittelmäßig bei 14, schlecht bei 11 Chargen. Die kürzeste Chargendauer betrug 9, die längste 71 Minuten. Mehr als ⅚ Chargen wechselten aber in dem Zeitraume von nur 15 bis 19 Minuten, und nur ausnahmsweise bei sehr graphitischem Roheisen betrugen einige Chargen bei 30 und eine sogar 71 Minuten. Ferenverbrauch per Charge belief sich im Durchschnitt per Charge auf 3·5 Stück, hat sich in letzterer Zeit schon auf 2 Stück per Charge vermindert.

Mit einer Zustellung des Untertheils wurden 200 Ctr. Stahl erzeugt.

Aus den durchgeführten Chargen und den vorstehenden, für die kurze Zeit des Betriebes umsomehr erfreulichen Resultaten, als alle Chargen bis auf eine gelungen sind, haben wir die vollkommene Ueberzeugung erlangt, daß aus dem Hefter Roheisen ein Product erzeugt werden könne, welches vollkommen für alle Zwecke genüge, welches sogar das Schmiedeeisen seiner Zeit verdrängen muß.

In wie ferne dieß vom Bessemerstahl aus Roheisen anderer Werke zu gelten habe, wird die nächste Zukunft lehren; gewiß ist, daß durch den Bessemerproceß das Eisenhüttenwesen eine vollkommene Umstaltung erleiden, alle anderen Frischprocesse zum größten Theile verdrängen muß. Alles, was man mühsam und mit großem Kostenaufwande aus Eisen herstellte, wird man relativ billiger aus Bessemerstahl herstellen. Diese

Behauptung erlangt ihre vollkommene Bestätigung durch die Resultate welche Raffinirwerke bei Verarbeitung des Hefter Bessemerstahles erzielten. Zu Prävali walzte man Rails von 9¼ Pfd. Profil, Achsen, Bleche, Rund-, Flach- und Quadrateisen; alle Stücke zeigten im Bruche ein Korn, wie der feinste Gußstahl, vollkommen homogen, ohne Schlackentheilchen, und die vorgenommenen Belastungsproben ergaben die doppelte Festigkeit gegenüber von Puddlingseisen. Meißel, Dreh- und Bohreisen, die vom Gußwerke St. Johann am Brückel aus Abfällen erzeugt wurden, haben sich nach Ausspruch so vorzüglich, als vom Mayr'schen Gußstahle zu Leoben angefertigte, erwiesen.

Buchscheiden führte viele Versuche auf Festigkeit, Zähigkeit und Güte des Metalls durch, erzeugte eine Waggon-Achse, die unter dem 90 Ctr. schweren Dampfhammer nach sieben Schlägen nur dadurch gebrochen werden konnte, daß eine Stelle der Achse früher gehärtet wurde. Der Bruch war fein und vollkommen gleichartig. Die verschiedenartigsten Proben hat namentlich Storé durchgeführt; es wurden Stücke abgebogen, geschlitzt, gelocht, die erzeugten Bleche um- und aufgebogen, in Zwischenräumen von ½ Linien gelocht, Stäbe von verschiedenartigsten Dimensionen gewalzt und gehämmert, Sensen und Sicheln versucht; alle Stücke erwiesen sich bei Untersuchung mit der Loupe vollkommen tadellos und rein, ließen sich gut schmieden und schweißen; die Bruchproben zeigten einen feinkörnigen, gleichmäßigen, metallisch glänzenden Bruch, wie der beste Gußstahl; Meißel und Drehmesser erwiesen sich vollkommen brauchbar. Handmeißel, wenig gehärtet, zuerst auf blau, dann auf gelb zurückgelassen, hielten die Schneide beim Bearbeiten von Gußeisen vorzüglich und konnten nicht ohne weiters an der Schneide abgeschlagen werden. Diese Meißel wurden an der gehärteten Schneide aufgebogen und im kalten Zustande zusammengelegt. Der versuchte Stahl war dabei vollkommen schweißbar. Nach dem Ausspruche des Herrn Directors Frey von Storé zeigte der Stahl eine Härte und Zähigkeit, wie er sie in seiner langjährigen Praxis weder an Stahl noch Eisen beobachten konnte. Im Schienenwalzwerke zu Graz schweißte man Hefter Bessemerstahl auf Schienen, und die daraus erzeugten Rails mit Stahlköpfen haben vorzügliches Aussehen.

Die vielen Abfälle und deren geringerer Werth sind es, mit denen wir bisher in technischer Beziehung zu kämpfen hatten, und wir gelangten nach den vielen Versuchen zur Ueberzeugung, daß zur Vermeidung der Abfälle graues oder schwach halbirtes Roheisen unerläßlich sei.

Nach Versuchen zu Freudenberg gaben diese Abfälle im Puddlings-
ofen eingeschmolzen, zu Luppen gedrückt und ausgewalzt zwar ein sehr
gutes, zähes Material, doch ist natürlicher Weise das Endproduct ein
kostspieligeres, und der Werth der Abfälle kann nur den Roheisenpreis
erreichen. Ueber die beste und günstigste Verwerthung derselben, so wie
über bessere Feuerfestigkeit des Zustellungsmaterials müssen noch Versuche
angestellt werden.

Für den vollkommenen, fabriksmäßigen und großartigen Betrieb ist
die Erweiterung unserer Bessemerhütte und Aufstellung von 3 bis 4
Oefen nebst zugehörigen Vorrichtungen, und Einrichtung einer vollkommenen Stahlgußvorrichtung erforderlich, und es sind die diesbezüglichen
Umstaltungsprojecte bereits genehmigt, wofür freilich wieder größere Aus-
lagen bevorstehen.

Der Bessemerhüttenproceß zu Heft ist der höchsten Entwicklung
fähig, und diese nur durch zahlreiche Bestellungen für die verschiedenartigsten Zwecke möglich. Höchst befriedigend ist es, daß auch die hohe
Staatsregierung diesem wichtigen Processe ihre volle Aufmerksamkeit zu-
wandte; wünschenswerth ist es, und im Interesse der hohen Regierung
muß es auch liegen, von dem neuen Stahle in ehester Kürze Versuche
über die Güte des Productes anzustellen, Festigkeits- und Zähigkeits-
proben vornehmen zu lassen, alle Baubehörden zu solchen Versuchen zu
bewegen, um auf solche Weise dem neuen Produkte ehestens Eingang
und vollkommene Würdigung zu verschaffen und die noch vorhandenen
Feinde des Bessemerstahles durch Thatsachen zu bekehren.

Eine große Anzahl von Fachleuten des In- und Auslandes hatten
Gelegenheit, sich von dem in vorstehenden Zeilen angegebenen Standpunkte des Bessemerns in Heft zu überzeugen. Um so befremdender
erscheint ein Artikel im Abendblatte Nr. 77 der „Neuen freien Presse" vom
16. November 1864, und beweiset, daß der Herr Verfasser ohne Kenntniß des Standpunktes der Betriebsresultate und Erzeugnisse der heutigen
zwei Bessemerstahlwerke Oesterreich's, nämlich Heft in Kärnten und Turrach in Steiermark, als Agent des Herrn Bessemer in speculativer Absicht den Artikel verfaßt und veröffentlicht habe.

Jede Roheisensorte zeigt ein bestimmtes Verhalten im Bessemerofen; die Art der Behandlung bleibt Sache des genauen Studiums,
Sache der Erfahrung, und selbst Herr Bessemer würde nach seinem reichen Schatze von Erfahrungen in der Behandlung einer ihm unbekannten Roheisensorte hie und da auf Schwierigkeiten stoßen. Die Richtig-

keit dieser Behauptung basirt sich auf die Erfahrungen, die ich bei dem Bessemern mit den verschiedenartigen Sorten unseres eigenen, des Roheisens von der Marienhütte zu Sachsen gesammelt habe, und auf die Beobachtung des Processes zu Turrach.

Wenn sich auch beide Werke nach der Zeit ihres Bestehens in dem Stadium der Kindheit befinden, so haben doch beide Werke in dieser kurzen Zeit selbst ohne Beihilfe des Herrn Bessemer einen Stand eingenommen, den man in Schweden und England erst nach Jahren erreichte, und wer die Erzeugnisse von Heft kennt und prüft, wird trotz der angegebenen auffallenden, aber natürlichen Aehnlichkeit mit den ersten Erzeugnissen Bessemers, ja sogar bei einem Vergleiche mit den heutigen englischen Bessemerproducten, eingestehen müssen, daß dieselben an Güte alle englischen Fabrikate in Folge des ausgezeichneten Rohmaterials bei Weitem übertreffen, mithin für den heutigen Standpunkt des Bessemerns nur zu maßgebend sind; zur Hebung der kleinen mechanischen Schwierigkeiten aber dürfte gewiß die Intelligenz österreichischer Fachleute genügen. Die meisten der im bezeichneten Artikel der „Neuen freien Presse" angegebenen Verbesserungen sind uns nicht mehr neu. So wissen wir aus Herrn Hofrath Ritter von Tunner's zu Anfang 1863 erschienener Broschüre, daß man nach gänzlicher Entkohlung des Roheisens durch Nachtragen einer bestimmten Quantität flüssigen, sehr reinen Roheisens den erforderlichen Härtegrad zu erreichen sucht. Diese Manipulation haben wir in Oesterreich schon versucht und ich halte sie nur für schlechte Roheisensorten vortheilhaft. Den Moment der gänzlichen Entkohlung zu erkennen, die Unterbrechung des Processes so schnell zu veranlassen, daß nicht auch schon ein Theil Eisen verschlackt werde, durch Zusatz von reinem Roheisen die Härte genau zu erreichen, mag eben so schwierig sein als die Unterbrechung des Processes während der Frischperiode im geeigneten Momente. Herr Hofrath von Tunner und viele anwesende Fachleute haben sich übrigens überzeugt, daß man zu Heft den Härtegrad des zu erzeugenden Productes schon ziemlich in seiner Hand habe. Daß Schmiedeeisen und Stahl aller Art in der außerordentlichen Hitze, die im Bessemerapparate erreicht wird, in wenigen Minuten schmilzt und sich mit der darin enthaltenen Masse zu einem homogenen Ganzen vereiniget, haben wir zu Heft schon im Monate Juli constatirt und verschiedene werthvolle Versuche in dieser Richtung abgeführt, mithin war uns auch diese Sache nicht mehr neu.

Sehr zähes Schmiedeeisen, geeignet für Kessel= und Schiffsbleche, Panzerplatten, haben wir zu Heft bei der fünften Charge des Monats Juli schon erzeugt, müssen jetzt häufig auf diese Gattung Bessemermetall, die übrigens ziemlich leicht zu erzeugen ist, hinarbeiten.

Nachdem nun diese im Artikel angeführten Verbesserungen bereits in Oesterreich versucht wurden, können sie wohl nicht mehr der Gegenstand eines Patentes sein. Die neulich auch an verschiedene Werke Kärntens von Herrn Kohn (dem Verfasser jenes Artikels) ergangenen Zuschriften mit dem Anbote, gegen eine Summe von 12.000 fl. österr. Währung bei Bessemer in England an Ort und Stelle sich sehr genau im Bessemern informiren und alle diese Neuerungen erfahren zu können, beweisen die rein speculative Absicht, und ich will mich auch am Schluffe meines Berichtes nicht mehr hierüber auslassen, weil bereits in einem Gegenartikel der neuen freien Presse dieß geschehen ist. Nur so viel will ich Jenen, die an die Errichtung von Bessemerhütten denken, bekannt geben, daß nach Aussage eines mir befreundeten, soeben von England zurückgekehrten Herrn, derselbe dort seit 1862, als seinem vorletzten Besuche, keine oder nur unwesentliche Verbesserungen bei Herrn Bessemer selbst angetroffen habe.

Friedrich Kokeil.

Einfach und geräuschlos fließt gewöhnlich das Leben der Gelehrten dahin; nur wenige geistig Verwandte und Fachgenossen kennen die Ergebnisse ihres geistigen Lebens und Forschens, nehmen Theil an den Mühen und Freuden ihrer wissenschaftlichen Thätigkeit. So ist es auch nur wenig, was wir von den äußeren Lebensverhältnissen des eifrigen Naturforschers zu berichten vermögen, der am 31. v. M. zu Klagenfurt starb.

Kokeil ward im Jahre 1804 in Laibach geboren, wo sein Vater Landrath und einige Zeit Bürgermeister war. Er besuchte die dortige Normalschule und absolvirte das Gymnasium und Lyceum. Während seiner Studienjahre wurde sein Vater, da er das Augenlicht völlig verlor, in den Ruhestand versetzt; damals wurde die liebevolle Sorgfalt und Pietät, mit welcher der junge Mensch seinen blinden Vater am Arme herumführte, in Laibach viel besprochen und belobt. — Am 2. Dezember 1822 trat Kokeil als Praktikant bei dem k. k. Gubernial=Hauptzaramte ein, und wurde im Juni 1825 bei demselben definitiv angestellt.

Im Jahre 1827 kam er als Offizial zu dem Taxamte nach Klagenfurt, wo er in dieser Eigenschaft bis zum Jahre 1837 verblieb. Nach Auflösung der Taxämter im Jahre 1840 wurde er als Cassengehilfe zur Hauptkassa nach Laibach ernannt und im Jahre 1843 als Offizial der Landeshauptcasse nach Klagenfurt übersetzt, wo er, allmählig zum ersten Offizial vorrückend, bis zu seinem Lebensende blieb. Kokeil war somit nur zwei Monate weniger als 40 Jahre im Staatsdienste, er hatte bereits sein Gesuch um Versetzung in den bleibenden Ruhestand überreicht; im Rathschlusse Gottes war es anders beschlossen! — Schon in den Sommermonaten 1864 zeigten sich am rechten Auge Symptome heftiger, gefahrdrohender Entzündung der Aderhaut, welche den Herbst über so rasche Fortschritte machte, daß zu Anfang des laufenden Jahres bereits fast völlige Erblindung eingetreten war; er war, da auch das linke nicht ohne krankhafte Erscheinung war, eben in sorgsamer Pflege und ärztlicher Behandlung, welche seine Freunde ihm mit aller Sorgfalt widmeten, als er im Februar von heftiger Grippe befallen wurde. Starke Fiebererscheinungen und auffallender Verfall der Kräfte ließen frühzeitig Schlimmes befürchten: am 31. März 1 Uhr Mittags verschied er, versehen mit den Tröstungen der Religion, sanft und ruhig an eingetretener Lungenlähmung.

Schon früh erwachte in Kokeil der Sinn und die Liebe für Naturforschung; wenn wir nicht irren, war es Schmidt, der diese Liebe weckte und pflegte, welche wie heiterer Sonnenschein sein sonst freudenarmes Leben freundlich durchwärmte. Anfangs sammelte er Insecten und Schmetterlinge; durch die Entomologie ward er zur Botanik geführt, da es ihm darum zu thun war, die Pflanzen zu kennen, auf denen jene Thiere leben. Mit seltenem Eifer und eigenthümlicher Sparsamkeit wußte er schon als Student sich die nöthigen Behelfe zu verschaffen, um seine begonnenen Studien mit wissenschaftlicher Strenge zu betreiben.

Nach Klagenfurt gekommen, setzte er seine Forschungen mit unermüdlichem Eifer fort und durchstreifte von da an rastlos suchend und sammelnd die Klagenfurt umgebenden Höhen, die südlichen wie die nördlichen Alpen. So klein sein Einkommen war, so wußte er doch immer so viel davon abzukargen, um fortwährende Ausflüge bestreiten und sich die Behelfe für seine Studien anschaffen zu können.

Diese ersten Jahre seines eifrigen Strebens und Sammelns fielen in die Zeit, wo der Unterricht in Naturgeschichte aus dem Gymnasial-Lehrplane verbannt und im ersten Jahre des Lyceums jeder davon be-

freit war, der durch Erlag der Schultaxe von 18 fl. per Semester sich
davon loskaufen konnte. Damals war fast nur er es, welcher der natürlichen Neigung der jungen Leute für Naturbetrachtung wissenschaftliche
Richtung und Unterricht gab; wer nur immer Lust und Liebe dazu, wer
Eifer und Hingebung zeigte, war von ihm freundlichst aufgenommen,
mit Liebe und Sorgfalt unterrichtet; fortwährend war er daher auf seinen Ausflügen von jungen Adepten und Jüngern der Wissenschaft umgeben, was um so mehr der Fall war, als Achazel, Professor der Naturgeschichte, selbst in seiner geraden Offenheit seine Schüler auf Kokeil
aufmerksam machte. Gar viele eifrige und kenntnißreiche Forscher in und
außer unserer Heimath können wir nennen, deren Liebe für Naturkunde
Kokeil geweckt, denen er den ersten Unterricht darin gegeben. (Wir nennen
beispielsweise Ludwig R. v. Heufler, der, nun in der Bryologie eine
Celebrität, von Kokeil zum Naturstudium angeleitet wurde.)

Da Kokeil mit rastlosem Eifer sammelte und studirte, da er seine
Forschungen in einem Gebiete anstellte, das noch wenig gekannt und
durchforscht war, so war er in der Lage, Fundorte vieler seltenen Vorkommnisse in dem dreifachen Gebiete der Naturkunde, das er betrieb,
zu entdecken, durch Austausch dieser Seltenheiten seine Sammlungen zu
vergrößern und dadurch mit den meisten auswärtigen Fachgenossen und
wissenschaftlichen Vereinen in Verbindung zu treten. Er war so in weiten Kreisen bekannt und in seinem Fache berühmt geworden. Begabt mit
eigenthümlicher Sanftmuth und Bescheidenheit, drängte er nie sich vor,
geizte und verlangte nie nach Ehren, Auszeichnungen, und dennoch wurden
ihm solche vielfach in anerkennender Weise zu Theil. So ernannte schon
im Jahre 1837 die königl. botanische Gesellschaft zu Regensburg, 1840 der entomologische Verein zu Stettin ihn
zu seinem Mitglied; im Jahre 1848 sandte ihm auch der zoologisch-
mineralogische Verein in Regensburg sein Diplom; dem Landesmuseum in Laibach gehörte er seit dessen Gründung als Mitglied an, wie auch die k. k. zoologisch-botanische Gesellschaft
in Wien ihn zu ihren ersten Mitgliedern zählte.

Unsere heimische k. k. Landwirthschaft wählte ihn im Jahre
1843 zu ihrem Mitgliede; nach dem 1845 erfolgten Tode Achazel's
übernahm Kokeil provisorisch die Schreibgeschäfte und die Leitung des
Gesellschaftsgartens und führte diese Geschäfte mit allem Eifer bis zu
der 1848 erfolgten Ernennung des neuen Kanzlers. Um diese Zeit
ernannten ihn die Landwirthschafts-Gesellschaften von Krain,

Oberösterreich und Salzburg zu ihrem Mitglied; erstere beehrte immer ihn mit dem Ersuchen um Berichterstattung bei den allgemeinen Versammlungen. Als die Landwirthschaftsgesellschaft im genannten Jahre die Errichtung des naturhistorischen Museums in Ausführung brachte, wählte sie auch Kokeil in das von ihr mit dieser Ausführung betraute Comité. Diesem leitenden Comité gehörte er bis an sein Lebensende an und war eines seiner eifrigsten und thätigsten Mitglieder; sein Interesse und Anhänglichkeit am Museum bezeugte er nicht nur durch reichliche Gaben seltener Fundstücke, mit denen er dessen Sammlungen beschenkte, sondern am meisten dadurch, **daß er alle seine eigenen Sammlungen,** das Werk eines langen Lebens und angestrengten Sammelns, **dem Museum in seinem Testamente vermachte.**

Es liegt nicht im Zwecke dieser Zeilen, Kokeil's ganze naturwissenschaftliche Thätigkeit, die Größe und den Werth seiner Sammlungen, seinen lebhaften Verkehr mit so vielen und vielfach bekannten Naturforschern des Auslandes, die Ergebnisse seiner fleißigen Durchforschung unserer heimatlichen Alpen auch nur andeuten zu wollen; im ersten Hefte des Jahrbuches des Museums hat er im Aufsatze „Flora der Umgebung von Klagenfurt" einen Beweis seiner emsigen und sorgfältigen Forschung abgelegt; in der in demselben Jahrbuche von Josch veröffentlichten „Flora Kärntens" ist Kokeil häufig als Entdecker vieler Fundorte genannt; in mehreren in- und ausländischen Zeitschriften hat er außerdem viele seiner Beobachtungen mitgetheilt; in der Wissenschaft ist sein Name eingeführt, indem Roßmäßler eine zierliche Schnecke, die Kokeil am Loebl bei St. Leonhard aufgefunden, ihm zu Ehren Pupa Kokeili nannte, so wie eine sehr seltene Käferart von Miller Pterostichus Kokeili benannt wurde. *) Ein neuer Unio des Glanflusses wurde von Kokeil als unio batavus und drei Arten Anodonten des Wörthersee's rostrata, latissima und platyrhyncha von ihm aufgestellt und beschrieben.

Kokeil bestieg die meisten unserer naheliegenden Alpen mehrmals (die Selenitza einmal mit Welwitsch, die Petzen mit Welden), viele weitere Ausflüge machte er mit Josch (auf die Kor- und Saualpe, auf die Plecken und Kühweger Alpe, Eisenhut, Sirbitzen).

Bei solchen Bergwanderungen, bei denen er sich immer als kräftiger, ausdauernder Bergsteiger erwies, im Walde, auf der Hochalpe, da nur konnte man Kokeil kennen lernen, man mußte ihn ge-

*) Siehe entomologische Zeitschrift Seite 11.

sehen haben, wenn er jauchzend vor einem lange gesuchten Pflänzchen auf die Knie sank und den seltenen Findling einheimste in seine Pflanzenbüchse, oder wenn er, vor der Alpenhütte sitzend, mit seligem Lächeln die aufgefundenen Lieblinge wieder hervorsuchte und sorgsam verwahrte, mußte ihn belauscht haben, wenn er, auf der Alpenspitze angelangt, auf den Alpenstock gestützt, den Blick herumschweifen ließ über den Kranz umgebender Alpen und nur ein kurzer Ausruf „herrlich", „wunderbar im Großen, wie im Kleinen", die Bewegung seines Innern verrieth. — Er suchte immer die Natur an sich heranzubringen; wo er es vermochte, miethete er ein Fleckchen Erde, um darauf Pflanzen, die ihm interessant waren, zu ziehen und zu beobachten; die Fenster seines Zimmers waren vollgestellt mit Blumentöpfen und dazwischen hoch aufgestapelt die Käfige munterer Singvögel; jene zu pflegen, diese zu zähmen, war seine fortwährende Beschäftigung. An ihm konnte man die Wahrnehmung machen, wie ein, wohl durch herbe Erfahrungen verletztes, vielleicht zum Trübsinn geneigtes Gemüth, durch den immerwährenden Verkehr mit der Natur, durch Naturforschung beruhigt, gesänftigt, in harmloser, ja im gewissen Sinne kindlicher Liebenswürdigkeit erhalten worden; wer hat je aus seinem Munde ein Wort des Hasses oder Zorns vernommen? wer hat den, wohl in sich gekehrten, schweigsamen Mann, wer hat ihn aber mürrisch, verdrossen oder auch nur unfreundlich gesehen? Hatte er wohl einen Feind?

Viele warme Freunde aber waren es, die mit Entsetzen die Gefahr der Erblindung und als Erlöser von dieser den Tod herannahen sahen; keiner von allen hätte ihn so nahe geglaubt! wohl waren die Jahre nicht wirkungslos an ihm vorüber gegangen, er fühlte selbst seine Kräfte erlahmen gegenüber der wuchtigen Entwicklung der Wissenschaft, aber noch im letzten Sommer hatte er rüstig eine Alpe bestiegen, auf seinem letzten Ausfluge nach Raibl im August v. J. bei Flitsch eine bis dahin in Kärnten nicht gefundene Pflanze, Allium scabrum, für die Flora Kärntens aufgefunden, keine Anzeichen des erlöschenden Lebens waren drohend aufgetreten; — da erschien unerwartet ein milder, sanfter Engel des Todes und löschte die Fackel, bevor noch der schwarze Schleier der Blindheit vor dem Auge des Naturfreundes herabsank.

Koleil hinterließ keine Anverwandten und begreiflicher Weise kein Vermögen; die Mitglieder des Museums-Ausschusses hielten sich für verpflichtet und auch berechtigt, die Sorge für ein anständiges Begräbniß ihres Kollegen und Freundes zu übernehmen. Es fand am 2. April unter unerwartet großer Theilnahme Statt; wer immer mit Schule und Wissenschaft in Verbindung stand, hatte sich eingefunden; der Lehrkörper und Studirende des Gymnasiums und der Realschule, viele Beamten, der Ausschuß und Mitglieder des Museums; freundliche Spenden hatten den Sarg des Blumenfreundes reich mit Kränzen geschmückt; ein langer Zug theilnehmender Freunde und eine lange Reihe von Wagen folgte der Leiche bis zu deren letzter Ruhestätte, Studirende sangen einen Trauerchor, während die sterblichen Reste des Entschlafenen in die Erde versenkt wurden. — Damit ward dem ehrlichen, uneigennützigen Streben des Heimgegangenen, der Wissenschaft, Anerkennung und Huldigung dargebracht.   (— r.)

Der Fuchs.*)

Der Regen verzieht, der Wald schüttelt die lauen Tropfen aus dem Haupt und von der Haide steigts erfrischend und würzig in die Abendluft. Die Mücken beginnen ihre Tänze, die Ameisen kriechen hervor, ihre verschwemmten Straßen wieder herzustellen, der Fink schmettert aus dem Buchenwipfel herab, der Hase macht Männchen und auch der F u c h s verspürt ein heimliches Rühren. Dort lauscht er zwischen den Wurzeln einer alten Eiche. Er „windet". Alles ist sicher, die ganze Natur wiegt sich frühlingstrunken in dem erfrischten Element. Mit einem Satze ist Reinecke vor der Thüre.

Jetzt könnt ihr ihn deutlich sehen. Wie er dasteht! so vornehm lässig! so voll Bewußtsein! Man erkennt auf den ersten Blick: es rollt adeliges Blut in seinen Adern; aber das schwerfällige Standesvorurtheil ist längst überwunden, aller Zwang abgethan. Der Fuchsschädel kann für einen wahren Musterschädel gelten. Die Stirn horizontal, mit straffangezogener, listigglatter Stirnhaut, gleich einer mathematischen Tafel, auf der die Linien seiner Berechnung hin- und wiederspielen. Das Ohr, scharf herausgespitzt, schiebt sich unten weiter vor, um jeden Laut zu fassen. Es ist gemacht, die über ihm auf Bäumen schlummernde Beute zu erspüren; das leiseste Geräusch, das Zittern eines Blattes, das Zucken des träumenden Vogels fällt in die horchend ausgespannte Oeffnung: Nichts entgeht ihm. Und die Nase! Wie viel Bosheit und Grazie liegt in dieser feinen, langgestreckten und ge-

*) Aus Laube's Jagdbrevier.

schmeidigen Spitze! Es scheint, als gingen tausend unsichtbare Fühlfäden von dort aus und als säße hier wie in ihrem Centrum die ränkespinnende, schwänkesinnende Seele. Es ist eine wahre politische Nase!

Ebenso bemerkenswerth ist das Auge. Es ist nicht gerade schön. Man erkennt daran sogleich das nächtliche Raubthier; es spielt aus Grau in Grün, liegt schief, halb in der Höhle versteckt, am Tage zur senkrechten Spalte verengert, und hat weder die „Waldfrische", die uns aus dem Auge des Rehs so munter anspricht, noch auch das rollende Funkeln, welches dem Katzenblicke seinen magnetischen Reiz gibt, aber dennoch liegt unendlich viel Bedeutung darin. Jetzt senkt es sich in demüthiger Ergebung oder es blickt unschuldig und naiv umher, jetzt spielt ein spöttisches Lächeln um seine Lider, und jetzt wieder zuckt ein Blick daraus hervor, spitz und giftig, als treffe uns plötzlich der Stich einer Viper. Feucht vor ungestillter Gier, aufflammend in Mordlust, schmachtend in zärtlicher Verliebtheit, birgt es eine Welt voll Leidenschaft und List, und ist das Auge des größten Schauspielers, den das Thierreich aufzuweisen hat.

Alle übrigen Theile des Gesichts wie des ganzen Körpers stimmen zu diesem Bilde. Der Mund spaltet sich weit: denn der Fuchs ist ein Räuber; ein sparsamer Bart stellt sich in langen, zurückstrebenden Spitzen wie eben so viele Widerhacken um die Oberlippe; die Lippen sind fein geschnitten und geschlossen und deuten auf Energie und Selbstbeherrschung. Oeffnen sie sich aber, dann blicken scharf und grimm die Zacken des Gebisses, die nichts Lebendes entrinnen lassen, oder es knistert halb höhnend und halb zornknirschend ein heiseres, hustenartiges Bellen hervor. Den schlanken, hängenden Leib tragen schnelle Füße fast spurlos über den Boden, und stattlich schmückt ihn die buschige Schleppe, unter der sich das Riechfläschchen verbirgt, das oft des Fuchses einziger Trost in Nöthen ist. Ein feinweißes Chemisett hat er auf der Brust, sein Pelz schimmert roth und goldig, daher auch die blanken Goldstücke „Füchse" getauft worden sind. So schleicht, streicht und leucht der Schlaue dahin, er schmiegt und biegt sich, ist vorsichtig, geduldig, ausdauernd, behend, allzeit entschlossen: ein wahres Thiergenie.

Wie er so dalehnt an den Wurzeln der Eiche — scheint er den Abend in süßem Nichtsthun verträumen zu wollen. Inzwischen kommen ein Paar junge Füchslein neben ihm zum Vorschein. Klug forschend äugeln sie umher, legen sich in die Sonne und beginnen allerhand Kurzweil. Das jüngste Söhnchen ist noch etwas läppisch. Es fängt Grashüpfer und Käfer, zerzaust ihnen die Flügel, läßt sie zappeln, schnäufelt darin umher, wirft sie weg, und schlägt dann und wann einen linkischen Purzelbaum. Der Alte

sieht eben nicht auf ihn. Dessen Blicke sind auf die beiden andern hoff-
nungsvollen Buben gerichtet, in denen das väterliche Talent sich mit sichtba-
rem Wohlgefallen wieder erkennt. Sie haben das leise raschelnde Mäus-
lein erhorcht und im Wettsprung das flüchtende gefangen. Mit muthwilliger Lust werfen sie es der eine dem andern zu, kneipen es hier, kneipen es
da, bis sie, des Spielzeuges satt, es dem jüngsten überlassen. Nun gilts
ein Nest zu spüren, eine Grasmücke zu beschleichen, den schlüpfrigen Frosch
zu packen, oder sie durchstöbern wohl auch den Palast eines Erdwespenstam-
mes; denn wie lecker sie auch sind, so will ihre Zunge doch Alles erproben.

Da tritt die Mutter aus dem Erdgeschoß, und der alte Fuchs erinnert sich, daß es Zeit ist, die Familienscene zu beenden. Er macht sich auf;
allein er eilt mit Weile. Gelassen schlendert er, den Schweif kavaliermäßig
schleppend, durch Busch und Kraut, immer querfeldein. Denn wie das
echte Genie verschmäht, in fremde Fußstapfen zu treten, so läßt auch er die
Heerstraße und mag sich gern in Riedgras, Korn und Hag verlieren, wo
bunte Blumen blühen und muntere Vögel singen. Die rosigste Laune
leuchtet aus seinem Angesicht. Unterdessen ist er mitten im Waldbann. Er
schleicht langsamer, leiser, vorsichtiger. Der Abend haucht kühl aus Halm
und Blatt. Die Bäume heben ihre Wipfel regungslos in die Stille; nur
die Vogelkehlen sind noch laut. Die Drossel lockt mit hellem Ton, die Meise
schlüpft, ihr witzigspitzes Liedchen schrillernd, von Busch zu Busch, der Wald-
schreiner Specht hackt und hämmert am Eichenstumpf, dazwischen kreischt
der Häher und ist dann auf einmal Alles still, so stöhnt aus dem Schooß
der grünen Einsamkeit der melancholische Ruf des Wiedehopfs. Unser Fuchs
ist am Rande der Waldwiese angekommen. Er lauscht. Die Blumen neigen
ihre Kelche, da und dort summt noch eine Biene, oder ein schwergepanzerter
Käfer schweift behaglich erbrummend in geschwungenen Bogen dahin: ein
Kreisel, den die Elfen durch die Lüfte jagen.

Jetzt knackt es in den Zweigen. Der Fuchs spitzt das Ohr: ein Pfeifen läßt sich hören. Da tritt das Reh heraus, das Haupt keck emporgerich-
tet, die Augen nach allen Seiten rollend. Wieder pfeift es, und in schlan-
kem Sprunge ist das Kälbchen der Alten zur Seite. In den drolligsten,
anmuthigsten Sätzen tändelt es um die Mutter, ein Blatt, ein Kraut im
Fluge abstreifend und sich niederwerfend, zu saugen. Die Mutter leckt ihm
kosend den Nacken. Plötzlich hebt die Ricke den Kopf. Ihre Lichter funkeln.
ein Zittern fliegt über die Flanken, sie macht ein paar Sprünge und stampft
zornig mit den Läufen. Es ist klar: sie hat den Räuber gewittert. Der
hat sich leisen Fußes herangestohlen, sacht, sacht, das Kitzlein unverrückt im

Auge. Es gibt einen kühnen Griff. Wenn ihm nur die Alte nicht so eben
den Weg verrannt hätte! Aber Freund Fuchs läßt sich nicht beirren; er thut,
als sei er in tiefen Gedanken. Träumerisch sinnend starrt er in's Blaue.
Keine Miene verräth, daß er der Beute ansichtig geworden. Er verschwindet, nun in weitem Bogen von einer andern Seite den Angriff zu versuchen.
Allein die wachsame Alte drängt sich dicht an das Junge, denn sie kennt des
Laurers Arglist. Dort streift er vorbei. Die Ricke pfeift wieder, und der
Fuchs schaut auf, als schrecke er plötzlich zusammen. Doch er ist inzwischen
dem Ziele seiner Wünsche nah und näher gekommen. Jetzt duckt er sich
nieder; wie eine Katze schmiegt er sich an den Boden, die Lunte zuckt, die
Augen starren wildgierig auf das bebende Thier, er weist die mörderischen
Reißer, hebt leise Fuß und Kopf zu Sprung und Biß — ein Moment noch
— ein Satz und — da stürzt sich die Mutter schnaubend auf den Räuber
los, mit den Füßen ihn zerstampfend. Das Kälbchen ist gerettet. Reinecke
kehrt hinkend und zorngrimmig, seine Rache schwört er, und es steht zu
fürchten, daß er seinen Schwur zu lösen wissen werde.

Tritt die Sonne in den Löwen, dann blüht dem Fuchs die goldene
Zeit. Ueppige, reifende Stille liegt über der Erde, die Aehren hängen
schwer und gelb, ein unabsehlicher Fruchtwald. Da hinein zieht's eben den
Fuchs. Dort lagern Hasen und Kaninchen, Rebhuhn, Wachtel und Lerche,
kleine Leutchen ohne Wehr und Waffen, die ein idyllisches Leben führen.
Ach, wie übel wird es ihnen ergehen! Der Verschlagene versteht zu passen,
zu fassen, zu kirren, zu irren mit Strichen und Schlichen, mit Blicken und
Tücken. Umsonst sind ihre kleinen Künste, er mordet bei Tag und Nacht,
und seine Brut wird dreist und fest. Wenn er sich gütlich gethan hat, so
winkt ihm auf sonniger Haide das Bienenhaus. Er springt hinan, schleckt
die würzigen Tropfen; und mag ihn das ganze Bienenheer zürnend umschwärmen, er lacht ihres Stachels, läßt sie sich auf den Pelz, wälzt sich am Boden, zerdrückt sie, frißt sie, und am Ende müssen die fleißigen Thierchen ihm
die süße Labe überlassen. Oder er schleicht zum Garten, wo aus dem Laub
rothwangige Birnen und schwarze Kirschen locken, versucht im Weinberg die
Traube, oder er lauert am Bache, mit dem Fischreiher Halbpart zu machen
oder mit seinem Weibl den Krebs zu kitzeln und aus der Wasserhöhle an's
Licht zu schmeicheln.

So geht es bis in den Herbst. Kommen da die kühlen Morgennebel,
über den Wald und mit ihnen die Züge der Wandervögel: dann geht's wieder zum Holz und allerlei Streiche werden ausgeführt. Der Jäger stellt den
Dohnenstrich; in künstlichen Sprenkeln legt er das Roth der Ebereschbeere

aus, mancher Droffel zum frühen Tode. Der Fuchs kennt das. Ehe noch
der Jäger wacht, ist er auf dem Anstand. Er wartet unverdroffen, bis die
Stimmen der müde und hungrig herabfallenden Vögel an sein Ohr schlagen. Er steht, stutzt und stiert. Hier und dort schwirrt ein luftiges Paar
um die Schlingen; ein Zimmer, eine schwarz glänzende Amsel stürzt hinein,
sie schreit auf, schlägt mit den Flügeln, und im Augenblicke, flinken Sprun-
ges, ist der Fuchs zur Stelle. Er schwingt sich hinan, denn der Sprenkel
steht hoch — aber eines Haares Breite fehlt, daß er sie erreiche. Der
Vogel, der sich mit dem Fuß gefangen, flattert erschreckt in die Höhe, den
Klauen des Mörders zu entgehen. Der Fuchs knirscht, springt wieder und
wieder, immer hitziger, immer begieriger, die Nüstern ziehen sich krampfhaft
zusammen, ein wolluftvolles Grausen glüht in seinem Auge, der Schweif
peitscht die Luft, aber es ist vergebens, bis er, da endlich dem gefeffelten Thiere
die Kraft versagt, sich zu einem gewaltigen Satze zusammenrafft und sein
Opfer mit einem triumphirenden Schrei ergreift.

Aber die goldenen Tage sind bald vorüber.

Die Felder stehen kahl, der Wald entlaubt, auch die letzten Wandervögel sind davon gezogen, rauhe Stürme brausen über die Oede. Der
Fuchs liegt in seiner Zelle, denn es gibt wenig zu jagen, und die gesammelten Vorräthe schützen ihn zunächst noch vor Mangel. Es ist eine traurige,
langweilige Zeit; er könnte die „Denkwürdigkeiten seines Lebens" schreiben,
wenn er nicht noch zu thatenluftig wäre. Er entwirft lieber Pläne für den
Winterfeldzug, macht Sprungübungen und horcht wachsam den Schüssen
der Jagd, die dumpfwarnend in sein Lager hinunterdröhnen. Indessen
drängt der Winter immer ungestümer heran. Bald liegt Alles erstarrt
unter der weißen Schneedecke, Seen und Bäche gefrieren tief hinab, die
Bäume krachen vom Frost zerspalten, das Wild ächzt hungrig in den dichte-
sten Gründen, und Rabe, Krähe und Sperling haben längst die Straßen der
Städte und Dörfer gesucht. Der Fuchs darf es nicht. „Wenn ich ein Vög-
lein wär'!" seufzt er und streicht lungernd hinter einem Bauerngehöft umher.
Aber es läßt sich keine Feder spüren. Die Noth treibt ihn dem Walde zu,
er ergeht sich in den düstersten Gedanken. Mit einem Male hebt er die
Nase. Seine Augen blitzen. Ein lieblicher Duft weht ihm entgegen.

Ha, was ist das? — Siehe da — mitten in der hungerigen Wildniß
ein süß gebratenes Stück von einem Kater Hinze's Lende. Wie appetitlich!
Ohne Zögern ist es verschlungen. Reineke fühlt seine Lebensgeister neu
erregt, „seine Augen werden wacker," und wie von unsichtbaren Banden
gezogen, trabt er fürbaß. Und wahrlich! da liegt ein zweites Stück! Es ist

kein Trugbild seiner Phantasie — es ist derselbe Duft, dasselbe Fleisch und Bein. Der Fuchs steht still, Ueberraschung und Argwohn in den Zügen. Wer war der unbekannte Spender? Kehren die Tage der Märchen zurück? Er umschleicht auf scheuen Sohlen die Stelle, steht wieder still, legt sich, horcht, wirft die Augen spähend umher, springt wieder auf, um wieder niederzukauern. Nirgends ein Laut, nur die alten Föhren knarren. Er betrachtet den Bissen noch einmal: „Wär' es eine Falle? — Die Menschenkinder sind voll Args! — Schon mancher Edle fiel durch ihre List! — Aber nein — hinweg mit solchen Gespenstern!" — und im Nu ist auch der zweite Brocken hinab!

O Füchslein, Füchslein! du bist verloren: — denn dort liegt ein dritter Bissen. In vollen Zügen schlürft der Hungergepeinigte das berauschende Arom, starr verglasten Blickes auf die Lockung. Doch der innere Warner erhebt seine Stimme noch einmal. Und wieder umkreist der Fuchs das leckere Mahl, wieder duckt er sich, legt das Gehör vorwärts, rückwärts, spitzt es, „sichert" allenthalben. Und wieder ist Alles stumm, nur die Föhren knarren noch immer verdrossen. Es ist, als stocke der Athem der Natur. Je länger der Fuchs hinsieht auf das verhängnißvolle Gericht, desto wirrer werden seine Gedanken, desto wirrer sein Blick. Es flimmert ihm vor den Augen. Der Duft betäubt ihn, er kann nicht los, er muß — und gält' es sein Leben — er muß hinzu. In einem wilden Satze springt er darauf los — da, krach! schlägt das Fangeisen die zerschmetternden Zähne zusammen.

So war der Schlaue doch nicht schlau genug! Er heult vor Wuth; aber es ist nicht Zeit zu ohnmächtiger Klage, denn Gefahr droht im Verzuge; es gilt eine kühne, aufopferungsvolle That! — Einmal gefangen, denkt er, und nimmer wieder! Er selber beißt sich den Fuß ab, der im Eisen steckt und jagt davon, leicht und frei, „als hätte er eben nur den Stiefel ausgezogen".

Gewiß, der Fuchs ist bewunderungswürdig; aber größer noch, bewunderungswürdiger muß er uns erscheinen, wenn wir uns erinnern, daß man ihn auch schon vor des Fangeisens verführerischen Brocken verhungert gefunden hat, — weil die Klugheit ihm abrieth, diese Speise zu nehmen. Ein Römer des Alterthums konnte nicht würdiger, resignirter enden:

> — „des Leibes Drang,
> Der oft den stärksten Menschen zwang,
> War schwächer als der Klugheit Rath,
> Den der Freiheit Sinne ihm gegeben hat;
> Der Fuchs will lieber stoisch sterben,
> Als um ein Bedürfniß schimpflich verderben."

Vom Lenz. — Grabgedanken. — Plauderei.

Klagenfurt, Anfangs April 1865.

Es gibt verschämte Jünglinge und Jungfrauen, es gibt auch verschämte Arme; vom Veilchen sagt man, daß es verschämt im Schatten
blühe, und die Mimosa pudica wird dem halben Menschengeschlechte als
Muster der Verschämtheit hingestellt, aber so verschämt ist nichts, als —
heuer der Frühling. Talent und Wille sind da, Zeit wäre es auch einmal,
aber nein, die Scham läßt's nicht zu. Erwacht man Morgens, so scheint
der blaue Himmel herein, die Sonne schickt ihre golden zitternden Boten,
die erste Schwalbe zwitschert, man springt frohlockend heraus, den kaum
unterdrückten Freudenschrei in der Brust — halt! Die Natur wird
roth vor Scham, sie sieht sich in der Frühlingsfabrikation überrascht, sie
lächelt verlegen, wodurch sie einen ungemein blöden Ausdruck erhält und
siehe da! auf dem Felde liegt der Reif, die Tümpel sind gefroren und
selbst der Flieder zeigt keine Spur von Grün. Es ist heuer so etwas
Verhaltenes und Verschlagenes in der Natur, daß man wüthend werden
könnte. Heraus, heraus, ihr himmlischen Kinder der steigenden Sonne!
so blühet doch, so sprießet doch, so singet doch, so jubelt doch!! Umsonst,
sie lächelt schon wieder so blöde und wird schon wieder so roth —
die Natur.

Doch das ist alles nur Verstellung, sie ist nicht so naiv und unschuldig als sie aussieht, sie weiß daß wir ihr grollen, weil sie uns so
manchen Schmerz schon zugefügt; sie war grausam gegen uns, und einige
frische Hügel im „Garten der Ruhe" zeugen fürchterlich gegen die
Mörderin!

Kaum hast du uns den Patrioten mit seinem liebewarmen Herzen,
den würdigen Jubelpriester geraubt, kaum hast du uns den Freund, den
grünenden Stamm zerbrochen, so schlägst du auch schon den stillen sanften Greis, der dir so treu gedient — grausames, unersättliches Weib!
Hat er nicht deine Kinder geliebt, hat er sie nicht durch ein Menschenalter gepflegt und gehütet? Und in der That, mit Friedrich Kokeil hat
Kärnten einen seiner ältesten und verdienstvollsten Forscher in der heimischen
Naturkunde verloren. Sein Leben glich ganz demjenigen, welches das
Schicksal den Naturforschern im Ganzen mit wenigen Ausnahmen bestimmt zu haben scheint. Ohne Glanz und ohne äußern Schmuck fließt

12

sein Leben dahin. Auf Wegen wohin euer Fuß selten tritt, findet ihr ihn schon lange in stiller Geschäftigkeit, jedes Pflänzchen und jedes Thierchen ein Gegenstand seiner Aufmerksamkeit, ja seiner Liebe. Was euer ungeübtes gleichgiltiges Auge nie sieht, das hat seines mit trunkenem Blicke gefunden. Freilich blüht ihm dafür eine eigene Welt, er versteht die Sprache der Natur, ihm flüstern die Pflanzen manch' Geheimniß zu, ihm raunen die Thierchen das Ungehörte ins Ohr. Er plaudert mit den kleinen Bächlein, die ihm Kunde bringen von seinen Lieblingen; ihm rufen die Wipfel der Bäume vom Sturme geschüttelt, manch' Drohwort zu. Er sieht sie, er hört sie die alten Erdgeister, die um das Haupt ihm weben; ihr seht sie nicht, ihr hört sie nicht. Und wie er sie liebet die Kinder der Natur, so lieben auch sie ihn wieder; er hebt sie auf und wieget sie, bald ziehen sie mit ihm fort; sie bilden fortan seine Familie, ein ganzes Menschenalter pflegt er sie und hinterläßt sie wieder dem, der sie am besten hüten wird. Die Welt aber, die Welt, wie sieht sie kalt auf so ein Treiben herab. Sie frägt nicht: frieret dich? sie frägt nicht: hungert dich? — sie lächelt bloß. Sie ahnt wohl nicht, daß so ein „drolliger Geselle" für s i e arbeitet, daß das Leben ohne Jene heute nicht so wohlig und behaglich wäre als es ist, daß es ein größeres Verdienst sei einen Stein zu einem großen Baume zu tragen, als demselben bloß träge zuzuschauen, daß ein unsichtbares Band die scheinbar kleinste Entdeckung mit der höchsten Erkenntniß, die scheinbar müßige Beschäftigung mit den fruchtbarsten Errungenschaften des Geistes verbindet. D'rum Ehre den Forschern, die im Ganzen ungekannt, von Wenigen geschätzt durchs Leben ziehen, und die endlich der frische Hügel deckt! Doch tröste dich müder Schläfer, deine Kinder haben dich nicht vergessen. In der nächsten lauen Nacht weben dir die Pflanzen eine weiche grüne Decke, die Käferchen summen dir dein Lieblingslied, und von deinem Hügel schwingt sich jubelnd deine Grasmücke in den blauen Aether empor. Trauernd umwandelt die Schnecke dein Grab und streckt die Fühler aus; sie wartet auf den Posaunenschall an jenem großen Morgen der Alles was gelebt, zu neuem Leben ruft! — — — — — Wenn uns die Wehmuth beschleicht und wir geneigt sind über dieses irdische Jammerthal hinaus in den offenen Himmel zu blicken, wo auf goldgeränderten Wolken Englein mit azurblauen Flügelchen sitzen, bausbackige musikalisch gebildete Kinderchen, so fühlen wir — und in solchen Momenten vielleicht am stärksten — wie wir mit tausend Fesseln an diese Erde gekettet sind. Bald schwindet die Wehmuth, besiegt von kräftigen irdischen Gefühlen, und unser Herz wird wieder empfänglich für stoische Kraftbrühen, wir verstehen wieder den colossalen „Sager" jenes sterbenden römischen Kaisers: Plaudite amici, comoedia finita est. —

Ja, meine Herren, die Comödie ist zu Ende, unser Theater ist aus, und jeder Statist hat jetzt Gelegenheit, sich auch außer dem Theater zu verstellen (Moribus fingendis status). Sie merken wohl, daß ich unter den Statisten das Publikum, und nicht was man sonst darunter versteht, meine. Auf dem Theater gab es nämlich heuer gar keine reinen Statisten, denn Jeder der auf der Bühne erschien, mußte wenigstens etwas reden oder singen, beziehungsweise Chor sein, und selbst die Ziege in der „Dinorah" durfte nicht einfach stehen bleiben. Ad vocem „Dinorah"! Das Unerhörte ist geschehen; eine Oper ist bei uns eilf Mal über die Bretter gegangen, und mehr als hundert Villacher sind mittelst Separattrain nach Klagenfurt gekommen; das Alles hat mit „ihrem Singen" die Dinorah gethan. Seit meinen letzten schüchternen Bemerkungen über die Oper ist noch der „Robert der Teufel" dazugekommen, und ich hätte wirklich Lust, über dieses aus der besten Periode Meyerbeer's stammende Werk mich etwas auszulassen; allein ich könnte dieß nicht thun ohne auch über das Libretto zu sprechen, das Einen wirklich zur Kritik herausfordert, und würde so Ihre Geduld zu viel in Anspruch nehmen. Zudem steht uns die heilige Woche bevor, wo am Gründonnerstage „Christus am Oelberge" von Beethoven in der Domkirche aufgeführt werden soll, und so werde ich ja bald Gelegenheit haben, mein musikalisches Plaudern auf einen weihevolleren Gegenstand ausdehnen zu können. „Ostern die heilige Zeit" steht vor der Thüre und das große Auferstehungsfest. Wo die Gottesgedanken sprechen, will Ihr Briefsteller — schweigen. H. W.

Volkswirthschaftliches aus Oesterreich.

Es war jedenfalls kein übler Gedanke des Vereines österreichischer Industriellen, die vorhandenen jüngsten Nachrichten über die Volkswirthschaft Oesterreichs zu sammeln, und, in kurzen Uebersichten geordnet, in einem „Jahrbuch" seinen Vereinsgenossen und dem größern Publikum vorzuführen. Dieses, heuer zum ersten Male erscheinende „Jahrbuch für Industrie und Handel in Oesterreich" (Wien 1865, Braumüller) entwirft ein allerdings nur in großen Umrissen angelegtes Bild der wichtigsten wirthschaftlichen Zustände des Kaiserstaates, dabei häufige Vergleichungen mit den bezüglichen Verhältnissen in andern Ländern einflechtend. Zunächst das Land, die Gliederung und Bewegung der Bevölkerung, dann die Production und Consumtion, der Handel und das Transportwesen bilden den wesentlichen Inhalt der einzelnen Abschnitte; auch die in der neuern Zeit mehrfach zu Tage getretene Frage des Markenschutzes wird am Schlusse der Schrift einer nähern Beleuchtung unterstellt. Frankreich hat nämlich bei Abschluß der jüngsten Handelsverträge das Streben nach internationalem Rechtsschutz der Marken consequent festgehalten, und in der neuesten Zeit scheint sich auch England dieser Tendenz anzuschließen; beide Industriestaaten des westlichen Europa befinden sich eben in derselben Lage wie eine alte Firma, welche gegenüber den jüngern Nebenbuhlern ihre erworbene Renommée möglichst unbestreitbar bei der Concurrenz mit in die Wagschale werfen möchte. Welchen Weg sollen nun die anderen Industriestaaten verfolgen?

Den Hauptinhalt des Jahrbuches machen natürlich die statistischen Zusammenstellungen aus. Folgende daraus entnommene Notizen dürften wohl Ihren Lesern nicht unwillkommen sein, zumal wir uns bei unseren Auszügen zugleich bemühen werden, die gegenwärtige Lage der überhaupt in Zahlen ausdrückbaren wichtigsten volkswirthschaftlichen Zustände Oesterreich's in Kürze zu skizziren.

Die produktive Fläche Oesterreich's (circa 86—87% des Staatsgebiets) umfaßt in runder Zahl 97,780.000*) Joch (1 Joch = 1·69 bairische Juchart = 0·57 Hectare), wovon 35,855.000 Joch Ackerland sind; der Wiesen- und Gartenkultur sind 13,786.000 Joch (darunter 39.400 Joch Olivenwälder, 12.000 Joch Hopfengärten), dem Weinbau 1,092.000, den Weiden 14,569.000, der Forstkultur 31,865.000 und den Rohrschlägen 613.000 Joch eingeräumt. Im Venetianischen, im Küstenlande und in Dalmatien sind außerdem 1,363.500 Joch Ackerland auch mit Reben besetzt.

Die Angaben über den Stand der landwirthschaftlichen Nutzthiere sind aus dem Jahre 1857, mithin schon etwas veraltet; damals war der Rindviehstand für den Consum des Reichs schon ungenügend, und in Folge der seit Jahren in Ungarn und Galizien herrschenden Viehseuch- und des Mißjahres 1863 in Ungarn hat der Rindviehstand gewiß inzwischen noch eine bedeutende Abminderung erfahren. Besser steht es um die Pferde- und Schafzucht. Der Verein beklagt, daß edlen einheimischen Racen, wie der siebenbürgischen, so wenig Aufmerksamkeit geschenkt werde.

Die Zahl der Rübenzuckerfabriken hat sich im Jahre 1863 auf 139 Etablissements mit einer Production von 1,218.330 Zollcentnern Zucker belaufen. Der Import an Colonialzucker zum Verbrauche und für Raffineure betrug nach dem Durchschnitt des letzten Decenniums 391.132 Zollcentner jährlich. Der Zuckerconsum berechnete sich für denselben Zeitraum auf 3·75 Zollpfund per Kopf im Jahre. Der Zucker-

*) Nicht 97,750.000, wie es S. 47 heißt — Differenz 30.000 Joch! Ueberhaupt scheinen mehrfache Druckfehler im Buch sich vorzufinden: so z. B. wird S. 42 die productive Fläche auf 85·9% des Staatsgebietes angegeben, während S. 47 sie auf 86·9 berechnet ist. Auch S. 114 und 126 enthalten solche Fehler.

verbrauch zeigt aber ein stetes Wachsen, und es berechnete sich derselbe im Jahre 1863 schon auf 4·26 Zollpfund per Kopf gegen 3·25 Pfd. vor zehn Jahren. Die Branntwein= und Spiritusbrennereien bilden alte und bedeutende Zweige der österreichischen Industrie, namentlich von Böhmen, Mähren, Galizien und Ungarn. Im Jahre 1863 zählte man 97.294 Brennereien, darunter 6393 mit gewerbsmäßigem Betriebe, 90.901 als Nebenbeschäftigung der Landwirthschaft. Die Hausbrennereien neh= men ab, die gewerblichen Etablissements mehren sich. Die Branntwein= verzehrungssteuer warf in jenem Jahre 15,674.000 fl. ab. Die 3230 Bierbrauereien Oesterreich's producirten in den jüngsten Jahren 13·7 Millionen Eimer. Unterstützt wird die Bierproduction durch die treff= liche Hopfencultur in Böhmen (Saazer Kreis); wie in Baiern verschwin= den auch in Oesterreich die kleineren Brauereien, da sie die Concurrenz der großen Etablissements nicht mehr ertragen können. Die bedeutend'te Brauerei Oesterreich's und des Continents, die zu Klein=Schwechat bei Wien, lieferte in einem der jüngsten Jahre 390.770 Eimer.

Die mittlere Jahresproduction der Waldungen in Oesterreich be= trägt 29,562.000 Wiener Klafter Holz und 4 Millionen Centner Ger= berrinde, abgesehen von den andern Nebennutzungen, wie Harz, Knop= pern u. s. w.

Der Bergbau lieferte unter Anderm: 34·59 Centner Gold, 632·39 Ctr. Silber, ferner Quecksilber 4277 Ctr., Zinn und Zink 28·593, Rohkupfer 53.838, Blei und Glätte 147.350, Arsenik und Schwefel 38.089, Roh= eisen 6,440.000, Gußeisen 731.345, Alaun, 49.280, Kupfer= und Eisen= vitriol 100 330, Graphit 110.539, Steinkohlen 51,707.931 und Braun= kohlen 40,438.697 Zollcentner. Sämmtliche Bergbauproducte hatten einen Werth von 48,222.585 fl. Die gesammte Salzerzeugung belief sich auf 7,636.217 Ctr., darunter 3,398.366 Ctr. Stein=, 2,535.225 Ctr. Sud=, 1,061.690 Ctr. Seesalz. Erdöl liefert bekanntlich Galizien in ziemlicher Menge — circa 159.000 Ctr. bis jetzt im Jahre, eine Aus= beute, welche sich beträchtlich erhöhen wird, wenn einmal alle Quellen vollkommen erforscht sind und ausgebeutet werden.

Meteorologisches.

Witterung im März 1865.

Die Witterung des eben vergangenen Monats in Klagenfurt war so reich an Unregelmäßigkeiten, so ungewöhnlich wie selten. Der Luft= druck war im Mittel nur 317·7''', während er nach 20jährigem Durch= schnitte im März 319·4''' ist; nur im Jahre 1856 war er noch niede= rer: 317·0. Die Luftwärme war außerordentlich gering und betrug nur — 1·5; das normale Mittel für den März aber ist + 1·3, sie war also heuer um 2·8 zu tief; seit Beginn der regelmäßigen Be= obachtungen ist kein März mit so tiefer Temperatur verzeichnet, es war heuer der kälteste März seit mehr als 50 Jahren; nahe so kalt war er in den Jahren 1860 (— 1·1), 1858 (— 1·0), 1845 (— 1·0), 1817 (— 1·1). Die tiefste Temperatur wurde beobachtet am 22. mit — 12.4; es kamen solche Kältegrade, zumal so spät im Monate, nicht häufig vor, im Jahre 1860 wurden — 13·8 am 13., 1858 am 14. — 14·0, 1857 — 13·7 am 12. beobachtet; im Jahre 1850 fiel, nach vorausgegangener warmer Zeit, zu Ende des Monats viel Schnee und große Kälte ein, so daß am 28. die tiefste Monats-Temperatur mit — 12·5, am 30. noch — 11·4 verzeichnet wurden; in keinem Jahre aber wurde im März so andauernde Kälte ohne eine Frühlingsmahnung verzeichnet, täglich fiel das Thermometer unter 0°, am 29. noch auf — 9·4, am 30. auf — 11·7, und der letzte Tag des März war noch ein voller, strenger Wintertag, an welchem die Temperatur auf — 9·7 fiel und auch in der Mittags= zeit nur auf + 2·6 sich hob. — Eben so außerordentlich und unerhört waren die Niederschläge, besonders die Menge Schnee. Der ganze Niederschlag betrug 3·9″ Wasserhöhr, wovon nur 0·5″ als Regen, alles Andere als Schnee niederfiel. Seit Beginn der Beobachtungen 1813 ist nur im Jahre 1845 annähernd so viel (3·8″) Niederschlag verzeichnet, die Menge des Schnee's aber, die heuer 3·4″ betrug, erreichte damals das bis dahin im März beobachtete Maximum von 2·8″; es war also heuer seit mehr als 50 Jahren der naßeste und schneereichste März; Die Schneelage betrug noch am 31. bei 18 Zoll Höhe; seit 1830, also in 35 Jahren, kamen nur 5 vor, in welchen die Schneelage bis in den April hinein dauerte, nämlich 1860, 1858, 1845, 1844, 1838.

Diese für den März so ungewöhnliche, ja unerhörte Witterung war über ganz Europa verbreitet und außerdem noch von sehr heftigen Stürmen begleitet; die Schneefälle vom 6. bis 10. mit viel und sehr wässerigem Schnee brachten Südweststürme, welche vorzüglich im Canal, der Nordsee und im schwarzen Meere sehr verderblich waren; vom 17. bis 22. aber wütheten kalte Nordoststürme (mit leichtem krystallinischen Schnee), welche in Mittel-Europa und dem Mittelmeere sehr empfindlich waren. Die Kälte dauerte bis zu Ende des Monats; am 30. waren in Haparanda noch — 20·8 notirt.

Im übrigen Kärnten waren in der Thalsohle gegen Nord und Ost offen liegende Orte noch kälter wie in Klagenfurt, so Micheldorf bei Friesach — 1·6, Raibl — 2·3, Bad Vellach — 2·4, St. Peter im Katschthale — 3·1, an Abhängen geschützt liegende aber wärmer, Althofen — 0·9, Tiffen — 0·5, Maltein — 0·9 u. s. f. Am Hochobir (6240′ Seehöhe) war die tiefste Temperatur am 21. — 16·0, die mittlere — 6·1. Für diese höchst gelegene Beobachtungs=Station Oesterreichs war der vergangene März nicht der kälteste, denn in den 19 Beobachtungsjahren war er 5 Mal noch kälter, so 1861 eben so kalt (— 6·1), 1857 aber — 7·3, 1852 war er — 6·5, die tiefste Tem= peratur aber nur — 13·5; 1849 war die tiefste — 18·0, die mittlere — 6·8, im Jahre 1851 war die mittlere zwar nur — 4·4, aber am 3. wurden — 20·0 verzeichnet.

Mittheilungen aus dem naturhistor. Landes-Museum.

I. Geschenke.

Von der löblichen kärntnerischen Sparkasse ein Beitrag von 300 fl.
Naturalien: Von Herrn Hauptmann Garzarolli Edlen von Thurnlack eine Fungia aus der Adelsbergergrotte. Von Herrn J. Weißenhof, Apotheker in St. Veit: einen Sperber und Thurmfalken, rar; von Herrn Dr. Hartmann einen Sperber; von Herrn J. Raaber in Krisanten eine Suite Alpenpflanzen.

II. Mitglieder:

Eingesendet wurden: Von Herrn E. v. Blumfeld, k. k. Hofrath, 10 fl., und Freiherrn v. Silbernagel 5 fl. für 1864; von Herrn Dr. Dreer in Triest 10 fl. für 1863 und 1864; von Herrn Oberst Freiherrn v. Litzelhofen 6 fl.; vom Hrn. Grafen Zeno Goëß 5 fl. 25 kr. für 1865; vom Gau Kötschach: von Herrn Notar Brunner für 2 Jahre 6 fl.

III. Rechenschaftsbericht über das Jahr 1864.

Die Einnahmen des Museums bezifferten sich auf	2449 fl.	95 kr.
Der Museumsfond betrug am Beginn des Jahres	479 „	31 „
Zusammen	2929 fl.	26 kr.
Die Ausgaben betrugen	2453 „	11 „
somit der Museumsfond am Schluß des Jahres	476 fl.	14 kr.

Die Einnahmen stellen sich zusammen:

aus der Unterstützung des hohen Landtages mit	1050 fl.	— kr.
von der löblichen Sparkasse mit	300 „	— „
aus Beiträgen der Mitglieder mit	786 „	85 „
aus der Schenkung des Hrn. Hofrathes A. R. v. Tschabuschnigg mit	50 „	— „
aus dem Beitrag des Herrn Custos J. L. Canaval mit	200 „	— „
verschiedene andere Einnahmen mit	63 „	10 „
Zusammen obige	2449 fl.	95 kr.

Die Ausgaben waren:

Für die Bibliothek	467 fl.	45 kr.
für den botanischen Garten	100 „	— „
Vermehrung der Sammlungen und Anschaffungen für ihre Aufstellung	201 „	98 „
für wissenschaftliche Reisen und Untersuchungen	118 „	75 „
für die „Carinthia"	40 „	50 „
für Museums-Einrichtungsstücke	109 „	74 „
für Porto, Frachten, Kanzleiauslagen	91 „	66 „
für Haus- und Kabineterfordernisse	119 „	76 „
für Beheizung und Beleuchtung	267 „	41 „
für Gehalte	525 „	— „
für Remuneration und Löhnung des Amanuensis und Dieners	323 „	— „
für verschiedene kleine Auslagen und Abfertigung des früheren Museumsdieners	87 „	86 „
Zusammen obige	2453 fl.	11 kr.

Roheisen- und Blei-Preise im März 1865.

Eisen-Preise.

Köln: per Zollcentner in Oe. W.: Holzkohlen-Roheisen 2 fl. 25 kr. — 2 fl. 62½ kr., Cokes-Roheisen affinage 1 fl. 87½ kr. — 2 fl. 10 kr., graues 2 fl. 25 kr. — 2 fl. 40 kr., Schottisches Nr. 1 2 fl. 40 kr. — 2 fl 55 kr. Stabeisen grobes 4 fl. 80 kr. — 5 fl. 10 kr., Gußstahl 33 fl. — 36 fl., Puddelstahl 15 fl., Edelstahl 21 fl. Schlesisches Holzkohlenroheisen loco Berlin 2 fl. 60 kr., Cokes-Roheisen loco Hütte 2 fl. 15 kr. Berlin: Stabeisen geschmiedet 6 fl. 75 kr. — 7 fl. 25 kr., gewalzt 5 fl. 50 kr. — 6 fl. 25 kr.

Auf österreichische Meiler à 10 Centner berechnet: Köln: Holzkohlenroheisen 25 fl. 20 kr. — 29 fl. 40 kr., Cokes-Roheisen affinage 21 fl. — 23 fl 50 kr., graues 2 fl. 25 kr. — 2 fl. 68 kr., Schottisches Nr 1 2 fl. 68 kr. — 2 fl. 85 kr ; Stabeisen grobes 52 fl. 76 kr. — 57 fl. 12 kr., Gußstahl 359 fl. 60 kr. — 403 fl. 20 kr., Puddelstahl 168 fl., Edelstahl 135 fl. 20 kr. Schlesisches Cokesroheisen loco Hütte 2 fl. 40 kr. Berlin: Schlesisches Holzkohlen-Roheisen 27 fl. 32 kr., Stabeisen geschmiedet 75 fl. 61 kr. — 81 fl. 20 kr , gewalzt 61 fl. 60 kr. — 70 fl.

Blei-Preise.

Köln per Zollcentner: Raffinirtes Weichblei 9 fl. 25 kr. — 9 fl. 50 kr. Hartblei 9 fl., Goldglätte 9 fl. 30 kr. — 9 fl. 75 kr., Silberglätte 8 fl. 70 kr. — 9 fl. Berlin: Tarnowitzer 9 fl. 63 kr., sächsisches 9 fl. 63 kr.

Auf Wiener Centner berechnet:

Köln: Raffinirtes Weichblei 10 fl. 36 kr. — 10 fl. 64 kr., Hartblei 10 fl. 8 kr. — Goldglätte 10 fl. 41 kr. — 10 fl. 92 kr., Silberglätte 9 fl. 75 kr. — 10 fl. 8 kr. Berlin: Tarnowitzer 10 fl. 78 kr., sächsisches 10 fl. 78 kr

---

Durchschnittspreise der Lebensmittel zu Klagenfurt im März 1865.

		fl.	kr.			fl.	kr.
Weizen		4	55	Speck, geselchter		—	40
Roggen		3	46	„ roher	das Pfund	—	33
Gerste		3	9	Schweinschmalz		—	43
Hafer	der Vierling	1	71	Eier		—	4
Heide		3	38	Hendl		—	—
Mais		3	32	Kapaunen	das Paar	—	—
				Enten		—	—
Brein (gestampfte Hirse)		6	99	Gänse		—	—
Erbsen		4	65	12″ Scheiterholz, hartes		4	17
Linsen	der Vierling			12″ Scheiterholz, weiches	loco Lend eine n. ö. Klftr.	3	20
Fisolen, weiße		5	30				
rothe		—	—	30″ Scheiterholz, weiches		4	50
Erdäpfel		—	—				
Rindschmalz	das Pfund	—	53	Heu	der Zentner	1	5
Butter		—	51	Stroh		—	55

Herausgegeben vom Geschicht-Vereine und natur-historischen Landesmuseum in Kärnten. — Verantwortlicher Redakteur Dr. Heinrich Weil. — Druck von Ferd. v. Kleinmayr unter verantwortlicher Leitung des Alexius Kosler in Klagenfurt.

Carinthia.

№ 5.   Mai   1865.

Ueber die Sprache. *)

Von Dr. Heinrich Weil.

Wenn auch die Untersuchungen über die menschliche Sprache im Allgemeinen in das Alterthum hinaufreichen, womit jedoch die ebenfalls sehr alten grammatischen Behandlungen einer bestimmten Sprache nicht verwechselt werden dürfen, so ist doch die eigentliche Wissenschaft der Sprache die jüngste Wissenschaft, jünger sogar als die Geologie und reicht kaum über 50 Jahre zurück. Dieß ist großentheils auch der Grund, warum diese Wissenschaft noch keinen allgemein angenommenen technischen Ausdruck erhalten und daß man noch immer die Wahl hat, den mit „Wissenschaft der Sprache" am richtigsten gegebenen Begriff, durch „Linguistik, vergleichende Philologie, Glossik, Glottik" u. s. w. zu bezeichnen. Die Neuheit dieser Wissenschaft, die Beschränkung derselben auf einen verhältnißmäßig kleinen Kreis von Gelehrten, also die Unbekanntschaft der großen Masse der Gebildeten und übrigen Fachgelehrten mit derselben, ist aber auch Ursache, daß die Einreihung dieser Wissenschaft in das System der übrigen insoferne noch auf Widerspruch stößt, als sie die Einen dem Gebiete der historischen die Andern dem Gebiete der physischen Wissenschaften zutheilen. Und doch ist es nothwendig, diesen Punkt in's Klare zu setzen, um späteren Mißverständnissen vorzubeugen und überhaupt den Standpunkt dieser Untersuchungen zu kennzeichnen. Historische Wissenschaften sind solche welche die Werke der Menschen unmittelbar genommen zum Gegenstande haben, wie Philologie, Geschichte, Moral, Politik, Religion, Rechtswissenschaften u. dgl. —

---

*) Nach den Vorträgen desselben, gehalten im Museum am 24. und 31. März, dann 7. April, mit Zugrundelegung von Dr. Max Müllers Werk über die Wissenschaft der Sprache (Leipzig, bei Gustav Mayer 1863).

Phyſiſche Wiſſenſchaften ſind ſolche, welche die Werke der Natur wiſſen=
ſchaftlich behandeln, wie Naturgeſchichte, Geologie, Phyſik u. ſ. f. —
Wäre man nun geneigt, die Wiſſenſchaft der Sprache, welche ja auch
den Namen der vergleichenden Philologie trägt, mit der Philologie über=
haupt unter die hiſtoriſchen Wiſſenſchaften zu rechnen, ſo würde man
das Weſen derſelben verkennen; denn wenn der Philologe die Sprache
als Mittel behandelt, um die Literaturſchätze des Alterthums aufzu=
ſchließen, die politiſchen, moraliſchen und ſozialen Zuſtände, überhaupt
das Geiſtesleben der Vorzeit zu erkennen, und er alſo nur die Spra=
chen behandelt, welche ihn zu dieſem Ziele führen können, welche eine
Literatur haben, — ſo iſt dem vergleichenden Philologen oder dem Lin=
guiſten die Sprache des Menſchen als ſolche Ziel und Gegenſtand ſei=
ner Forſchungen, er ſtudirt ſie wie er ſie in der Natur geworden vor=
findet, ihn intereſſirt das Deutſch eines Göthe oder Engliſch eines
Shakeſpeare ebenſo, ja vielleicht oft weit weniger als das Kauder=
wälſch eines barbariſchen Stammes, als die Naturlaute der Hottentotten.
Die Wiſſenſchaft der Sprache iſt alſo eine phyſiſche Wiſſenſchaft und
ihre Methode muß daher die gleiche ſein. Mit dieſer Einreihung ſcheint
freilich auch ſchon die Entſcheidung einer andern Frage vorweggenom=
men, ob nämlich nicht die einzelnen Sprachen das Ergebniß des Ueber=
einkommens zwiſchen den Gliedern eines Stammes u. ſ. f., alſo ein
hiſtoriſch gewordenes ſeien; wir werden aber ſpäter noch auf dieſen wich=
tigen Punkt zurückkommen, und können daher dieſe Frage vorläufig noch
als eine offene behandeln.

Die Wiſſenſchaft der Sprache zeigt auch in der That, wie alle
andern phyſiſchen Wiſſenſchaften drei Perioden, die empiriſche, die klaſſi=
fizirende und die theoretiſche oder beſſer die ſpekulative Periode. In der
erſten derſelben iſt der Forſcher noch lediglich Sammler, dem es darum
zu thun iſt, möglichſt viel Thatſachen oder Exemplare zuſammenzubrin=
gen, dieſelben nach ihren äußern Mierkmalen feſtzuſtellen, ſie zu beſchrei=
ben. Die einfache Beobachtung führt ihn zur Erkenntniß des den Ein=
zelnen Gemeinſamen und des ſie Unterſcheidenden, es entſteht der Be=
griff der Spezies und Gattung, bis das Gemeinſame der Gattungen auf
eine höhere Stufe, nämlich die der Claſſen, und dann weiter die der
Ordnungen und ſo fort leitet. So wird das ganze Erſcheinungsmate=
riale in ein Syſtem gebracht, in welchem Alles ſeinen angewieſenen Platz
hat, von deſſen Höhe aus Ordnung in das ſcheinbar Chaotiſche gebracht
iſt, Vernunft= und Geſetzmäßigkeit ſich zu offenbaren beginnt. Durch

Letzteres geht die zweite eben beschriebene Periode, nämlich die klassi-
fizirende in die dritte, das ist in die theoretische oder spekulative Periode über, wo die hohen Fragen nach Ursprung und Zweck,
nach dem Wesen der Erscheinungen ihre Behandlung finden, auf welcher
Stufe dann jede Wissenschaft mit allen andern auf gleicher Höhe ange-
langten zusammentrifft, und endlich der Menschengeist den Zusammenhang zwischen allem Wissen theils ahnend theils erkennend den Höhepunkt erreicht hat, von dem aus alle Wissenschaften untereinander ein
System bilden, d. i. der philosophische Standpunkt. Jene drei Perioden
folgen, Zeuge die Geschichte der Wissenschaften, bei den meisten auch historisch aufeinander, obwohl bei einzelnen die Eine oder Andere den Vor-
tritt erhalten hat. So hat beispielsweise in der vorzugsweisen exacten
Astronomie die theoretische Stufe zuerst den Anstoß zu einer richtigen Erkenntniß der Planetenbewegungen gegeben. Copernicus der Entdecker
derselben gesteht nämlich in seinem Papst Paul III. gewidmeten großen
Werke, daß er auf die Entdeckung der Centralstellung der Sonne und
der Achsendrehung der Erde weder durch Beobachtung noch durch Analyse geführt worden sei, sondern durch die wahrscheinlich nur intuitive
Behauptung des Pythagoräers Philolaos: daß in den Bewegungen der
Himmelskörper Symmetrie liegen müsse, eine Eigenschaft, welcher die
bis Copernicus geltende Anschauung aber ermangelte. Es wird uns
daher nicht Wunder nehmen dürfen, wenn wir bei der geschichtlichen
Entwicklung, welche die Wissenschaft der Sprache genommen, die theoretische oder spekulative Stufe den übrigen oft vorgehen sehen werden;
genug an dem, daß diese Wissenschaft heute bereits eine solche Entwicklung erlangt, daß bei systematischer Behandlung jene drei Perioden als
aufeinanderfolgend vorgenommen werden können.

Bevor wir aber das Charakteristische dieser drei Perioden wirklich
hervorheben und damit eine wenn auch nur sehr fragmentarische Uebersicht über den heutigen Stand dieser Wissenschaft gewinnen, scheint es
zweckmäßig, auch die mancherlei Einwendungen zu berühren, welche man
gegen die Einreihung dieser Wissenschaft unter die Naturwissenschaften
erhoben hat, durch deren Erörterung und Widerlegung wir gleichzeitig
unserem Gegenstande immer näher rücken. Der erste Einwand hängt
mit einer Ansicht über den Ursprung der Sprache zusammen, welche
in England vorzüglich und zwar durch Locke und Adam Smith ausgebildet wurde, welche viele Philosophen, doch zumeist nicht deutscher Ra-
tionalität theilten, und die überhaupt ziemlich allgemein ist.

Es ist die Ansicht, daß die Sprache ein Werk des Menschen sei, nicht weniger als eine Bildsäule, ein Gesetz, ein Gemälde Menschenwerk ist, und daß daher sowie die Aesthetik oder die Rechtslehre zu den historischen oder moralischen Wissenschaften gehöre, auch die Wissenschaft der Sprache dahin gerechnet werden müsse. Man stellt sich nämlich vor, daß sich ursprünglich die Menschen mittelst Gesten und Mienen verständigt haben, und daß sie später als die Ideenentwicklung eine reichere geworden und es nicht mehr genügte, auf sinnliche Gegenstände bloß hinweisen zu können, man ein anderes Ausdrucksmittel der Gedanken, die Worte ersann, deren Bedeutung durch gemeinsame Uebereinstimmung der Menschen dann festgestellt worden sei. Wir übergehen hier die weitern sich bekämpfenden Anschauungen, von denen Eine die Verba, die andere die Nomina als die ersten Worte betrachtet, sowie die fromme Gegenbehauptung, daß Gott den Menschen die Sprache gelehrt habe, was doch durch die Bibel selbst widerlegt würde, nach welcher Adam jedem Thiere seinen Namen gab, und wenden uns direkt gegen jene Ansicht.

Diese aber zerfällt durch die einfache Erwägung, daß bis jetzt weder nachgewiesen wurde, noch es überhaupt erklärlich ist, wie denn zwischen den Menschen ohne daß sie sich bereits einer Sprache bedient hätten, ein Uebereinkommen darüber, welche Worte den einen und den andern Gegenstand künftig bezeichnen sollen, auch nur möglich war. Konnten sie etwa ein so wichtiges, so complizirtes Abkommen mittelst Gesten und Mienen treffen?? —

Ein weit beachtenswertherer Einwand aber wird aus der Natur selbst hergeholt. Diese sagt man, habe nämlich keine Geschichte in dem Sinne, wie z. B. die Kunst, die Religion, das Recht, die Moral eine Geschichte habe; denn die Blume, welche heute der Botaniker beobachte, sei dieselbe wie von Anbeginn, die Biene baue ihre sechseckigen Zellen wie vor Jahrtausenden, die Kunstfertigkeit des Bibers sei um keine Linie fortgeschritten, die Nachtigall flöte heute nicht anders als die Philomele der Griechen. Nur das könne Gegenstand einer Naturwissenschaft sein, was jene Unveränderlichkeit der Natur zeige. Die Sprache aber hingegen sei nicht in jenem Sinne geschichtlos, sie habe eine Geschichte und sei daher Gegenstand einer historischen Wissenschaft. Und in der That hat dieser Einwand viel Bestechendes, wenn wir die große Anzahl der bekannten Sprachen und Dialekte welche man auf neunhundert annimmt, nebst allen ihren provinziellen Verschiedenheiten betrachtet, wenn man den Wandlungen nachspürt, aus denen z. B. das Latein sich zum Italienischen, Spanischen, Portugiesischen, Provencalischen und Rhäto=romanischen entwickelt hat, wenn man erkennt, daß diese Dialekte mit allen teutonischen, mit dem Griechischen, den alten Sprachen Indiens und Persiens Eine Familie, die arische Sprachenfamilie darstellen, welche mit den zwei andern Nebenströmen, d. i. den semitischen und turanischen Sprachen auf Einen Hauptstrom zurückführen. Wer glaubt da noch läugnen zu können, daß der Sprache ein fortbildendes historisches Leben innewohne? Ja und um so weniger wenn man die Wandlungen an Einer Sprache in der historischen Zeit selbst verfolgt. Die Sprache des Bischofs Ulfilas ist vom Neuhochdeutschen so weit schon entfernt, daß sie wie Griechisch und Latein erlernt werden muß; wir lesen noch Luther und errathen manche absolute Ausdrücke aus dem Zusammenhange, aber die Sprache der Minnesänger und des Nibelungenliedes ist schon Gegenstand spezieller Studien. Die heilige Sprache der Veda's, dieses kraftvolle Idiom, sehen wir zu dem heute in Indien gesprochenen Seapoy=Dialekte verflacht; die Sprache des Zend=Avesta erscheint umgewandelt in die eines Firdusi; die Sprache Virgil's in jene Dante's, jene der Minnesänger in die eines Göthe. Wenn wir selbst die Idiome barbarischer Stämme betrachten, so finden wir sie nach 3 bis 4 Generationen schon total umgestaltet. Ja noch mehr, unter den Augen der lebenden Generation gehen diese Wandlungen vor sich; Ausdrücke kommen ab (Archaismen), andere kommen auf (Neologismen), dasselbe gilt von den Fremdwörtern in der Sprache; die Assimilationen und Vereinfachungen machen sich in der Schriftsprache, noch mehr aber in der Volkssprache geltend, so fällt es Niemand mehr ein z. B. Zimber zu sagen, sondern man schreibt Zimmer, die Volksdialekte machen es sich noch leichter, man sagt da: kammer (kann man), wermer (werden wir), sollmer (sollen wir) u. s. f. Eben so auffallend ist die Abschleifung der Endungen, wie z. B. im Deutschen das e auf Kosten des abfallenden n immer mehr und mehr Uebergewicht bekommt; wir lassen uns nämlich allenfalls noch das Wort Glaub e n gefallen, wagen es aber nicht mehr „der Has e n" zu sagen; in Schiller's Lied an die Freude finden wir noch: „Freude, holder Götterfunk e n" aber unsere Schuljungen behaupten schon, daß Schiller nur dem Reime auf „trunken" zu Liebe das Wort gebraucht habe, denn man sage ja Funke und nicht Funken. — Und dennoch finden wir einen großen Unterschied zwischen der Sprache und den Gegenständen der historischen Wissenschaften. Bei diesen ver=

mag das Individuum, vor Allem aber das Genie eine wesentliche Aenderung hervorzubringen; ein Aristoteles, ein Rafael, ein Michael Angelo, ein Shakespeare, ein Kaulbach vermögen ihrer Kunst, ihrer Wissenschaft eine neue Richtung zu geben, sie auf eine neue Stufe zu heben, epochemachend zu sein. Der Einzelne vermag gegenüber der Sprache als solcher gar nichts. Ein Kaiser Sigismund z. B. wandte beim Concilium zu Konstanz das Wort schisma als ein Femininum an und erklärte es über den Einwurf eines Mönches in souverainer Machtvollkommenheit als ein Femininum*), es ist aber doch ein Neutrum geblieben. Die ersten Dichter und Prosaiker haben nicht einmal Worte, sondern nur neue Zusammensetzungen einzuführen gesucht, und ihre Bemühung ging meist spurlos vorüber. Man versuche es nur die einfachste Sprachregel umzuändern und man wird an eine unübersteigliche Schranke stoßen. Man versuche beispielsweise statt der eigentlichen Superlativform „der bescheidenste" den Superlativ durch Umschreibungen mit „höchst" oder „sehr" oder „recht" oder „am meisten" zu bilden, und man wird darum Widerspruch erfahren, weil sich die Andern auf den dadurch völlig geänderten Sinn berufen können. Während der Sprachgeist zur Bildung der Comparativform z. B. in der spanischen, portugiesischen, walachischen Sprache das lateinische magis erfordert**), verlangt der Franzose, der Provencale, der Italiener das lateinische plus.***) Keine Autorität kann dieses Verhältniß ändern. Andererseits erscheinen in einer lebenden Sprache plötzlich wieder Worte, Ausdrücke, Wendungen, von denen man nicht weiß, wo sie hergekommen seien, die sich aber nichtsdestoweniger doch nicht auf ein schöpferisches Individuum zurückführen lassen. In der Conversation der feinen Pariser Gesellschaft z. B. trifft man gegenwärtig auch eine sehr große Anzahl von Wörtern, die man selbst in den neueren Wörterbüchern vergeblich sucht. Der Prozeß, den die Sprache eingeht, ist eine Zusammensetzung der Nothwendigkeit und des freien Willens. Bei Hervorbringung neuer Worte und grammatischer Formen scheint bloß das Individuum thätig zu sein und ist es auch, aber es kann doch erst eine Wirkung hervorbringen, nachdem seine Individualität in der mitproduzirenden Thätigkeit der Familie, des Stammes, der Nationalität untergegangen ist, nachdem es gleichsam die Approbation des

---

*) „Videte Patres, ut eradicetis schismam Hussitarum."

**) (mas dulce, mais doce, mai dulce).

***) plus doux, plus dous, piú dolce.

Sprachgeistes oder wenn man will des Volksgeistes erlangt hat. Das ist der große Unterschied zwischen dieser und der historischen Entwicklung. Die Wandlungen der Sprache sind kein Ergebniß geschichtlicher Akte, sondern die Frucht eines Wachsthums. Damit dieß aber nicht als eine leere Phrase erscheint, ist es nöthig nachzuweisen, worin denn eigentlich dieses Wachsthum bestehe, was freilich nicht leicht zu zeigen ist, und zu welchem Zwecke wir weiter zurückgreifen wollen, wodurch wir aber zugleich einen tiefern Einblick in das Wesen der Sprache erlangen werden. — Da die Sprache zum Ausdrucke unserer Gedanken dient so folgt daraus mit Nothwendigkeit, daß in derselben **kein Bestandtheil ohne eine bestimmte Bedeutung sei und daß daher ein Wort nicht mehr und nicht weniger enthalte als zur Ausprägung einer bestimmten Bedeutung nothwendig sei.** Hienach scheint es unmöglich zu sein, daß an den Theilen eines Wortes Veränderungen geschehen ohne das eigentliche Ziel der Sprache zu verrücken. Wirklich ist dieß auch bei einigen Sprachen der Fall, wie im Chinesischen. Dort heißt z. B. zehn schi, und zwei eúl, Worte, an denen nicht das Geringste geändert werden darf ohne die ganze Bedeutung zu ändern. Eben so starr wie die Zusammensetzung der Laute zu einem Worte, ist dort aber auch die Behandlung oder Zusammensetzung der Worte selbst. Will man z. B. zwanzig ausdrücken, so werden jene zwei Worte mechanisch aneinandergeschoben wie wenn man im Deutschen statt zwanzig zwei-zehn sagen wollte, wodurch man im Chinesischen eul-schi bekommt. An dieser Zusammenfügung darf, ohne den Sinn zu stören wieder nicht das Geringste geändert werden. Ebenso ist es im Tibetanischen, wo zwanzig auch aus zwei (nyi) und zehn (tschu) zu nyi-tschu gebildet wird.

Vergleichen wir aber nun den Ausdruck für zwanzig im Chinesischen mit jenem im Lateinischen, Griechischen und Sanskrit, so scheint in diesen Sprachen die Zahl zwanzig nicht nach gleichem System wie eúl-schi gebildet zu sein, indem zwanzig im Lateinischen nicht duo-decem, im Griechischen nicht dyo-deka oder im Sanskrit nicht dvi-dása, sondern viginti, eikosi (dor. eikati) und vińsati heißt; nichtsdestoweniger sind diese Worte doch auf dieselbe Weise entstanden. Nehmen wir beispielsweise das Sanskritwort für zwanzig nämlich vińsati, so unterliegt es keinem Zweifel, daß der erste Theil viń oder vi aus dem ältern dvi entstanden ist (sowie ja auch das lateinische bis zweimal mit dem griechischen dis, das den Begriff der Entzweiung enthält, aus dem ältern wieder auf das Sanskrit zurückführende Worte dvis entstanden ist); das vi oder vin gilt also soviel wie dvi. Im Sanskrit heißt ferner zehn dásan und die Dekade dásati oder verkürzt 'sati; das Sanskritwort vinsati ist also aus dem oben erwähnten dvi-dása oder zwei-zehn geworden, in welch' Letzterem das mit dem Chinesischen gleiche System in die Augen springt. Es wäre nicht schwer nachzuweisen, daß der erste Theil der Worte viginti und eikati auf gleiche Weise entstanden sei und ebenfalls zwei bedeute, so wie daß der zweite Theil nämlich das ginti und kati in der Bedeutung von zehn durch einen ähnlichen Prozeß verwandelt wurde, der sich auch in dem deutschen zwan-zig sehr deutlich verfolgen ließe. Nun vergleiche man aber den Charakter dieser umgewandelten Wörter mit jenem chinesischen eúl-schi und man wird finden, daß während in Letzterem alles wie starrer Marmor unveränderlich geblieben ist, dort das gleichsam weichere Material so mannigfache Abreibungen erfahren hat, daß die für das Auge ganz veränderte Gestalt auf den ersten Blick keine Spur des früheren Zustandes zu zeigen scheint. Mit dem Eintreten dieser Erscheinung verliert sich aber auch zugleich das Bewußtsein der Bedeutsamkeit eines jeden Fragmentes in einem Worte, sobald die Worte einmal solche Conglomerate geworden sind, und das Sprachgefühl stirbt gleichsam ab. Die Theile des Wortes erhalten sich nicht mehr selbst durch das Gewicht der Bedeutung jedes einzelnen Theiles, sondern das ganze Wort erhält sich fortan nur mehr durch Tradition von Generation zu Generation. Der Franzose der zwanzig vingt nennt, das aus viginti entstanden, hat keine Ahnung mehr davon, daß dieses Wort die Elemente von deux (sanskr. di) und dix (sanskr. dása) enthält. Nicht besser geht es uns Deutschen mit zwan-zig, drei-ßig, vier-zig u. s. f. Man hat diese Erscheinung, die in allen nicht einsilbigen Sprachen vorkommt und welche eines jener Elemente bildet, die uns zur Annahme eines natürlichen Wachsthumes in der Sprache berechtigen, die phonetische Corruption oder den lautlichen Verfall in der Sprache genannt. Ein schlagendes Beispiel dieser phonetischen Corruption bildet auch die Adverbialbildung in den romanischen Sprachen. Die Grammatiker sagen: das Adverbium werde hier gebildet, indem man der weiblichen Form des Adjektives im Franz. die Silbe ment, im Italienischen und Spanischen die Silben oder das Wörtchen mente anhänge, wodurch z. B. im Französischen aus vraie vraiement, im Italienischen aus vera veramente, im Spanischen aus precisa precisamente werde. Nun begegnen wir im Lateinischen Ausdrücken, wie bona mente, wir lesen im Ovid: „Insistam forti mente" was heute der Franzose übersetzt mit: „l'insisterai fortement". Wir können es hier fast mit der Hand erfassen, was bei der Umwandlung des Lateinischen in das Französische geschah. In Ausdrücken wie der frühere wurde nämlich das Wort mente nach und nach nicht mehr als ein besonderes Wort mit klarer Bedeutung gefühlt, es schmolz gleichsam an das andere an, und wurde gleichzeitig tonlos fast undeutlich ausgesprochen. Es hörte auf ein Wort zu sein und wurde ein formelles, ein grammatisches Element. So kann es nun mit seiner adverbialen Wirksamkeit in Worten vorkommen, bei denen wenn man es in seiner ursprünglichen Bedeutung anwenden wollte, der Sinn desselben bedeutend alterirt würde. Wenn der Franzose das Eisen „lourdement" zur Erde fallen läßt, so müßte er bei wörtlicher Uebersetzung der ursprünglichen Bedeutung zu seinem Erstaunen finden, daß er dem Eisen eine schwerfällige Seele (mens) zuschreibe. Der lautliche Verfall schont aber die Worte nicht immer in so hohem Grade wie die erwähnten Beispiele zeigen, er zersetzt meist die Worte so, daß kaum nur einige Bruchstücke davon übrig bleiben. So erscheint Tochter englisch daughter, welches im Sanskrit duhitar heißt, im Böhmischen schon zu dci (spr. tsi) zusammengeschmolzen. Das Wort pater und père erkennt man leicht als identisch, aber ohne tiefere Studien würde man nicht glauben, daß auch das armenische hayr, Vater, aus gleichem Stamme entsprossen ist, was jedoch leicht geschieht wenn man einmal weiß, daß im Armenischen sehr häufig das h an die Stelle des ursprünglichen p tritt. So ist das franz. même aus dem lateinischen semetipsissimus hervorgewachsen, und in aujourd'hui kommt das lateinische dies zweimal vor, da nämlich jour aus diurnum und hui aus hodie entstanden ist. Daß aber dieser lautliche Verfall keine moderne Erscheinung ist, sondern seit Jahrtausenden, ja seit den ersten Tagen der Sprache dieselbe umwandelt, dafür sprechen die untrüglichsten Beweise. Weil derselbe aber eben ein **Verfall** ist, was von dem Begriff des Wachsthums zwar nicht ausgeschlossen ist insoferne nämlich in diesem auch die Umwandlung der Gebilde liegt, was aber nicht gerade das Charakteristischeste desselben ausmacht, so wollen wir uns nun an jenes Element in der Entwicklung der Sprache wenden, welches noch mehr die Annahme eines natürlichen Wachsthums, wenigstens in dem Sinn, in welchem man vom Wachsen der Erdrinde oder vom Wachsen eines Krystalles spricht, rechtfertigen wird. Es ist dieß die sogenannte **dialektische Wiedererzeugung**, oder deutlicher ausgedrückt: **das Wachsthum durch die Mundarten.** Fassen wir zuerst den Begriff des Dialektes oder der Mundart ins Auge. Man ist geneigt denselben als etwas minder Beachtenswerthes, als etwas Inferiores, gegenüber einer bestimmten Literatursprache anzusehen, ebenso häufig aber auch als etwas Verderbtes, als etwas, was gleichsam durch Degeneration der Schriftsprache entstanden sei. Die sprachwissenschaftlichen Untersuchungen haben aber auch dieß als ein bloßes Vorurtheil, als einen großen und schädlichen Irrthum erkennen lassen. Das was wir gewöhnlich mit dem Vorzugstitel einer Sprache gegenüber den verschiedenen Mundarten bezeichnen, ist nämlich auch nichts anderes als ein Dialekt, welcher jedoch durch die Literatur die sich seiner bemächtigte, in seinem natürlichen Processe aufgehalten, gleichsam festgebannt worden ist. Neben ihm fließen wie Nebenströme die einzelnen Mundarten dahin, und führen ihr frisches Leben lustig weiter, während der zur Literatursprache erhobene Dialekt immer mehr erstarrt und wenn auch allmälig so doch sicher abstirbt. Wir betrachten z. B. das classische Latein als eine Sprache, und vergessen zu leicht dabei, daß dasselbe nur einer von den vielen italischen Dialekten ist, welcher durch Livius Andronicus, Ennius, Nävius, Cato u. s. f. literarisch festgesetzt, und dann durch die Scipionen, Hortensius, Cicero u. s. f. ausgefeilt und verfeinert worden ist. Es war der Dialekt Latiums, in Latium Roms, und in Rom der der Patrizier. Es war die Sprache einer Classe, der herrschenden politischen Partei, und ist den übrigen durch die Macht der äußeren Verhältnisse gewissermaßen aufgedrungen worden. Diese wie alle anderen Literatursprachen haben mehr ein künstliches Leben, während das eigentliche, frische, warme Leben in den Mundarten pulsirt und dort eine ungeheure Mannigfaltigkeit entwickelt. Die Literatursprache mag sich noch so ausdehnen, sie wird die Mundarten nie ganz ersticken. In Deutschland lebt trotz der großen Verbreitung der Literatur eine große Anzahl von Mundarten fort; in Italien rechnet man zwanzig, in Frankreich vierzehn unterscheidbare Dialekte, welche im heutigen Griechenland gar die Zahl von siebzig erreichen sollen.

Ein eclatantes Beispiel einer großen Anzahl von Mundarten einer Sprache, die selbst nicht ohne Literatur ist, bildet das Friesische, welches an der deutschen Nordwestküste zwischen Schelde und Jütland, dann an den Inseln längs der Küste und zwar seit zwei Jahrtausenden gesprochen wird. Begriffe, welche sonst bei allen civilisirten Völkern der verschiedensten Zunge ziemlich gleichlauten, haben hier die abweichendsten Bezeichnungen. z. B. Vater wird auf jeder Insel anders bezeichnet; ebenso variiren die Namen der Inseln selbst, so z. B. heißt die Insel Sylt bald „Söl", bald

„Sol“ und bald wieder „Sal“. Der Missionär Sagard, welcher 1626 unter den Huronen in Nordamerika reiste, gibt an, daß kaum Ein Dorf dieselbe Sprache rede, ja nicht einmal die einzelnen Familien; bei den wilden Stämmen in Central-Amerika reichen oft 10 Jahre hin, daß ein von einem Missionär angelegtes Wörterbuch schon aufgehört hat, wahr zu sein. Ein noch weiter gehendes Beispiel erzählt Moffat aus Südafrika, wo es häufig vorkommt daß alle Erwachsenen auf mehrere Tage in die Wüste ziehen, und daß die zurückbleibenden Kinder sich während dieser Zeit, freilich in einem sehr beschränkten Ideenkreise gewissermaßen eine neue Sprache erfinden, welche selbst wieder auf die Erwachsenen nach ihrer Rückkehr zurückwirkt, so daß nach einer Generation schon der Charakter der Sprache total verändert ist. Dieß ist offenbar der Naturzustand der Sprache, wo in einzelnen Familien sich gewisse Ausdrücke festsetzen, die sich andern mittheilen, dadurch endlich im ganzen Clan heimisch und endlich ein Gemeingut der Clangenossenschaft werden. Wir sind durch die Analogie berechtigt anzunehmen, daß es bei allen Sprachen mehr oder weniger so gewesen sei, die wir erst kennen lernten nachdem sie sich literarisch fixirt hatten. Erzählt doch Polybius, daß selbst gebildete Römer die Sprache der alten Verträge zwischen Rom und Carthago nicht mehr verstanden, und gesteht selbst Horaz, daß er die alten salischen Gedichte nicht verstehen konnte. Unser heutiges Hochdeutsch ist ja auch nur aus dem Dialekte entstanden, den man zur Zeit Luthers in Obersachsen sprach, und das heutige Englisch ist nicht nur aus dem Angelsächsischen von Wesser hervorgegangen, sondern aus sämmtlichen Dialekten, die in Großbritanien gesprochen wurden, und die durch das Lateinische, Dänische, Normänische und alle andern fremden Elemente stetig modifizirt worden sind. Der ungeheure Einfluß der Dialekte, welcher für die Fortbildung einer Sprache das ist was der Pflanze der heimische Boden, läßt sich am besten dort erkennen, wo wir einen aus seiner Heimath fortgerissenen Dialekt auf fremdem Boden später zu beobachten Gelegenheit haben. Ein solches und zwar sehr sprechendes Beispiel ist uns glücklicherweise aufbewahrt. Die Sprache, welche die norwegischen Flüchtlinge im 12. Jahrhunderte nach Island brachten, ist durch sieben Jahrhunderte ganz unverändert geblieben, weil derselben in ihrem isolirten Zustande, losgetrennt von den heimischen Dialekten, kein regenerirendes Element zugeführt wurde; auf ihrem heimatlichen Boden hat sich aber die Sprache, welche im 12. Jahrhundert noch Eine war zu zwei gesonderten Sprachen, nämlich zum Schwedischen und Dänischen fortentwickelt. Wir haben, als wir, entgegen der Behauptung, daß die Sprachwissenschaft zu den historischen oder moralischen Wissenschaften gehöre, die Ansicht äußerten daß sie zu den phy= sischen Wissenschaften zu rechnen sei, uns darauf berufen, daß sie ein Wachs= thum habe, dabei aber sorgfältig eine Analogisirung mit dem Pflanzenleben vermieden. Jetzt, wo die Elemente jenes Wachsthums, nämlich der laut= liche Verfall und die Wiedererzeugung durch die Mund= arten nothdürftig skizzirt wurden, wird der Leser leicht einsehen, in wel= chem Sinne das Wort „Wachsthum" hier genommen wurde: So wie die Erdrinde wächst, indem Pflanzen verwesen und Gesteine verwittern, ein Proceß der dem lautlichen Verfall analog ist, und wie Krystalle wachsen indem unter Festhaltung der Achsen Massen anschießen, ein Proceß der der Fortbildung durch die Mundarten unter Beibehaltung des grammatischen Gerippes analog ist, so sind wir also auch berechtigt von dem Wachsthum der Sprache zu reden, wodurch aber eben die Wissenschaft derselben von im spätern Verlaufe zu erörternden Gründen selbst abgesehen, zu einer phy= sischen wird. Wie bei einem Naturgegenstande gehen auch bei der Sprache alle Processe mit Nothwendigkeit und Gesetzmäßigkeit vor sich. Um ein Beispiel davon zu geben, in welchem Sinne Letzteres gemeint ist, soll hier zum Schlusse dieser gewissermaßen nur einleitenden Untersuchungen noch Folgendes erwähnt werden: In den aus dem Lateinischen hervorge= wachsenen romanischen Sprachen lassen sich ganz bestimmte Gesetze entde= cken, nach welchen das bei allen Völkern vorfindige Streben nach Verein= fachung, nach Beseitigung der Anhäufung von Consonanten und Erleichte= rung der Aussprache bestimmt wird. Es ist z. B. ein Gesetz, daß das t zwischen zwei Vokalen in Worten wie das lateinische pater durchaus unter= drückt wird, womit auch das weitere Gesetz in Verbindung tritt, daß das Schluß m der lateinischen Worte im Französischen stets tonlos wird. So wird aus patrem zuerst patre (sprich patere) durch Elision von t nach dem obigen Gesetze wird paëre woraus sich leicht père entwickelt. Bei Fest= haltung dieser Gesetze läßt sich leicht ermitteln, was z. B. aus dem latei= nischen catenam, petram, pratum, pratariam, fatam (der späteren Fe= minalform von fatum), latrones u. s. f. im Französischen werden muß, und wir erhalten: caëna-chaine, peëra-pierre, präu-pré, praaria-prairie, faa-fée, larones-lairons. Ein anderes Gesetz läßt alle lateinischen Parti= cipien auf atus im Französischen auf é endigen, so amatus-aimé, proba= tus-prouvé, signatus-signé.

Im Folgenden sollen nun jene drei Perioden der Sprachwissenschaft, welche sie mit allen andern physischen Wissenschaften theilt, wie Anfangs erwähnt worden, wenigstens eine kurze Skizzirung erfahren.

Wenn nach allem Bisherigen auch gesagt werden muß, daß die erste Periode der Sprachwissenschaft die empirische sei, so ist doch nicht so leicht sich eine Vorstellung davon zu machen, worin das Wesen dieser Stufe eigentlich bestehe. Ein bloßes Zusammentragen von Ausdrücken der verschiedensten Sprachen allein, so nothwendig dieses Material für unsere Wissenschaft auch ist, würde für das letzte Ziel nämlich das Wesen und den Ursprung der Sprache wenig förderlich sein können. Was nun für die Naturgeschichte z. B. die Beobachtung und Beschreibung der Organe ist, das ist für die Sprachwissenschaft die Untersuchung der Redetheile, gleichsam der Organe des Sprachkörpers. Geschichtlich genommen war aber dieß doch nicht das Erste, sowie wir ja auch bei der Astronomie gesehen haben, daß die spekulativen Anschauungen des Philolaos dem Copernikus erst den Anstoß zu seinen Entdeckungen gaben. Den grammatischen Untersuchungen der Sprache gingen nämlich in der That jene der griechischen Philosophen, zunächst nicht über die Formen der Sprache, sondern über jene des Gedankens voraus, Untersuchungen, welche unabhängig von jedem praktischen Ziele und nur zur Erforschung des Wesens des Menschengeistes angestellt wurden. Plato fand so in den Formen, in welchen sich der Gedanke bewegt, das Nomen und das Verbum als Subjekt und Prädikat, ohne daß er auch dafür die seinem Zwecke ferneliegenden technischen Ausdrücke gewählt hätte; Aristoteles entdeckte die Form der Conjugation und des Artikels, und fand auch den Numerus durch die Aufstellung des Begriffes der Einheit und Mehrheit; den Dual fanden erst viel später auf Grundlage der homerischen Gesänge die kritischen Philologen Alexandriens, während den Ablativus den die Griechen gar nicht haben sowie den Namen dafür, noch weit später erst Julius Cäsar entdeckte, beziehungsweise erfand.

Alle diese Begriffe waren eine tüchtige, ja unerläßliche Vorarbeit für den eigentlichen Grammatiker, der aber nicht früher erstand, als bis sich das Bedürfniß nach Erlernung fremder Sprachen, und damit das Bedürfniß nach festen Regeln herausgestellt hatte. Dieses Bedürfniß hatten ober die Griechen sehr lange nicht; war ihnen doch jeder Nichtgrieche ein Barbar, dessen Stammeln zu erlernen ihnen unter ihrer Würde schien; nannten sie ja doch die Barbaren Aglossoi (Zungenlose), wie uns die Polen Niemiec (Stumme), und wie die Germanen die benachbarten Kelten mit dem Namen Walh, das mit dem Sanskritworte mlechha (undeutlich sprechend) zusammenhängt, beehrten, woraus dann das moderne „Wälsch" entstanden ist. Das erste Bedürfniß fremde Sprachen zu erlernen, zeigte sich in Folge der Perserkriege und der mazedonischen Eroberungszüge Alexanbers, welches Bedürfniß jedoch so ziemlich durch die Dolmetsche gedeckt wurde, deren Geschäft ein sehr gewinnbringendes war. Man lernte damals Sprachen nur so wie sie heutzutage die Kinder lernen, und ein Abkömmling von Eltern verschiedener Nationalität lernte sich eben in beiden Sprachen auszubrücken. Auch der sich immer mehr ausbreitende Handelsverkehr steigerte das Bedürfniß, aber da er seiner Natur nach auf gewisse Emporien beschränkt war, so reichten eben auch die Dolmetsche aus.

Eine wesentliche Veränderung dieses Verhältnisses bildete sich erst, nachdem Alexandrien unter den Ptolomäern der Sammelplatz aller Nationalitäten, der Aufenthaltsort wißbegieriger Gelehrten, Alterthumsforscher, Philosophen, Literaten aller Art, kurz der Mittelpunkt der Bildung geworden war. Aber auch da war es wieder nur das Griechische, das den Anstoß zu grammatischen Studien gab, und zwar war es das Bedürfniß nach Herstellung einer correkten Lesart der in den abweichendsten Manuskripten dorthin gelangten homerischen Gesänge, welche nach Verschiedenheit der Dialekte in deren Schooße jene Aufzeichnungen geschehen, auch die größten Verschiedenheiten zeigte. Es bildeten sich verschiedene Schulen, welche über die von ihnen behaupteten Lesarten und grammatischen Behauptungen in die hitzigsten Kämpfe verfielen. Es wird uns heutzutage schwer zu glauben, daß die Fragen ob Homer den Artikel überhaupt gebrauchte, ob er ihn vor Eigennamen oder selbst vor Götternamen angewendet, mit einem Eifer, ja mit einer Erbitterung betrieben wurden, gegen welche Alles andere zurückstand. Diese Zeit war es, wo man die von den Philosophen angewendeten allgemeinen Kategorien auf die concrete Sprache anwandte, wo man zur Unterscheidung der Redetheile in der griechischen Sprache unter Aufstellung fester Regeln gelangte, und wo für alle diese einzelnen grammatischen Begriffe auch die technischen Ausdrücke erfunden wurden. Daß damals auch zum ersten Male der Dual entdeckt und als solcher bezeichnet wurde, ist schon oben erwähnt worden.

Aus Alexandrien stammt auch die erste wirkliche griechische Grammatik und zwar von Dionysius Thrax. — Derselbe siedelte später zur Zeit des Pompejus nach Rom über, wo er als Sprachlehrer wirkte. In Rom war nämlich nicht erst damals sondern seit jeher die griechische Bildung die tonangebende gewesen. So weit die verbürgten Nachrichten über Rom zurückgehen, finden wir die Spuren griechischen Geisteslebens. Die Römer entlehnten von den Griechen das Alphabet, von ihnen lernten sie lesen und schreiben, ja sogar die altitalischen nationalen Gottheiten mußten sich die Gräzifirung und die Aufnahme griechischer Rivalen gefallen lassen.

Als man 454 v. Chr. an die Aufstellung eines Gesetzcoder ging, entsandte man Commissionen nach Griechenland, um die dortigen Gesetze zu studiren. Die griechischen Philosophenschulen versahen Rom mit ihren Systemen, sogar die ältesten Schriftsteller, wie Livius Andronicus, Ennius und viele andere waren griechischer Abkunft. Die römische Kunst war nur ein Ableger der griechischen. Die Lustspiele des Plautus hatten nicht nur die Localität nach Griechenland verlegt und griechische Charaktere vorgeführt, sie waren selbst nur Uebersetzungen oder Bearbeitungen griechischer Stoffe. Griechisch sprechen zu können war ein Erforderniß sozialer Bildung, griechische Worte mischten sich in die gewöhnliche Conversation, und diese Sprache war in der höhern Gesellschaft häufiger als etwa heutzutage das Französische in Petersburg, wo es doch fast ausschließliche Conversationssprache in den höhern Gesellschaftsschichten ist. Selbst der pedante conservative Hasser alles griechischen Wesens, Cato, dem es freilich gleichbedeutend mit Entnationalisirung und Unglauben erschien, lernte noch in seinem Alter Griechisch. Die erste lateinische Grammatik wurde 200 v. Chr. von Fabius Pictor griechisch geschrieben, und das Haus der Scipionen war der Mittelpunkt aller Literaten und Schöngeister, damit aber auch aller Griechenfreunde. Die Kinder wurden darin von Sklaven und Freigelassenen unterrichtet, während die Erwachsenen bereits längst an grammatischen Untersuchungen Geschmack gewonnen hatten. Jul. Cäsar, während er in Gallien gegen die Barbaren kämpfte und seine auf den Umsturz der alten Verfassung gerichteten Pläne schmiedete, schrieb eine lateinische Grammatik, welche er Cicero widmete und **entdeckte den Ablativus.**

Das war eben die **empirische Periode.** Die Grammatik aber, welche Dionysius Thrax geschrieben, hat im Wesentlichen unverändert bis auf den heutigen Tag ihre Wirkung geübt, und hat 2000 Jahre überdauert. Sie ist es im Grunde noch immer, nach denen in unsern Schulen, ja nach welcher selbst der junge Hindu in den englischen Regierungsschulen Indiens gelehrt wird, obwohl die Brahmanen bereits 600 Jahre vor Chr. eine in vielen Beziehungen vortrefflichere Grammatik geschaffen hatten. Das grammatische Studium mündet nach rückwärts gesehen bei den Griechen aus. Der junge Hindu lernte von den Engländern, dieser lernte von den Römern, die Römer von den Alexandrinern, und diese erhielten die ersten befruchtenden Ideen einer Grammatik von den griechischen Philosophen. Welch' ein Kreislauf!

(Fortsetzung folgt.)

Literatur.

Schiller's Kalender, vom 18. Juli 1795 bis 1805. Herausgegeben
von Emilie v. Gleichen-Rußwurm, geb. v. Schiller. Stuttgart, 1865.

Schiller's auf Greifenstein ob Bonnland in Franken wohnende edle
Tochter, zur Zeit wie das jüngste so auch das einzige noch überlebende seiner
Kinder, ist seit lange mit rührender Pietät für das Andenken ihres großen
Vaters bemüht. Ihre neueste Gabe aus dem Familien-Archiv ist die obengenannte, 194 Seiten starke Druckschrift, von welcher die Herausgeberin
im Vorwort sagt: „Nicht ohne Interesse werden viele Freunde Schiller's
die Veröffentlichung seiner Kalender begrüßen, welche er eigenhändig vom
18. Juli 1795 bis zum 29. April 1805, zehn Tage vor seinem Tode, führte,
und sich in ihnen so mancher Bemerkungen, wie der Ordnung und Pünkt-
lichkeit erfreuen, womit der Dichter sich auch seinen häuslichen Angelegenheiten widmete. Wohl mögen ihm diese kurzen Notizen zur Nothwendigkeit
geworden sein, ihn verbindend mit dem Laufe des täglichen Lebens, eine
Brücke seines idealen Daseins zur Wirklichkeit, und so werden sie Allen eine
willkommene Erscheinung sein, die den Dichter im Herzen tragen."

Wir bekennen, nicht von jedem berühmten Autor möchten wir solche
„domestica facta" gedruckt vor uns sehen; aber über ihren Lieblingsdich-
ter kann die deutsche Nation Heimliches und Häusliches gar nicht genug
erfahren, und wenn Einer, so war Schiller der Mann, welcher, wenn er
anders in seinem „Künstlers-Erdenwallen" über einen solchen Luxusgegen-
stand verfügt hätte, das bekannte Wort zu Schanden gemacht haben würde:
daß es keinen großen Mann gibt für einen Kammerdiener. So lesen wir
denn (S. 184) nicht ohne lächelnde Verwunderung ein Verzeichniß der statt-
lichen Garderobe unseres Dichters, die den Beweis liefert, daß er damals
in Weimar über dem innern Menschen den äußern keineswegs versäumte,
wie ihm das vor Zeiten ein Kamerad in der Karlsschule schnöderweise nach-
gesagt hatte. 33 bunte Schnupftücher, 37 Hemden, 7 Paar seidene Strümpfe,
13 Röcke, 15 Paar Hosen (darunter sogar lederne) u. s. w., das wäre selbst
für einen Gentleman, der niemals einen Vers gemacht hat, noch einen machen
kann, eine sehr ausreichende Garderobe. Da Schiller in jener Zeit manchmal spazieren ritt, klirren in dem Katalog auch ein Paar Sporen. Was
wir unserem Liebling ferner vom Herzen gönnen, so daß wir noch im Geiste
mit ihm anklingen möchten, ist, daß sein Flaschenkeller nicht des edlen und

unterschieblichen Rebensaftes ermangelte, sowie auch nicht der „Tropfen des Geistes" zum Punsch. Sogar einige Foglietten goldgelben Falerners (S. 168) waren von einem Freund verehrt, und hoffentlich wird er besser gewesen sein, als was man heutzutage in Italien auf dem alten Ager Falernus als horazisches Naß verzapft. Wie wohlfeil zu Anfang des Jahrhunderts noch das Brennholz war, werden Hausfrauen der Jetztzeit in Schiller's Kalender nicht ohne Seufzer lesen.

Abgesehen von diesen Notizen, die uns bei einem solchen Menschen und Hausvater interessiren, enthalten die Kalender gar manche literarische Andeutungen, welche bei aller lapidarischen Kürze dem Biographen und Literarhistoriker fruchtbringend werden können. Die mit Freunden, Schriftstellern und Verlegern gewechselten Briefe sind sorgfältig verzeichnet, ebenso bedeutende Besuche, die gemacht oder empfangen wurden. Göthe kommt fleißig ins Haus; mit ihm, W. Humboldt, Körner und Cotta wird am meisten korrespondirt. Ein Brief Schiller's an Kant vom Jahre 1785, der einzige, scheint leider verloren gegangen zu sein. Es fehlt nicht an kurzen Aufzeichnungen über die Arbeiten, welche Schiller eben zur Hand hatte; so erfahren wir z. B., daß er im Jänner 1805 die „Phädra" in 26 Tagen vollendete. Das Theater besucht er oft, und alle Stücke sind angemerkt. Angehängt ist ein Facsimile von Schiller's Handschrift in seinen letzten Tagen, und wehmüthigen Eindruck macht es, daß er zweimal vorgreifende Notizen über Monate und Jahre niederschrieb, die er nicht mehr erleben sollte. Wir sind der Frau v. Gleichen für diese Schillerfasten zu Dank verpflichtet.

(N. Fr. Pr.)

Aus der jüngsten Zeit haben wir zwei literarische Erzeugnisse zu verzeichnen, deren Verfasser Kärntner sind und derzeit in Graz domiziliren. Das erste ist Dr. Fritz Pichler's noch im Drucke befindliche „Repertorium für steirische Münzkunde", welchem Fachkenner alles Lob angedeihen lassen; das zweite ist die auch in der Wochenschrift der k. Wiener Zeitung von Dr. Zingerle äußerst günstig besprochene Abhandlung von Valentin Pogatschnigg: „Die Wälschen in der Sage."

Notiz.

In dem im Frühlinge 1845 zu Puch (St. Lorenzen zu Großbuch, jetzt Filiale der Pfarre Ponfeld) abgerissenen Thurmapfel ist, auf Pergament geschrieben, Nachstehendes gefunden worden:

Ad majorem Dei gloriam honoremque S^{cti} Laurentii.

Ex veteri structura dimidior altior IsthaC tVrrIs ereCta prIDIe nonarVM JVLII Regnantibus Sanctissimo Papa Clemente XIV, Augustissimo Jmperatore Josepho II^{do} Celsissimo Principe Archi-Episcopo Salisburgensi Hieronimo ex illustrissima Familia Principum de Colloredo, ac Celsissimo Principe Episcopo Lavantino et Vicario Generali Josepho, ex illustrissima familia Principum de Auersperg, nec non sub Gloriosis Auspiciis Excellentissimi D. Domini Francisci Josephi L. B. de Kaiserstein S. C. Majest. Consiliarii Actualis intimi Dⁿⁱ D^{num} de Starkstadt in Bohemia, Hexenagger in Bavaria, et Tentschach in Carinthia Dt. Patroni hujus Ecclessiæ ad S^{um} Laurentium ac Benefactori munificentissimo, ejusque Excellentissimæ Consortis Maria Theresiæ Natæ Comitissæ de Crystalnigg, et eorundem Illustrissimæ Progeniei Francisci Josephi, Joannis Ernesti Mariae Annae L. L. B. B. de Kaiserstein, Mariæ Annæ, et Franciscæ L. L. B. B. de Valvasor. Existentibus Barocho Franc. Anton: Walter, præfecto Jurisdictionis et Patronatus Ecclesiæ Wolfgang Anton: Schlangenberg, Economo Ecclessiæ Francisc. Pirker in Sehloissenhofs.

Hier hat die spate Welt ein kleines Blatt zu lesen
Daß jährlich einst zu Puch, ein großer Markt gewesen
Doch nahme dieser ab, und Niemand weiß warum
Ein so bevölkerts Orth verlöhre seinem Rum.
Man hat Laurenzen: Kirch verlassen daher stehen;
Den Thurm wie Tauben: Haus verdrüßlich Angesehen.
IMaßen aVf Die KIrCh Von hIe Benanten Jahr ⌊1615.
Wie man erweißlich find, fast nichts verwendet war,

Biß sich aus schickungen des Höchstens zugetragen,
Daß Ein Beförderer kam. Ach darf es sicher sagen
BIs Ihro EXCeLLenz Franz Graff Von KaiferfteIn
MIt Elfer Diß Gebey In Lentz angegangen sein. 1772.
Da wurd die Pucher Kirch gebaut, wie sichs gebührt,
Der Thurm mit Blech gedeckt, und prächtig aufgeführt.
Zu welcher Zeit allhier franz Walter Pfarrer war,
und Puch die Filial gehört Karnburg der Pfarr.

Daß auch Herr Schlangenberg die Tentsch. Pfleg vertrate
Und Kirchen Camersdienst, Franz Pirker auf sich hatte.
Und kurz! O solches Hauß nicht diese drey allein
Die ganze Pfarr muß dir ja Höchst verbunden sein,

Daß Jez und ein Kaplan aus groß und höchsten Gnaden
miteyfert zum Heil, und Wert der Seelen Schaden
Belon O Himmel dies, und gieb: mit einem Wort
Was Beyde Excellenz sich wünschen hier und dorth.

Es WVrDe zV Des HöChstens Ehr, aLs sonDer KIrChen
ZIrD, DIser BLeChene thVrm Von MIthen HöCher aVfgefVhrt.

———•———

Vermischtes.

Larvenzustände bei Fischen.

Eines der schwierigsten und daher auch vernachlässigtesten Kapitel
der Zoologie ist jenes, das von den Fischen handelt. Die rein zoologische Bearbeitung dieser Thierklasse ist eine so schwere Aufgabe, daß
sich nur bewährte Naturforscher an dieselbe wagten, und ihre Lösung
dennoch bis heute Vieles zu wünschen übrig läßt. Ja die Anatomie,
welche bei den anderen Thieren den Schlußstein der Untersuchung zu
bilden pflegt, hat auf diesem Gebiete in kurzer Zeit mehr Fertiges zu
liefern vermocht, als die jahrelangen Beobachtungen der Lebensweise
dieser Thiere, und die bis heute mangelhaften Versuche einer Syste-
matik. Mit um so größerer Erkenntlichkeit werden daher die Arbeiten
unserer heutigen Ichthyologen von der wissenschaftlichen Welt entgegen-
genommen, und die Bemühungen der Oesterreicher Kner und Stein-
dachner, sowie des Dänen Steenstrup und Anderer, fangen an, Licht auf
bisher ganz dunkle Partien dieses Kapitels der Zoologie zu werfen. Eine
der interessantesten Entdeckungen ist zweifellos die, daß auch Fische Larvenzustände durchzumachen haben. Bis vor Kurzem hatte man von
dieser Thatsache keine Ahnung und betrachtete die Larven so mancher
Fische als eigene Arten. Eine derselben bildete ein Fischchen aus der
Familie der Rundmäuler (Pricken), Ammocoetes branchialis. Max
Müller wies nach, daß dieses Thier nur die Larve von Petromyzon
Planeri, der kleineren Art unserer Flußpricken, sei. Sehr wahrscheinlich
sind noch viele andere Fische nur Larven, so dürften zum Beispiele Hel-
michthys und Leptocephalus nur Larvenzustände von Trichiurus sein.

Mit Sicherheit hat Steenstrup aber die Larve der Pleuronectiden
oder Schollen aufgefunden. Diese seltsamen Fische schwimmen bekannt-

lich auf der Seite und haben, dieser Einrichtung zufolge, ein ganz schiefes Gesicht. Beide Augen stehen auf der oberen Seite, und auch das Maul ist aller Symmetrie und allem Schönheitsgefühle zum Troze vollkommen schief nach oben gezogen. Doch nicht so ist es in der ersten Jugend des Fisches. Zu dieser Zeit ist er ein schönes, normal gebautes Thierchen, das gerade so auf dem Bauche schwimmt, wie es einem Fische zukommt und wie auch alle anderen es thun. Jederseits im Kopfe steht ein Auge und beide Körperhälften zeigen dieselbe Zeichnung und Farbe, während bei den erwachsenen Schollen die nach unten ge= kehrte Körperhälfte einförmig weiß ist. Nach und nach hat aber die Herrlichkeit ein Ende. Das Thier fängt an, sich allmälig auf die Seite zu neigen; anfangs nur dann und wann, später aber für immer. Die Neigung wird eine immer größere, und das Auge der einen Seite, wenig Luft zeigend, stets gegen abwärts ins Finstere zu gucken, fängt buchstäb= lich an, durch den Kopf hindurch neben das zweite zu rücken, dem das Loos zufiel, beständig gegen den Himmel gerichtet zu sein. Endlich liegt der Fisch ganz auf der Seite, um sich nimmer wieder aufzurichten. Das Auge der untern Hälfte nimmt seinen Platz neben dem oberen ein, die gegen abwärts gerichtete Seite entfärbt sich und die drollige Scholle ist fertig. Wer die Schwierigkeiten ins Auge faßt, welche einer so ein= gehenden Beobachtung eines Seewasserfisches entgegenstehen, wird Steen= strup den Zoll der Anerkennung nicht versagen.   (N. F. P.)

Das Versteck.

Erzählung von M. F.

I. Ein öffentlicher Briefschreiber.

Auf dem Markte des Städtchens Cosenza in Calabrien ging es sehr lebhaft zu. Einen guten Theil des Plates hatten die Viehhändler einge= nommen, braune, kräftige Gestalten, die zwischen den langbehörnten Rin= dern umherwandelten und mit Stolz dieselben zu betrachten schienen. Ma= lerisch gekleidete Gebirgssöhne feilschten mit südlicher Lebendigkeit, unter ausdrucksvollen Gesten und mit lauter Stimme um den Kaufpreis. Zwei= räderige Karren, mit Maulthieren oder Eseln bespannt und hoch mit Heu beladen, drängten sich dann und wann durch das Getümmel, und der laute Ruf „Gebt Acht!" brachte oft eine unliebsame Störung in den Handel. Die weißen und farbigen Gezelte der Kaufleute und Krämer waren umdrängt von Landleuten; junge Bursche kauften ihren Geliebten Schmucksachen und gestreiftes Zeug, der Vater seinem Söhnlein einen Hut, die Mutter ihrer Tochter venetianischen Sammt zu einem Mieder. Mit gellendem Rufe priesen die Verkäufer von Confect ihre Waare an, und der wandernde Dottore hatte die haarsträubendsten Uebertreibungen für die Güte seiner Arzneien in Bereitschaft; eine Gauklerbande führte Seiltänze auf, und die gaffende Menge weidete sich höchlich an den derben Spässen des Bajazzo; auch ein wanderndes Theater fehlte nicht. Kurz, es war eine Scene, deren betäubender Lärm einen Nordländer in Verwirrung, wenn nicht in Verzweiflung gebracht hätte; aber der Italiener war hier in seinem Elemente, und selbst die stechenden Strahlen der Mittagssonne im Monat August konnten dem Vergnügen und dem Frohsinn des Volkes keinen Einhalt thun. Etwas abseits von diesem Gewimmel des Marktes, unter dem Balkon eines einstöckigen Hauses, standen zwei Tische. Hinter dem einen, auf dem man Stöße Papier, ein Tintenfaß und ein halbes Dutzend wohlbeschnittene, reine Gänsefedern erblickte, saß ein kleiner, vertrocknet aussehender Mann in sonderbarem Anzuge. Er war nämlich gekleidet in einen langen, blauen Rock, in eine Atlasweste, der man trotz ihrer Abgegriffenheit ansah, daß sie einst mit Silberblumen gestickt gewesen, trug Kniehosen von zweifelhafter Farbe, vergilbte Strümpfe und Schnallenschuhe; auf dem Kopfe saß ein schäbiger Dreispitz.

Es war Signor Geronimo, der öffentliche Briefschreiber von Cosenza.

Was diesen ehrenwerthen Herrn betrifft, so war er zwar seiner Kleidung wegen der Spott der Gassenbuben; andere Leute aber, die sein sanftmüthiges Wesen, sein gutes Herz und sonstige vortreffliche Eigenschaften kannten, schätzten ihn eher, als daß sie ihn verachteten.

Uebrigens war er, die Abbates und Beamten und einige andere ausgenommen, die sich durch das Alphabet hindurchgewunden hatten, der einzige „letterato" in dem Städtchen. Und wenn ihn ein Kindsmädchen, oder die Wäscherinnen am Busentino, wenn er dort spaziren ging, baten: „Lieber Geronimo, lest uns doch die Geschichte vom schönen Prinzen Selim, oder von den Streichen des Arlechino," so verfehlte er nie, ihrem Wunsche zu entsprechen.

Was aber die Hauptsache war, er vermittelte die zärtlichen Correspondenzen von Liebenden. Hier war er in seinem Elemente; der Ton der

Stimme, ein Blick, ein Seufzer, eine Geberde ließ ihn den Wunsch seines Clienten oder seiner Clientin errathen. Und nie wußte ein Liebender in seinen brieflichen Ergüssen seine Gefühle, von der Eifersucht an bis zur Anbetung, so meisterhaft wiederzugeben, wie Geronimo. Für zärtliche Briefe hatte er die süßesten Wendungen und Phrasen bereit, die Leidenschaft ließ er in emphatischen Betheuerungen, die Eifersucht in pompösen Verwünschungen sprechen, kurz, er hatte das Wörterbuch der Liebe im Kopf.

Geronimo hatte ein eigenthümliches Schicksal gehabt. Jung in ein Kloster gesteckt, waren ihm zufällig einige Romane und Geschichten von Liebenden, die im zärtlichen Tone des vorigen Jahrhunderts gehalten waren, in die Hand gekommen. Seitdem war es mit seinem armen Kopfe aus. Er brütete den Tag über in den Büchern, die einen wunderbaren Zauber auf ihn ausübten, und des Nachts träumte er, er sei ein hoffnungsloser Liebender, oder ein Prinz, der eine schöne Prinzessin den Armen eines Magiers entreißt. Das träumerische Wesen des Laienbruders führte endlich zur Entdeckung und man jagte ihn davon; glücklicherweise ließ man ihm die Bücher. Nach mannigfachen Irrfahrten war er nach Cosenza gekommen, in dem oben beschriebenen Anzuge, den er einem Juden aus Neapel abgehandelt.

Wir wollen nun das Gespräch belauschen, welches Geronimo mit seiner Nachbarin am andern Tische, der Obsthändlerin Agata, führte. Ach, Agata, sagte er mit einem tiefen Seufzer, ich glaube, es gibt von Tag zu Tag weniger Liebende; ich habe heute erst drei Briefe geschrieben, zwei zu Hause und einen hier, und es ist schon Mittag vorbei.

Dio mio! erwiederte die Obsthändlerin, es ist ja allbekannt und auch ohne Augen kann man's sehen, daß die Welt schlechter geworden ist. Auch einer armen Obstfrau kauft man nicht mehr so viel ab, daß sie davon leben kann.

Obwohl nun Agata nicht so aussah, als sollte sie jede Minute Hungers sterben, war doch Geronimo in seiner Sanftmuth weit entfernt, sie darauf aufmerksam zu machen. Ich glaube es wohl, rief er aus; was bekommt man jetzt für seine Mühe, oder für sein gutes Obst? Ein paar armselige Bajocci, das ist alles! Und davon soll man doch seine Suppe essen und sein Bett haben. In diesem Augenblicke ging ein Landpfarrer vorbei.

Signor Abbate, kauft Pomeranzen, schöne, goldgelbe Pomeranzen! Oder Feigen, oder Datteln; solches Obst findet ihr nicht in ganz Calabrien.

Der Abbate wandte sich nicht einmal um. Santo padre! murmelte die Obsthändlerin erbittert, ist das ein Hochmuth!

Geronimo beruhigte sie. Aber bedenkt doch, Agata, daß ihr sieben Schwesterschaften angehört; betet euren Rosenkranz und laßt die geistlichen Herren in Ruhe. So ein Mann hat nicht immer an weltliche Geschäfte zu denken, selbst nicht an einem Markttage.

Agata schwieg und wandte ihre Blicke nach dem Markte hin. Sie schien etwas zu bemerken und sagte plötzlich:

Ach! Ein Geschäft für Euch, Signor Geronimo. Dort kommt die Tochter des reichen Lorenzo von Val-Tanusa. Die arme Anita scheint sehr traurig, gewiß hat Signor Tabbeo, der schöne Offizier, noch immer nicht geschrieben. Armes Mädchen! So jung und schon so unglücklich. Tröstet sie ein wenig, Signor Geronimo, sie hat es wahrhaft nöthig.

Indem Geronimo dem Blicke der Obsthändlerin gefolgt war, hatte er gleichfalls Anita erkannt, die langsam und den Kopf wie in tiefer Trauer gesenkt näher kam.

II. Anita.

Man konnte sich keine herrlichere Erscheinung denken, als das Bauernmädchen von Val-Tanusa. Der schlanke, mittelgroße Wuchs, die antike Gesichtsbildung, ein Erbtheil der italienischen Griechen, die einst die blühenden Küsten Calabriens bewohnten, das schwarze, in afrikanischer Glut strahlende Auge und ein Geflecht von wunderbar schönen, braunen Haaren bezauberten auf den ersten Blick. Dazu kam der Zug sinnender Schwermuth, den bei Liebenden die Abwesenheit des geliebten Gegenstandes hervorbringt, und der dem Antlitz des sechzehnjährigen Mädchens einen solchen Reiz verlieh, daß sie unwiderstehlich fesselte. Sie war festlich gekleidet und trug an ihrem Busen eine vollblühende Rose.

Guten Tag, Geronimo, sagte sie mit sanfter lieblicher Stimme. Wollt Ihr mir nicht in Eurer Wohnung einen Brief schreiben.

Gleich, meine liebe Kleine! Habt nur die Güte, Agata, und hütet für diese Zeit meine Sachen. Nachdem diese zugesagt hatte, geleitete der Briefschreiber Anita in seine Wohnung.

Man wird sich vielleicht wundern, daß die Tochter eines reichen Landbesitzers keine Schulkenntnisse hatte. Aber man hüte sich, unsere Verhältnisse auf die in Unteritalien anzuwenden. Von der Unbildung und Verwilderung, die dort herrscht, kann man sich kaum einen rechten Begriff machen. Schulen fehlen am Lande gänzlich; woher sollte man auch die Lehrer nehmen? Die Geistlichkeit, besonders die Mönche, ist träge, unwissend, heuchlerisch, nur bedacht ihre Lüste zu befriedigen; daher die sittliche Entnervung, die grenzenlose Verwilderung. Das Volk ist zeitig geweckt, aber arbeitscheu; der Landmann bestellt seine Felder schlecht und plündert lieber Reisende und Postwägen, weil dies seinen Golddurst besser befriedigt und ihm weniger Mühe kostet. Wir wollen hoffen, daß die neue Ordnung der Dinge mit fester Hand eingreift, um jenen kräftigen Menschenschlag seiner tiefen Versunkenheit und Unkultur zu entreißen.

Als Geronimo mit Anita in seiner Wohnung angekommen war, zeigte das Mädchen eine noch tiefere Traurigkeit. Sie hatte ein Jahr lang von ihrem Geliebten nichts vernommen und auf ihre häufigen Briefe nie eine Antwort erhalten; sie glaubte sich vergessen und den Geliebten in die Vergnügungen des genußsüchtigen Neapel versenkt. Daher ihr träumerisches Wesen, daher der Schmerz, der in den schönen Zügen ausgeprägt war.

Dieß soll das letzte Schreiben sein, sagte sie mit einem Seufzer. Ach! Wenn ihr wüßtet, Geronimo, wie sehr ich gelitten habe, wie ich mit jedem Tage eine Antwort erwartete! Und Taddeo hat mich so innig geliebt! Wie glücklich war ich, wenn Ihr mir einen Brief von ihm laset! Ich dachte immer zurück an jene Zeit, da ich mit Taddeo im Schatten der Oelbäume saß und er mir so schöne Worte sagte, Worte, die ich nie vergessen werde.

Und die Augen des Mädchens füllten sich mit Thränen.

Beruhigt Euch, Anita, sagte Geronimo gerührt. Vielleicht will Euch Taddeo überraschen, vielleicht kommt er noch heute in Cosenza an.

Ach, Geronimo, ich habe gar keine Hoffnung. Taddeo wird eines der Stadtmädchen lieben, die so schön sind und so kostbare Kleider tragen. An mich denkt er gewiß nicht mehr.

Diese Ergießung ihres Schmerzes, ihrer getäuschten Hoffnung wirkte erschütternd auf Anita; sie fing an heftig zu weinen.

Geronimo fand, obwohl er seine Briefe so schön abzufassen wußte, keine Worte des Trostes; er erwiderte daher nur: Meint ihr nicht, daß ich jetzt schreiben soll?

Ja, ja! Schreibt, daß ich bald sterben werde, wenn Taddeo mich vergessen hat; daß ich Tag und Nacht an ihn denke, von ihm träume und daß er mir mein Liebstes gewesen ist. Der Brief wurde geschrieben und die Adresse an „Signor Taddeo Bellarmi, Capitän der königlichen Garden in Neapel," gerichtet.

Nachdem Anita ihre Thränen getrocknet hatte, verließ sie mit Geronimo das Haus. Er kehrte wieder zu seiner gewohnten Beschäftigung zurück, das Mädchen aber verließ die Thore des Städtchens, mit gesenktem Blicke und kummervoller, nachdenklicher Miene.

III. Zwei Freunde.

Auf dem Kamm eines Gebirgsvorsprunges, östlich von Cosenza, standen zwei Männer, deren Kleidung reisende Engländer erkennen ließ. Der eine war groß, hager, blond von Bart und Haar, mit ruhiger Miene und scharfem, intelligentem Blick. Er schien etwa vierzig Jahre alt zu sein. Der andere war ein junger Mann von schönem Wuchse, gekleidet wie sein Begleiter. Wer ihn näher betrachtete, konnte aus den schwarzen, lebhaften Augen, der bräunlichen Gesichtsfarbe und der fein-gekrümmten Nase leicht schließen, daß er ein Italiener und verkleidet sei. Es war Taddeo Bellarmi, der Capitän der Garden.

Beide betrachteten eine Zeit lang die Gegend, ihr Blick schweifte über die grünen Fluren des Thales hin auf die blauen, nackten Gipfel des Apenninus, über welche die untergehende Sonne einen goldigen Schimmer breitete.

Mr. Marley, der Engländer, brach das Schweigen. Welche wunderherrliche und poetische Gegend hast du zur Heimat, mein Freund! Wie schön ist das Grün des Thales, die Orangenhaine und Oelbaumpflanzungen an den Abhängen! Welchen Contrast bieten die dunklen Pinien des Gebirges mit den Gipfeln, die in das Blau des Himmels hineinragen! Und dieses träge schleichende Flüßchen, das ist also der Busentino? Ja, lieber Marley.

Welche Erinnerungen weckt er in meiner Seele! Als ich noch ein Knabe war, ergriff mich jedesmal ein eigenthümlich wehmüthiges Gefühl, wenn ich von dem Tode jenes weltstürmenden Alarich las, dessen Laufbahn hier endete und der mit allen seinen Schätzen in dem Bette des Flusses ruht.

Auch bei den Thalbewohnern lebt die Erinnerung an den Gothenkönig fort, versetzte der Capitän. In den Frühlingsnächten, sagen sie, da rauschen und flüstern die Wellen geheimnißvoll und wo die Schätze liegen, da höre man den Namen Alarich. Geht man aber am Tage hin, um nach den vergrabenen Kostbarkeiten zu forschen, so weiß man den Ort nicht mehr.

Große Ereignisse gehen nicht unter im Strom der Zeiten, sagte Mr. Marley ernst, und auch die Volkssage hat ihren Antheil daran; sie bildet auch ein Stück Weltgeschichte, freilich zerrissen, aber phantasievoller und poetischer gestaltet.

Gebe es Gott, versetzte der junge Italiener, den tiefe Gedanken zu beschäftigen schienen, daß auch mein Vaterland bald eine bessere Rolle in der Weltgeschichte spielt. Bisher sah es, abgesehen vom Glanze des Alterthums, nichts als Parteihader und innere Kämpfe, despotische Regierungen und Priesterintriguen.

Die Zeit ist nicht mehr fern, Bellarmi. Allenthalben regt sich eine freiere, humane Gesinnung, ein Zorn gegen Zwang und Bedrückung, und der Sturm, der jetzt im Norden braust, wird auch im Süden nicht lange auf sich warten lassen; Italien wird frei sein.

Ein schöner Traum, dessen Verwirklichung ich gerne mein Leben opfern wollte, rief der Capitän begeistert. Doch ich sehe, setzte er lächelnd hinzu, daß wir uns hier zu lange aufhalten; wir haben noch ein gutes Stück Weges zurückzulegen, bis uns das gastliche Haus von Freund Lorenzo aufnimmt.

Die Sonne war hinter den Bergen ins Meer gesunken und ein frischer Ostwind wehte den Männern entgegen, als sie den Waldsteig hinabgingen. Beide schwiegen eine Weile und schienen auf das sanfte Rauschen der Wipfel zu horchen.

Dann nahm Marley das Wort.

Wer ist dieser Lorenzo, der uns ein Asyl bieten wird?

Er ist der reichste contadino der Umgegend, der langjährige Freund von meinem Vater und mir, obgleich er sonst der Uniform nicht hold ist und die Regierung zu allen Teufeln wünscht; dann ist er auch der Vater meiner Geliebten.

Ach! Du hast also eine Geliebte auf dem Lande! Ich hörte dich aber nie eine Erwähnung davon machen.

Du wirst entschuldigen, mein Lieber, wenn man mitten in Gefahren, als politischer Flüchtling nicht sentimental ist. Uebrigens wirst du sie bald kennen lernen.

Aber ich dächte, daß ein Mann wie du, von Bildung und feiner Lebensart, höhere Ansprüche machen sollte.

Im Gegentheil, mir mißfallen diese eitlen, prunkenden Stadtkoketten, diese Damen ohne Herz und Geist, wie sie sich fast überall finden. Die Liebe soll auf das Gefühl wirken; jene haben keines. Hier fand ich die echte Perle, das reine Naturkind, mit dem grenzenlosen Vertrauen, der schwärmerischen Hingebung der Liebe.

Deine Erwählte muß eine wahre Nymphe dieses Arkadiens sein, entgegnete Marley scherzend, denn du scheinst ganz närrisch in sie verliebt.

Ja, ich liebe sie, sagte der junge Mann mit Nachdruck. Das arme Kind! Welche Qualen mag sie empfunden haben, während ich in St. Elmo gefangen saß. Je näher ich ihr komme, desto mehr fühle ich, wie großen Dank ich dir für meine Befreiung schulde.

Reden wir nicht davon, mein lieber Bellarmi. Jeder rechtschaffene Engländer hilft dem Patrioten, der für sein Vaterland leidet. — Aber um wieder auf Lorenzo zu kommen, bist du gewiß, daß er die Regierung haßt?

Sie hat keinen größern Feind in Calabrien.

Ich bin sehr begierig. Aber . . . da sind wir ja mit Einemmal in's Paradies versetzt! Indem Marley diese Worte sprach, war er mit seinem Begleiter aus dem Walde getreten. In der unsichern Beleuchtung der Dämmerung bot sich dem Blicke eine Thalsenkung dar, von der üppigsten Vegetation strotzend. Der saftige Mattengrund war mit Fruchtbäumen regelmäßig bepflanzt; tiefer im Thale konnten sie das Braun gepflügten Ackerlandes erkennen; die Luft war erfüllt von den Wohlgerüchen der Oleander- und Myrtenbüsche. Größere und kleinere Wohnungen mit platten Dächern und von einer bräunlichen Färbung lagen zerstreut umher. Vor den Wanderern, an der Stelle, wo das Thal sich schloß und die Pinienwaldung begann, stand ein großes, steinernes Gebäude, umgeben von Schuppen. Einige tausend Schritte davon, gegen das Gebirge zu, erhob sich ein senkrechter Fels, bedeckt von den Ruinen eines Schlosses, in der Form wie die meisten italienischen Burgen des Mittelalters, mit runden Thürmen, die großentheils zerfallen waren, Rundbogenfenstern und sägeförmigen, hie und da sichtbaren Zinnen. Zwischen den beiden zuletzt genannten Oertlichkeiten erstreckte sich an einem sanften Abhange hin ein Weinberg, mit Oelbäumen bepflanzt, an denen die Reben hinaufrankten.

Das ist Val-Tanusa, sagte Bellarmi zum Engländer, der bewundernd dastand. Jenes weiße Haus gehört Lorenzo, aber du scheinst dich vom Anblick jener Ruine gar nicht trennen zu können.

Prächtig, rief Marley; das ist ein echtes Raubnest des Mittelalters; die Lage ist wirklich wunderbar, es muß ganz unzugänglich sein.

Nicht so sehr als es scheint; auf der Ostseite, die wir nicht sehen können, schließt sich das Gebirge an die Spitze des Felsens an; nur hier ist er ganz nackt und blickt drohend ins Thal nieder. Weißt du den Namen der Ruine?

Nein. Ich hörte sie einfach „Torre" nennen, als ich mich hier aufhielt. Der Name ging wahrscheinlich verloren und das Volk wählte eine Bezeichnung, die Jedem verständlich ist. — Aber nun laßt uns eilen; die Nacht ist da, und ich fühle mich durch den Marsch im Gebirge sehr ermüdet.

Die beiden Freunde gingen auf einem Wege hin, an dessen beiden Seiten Reihen von Feigen= und Orangenbäumen standen. Nachdem sie eine steinerne Brücke, unter der ein Gebirgsbach vorbeirauschte, über= schritten hatten, hörten sie das Gebell von Hunden und das Rasseln der Ketten, an denen sie befestigt waren. Einige Sekunden später standen sie vor dem Thore.

IV. Lorenzo.

Es ist nun Zeit, daß der Leser mit den Freunden, denen wir so eben auf ihrer abendlichen Wanderung das Geleite gaben, nähere Be= kanntschaft mache.

Tabbeo war das einzige Kind eines reichen Bürgers von Cosenza. Ursprünglich zum Advokaten bestimmt, hatte er in Folge seines feurigen Temperamentes einige Jugendthorheiten begangen, die ihn zur Flucht zwangen. Doch das Geld seines Vaters verschaffte ihm Verzeihung und eine Offiziersstelle bei der königlichen Garde. Da der alte Bellarmi Be= sitzungen in Val=Tanusa hatte, kam er in häufige Berührung mit Lo= renzo, die zur Freundschaft führte, ungeachtet sie politische Gegner waren. Denn Lorenzo, obwohl ungebildet, besaß doch einen scharfen, natürlichen Verstand. Er sah die Regierung unthätig für die Hebung des Acker= baues, dem er mit ganzer Seele ergeben war; er sah die überall herr= schende Unsicherheit des Eigenthums und die Ohnmacht eines Königs, der seine Unterthanen gegen Räubereien nicht zu schützen vermochte; er haßte das Spionirsystem, die Verschwendung und den Prunk des Hofes in Neapel, wo er mehrere Male gewesen war, und die Ueberhebung des Adels und der Geistlichkeit. Der alte Bellarmi dagegen, eine gutmüthige, kurzsichtige Natur, bekümmerte sich nur um seine nächste Umgebung und war zufrieden, ungestört und unbelästigt leben zu können. Sein Sohn aber hatte im Umgange mit Lorenzo die Ansichten desselben kennen und würdigen gelernt, und sein Aufenthalt in Neapel diente nur dazu, um seine Meinung zu bekräftigen und einen glühenden Haß gegen das be= stehende Regiment in seiner Seele entstehen zu lassen. Zudem fesselte ihn noch ein anderes Band an Lorenzo, die leidenschaftliche Liebe zu Anita. Die naive Unschuld und Reinheit, die edlen Eigenschaften des

Mädchens hatten ihn so eingenommen, daß er, nachdem sein Vater gestorben war, beschloß, seine Stelle aufzugeben und als Landwirth mit der holden Anita zu leben — ein Entschluß, dessen Ausführung durch ein unerwartetes Ereigniß beschleunigt wurde, welches wir im Folgenden erzählen werden.

Was Mr. Marley betrifft, so war er nach Italien gekommen, um die Alterthümer dieses Landes zu erforschen. In Neapel lernte er den jungen Offizier kennen, und sie schlossen eine auf ihre Grundsätze gestützte, innige Freundschaft.

Wir greifen nun den Faden der Erzählung wieder auf.

Auf das wüthende Gebell der Hunde erschien Lorenzo mit einer rauchenden Kienfackel an der Schwelle des Thores, ein großer, breitschulteriger Mann in vorgerückten Jahren. Er warf einen raschen, argwöhnischen Blick auf die beiden Männer in fremder Kleidung und sagte mit tiefer, volltönender Stimme:

Wenn Ihr als Freunde kommt, Signori Inglesi, so steht Euch mein Haus zu Diensten. Im andern Falle habe ich Mittel in der Hand, Euch ferne zu halten.

Und er wies auf zwei wildaussehende Bursche, die mit Flinten bewaffnet im Hintergrunde standen.

Seid ohne Sorge, mein alter Freund, rief Tabdeo, indem er vortrat und dem Bauer die Hand reichte. Mein Aufzug ist allerdings seltsam, doch Ihr werdet bald erfahren, was mich zu dieser Verkleidung zwang. Ich hoffe, mein Freund hier wird bei Euch eben so gut aufgenommen sein, wie ich selbst.

Diavolo! rief Lorenzo vergnügt aus, indem er die dargebotene Hand kräftig drückte, ich hätte euch nicht um hundert Ducati in solcher Kleidung vermuthet, Signor Capitano. Seid mir herzlich willkommen und auch Ihr, Signor Inglese. Was für eine Freude wird Anita haben, fuhr er fort; das Kind ist jeden Tag blasser und trauriger geworden, seit sie von Euch nichts mehr vernommen hat.

Er führte nun die Beiden durch einen langen, finstern Gang in die Küche.

Dort war Anita beschäftigt, das Nachtessen für ihren Vater zu bereiten. Das Feuer warf einen hellen Schein auf ihr reizendes Gesicht und das engschließende Kleid zeigte ihre schwellenden, gerundeten Formen. Bei dem Anblicke der Fremden zog sie sich schüchtern zurück, aber Tabdeo eilte auf sie zu und drückte sie an sein Herz. Sie erkannte ihren Geliebten und ein freudestrahlendes Lächeln verklärte ihr Gesicht.

O, ich wußte es, Tabdeo, daß du mich nicht verlassen hast, sagte sie mit süßer, melodischer Stimme; erst heute Nacht träumte ich, du seiest da und werdest nicht mehr fortgehen. Wie unerträglich ist es doch, so allein zu sein! Ich habe Tag und Nacht nur an dich gedacht.

Gute Anita! Du bist in Sorgen gewesen und ich konnte dich nicht einmal beruhigen, denn ich war im Gefängniß.

Im Gefängniß! riefen Vater und Tochter zugleich.

Ja, Lorenzo, ich werde Euch das Alles erzählen. Nun aber bin ich frei, frei von dem unerträglichen Zwange, und nichts wird mich abhalten, bei Euch zu bleiben. Ich werde mein Erbtheil in Cosenza verkaufen und hier mit Euch Landbau treiben, Lorenzo; doch das wollen wir morgen besprechen.

Ihr werdet müde und hungrig sein, Signori. Anita, sorge dafür, daß sie zu essen bekommen. Kommt, ich will Euch auf meine Stube führen.

Tabdeo küßte seine Geliebte und folgte mit Marley dem Bauer. Sie traten in ein behaglich, ja sogar mit Luxus eingerichtetes Zimmer; denn ein Kamin, Stühle und Betten sind in Calabrien fast unerhört und zeugen von Reichthum. Die müden Wanderer stärkten sich mit Hammelbraten und Wein, welche Gegenstände Anita brachte, und bald entwickelte sich ein lebendiges Gespräch.

Per Bacco, Ihr habt mich nicht wenig staunen gemacht, Signor Capitano; wie kamt Ihr denn dazu, Euch in ein Loch stecken zu lassen.

Das ist ganz einfach, mein lieber Lorenzo. Ihr wisset, daß ich mein Vaterland liebe.

Es gibt keinen bessern Patrioten in Calabrien.

Nun, Ihr könnt mir glauben, daß ich meine Gesinnung keineswegs verbarg. Ich tadelte, wo es zu tadeln gab.

Das war sehr unklug.

Ich konnte nicht anders, ich fühlte den Drang, mich auszusprechen. Man fing an, mich argwöhnisch zu beobachten. Ich wurde vorsichtiger; aber man hatte mich einmal im Verdacht und suchte nur eine Gelegenheit, mich zu verderben. Diese fand sich bald. Ich sah, wie einer meiner Kameraden, der mich haßte, einen armen Teufel von Lazzarone prügelte, weil er ihm nicht schnell genug auswich. Das empörte mich, ich nannte ihn einen elenden Wicht und forderte ihn. Aber der feige Schuft denuncirte mich, um einem Zweikampf auszuweichen, als Hochverräther und ich mußte nach St. Elmo wandern. Mein Proceß zog sich in die Länge und zum Glück war mein edler Freund nicht unthätig. Er bestach einen wachhabenden Offizier und den Schließer des Castells, und so flohen wir.

Aber man wird Euch hier suchen, Signor.

Fürchtet nichts! Jedermann glaubt, ich sei zu Schiffe nach England geflohen.

Santa madre! rief Lorenzo plötzlich aufspringend und mit funkelnden Blicken. Wie konnte ich das vergessen! Signor amico, Ihr seid in größter Gefahr. Vor einer Stunde berichtete mir mein Knecht Benvenuto, er habe droben im Walde einen Bewaffneten gesehen, den er für einen Sbirren halte. Aber ich weiß, diese Spürhunde sind nie allein, sondern immer zu zwanzig und dreißig.

Nicht möglich! rief der junge Mann, in Bestürzung gleichfalls aufspringend, während der Engländer scheinbar gleichgiltig blieb, keine Seele kann wissen, daß wir hier sind. Wir gingen auf den rauhesten Pfaden, durch Wald und Gebirge, um nicht entdeckt zu werden; Niemand hat uns gesehen, als einige arme Holzfäller des Gebirges, zu denen nie ein Sbirre kommt.

Wer weiß, Signor; die Spione sind überall in diesem unglücklichen Lande. Ihr seid in Gefahr, daran ist kein Zweifel. Doch ich werde Euch retten, und sollte es mein Leben kosten. Rasch! Kleidet Euch an, ich werde Waffen bringen.

Lorenzo stürzte hinaus; man hörte ihn seinen Knechten zurufen, Gewehre herbeizuschaffen und sich selbst bereit zu halten. Dann ging er in die Küche und brachte Anita mit, die am ganzen Leibe bebte.

Fasse dich! sagte er zu dem Mädchen, das sich ängstlich an Tabdeo anschmiegte und in seinem Blicke zu lesen schien; meine Freunde soll Niemand antasten; ich werde sie zum Torre hinauf in das geheime Versteck führen; sind sie einmal darinnen, so kann sie der Teufel selbst nicht finden. Sobald wir fort sind, führe die Hunde herein und schließe das Thor.

Ein Knecht, der mit drei Flinten hereintrat, schnitt weitere Worte ab. Tabdeo und Marley nahmen Jeder eine Flinte, ebenso Lorenzo, der noch noch dazu ein paar Pistolen in den breiten Ledergürtel steckte.

Anita fing an zu schluchzen und warf sich an Tabdeo's Brust. Nimm mich mit, sagte sie in heftigem Schmerze; ich kann die Ungewißheit nicht ertragen; ich würde sterben, wenn dir ein Leid geschähe. Sei muthig, mein Mädchen, und fürchte nichts, tröstete Taddeo. Wir werden nur einige Tage versteckt bleiben, und wenn ich wiederkomme, soll uns nichts mehr trennen.

Man war im Fortgehen begriffen, als Lorenzo stehen blieb und sich nach seiner Tochter umwandte, die auf einen Stuhl gesunken war und das Gesicht mit den Händen bedeckte.

Wo ist Tonio? fragte er. Ist er noch nicht zurück vom Weinberge.

Ach nein! Mein Milchbruder sagte, er müsse noch einige Arbeit verrichten. Der Mond geht heute Nacht früh auf und Tonio findet nichts Angenehmeres, als bei Mondschein auf freiem Felde zu bleiben.

Maledetto! Das ist schlimm, er weiß nicht, daß Sbirren in der Nähe sind. Wenn wir ihn nur treffen könnten!

Die drei Männer entfernten sich, fest entschlossen, der Gefahr die Stirne zu bieten. Jeder wußte, daß es es sich um Leben und Tod handelte.

Vor dem Hause trafen sie zehn bis fünfzehn stämmige Kalabresen, alle bis an die Zähne bewaffnet. Der Vollmond war aufgegangen, und warf sein Licht auf ihre wilden, trotzigen Gesichter und auf ihre blitzenden Flintenläufe.

Hier änderte Lorenzo seinen Entschluß. Er bedachte, daß eine solche Schaar leicht von einem spähenden Auge entdeckt werden könne, und hieß sie bleiben, um Anita sowohl, als auch ihre eigenen Weiber und Kinder zu bewachen, die sich ängstlich und zitternd zu den Männern gedrängt hatten.

Die drei gingen nun schnell, aber leisen Schrittes, die blinkenden Gewehre unter den Mänteln tragend, dem Weinberge zu, der, wie oben bemerkt wurde, zwischen dem Hause Lorenzo's und den Ruinen auf dem Felsen lag.

Unter dem Schutze der dichtverschlungenen, an den Oelbäumen hinaufrankenden Reben hatten sie wenig mehr zu fürchten. Sie eilten mit großer Hast den Abhang hinauf, bogen um den senkrechten Felsen und kletterten an einer Seite desselben hinauf; das Buschwerk verschaffte ihnen dabei große Erleichterung.

Auf dem Felsplateau angelangt, konnten es die Freunde nicht unterlassen, einen Blick in die Tiefe zu werfen. Der Schimmer des Mondes gab den Gegenständen seltsame Formen und schien sie ins Riesenhafte auszudehnen. Der Wildbach rauschte nur leise herauf, und bei dem magischen Lichte schienen Nixen und Wassergeister in luftigen Gewändern auf seinen Wellen zu tanzen; das Grün der Wiesen hatte sich in Silberfarbe verwandelt. Die Freunde glaubten den Zaubergarten Armidas bei Mondbeleuchtung zu sehen.

Ueber Trümmer und loses Gestein stiegen sie in das Innere der Ruine. Streifen von Licht ergossen sich durch die Rundbogenfenster und das zahllose Gestrüpp warf phantastische Schatten. Nachdem sie unter einem halbeingestürzten Bogen hindurchgekrochen waren, befanden sie sich in einem niedrigen, stockfinstern Gang. Lorenzo tappte an dem Gemäuer hin, als wollte er die Steine prüfen. Nach einigem Suchen hielt er an und hieß auch seine Begleiter stille stehen. Darauf begann er mit Vorsicht Steine wegzulösen, so daß eine Oeffnung in der Mauer entstand, kaum hinreichend, einen Mann hindurchschlüpfen zu lassen. Er kroch voran und die beiden anderen folgten. Dann machte er Feuer und zündete eine Kienfackel an. Beim Scheine derselben sahen sich die Verfolgten in einem kleinen, gewölbartigen Gemache; der Mörtel war an den Wänden abgefallen, und die nackten grauen Steine gewährten einen düstern Anblick; der Boden war mit Streu belegt und das Gemach hatte das Ansehen, als sei es manchmal benützt worden.

Hier, sagte Lorenzo, seid Ihr vollkommen sicher. Mein Vater mußte einst drei Wochen da zubringen, als er verfolgt wurde, weil er einen Feind erschossen hatte. Ich habe Lebensmittel auf zwei Tage mitgebracht und sollte eure Gefangenschaft länger dauern, so werde ich in der nächsten Nacht darauf wieder kommen.

Der Aufenthalt ist freilich nicht sehr angenehm, bemerkte Tabbeo, und ich wünschte fast, wir hätten die Sbirren kommen lassen und mit ihnen angebunden. Indessen — so wird Anita weniger in Sorge sein.

Marley erklärte, er finde es gar nicht so übel, einige Zeit in einer so romantischen Behausung zu verleben. Er hatte, wie alle Engländer, einen Hang nach Abenteuern, und fühlte sich nicht im Mindesten unbehaglich.

Lorenzo drückte ihnen die Hand, löschte die Fackel aus und fügte die Steine sorgfältig wieder aneinander. Die Eingeschlossenen hörten noch einige tappende Schritte, dann trat tiefes Schweigen ein.

Die Ermüdung ließ sie bald fest einschlafen.

V. Der Verräther.

Tonio, der Milchbruder Anita's, befand sich seit mehreren Stunden im Weinberge.

Er war der Sohn eines Banditenhäuptlings, der bei einem Zusammenstoße mit Sbirren erschossen wurde.

Seine Mutter, die damals der Geburt nahe war, trug ihren todten Mann vom Gebirge hinunter nach Val-Tanusa. An der Schwelle von Lorenzo's Hause sank sie zusammen; die furchtbare Anstrengung hatte ihre Kräfte erschöpft, und die Geburt des Sohnes kostete ihr das Leben. Lorenzo's Weib, dem eben ein Knäblein gestorben war, ernährte den verlassenen Wurm und übertrug auf ihn ihre mütterliche Liebe. Er blieb im Hause und galt wie ein Bruder der sechs Jahre jüngeren Anita.

Seit einiger Zeit schien den armen Burschen ein geheimer Kummer zu drücken. Er war oft gedankenlos und träumerisch, so daß Lorenzo ihn tüchtig schalt.

Der Grund seiner Traurigkeit war die hoffnungslose Liebe zu Anita. Mit dem Mädchen aufgewachsen, hatte die herrliche Entfaltung ihrer Schönheit einen tiefen Eindruck auf ihn gemacht. Als er sich aber seines Gefühles bewußt wurde, war sie für ihn bereits verloren.

Hätte Anita einen Andern geliebt, Tonio hätte seinen Nebenbuhler unfehlbar getödtet. Aber unbegrenzte Liebe und Dankbarkeit gegen seinen Wohlthäter und zweiten Vater hielt ihn ab, dem Freunde desselben ein Leid anzuthun.

So mußte er von einem Glücke träumen, dessen er niemals theilhaftig werden konnte.

Die zauberhaften italienischen Nächte machen einen wunderbaren Eindruck auf die Phantasie. Tonio fühlte, daß sein Kummer sich milderte und in eine Art sanfter Wehmuth auflöste, wenn er beim Scheine des Mondes sich allein seinen Gedanken überließ.

So hatte er auch die heutige Nacht dazu benützt, in der Einsamkeit über sein trauriges Loos nachzudenken.

Er lag sinnend unter einem Olivenbaume und schaute gegen den Himmel; da störten ihn leise Fußtritte auf. Er wandte seinen Blick nach der Richtung des Geräusches und sah zwei Personen wie Schatten vorübergleiten; deutlich erkannte er ihre fremdartige Kleidung. Nur Lorenzo, der vorausging, hatte er nicht bemerkt.

Was machen denn diese Fremden hier in so später Stunde? sagte er halblaut vor sich hin. Ich will doch meinen Herrn davon benachrichtigen.

Eben als er sich entfernen wollte, fühlte er einen leisen Schlag auf seiner Schulter. Erstaunt wandte er sich um, aber sein Erstaunen ging in Schrecken über, als er einen Sbirrenoffizier vor sich sah, dessen vergoldeter Helm im Mondlichte funkelte.

He, Freund! Habt Ihr diese Fremden gesehen? fragte eine tiefe Stimme.

Tonio wollte antworten; aber plötzlich besann er sich anders und stürzte auf den Offizier los.

Allein dieser wich einen Schritt zurück, und Tonio fühlte die kalte Mündung einer Pistole auf seiner nackten Brust.

Du bist trotzig, Bürschchen? sagte der Unbekannte höhnisch; warte, ich will dich kirre machen.

Und auf einen leisen Pfiff sprangen zwei andere Sbirren herbei, als wären sie aus der Erde gekommen.

Im Nu waren die Hände Tonio's auf den Rücken gebunden.

Nur immer gemach! fuhr der Unbekannte fort, ich hoffe, du wirst mir jetzt antworten. Hast du die Fremden gesehen?

Ja, versetzte Tonio gezwungen.

Kennst du sie?

Ich kenne sie nicht.

Das ist dein Glück, mein Freund. Hätte ich dich in Gesellschaft mit diesen zwei Erzgaunern getroffen, du wärest ohne weiters erschossen worden. Weißt du, was sie gethan haben?

Wie kann ich das wissen!

Sie haben eine Kasse beraubt, volle hunderttausend Dukati gestohlen. Hörst du wohl, hunderttausend!

Ich weiß nicht, wie viel das ist; aber es muß mehr sein, als meines Herrn Besitzungen werth sind.

Das will ich meinen! Und wer diese Spitzbuben der Gerechtigkeit überliefert, bekommt zehntausend Dukati.

Zehntausend . . . Dukati!

Dem armen Tonio begann der Kopf zu schwindeln. Er hatte bei seinem Herrn wohl fünfzig Hundert Dukati gesehen, aber zehntausend — das überstieg sein Fassungsvermögen.

Der Leser wird ahnen, daß der Anführer der Sbirren sehr genau unterrichtet sein mußte, um mit solcher Schlauheit zu Werke zu gehen. Er hatte mit seinen Leuten allerdings Lorenzo bemerkt, aber als er Tonio zwei erwähnen hörte, sprach er von jenem mit keiner Silbe, denn er urtheilte richtig, daß Tonio, wenn es sich um seinen Herrn handelte, kein Wort werde verlauten lassen.

Und in der That war Angelo di Rocca nur zu gut unterrichtet. Er war jener Kamerad, den Taddeo züchtigen wollte, und der den offenen jungen Mann tödtlich haßte. Um das Verderben desselben zu beschleunigen, hatte er die Briefe, die jener mit Lorenzo und Anita wechselte, erbrochen.

Er schloß daraus, daß Bellarmi nach seinem Entkommen zu seiner Geliebten geeilt sei, und daß er das Gerücht, er sei zur See entflohen, nur deshalb ausgesprengt habe, um die Verfolger von der wahren Spur abzubringen. Er erbot sich daher, den Kapitän einzubringen und war, mit den Oertlichkeiten wohl bekannt, einen Tag früher eingetroffen, als die Flüchtlinge. Der Weinberg bot zur Nachtzeit ein willkommenes Versteck; denn er wollte sein Wild sich in Sicherheit einwiegen lassen, um es desto leichter zu erjagen und einem Kampfe auszuweichen, der gefährlich werden konnte. Zufällig war der nichts ahnende Tonio ihm so nahe, daß er ihn festzunehmen und für seinen Zweck zu benützen beschloß.

Als er nun Lorenzo und seine Begleiter den Weg nach den Ruinen zu hatte nehmen sehen, vermuthete er, daß sie gewarnt seien und ein Versteck aufsuchten. Es kam nun alles darauf an, daß Tonio dieses kannte. War dies der Fall, so hoffte er ihn durch Gold dahinzubringen, es zu entdecken, und wollte nöthigenfalls auch Drohungen nicht sparen. Der halb erstickte Ausruf des Burschen ließ ihn einsehen, daß Nichts leichter sei, als Bestechung. Er fuhr also in seinem teuflischen Plane fort:

Du bist ein Glückskind, mein Freund; du brauchst nur zuzugreifen, und das Geld ist in deinen Händen.

Wie ist das möglich! sagte Tonio verwundert und bewegte unwillkürlich seine gebundenen Hände.

Ich meine, du kannst es dir verdienen, wenn du uns nach dem verfallenen Gemäuer da hinaufführst und uns die Spitzbuben suchen hilfst.

Dabei zeigte der Sbirrenchef eine Hand voll Goldstücke, die im matten Lichte verführerisch glänzten.

Tonio war wie geblendet. Er zweifelte nicht im Mindesten an der Wahrheit dessen, was der Offizier gesagt hatte, nämlich daß die Fremden einen Diebstahl begangen hätten. Außerdem schimmerte ihm noch eine Hoffnung, die allen Zweifel und alles Schwanken beseitigte. Wenn ich, so dachte er, zehntausend Dukati besitze, dann bin ich reicher als mein Herr und . . . Anita wird mein sein.

Entschlossen antwortete er also: Bindet meine Hände los, ich werde Euch führen.

So gefällst du mir, sagte Angelo di Rocca, erfreut über das Gelingen seiner List, und damit du siehst, daß ich dir keine leeren Versprechungen mache, so nimm einstweilen dies.

Und er reichte ihm eine Hand voll Dukati hin, bei deren Berührung es ihn wie ein elektrischer Schlag durchzuckte; er steckte das Geld eilig in die Tasche.

Der Anführer pfiff wieder, und nach und nach erschienen etwa zwanzig Sbirren.

Tonio führte sie auf dem zunächst liegenden Fußsteige die Ruine hinauf. So kam es, daß Lorenzo ihnen nicht begegnete.

Als dieser nach Hause kam, fand er die Männer noch in Waffen. Er hieß sie ruhig in ihre Wohnungen gehen und begab sich dann zu Anita, um sie zu trösten. Denn der Vater hing mit ganzer Seele an dem Mädchen, dem Einzigen das ihm von sieben Kindern geblieben, und wünschte nichts sehnlicher, als ein Bündniß zwischen seinem Freunde und seiner geliebten Tochter.

(Schluß folgt.)

Miscellen.

(Aegyptische Antiken.) Der türkische Gesandte in Petersburg, Chalil Bey, hat dem Kaiser von Rußland für das Museum der Eremitage eine werthvolle Sammlung von Alterthümern, die bei Nachgrabungen in Aegypten gefunden wurden, dargebracht. Es befinden sich in derselben 15 Bronzefiguren mit Gold und Silber verziert, worunter ein stehender und ein sitzender Osiris, so wie eine dem Osiris geweihte Katze. Unter den übrigen Bronzen sind noch drei Königsfiguren aus der Zeit der äthiopischen Pharaonen, so wie die Statue eines jungen Prinzen derselben Dynastie hervorzuheben: eine Büste des Serapis aus der Zeit der Ptolemäer und die Büste einer Königin mit den Attributen der Isis verdienen nicht mindere Beachtung. Diese aus 500 Nummern bestehende Sammlung bringt die Zahl der Denkmale des ägyptischen Museums auf 2000.

(Nachrichten aus Sibirien.) Aus Rußland und Sibirien kommen jetzt ziemlich viele freigelassene Verbannte zurück; sie erkennen durchweg die ihnen zu Theil gewordene gute Behandlung an, ja viele ziehen es sogar vor, vorläufig dort zu bleiben, weil sie außerordentlich guten Verdienst haben. Wer in der französischen Sprache oder in der Musik unterrichten kann, wird in Sibirien glänzend bezahlt, und ein junger Student der Medizin schreibt von dort, daß er seit drei Monaten für seine Curen mehr Geld einnehme, als der berühmteste Arzt in Deutschland.

(Ein Schwärmer.) In England predigt der bekannte Cumming seit einiger Zeit eilige Bekehrung wegen des von ihm prophezeiten unfehlbaren Unterganges der Welt im Jahre 1867. Bei einer seiner letzten Predigten wurde ihm entgegengehalten, daß, wenn dieses so sicher der Fall wäre, so sei es am Ende gleichgiltig, ob der Katholicismus bis dahin größere oder geringere Fortschritte mache.

(Neue Nordpolexpedition.) Trotz des Widerspruchs der Londoner Zeitungen dürfte der vom Capitän Sherard Osborne angeregte Plan einer nochmaligen Nordpolexpedition zur Ausführung kommen, und mit besonderem Eifer arbeitet die k. geographische Gesellschaft darauf hin, für dieses Unternehmen die Unterstützung der Regierung zu erlangen. Es liegt ein doppelter Plan vor, nämlich außer dem Osborne's einer von Dr. Petermann, welcher die Route über Spitzbergen empfiehlt.

(Seltene Erscheinung.) Die vorige Woche hat den letzten Sproß einer wegen ihrer Langlebigkeit bekannten Familie in Yorkshire (England) als Opfer gefordert. Isabella Roß, geb. Burnside, ist 105 Jahre alt in Market Weighton gestorben, ihre Mutter hatte das Alter von 106 Jahren, ihre Großmutter gar 140 Jahre erreicht. Isabella Roß hinterläßt keine Kinder, wohl aber einen trauernden Ehegemahl, der auch schon den Neunzigen nahe, aber noch sehr rüstig ist.

(Humbug.) Ein spaßhaftes Eisenbahnunglück meldet die New-Yorker Handelszeitung vom 18. März: „In einem Schlafwagen der Erie-Eisenbahn wurde einer sehr fashionablen New-Yorker Dame ihr falsches Gebiß, das mehrere Hundert Dollars gekostet hatte, aus dem Munde gestohlen. Nach der einen Angabe soll der Dieb die Bestohlene zuvor mit Chloroform betäubt, nach einer anderen die Lady dem Spiritualismus gehuldigt haben. Die Polizei fand das Gebiß in einem New-Yorker Pfandhause wieder, wo es versetzt war."

Meteorologisches.

Witterung im April 1865.

Eben so unregelmäßig und ungewöhnlich, wie im März, war die Witterung auch im April, nur im entgegengesetzten Sinne, jener kalt, stürmisch, schneereich, wie selten, dieser milde, schön und freundlich ganz gegen seinen sonstigen Charakter. Der erste April hatte noch von seinem Vorgänger ein wenig Schneefall und eine Kälte von — 5 bis — 6° ererbt, von da an aber begann eine bis fast zu Ende des Monats ununterbrochene Reihe schöner, warmer, windstiller und wolkenloser Tage, wie sie in solcher Anzahl im April nicht verzeichnet sind.

In Klagenfurt blieb die mittlere Tagestemperatur schon vom 2. an beständig über 0°: Frühlingsanfang (mittlere Epoche ist der 18. März, 15 Tage früher) vom 10. an sank das Thermometer gar nicht mehr auf den Gefrierpunkt (mittlere Epoche des letzten Frostes: 24. April). Die Schneelage von 18 Zoll, welche der April von seinem Vorgänger übernommen, schwand ohne eingetretenes Thauwetter rasch, so daß am 13. die Ebene um Klagenfurt schneefrei, bis 30. die Schneegrenze, auch am nördlichen Abhang der Gebirge bis auf 3500' zurückgegangen war. Am 23. brachte mäßiger Ostwind eine Temperaturabnahme bis + 1·2 und starken Reif, worauf jedoch und zwar am 26. bis 28. die Wärme wieder täglich über 20° stieg. Ein starkes Gewitter, das am 29. zwischen Glan und Gurtthal starken Hagelschlag verursachte, brachte stärkere, in den Mai hinein sich ziehende kühlere Witterung (am 3. + 0·2 Reif).

Vergleichen wir die durch Zahlen darstellbaren Witterungselemente mit den vieljährigen Durchschnitten (normalen) so finden wir, daß der Luftdruck im Mittel 321·9''' nur im Jahre 1844 im April noch höher war: 322·0. Die Luftwärme, welche für diesen Monat normal auf + 7·0 berechnet ist, war heuer im Mittel + 7·65 (der wärmste April war 1862 mit 9·2, der kälteste 1817 mit 3·2), am höchsten stieg die Wärme am 28. auf 20·2, während am 1. noch — 6·6 als tiefste verzeichnet ist. Der ganze Niederschlag betrug nur 0·82 Zoll hoch Wasser. Der normale Niederschlag im April ist 2·7"; noch weniger Niederschlag in diesem Monat war in 9 der letzten 53 Jahre (1861: 0·7; 1852: 0·78, 1825 war ohne allen Regen u. s. f.).

Die Schneelage verschwand erst am 13. April, und hatte seit 17. Jänner, also 86 Tage gedauert, die mittlere Zeit ist 83 Tage bis 12. März.

Seit 1830 war der Schnee nie so lange gelegen (1860 bis 6. April, 1852 bis 8., 1845 bis 6. u. s. s.).

Noch nie aber wurde im April so andauernde Heiterkeit des Himmels beobachtet. Wenn man ganz heiteren Himmel mit 0, ganz bewölkten mit 10 bezeichnet, so ist der April im Durchschnitt vieler Jahre mit 5·3 bewölkt, heuer war er nur mit 2·9. Die Anzahl der heiteren Tage, die im Mittel 4 beträgt, war heuer 11, ganz trüber war keiner.

Ueberall in Kärnten war der April warm und heiter, in Hausdorf, Tiffen, Sachsenburg, Maltein war die Temperatur, obwohl sie nie auf 20° stieg doch höher als in Klagenfurt: über 8°, die tiefste Temperatur war fast überall am 1., 5 bis 6° unter 0, in Wiesenau nur — 1·8, Tiffen und Hausdorf — 3·0, am Hochobir (6320′ Seehöhe) fiel das Thermometer zwar am 1. noch auf — 10·0, doch war die mittlere Temperatur, die im Mittel von 18 Jahren — 0·7 ist, heuer + 3·5, (+ 1·7) war 1854 dort der wärmste April.

Auch im übrigen Europa war die Witterung mild und warm. Am 15. war Morgens 8 Uhr das Thermometer nirgend unter 0° (Heparanda 0·0, Petersburg + 1·0, Helsingfors + 1·2). Zu Ende des Monats aber ward es im Norden wieder kälter (am 29. Heparanda —5·8, Petersburg — 1·6).

Durchschnittspreise der Lebensmittel zu Klagenfurt im April 1865.

		fl.	kr.			fl.	kr.
Weizen		4	76	Speck, geselchter		—	44
Roggen		3	56	„ roher	das Pfund	—	35
Gerste	der Vierling	3	18	Schweinschmalz		—	43
Hafer		1	86	Eier		—	3½
Heide		3	52	Hendl		—	—
Mais		3	20	Kapaunen	das Paar	—	—
				Enten		—	—
Brein (gestampfte Hirse)		7	6	Gänse		—	—
Erbsen		4	80	12″ Scheiterholz, hartes		4	5
Linsen	der Vierling	5	—	12″ Scheiterholz, weiches	loco Lend eine n. ö. Klftr.	3	5
Fisolen, weiße		5	—	30″ Scheiterholz, weiches		4	50
rothe		4	60				
Erdäpfel		—	—				
Rindschmalz	das Pfund	—	57	Heu	der Zentner	1	7
Butter		—	51	Stroh		—	62

Herausgegeben vom Geschicht-Vereine und natur.historischen Landesmuseum in Kärnten. — Verantwortlicher Redakteur Dr. Heinrich Weiß. — Druck von Ferd. v. Kleinmayr unter verantwortlicher Leitung des Alexins Kosler in Klagenfurt.

Carinthia.

№. 6.   Juni   1865.

Ueber die Sprache.

Von Dr. Heinrich Weil.

(Fortsetzung.)

Mit diesen grammatischen Kenntnissen ist aber noch sehr wenig für die Erkenntniß des Wesens der Sprache geschehen, so nöthig auch diese Vorarbeit ist. Wir lernen, daß das Subjekt die Formen des Nominativs, das Objekt die Form des Akkusativs erhält, daß das sogenannte entferntere Objekt in den Dativ, und das Prädikat in seiner allgemeinen Bedeutung als Attribut in den Genitiv kommt, daß im Deutschen der Genitiv durch Anhängung von es oder en im Griechischen von os und im Lateinischen von is gebildet wird; was aber dieses os und is, jenes es und en eigentlich ist, woher denn diesen Endungen die magische Kraft komme, ein Subjekt in ein Prädikat zu verwandeln, die wichtigsten Beziehungen umzuändern, die Begriffe in einander umzuwandeln, das lernen wir nicht daraus. Wir lernen, daß amo ich liebe (englisch J love) im Imperfectum amabam ich liebte (englisch J loved) heißt, aber nichts erklärt uns wie die bloße Verwandlung des o in abam, des e in te (des e in ed) jenen tragischen Uebergang der lachenden Gegenwart in die wehmüthige Vergangenheit vermitteln konnte.

Das ist aber eben die Aufgabe der Sprachwissenschaft. Zur Erreichung dieses Zieles wird es auf eine richtige Methode ankommen. Da wir nun von früher wissen, daß das Prinzip des phonetischen Verfalles fast an allen Sprachen nagte und daß spätere Formen oft nur schwer die ursprünglichen Bestandtheile erkennen lassen, da wir ferner immer von dem Grundsatze ausgehen, daß in einem Worte alles eine Bedeutung haben muß und in keinem Theile desselben bloße Willkühr herrschen kann, so müssen wir, um zur Erkenntniß zu gelangen, was denn diese Endungen eigentlich bedeuten, die ältesten Formen des zu untersuchenden Wortes aufsuchen. Diese Methode führt aber nothwendig auf die zweite Stufe der Sprachwissenschaft, nämlich zur **classifizirenden Periode**, wie wir sogleich sehen werden. Wollten wir z. B. die älteste Form für das englische J love aufsuchen, so genügte es nicht bloß auf das Angelsächsische zurückzugehen, wie es vor 1400 Jahren auftrat, denn dieses ist selbst keine Originalsprache, war selbst dem phonetischen Verfalle ausgesetzt, und es weist uns schon der Name auf die Sachsen und Angeln des Festlandes zurück. Wir müßten daher das Wort durch die sächsischen und niederdeutschen Dialekte verfolgen, bis wir bei der frühesten Entwicklungsstufe des Deutschen, nämlich beim Gothischen im 4. Jahrhundert, anlangten. Aber auch hier wird uns dießmal kein Rath, denn wenn das Gothische auch die älteste uns bekannte deutsche Sprachform ist, so ist das Gothische doch selbst eine moderne Sprache, die in ihrem Wachsthume die mannigfaltigsten Wandlungen schon durchgemacht hatte, bis sie zu jenem Idiome wurde, in dem Bischof Ulfilas die Bibel übersetzen konnte. Was soll aber nun geschehen? Wie machen wir es denn bei anderen Sprachen, z. B. bei einer modernen romanischen Sprache? Nehmen wir beispielsweise aus dem Französischen die Worte feu Feuer, hors außer, fromage Käse, payer zahlen, quittance Quittung. Der ganze Wörterschatz der lateinischen Sprache bietet kein Wort, von dem die eben genannten mit Sicherheit abgeleitet werden könnten; wir pflegen aber bei solchen Worten einer romanischen Sprache uns um die Bedeutung derselben in einem der verwandten Dialekte umzusehen, und finden da, daß im Italienischen Feuer fuoco heiße, welches offenbar aus dem lateinischen focus kommt; sollte man nun noch zweifeln, daß die ursprüngliche Form des französischen feu das lateinische focus ist, so wird derselbe gewiß verschwinden, wenn man bedenkt, daß locus im Französischen lieu und jocus im Französischen jeu heißt, und wir das Gesetz erkennen, wonach die Endsilbe ocus der Masculina der 2. Deklination im Lateinischen durch Verwandlung in eu französirt wird. Fromage Käse heißt im Italienischen formaggio was aus dem lateinischen forma kommt, weil in Italien Käse mittelst Aufbewahrung der Milch in Körben oder Formen bereitet wird. Hors außer heißt im Italienischen fuora was sich unschwer vom lateinischen fores (was außen ist) ableitet. Payer zahlen heißt im Italienischen pagare was vom lateinischen pacare befriedigen herkommt, da die Gläubiger eben die unangenehme Eigenschaft haben, nicht eher befriedigt zu sein als bis sie bezahlt sind. Eine ähnliche psychologische Erscheinung ergibt die Untersuchung von quittance Quittung, im Italienischen quietanza, im Lateinischen quietantia Beruhigung, da man die Sicherheit über die Beruhigung des Gläubigers erst mit dessen Quittung in Händen hält. Wir sehen an diesen Beispielen, daß unsere Nachforschungen mit Erfolg gekrönt werden, wenn wir das fragliche Wort in einem verwandten Dialekte aufsuchen, und können daher annehmen, daß, wenn z. B. ein englisches Wort bis zum Gothischen zurückverfolgt noch nicht den gewünschten Aufschluß gibt, wir hoffen können, denselben zu erhalten, wenn wir uns nach dem Ausdrucke in einer Sprache umsehen, die sich zum Englischen so verhält, wie das Italienische oder Spanische zum Französischen. Wir müssen also um die Ziele der Sprachwissenschaft zu erreichen, den genealogischen Stammbaum der Sprachen aufstellen, wodurch wir aber in die zweite nämlich in die classifikatorische Periode eintreten, denn die Genealogie ist die vollkommenste Form der Classifikation. Es ist von Interesse, an der Hand der Geschichte nachzuweisen, wie lange Zeit nöthig war bis diese Stufe in der Wissenschaft wirklich erklommen wurde, interessant zu sehen, wie dazu mehr als zwei Jahrtausende nöthig waren, wenn man nämlich von jener Zeit an zu zählen beginnt, in welcher man sich überhaupt mit der Erforschung der Sprache zu beschäftigen anfing. Die Griechen konnten es nach dem früher Gesagten selbstverständlich nie dazu bringen, denn ihnen waren ja alle Nichtgriechen Barbaren, und jeder nichtgriechische Dialekt ein verächtliches Kauderwälsch. Die Römer aber waren ja in Wissenschaften nur die Nachbeter der Griechen, und der Name Barbar war ihnen nicht minder geläufig. Dieses Wort und das damit verbundene Vorurtheil rächte sich an dem genialsten Römer, an Julius Cäsar selbst; denn man darf voraussetzen, daß sonst seinem durchbringenden Geiste die Aehnlichkeit zwischen dem Lateinischen und der Sprache der Barbaren, die er in Gallien und Germanien bekämpfte, eine Aehnlichkeit die nicht geringer war als die zwischen seiner eigenen und jener des Homer, gewiß nicht entgangen wäre. Zum Beweise dieser Behauptung soll hier nur auf ein Beispiel hingewiesen werden. Man vergleiche nämlich ich habe, du hast u. s. f., sie haben im Deutschen mit dem lateinischen habeo, habes u. s. f., habent und dem Gothischen haba, habais, habaip, habam, habaip, habant. Und so blieb es durch das ganze Alterthum. Erst das Christenthum brachte die entscheidende Wendung; erst nachdem verkündet worden, daß alle Menschen Brüder seien,

und die Apostel gesandt wurden allen Völkern das Evangelium zu ver=
kündigen, war jenes Vorurtheil, welches nur auf der einen Seite die
herrschende Race und auf der andern verächtliche Barbaren kannte, gründ=
lich besiegt; erst dann konnten fremde Dialekte Berücksichtignng finden
und konnte die Idee einer allgemeinen Verwandtschaft und damit die
Idee eines genealogischen Zusammenhanges der Sprache aufkommen.
Doch selbst da sollte dieß noch nicht so leicht werden. Ein neues Vor=
urtheil verlegte der Wissenschaft den Weg. Es war die Idee, daß das
Hebräische die Ursprache der Menschen sei und daß alle Sprachen von ihm
abstammen; eine Idee, welche durch die gewaltige Autorität der Kirchen=
väter gestützt wurde. Eine Unsumme von Geist und Gelehrsamkeit ist auf
den Nachweis dieser Sonderbarkeit verschwendet worden ohne natürlich je
zum gewünschten Ziele zu führen. Doch ist diese Mühe insoferne nicht ver=
gebens gewesen, als sich eben wegen ihrer Fruchtlosigkeit die Ueberzeugung
Bahn brechen mußte, daß in dem Beweissatze ein Irrthum stecken müsse.
Es bedurfte daher nur noch eines großen Geistes, um durch seinen gewich=
tigen Ausspruch die literarische Welt von diesem Alpdruck zu befreien. Und
dieser Geist erstand in unserem großen Landsmanne L e i b n i tz, dem Zeit=
genossen und Nebenbuhler N e w t o n's. Er erklärte zuerst jene Idee
geradezu für einen Unsinn. Aber Leibnitz that noch weit mehr, indem er
in Sachen der Sprache die Prinzipien einer gesunden induktiven Schluß=
methode anwandte, und zunächst darauf ausging, möglichst viele verläßliche
Thatsachen zu sammeln. Missionäre, Reisende, Gesandte, Fürsten und
Kaiser ging er um Beistand an, indem er sich durch dieselben aus allen
Theilen der Welt von den verschiedensten Völkerschaften die bei denselben
gebräuchlichen Ausdrücke für die Begriffe des gewöhnlichen Lebens zu ver=
schaffen wußte, worunter eine Uebersetzung des Vaterunser in das Hotten=
tottische nicht den geringsten Schatz bildete. Selbst den russischen Czaren
Peter den Großen setzte er in Contribution, indem er an ihn von Wien aus
wo er ihn kennen gelernt hatte, 1713 ein Verzeichniß von Wörtern über=
sandte mit der Bitte, die bei den vielen von ihm beherrschten Völkerschaften
hiefür gebräuchlichen Ausdrücke sammeln zu lassen. Leibnitz selbst war in
der Classification nicht glücklich; aber dessenungeachtet hat seine Idee noch
viel später die besten Früchte getragen und hat der durch ihn gegebene An=
stoß fort und fort gewirkt. Gewissermaßen ein Schüler Leibnitz's und für
die Classification epochemachend war der spanische Jesuit H e r v a s 1735 bis
1809, welcher seine Werke nach der Rückkehr von der Mission in Amerika
in Rom italienisch schrieb. Ein äußerst behutsamer und unermüdlicher

Forscher sammelte er Notizen aus 300 Sprachen und schrieb 40 Grammatiken. Er stellte zuerst den Grundsatz auf, daß die sprachliche Verwandtschaft zunächst auf grammatische Belege gestützt werden müsse, und stellte glücklich die semitische Sprachenfamilie zusammen. Ihm war bereits die Aehnlichkeit zwischen Sanskrit und dem Griechischen aufgefallen; er wies schon auf die Aehnlichkeit des griechischen eimi, eis, esti (ich bin u. s. f.) mit der Sanskritform asmi, asi, asti hin, und zeigte, daß die griechischen Geschlechtsendungen os, e (a), on den gleichen im Sanskrit as, â, am entsprechen, allein das letzte Räthsel blieb ihm noch ungelöst. Ein zweites wichtiges Werk zu Anfang dieses Jahrhunderts war Adelung's Mithridates, d. i. eine Sammlung von Worten aus den verschiedensten Sprachen. Um dieselbe Zeit beiläufig war selbst eine Kaiserin Mitarbeiterin an dem Entwicklungswerke der Sprachwissenschaft, nämlich die Kaiserin Katharina die Große von Rußland (1762 — 1786), welche den Gedanken Leibnitzens, den die russische Regierung nie fallen gelassen hatte, selbstständig aufnahm. Sie hinterließ ein selbst gearbeitetes Verzeichniß von 285 Wörtern, welche sie in 51 europäische und 149 asiatische Sprachen übersetzt hatte. Alle diese Werke, so groß ihre Vortheile waren, haben dennoch die Classification im großen Ganzen nicht viel weiter gebracht, weil sie alle die geographische Vertheilung der Völker zur Grundlage nahmen. In das Chaos mußte erst der elektrische Funke einschlagen, und dieß war das Sanskrit. Diese Sprache, welche schon 300 Jahre vor Christus aufgehört hatte, eine lebende Sprache zu sein, hat ihre älteste Form in den Veda's; neben ihr wurden zahlreiche Dialekte gesprochen, welche endlich durch das Präkrit-Idiom der ältern Schauspiele und späteren Dichtungen in die modernen Dialekte des Hindi, Hindustani, Mahratti und Bengali übergingen. Das Sanskrit schon zu Alexander's Zeiten der Welt wenigstens der Existenz nach bekannt, wurde nichtsdestoweniger von den Brahmanen als die Sprache der heiligen Literatur, als welche sie bis auf den heutigen Tag lebt, wenn sie auch nicht mehr gesprochen wird, mit Argusaugen bewacht und blieb der Welt daher ihrem Wesen nach unbekannt. Alle Uebersetzungen, welche zu den mohamedanischen Nachbarn gedrungen waren, erstreckten sich nicht auf die eigentlichen Veda's, sondern hatten nur spätere Commentare u. dgl. zum Gegenstande. Der erste beglaubigte Fall, daß ein europäischer Missionär in das Geheimniß eindrang, tritt erst zu Anfang des 17. Jahrhunderts ein. Roberto de Nobili, aus guter Familie und von fein gebildetem Geiste war 1606 nach Indien gegangen, wo er beobachtete, daß nur Leute niedern Standes für die Missionäre ein offenes Ohr hatten. Er faßte daher den

Plan, sich als Brahmanen auszugeben, und studirte gleichsam auf diese
Rolle, die er mit Erfolg durchführte. Seine nach Rom geschickten Berichte
blieben aber in den wichtigsten, das Sanskrit selbst betreffenden Punkten
unbeachtet. Auch die wichtigen Forschungen des französischen Jesuiten,
Pater Pons, den Ludwig 1697 nach Indien sandte, blieben größtentheils
aus Mangel einer Sanskrit-Grammatik unfruchtbar. Diesem Uebelstande
half endlich der Missionär und deutsche Carmelitermönch J. Phil. Wesdin
ab, welcher 1790 die erste Sanskritgrammatik in Rom herausgab. Nun
dämmerte das erste Licht. Die Aehnlichkeiten zwischen Sanskrit, Lateinisch
und Griechisch lagen zu Tage, aber wie war diese Aehnlichkeit zu erklären?
Ich übergehe hier die mannigfachen Hindernisse, welche man einer natürlichen Erklärung von vielen Seiten und zwar von den gelehrtesten Männern
in den Weg stellte, so daß man endlich so weit kam, die ganze Sanskrit-
literatur für eine Lüge, für einen schlauen Betrug der Brahmanen zu erklären um ja nicht den nothwendigen Schlüssen sich unterwerfen zu müssen,
und eile zum Ende dieser historischen Skizze. Es war einem genialen Geiste
und zwar wieder einem Deutschen, nämlich dem Dichter Friedrich Schlegel, vorbehalten, durch einen Geistesblitz das ganze Dunkel aufzuhellen und
durch einen glücklichen Wurf die heute schon in der Classifikation der Sprachen errungenen Erfolge anzubahnen. Wir meinen sein 1808 in Paris
erschienenes Werk „Ueber die Sprache und Weisheit der Inder",
welches der deutschen Forschung Grundlage wurde, und worin er fast mit
Seherblicken die Verwandtschaft der Cultursprachen erkennend, die Sprachen
Indiens, Persiens, Italiens, Griechenlands und Deutschlands „mit dem
Namen „Indogermanische Sprachen" für alle Zukunft fest aneinander
knüpfte Nun war das Zauberwort gesprochen und von da ab feierte unsere
Wissenschaft einen Triumph nach dem andern. Hiezu trugen Werke ver-
schiedenster Art bei. Sein Bruder August Wilhelm von Schlegel
gab seine „Indische Bibliothek" heraus, zunächst bestimmt, um die Sanskrit-
Literatur als solche bekannt zu machen, sie enthielt jedoch auch Aufsätze über
vergleichende Philologie. Hieher gehören auch dessen Schriften über die
Sprachphilosophie und die Kawisprache. Franz Bopp begründete zuerst
die wissenschaftliche Vergleichung jener Sprachen; im Jahre 1833 erschien
der erste Band seiner „Vergleichenden Grammatik des Sanskrit, Zend
Griechischen, Lateinischen, Lithauischen, Slavischen, Gothischen und
Deutschen" ein Werk, das erst 1852 vollendet wurde. Dasselbe ist als
Grundpfeiler der Wissenschaft für alle Zeiten zu betrachten.*) Zu den Be-

*) Dieses Werk befindet sich in der hiesigen Studienbibliothek.

gründern derselben ist dann Professor Pott mit seinen „Etymologischen Forschungen" und Jakob Grimm mit seiner „deutschen Grammatik" zu rechnen, denen sich der Däne Rask und der Franzose Eugène Burnouf nebst mehren Andern anreihen.

Nach dem Gesagten, wo das Sanskrit gleichsam als der Ariadnefaden im Sprachenlabyrinthe bezeichnet wurde, drängt sich die Frage auf, worin denn diese rettende Macht des Sanskrit, wenn man so sagen darf, eigentlich bestehe. Die Entdeckung oder richtiger gesagt die genauere Kenntniß des Sanskrit und die dadurch erzielte Erkenntniß der Aehnlichkeit der Culturſprachen mit dem Sanskrit führte eben dazu die Verwandtschaft aller dieser Sprachen näher zu untersuchen, zu erforschen, in welchem Verhältnisse dieselben zu einander ſtehen. Während man nun anfänglich geneigt war, das Sanskrit als die Mutter jener Sprachen anzusehen, ähnlich wie man das Lateinische oder Altitalische die Mutter der romanischen Dialekte nennen kann, erkannte man später, daß das Sanskrit zum Lateinischen und Griechischen eine ähnliche Stellung einnahm als das Provencalische zu den andern romanischen Dialekten, ſo daß es deren ältere Schwester genannt werden könnte. Nachdem man aber endlich fand, daß das Lateinische in manchen Formen ursprünglicher war als das Griechische und man mit denselben Beweismitteln dann wieder entdeckte, daß die teutonischen, keltischen und slavischen Sprachen ebenfalls solche ursprüngliche Elemente besaßen, die die Ableitung dieser Sprachen vom Sanskrite selbst unmöglich machten, ſo wurde man dadurch auf einen weit in der Geschichte der Menschheit zurückliegenden Zeitpunkt und einen Zustand der Sprache gewiesen, der gleichsam den gemeinsamen Hintergrund für alle diese verschiedenen Sprachen einschließlich des Sanskrits bildete, wodurch dieselben als verschwistert und jetzt erst in ihr richtiges Verhältniß zueinander gerückt erschienen. Bei diesen wissenschaftlichen Vorgängen hatte man zugleich die weiter oben schon näher besprochene Erscheinung des phonetischen Verfalles und dessen Gesetze kennen, sowie dieselben mit Erfolg anwenden gelernt. Man hatte nun den Begriff und Ausdruck der Sprachenfamilien gefunden. Das war die große Wirkung der Kenntniß des Sanskrit. Allein die Vergleichung der vorzüglichsten Redetheile in den verschiedenen Sprachen, nämlich der Nomina, Verba u. ſ. f. konnte nur zu einer allgemeinen Festſtellung, aber nicht zur genauen Abstufung der wechselseitigen Verwandtschaftsverhältnisse führen, wozu es eines feiner abgetheilten Maßstabes, nämlich der vergleichenden Grammatik, d. h. der Vergleichung der grammatischen Formen der Sprachen, bedurfte. Wie nöthig dieß

war und zu welchen Ergebnissen diese Methode führte, soll an einem Beispiele gezeigt werden. Es war eine Zeit, wo behauptet wurde, daß das
Lateinische durch eine Zwischenstufe sich zu den modernen romanischen Dialekten entwickelt habe, und daß diese Zwischenstufe das Provençalische gewesen, so daß dieses als die Mutter der romanischen Dialekte zu betrachten
sei. Die Frage, ob Mutter oder Schwester war aber durch Vergleichuug
der grammatischen Formen allein zu beantworten und ist folgenderweise
gelöst worden. Das Provençalische sem, etz, son (wir sind, ihr seid, sie
sind) entspricht dem französischen nous sommes, vous êtes, ils sont (in
der Normandie: sumes, estes, sount). Vergleicht man diese Formen
mit den ursprünglichen lateinischen sumus, estis, sunt, so findet man die
französischen (namentlich im Dialekte der Normandie) den entsprechenden
lateinischen weit ähnlicher, während die provençalischen sogar schon verstüm-
melt erscheinen. Nun ist es aber zweifellos, daß, wenn das Französische
durch das Provençalische durchgegangen wäre, es gewiß nicht hätte reiner
und dem ursprünglichen Lateinischen ähnlicher werden können. Man ist
also aus diesen und ähnlichen Erscheinungen berechtigt zu schließen, daß das
Provençalische nicht die Mutter z. B. des Französischen sei. Mit derselben
Methode der Untersuchung kann, um ein weiteres Beispiel anzuführen, auch
gezeigt werden, daß das Griechische nicht aus dem Sanskrit entstanden ist.
Im Sanskrit heißt ich bin asmi, im Griechischen esmi (eimi) im Lithauischen esmi. Die Wurzel ist as oder es, die Endung ist mi. Da
die Endung der zweiten Person si ist, so erhält man in diesen drei Sprachen für du bist: assi, essi (eisi), essi. Nun heißt aber du bist im
Sanskrit so weit man es historisch zurückverfolgen kann, immer asi, und es
ist nicht denkbar, wie sich aus dieser reduzirten Form das griechische essi
hätte bilden sollen, welches viel ursprünglicher geblieben ist und daher nicht
aus dem Sanskrit stammen kann. Dieses hat in der dritten Person Sing.
as-ti, und in der vielfachen Zahl as-mas, as-tha, as-anti, oder gekürzt:
'smas, 'stah, 'santi, und wir sehen z. B., daß auch das lateinische sunt
zu dem Sanskrit 'santi verglichen wieder ursprünglicher ist als das griechische eisi (äolisch enti), welches das radikale s fallen ließ, so daß auch
wieder das in diesem Falle reinere Lateinische nicht aus dem verderbteren
Griechischen entstanden sein kann. Auf diese Art ist man bei allen Sprachen, freilich mit Berücksichtigung nicht nur einzelner Formen wie im obigen
Beispiele sondern aller vorgegangen, hat das Verwandtschaftsverhältniß derselben genau und sorgfältig bestimmt, und gelangte so zur Aufstellung einer
Genealogie der Sprachen, eines Stammbaumes, d. i. zur vollkommensten

Form der Classification. Untersucht man auf diese Weise die germanischen oder teutonischen Sprachen mit Zuhilfnahme der ältesten Schriftdenkmale, so trifft man auf vier Zweige, von denen der gothische das älteste Schriftdenkmal, nämlich die gothische Bibelübersetzung des um 311 n. Chr. gebornen Bischofs Ulfilas aufweist, welche gegenwärtig unter dem Namen des Codex argenteus bekannt ist, und worunter man die in der Abtei Werden verwahrt gewesene, aus dem fünften Jahrhundert stammende Abschrift dieser Bibelübersetzung versteht, die aber und zwar seit 1648 in Upsala in Schweden sich befindet. Habent sua fata libelli! Im Folgenden soll nun die Stammtafel der in Europa und Asien gesprochenen Sprachen, welche zusammen die arische oder die europäische Sprachenfamilie bilden, cursorisch dargestellt werden.

Die deutschen Dialekte, welche man, ohne damit etwa ein durch nichts begründetes historisches Faktum einer ehemaligen Einheit derselben andeuten zu wollen, auch unter dem Ausdrucke „teutonische Sprachengruppe" begreift, zerfallen in den niederdeutschen (angelsächsisch, friesisch, holländisch, flämisch), hochdeutschen (althochdeutsch 7 — 12. Jahrh., mittelhochdeutsch 12. Jahrhundert — Luther, neuhochdeutsch von Luther bis jetzt), gothischen und skandinavischen (norwegisch, schwedisch, dänisch) Sprachzweig. — Daneben haben wir das Lateinische oder richtiger Altitalische mit seinen sechs Modificationen in den modernen romanischen Dialekten, nämlich in den Sprachen Portugals, Spaniens, Frankreichs, der Wallachei, von Graubündten (das sogenannte Rumänische oder Romanesische) und in dem früheren Provençalischen, der Sprache der Troubadours (heute nur mehr ein Patois). —

Die nächste selbstständige Sprache ist das Hellenische oder Griechische mit seinen alten vier Dialekten, das sich unter dem Einflusse des Slavischen zum heutigen sogenannten Neugriechischen entwickelt hat. —

Der vierte Zweig der arischen Sprachfamilie ist der keltische. Die Kelten scheinen vor allen Ariern zuerst nach Europa gekommen, von den nachdrängenden teutonischen Stämmen aber nach Westen und endlich in der Neuzeit von Irland über den atlantischen Ocean getrieben worden zu sein. Gegenwärtig kennt man nur dialektische Ueberbleibsel, nämlich das Kymbrische (Wallisische, Cornische und Armorikanische in der Bretagne) und Gädhelische (wohin das Irische, das Gälische auf der schottischen Westküste und der Dialekt der Insel Man gehören). Die Kelten haben als Nation zu existiren aufgehört, so groß früher auch der von ihnen den Germanen und Römern entgegengesetzte Widerstand und ihre geographische Verbreitung gewesen ist. Gallien, Belgien und Britannien waren celtische Reiche; wir finden sie in Spanien und zu Herodot's Zeiten in der Schweiz, in Tirol, Kärnten und in den Gebirgsländern südlich von der Donau überhaupt.

Der fünfte Zweig ist der slavische, besser vielleicht der windische genannt, da Winidae der Name ist, unter dem die Gesammtheit dieser Völker den alten Historikern bekannt war. Diese Stämme zerfallen in den lettischen (in Kurland und Liefland nebst dem Litthauischen in Ostpreußen und dem angrenzenden Rußland) und den slavischen Stamm mit den Unterabtheilungen in einen ostslavischen und westslavischen Zweig. Jener umfaßt das Russische mit den localen Dialekten des Bulgarischen und Illyrischen (dieses wieder mit den serbischen, kroatischen und slavonischen oder slovenischen Dialekten). Die literarischen Fragmente dieses Letztern reichen bis in das 10. Säculum zurück, während das älteste Denkmal dieses ganzen östlichen Zweiges überhaupt das Altbulgarische oder sogenannte Kirchenslavische ist, in welche Sprache Cyrillus und Methudius die Bibel im neunten Jahrhundert übersetzten.

Der westslavische Zweig umfaßt die Sprachen Polens, Böhmens, (Mährens) und der Lausitz. — Hiemit wären nun alle in Europa gesprochenen Sprachen aus der ersten oder arischen Familie genannt, bis auf das Albanische, welches zwar auch dazu gehört, sich jedoch in keiner der erwähnten Abtheilungen unterbringen läßt da es vom Griechischen und den anderen Sprachen hinlänglich verschieden ist. Man betrachtet es als den einzigen noch lebenden Repräsentanten der Barbarensprachen, welche die Dialekte Griechenlands umgaben oder sich zwischen sie hineinschoben.

In Asien aber finden wir als hieher gehörig das Sanskrit, in seiner ältesten Form als Veda-Sanskrit oder die Sprache der heiligen Bücher 1500 J. vor Christus, dem im 3. Jahrhundert v. Chr. die volksthümlichen Dialekte, die Prakrit-Dialekte der ältern Schauspiele und dann die noch heute lebenden Mundarten des Hindi, Hindustani, Mahratti und Bengali folgten. Sehr eng verknüpft mit dem Sanskrit ist die alte Sprache des Zend-Avesta, das sogenannte Zend oder die Sprache der alten Anhänger des Zoroaster oder der Feueranbeter. Das Bemerkenswertheste ist, daß diese alte Sprache zumeist nur durch das Sanskrit und die vergleichende Sprachkunde entziffert worden ist, daß der Däne Rask der erste war, der den Urtext des Zoroaster zu lesen versuchte, und daß nach dessen frühem Hingange der Franzose Burnouf derjenige war, der diese Sprache wirklich entzifferte und ihre Verwandtschaft mit dem Sanskrit nachwies. Seine Beweisgründe sind auf

Glänzendfte durch die erst in neuester Zeit entdeckten Keilinschriften des Darius und Xerxes bestätigt worden.

Die andern Sprachen Asiens, welche durch ihre Grammatik und ihr Wörterbuch ihre Verwandtschaft mit dem Sanskrit und Persischen beurkunden, aber einen zu abgesonderten Charakter haben, um als Dialekte derselben eingereiht werden zu können, sind die Sprache von Afghanistan oder das Puschtú, jene von Bokhára, die Kurdensprache, die ossetische Sprache im Kaukasus und das Armenische, welche man auch die iranischen Sprachen nennt.

Die kurze Uebersicht, die wir gegeben haben, gestattet uns nun auch die arische Sprachenfamilie geographisch einzutheilen, indem wir leicht eine südliche — die indischen und iranischen Sprachen, und eine nördliche oder nordwestliche — alle übrigen umfassende Classe unterscheiden können. Diese Eintheilung aber und das zwischen diesen Sprachen mit Hilfe der vergleichenden Sprachkunde ermittelte Verwandtschaftsverhältniß, wonach keine der Hauptsprachen aus der andern abgeleitet wurde, sondern wonach sie sich im verwandtschaftlichen Verhältnisse von Geschwistern gleichsam befinden, befriedigt auch ein historisches Interesse, indem dadurch eine sehr interessante der Geschichte angehörige Thatsache enthüllt wird. Da nämlich alle diese in ihrer heutigen Erscheinung äußerlich so verschiedenen Sprachen durch das ihnen Gemeinschaftliche, namentlich durch ihre Grammatik, auf einen gemeinsamen Ursprung einerseits, und andererseits auf eine allmählige Verbreitung der sie sprechenden Völker zuerst gegen Süden und dann gegen Westen hinweisen, sind wir berechtigt, eine Zeit in der Geschichte der Menschheit anzunehmen, wo es einen wahrscheinlich auf der Hochebene Asiens wohnenden Arierstamm gab, dessen Sprache noch nicht Sanskrit oder Griechisch oder Deutsch u. s. f. war, welche aber die Keime aller dieser Sprachen in sich enthielt; ein Stamm, welcher, wie wir später bei Besprechung der Wortwurzeln sehen werden, bereits Ackerbau trieb, eiserne Waffen hatte, die Bande des Blutes und der Ehe heilig hielt, ein höchstes Wesen verehrte und überhaupt eine nicht unansehnliche Kultur aufzuweisen hatte. Dieser Stamm und seine Sprache war aber selbst schon das Produkt vielleicht vieltausendjährigen Lebens. Denn die zufolge der universellen Fähigkeit der menschlichen Sprache unendlich vielen möglichen Ausdrücke für Vater, Mutter, Tochter, Sohn, Hund, Kuh, Himmel, Erde u. s. f. hatten damals schon ihren „Kampf um das Dasein" ausgekämpft, die einzelnen unbestrittenen Ausdrücke für alle diese Begriffe hatten sich damals schon festgesetzt, welche dann später nach der Trennung der arischen Familie mit den einzelnen Völkern in die Welt fortzogen. Von allen möglichen Ausdrücken für s e i n hatte sich schon die Wurzel as die Herrschaft erworben, und für Begriffe wie ich bin, du bist u. s. f. hatte sich schon die Form durch Anhängung von persönlichen Fürwörtern nämlich mi, si u. s. f. für alle Zeiten festgesetzt, und zog erst später als asmi, asi oder esmi, essi, oder (b)in, (b)ist u. s. f. in die Welt. Bei der Uebereinstimmung in Worten und grammatischen Formen zwischen Sanskrit und Zend, welche aber in keiner andern arischen Sprache vorkommen, ist man wieder berechtigt zu schließen, daß nach dem Aufbruch, beziehungsweise nach der Trennung jenes einigen arischen Stammes, die Vorfahren der Inder und Perser einige Zeit zusammen lebten bis auch in sie — vielleicht gerade durch die Lehre des jedenfalls in die graue Vorzeit hinaufreichenden Zoroaster — die Trennung kam. Die Perioden mit Sicherheit ausfindig zu machen, in welchen sich die Germanen von den Slaven, die Kelten von den Italienern, oder diese von den Griechen trennten, ist aber bis jetzt nicht geglückt. So haben wir die wichtigsten Völker an der Hand unserer Wissenschaft bis in die ältesten Stammsitze zurückverfolgt, bis wohin kein Licht mehr leuchtet, das aus den bisher vorzüglich so genannten historischen Quellen fließt; wir sind an dem Punkte angelangt, an dem wir fast das Wehen des Schöpfergeistes zu spüren vermögen, aber auch an dem echt christlichen Standpunkte, daß alle Menschen Brüder sind.

(Fortsetzung folgt.)

Das Versteck.
Erzählung von M. S.
VI. Der Ueberfall.
(Schluß.)

Angelo di Rocca, der Kommandirende der Sbirren, schärfte seinen Leuten die größte Vorsicht und Wachsamkeit ein. Er prüfte den Felsen genau, und da ein Entkommen an der Westseite, wo er senkrecht in die schwindelnde Tiefe niederstieg, unmöglich schien, so wurden nur an den drei anderen Seiten Wachen aufgestellt, die auf jedes noch so leise Geräusch achten sollten.

Dann trat er mit den Uebrigen in das Innere. Voraus ging Tonio, neben ihm zwei Sbirren mit gespanntem Hahne.

Man zündete die Fackeln an, mit denen Angelo seine Leute versehen hatte, und begann die Durchsuchung des Gemäuers. Keine Spalte, kein Loch blieb unberücksichtigt. Nach wenigen Minuten entdeckte man auch den engen, niedrigen Gang, aber es zeigte sich an der Mauer nicht die geringste Spur; die Steine schienen überall fest eingefügt. Tonio wußte das geheime Gemach, allein viele Theile der Ruinen waren noch nicht untersucht; er wollte daher das Geheimniß der Familie Lorenzo's nicht offenbar machen, trotz der fieberhaften Aufregung, in die er durch die Hoffnung, auf Einmal reich und glücklich zu werden, versetzt war. Zudem war es kaum möglich, daß die Entflohenen sich darin versteckt halten sollten, außer sie hätten es zufällig entdeckt.

Als man aber alles wiederholt durchsucht und geprüft hatte, als die Schildwachen erklärten, keine Maus sei zwischen ihnen hinausgeschlüpft, gerieth Angelo über das Mißlingen seiner Unternehmung in Zorn.

Elender Hund! schrie er Tonio an, du weißt mehr, als du entdecken willst. Heraus damit! Ich lasse dir die Wahl zwischen zehntausend Goldstücken und einer Flintenkugel.

Die beiden Sbirren ließen die Hähne knacken.

Tonio erbleichte; die Schrecken des Todes traten vor seine Seele und von der andern Seite lächelte Reichthum und eine glückliche Zukunft. Es sei! sprach sein Inneres.

Dann sagte er laut:

Es gibt ein Versteck hier, Signor Capitano, aber Niemand weiß davon, als die Angehörigen meines Herrn.

Das war es, was Angelo herauszubringen wünschte.

Du wirst uns augenblicklich hinführen, herrschte er ihn an.

Im Gange angekommen, prüfte Tonio sorgfältig die Steine der einen Wand und die Sbirren sahen mit dem höchsten Interesse zu. Endlich zeigte er auf eine Stelle und sagte leise: Hier ist es. Dann begann er einen Stein herauszuheben, aber seine Hände zitterten so, daß er ihm ausglitt und donnernd auf den Boden fiel, die andern mit sich reißend.

Die Schlafenden erwachten in ihrem Verstecke; sie bemerkten den grellen Lichtschein, der durch die Oeffnung hereinfiel, und erriethen sofort, daß sie verrathen seien.

Lebendig sollt ihr uns nicht bekommen, rief Tabbeo mit furchtbarer Stimme und schoß seine Flinte durch die Oeffnung. Ein zweiter Schuß und zwei Sbirren stürzten röchelnd zu Boden.

Alles dieß war so schnell geschehen, daß die Sbirren, die eine größere Anzahl darin vermutheten, bestürzt zurückwichen. Aber
ihr Anführer verlor die Besonnenheit nicht.

Die Fackeln ausgelöscht! befahl er. Dann hinein, mir nach, ehe
sie wieder geladen haben. Jedem Manne hundert Dukati mehr, wenn
wir sie lebendig fangen.

Und er kroch in der Finsterniß voran, hinter ihm seine angefeuer-
ten Leute. Nach kurzem Handgemenge waren die beiden Freunde gebunden.

Nun zündete man die Fackeln wieder an, erweiterte die Oeffnung
und schaffte die Gefangenen hinaus.

Ich bin gerächt, rief Angelo triumphirend, indem er sich im vollen
Scheine der Fackeln Tabdeo gegenüberstellte; Tabdeo Bellarmi, in weniger als zwei Wochen wirst du auf dem Schafote bluten.

Elender Wicht! Knecht der Feigen! entgegnete Tabdeo, ich bezeuge
dir meine tiefste Verachtung. Aber noch bin ich nicht todt, und die
Rache wird auch dich ereilen.

Angelo, im höchsten Zorne, wollte in Beschimpfungen ausbrechen.
Aber eine ungewöhnliche Bewegung unter seinen Leuten erregte seine
Aufmerksamkeit.

Tonio war plötzlich, wie von einer ungeheuern Wucht nieder-
gedrückt, auf den Boden gesunken; er hatte den Namen Tabdeo gehört,
er wußte, wen er verrathen hatte.

Seine Wächter beugten sich über ihn und richteten ihn auf.

Sein verzerrtes Gesicht, das Heben und Senken seiner Brust, die
krampfhafte Bewegung seiner Finger zeigte, daß eine schreckliche Gährung
in ihm vorging. Bald kam er wieder zu sich; sein wildrollendes Auge
suchte Angelo, der neugierig die Scene betrachtete, mit einem Sprunge
hatte er ihn an der Kehle gepackt, warf ihn zu Boden und würgte ihn,
daß er ächzte. Aber im Nu sprangen die Sbirren herbei und banden
ihn, obwohl er wie ein Rasender um sich schlug und riesenhafte Anstrengungen machte, um sich ihren Armen zu entwinden.

Nun erkannte ihn Tabdeo erst. Elender! rief er; du bist es
also, der mich verrathen hat.

Tonio wollte reden, aber die Stimme versagte ihm; die wider-
streitendsten Gefühle tobten in ihm, vor allem aber das Bewußtsein des
furchtbaren Verrathes, den er begangen. Angelo wollte ihn in der ersten
Aufregung erschießen lassen; aber er besann sich und hieß ihn an Hän-

den und Füßen binden und in eine Ecke werfen, wobei die Sbirren es nicht unterließen, ihm die Taschen zu leeren. Dann gab er Befehl zum Aufbruch.

Aber Marley trat vor ihn hin und sagte: Wißt ihr wohl, daß Ihr England beschimpft habt, indem Ihr mich binden ließet.

Verzeihung, Signor. Ich mußte es thun, damit Ihr Euch in keinen verzweifelten Kampf einließet, erwiderte Angelo, dessen Gesicht einige Unruhe verrieth. Ich habe Befehl, Euch zu schonen, und nun ich meinen Gefangenen habe, seid Ihr frei. Ich hoffe, Ihr werdet es mir nicht übel nehmen, meine Pflicht erfüllt zu haben.

Und er löste eigenhändig die Fesseln des Engländers, der ihn keiner Antwort würdigte.

Die Sbirren brachen nun auf, den Gefangenen in der Mitte und ihre todten Kameraden schleppend, um sie draußen zu beerdigen.

Marley war zurückgeblieben. Er nahm eine Fackel auf, die auf den Boden geworfen worden war und zu erlöschen drohte, und näherte sich Tonio, dessen Brust wogte wie ein Vulkan, der seinem Ausbruche nahe ist.

Nach einer kurzen Unterredung verließen beide die Ruinen. Als sie sahen, daß die Sbirren noch mit der Beerdigung der Gefallenen beschäftigt waren, hielten sie an und verbargen sich. Dann verschwanden sie, den Spuren derselben folgend, in der Pinienwaldung.

VII. Leiden.

Der Morgen des nächsten Tages brach herrlich an. Anita, frisch und blühend wie eine Rose, war früh aufgestanden, um ihren Milchbruder aufzusuchen und ihn an dem Glücke theilnehmen zu lassen, das sie empfand, seit Tabdeo gekommen war. Der Tag lächelte ihr so schön entgegen, die arbeitenden Knechte und Pächter sangen ihre Lieder so lustig, daß ihr Herz ganz aufjubelte. Sie lächelte bei sich selbst über den Schrecken, den sie am Abend vorher gehabt, als ihr Geliebter mit seinem Freunde sich verbergen mußte. Sie glaubte jetzt an keine Gefahr mehr und dachte, ihr Vater müsse sich geirrt und ihr unnöthige Furcht verursacht haben. Sie ging also heiter und vergnügt dem Rinderstalle zu, wo sie Tonio zu treffen hoffte. Aber er war nicht da, und der zweite Knecht sagte, er sei gar nicht schlafen gekommen. Dies beunruhigte sie ein wenig; sie fragte weiter, aber überall hieß es, man habe ihn nicht gesehen. Nun ward ihr wirklich bange und sie ging zu ihrem Vater, um ihn davon zu benachrichtigen.

Dieser empfing sie mit der Frage: Haft du Tonio nicht gesehen, Anita?

Er ist verschwunden, mein Vater; ich habe ihn schon gesucht, aber er ist nirgends zu finden.

Per Bacco! Was soll das heißen! Er wird doch nicht davon gegangen sein! Nein, das ist nicht möglich; oder es ist ihm ein Unfall begegnet. Lorenzo ging nun selbst hinaus, rief einige Leute und ging mit ihnen in den Weinberg. Hier fanden sie die zahlreichen Fußstapfen der Sbirren, die sich in den weichen Boden eingedrückt hatten.

Lorenzo gerieth nun in die äußerste Bestürzung. Er ging mit den Leuten den Spuren nach — sie führten hinauf zur Ruine. Mit einem bangen Vorgefühl betrat er dieselbe und der erste Schritt in dem Gange, der zum Versteck führte, brachte ihm die tödtliche Gewißheit; Lachen geronnenen Blutes befanden sich auf dem Boden, eine Menge Fackeln lagen zerstreut umher, das Gewölbe war vom Rauch geschwärzt, die Oeffnung zum Gemache erweitert; darinnen lagen die Flinten, die er den beiden Freunden mitgegeben hatte.

Der alte Mann war wie vom Schlage gerührt; er mußte sich an die Mauer stützen, um nicht umzusinken. An seiner Brust nagte ein gräßlicher Schmerz, der Schmerz, seine Gäste verrathen zu wissen, verrathen, allem Anscheine nach, durch einen Jüngling, den er erzogen, den er wie einen Sohn geliebt hatte.

Die Knechte schienen dieses Gefühl zu theilen, denn er hörte sie die Worte „Tonio" und „Verräther" in verächtlichem Tone flüstern. Der Gedanke an sein Kind mehrte noch seinen Schmerz, denn früher oder später mußte sie erfahren, daß ihre Hoffnungen zu Grabe getragen seien, und davon fürchtete er das Schlimmste.

Traurig verließ er die Ruine. Draußen bemerkte ein Knecht die frischen Grabhügel der getödteten Sbirren und zeigte sie seinem Herrn.

Lorenzo ließ sie eilig aufgraben und wurde nun gewiß, daß Tabdeo und sein Freund nicht todt, aber gefangen seien.

Im Hause angekommen, traf er Anita, wie sie mit den Kindern eines Pächters lachte und scherzte. Seine umdüsterte Miene erschreckte sie.

Vater, sagte sie, von einer Ahnung ergriffen, verbirg mir Nichts; es ist ein Unglück geschehen.

Es ist Nichts, mein liebes Kind.

Du willst es mir nicht sagen, Vater. Es muß etwas Schreckliches sein; so habe ich dich noch nie gesehen. O sage es mir, ich will Alles ertragen, nur nicht die Ungewißheit.

Anita, Taddeo ift . . . fort.

Fort! das kann nicht sein. Erst gestern erklärte er, er werde sich nicht mehr von mir trennen.

Es muß wohl heraus, murmelte der Vater. Etwas Schreckliches ist geschehen, fuhr er laut fort: Tonio hat sie verrathen, sie sind gefangen.

O heilige Mutter! schrie das Mädchen und stürzte ohnmächtig zusammen.

Lorenzo rief um Hilfe; eine Pächtersfrau erschien und brachte das Mädchen auf ihr Bett.

Sie wurde krank; ein heftiges Nervenfieber trat ein und nur mit Hilfe eines theuer bezahlten Arztes und einer Verwandten, die ihr die aufopferndste Pflege widmete, wurde sie gerettet. Unterdessen schien Lorenzo um zehn Jahre gealtert zu sein.

Die Verwandte erwies sich auch während der Genesung, die nur langsam vor sich ging, als vortreffliche Wärterin. Sie selbst hatte in ihrer Jugend unglücklich geliebt, und ihre Tröstungen übten einen heilsamen Einfluß auf Geist und Körper des jungen Mädchens. Ihr Schmerz wurde sanfter, obwohl sie noch immer fühlte, daß kein Anderer die Kluft ausfüllen konnte, die in ihrem Herzen entstanden war.

Die Verwandte hatte eine ziemlich gute Bildung genossen und wollte dieselbe auch in den empfänglichen Geist Anita's pflanzen. Eine neue Welt ging ihr auf, als sie den Odem des Geistes spürte, der aus den Büchern weht, und die wunderbar tröstenden göttlichen Worte, die ihr Lucia aus der Bibel vorlas, erweckten in ihr ein heißes Verlangen, sie aus ihrer unmittelbaren Quelle zu schöpfen; sie lernte lesen.

Von nun an war es ihre liebste Beschäftigung, als sie wieder in voller Gesundheit und Schönheit zu blühen anfing, neben dem rauschenden Gießbache, ein Buch in der Hand, zu träumen und in der Erinnerung an die Vergangenheit zu schwelgen.

So vergingen Monde um Monde, bis der Frühling erschien und die Nachtigallen in den Myrtengebüschen Nester bauten und die Nächte hindurch um die Wette sangen.

VIII. Wiedersehen.

Ganz Cosenza war in freudiger Bewegung. Eine Proklamation, unterzeichnet vom General Garibaldi, wurde auf öffentlichem Platze vor einer unabsehbaren Menge vorgelesen und mit stürmischer Begeisterung aufgenommen. Dieser im Munde jedes Patrioten gefeierte Mann hatte rasch Sizilien erobert und war nun über die Meerenge herübergekommen. Ein Verrath, unerhört, aber leicht zu erklären, wenn man auf die Verhältnisse der beiden Sizilien unter den Bourbonen Rücksicht nimmt, hatte ihm Thür und Thor geöffnet.

Eine Abtheilung seiner Armee stand nicht ferne von Cosenza und sollte feierlich in das Städtchen einziehen. Der Magistrat war in Gala versammelt, um die Schlüssel des Ortes den Befreiern Italiens zu überreichen und eine wohlgesetzte Rede sollte die erlangte Freiheit preisen. Schöne, weißgekleidete, mit Blumen geschmückte Mädchen standen bereit, um die Sieger zu bekränzen, an ihrer Spitze die Schönste der Schönen, Anita. Das Geläute der Glocken verkündete, daß die Truppen nahten; der Zug setzte sich bis vor das Thor in Bewegung. Endlich erschienen sie, die lange Ersehnten; es war eine Abtheilung Bersaglieri.

Ein tausendstimmiges Evviva erscholl, Hüte und Mützen flogen in die Luft, die Worte Freiheit, Garibaldi, Ein Italien waren in Aller Mund.

An der Spitze des Zuges schritt ein schöner, junger Offizier, die Brust bedeckt mit Ordenszeichen.

Doch was hat Anita?

Das Mädchen wankte und drohte umzusinken; ein glühendes Roth trat auf ihre Wangen.

Kaum aber hatte sie der Offizier bemerkt, so eilte er auf sie zu und schloß sie mit dem Rufe: Meine süße Anita! in seine Arme.

Bei dieser neuen Wendung kannte der Jubel des Volkes keine Grenzen. Man riß sich um die einzelnen Bersaglieri, die lächelnd da standen, drückte ihnen die Hand, und umarmte sie im höchsten Enthusiasmus.

Noch eine dritte Person war zu den beiden Glücklichen hinzugekommen, Lorenzo.

Sobald Tabbeo, denn dieser war es, sich seiner Pflichten entledigt hatte, eilte er zu Anita und ihrem Vater.

Seine Schicksale seit der Gefangennehmung durch seinen Feind waren bald erzählt. Die Sbirren waren zwei Tage marschirt und kampirten in der Nacht in einer Waldlichtung; nur eine einzige Schildwache war aufgestellt, die Uebrigen schliefen. Tabbeo lag gebunden an einem Baume und starrte trübe in das Feuer, das man angezündet hatte. Auf einmal stieß die Schildwache einen leisen Schrei aus, jedoch ohne daß Jemand erwachte. Als Tabbeo nach ihr sah, war sie schon zu Boden geworfen, geknebelt und der Mund mit einem Tuche verstopft. Im nächsten Momente befand sich Marley neben dem Gefangenen, schnitt, ohne ein Wort zu sagen, seine Bande entzwei und führte ihn fort, gefolgt von Tonio. Marley erzählte nun, durch welche Mittel verlockt, Tonio ihn verrathen hatte und wie sie den Spuren der Marschirenden gefolgt waren, bis es gelang, ihn zu befreien. Tabdeo reichte nun dem unglücklichen Burschen die Hand und verzieh ihm, was ihm große Freude zu machen schien.

Aber noch, sagte er mit düsterer Stimme, habe ich eine Pflicht zu erfüllen, ich muß mich rächen an dem höllischen Verführer.

Mit diesen Worten verließ er die Freunde, um Angelo zu folgen und eine Gelegenheit zu suchen, sich an dem Blute desselben zu sättigen. Jene gingen nun auf Waldpfaden, die offene Landschaft vermeidend, nach Reggio, wo sie Mittel fanden, zur See nach Genua zu entkommen. Und so, schloß Tabdeo seine Erzählung, folgte ich freudig den Fahnen Garibaldi's, denn es gilt mein Vaterland, das ich liebe.

Nur wenige Tage war es den Liebenden vergönnt, sich zu sehen. Aber nun sah Anita den Geliebten ohne Schmerz scheiden; ihre Natur war ruhiger geworden, und sie hoffte ihn aus Wechselfällen des Krieges ruhmbedeckt zurückkehren zu sehen.

Als der Krieg zu Ende war, erschien er auch wirklich, verkaufte sein Haus in Cosenza und lebte von nun an mit seiner lieblichen Gattin in Val-Tanusa, das er zu einem wahren Paradies umschuf.

Nur ein trauriges Ereigniß störte auf kurze Zeit das Glück des Paares. Auf einer Jagd im Gebirge fand Tabdeo seinen Feind, Angelo di Rocca, der nach der Eroberung Neapels sich als Brigantenchef herumtrieb, erschossen; neben ihm lag Tonio, das Herz von einem Stilette durchbohrt.

Anita widmete dem Gedächtnisse ihres unglücklichen Milchbruders aufrichtige Thränen.

Die Gesetzmäßigkeit in den scheinbar willkührlichen menschlichen Handlungen.

Von

Adolf Wagner. *)

I.

Zu den Heiraten.

Bei keiner socialen Erscheinung werden wir von vornherein mehr geneigt sein, menschlichen Wünschen und allen möglichen Zufälligkeiten einen Einfluß einzuräumen, wie bei den Heiraten. „Die Ehen werden im Himmel geschlossen,“ so lautet ein deutsches Sprichwort, das wohl der Wahrnehmung seine Entstehung verdankt, welche ganz zufällige, „unberechenbare“ Umstände, wie das Zusammentreffen auf Reisen, Badebekanntschaften und dergleichen mehr Anlaß zur Eheschließung werden. Indessen gerade bei dieser Erscheinung sehen wir in allen Combinationen, in welchen wir sie betrachten können, eine ganz besondere Regelmäßigkeit, und im Großen und Ganzen eine Abhängigkeit nicht von Zufälligkeiten, Neigungen, individuellen Einflüssen, sondern von großen, allgemeinen Ursachen, über welche den Einzelnen keine Macht zusteht.

Die constante Gleichmäßigkeit beobachten wir in der jährlichen Gesammtzahl der Trauungen eines Landes, in den sogenannten Civilstandsverhältnissen, d. h. dem ledigen und verwitweten Stande der Getrauten, in den Altersverhältnissen und den Altersunterschieden der Eheleute bis in die extremsten Differenzen hinauf und noch in manchen anderen Beziehungen.

Die Gesammtzahl der Trauungen schwankt in den meisten Ländern von Jahr zu Jahr nicht so stark, wie die der Todesfälle. Auch wenn man längere Perioden überblickt, ist in vielen Staaten innerhalb derselben die Maximal-Abweichung nach oben und unten vom Durchschnitte der Periode bei den Trauungen nicht so groß, wie bei den Todesfällen, z. B. in Preußen waren die Abweichungen von 1844—1853 dort nur 9.3 und 12.3 hier aber 15.6 und 17.3%, ähnlich in England.

---

*) Unter diesem Titel erschien im vorigen Jahre in Hamburg bei Boyes und Geisler ein Werk, das zu den anziehendsten und vorzüglichsten statistischen Schriften der Neuzeit gehört. Wir theilen hier einen Auszug über die Gesetzmäßigkeit der Heiraten und Selbstmorde mit, dem ein weiterer über die der Verbrechen folgen wird.   Die Redaktion.

zum Theil auch in Frankreich und anderen Staaten, wenn auch nicht ausnahmelos. Am deutlichsten tritt der Charakter der strengen Regelmäßigkeit darin zu Tage, daß die mittlere jährliche Abweichung der Trauungsziffer vom arithmetischen Mittel der verglichenen Periode in den wichtigsten Staaten Europa's beinahe ohne Ausnahme erheblich geringer ist wie die entsprechende Abweichung der Sterblichkeitsziffer.

Bei einem Vergleiche der bedeutendsten europäischen Länder, insbesondere von Oesterreich, Preußen, Baiern, Hannover, Sachsen, Belgien, Holland, Frankreich, England, Schweden und Norwegen und vermuthlich auch noch bei anderen, für welche nur die Ausweise fehlen, finden wir, daß in allen diesen Ländern in dem Jahrzehnt von Anfang und Mitte der Vierziger bis zu dem der Fünfziger Jahre am wenigsten Heiraten im Jahre 1847 stattfanden. Nur die Länder, welche bisher in der dänischen Monarchie vereiniget waren, machen davon eine Ausnahme: bei ihnen fällt das um Weniges zwar nur niedrigere Minimum in die Jahre 1848 und 1850. Begreiflicher Weise: die allgemeine Hauptursache der geringen Zahl der Trauungen im Jahre 1847 war die Mißernte des Jahres 1846 in Brotfrüchten und namentlich in Kartoffeln. Das Jahr 1847 wurde dadurch für ganz Mittel- und Westeuropa das schlimmste Hungerjahr der letzten Jahrzehnte. Auch Dänemark litt darunter, aber als accidentelle Ursache trat 1848—1850 der schleswig-holsteinische Krieg hinzu, und hemmte die Eheschließung, welche in den anderen Ländern bereits wieder erheblich zugenommen hatte. Dafür trat dann von 1851 an in Dänemark eine starke Zunahme der Ehen ein. Die Verminderung im Jahre 1847 war zwar unter dem Einflusse accidenteller Ursachen, insbesondere der verschiedenen Wohlstandsstufe, nicht in allen jenen Ländern ganz gleich, aber die Bewegung der Zahlen ist in dem Jahre 1847 und den vorangehenden und folgenden eine ganz analoge. Wenn sie in Curven dargestellt würde, würden Letztere annähernd parallel laufen. Es klingt prosaisch, ist aber deßhalb nicht weniger wahr, daß die Zahl der Trauungen in einem genauen Causalnexus mit dem Getreidepreise steht; sie steigt, wenn derselbe fällt, und umgekehrt.

Aber ebenso wie in den Bewegungen der Gesammtzahl beobachten wir in den Zahlen der nach Civilstandsverhältnissen unterschiedenen Abtheilungen eine Gesetzmäßigkeit. Man unterscheidet nämlich die Ehepaare, je nachdem Mann oder Frau noch ledig oder schon verwitwet sind: Es gibt dann vier Combinationen von Heiraten: beide Theile ledig oder beide verwitwet, oder der Mann ledig, die Frau Witwe oder umgekehrt. Wir beobachten auch hier längere Jahre hindurch in den einzelnen Ländern eine große Constanz. Natürlich walten überall, wenn auch nicht gleichmäßig, die Ehen zwischen Ledigen vor, sie betragen von allen Ehen etwa 82 Procent nach dem Durchschnitte einiger wichtigen europäischen Staaten. Von Jahr zu Jahr schwankt das Verhältniß etwas, aber nicht erheblich, nur um wenige Procente, selten mehr als 1—2. Der Rest kommt auf die übrigen Ehen, welche wir im Gegensatze zu jenen Normalehen anomale nennen können. Bemerkenswerther Weise scheint die Gesammtzahl der anomalen Ehen von einem Jahre zum anderen weniger wie die der Normalehen zu variiren. Mit anderen Worten eine ungewöhnlich starke Vermehrung oder Verminderung der Ehen, verursacht durch allgemeine Verbesserung oder Nothstände der Massen, ist meistens durch eine stärkere oder schwächere Verheirathung der jungen, ledigen Leute verursacht, oder, wie man dieß auch ausdrücken kann, Witwer und Witwen haben in ungünstiger Zeit mehr, in günstiger weniger Chancen, sich wieder zu verheirathen, resp. genommen zu werden oder einen Korb zu bekommen. Ja, die Chancen steigen wohl mitunter in theueren Zeiten nicht nur relativ, sondern sogar absolut, d. h. es verheiraten sich wohl selbst gerade so viel oder sogar noch mehr Witwer und Witwen, wenn sich weniger Ledige verheiraten. Dieß beruht vornehmlich darauf, daß eine allgemeine Landes-Calamität, z. B. eine Theuerung, mehr Todesfälle, daher auch mehr Ehetrennungen bewirkt und die zurückgelassenen Ehegatten sich in größerer Anzahl in den nächsten Jahren wieder verheiraten. Darin würde allerdings noch keine relative Vermehrung der Eheschließungen zwischen verwitweten Personen liegen, weil ja mehr solche Personen vorhanden sind. Aus der gleichzeitigen Abnahme erster Ehen und Zunahme der anomalen Ehen möchte man aber schließen, daß nicht nur überhaupt mehr Ehen letzterer Art vorkommen, weil kurz vorher mehr Ehen durch den Tod aufgelöst wurden, sondern daß jetzt auch viele solche Ehen unter Personen geschlossen werden, welche sonst ebenfalls, aber in anderer Weise sich verheiratet hätten: jetzt mehr Ehen zwischen Mädchen und Witwern, Junggesellen und Witwen, sonst mehr zwischen Ledigen. Dergleichen zeigte sich 1846—1847 in Baiern, 1850 in Dänemark, 1855 in England. Das frappanteste Beispiel, das mir bekannt ist, entnehme ich aber Oesterreich. Hier war die Zahl der Ehen im Jahre 1852 316.800, wovon 231.900 zwischen Ledigen, 85.000 zwischen Solchen, wo ein oder beide Theile verwitwet. Im Jahre 1855 sank die Gesammtzahl der Ehen auf 245.000; diese enorme Verminderung von 72.000 kam aber ausschließlich auf die Normalehen, die auf 156.000 gesunken waren, während sich die anomalen Ehen sogar auf 89.000 erhöht hatten. Aber 1852 kostete der Weizen 3.85, 1855 6.04, das Korn resp. 3.11 und 4 43 fl. ö. W. pr. Metzen. Darin liegt der einfachste Erklärungsgrund einer Erscheinung, welche seiner Zeit die Betheiligten und ihre Bekannten in den einzelnen Fällen auf die verschiedenartigsten persönlichen Gründe zurückgeführt haben mögen.

Das Interessanteste ist aber jedenfalls die Constanz in der **Alters-Combination** der miteinander Getrauten. Die zwei **Hauptclassen** sind hier Ehen zwischen älteren Männern und jüngeren Frauen und zwischen jüngeren Männern und älteren Frauen, oder normale und anomale Ehen in diesem Sinne. Wir sehen auch hier von einem zum anderen Jahre eine große Regelmäßigkeit; Abweichungen erklären sich durch accidentelle Ursachen. Durchaus constant sind aber sogar die Verheiratungen zwischen den **einzelnen** Altersclassen der beiden Geschlechter. Die Zahl der Ehen, wo Mann und Frau Beide noch nicht volle 30 Jahre alt sind, bildet in den meisten Staaten die große Masse. Daß in den Zahlen dieser Ehen und ebenso etwa in den Zahlen jener andern, wo Mann und Frau im Alter nicht weit auseinander, der Mann meistens einige Jahre älter wie die Frau ist, oder die Frau nur um Weniges älter wie der Mann, daß in allen diesen Zahlen eine Regelmäßigkeit hervortritt, wird vielleicht nicht mehr so sehr überraschen, wenn einmal die Regelmäßigkeit in der Gesammtzahl und den Civilstandsverhältnissen anerkannt worden ist. Es würde mich zu weit führen, dafür Belege im Einzelnen mitzutheilen. Aber auffälliger ist gewiß die Regelmäßigkeit selbst in den Fällen, welche wir als **extreme** zu betrachten geneigt sind, z. B. wenn sich **ungewöhnlich junge** oder **alte Leute** verheiraten, nicht nur ganz junge Mädchen von 16 Jahren und darunter, sondern sogar Jünglinge, um nicht zu sagen Knaben von weniger als 20, ja selbst von 16 Jahren und darunter; oder andererseits Greise und Greisinen von über 70, ja sogar über 80 Jahren. Einzelne solche Fälle sind uns vielleicht aus eigener Beobachtung bekannt, sie gelten als wahre Unica und werden als solche von Zeitungen wohl unter den beliebten „vermischten Nachrichten" mitgetheilt. Allein die Statistik zeigt uns, daß auch von solchen Fällen eine zwar kleine, aber jährlich ebenfalls höchst regelmäßige Anzahl vorzukommen pflegt, so daß wir dieses Vorkommen doch als einen integrirenden, ebenfalls seinem Gesetze unterliegenden Bestandtheil des Trauungswesens in einem Lande betrachten müssen.

Aber noch frappanter ist die Regelmäßigkeit in der Zahl der Ehen mit sehr starker Alters-Differenz der beiden Ehegatten. Ein Altersunterschied von 30 Jahren und darüber erscheint uns gewiß als etwas durchaus Abnormes, etwa Ehen zwischen über 60jährigen und unter 30jährigen. Fälle, in welchen etwa gar die Frau mehr als 30 Jahre älter wie der Mann ist, werden wir zu den Monstrositäten zu zählen geneigt sein, welche wohl kaum einmal in langen Jahren und unter Millionen Menschen vorkommen. Ich gebe bereitwillig zu, daß solche Ehen etwas Ungehöriges haben, denn 30 Jahre Alters-Differenz ist fast die Dauer einer Generation und so viel wie der durchschnittliche Altersunterschied zwischen Eltern und Kindern. Dessenungeachtet scheinen selbst solche Ehen, wo die Frau den Mann um mehr als 30 Jahre im Alter übertrifft, zu der gesetzmäßigen Ordnung des Bevölkerungswesens in einigen Staaten zu gehören. Denn, wenn auch in geringer Zahl, sehr gleichmäßig kehren doch auch solche Ehen jedes Jahr wieder. Leider läßt uns die Statistik in Betreff dieser Ehen noch in vielen Ländern im Stich, indem sie nicht genug Altersclassen aufstellt. Aber für einige Staaten haben wir Beobachtungen, welche die vorhergehende Behauptung bestätigen. Namentlich die belgische Statistik liefert uns den Beleg. In den Jahren 1841—1855 kamen in Belgien 1722 Trauungen vor, wo der Mann unter 30, die Frau 45—60 Jahre alt war, also durchschnittlich jährlich 115. Die Zahlen der einzelnen Jahre entfernen sich von diesem Durchschnitte nicht viel mehr, als es in der Ehestatistik überhaupt vorzukommen pflegt. Nur zweimal sinken sie ein Wenig unter 100, auf 93 und 98, viermal sind sie zwischen 100 und 110, dreimal zwischen 110 und 120, fünfmal zwischen 120 und 130, und nur einmal darüber (140). Noch auffallender ist aber das regelmäßige Vorkommen von Ehen zwischen Männern von 30 Jahren und darunter und über 60jährigen Frauen. Solcher Ehen ereigneten sich in Belgien in jenen fünfzehn Jahren immerhin 86, also jährlich 5.73, und zwar lief kein Jahr ohne eine solche Ehe ab, was bei diesen kleinen Zahlen sehr bemerkenswerth ist. Die geringste Zahl war 2, die größte 8, letztere kam dreimal, die Zahl 7 ebenfalls dreimal, die Zahl 5 sogar viermal vor, — eine außerordentliche Constanz, und dieß wohl bemerkt in einem kleinen Staate von bloß 4½ Millionen Menschen, wo man dem Einflusse individueller Ursachen so viel Spielraum zugestehen möchte. Aehnliche Resultate erhalten wir aus der Vergleichung jener Ehen, wo die Frau 30 Jahre und darunter, der Mann 45—60 oder sogar über 60 Jahre zählt. Diese Ehen sind begreiflich zahlreicher wie diejenigen, wo die Frau entsprechend älter ist, die Regelmäßigkeit ist dieselbe.

Eine deutliche Ab- oder Zunahme aller solchen Ehen zeigt sich in diesem 15jährigen Zeitabschnitte nicht. Ich will diese Betrachtung über die Altersverhältnisse der Eheleute mit einer Notiz aus Preußen schließen, wo uns leider nicht so ausführliche Daten zur Verfügung stehen. In den drei Jahren 1859—1861 schwankten auch in Preußen die Zahlen der Ehen unter sehr alten oder unter Personen von sehr verschiedenem Alter ebenfalls nur wenig; z. B. Ehen zwischen Männern von über 60 und Frauen von unter 30 Jahren fanden statt resp. 197, 184, 162, von Männern über 60 und Frauen über 45 Jahren resp. 713, 634, 612, im Ganzen eine Abnahme, die wir auch, wenn gleich schwächer, in der Gesammtzahl der Ehen beobachten.

Die angeführten sind indessen nicht die einzigen Regelmäßigkeiten, welche wir in der Statistik der Trauungen finden. Aehnliche Gesetze beherrschen die jährlichen Heiraten zum zweiten, dritten, vierten Male, die gemischten Ehen, die Wiederverheiratung von Geschiedenen und die hierbei möglichen Combinationen, z. B. die Fälle, wo sich zwei geschiedene Theile oder der eine Theil mit bisher ledigen oder mit verwitweten Personen wiederverheiratet. Ebenso vertheilen sich die Trauungen über die Jahreszeiten und Monate des Jahres regelmäßig. Es gibt constant mehr Witwen als Witwer, weil bei dem durchschnittlich höheren Alter der Männer durch den Tod der letzteren mehr Ehen, wie durch den der Frau getrennt werden, und weil andererseits bedeutend mehr Witwer wieder heiraten, als Witwen. Bemerkenswerther Weise zeigt sich aber, daß von geschiedenen Eheleuten weit mehr wie von verwitweten wieder heiraten, und daß dieß insbesondere bei den geschiedenen Frauen der Fall ist, von denen nach den Ergebnissen in Sachsen verhältnißmäßig 3—4 mal soviel wieder heiraten, wie von Witwen. Geschiedene Frauen heiraten ferner auch constant mehr ledige Männer wieder, wie Witwen dieß thun. Wappäus hebt mit Recht hervor, daß dies auf die Motive der Scheidung kein günstiges Licht wirft. Es mag endlich noch bemerkt werden, daß die Zahl der Scheidungen nach den vorhandenen Beobachtungen in mehreren Ländern ebenfalls eine sehr gleichmäßige in den einzelnen Jahren ist. Sie schwankte mehrfach in Preußen von einem zum anderen Jahre nicht um 1 Procent. Die Beobachtungen sind noch nicht zahlreich genug, um diese Schwankungen in den einzelnen Jahren auf bestimmte Ursachen zurückzuführen. Ob erschwerte Beschaffung des Lebensunterhalts von Einfluß ist, mag dahingestellt bleiben.

Kurz, wir sehen in den scheinbar zufälligsten und andererseits am meisten überlegten, daher dem Einflusse des freien Entschlusses scheinbar am meisten unterworfenen Handlungen ebenfalls eine constante Gesetzmäßigkeit. Wie viele Berathungen und Ueberlegungen werden den Verheiratungen von im Alter sehr verschiedenen Personen und den Ehescheidungen in der Regel vorausgehen, und schließlich siegen doch die „Verhältnisse", wie wir es im gewöhnlichen Leben zu nennen pflegen, oder „erfüllt sich das Gesetz," wie man fast sagen möchte; es fehlen, so scheint es, um die Regelmäßigkeit herzustellen, noch einige Fälle, welche nun eintreten; die Heiratenden und sich Scheidenden meinen nach freiem Entschlusse zu handeln und sind insofern doch nur dienendes Glied zur Vollziehung des Gesetzes.

II.

Ich gehe zu der zweiten Erscheinungsgruppe über: zu den Selbstmorden. Nach den darüber angestellten Beobachtungen müssen wir ebenfalls beinahe glauben, daß der Haushalt der Natur jährlich eben so bestimmt eine feste Zahl von Selbstmorden wie von Todesfällen überhaupt, wie von abnormen Ehen und unmoralischen Ehescheidungen zu fordern scheint. Die jährliche Zahl der Selbstmorde, ihre Vertheilung auf die einzelnen, ein kleineres organisches Ganzes bildenden Unterabtheilungen des Staates, die Provinzen, ihre Vertheilung nach den Verhältnissen der Confession, des Geschlechtes, des Alters, des Civilstandes, des Berufes, nach den Mitteln, durch welche der Selbstmord ausgeführt wurde, sogar nach Jahreszeiten und Monaten, ja nach Tageszeiten gehört in einigen Staaten zu den gleichförmigst wiederkehrenden statistischen Thatsachen, welche wir kennen. Es liegt uns viel schönes Material, eine Fülle von Beobachtungen über den Selbstmord vor, die Erfahrungen in den verschiedenen Ländern weisen im Einzelnen manche Abweichungen auf, aber zeigen innerhalb ihres Gebietes große Gleichmäßigkeit. Dieß weist darauf hin, daß in erster Linie die allgemeinen Culturzustände eines Volkes auch auf den Selbstmord, wie auf so viele andere sociale Facta, von Einfluß sind. Ich will wenigstens die hauptsächlichsten Gesetzmäßigkeiten, welche wir beobachten, in der Kürze zu charakterisiren suchen.

Die Zahl der Selbstmorde im Ganzen, wie bei jedem einzelnen Geschlecht, schwankt von Jahr zu Jahr wenig, scheint aber bei den civilisirten Völkern in neuerer Zeit in beständiger, jedoch ganz regelmäßiger, durchaus nicht sprungweiser Vermehrung begriffen zu sein. Gerade hierauf ist der Nachdruck zu legen, weil diese allmählige, langsame, aber gleichförmige Zunahme auf allgemein wirksame Ursachen hinweist. Die Zunahme ist nicht ununterbrochen, mitunter ist sie in einem

Jahre etwas stärker wie gewöhnlich, worauf wieder eine kleine Verminderung eintritt, aber im Ganzen waltet eine aufsteigende Richtung in den Zahlen unverkennbar ob. Dies zeigt sich deutlich bei der Vergleichung mehrjähriger Durchschnitte, wo sich der Einfluß der accidentellen Ursachen ausgleicht. Die vollständigsten Beobachtungen seit einer größeren Reihe von Jahren besitzen wir aus Frankreich. Hier ist die jährliche Zahl der Selbstmörder in ganz regelmäßiger Progression von 1739 in den Jahren 1826—1830 auf 4002 in den Jahren 1856—1860 gestiegen, hat sich also in 30—35 Jahren mehr als verdoppelt, genau um 130 Procent vermehrt, während die Bevölkerung nur um 13.1 Procent gewachsen ist. In den einzelnen Staaten ist die Zahl sehr verschieden, aber innerhalb eines und desselben Staates merkwürdig regelmäßig. Nach statistischen Zusammenstellungen aus den 40er und dem Anfange der 1850er Jahre war die Zahl unter 8 verglichenen Staaten am stärksten in Dänemark, demnächst in Sachsen, nämlich 256 und 202 auf 1 Million Einwohner, ziemlich gleich in Hannover, Preußen, Norwegen, Frankreich, also in Ländern von verschiedenen Culturzuständen, 113—100 pr. 1 Million Einwohner, bedeutend kleiner in Schweden und Belgien (67 und 56). Also in Belgien nur ein Fünftel so hoch wie in Dänemark, aber auch nur ein Viertel so hoch als in dem so mannigfach ähnlichen Sachsen. In einzelnen auf einander folgenden Jahren sind die Schwankungen oft überraschend gering, wie ich schon früher Daten aus Preußen in den Jahren 1859—1861 erwähnte, 2146, 2105, 2185, Abweichungen von kaum 1—2 Procent. Diese Gleichmäßigkeit erklärt sich auch nicht durch die Ausgleichung etwaiger stärkerer Schwankungen in den einzelnen Landestheilen. Die Regelmäßigkeit ist zwar hier, wo wir es mit kleineren Zahlen zu thun haben, etwas geringer, aber immerhin sehr auffallend, z. B. in den Zahlen der einzelnen preußischen Provinzen. Im Verhältnisse zur Bevölkerung ist in Preußen die Zahl der Selbstmorde in der Provinz Sachsen am stärksten, dann folgen Brandenburg, Schlesien, Pommern, Preußen, Hohenzollern, Westfalen, Posen, Rheinland. Diese Reihenfolge ist constant. In Sachsen kommen jährlich fast viermal so viel Selbstmorde vor wie in der Rheinprovinz.

Die Beobachtung in Betreff des confessionellen Verhältnisses ist noch nicht vollständig genug. Der Selbstmord scheint allerdings in den vorzugsweise protestantischen Staaten häufiger wie in den katholischen zu sein. Daraus läßt sich aber noch nicht ohne Weiteres auf einen guten oder minder guten Einfluß der einzelnen Confession schließen. Auch in

Preußen zeigen die Provinzen mit vorwaltender katholischer Bevölkerung ein günstigeres Verhältniß, ohne daß ich daraus schon einen Schluß ziehen möchte. Bei Frankreich und Preußen ist das Verhältniß ein Weniges zum Nachtheile des letzteren Landes auch nach den neuesten Daten, da Preußen bei ziemlich genau der halben Einwohnerzahl etwas über die Hälfte so viel Selbstmorde wie Frankreich zählt. Am meisten zu Gunsten der katholischen Confession sprechen die Ergebnisse der Untersuchung über den Selbstmord in Baiern, sie berechtigen aber doch noch nicht zu einem ganz bestimmten Schlusse und in der baierischen Pfalz ist die relative Häufigkeit der Selbstmords unter Katholiken wie Protestanten annähernd die gleiche.

Von besonderem Interesse wird Ihnen die Betheiligung der Geschlechter sein. Auch hier ist vor Allem das Verhältniß der Betheiligung höchst constant in kürzeren Zeiträumen. An der Vermehrung nehmen auch die Frauen ziemlich in dem nämlichen Verhältniß Theil, im Vergleich von $18^{35}/_{44}$ mit $18^{51}/_{60}$ stiegen in Frankreich die männlichen Selbstmorde um $43{,}_8$, die weiblichen um $37{,}_9 \%$. Der beste Beweis, daß es sehr allgemein wirkende Ursachen sind, welche hier einwirken, nicht etwa nur besondere, mit den wirthschaftlichen, den sittlichen Zuständen der Männerwelt zusammenhängende. Uebrigens ist überall doch die Zahl der männlichen Selbstmörder die weitaus überwiegende, etwa 3—4 mal so groß, wie die der weiblichen; in Preußen kommen jetzt auf 100 weibliche 417, in Frankreich 322, in Dänemark 290 männliche. Frankreich zeigt also, wenn man den Selbstmord des Weibes als das Unnatürlichere betrachtet, ein wesentlich ungünstigeres Verhältniß wie Preußen, während es im Ganzen ein etwas besseres Bild bietet. In den einzelnen preußischen Provinzen ist die Betheiligung der Frauen wiederum sehr ungleich, in Sachsen ist auch sie am größten, 100 auf 354 Männer, in der Rheinprovinz, von Hohenzollern abgesehen, am Kleinsten, 100 auf 581, beide Provinzen bilden also auch in dieser Hinsicht die Extreme, und Rheinland behauptet die günstige Stellung, welche es in so vieler Hinsicht im preußischen Staate einnimmt, auch hier. Bemerkenswerth ist, daß die Frauen am Selbstmorde in Frankreich, wie in Preußen stärker betheiligt sind, wie an den schwereren Verbrechen, und daß ihr Antheil an beiden Handlungen von Jahr zu Jahr nahezu der gleiche bleibt.

In ihrer ganzen Eigenthümlichkeit tritt aber die Gesetzmäßigkeit in den Selbstmorden erst hervor, wenn wir sie in Verbindung mit den Lebensaltern bringen. Auch hier ist die Regelmäßigkeit überraschend; nicht nur eine fast gleiche Anzahl Menschen, und zwar Männer wie

Frauen, morden sich jährlich selbst, sondern eine fast gleiche Anzahl davon trifft auch constant auf die einzelnen Altersklassen. Die Statistiker vermochten daher den Hang zum Selbstmord für die einzelnen Lebensalter ziemlich genau festzustellen, indem sie die Zahl der Selbstmörder und die der Landeseinwohner in einer Altersklasse verglichen. Dieser Hang wächst fast regelmäßig vom jugendlichen bis zum Greisenalter und zwar ziemlich gleichmäßig bei beiden Geschlechtern. Er ist an der Grenze des Lebens nach den Beobachtungen in Frankreich und Belgien am Höchsten, nach dem 70. Jahre. Bei den Frauen ist die Zahl im Alter von 16—30 Jahren relativ ein wenig größer wie bei den Männern, also wohl unter dem Einflusse sexueller Ursachen. Uebrigens bilden, wenn auch in geringer Zahl, Selbstmorde von Kindern unter 16 Jahren ebenfalls eine stehende Rubrik in unseren Tabellen. Bei der Vergleichung längerer Zeiträume finden wir, daß nach den Beobachtungen in Frankreich die Zunahme am Schwächsten bei den Selbstmorden im jugendlichen kräftigsten Lebensalter ist, am Stärksten gegenwärtig in dem Alter vom 50.—70. Jahre und nur wenig geringer im hohen Greisenalter.

Man hat die Untersuchungen über den Selbstmord noch weiter ausgedehnt auf einzelne Beziehungen, und die Abhängigkeit der Bewegung der Selbstmordziffer von natürlichen und socialen Factoren nachzuweisen gesucht. Ich will mich darauf beschränken, hervorzuheben, daß im Ganzen mehr Selbstmorde im Sommer und zwar im Frühsommer vorkommen, wie im Winter, was bekannten Vorurtheilen über den Einfluß nebligen Wetters, wie in dem sogen. englischen Hängemonat, dem November, widerspricht. Es ist bemerkenswerth, daß das Maximum der Selbstmorde monatsweise mit dem der Geisteskrankheiten, sowie mit dem der Verbrechen gegen Personen zusammen zu fallen scheint. Die Beobachtungen über die Tageszeiten sind noch nicht zahlreich genug, nach älteren Beobachtungen von Guerry kommen am Meisten Selbstmorde in den Stunden von 6—12 Uhr Vormittags vor. Der ledige, verheirathete, verwittwete Stand folgt seinen eigenen, etwas verschiedenen Gesetzen, auch bei beiden Geschlechtern scheinen diese nicht ganz dieselben zu sein, denn die Beobachtungen sind noch nicht vollständig genug. Nach älteren französischen Forschungen kommen verhältnißmäßig mehr Selbstmorde bei ledigen, wie bei verheirateten Männern, umgekehrt aber mehr bei verheirateten, wie bei ledigen Frauen vor, was zu Gunsten der Ehe für die Männer, zu Ungunsten derselben für die Frauen spräche und im Ganzen jedenfalls die eheliche Liebenswürdigkeit der Frauen in ein besseres Licht wie die der Männer stellte. Was den Einfluß des Berufs anlangt, so erwähne ich nur die tiefgreifende Scheidung von Stadt und Land. Letzteres zeigt constant weit weniger Selbstmorde auf, wie die Städte, und unter diesen ragen die ganz großen Städte wieder besonders ungünstig hervor. Es wird dadurch der Schluß, welchen man aus der allgemeinen Zunahme der Selbstmorde ziehen kann, wiederum bestätigt: es scheinen besondere mit den Fortschritten der Civilisation verknüpfte schädliche Ursachen sich auszubilden, welche auf den Selbstmord hinwirken, — eine der mannigfachen sittlichen Schattenseiten der Civilisation.

Zum Schlusse dieser Darstellung der Gesetzmäßigkeit in den Selbstmorden will ich noch eine der frappantesten Erscheinungen hervorheben: selbst in den Mitteln, welche die Leute anwenden, um sich das Leben zu nehmen, herrscht innerhalb des einzelnen Landes im Ganzen, wie nach den Alters-, Geschlechtsverhältnissen und den Berufen eine merkwürdige Constanz, und wenn wir mehrere Länder vergleichen, können wir ein gesetzmäßiges Vorwalten und ein gleichbleibendes Vorkommen der einzelnen Mittel nachweisen. Nur der Umstand macht hier einige Schwierigkeit, wie bei der Statistik der Selbstmorde überhaupt, daß man mitunter nicht mit absoluter Gewißheit constatiren kann, ob ein Selbstmord, ein Unglücksfall oder eine Ermordung vorliegt. Indessen werden doch nur bei einer Art, bei dem Ertränken, Zweifel entstehen können, welche von etwas größerem Einfluße auf die Endergebnisse sind. Ueberall scheint, wenn wir ganze Länder betrachten, das Erhängen die beliebteste Form des Selbstmords zu sein, alsdann kommt das Ertränken. Diese beiden Mittel dienen zwei Drittheilen bis vier Fünftheilen aller Selbstmörder zur Erreichung ihres Zweckes, in den einzelnen Ländern freilich in sehr verschiedenem Verhältniß. Unsere werthen Nachbarn, die Dänen, besonders das männliche Geschlecht, lieben den Strick in ganz besonders starkem Maaße (69%); bei den ritterlichen Franzosen ist zwar das Erhängen ebenfalls von allen einzelnen Selbstmordformen die häufigste, doch kommen darauf nur 36%. Die dritte Hauptform ist das Erschießen, welches bei den Franzosen, Belgiern, Baiern und bei den Berlinern stark vertreten ist. Sodann spielt der Gebrauch spitziger und schneidender Instrumente eine ziemliche Rolle, besonders bei den Franzosen, wie Halsabschneiden, Oeffnen der Pulsadern u. s. w. Gewaltsamer Sturz aus der Höhe, z. B. aus Fenstern, kommt ebenfalls in regelmäßiger, nicht bedeutender Anzahl vor, Gift wird nicht so oft gebraucht, wie man denken sollte. Eine besondere, leicht erklärliche Zunahme weist der Gebrauch von Kohlendampf

zur Erstickung auf; eine ganz moderne Art, immer noch selten, aber
ziemlich regelmäßig vorkommend, ist das Sichüberfahrenlassen durch Bahn=
züge. Der Einfluß des Geschlechts ist ein sehr wahrnehmbarer, constanter
In Frankreich brauchen die Männer am häufigsten den Strick, dann er=
tränken und darauf erschießen sie sich, wenn man sich so ausdrücken darf;
die Frauen ziehen das Wasser vor, dann erst den Strick, das Erschießen
kommt bei ihnen fast gar nicht vor (nicht 1% aller Fälle). Kohlendunst
ist bei Frauen dagegen ein relativ weit häufigeres Mittel, wie bei Män=
nern, dasselbe gilt vom Gift und vom Sturz aus der Höhe, wogegen
der Gebrauch spitziger und schneidender Instrumente wieder bei den Män=
nern verhältnißmäßig viel zahlreicher ist.

Vermischtes.

Die Alençonschen Spitzen.

Im Jahre 1666 wurden 1600 Mädchen mit der Spitzenfabri=
kation beschäftigt. Man ließ drei der ausgezeichnetsten Arbeiterinnen aus
Venedig und 200 aus Flandern kommen, und gab ihnen 36.000 Livres,
um sie aufzumuntern." So lautet die kurze, trockene historische Notiz
des Philosophen und Spötters Voltaire im 29. Capitel seines Siècle de
Louis XIV. über die Einführung eines Industriezweiges in Frankreich,
für dessen Erzeugnisse in jenen Tagen viele Tausende außer Landes
gingen. „Venetianische Spitzen!" war das Zauberwort, welches
in dem prunksüchtigen Jahrhundert des vierzehnten Ludwig den Damen
bei Hofe manche Thräne der Rührung und des Entzückens, der Sehn=
sucht und des Neides abpreßte. „Venetianische Spitzen!" erklang der
Schreckensruf der Väter und Gatten und Liebhaber! Der Noth sollte
ein Ende gemacht, das schwere Geld im Lande behalten werden! Aber
aller Anfang ist schwer und ohne ein Hofereigniß wäre jene historische
Notiz wohl kaum in das Voltaire'sche Werk, der berühmte, für Frank=
reich nachher so wichtige Industriezweig wohl schwerlich so bald und
vielleicht nie zur Blüthe gekommen. Eine Hochzeit unter Ludwig XIV.
brachte die Idee und Colbert's Wunsch, dem französischen Handel auf=
zuhelfen und die Ausführung desselben zur Reife. Während der Re=
gierung des prachtliebendsten eitelsten aller sterblichen Kronenträger lebte
im südlichen Frankreich ein reicher Grundbesitzer. Dieser Edelmann war
bei Hofe bekannt erstens seines uralten Adels, zweitens seiner Ver=

schwendung und drittens seiner großen Freigebigkeit und Milbthätigkeit wegen. Da machte unser Gutsbesitzer von sich plötzlich durch den Einfall, eine Braut zu wählen, viel reden und durch das, was dieser Verlobung folgte, erregte er in den hohen und höchsten Kreisen einen wahren Sturm. Die erkorene Braut war die Tochter eines Edelmannes in der Bretagne; daß sie schön, gut und liebenswürdig war, mußte ihr selbst der Neid lassen. Die reizende Marquise von K . . . wurde die Frau des reichen Herzogs von L . . ., Ludwig XIV. bestätigte die Ehepakten und alle Welt war voll von dem Glück des jungen Ehepaares der König voran! Nur Colbert machte ein verdrießliches Gesicht, nicht als Hof= sondern als Staatsmann. Wie so? — Colbert rieb sich die Stirne, setzte sich an den Schreibtisch und rief: „Wie! hunderttausend Thaler für Putz, für einen Spitzenschmuck!" und schrieb. Als er fertig war, schellte er, gab dem Diener den Brief an den Herzog von L . . . und brummte wieder: „Hunderttausend Thaler für Spitzen . . . es geht nicht länger so, das Land muß zu Grunde gehen, oder . . ." Einige Tage nach Abgang dieses Briefes legte Colbert dem Könige ein Memoire zur Einführung eines neuen Industriezweiges vor. Es war am 17. März 1666, als Ludwig XIV., Colbert und der Herzog von L . . . im Cabinet des Königs vor einem Tische standen, auf welchem eine Menge Papiere und einige Päckchen mit Spitzen lagen. Der König war ob der Herrlichkeiten voll Bewunderung, der Herzog hoch erfreut und Colbert sehr gespannt; denn er erwartete, sein Memoire verlesen zu dürfen. Endlich kam der glückliche Moment, denn der König fragte: „Herr Herzog, wars möglich, daß solcher Firlefanz mehr als die Stelle eines Großjägermeisters kostet? — „Sire", antwortete der Herzog, eine Stelle, „die das Recht verleiht, Ew. Majestät täglich sehen zu dürfen, ist unbezahlbar." — Sie weichen mir aus! Ich frage, ob es wahr ist, daß die Spitzen der Frau Herzogin schwere hunderttausend Thaler kosten? — Ew. Majestät sind falsch berichtet; ich habe die Rechnung des Venetianers bei mir. Doch, Sire, entschuldigen Sie die Freiheit, . . . was thut man nicht für seine Braut!" — „Gut, dies die Rechnung? Viermalhunderttausend Livres!?" rief der König staunend, und, sich an Colbert wendend, sagte er: „Ihr Memoire, Herr Minister!" Er unterzeichnete es auf der Stelle und setzte hinzu: „Was Sie thun, ist wohlgethan. Ich gebe Ihnen eine Anweisung von 36.000 Livres auf meine Kasse. Herr Colbert, wir haben Venedig seine Spiegel genommen; jetzt gilt es den Spitzen!" Im Augustmonat 1666 erschienen in Col=

berts Hotel, in der Rue de la Calandre, mehre hundert schlicht und sauber gekleidete Weiber; jede trug ein Päckchen unter dem Arme, aus welchem lange Nadeln hervorragten; unter ihnen gewahrte man etwa 30 schöne, schwarzgelockte Venetianerinnen; es waren die Spitzenklöpplerinnen, welche Colbert aus Venedig und Flandern verschrieben hatte, und der Minister hieß sie in Frankreich willkommen. Bis Alles in der Reihe war, vergingen mehrere Wochen, doch Colbert betrieb die Sache sehr eifrig. Ein Kloster in der Normandie wurde für sie eingerichtet, und der Minister besuchte das neue Etablissement öfter, um zu ermuntern und anzufeuern. Bald hatte er die Genugthuung, dem Könige das inländische Fabrikat, welches er Alençonsche Spitzen nannte, vorzulegen. Ludwig XIV. machte dieselben hoffähig und begründete so das Glück der neuen Industrie. Die Gala-uniform der Hofleute, die sonst ohne 10.000 Livres für venetianische Spitzen nicht gut war, wurde mit Alençonschen Spitzen verziert; die Damen wurden patriotisch, weil dieser Schmuck Mode war, die Herren, weil er viel weniger Geld kostete. Die erste Dame, welche bei Hofe mit Alençonschen Spitzen erschien, war die schöne Herzogin von L...; Colbert's Plan war glänzend gelungen. Bis zur Revolutionszeit beschäftigte das Verfertigen dieser Spitzen mit durchbrochenen Blumen und Mustern in Alençon an 3000 Frauen, und sie waren bald so im Preise gestiegen, daß die Elle 8 bis 150 Francs kostete.

Vom Dobratsch.

Bei meiner letzten Ersteigung dieses nur aus Kalkstein gebildeten Berges fand ich denselben auf der Kaserin ganz bedeckt mit Rhododen-dron ferrugineum, und zwischen dem Kreuze und der deutschen Kirche Azalea procumbens in großen Teppichen verbreitet. Nach den Anga-ben der meisten Botaniker hat man diese Pflanzenarten in der Regel auf Urgebirge, d. i. Granit- und Schiefergebirgen, zu suchen.

Am Fuß der Alpe bei heil. Geist fand ich Iris sibirica L., welche in Josch' Flora von Kärnten nicht verzeichnet ist.

In zoologischer Beziehung fand ich: Helix rudis Megerle, bisher nur in Tirol und der Schweiz gefunden. Auf Felsen am Gipfel fand ich in mehren Exemplaren eine Clausilia, die weder in Pfeiffer's Monographia Heliceorum noch in A. Schmid's Kritische Gruppen der europäischen Clausilien beschrieben ist — noch besitze ich in meiner reich-haltigen Clausiliensammlung eine ihr ähnliche — es dürfte also wohl

18

eine neue Art sein, umsomehr als selbe nach A. Schmid's Vorgehen eine ganz eigene Gruppe bilden würde.

. Das zahlreich gesammelte Materiale an Coleopteren, Neuropteren, Dipteren ꝛc. habe ich noch nicht genau durchblicken und bestimmen können; — allein am Rückwege fand ich noch in einer Grotte, die etwas schwerer zugänglich, den ersten Grottenkäfer in Kärnten, den ich für neu halte, da er von Sphodrus Schmidii oder Pristonychus Schreibersi stark abweicht und den ich als Sphodrus carinthiacus aufstelle.

Die ausführlicheren Mittheilungen behalte ich mir für das Jahrbuch des naturhistorischen Landesmuseums vor, und gebe diese flüchtige Mittheilung bloß um andere Sammler anzueifern — da nach meiner Ansicht in Kärnten noch sehr Vieles zu finden sein dürfte — wenn man fleißig und unverdrossen sucht.

Lölling, 19. Juni 1865.   Ullepitsch.

Meteorologisches.
Witterung im Mai 1865.

Das war ein Mai, so schön, wolkenlos und warm, wie er uns in Kärnten selten beschert wird. Die mittleren Werthe der vorzüglichsten Witterungselemente waren für Klagenfurt folgende: (Die eingeschlossenen Zahlen sind die normalen Mittel.) **Luftdruck: 321·0 (319·6), mittlere Luftwärme 13·3 (11·2), größte 24·7 (22·7), kleinste + 0·2 (0·0), Luftfeuchtigkeit 70 (76), Niederschlag 1·15 Zoll hoch (3·24), ganz heitere Tage 11 (3)** u. s. w.

Bei einem Luftdruck, der noch nie so hoch im Mai beobachtet wurde, war auch die mittlere Lufttemperatur um 2·1 Grad über der normalen. Blättern wir zurück in den Wetteraufzeichnungen, so finden wir seit Beginn derselben 1813 nur 2 Jahre, die noch wärmeren Mai hatten, die Jahre 1847 und 1841. Im ersteren Jahre war der vorausgehende April sehr kühl, der Mai aber begann schon bald sehr warm, schon am 12. stieg die Wärme auf 23·6, am 19. auf 24° mehre Gewitter bringen keine Kühlung, in der Nacht nach dem 25., an welchem die Wärme auf 27·8 gestiegen war, entlud sich ein starkes Gewitter mit starkem Hagelschlag, so daß noch Morgens die Schloßen die Felder bedeckten, es war dieß die höchste, je im Mai beobachtete Temperatur, der wärmste Tag des Jahres 1847 und das einzige Beispiel eines nächtlichen Hagelschlags, die mittlere Maiwärme war 13·5·

— Im Jahre 1841 aber war die aus den Achazel'schen Aufzeichnungen berechnete mittlere Maiwärme gar 15·3, der wärmste Mai der ganzen 50jährigen Periode, damals stieg die Temperatur schon am 7. auf 23°, vom 21. an mehrere Tage auf 25°, am 25. auf 26·5°. Im Jahre 1834 war der Mai so warm wie heuer, die Temperatur stieg jedoch nur auf 23·5.

Der Niederschlag war im Mai noch kleiner in den Jahren 1834 (0·29), 1833 (0·40), 1817 (0·10), nahe so klein 1855 (1·18), 185J (1·22), 1835 (1·20), 1841 (1·77), 1847 (1·48). Der letzte Mai war also ein ungewöhnlich warmer, heiterer Mai mit wenig Niederschlag, nur der des Jahres 1834 war bei gleicher Wärme noch trockener.

Die durch die so außerordentlich lange dauernde Schneelage verzögerte Vegetation war bereits um die Mitte des Monats in ihre normalen Entwicklungsphasen getreten. Kirschen, Zwetschken, Pflaumen, Birnen begannen noch in den letzten Apriltagen, der Apfelbaum am 4., Flieder am 5., Roßkastanie am 6. zu blühen, noch etwas verspätet, aber schon am 20. entwickelte die Akazie, der Schneeball, am 31. der Becherholler (Jasmin) seine sonst erst um den 5. Juni sichtbaren Blüthen. Der Winterroggen hatte am 10. die erste Aehre, am 24. die erste Blüthe, der Winterweizen am 26. die erste Aehre. Die Vegetation ist des Mangels an Regen wegen theilweise verkümmert, der Roggen schütter und niedrig.

Auch in den höhern Gebirgslagen Kärntens war der Mai im Vergleich zu andern Jahren warm und schön; am 30. oder 31. stieg die Wärme auch in St. Peter, Maltein über 20°, in Bad Bellach auf 21, Raibl 21·6, Hausdorf 22·0, am Hochobir auf 17·0, die Mittelwärme war (die eingeschlossenen Zahlen sind Mittel mehrerer Jahre): St. Paul 12·7 (11·1), Hausdorf 11·6 (10·1), Maltein 11·7 (10·1), St. Peter 10·2 (9·3), Hochobir 6·3 (2·6, 1862: 5·1 die größte Maiwärme seit 1846). Der Niederschlag überall sehr gering, erreichte doch in Raibl die namhafte Höhe von 4·2 Zoll, in Maltein 2·8 Zoll.

Im übrigen Europa war der Mai überall warm und nur in der westlichen Hälfte, auch genügend naß, am 29., einem der wärmsten Tage, wurden um 7 Uhr Früh folgende Thermometergrade beobachtet: Bilbao (Spanien) 24·0, Lissabon 21·6, Triest 19·0, Madrid 16·4, Klagenfurt 16·0, Stockholm 10·0, Petersburg 5·6, Moskau 5·5, Haparanda 7·6.

Mittheilnugen aus dem Geschichtverein.

Mit Tode abgegangen das ordentliche Vereinsmitglied: Herr Franz Friedrich, infulirter Dompropst von Lavant, ꝛc. ꝛc. ꝛc. in Marburg.

Erwerbungen:

Die löbliche Stadtgemeinde Straßburg hat dem Geschichtvereine den ihr gehörigen, in der „Carinthia" (Mai-Heft 1864, Seite 235) beschriebenen, der Stadt Straßburg vom Gurker Bischofe Urban (dem Oesterreicher) im Jahre 1561 geschenkten Richterstab mit Vorbehalt ihres Eigenthums-Rechtes zur Aufbewahrung in den Vereins-Sammlungen überlassen.

Als Geschenk hat der Verein erhalten:

Vom Herrn Propste und Alumnats-Direktor ꝛc., Peter Pichler: Geschichte des Christenthums in Oesterreich und Steiermark. Von Anton Klein. 7 Bände.

Vom Herrn Franz Grafen von Marenzi, Correspondenten der k. k. geologischen Reichsanstalt, die von ihm verfaßten Schriften: a) Der Karst. Ein geologisches Fragment im Geiste der Einsturztheorie geschrieben. b) Das Alter der Erde. Ein geologisches Fragment im Geiste der Einsturztheorie geschrieben. c) Zwölf Fragmente über Geologie. 1864.

Von der k. k. geographischen Gesellschaft in Wien: deren Mittheilungen. VII. Jahrgang 1863.

Vom Ferdinandeum in Innsbruck: Zeitschrift. 12. Heft der 3. Folge; Dreißigster Bericht des Verwaltungsausschusses für die Jahre 1862 und 1863.

Vom historischen Vereine in Bamberg: Dessen Jahresbericht für 1863/64.

Von der Oberlausitzischen Gesellschaft der Wissenschaften in Görlitz: Neues Lausitzisches Magazin. 41. Band.

Vom historischen Vereine für Niederbaiern: dessen Verhandlungen. X. Band, 2. — 4. Heft.

Von der kaiserlichen Akademie der Wissenschaften in Wien: a) Denkschriften der philosophisch-historischen Klasse. Dreizehnter Band. Mit 17 Tafeln, Illustrationen. b) Sitzungsberichte der philosophisch-historischen Klasse. 2. und 3. Heft des XLV. Bandes; 1. — 3. Heft des XLVI. Bandes.

Vom historischen Kreis-Vereine in Augsburg: Combinirter 29. und 30. Jahresbericht für 1863 und 1864.

Von der königl. baierischen Akademie der Wissenschaften in München: Sitzungsberichte 1864. II. Abtheilung, 3. und 4. Heft.

Von Herrn Heinrich Hermann, Studierenden: Mehre Hefte Uebersetzungen und Commentare zu Classikern für den Schulgebrauch.

Von Herrn Mathias Felix Klaßer, Beamten der kärntnerischen Handelskammer: a) Diarium Sanctorum. Autore Joanne Grosez. 1711. — b) Ein chinesischer Partezettel aus San Francisco in Californien. (Original.)

Vom germanischen Museum in Nürnberg: Anzeiger für Kunde der deutschen Vorzeit. 1865. Nr. 2 und 3.

Von Herrn Dr. Karlmann Tangl, jub. k. k. Universitätsprofessor ꝛc. in Graz: Ein Exemplar des von ihm verfaßten Werkes: Die Freien von Suneck, Ahnen der Grafen von Cilli.

Von Herrn Leopold Wenger, k. k. Bezirksamtsadjunkten in Feldkirchen: die philosophischen Abhandlungen des **Albertus Magnus.** Gedruckt 1494 — 1504. (Selten).

Von Herrn Vogel, k. k. Lieutenant im 7. Linien-Infanterieregimente: a) Ehrenzeichen der k. k. Armee (11 Stück) mit historischen Daten begleitet; b) verschiedene Proben von Kleingewehrkugeln und Zündern; c) Ein piemontesisches Bersaglieri-Gewehr sammt Bajonett und Scheide, aus dem Feldzuge 1849; d) 21 Pläne (Federzeichnungen) zum Fecht-Unterrichte mit dem Bajonette; e) 4 alte Kupferstiche.

Von Herrn Simon Polzer in St. Veit: Eidesformeln (auf Holztafeln aufgezogen) für fremde Personen, welche zur Zeit der herrschenden Pest in die Stadt (St. Veit) eingelassen werden wollten. Dieser Eid vertrat die Stelle der Quarantaine. Diese sogenannten Pesttafeln stammen aus den Jahren 1636 und 1655.

Von Herrn Franz Baron von Reyer, k. k. Gesandtschaftsrathe rc. rc.: das lithographirte Bildniß Sr. Erzellenz des Herrn Anton Freiherrn von Prokesch-Osten, k. k. Internuntius rc. rc. rc.

Ankäufe:

Handbuch der Universalgeschichte von Heinrich Ruckgaber, fortgesetzt von Dr. Anton Hetzel. 3. Band, 3. Abtheilung. Neuere Geschichte. Vom dreißigjährigen Kriege bis zur französischen Revolution.

Deutsches Staatswörterbuch von Dr. Bluntschli und K. Brater. 85 und 86 Heft.

Allgemeine Weltgeschichte von Caesar Cantu. 76. Lieferung.

Leitfaden zur Kunde des heidnischen Alterthumes mit Beziehung auf die österreichischen Länder. Von Dr. Eduard Freiherrn v. Sacken.

Salzburgs Landesgeschichte von Georg A. Pichler. 13. und 14. Heft

Register zu Dr. G. Weber's „Allgemeiner Weltgeschichte" (1. — 4. Band).

Mittheilungen der k. k. Centralkommission zur Erforschung und Erhaltung der Baudenkmale. 1865 1. und 2. Doppelheft.

Repertorium der steirischen Münzkunde. Von Dr. Fritz Pichler. 1. Band

Eine alterthümliche, eigenthümlich konstruirte Stockuhr.

Ein alterthümliches, großes, geschnitztes Bett (von Landskron).

Sechs Hellebarden und zwei Schwerter.

Ein antikes Bronce-Schwert (in drei Stücken); gefunden bei den Eisenbahn-Erdarbeiten nächst **Stein** im Jaunthale.

Mittheilungen aus dem naturhistor. Landes-Museum.

I. Bibliothek.

a) Im Schriftenaustausch.

1. Jahrbuch des Vereines für Naturkunde in Cassel. 5. Heft.

2. Mittheilungen des Vereines nördlich der Elbe zur Verbreitung naturwissenschaftlicher Kenntnisse. 5. und 6. Heft.

3. Zeitschrift III. Folge. 12. Heft, nebst 30. Bericht des Ferdinandeums zu Innsbruck.

4. Sitzungsberichte der königl. bairischen Akademie der Wissenschaften zu München. II. 2—4

5. Abhandlungen der naturforschenden Gesellschaft zu Görlitz. 12. Band.

6. Verhandlungen der naturforschenden Gesellschaft in Basel. IV. Thl., 1. Heft.

7. Monatsberichte der königl. preußischen Akademie der Wissenschaften zu Berlin aus den Jahren 1863 und 1864

8. Die neogenen Ablagerungen im Gebiete der Mürz und Mur in Obersteiermark, von Dionys Stur. Durch die Direktion des geognostisch-montanistischen Vereines für Steiermark.

9. Jahresbericht des physikalischen Vereines zu Frankfurt am Main für 1863 und 1864.

10. Katalog der Bibliothek des k. k. österreichischen Museums für Kunst und Industrie. Mai 1865.

11. Vierzehnter Jahresbericht der naturhistorischen Gesellschaft zu Hannover.

b) Geschenke

1. Joachim Barrande Défense des Colonies III. Etude, generale sur nos étages G—H. avec application spéciale aux environs de Hlubočep. près Prague, vom Herrn Verfasser.

2. V. Ritter von Zepharovich: a) Ueber Bournonit, Malachit und Korynit von Olsa in Kärnten, 1865.
b) Die Anglesit-Krystalle von Schwarzenbach und Miß in Kärnten, 1864.
c) Ueber eine Pseudomorphose von Weißbleierz nach Bleiglanz von Beresowsk in Sibirien
d) Der Diamant, 1862.
e) Berichtigung und Ergänzung meiner Abhandlung über die Krystallformen des Epidot, 1862.
f) Krystallographische Mittheilungen aus dem Laboratorium der Universität zu Graz, 1863.
g) Krystallographische Studien über den Idokras, 1864.
h) Erläuterungen zur Sammlung für das Studium der mineralogischen Eigenschafts-Lehre im Museum der Universität Krakau. 1860. Sämmtlich vom Herrn Verfasser.

3. Dr. H. W. Reichardt's Beitrag zur Kryptogamen-Flora des Maltathales in Kärnten. — Durch Herrn Pfarrer P. Kohlmayer.

4. F. Graf v. Marenzi: a) Zwölf Fragmente der Geologie; b) das Alter der Erde; c) der Karst. Durch die k. k. Landesbehörde.

5. G. R. v. Frauenfeld das Vorkommen des Parasitismus im Thier- und Pflanzenreiche; — vom Herrn Verfasser.

II. Naturalien.

Herr Friedrich Kokeil, unser verdienstvoller Forscher im Gebiethe der Entomologie, Conchyliologie und Botanik, hat bei seinem Tode seine in kärntnerischen Vorkommnissen sehr reichhaltigen und vorzüglich erhaltenen Sammlungen von Insekten, Schnecken und Pflanzen dem Museum geschenkt. Ueber diese Widmung wird noch ausführlicher berichtet werden.

Herr Alfons Baron Zois schenkte ein ausgezeichnetes Exemplar einer Wildkatze.

Herr Kripl, Kaufmann in Klagenfurt, einen in der Nähe erlegten Strandreuter Himantopus rufipes Bechst

Herr Dr. Hartmann einen Sperber.

Herr J. Weißenhof in St. Veit: Einen Sperber, Thurmfalken und Kukuk.

Herr J. Prettner, Bleigewerk: 2. Gelbbleierze von Schwarzenbach.

Herr v. Gazarolli, k. k. Hauptmann, eine Fungia aus der Adelsberger Grotte.

Herr Joseph Raaber in Krisanten: eine Suite wohlerhaltener Alpenpflanzen der dortigen Gegend.

III. Mitglieder.

Neu eingetreten sind: Herr Wilhelm Semen, k. k. Bezirksadjunkt in Wolfsberg, mit 2 fl. Jahresbeitrag.

Herr G. Adolf Hardt, Berg- und Hütten-Ingenieur in Bleiberg, mit 5 fl.

Herr J. Böhm, Curat in Kreuth, mit 5 fl.

Herr Anton Puschl, k. k. Schuldirektor in Villach, mit 4 fl. Jahresbeitrag.

Eingesendet wurden:

Vom Gau Kötschach für Herrn Brunner, k. k. Notar. 6 fl.

Von Herrn Schnoblegger: in Tarvis Jahresbeitrag für 1865 4 fl.

Vom Gau St. Paul: die Jahresbeiträge des hochw. Abten Ferd. Steinringer von St. Paul mit 10 fl. 50 kr.; des Herrn Paul Waschner, Bürgermeisters in St. Andrä, 5 fl.

Von der löbl. Direktion der kärntnerischen Sparkasse erhielt das Museum einen gnädigst gewidmeten Beitrag von 300 fl.

In Klagenfurt sind für 1865 nachstehende Jahresbeiträge eingefolgt:

Herr J. M. Achatz, Domprobst 2 fl. 10 kr., Herr Dr. A. Fr. v. Aichelburg 3 fl. 15 kr., Herr Dr. Karl Birnbacher 5 fl., Herr Arthur Breycha 3 fl., Herr Dr. Johann Burger 5 fl. 25 kr., Frau Pauline Burger 3 fl., Herr Reinhold Buzzi, R. v., 2 fl., Herr Karl Clementschitsch 2 fl., Hr. Joseph v. Czechan 2 fl., Herr Albert Dickmann, Freiherr v., 3 fl. 25 kr., Eugen Dickmann, Freiherr v., Erben 10 fl. 50 kr., Herr Anton Dolar 3 fl., Herr Gustav Graf v. Egger 42 fl., Frau Gräfin Rothburga von Egger, 10 fl. 50 kr., Herr Joh. Einicher 2 fl., Herr Dr. Joseph Erwein 4 fl. 20 kr., Herr Ferdinand Fortschnigg 5 fl., Herr Dr. Constantin v. Fradeneck 5 fl., Frau Franziska v. Fradeneck 3 fl., Herr v. Frauendorf 2 fl., Herr Dr. Adolf Gaggl 2 fl, Fräul. Marie v. Gallenstein 2 fl. 10 kr., Herr Gantschnigg in Ottmanach 2 fl. Herr Simon Gayer 2 fl. 10 kr., Frau Rosine Glas 2 fl., Seine Exzellenz Graf Anton Goëß 5 fl. 25 kr., Fräul. Susanna Greiptner 3 fl. 15 kr., Herr Ferd. Hauser 5 fl, Herr Dr. Paul Hauser 5 fl., Herr Paul Frhr. von Herbert, und Freiin v. Spinette 34 fl., Herr Frhr. v. Spinette 5 fl. 25 kr., Herr Alexander Hermann 2 fl. 10 kr., Herr Sigmund Hoffmann 2 fl. 10 kr., Herr Jakob Holler 2 fl. 10 kr., Frau Luise Holzmeister 3 fl., Herr Dr. Horrakh 4 fl. 20 kr, Herr Joseph Hueber, v., 2 fl. 10 kr., Herr Adalbert v. Hummelauer 5 fl. 25 kr., Herr Leopold v. Hueber 5 fl. 25 kr., Herr Michael v. Jabornegg 2 fl. 10 kr., Herr Gabriel Jessernigg 5 fl., Fräul. Pauline Jessernigg 6 fl., Herr Ferd. v. Kleinmayr 4 fl. 20 kr., Herr Vinzenz Knapp 3 fl., Herr Dr. Kraßnigg 5 fl., Herr Joseph Krippel 2 fl., Herr Georg Kreiner 3 fl., Herr Kronigg, k. k. Berghauptmann, 3 fl. 15 kr., Herr Karl Kumpf 2 fl., Herr Eduard Liegl 3 fl. 15 kr., Herr Eduard Löffler 3 fl.

Roheisen- und Blei-Preise im April und Mai 1865.
Eisen-Preise.

Per Zollcentner in ö. W.:

Köln: Holzkohlen-Roheisen 2 fl. 25 kr. — 2 fl. 62½ kr., Cokes-Roheisen 1 fl. 87½ kr. — 2 fl. 10 kr., graues 2 fl. 25 kr. — 2 fl. 40 kr., Schottisches Nr. 1 2 fl. 40 kr. — 2 fl 55 kr. Stabeisen grobes 5 fl. 25 kr. — 6 fl.

Berlin: Schlesisches Holzkohlenroheisen 2 fl. 65 kr. — 2 fl. 70 kr., Cokes-Roheisen 2 fl. 60 kr., Stabeisen geschmiedet 6 fl. 37½ kr. — 6 fl. 75 kr., gewalzt 5 fl. 75 kr. — 6 fl. 25 kr.

Oesterreichische Roheisenpreise auf Zocenlltner berechnet loco Hütte:

Vordernberg weißes 2 fl. 76 kr., Eisenerz 2 fl. 41 kr., Kärntner weiß und halbirt 2 fl. 32 kr. — 2 fl. 41 kr., böhmisches 3 fl. 12 kr. — 3 fl. 57 kr., Mährisch-schlesisches 3 fl. 21 kr. — 3 fl. 48 kr., Oberungarisches weißes 1 fl. 78 kr. —

2 fl. 5 kr., Betlér loco Poprad 2 fl. 10 kr. — 2 fl. 23 kr., Kärntnerisches Stabeisen gewöhnliche Sorte 6 fl. 24 kr.

Auf österreichische Meiler à 10 Wiener Centner berechnet:

Köln: Holzkohlenroheisen 25 fl. 20 kr. — 29 fl. 40 kr., Cokes-Roheisen affinage 21 fl. — 23 fl 50 kr., graues 25 fl. 20 kr. — 26 fl. 90 kr., Schottisches Nr. 1 26 fl. 90 kr. — 28 fl. 50 kr., Stabeisen grobes 58 fl. 80 kr. — 67 fl. 20 kr. Berlin: Schlesisches Holzkohlen-Roheisen 29 fl. 70 kr. — 30 fl. 20 kr., Cokesroheisen 29 fl. 10 kr., Stabeisen geschmiedet 71 fl. 40 kr. — 75 fl. 60 kr , gewalzt 6 fl. 44 kr. — 7 fl.

Oesterreichische Roheisenpreise:

Vordernberg 31 fl., Eisenerz 27 fl., Kärntnerisches 26 fl. — 27 fl., Böhmisches 35 fl. — 40 fl., Mährisch-schlesisches 36 fl. — 39 fl., Oberungarisches 20 fl. — 23 fl., loco Poprad 23 fl. 50 kr. — 25 fl.; Kärntner Stabeisen 70 fl.

Blei-Preise.

Per Zollcentner Köln: Raffinirtes Weichblei 9 fl. 25 kr. — 9 fl. 50 kr., Hartblei 8 fl. 75 kr. — 9 fl. 25 kr.

Berlin: Sächsisches 9 fl. 50 kr., Tarnowitzer 9 fl. 62 kr.

Kärntner-Blei loco Hütte 11 fl. 16 kr. — 11 fl. 83 kr.

Auf Wiener Centner berechnet:

Köln: Raffinirtes Weichblei 10 fl. 36 kr. — 10 fl. 64 kr., Hartblei 9 fl. 80 kr. — 10 fl. 36 kr.

Berlin: Sächsisches 10 fl. 64 kr. Tarnowitzer 10 fl. 78 kr.

Kärntner Blei 12 fl. 50 kr. — 13 fl. 25 kr.

Durchschnittspreise der Lebensmittel zu Klagenfurt im Mai 1865.

		fl.	kr.			fl.	kr.
Weizen	der Vierling	4	84	Speck, gesechter	das Pfund	—	44
Roggen		3	67	roher		—	36
Gerste		3	26	Schweinschmalz		—	44
Hafer		2	11	Eier		—	2½
Heide		3	68	Hendl		—	67
Mais		3	29	Kapaunen	das Paar	—	—
				Enten		—	—
Brein (gestampfte Hirse)		7	16	Gänse		—	—
Erbsen	der Vierling	4	—	12" Scheiterholz, hartes	loco Land eine n.ö. Klftr.	3	67
Linsen		4	70	12" Scheiterholz, weiches		2	50
Fisolen, weiße				30" Scheiterholz, weiches		5	5
rothe		4	85				
Erdäpfel		—	—				
Rindschmalz	das Pfund	—	55	Heu	der Zentner	1	—
Butter		—	46½	Stroh		—	65

Herausgegeben vom Geschicht-Vereine und natur-historischen Landesmuseum in Kärnten. — Verantwortlicher Redakteur Dr. Heinrich Weil. — Druck von Ferd. v. Kleinmayr unter verantwortlicher Leitung des Alexius Kofler in Klagenfurt.

Carinthia.

№ 7.　　　　Juli　　　　1865.

Ueber die Sprache.

Von Dr. Heinrich Weil.

(Fortsetzung.)

Nachdem uns so die vergleichende Grammatik in den Stand gesetzt hat, eine genealogische Classifikation der ersten nämlich der arischen
Sprachenfamilie zu entwerfen, und damit auch die Entdeckung zu machen,
daß für alle diese Sprachen der grammatische Bau ein für allemal sich
festgestellt hatte, und daß die Verschiedenheiten der einzelnen Sprachen
in ihren Endungen also in ihren rein formalen Elementen, nur ein
Produkt des gewissen Gesetzen unterworfenen phonetischen Verfalles sind,
so ist es nothwendig uns daran zu erinnern, was uns oben Veranlassung
gegeben hat auf die Nothwendigkeit einer Classifikation überhaupt, und
auf die Nothwendigkeit dessen was man vergleichende Grammatik nennt,
hinzuweisen. Es war dieß nämlich das Forschen nach den Gründen,
warum das Wort i ch l i e b e oder im englischen I love durch die unbedeutende Veränderung zu i ch l i e b t e oder I loved, den Begriff des Gegenwärtigen in jenen des Vergangenen verwandelt.

Indem wir die Nothwendigkeit darstellten nach den ältesten Formen dafür in verwandten Dialekten zu forschen, ergab sich die Nothwendigkeit die Verwandtschaft und ihre Grade zwischen den einzelnen Sprachen zu prüfen, was dann eben zur genealogischen Classifikation führte ;
diese Prüfung war aber wieder nur mit Zuhilfnahme jenes feinen Maßstabes möglich, den die vergleichende Grammatik darbot. Nachdem aber
diese so Schönes geleistet, ist es nicht mehr als billig, das Wesen derselben näher ins Auge zu fassen und zwar umsomehr, als die Erklärung
für das ursprünglich aufgestellte Problem bisher noch nicht gegeben
wurde. Es handelt sich also zunächst um die Erklärung, was denn das

formale Element eines bestimmten Wortes, worunter alles das zu verstehen ist was nicht radikal ist und das ursprünglich eine Bedeutung
haben mußte, in der That bedeute. Dieses formale Element der Worte
zeigt sich vorzüglich wenn auch nicht ausschließlich in den Declinations-
und Conjugationsendungen. Betrachten wir zuerst die Declinationen.
So wie weiter oben gezeigt wurde, daß die Zahl zwanzig z. B. ausgedrückt wurde, indem man ein Zahlwort mit einem andern jenes bestimm-
menden und wieder eine Zahl ausdrückenden Worte zusammensetzte, so
werden wir zunächst auch voraussetzen dürfen, daß eine Declinations-
endung nichts sei als die Zusammensetzung eines Nomens mit einem
den Fall (casus) ausdrückenden Worte. So wird z. B. der Locativ,
d. i. der das Befinden an einem Orte ausdrückende Casus im Chinesischen auf verschiedene Weise gebildet, und zwar so, daß man einem
Nomen das Wort ćung (Mitte) oder néi (Inneres) u. dgl. anfügt.
So heißt im Reiche kŭo-ćung, innerhalb eines Jahres i-sŭi-
ćung. Der Instrumentalis, d. i. der die Anwendung eines Werkzeuges
oder Mittels ausdrückende Casus, wird im Chinesischen durch die Präposition y (gebrauchen) gebildet, wonach mit einem Stocke y-ting
heißt. Wie wir nun früher gesehen haben, daß die Zahlen in den
arischen Sprachen ursprünglich ebenso wie im Chinesischen gebildet wurden, so dürfen wir jetzt wohl annehmen, daß dasselbe auch für die Bildung der Deklinationsendungen gelte. So hat das Sanskrit die Locativendung i welches eine demonstrative Wurzel ist, die im Lateinischen
die Präposition in, sowie das deutsche in hervorbrachte. Im Sanskrit
wird wirklich diese Wurzel wie im Chinesischen dem Nomen angehängt,
und wir erhalten, da dort z. B. Herz hrid heißt, für im Herzen
hridi, welches hienach eigentlich Herz=drin heißt. Nachdem diese
ursprüngliche Bildung sich einmal festgesetzt hatte, war auch schon das
rein formale Element vorhanden, und der Grammatiker konnte, ohne
sich mehr auf die ursprüngliche Bedeutung des i als das Innensein
bedeutend erinnern zu müssen, sagen: Der Locativ von Worten, die
auf einen Consonanten ausgehen, wird gebildet, indem man i anhängt.
Sieht man nun zu, wie es denn bei den andern weit abstracteren Casus
(Fällen) hergehe, so kommt man zu demselben Resultate. Die abstracte
Grammatik freilich mit ihren gewissermaßen unerklärlichen Regeln kam
erst hinterher, anfänglich aber war in der Sprache alles concret. Wenn
man sagte: Der König Roms oder von Rom, so meinte man
wirklich den König zu Rom, hatte also den Locativ im Auge. Da

nun im Lateinischen der Genitiv ae ursprünglich wirklich auf ai lautete, und demnach der König Roms rex Romai hieß, so ist es leicht zu erkennen, daß dieses i die Locativendung des Sanskrit ist, und daß jener Ausdruck eigentlich König zu Rom bedeutete, was mit dem Gesagten ganz übereinstimmt. Will man daher logisch sein, so müßte man als Regel aufstellen, daß der Locativ im Lateinischen bei Worten der ersten Declination durch Anhängung eines e (früher i) gebildet wird, während der Grammatiker heutzutage sagt, daß das Verweilen an einem Orte bei Worten wie Roma durch den Genitiv ausgedrückt wird. Wie kommt der Genitiv dazu, das Ruhen an einem Orte ausdrücken zu sollen!? Wie käme es denn dann, daß bei Worten wie Carthago, Athenae der Locativ wieder nicht durch den Genitiv ausgedrückt wird? Die Endungen in Romae, Carthagine und Athenis, wenn sie zu Rom, zu Carthago, zu Athen ausdrücken sollen, sind eben keine Genitiv- und Ablativ- sondern Locativendungen.

Dasselbe ist auf den Dativ anwendbar. Wenn man dem Knaben vordocirt, daß der Dativ die Beziehung zweier Objecte aufeinander ausdrücke, wobei das entferntere Object in den Dativ komme, so wird er sich billig über die Zaubermacht dieses Dativs wundern. Dagegen wird er wohl stutzen, wenn man ihm sagt, daß man im Griechischen, um die Ruhe oder das Verweilen an einem Orte auszudrücken, das Nomen in den Dativ setzen müsse. Sonderbar! im Lateinischen war es bald der Genitiv und bald der Ablativ, und im Griechischen ist es wieder der Dativ, den man ihm noch zuvor als den Casus des entfernteren Ob- jectes vordocirt hat!? Zu Salamis heißt also im Griechischen Salamîni. Die Frage aber, warum gerade den Dativ? kann nur die vergleichende Grammatik beantworten, nämlich: weil die Endung des gr. Dativs auf i ursprünglich die Endung des Locativs war, wie wir im Sanskrit hridi hatten. Im bestimmten Locativ konnten die ver- schwommenen Umrisse des Dativs Platz finden, aber nicht umgekehrt. Selbst Sätze wie: „Ich gebe es dem Vater" do patri involviren den Locativ, indem dieser Satz ursprünglich die Beziehung der Oertlich- keit (an den Vater, beim Vater, patri) enthielt, und erst allmälig jene unbestimmtere Beziehung erhielt, welche die Logiker und Gramma- tiker dem Dativ beilegen. Die Genitiv- und Dativendungen der roma- nischen Dialekte zeigen trotz ihres scheinbaren Widerspruches doch dasselbe. Z. B. l'immortalité de l'âme, je me fie à Dieu. Der Genitiv erscheint hier durch die Präposition de (das lateinische de, von), der Dativ durch die Präposition à (das lat. ad, zu) gebildet, worin die localen Bedeutungen des Herabkommens von etwas und die Richtung auf etwas enthalten, welche also eigentlich Locative sind.

Der Unterschied in diesen Worten im Vergleiche zu dem alten arischen Locative besteht also eigentlich nur darin, daß das die locale Beziehung ausdrückende Wort dort vor das Nomen gesetzt, hier aber demselben angehängt wird. Das von dem Casus der Nomina Gesagte findet aber auch Anwendung auf die Verbalendungen, wobei wir immer von dem Grundsatze ausgehen, daß das formale Element der grammatischen Endung, bevor die Wirkung des phonetischen Verfalles sich geltend gemacht hatte, ein selbstständiges bedeutungsvolles Wort war. Wenn wir Sprachen sehen wie die deutsche, welche bei der Bildung der Tempora das persönliche Fürwort gebraucht, so wird es die Analogie erlauben anzunehmen, daß bei jenen Sprachen, die bei der Conjugation keine Fürwörter dem Zeitworte vorsetzen, dennoch in ihnen die Reste solcher Fürwörter zu finden sein müssen, und daß sie in ihren Endungen enthalten seien. Wir wollen zum Zwecke der Nachweisung abermals nach den romanischen Dialekten greifen, weil bei diesen die in Rede stehenden Erscheinungen am augenfälligsten sind. Die meisten grammatischen Endungen zeigen hier übrigens noch nicht das was wir suchen, indem sie wie j'aime, tu aimes u. s. f., oder j'aimai, tu aimas u. s. f. dem lateinischen ego amo, tu amas, oder ego ama(v)i, tu ama(vi)s(ti) u. s. f. nachgebildet sind. Dagegen zeigt die künftige Art als j'aimerai schon keine Aehnlichkeit mehr mit amabo und wir haben es also mit einer neuen grammatischen Form zu thun, ebenso im italienischen amarò. Betrachten wir diese Endungen durch alle Personen des Futurum genau, so finden wir, daß dieselben mit denen des Hilfszeitwortes „haben", nämlich ai, as, a, (av)ons, (av)ez, ont oder im italienischen ò, ai, à u. s. f. identisch sind. Wir erhalten daher j'ai, je chanter-ai, nous (av)ons, nous chanter-ons u. s. f. oder im italienischen io ò, tu ai, egli à, io cantar-ò, tu cantar-ai, egli cantar-à u. s. f. Die Futurbildung gibt also zunächst ich habe zu singen, du hast zu singen u. s. f., was leicht schließlich die Bedeutung von: ich werde singen, annehmen konnte. Der Franzose sieht aber die Endung seines Futurs auf ai als eine rein grammatische Form an, und hat keine Ahnung, daß das Futur durch Zusammensetzung zweier Worte ganz ähnlich wie heute noch das Chinesische zeigt, entstanden ist, so wenig als der Römer eine Ahnung hatte, daß sein amabo aus amare und dem Hilfszeitworte bhû, werden, zusammengesetzt ist. Es könnte die Frage entstehen, wie denn diese modernen Sprachen beim Futur zu dieser Zusammensetzung mit „haben" kommen; es ist aber hier an das früher berührte bei der Sprachenbildung so wichtige Moment der „Wiedererzeugung durch die Mundarten" zu erinnern, denn die Verbindung mit habeo finden wir schon im Lateinischen in Ausdrücken wie habeo dicere, habeo facere, wie auch heute noch der Provenzale dir vos ai und der Spanier hacer lo he mit der Bedeutung der zukünftigen Zeit, sich ausdrückt. Die Bildung des Futurs durch Zusammensetzung finden wir aber auch in andern Sprachen wohin wir nur blicken, nur höchstens mit dem Unterschiede, daß das Hilfszeitwort vorgesetzt wird. Der Deutsche sagt im Futur: ich **werde**, der Engländer i shall ich soll, der Neugrieche thélo ich will, z. B. in thelo dosei ich werde geben, der Rumäne veng ich komme, z. B. in veng a vegnir ich werde kommen. Auch das französische je vais dire ich gehe zum Sagen, ist fast ein Futurum. — Wenn wir uns nun erinnern, daß für diese Untersuchung die Frage den Ausgangspunkt gebildet hat, wie es komme, daß durch ein einfaches d oder t in I loved und ich **liebte**, der Begriff der Gegenwart in den der Vergangenheit umwandelt wurde, so werden wir in dem Bisherigen eine hinlängliche Aufforderung finden, die Endungen des Präteritums in den älteren teutonischen Dialekten wie im Angelsächsischen und Gothischen näher zu betrachten. Im Gothischen heißt z. B. nähren nasjan (nasian). Dessen Präteritum lautet:

Singular:	Dual:	Plural:
nas-i-da	nas-i-dêdu	nas-i-dêdum
nas-i-dês	nas-i-dêduts	nas-i-dêduo
nas-i-da		nas-i-dêdun.

Wir sehen hier im Plural das Hilfszeitwort „thun" in dêdum, dêduts und dêdun, während es im Singular, wo es als deda, dedês, deda angehängt sein sollte, zu den Endungen da, dês, da zusammengeschrumpft ist. Dieses Präteritum gestaltet sich im Angelsächsischen zu ner-ë-de, ner-ë-dest, ner-ë-de, ner-ë-don, ner-ë-don ner-ë-don, wo die Aehnlichkeit mit dem Deutschen ich nährte, du nährtest, er nährte u. s. f. schon in die Augen springt. Suchen wir aber nun das Präteritum von „thun" im Angelsächsischen, so finden wir: dide, didest, dide, didon, didon, didon. Halten wir dieß mit den obigen Endungen im Gothischen zusammen, so unterliegt es keinem Zweifel mehr, daß das Präteritum von **nähren** im Angelsächsischen ursprünglich lauten mußte: ner-ë-dide, ner-ë-didest, ner-ë-dide u. s. f., was also nichts anderes heißt, als ich that nähren, du thatst nähren u. s. s. — Das auf love angewendet, so müßte die erste Person des Präteritums lauten: I lovedide, und so wie aus nerëdide endlich nerëde geworden war, wurde jenes schließlich lovede und endlich loved, sowie ich liebe zu ich liebete oder liebte, denn das d des Angelsächsischen (wie oben aus nerëde nährte) geht im Deutschen in t über. Ich liebte, was jetzt als grammatische Form gefühlt wird, heißt also eigentlich: ich that lieben, der Begriff des Liebens wird dadurch in die Vergangenheit versetzt.

Auf diese und ähnliche Weise ist das ganze grammatische Gerippe der arischen Sprachen untersucht, und sind sämmtliche formale Elemente auf ursprüngliche Originalwörter zurückgeführt worden, so daß bei dem heutigen Stande der Wissenschaft nichts Wesentliches unerklärt geblieben ist. Die zu diesem Zweck wichtigsten Dialekte sind Sanskrit, Griechisch, Latein und Gothisch, aber in vielen Fällen hat auch das Zend, das Keltische und Slavische überraschende Lichter auf dunkle Stellen geworfen. — Zum Schlusse dieser Abtheilung schiene es nicht unpassend zu sein, eine Aufklärung darüber zu geben, warum die bisher behandelte Sprachenfamilie, welche anfänglich nach dem Beispiele Fr. Schlegels die indoeuropäische genannt wurde, hier immer die arische genannt wird. Ârya nun war ursprünglich ein Nationalname und kommt als solcher sowie als Ehrenname schon in den Vedahymnen, also im alten Sanskrit vor, während es im spätern Sanskrit soviel wie adelig, von guter Abkunft bezeichnet. In der spätern dogmatischen Literatur des Veda-Zeitalters erscheint Ârya als Gesammtname für die drei ersten Kasten im Gegensatze zu der vierten der Sûdras, während arya mit kurzem a, wovon jenes mit langem a abgeleitet wird, im spätern Sanskrit einem Mitgliede der dritten Kaste gegeben wird, welche da Soldaten und Priester die ersten zwei Kasten ausmachten, die große Mehrzahl der Bevölkerung inbegriffen haben muß. Da es sehr wahrscheinlich ist, daß dieses Wort von der Wurzel ar kommt, womit das lateinische arare ackern zusammenhängt, so liegt auch die Vermuthung nahe, daß jene dritte Kaste von den Ackerbauern gebildet wurde. Die Arier haben sich möglicherweise selbst diesen Namen auch zum Gegensatze von den Turaniern gegeben, deren Originalname Tura die „Schnelligkeit eines Reiters" ausdrückt. Nach der Theilung des arischen Stammes haben die Anhänger des Zoroaster den Namen mitgenommen, und wurde derselbe durch die beiden Völkerströme, welche durch das heutige Rußland bis zu den Küsten des schwarzen Meeres und Thrakiens und über den Kaukasus oder das schwarze Meer nach dem nördlichen Griechenland und die Donau entlang nach Deutschland zogen, auch nach Europa gebracht, wo diese uralte Bezeichnung im alten Namen Thrakiens nämlich Aria und in dem Namen des deutschen Stammes der Arii an der Weichsel, ja selbst in historischen Namen wie Ariovist und endlich im Namen Irlands als der westlichsten Station in Europa, wiederklingt. Da nun der Name der Arier dem ursprünglichen Stamme der von uns so genannten Völker eigenthümlich war, da in demselben die Spuren uralter Cultur mit dem Nebenbegriffe des Adeligen gleichsam durch die Natur Bevorzugten liegt, und die die darunter verstandenen Völker wirklich die Träger der höhern Cultur sind, so scheint die Bezeichnung arische Sprachenfamilie, arische Völker, wohl hinlänglich gerechtfertigt.

Indem die vergleichende Grammatik die Methode befolgte, welche im Früheren an einigen Beispielen gezeigt wurde, führte sie zu dem Resultate, daß nichts in einem Worte ohne Bedeutung sei, daß jede heutige Endung ein selbstständiges Wort w a r, welches einem andern Worte angehängt wurde um es näher zu bestimmen, mit diesem im Lauf der Zeit zusammenwuchs, in Folge des phonetischen Verfalls aber und gleichsam durch Abrieb körperlich so verändert wurde, daß es dem äußern Anscheine nach gar nicht mehr zu erkennen ist und als bloßes Suffix betrachtet wird. In dem Schmelztiegel der vergleichenden Grammatik bleiben aber endlich jene Wortbestandtheile zurück, die sich auf keine einfachern und ursprünglicheren Worte mehr zurückführen lassen, und die man Wurzeln nennt. Um den Charakter dessen was man Wurzel nennt richtig zu erkennen, thut man am besten zu betrachten, wie man an der Hand der vergleichenden Grammatik aus einem bestimmten Worte die Wurzel ermittelt; noch kürzer ist der Weg, wenn man eine als solche bereits zweifellos bestimmte Wurzel in ihren Wanderungen durch verschiedene Idiome betrachtet. Wir wollen vorläufig das Letztere thun, und wählen die früher schon bei den Ariern erwähnte Wurzel AR. Diese Wurzel bedeutet p f l ü g e n, ackern. Von ihr leitet man das lateinische ar-are, das griechische ar-ûn, das irische ar, das litthauische ar-ti, das russische ora-ti, das gothische ar-jan, das angelsächsische er-jan, das englische to ear, ab. Das Werkzeug des Pflügens nämlich der Pflug wird auch davon abgeleitet und heißt lateinisch ara-trum, griechisch ara-tron, böhmisch oradlo, cornisch aradar, altnorsisch ardhr. Im Altnorsischen hat dieses Wort als Erzeuger des Wohlstandes den Begriff des Wohlstandes selbst angenommen, sowie im lateinischen pecunia von pecus dem Hauptreichthum eines Hirtenvolkes stammt.

Die Handlung des Pflügens heißt lateinisch aratio, griechisch arosis und es ist wahrscheinlich, daß selbst das Wort aroma Wohlgeruch, von dieser Wurzel kommt, insoferne das geackerte Feld Wohlgeruch verbreitet, so wie in der Genesis 27, 27 Jakob sagt: „Der Geruch meines Sohnes ist wie ein Geruch des Feldes, das der Herr gesegnet hat.“

Auch die Ausdrücke für Erde als geackertes Land kommen von dieser Wurzel, und zwar nebst dem deutschen: Erde, im Sanskrit ira, im Althochdeutschen ero, im Gälischen ire, im Gothischen airta, im Englischen earth.

Da das Pflügen die vorzüglichste Arbeit war, und durchaus in der Sprache das Bestreben vom Speciellen zum Allgemeinen aufzusteigen erkennbar ist, so hat die Handlung des Pflügens, welche im Altnorsischen erdhi heißt, in welchem Worte die Wurzel ar zu erkennen ist, endlich in dem Worte Arbeit die Bezeichnung für jede angestrengte Thätigkeit hergeben müssen.

Die Worte arvum und griechisch arûra geackertes Land sind sicher auf diese Wurzel zurückzuführen, und da das Pflügen eine der ursprünglichsten Künste war, so möchte auch wohl ars (französisch und englisch art) jetzt schlechtweg die Kunst, dieselbe Abstammung haben.

Die alten Völker waren aber auch dichterisch begabt und stellten glückliche Vergleiche an. So erschien ihnen das Schiffen als ein Durchpflügen des Wassers, und die Worte für Ruder im Sanskrit aritra, im Angelsächsischen âr, im Englischen oar, heißen demnach eigentlich so viel als Pflugschaar des Wassers. Die griechischen Worte ἐρέτης der Ruderer und τριήρης ein Schiff mit 3 Rudern (das lat. triremis) haben dieselbe Abstammung.

Man könnte diese Wurzel ar noch weiter verfolgen, die angeführten Beispiele dürften aber genügen, um zu zeigen, was man unter Wurzel und zwar insbesonders unter einer prädicativen Wurzel verstehe, d. i. nämlich eine solche, welche in jeder Zusammensetzung in die sie eintritt, dieselbe Grundvorstellung ausspricht.

Nachdem wir oben eine schon ermittelte Wurzel in ihren Zusammensetzungen verfolgt haben, können wir auch umgekehrt aus einem bestimmten Worte die Wurzel ermitteln um auch diesen Prozeß kennen zu lernen. Wir wählen das Fremdwort respectabel. In diesem erkennen wir leicht das Verbum respectare und die bloße Endung bilis. Von

Ersterem trennen wir das Präfix re und führen die Partizipalbildung spectare auf das Verbum spicere oder specere (schauen) zurück, von welch' Letzterem nach Abtrennung der veränderlichen Endung ere die Wurzel spec endlich zurückbleibt. Von dieser Wurzel erwartet man nun, daß sie sich im Sanskrit und den anderen arischen Sprachen findet, und dieß ist wirklich der Fall. Im Sanskrit heißt spás (gebräuchlicher pás) sehen, spása der Spion und spaschta klar, offenbar. Im Althochdeutschen spêhon spähen, speha Spion und spache scharffinnig. Im Griechischen ist die Wurzel spek in skep verwandelt, welches dem skeptomai sehen, skeptikos zum Betrachten geschickt, skopein spähen und episkopos Aufseher, Bischof zu Grunde liegt. Was heißt aber das ursprünglich gewählte Wort respectabel, oder vielmehr wie kommt das Wort dazu, eine Person zu bezeichnen, welche Respect, Rücksicht verdient. Die Antwort muß in der Bedeutung der Wurzel spec liegen. Und in der That, während wir an gewöhnlichen Personen und Sachen vorbeigehen, ohne auf sie näher zu achten, sehen wir uns nach jenen noch einmal um (re spicere), welche unsere Aufmerksamkeit, Achtung, Bewunderung verdienen. So heißt ja auch nobel, nobilis ursprünglich das, was gekannt zu werden verdient, und hieß anfänglich gnobilis, sowie nomen für cognomen, natus für gnatus steht.

Sowie specere spähen mit der Präposition re welche den Begriff des zurück, nach rückwärts enthält, das Wort Respect u. s. f. bildete, so geht es mit sehr vielen Präpositionen Verbindungen ein. Mit de (von oben herab) erhalten wir despicere verachten und despectus; das französische dépit ist aber schon in der Bedeutung modificirt und bedeutet Aerger, Verdruß; se dépiter heißt böse werden, dépiteux ärgerlich. Mit sub (von unten hinauf) erhält man suspicere, sus pic ari von unten hinauf blicken, verdächtig ansehen, beargwöhnen; der Engländer leitet sein suspect, suspicion, suspicious, der Franzose soupçon davon ab.

Mit circum (herum) erhält man circumspicere herumsehen, circumspect umsichtig.

Mit in wird es inspicere hineinsehen, Inspection, Inspector. Mit ad (an) wird es adspicere ansehen, aspectus Anblick (aktiv und passiv genommen); mit pro erhält man prospicere, prospectus, mit con dann conspicere, conspectus und das englische conspicious.

Ganz ähnliche Zusammensetzungen geschehen mit dem abgeleiteten spectare wie z. B. expectare u. s. f.

Das lateinische **auspicium** und englische **auspicious** enthält in seinem zweiten Theile dieselbe Wurzel, und heißt bekanntlich auspicium das Weißsagen auf Grund der Betrachtung des Fluges der Vögel, wodurch es abgeleitet auch die Bedeutung von günstig, glücklich hervorbringt, was dann Ausdrücke wie: „Unter den Auspicien dieses Regenten" u. s. f. erklärt. Haruspex der Eingeweidebeschauer hat die ähnliche Ableitung.

Von derselben Wurzel kommt **speculum** der Spiegel und **specula** ein Aussichtsort, ja selbst das französische **espiègle** verschmizt und **espièglerie** Windbeutelei, Narrenspossen kommt merkwürdiger Weise ebenfalls davon her. Im Mittelalter hatte man nämlich in Deutschland Worte wie Sachsenspiegel, Schwabenspiegel (Gesetzsammlungen), Laienspiegel (Anweisungen für Laien) u. dgl. und Eulenspiegels Schwänke die damals aufkamen, sollten gleichsam eine Gattung von Schalksnarren darstellen, so daß die Bildung des Namens des Helden durch Zusammensetzung mit dem Worte Spiegel damals ganz adäquat war. Die Franzosen lernten unseren Landsmann als Ulespiègle kennen, und so entstanden die Worte espiègle, espièglerie. Wie sonderbar ist oft selbst das Schicksal von Wörtern. Ein äußerst knospenreicher Zweig aus derselben Wurzel ist das lateinische **species**. Es würde jedoch zu weit führen wenn man dieß nachweisen wollte und es dürfte genügen hinzuweisen, daß Worte wie spezifisch, Spezereien, Speziesthaler, das französische **épicier** Gewürzhändler, das italienische **speceria** Apotheke und dergleichen davon abstammen. Diese wenigen Beispiele dürften genügen, die ungeheure Zeugungskraft der Sprache darzuthun, mit welcher sie aus **wenigen** einfachen Elementen wie die **prädicativen** Wurzeln **ar** und **spec** sind, eine große Anzahl von Begriffen ausdrückt; denn die Zahl der Wurzeln wie die zwei genannten ist in der That sehr gering. Betrachten wir nun die Wurzeln als solche etwas genauer. Alle Wurzeln sind einmal **einsilbig**, denn jene, welche mehr als Eine Silbe haben, stellen sich immer als abgeleitete dar, welche sich auf einsilbige zurückführen lassen. Aber auch diese lassen sich nach der Anzahl der Buchstaben und dem Unterschiede zwischen Vocalen und Consonanten unterabtheilen, und als primitive, secundäre und tertiäre unterscheiden, eine Unterscheidung die für unser letztes oder höchstes Problem sehr wichtig ist.

Die **primitiven** bestehen aus einem Buchstaben wie **i** gehen, aus einem Vokal und Consonanten wie **ar** ackern und aus einem Conſonanten und Vocalen wie da geben. Diese primären Wurzeln ſind die wichtigſten in der Geſchichte der Sprache; da aber ihre prädicative Macht im Allgemeinen einen zu unbeſtimmten Charakter an ſich trägt, werden ſie bald durch die anderen verdrängt.

Die ſecundären Wurzeln beſtehen nur aus einem Conſonanten, Vocal und wieder einem Conſonanten, wie tud, ſtoßen; allein die beiden Conſonanten laſſen Modificationen zu, wodurch dieſe Wurzeln eine größere Beweglichkeit und Ausdrucksfähigkeit erlangen, indem z. B. in den ariſchen Sprachen durch eine Veränderung des letzten Conſonanten die urſprüngliche prädicative Bedeutung etwas modifizirt wird. So hat man im Sanskrit neben dem obigen tud ſtoßen, tup (wovon das griechiſche typ-to), tubh und tuph*) ſchlagen, ferner tuj und tur erregen, tūr verletzen, tuh quälen.

Die tertiären Wurzeln endlich beſtehen aus zwei Conſonanten mit darauffolgendem Vokal wie plu fließen, aus einem Vokal mit zwei darauffolgenden Conſonanten wie ard verletzen, aus zwei Conſonanten, einem Vokal und wieder einem Conſananten wie spás ſpähen, und endlich aus zwei Conſonanten, einem Vokal und wieder zwei Conſonanten wie spand zittern.

Wir finden bei dieſer Claſſe von Wurzeln, daß einer der Conſonanten immer entweder ein Halbvocal oder ein Naſal oder ein Ziſchlaut iſt, weil dieſe veränderlicher ſind, und man kann immer nachweiſen, daß ein Conſonant ſpäter erſt hinzugetreten iſt, um die Bedeutung der Wurzel ſpezieller zu machen, näher zu beſtimmen. So ſtand ſtatt spás früher pás und ſelbſt dieſe Wurzel hat Pott auf ás zurückgeführt. So heißt yui verbinden und yudh fechten und beide ſtammen von der primitiven Wurzel yu vermiſchen, ſowie wirklich ſowohl bei freundſchaftlichen Verbindungen als im Kampfe eine Vermiſchung von Perſonen ſtattfindet; das Bedürfniß einer Unterſcheidung jener beiden Begriffe mußte aber bei der Fortentwicklung der Sprache zu den Modificationen der Wurzel yu in yui und yudh führen.

Die Anzahl dieſer Wurzeln iſt aber wie bereits geſagt in einer Sprache ſehr gering. So hat man das Hebräiſche auf 500 Wurzeln bloß zurückgeführt und auch das Sanskrit wird kaum mehr haben; ſelbſt das Chineſiſche das keine Compoſita und Derivata bildet alſo zur Bil-

---

*) Das h in tubh und tuph wird nicht beſonders ausgeſprochen und gibt nur eine Modification der Ausſprache des b und p.

bung seiner mehr als 40.000 Wörter dem Anscheine nach mehr Wurzeln nöthig haben sollte, kommt mit 450 Wurzeln aus. Die Ursprache
zeigt bei der Bildung der Wurzeln jedenfalls eine große Oekonomie;
denn wenn man nur 24 Buchstaben annimmt und nur die Anzahl der
damit möglichen biliteralen und triliteralen Wurzeln also mit Ausschluß
der mehr Buchstaben enthaltenden berechnet, so erhält man die Zahl von
14.000 gegen welche die Zahl von 450—500 Wurzeln wirklich unbedeutend ist. —

Es ist bis jetzt bloß von den sogenannten prädicativen Wurzeln
gesprochen worden; allein mit diesen würde man ungeachtet dessen, daß
sie zum Ausdrucke für alle uns wichtigen oder denkbaren Gegenstände
genügen würden, dennoch nicht ausreichen, um irgend eine der arischen
Sprachen zu bilden. Wenn man z. B. eine prädicative Wurzel hat die
Glanz, Licht bedeutet, so genügt zwar dieselbe um jeden Gegenstand der
wirklich oder metaphorisch Glanz verbreitet, damit bezeichnen zu können,
also Sonne, Mond, Sterne, Morgen, Dämmerung, Heiterkeit, Weisheit,
Tugend, u. s. f.; man wird aber damit die Beziehungen nicht auszudrücken vermögen, die man mit da, hier, welcher, was, dieser,
jener, du, er u. s. w. in der That ausdrückt. Zu letztern braucht
man also eine eigene Classe von Wurzeln, welche auf etwas einfach hinweisen, welche eine Existenz unter bestimmten zeitlichen oder räumlichen
Verhältnissen ausdrücken, und die man demonstrative oder pronominale, auch locale Wurzeln nennt. Im Chinesischen und den übrigen sogenannten radicalen Sprachen, wo jedes Wort eine Wurzel und
jede Wurzel ein Wort ist, kann man allein diese zweite Classe entbehren.
Im Chinesischen kann nämlich eine bestimmte Wurzel Nomen, Verbum,
Adjectivum, Adverbium sein, je nachdem es im Satze eine Stellung
einnimmt. So heißt z. B. ta groß und jin Mann, und es bedeutet
ta jin einen großen Mann, jin ta aber: der Mann ist groß. Dasselbe
Wort ist also in diesen Beispielen Adjectivum und Verbum. Anders
in den andern besonders in den arischen Sprachen. Da haben wir z. B.
im Lateinischen die prädicative Wurzel luc leuchten. Um ein Substan-
tiv wie Licht zu erhalten, muß eine demonstrative Wurzel hinzugefügt
werden die anzeigt, daß man das Leuchten von einem Subjecte aussage;
eine solche Wurzel ist s welches da bedeutet, und man erhält luc-s oder
lux, welches wörtlich heißt: leuchten-da. Setzt man zu jener prädicativen Wurzel die eine Person z. B. die du bezeichnende pronominale Wurzel es, so erhält man luc-es oder wörtlich: leuchten-du.

Doch muß man sich hüten zu glauben, daß alles was in einem Worte nach Wegnahme einer prädicativen Wurzel übrig bleibt, eine pronominale oder demonstrative Wurzel sein müsse. So ist z. B. im Worte männlich das lich keine demonstrative, sondern ebenfalls eine prädicative Wurzel deren es ja in einem Worte mehrere geben kann, und hängt mit der prädicativen Wurzel gleich zusammen. Auch die Comparativendung tara im Sanskrit, teros im Griechischen, ist trotz des scheinbaren Gegentheils, von einer prädicativen Wurzel nämlich von tar „darüber hinausgehen" abgeleitet, die sich im lateinischen trans und im französischen très wiederfindet.

Dagegen sind die meisten Declinations- und Conjugationsendungen demonstrative Wurzeln; so ist z. B. das t in er liebt der Rest der pronominalen Sanskritwurzel ti welche er bedeutet. Aus dem Sanskrit da geben, und dha stellen wird daher dadâti geben-er oder er gibt, und dadhâti stellen-er oder er stellt. Wenn diese Worte im Griechischen didosi und tithesi und nicht didoti und titheti heißen so hat das seinen Grund darin, daß dort regelmäßig in solchen Formen das t in s verwandelt wurde, während es sich in esti noch erhielt. Später und zwar noch in historischen Zeiten ließ das Griechische das s zwischen zwei Vocalen ganz fallen, wodurch es möglich wurde, daß das ursprüngliche typteti durch typtesi in typtei überging. Das Lateinische läßt das i wie das Deutsche in der dritten Person fallen, wodurch man amat und er liebt erhält.

Alles das gilt aber nicht nur von den arischen, sondern auch von den andern zwei gehörig untersuchten Sprachenfamilien, nämlich der semitischen (das Aramäische, Hebräische und Arabische begreifend) und der turanischen Sprachenfamilie (welche in die nördliche Abtheilung mit der tungusischen, mongolischen, türkischen, finnischen und samojedischen Sprache, und in die südliche Abtheilung mit mehreren andern weniger gekannten asiatischen Sprachen zerfällt). Wenn es auch in den andern vier Welttheilen außer Europa Sprachen gibt die noch nicht untersucht wurden, so kann man sich doch bei dem negativen Resultate beruhigen, daß bis jetzt keine Sprache gefunden wurde, welche mehr als diese beiden Hauptbestandtheile der Rede nämlich prädicative und demonstrative Wurzeln aufgewiesen hätte. In der Sprache ist alles erklärt worden bis auf die Wurzeln; diese allein bleiben als Bodensatz im Schmelztiegel der vergleichenden Grammatik zurück. Alle Sprachen sind andererseits von jener Bildungsform ausgegangen, in welcher wir heute noch das Chinesische

das keine Biegungen kennt, bei dem die Wurzeln nicht aneinander wachsen, gleichsam erstarrt oder versteinert finden. Dieß alles ist ein großes
Resultat, welches uns unserem höchsten Probleme nahe bringt. Die Frage
nämlich nach dem Ursprunge der Sprache lautet jetzt so: Wie ist
der Ursprung der prädicativen und demonstrativen Wurzeln zu erklären? — (Schluß folgt.)

Kärnten und die kaiserliche Akademie der Wissenschaften.

Umgibt die Wiener Akademie auch nicht jener Nimbus, in den
sich die Pariser gehüllt, deren Mitglieder Europa geradezu die Unsterblichen nennt, so bleibt ein Act, wie die feierliche Jahressitzung, worin
die höchste wissenschaftliche Behörde des Kaiserstaates zum gebildeten
Publicum spricht, immer der Beachtung werth. — Wer Sinn hat für
Werke des Geistes, der kann daraus ein Bild des wissenschaftlichen Lebens und Strebens in Oesterreich gewinnen; denn wenn auch nicht alles
Leben von ihm ausgeht, so ist diese gelehrte Körperschaft doch an den
bedeutendsten wissenschaftlichen Leistungen direct oder indirect betheiligt.

Es ist hier nicht unsere Aufgabe, ein solches Bild zu entwerfen,
wir wünschten nur den Lesern der „Carinthia", auf Grundlage des
gedruckten Berichtes über die feierliche Sitzung vom 30. Mai 1865, den
Antheil zu bezeichnen, den Kärnten an den Leistungen der kaiserlichen
Akademie im Jahre 1864—65 genommen hat.

Wir sehen eine Betheiligung Kärntens entweder darin, daß aus
dem Lande wissenschaftliche Arbeiten hervorgegangen sind, oder daß das
Land Gegenstand solcher geworden, oder endlich, daß geborne Kärntner
in irgend einer Weise sich bethätigt haben.

Eine Betheiligung der ersten Art hat nur im verflossenen akademischen Jahre (Mai 1864 — Mai 1865) nicht in hervorragender Weise
stattgefunden, aber wohl nimmt Kärnten regen Antheil an einem Unternehmen von großer wissenschaftlicher und praktischer Tragweite, welches
von einem Mitgliede der Akademie, dem Direktor der Centralanstalt für
Meteorologie und Erdmagnetismus, Dr. Karl Jelinek, ausgegangen ist,
und über welches in der feierlichen Sitzung Bericht erstattet wurde. —
Dieses Unternehmen ist die Organisirung eines Systems tele-
graphischer Witterungsdepeschen, wie es schon längere Zeit

in England, den Niederlanden, Frankreich und den vereinigten Staaten Nordamerika's besteht. Man beabsichtigt dadurch eine Uebersicht des täglichen atmosphärischen Zustandes über dem Territorium der österreichischen Monarchie zu gewinnen und das reiche Beobachtungsmaterial sowohl für die Zwecke der Meteorologie als der Schifffahrt und des Handels zu verwerthen. — Letzteres geschieht, indem die aus allen Theilen der Monarchie einlaufenden Nachrichten den Häfen am adriatischen Meere mitgetheilt werden. — Dieses Unternehmen ist bereits ins Leben getreten und werden die telegraphisch mitgetheilten Daten nicht nur von der Centralanstalt auf meteorologischen Karten verzeichnet, sondern auch in der „Neuen freien Presse" veröffentlicht. — Es ist bekannt, daß Kärnten unter allen Theilen der Monarchie am meisten Beobachtungsstationen hat; die Station Klagenfurt ist in den täglichen Berichten regelmäßig vertreten.

Außerdem haben sich die von der Akademie im vorigen Jahre eingeleiteten Untersuchungen von Pfahlbauten auch auf Kärnten erstreckt. — Der Bericht sagt darüber: „Professor von Hochstetter untersuchte die meisten Seen von Kärnten und Krain und fand in fünf Seen Kärntens (dem Wörther, Keutschacher, Rauschele-, Ossiacher- und Längsee) thatsächliche Spuren, die zur Hoffnung berechtigen, daß hier denen der Schweiz ähnliche Pfahlansiedlungen bestanden haben. Namentlich war er so glücklich, bezüglich des Keutschacher Sees sich hievon sichere Ueberzeugung zu verschaffen, indem es gelang, aus dem Bereiche uralter Pfähle Reste von Knochen, Culturpflanzen und Töpferwaaren zu Tage zu fördern, deren Beschaffenheit, Form und Verzierung mit jenen übereinstimmen, welche ähnliche Funde aus den schweizerischen Pfahlbauten zeigen."

Auch nimmt Kärnten Theil an dem wissenschaftlichen Gewinn, der aus der Publikation des Werkes von Oberstlieutenant Sonklar „Die Gebirgsgruppe der hohen Tauern" erwächst, wozu die kaiserliche Akademie die Summe von 800 fl. bewilligt hat.

Von den wissenschaftlichen Forschern, welche Kärnten ihre Heimat nennen, begegnen wir im Berichte zweien, Dr. Leitgeb, Professor am Gymnasium in Linz, und Dr. Stefan, Professor an der Universität Wien. — Ersterer hat in den Sitzungsberichten der Akademie (Band 49) zwei Abhandlungen publicirt. 1. Zur Kenntniß von Hartwegia comosa Nees, und 2. Ueber kugelförmige Zellverdickungen in der Wurzelhülle einiger Orchideen. — Die Denkschriften der Akademie (24. B.) bringen von demselben Verfasser eine Abhandlung „Ueber die Luftwurzeln der Orchideen", II. Abtheilung. — In wahrhaft glänzender Weise tritt dießmal Dr. Stefan hervor, die höchste Auszeichnung, die zu ertheilen war, wurde ihm zugesprochen, nämlich der Lieben'sche Preis für die beste Leistung aus dem Gebiete der Physik seit 1862. — Der Bericht sagt darüber:

„Der Bestimmung des §. 3 des Stiftbriefes über die Ig. L. Lieben'sche Stiftung gemäß hat die mathem. naturw. Classe der kaiserl. Akademie der Wissenschaften in ihrer Sitzung am 3. März l. J. eine Commission von fünf wirklichen Mitgliedern gewählt, welche der Classe über die Zuerkennung des ersten Lieben'schen Preises im Betrage von 900 Gulden für die ausgezeichnetste, in der Zeit vom 1. Jänner 1862 bis letzten Dezember 1864 erschienene Arbeit im Gebiete der Physik, mit Inbegriff der physiologischen Physik, einen Antrag zu stellen hatte.

Diese Commission erstattete ihren Bericht in der Sitzung der mathematisch-naturw. Classe am 27. April L. J., und auf Grundlage desselben hat die Classe in derselben Sitzung einstimmig den Beschluß gefaßt, unter den in das Gebiet der Physik fallenden Arbeiten, welche während des gedachten Trienniums von Oesterreichern veröffentlicht worden sind, denen ihres correspondirenden Mitgliedes, des Herrn Professors Dr. Joseph Stefan, den Preis zuzuerkennen, und zwar entschied sich die Classe, wenn nach dem Wortlaute des Stiftbriefes vom 1. Juli 1863, §. 2, blos Eine Arbeit mit dem Preise betheilt werden soll, einstimmig für die von dem genannten Verfasser in der akademischen Sitzung vom 3. November 1864 vorgelegte und im 50. Bande der Sitzungsberichte veröffentlichte Abhandlung, betitelt:

„Ein Versuch über die Natur des unpolarisirten Lichtes und die Doppelbrechung des Quarzes in der Richtung seiner optischen Axe."

Vornehmlich ist es die Aufhellung der bisher noch nicht mit Sicherheit erkannten Beschaffenheit eines sogenannten unpolarisirten Lichtstrahles, worin die Commission einen bedeutenden Fortschritt erkennt. Es darf hiebei jedoch nicht unbemerkt bleiben, daß auch die übrigen von Herrn Professor Stefan im Jahre 1864 in den Sitzungsberichten der Akademie niedergelegten Abhandlungen über Erscheinungen des Lichtes, fünf an der Zahl, sich durch Neuheit und scharfsinnige Behandlung des Gegenstandes auf das

Vortheilhafteste auszeichnen; ferner daß auch jede der in dem Zeitraume des in Rede stehenden Preises von ihm veröffentlichten Arbeiten über andere physikalische Gegenstände ihren Verfasser des Preises würdig macht."

Die hier erwähnten wissenschaftlichen Arbeiten unseres ausgezeichneten Landsmannes sind folgende:

1. Ueber die Dispersion des Lichtes durch Drehung der Polarisationsebene im Quarz.

2. Ueber eine Erscheinung im Newton'schen Farbenglase.

3. Ueber Interferenzerscheinungen im prismatischen und im Beugungsspectrum.

4. Ueber Nebenringe am Newton'schen Farbenglase.

5. Ueber Interferenz des weißen Lichtes bei großen Gangunterschieden.

6. Theorie der doppelten Brechung.

Sämmtlich enthalten im 50. Bande der Sitzungsberichte. — Nebst diesen:

7. Ueber einige Thermoelemente von großer, elektromotorischer Kraft.

Unser Land hat volles Recht, sich der Auszeichnung zu freuen, die einem seiner Söhne in so feierlicher Weise zu Theil geworden, und kann stolz darauf sein, der Wissenschaft eine solche Kraft zugeführt zu haben. — Und wenn einst ein neuer Valvasor aufsteht, ein Bild unserer Heimat im Geiste des Jahrhunderts zu entwerfen, so wird er Männer wie Stefan zur „Ehre des Herzogthums Kärnten" zählen.

Aus „Nora",

einem Gedicht in 4 Gesängen.

Von Ernst Rauscher.

(III. Gesang, XXXI. Strophe.)

So laß' ich hochentzückt mein Lied erschallen
Zu deinem Preis, gewaltige Natur! —
Ob Tausende zu deinem Tempel wallen;
Der Liebefühlende versteht dich nur:
Denn Liebe, Liebe tönt im Bach, im Fallen
Des Wassers, Liebe ruht im Lichtazur,
Und Liebe schwebt im leichten Wolkenreigen
Um Alpenhäupter, die zum Himmel steigen!

Und Lieb' und Sehnsucht regen sich beim Klingen
Des Posthorns, das die blaue Luft durchbebt —
Nur schade, daß man bald zu jenen Dingen
Auch das wird zählen, die sich überlebt;
Denn nahe sind die Zeiten, wo auf Schwingen
Der Mensch wetteifernd mit dem Vogel schwebt
Von Land zu Land, — und auf der Bahn von Eisen
Nur höchstens noch die Schnecken werden reisen.

Wir können das Unmögliche erleben —
Wer weiß, wie weit es noch die Menschheit bringt,
Die stets erfindende! bald wird es geben
Kein Wundermärchen, das nicht glaublich klingt;
Doch hege ich trotz allem Vorwärtsstreben
Den stillen Zweifel, ob es je gelingt
Dem unermüdlichen Geschlecht auf Erden:
So gut und glücklich auch — als klug zu werden!

Doch die Betrachtung so gewicht'ger Sachen
Sie stellte Anfangs sich nur selten ein
Bei unserem Reisenden; Gedanken machen
Wollt' er sich nicht: anschauend nur sich weih'n
Der Erdenschönheit, deren Strahlen brachen
Sich schimmernd in der Liebe Edelstein,
Den treuverschlossen seine Seele hegte —
Den Kern, um den sich Welt und All bewegte.

An deines See's gesegneten Gestaden
O Zürch! — mit schmucken Häusern übersät
Soh er zuerst im Abendroth sich baden
Die Gletscher, von des Ew'gen Hauch umweht!
Der Nebel sank, sie schienen ihn zu laden
Hinan zu ihrer reinen Majestät,
Mit Blicken voller Huld, im Glanz der Sterne
Herüberleuchtend aus der Silberferne.

Ein Sohn der Berge — galt sein größtes Sehnen
Sein innigstes, den Bergen jederzeit
Mit ihren Bächen — ungestümen Thränen
Die in der wilden Felseneinsamkeit
Natur vergießt — —; doch nimmer fühlt' er dehnen
Den Geist so mächtig sich, so riesenweit,
Als da, beim ersten Anblick jener Firnen
Mit Mondesstrahlen kränzend sich die Stirnen! —

Und näher ging es, bis in stolzer Reihe
Vor ihm sich alle zeigten Hand in Hand,
Ach! Stunden waren es voll hoher Weihe,
Als er auf grünem Rigi-Kulme stand —
Und weithin flog der Blick hinab in's freie,
In's schöne und beglückte Schweizerland
Mit seinen Seen, Thälern, Hügeln, Matten,
Wo Anmuth und Erhabenheit sich gatten!

Das Alpenhorn ertönte früh, und weckte
Die Schaar der müden Schläfer im Hôtel
Zum Sonnenaufgang — manches Herrchen reckte
Den Arm, und wischte sich die Augen hell;
Die Sonne stieg —; doch, leider! sie verdeckte
Der Gäste dichter Knäuel, der zur Stell'
Gekommen war, zu Fuß und auch zu Rosse,
Als gält' es anzugaffen eine Posse!

Und wie ein Jahrmarkt war der Platz zu schauen,
Recht unterhaltend und belebt — o ja! —
Wo aber blieb das heiligbange Grauen,
Das dich durchzittert — stehst du einsam da
In schweigender Erwartung auf dem rauhen
Unwirthlichen Gebirge, fern und nah
Kein Wesen städt'scher Art! — der zu entkommen
Die weite Wanderung du unternommen? —

Zu Fuße wandern! — Laut'res Hochvergnügen!
O frei'ste Lust auf diesem Erdenrund! —
Verjüngungsquell! o trink' in durst'gen Zügen
Daraus an Leib und Seele dich gesund! —
Einmal entflohen den gesell'gen Lügen
Erneuere den halbvergess'nen Bund
Mit der Natur, die bald den Ungetreuen
Mit reiner Gaben Fülle wird erfreuen! —

Mit reineren, als die daheim unzählig
Bedürfniß häuft, dem du auch dienen mußt —
Du wanderst fort, und wandernd wirst du mählig
Dich jeder edler'n Fähigkeit bewußt;
Und weit und weiter — bis du endlich selig.
Ermattet, in des Abends Nebelduft —
Gelangst zum weltentleg'nen Alpenhause,
An dem mit wildurkräftigem Gebrause

Der Bach vorüberzieht. Heil dir! — die Schrecken
Hier sind sie dir erspart, der table d'hôte!
Und köstlicher, als dort die Austern, schmecken
Dir hier ein wenig Käs', ein Stückchen Brot;
Du mahnst den biedern Aelpler, dich zu wecken,
Und wenn er freundlich gute Nacht dir bot —
Dann streckst du auf das Stroh die müden Glieder,
Und schließest allgemach die Augenlieder,

Zu schlafen? — nein! — vorerst nur wach zu träumen! —
Nachlauschend den gedämpften Melodei'n
Des Wassers, welches zwischen schwarzen Bäumen
Nachtwandeln muß im zweifelhaften Schein
Des Mondes, der aus seinen ew'gen Räumen
Herabspäht in das traute Kämmerlein
Wo du indeß, von künft'ger Schönheit trunken
In süße Selbstvergessenheit gesunken!

Aus der dich jezuweilen für Sekunden
Aufstört ein ferner, abgeriss'ner Ton
Der Heerdeglocke, aber rasch entwunden
Ist deine Schläfe jetzt dem Schlummermohn;
Denn horch! es kräht der Hahn — die langen Stunden
Sie wären hin? — es sollte dämmern schon? —
Noch ringsumher ist Finsterniß ergossen;
Und schleunig wird das Fenster aufgeschlossen.

Du blickst hinaus: es legt dem Tag zu Füßen
Ihr funkelnd Diadem die alte Nacht,
Wie eine Fürstin, die den Sohn zu grüßen
Als Erben, sich entledigt ihrer Macht;
Der aber lohnt mit Dankesflammenküssen
Der Mutter, die so gnädig ihn bedacht:
Im Purpur naht er sich, und Thränen thauen
Auf Wald und Flur von seinen Strahlenbrauen!

— — Doch statt auf uns're eig'ne Faust im Blauen
Herumzuschwärmen, wär's nicht besser, 'mal
Nach unserm Sonderling uns umzuschauen? —
Der, eingehüllt in seinen Reiseshawl,
Nebst vielen Kindern, Mädchen, Herren, Frauen
Noch auf dem Rigi steht, im ersten Strahl
Der Sonne, die mit Bravoruf empfangen
Trotz alledem nur Einmal aufgegangen!

Er fuhr auf dir, du schönster aller Seen,
Deß grüne Fluth um vier Kantone spült,
Sah den Pilat, die ernsten Mythen stehen —
— Mit Wolken war der Himmel halb erfüllt —
Der Vorzeit Sagen fühlt' er zu sich wehen
Von deinen Ufern, die sich hold enthüllt
In immer neuen, wundervollen Bildern,
Wie schwerlich sie das Wort vermag zu schildern.

Hier winkt manch lauschig Dörfchen aus den Kronen
Der fruchtbelad'nen Bäume in der Bucht,
O wer mit der Geliebten dürfte wohnen
Am Bache drüben, der entrauscht der Schlucht! —
Fürwahr! er tauschte nicht mit Königsthronen
Den grünen Winkel, den er ausgesucht! —
Wo all sein Leben in der Alpenstille
Sich wandelte zur reizendsten Idylle!

Nun wendet sich der See — in seine Welle
Hängt beiderseits der schroffe Fels herein,
Der Freiheit Wiege, in smaragd'ner Helle
Das Grütli dort gebettet in's Gestein!
Tell's Platte hier, zur Seite die Kapelle,
Wo einst umleuchtet von der Blitze Schein
Der kühne Mann an's Ufer sich geschwungen,
Deß Name heut' noch lebt auf allen Zungen.

Gelehrte! müht euch nur ihn auszumerzen!
In jeder Stube hängt der Tell, (doch nennt
Ihn wie ihr wollt!) in jedem Herzen,
An jedem Brunnen steht sein Monument!
Des freien Mann's, des wacker'n Vaters Schmerzen,
Sein muthig Ringen mit dem Element —
So wahr und groß dieß Alles zu besingen
Nur einem deutschen Dichter konnt's gelingen!

Und wie so unvergleichlich ihm gelungen
Die Leute uns zu malen und das Land,
Von dem ihm ferne Kunde nur erklungen,
Das nur vor seines Geistes Auge stand —
Weiß von Bewund'rung mehr und mehr durchdrungen
Nur der —, der mit dem Buche in der Hand
Wie Egon sah die Stätten, die verehrten,
Die That und Lied für alle Zeit verklärten!

Er wanderte hinauf die Gotthardstrasse,
Wo hoch des Bergbewohners Hütte hängt
Die tolle Reuß durch wüste Trümmermasse
Granit'ner Blöcke mit Getös sich drängt;
Hinaus durch's Urnerloch! — und sieh'! ich lasse
Die Schrecken hinter mir, und mich umfängt
Auf reiner Höhe, traulich abgeschieden
Des Alpenthales Paradiesesfrieden!

Den Vater Gotthard sah er — sah die Wiege
Des deutschen Stromes, dann durch tiefen Schnee
Am Furka-Joche bahnte eine Stiege
Der Führer ihm, — er sah den „todten See",
— Wohin sogar einmal der Gott der Kriege
Geklettert war mit seinem blut'gen Weh —
— Dann ging's hinab auf Pfaden steil und spröde
Zum Grimsel-Haus in winterlicher Oede.

O Haßli-Thal! im Schmucke frischer Wiesen,
Von waldigen Bergen prächtig eingefaßt!
Du Aar-durchrauschtes! dreimal sei gepriesen,
Der mehr in dir, als bloß ein flücht'ger Gast!
Kein trauter Plätzchen konnt' er sich erkiesen
Nach mühevollem Marsch zu kurzer Rast,
Als vor dem Hof im Abendzephyrkosen
Der schönen Bernermaid, beschenkt mit Rosen.

Lieb Meyringen! auch deiner denkt er gerne:
Im Landes-Herzen ruhst du lieblichschön
Mit braunen Dächern zwischen Bäumen, ferne
Entflattern Wasserfälle deinen Höh'n;
Der Abend schied, hell leuchteten die Sterne,
Und rings erklang melodisches Getön —
Wohl viele Tage hätt' er mögen weilen,
Doch schon am Morgen trieb's ihn fortzueilen.

Und weiter ging's entlang das Berggelände,
Wo Spitz' an Spitze ragte silberweiß,
Die Grotte nahm ihn auf, die Feenhände
Erbaut aus himmelblauem Spiegeleis
Des Rosenlaui —, um die steilen Wände
Des Wetterhornes wob ein Nebelkreis
Geheimnißleise, bis sein grollend Sinnen
Sich dumpf entlud im Donner der Lawinen.

Ein Hirte stieß in's Horn: auf Seraphsschwingen
Enteilte in den Berg die Melodie,
Und weckt' von Fels zu Fels wehmüthig Klingen
Zur Antwort, — er vernahm zuvor noch nie
Solch' wunderbar Concert, so süßes Singen,
Solch herzbewältigende Elegie! —
Wie tausend Stimmen berggebannter Geister,
Die nach Erlösung riefen ihrem Meister!

Die Alpen glühten abendlich, im Schatten
Lag Grindelwald —, hier wölbt sich tief in's Thal
Der Gletscher, in das blühende, es gatten
Sich hier das Leben und der Tod zumal!
Auf des Hôtels Veranda saß er: schwellende Matten
Vor sich, zerstreute Hütten ohne Zahl,
Die hier zu bau'n die Menschen sich nicht scheuen,
Gleich Kindern, spielend mit gezähmten Leuen!

Doch wehe! wenn die angeborne Tücke
Des blinden Elementes einst erwacht
Naturgewaltig! — ach! dann geht in Stücke
Die kleine Welt, die so arcadisch lacht! —
Indessen träumt von eurem Schäferglücke
Nur sorgenlos in lauer Sommernacht —
Noch schlummert sie, wie lang? — Herr des Geschickes!
Wir All' sind Kinder ja des Augenblickes! —

Der Morgen stieg herab vom Göttersitze
Des Eigers, tauchend wie ein Riesenschwan
In den kryftall'nen Aether, daß zur Spitze
Mit Mühe nur das Auge drang hinan.
Vom Mönch und Silberhorn warf gold'ne Blitze
Zurück die Sonne auf die rauhe Bahn
Zur Wengern-Alp' — dort sah er voll Entzücken
Die Jungfrau sich zur Tagesfeier schmücken.

O Jungfrau! — geisterhebendes Gebilde!
Als er zuerst den Blick dir zugekehrt
Umwallte reizend deine Glanzgefilde
Ein Schleier, der den Gipfel ihm verwehrt,
Er fiel! — ein Strahlenlächeln spielte milde
Um dein Gesicht im ew'gen Blau verklärt!
Und wiederum verhülltest du die Brauen:
Die höchste Schönheit ist nur kurz zu schauen!

Du Gletscherfürstin! Nachbarin der Sterne!
Des Licht's Vestalin! Weiße Wolkenbraut!
Dir bleibt von allen Alpen nah und ferne
Des Ruhmes schönster Kranz! — Wer dich geschaut
Ein einzig Mal, — der zaubert ewig gerne
Des Anblick's Größe sich zurück, und laut
Und lauter stimmt er seiner Lyra Töne,
Zu preisen deine jungfräuliche Schöne! —

Ach! ungern schied er, scheidend blickt' er lange
Noch rückwärts, bis dahin die letzte Spur
— Sah Manfred steh'n im Geiste schwindelbange,
Umwogt von allen Schauern der Natur —
Zur Tiefe dann am jähen Bergeshange
In raschen Sätzen ging es zu der Flur
Wo Lauterbrunnen, wo der Staubbach zittert
Und perlend sich im Niedersturz zersplittert.

Die enge Schlucht, durchtobt von der Lütschine
Erweitert sich, und saft'ger Triften Schein
Erquickt dich wieder, manch' beschneite Zinne
Droht über dunkle Wälder stolz herein;
Sieh! zwischen zweien Seen mitten inne
Liegt Interlaken! wo zum Stelldichein
Die Karavanen sich aus allen Winden,
Von allen Zungen sich zusammenfinden.

Das Dampfschiff trug ihn durch des Sees Wogen
Nach Thun, dem Städtchen klein und altergrau,
Bedeckt mit Wolken war der Himmelsbogen,
Ein sanfter Regen spann um Berg und Au.
Manch enges Gäßchen hat er da durchzogen,
Entdeckt manch' mittelalterlichen Bau —
Sonst ist ihm nichts Besonderes begegnet,
Zu Thun, was war zu thun? — es hat geregnet!

Es scheint die Welt in Kandersteg zu Ende:
Ein einsam Haus, von Bergen eingeengt,
Als ob die Wolke nur den Ausweg fände,
Der Bach, der ängstlich durch die Schlucht sich zwängt
Doch, Wunder! auch dem Wanderer in die Wände
Der Felsen ist ein Rettungssteg gesprengt —
Und senkrecht stieg er nieder auf dem Pfade
Des Gemmi-Paßes nach dem Leuker-Bade,

Und Wallis ohne Aufenthalt — (ich fasse
Mich kurz, da Näheres sich nicht verlohnt)
Der Schweiz Böotien, von einer Classe
Unschöner Menschen spärlich nur bewohnt;
Von Brieg aus auf der kunstvoll breiten Straße
Des Simplon fuhr er dann nach Piemont —
Und weiter durch der Tosa blühenden Garten,
Begrenzt vom Dämmerblau der Alpenwarten.

Er lehnte zu Pallanza am Balkone —
Belebt von Barken war die stille Fluth,
Ein Lüftchen trug das Duften der Citrone
Von Borromäo's Inseln her, die Gluth
Verblaßte mählig in des Westens Zone,
Geschrei der Kinder, Singen, Uebermuth
Erscholl bis in die Nacht hinein am Strande,
Wie's Brauch bei diesem Völkchen hier zu Lande.

Ihm aber war so wonnebang, so eigen,
Und also träumt' er in die Luft hinein:
Kann schon der Eintritt solche Wunder zeigen,
Wie zauberschön muß erst der Süden sein!
Doch augenblicklich lullte sanft in Schweigen
Der Sehnsucht Laut, ein Bildniß hell und rein,
Herschimmernd wie ein Stern zu diesen Borden
Sein Herz magnetisch ziehend nach dem Norden!

Ein andermal nach Süden, dem beglückten,
Wo ewigblau der Himmel niederlenzt!
Genug, daß deine Ufer ihn entzückten,
O Comersee, von Villen reich umkränzt!
Orange, Rebe und Kastanie schmückten
Die Bergterrassen, lange noch beglänzt
Vom Scheideblick' der Sonne, welche trunken
Von all' dem Reize zaudernd nur versunken.

Er weilte zu Bellagio — lispelnd woben
Der Liebe Geister durch die laue Nacht,
Von Strand zu Strand, Erfrischung athmend hoben
Die Wellen sich, und in die Purpurpracht
Des Wein's floß gold'ner Sternenglanz von oben,
Vergang'ner Tage hat er da gedacht
Und manches Glas geleert auf's Wohl des lieben,
Geliebten Mädchen's, das daheim geblieben!

Die Gesetzmäßigkeit in den scheinbar willkürlichen menschlichen Handlungen.

Von

Adolf Wagner.

III.

In den Verbrechen.*)

„Von besonderem Interesse für unsere Untersuchungen sind die schwereren gemeinen Verbrechen. Die politischen unterliegen in ihrer Beurtheilung zu viel fremden Einflüssen. Ueber diese schweren gemeinen Verbrechen besitzen wir die besten und zuverlässigsten Beobachtungen, weil sie meistens einer gewissen gleichförmigen und längere Zeit gleichbleibenden Art des Strafverfahrens, z. B. der Beurtheilung durch Schwurgerichte, unterliegen. Besonders die gemeinen Verbrechen gegen Personen sind für uns von Interesse, weil sie am meisten gegen das allgemeine Sittengesetz und das menschliche Gewissen verstoßen und vorzugsweise die Wirkung zügelloser, unberechenbarer Leidenschaften sind, so daß bei ihnen die Annahme einer festen Regelmäßigkeit, mit der sie erfolgen sollen, von vornherein auf die größten Zweifel stoßen möchte. Die Verbrechen gegen das Eigenthum gehen großentheils aus Mangel und Dürftigkeit und aus Habgier hervor. Die größere oder geringere Fühlbarkeit des Mangels hängt aber wesentlich von der Höhe der Lebensmittelpreise, daher von Naturfactoren, welche das Gedeihen der Ernte bedingen, ab. Daß diese Verbrechen durch Einflüsse der Natur, z. B. Witterungsverhältnisse, mit bestimmt werden, wird weniger auffallend gefunden werden. Die Gesetzmäßigkeiten, welche ich im Folgenden mittheile, sind vornehmlich der preußischen und französischen Schwurgerichts-Statistik entnommen und gelten daher zunächst innerhalb eines großen Theiles der deutschen und in der französischen Gesellschaft der Gegenwart.

Die Verbrechen wiederholen sich im Ganzen, wie nach den einzelnen Arten, von Jahr zu Jahr in ziemlich gleicher Zahl, mag man

---

*) Wir heben aus dem angeführten Werke hervor, was der Verfasser über die Gesetzmäßigkeit in der Zahl der schweren gemeinen Verbrechen, über die Betheiligung der Frauen an den Verbrechen und Vergehen, über die Unterscheidung der Verbrecher nach Altersklassen vorbringt.   Die Redaktion.

die Zahl der Anklagen, der Angeklagten, der Verurtheilten vergleichen. Die Chance der Freisprechung, welche bei den einzelnen Verbrechen höchst verschieden ist, verändert sich allerdings nicht unbeträchtlich in längeren Zeiträumen wiederum, im Ganzen wie im Einzelnen; sie ist z. B. in Frankreich von 1826—30 bis 1856—60 bei den Schwurgerichtsverbrechen von 39 auf 24 und unter diesen bei den Verbrechen gegen Personen von 52 auf 26, und bei denjenigen gegen Eigenthum von 35 auf 23 Procent der Angeklagten gesunken. Aber von Jahr zu Jahr bleiben diese Verhältnißzahlen im Ganzen wie bei den einzelnen Arten der Verbrechen fast gleich. Dieselbe Regelmäßigkeit beobachten wir daher auch in der Zahl und Art der gefällten Urtheile, der verhängten Strafen, in der Statistik der Zuchthäuser und Gefängnisse. Von Jahr zu Jahr hört in unseren „Culturstaaten" eine annähernd gleiche Anzahl unserer Mitmenschen, fast gleich vertheilt nach Religion, Geschlecht, Alter, Beruf, Erziehung, Bildung das Todesurtheil über sich aussprechen, besteigt das Schaffot, füllt die Kerker an, auf Lebenszeit, auf längere oder kürzere Jahre. Ja, Quetelet hat Recht, es gibt kein zweites Budget, daß mit einer solchen, hier erschrecklichen Regelmäßigkeit bezahlt wird, wie das der Kerker, der Galeeren und des Schaffots.

Es ist dieser Thatsache gegenüber ein schwacher Trost, daß mitunter in einem einzelnen Jahre eine Verminderung der Verbrechen eintritt; daß gewisse gewaltsame Verbrechen gegen das Eigenthum, wie der Straßenraub, regelmäßig abnehmen. Letzteres ist wahrscheinlich nur dem sich stärker geltend machenden Präventiv-Princip zu verdanken, der größeren Fürsorge des Staates für die Sicherheit der Straßen und des Verkehrs. Andere Verbrechen, gerade der schlimmsten sittlichen Art, wie die Morde, scheinen wenigstens in denjenigen Ländern, von welchen wir eine gute Criminal-Statistik über längere Zeiträume besitzen, wie in Frankreich, nicht seltener zu werden, weder absolut, noch im Verhältnisse zur Bevölkerung. Die Verbrechen gegen die Sittlichkeit (Unzuchts- und andere geschlechtliche Verbrechen) sind in Frankreich in starker, in Preußen und anderen Ländern auch in bemerkbarer Vermehrung begriffen. Das Gleiche gilt unbedingt von den mit Falschheit, Betrug, Hinterlist, Täuschung verbundenen „feinen Verbrechen gegen das Eigenthum, besonders in Frankreich und, theilweise wenigstens, auch von den aus Bosheit begangenen Verbrechen und Vergehen gegen das Eigenthum, wie z. B. von den Brandstiftungen.

Ob wir im Ganzen in unseren modernen Staaten, „bei fortschreitender Cultur" eine Ab- oder Zunahme der Verbrechen behaupten können, das ist eine Frage, über welche die Acten mir noch nicht geschlossen zu sein scheinen. Die Definition dessen, was ein Verbrechen oder ein Vergehen (Delict) sei, ist leider zu schwankend. Gute, für unseren Zweck brauchbare Criminal-Statistik gibt es noch nicht viel oder doch meistens erst aus neuerer Zeit. In vielen europäischen Staaten, besonders in den deutschen, ist in den letzten Jahren, seit 1848, das Strafverfahren, der Criminalproceß, höchst wesentlich verändert, oder es haben öftere Abänderungen in der Competenz der einzelnen Gerichte, z. B. der Schwurgerichte, stattgefunden, oder Modificationen in den Strafgesetzen sind erfolgt. Man kann daher die statistischen Notizen schwer oder gar nicht mit einander vergleichen. Den besten Stoff zur Untersuchung liefert Frankreich. Hier hat sich allerdings die Gesammtzahl der Angeklagten vor den Schwurgerichten stark vermindert, absolut und relativ, und zwar vorzüglich seit dem Jahre 1856. Die Zahl der Angeklagten war von 1826 bis 1830 durchschnittlich 7130, blieb mit vorübergehender Steigerung so bis 1851—55 und sank im letzten Jahrfünf auf 5383, oder um 24.2 Procent. Im Verhältnisse zur Bevölkerung war die Abnahme noch viel größer, 1826—30 kam ein Angeklagter schon auf 4517, 1851 bis 1855 noch auf 5055, 1856—60 nur erst auf 6758 Einwohner. Die französischen officiellen Statistiker, der Justizminister Delangle an der Spitze, haben natürlich nicht verfehlt, diese unbestreitbare Thatsache zu Gunsten des Kaiserthums auszulegen. Allein näher untersucht, verliert diese Thatsache sehr an Werth. Entscheidender wie die Zahl der Angeklagten ist die der Verurtheilten. Letztere hat sich in jenen 30 Jahren nur um 6.2 Procent vermindert. Eine Zunahme in der Zahl der Angeklagten zeigt sich sodann gerade bei den Verbrechen gegen Personen im Jahrfünf 1856—60 gegen 1826—30 und eine wesentliche Zunahme in der Zahl der Verurtheilten im Jahrzehnt 1851—60 gegen jede frühere Periode. Diese Zunahme fällt ausschließlich auf die gemeinen schweren Verbrechen gegen das Leben und gegen die Sittlichkeit. Abgenommen haben die sittlich nicht so schlimmen und die halb politischen Verbrechen, wie Aufruhr u. s. w. Die Verbrechen gegen das Eigenthum haben sich allerdings vermindert, indessen nach der Zahl der Verurtheilten ebenfalls nicht so stark, wie nach derjenigen der Angeklagten (diese um 37.8, jene bloß um 26.7 Procent). Vermehrt haben sich aber auch hier die feinen und boshaften Verbrechen (Fälschung, Brandstiftung u. a. m.); etwas vermindert die Hausdiebstähle, stark vermindert fast nur die übrigen qualificirten Diebstähle. Aber letztere Abnahme erklärt sich nach der Deutung des Justizministers vorzüglich aus einer eingetretenen Milderung des Untersuchungsverfahrens. Die leichteren Verbrechen und Vergehen, welche vor den Corrections-Tribunalen abgeurtheilt werden, haben im Ganzen und namentlich unter Ausscheidung der fiscalischen Vergehen stark zugenommen, insbesondere hier die Diebstähle, der Betrug, die sittlichen Vergehen und die absichtlichen Verletzungen von Personen. Das Facit der Rechnung fällt daher für das kaiserliche Frankreich und für die neueste Civilisations-Aera, welche es inaugurirte, keineswegs günstig aus. Im Ganzen scheint eine Tendenz der Vermehrung gerade der sittlich bedenklichsten Verbrechen obzuwalten.

Die Betheiligung der Frauen an den eigentlichen Verbrechen wie an den sogenannten Vergehen (leichterer Art) ist überall eine weit geringere, wie die der Männer, aber im Ganzen ebenfalls sehr gleichmäßig, Jahr aus, Jahr ein dieselbe. In Preußen leben etwas mehr Frauen wie Männer (51.3 gegen 48.7 Procent der Gesammtbevölkerung), dessenungeachtet erscheinen vor den Schwurgerichten fast sechsmal so viel Männer wie Frauen (genau 1854—59 1 : 5.85). Bei den von anderen Gerichten beurtheilten leichteren Verbrechen und Vergehen ist das Verhältniß zwar etwas ungünstiger, aber immerhin gibt es auch da 3—4 mal so viel männliche Angeklagte. In Frankreich verhält sich dieß ähnlich, von den Schwurgerichtsfällen (Zahl der Angeklagten) kommen gegenwärtig 18 Procent auf die Frauen, in Baiern etwas mehr, 25 Procent. Aber bei den einzelnen Verbrechen ist die Betheiligung der Frauen sehr verschieden, wiederum indessen bei einem jeden von Jahr zu Jahr ziemlich constant dieselbe. Wesentlich mehr weibliche Verbrecher, als der durchschnittlichen Betheiligung entspricht, kommen in den preußischen Schwurgerichten auf drei Arten, darunter aber ist der Mord; die beiden anderen sind vorsätzliche Brandstiftung und Meineid. Die Zahl der des Mordes u. s. w. angeklagten Frauen ist in Preußen sogar absolut größer in letzter Zeit wie die der Männer. Allerdings ist darunter der Kindsmord inbegriffen, welcher aus verschiedenen Gründen einer besonderen Beurtheilung unterliegt. Aber auch davon abgesehen, stellt sich das Verhältniß für die Frauen ungemein ungünstig, wenn wir ihren sonst so viel geringeren verbrecherischen Hang zum Maßstabe der Beurtheilung nehmen. Zwar ihre Betheiligung an Todtschlägen, welche meistens ganz zufällig in Folge von Streitigkeiten in Wirthshäusern, bei

Volksfesten u. s. w. geschehen, ist aus leicht begreiflichen Gründen eine geringe (8—10 Procent gegen 90—92 der Männer). Aber beim vorsätzlichen Mord kamen 1854—59 29.3 Procent auf die Frauen, nur 70.7 auf die Männer; wenig günstiger war das Verhältniß 1860 bis 1862 (28 gegen 72 Procent); und bei der Vergiftung war die Zahl der Männer und der Frauen in der ersten Periode fast die gleiche (18 gegen 17 Fälle), 1860—62 kamen zwei Fünftel der Fälle auf Weiber. Mit anderen Worten: die Wahrscheinlichkeit, durch einen Mann oder durch eine Frau vergiftet zu werden, ist beinahe gleich, während diejenige, von einem Manne oder einer Frau irgend einen schwereren Angriff gegen Leben, Gesundheit, Ehre und Eigenthum zu erleiden, sich wie 5—6.1 verhält. Bemerkenswerther Weise ist das Verhältniß und die Betheiligung der Frauen an den einzelnen Schwurgerichtsverbrechen in Frankreich fast eben so wie in Preußen. Auch dort ist es der Mord, speciell der Verwandtenmord und die Vergiftung, vom Kindsmord (und Abtreibung) abgesehen, ferner die Brandstiftung und der Meineid, woran sich die Frauen stärker, als im Durchschnitte bei sämmtlichen Verbrechen betheiligen. Bei den der Vergiftung Angeklagten prädominirt das weibliche Geschlecht. Auch bei den übrigen Verbrechen stellt sich in Preußen und in Frankreich eine sehr gleichartige Betheiligung der Frauen heraus — ein Beweis, daß nicht der Zufall, sondern tiefliegende, mächtige Ursachen die Theilnahme des Weibes am Verbrechen im Ganzen wie im Einzelnen bestimmen.

Von größter Bedeutung ist auch hier wieder die Unterscheidung der Verbrecher nach Altersclassen, worin eine ganz besondere Constanz zum Vorschein kommt. Aus den Beobachtungen geht hervor, daß der Hang oder die Neigung zum Verbrechen, wie man sich seit Quételet auszudrücken pflegt, in den einzelnen Lebensaltern zwar sehr verschieden ist, aber längere Perioden hindurch sich in jedem einzelnen Lebensalter ziemlich gleich bleibt und vom einen zum anderen Jahre wenig schwankt. In den Hauptresultaten stimmen die Beobachtungen der civilisirten Länder überein; begreiflich genug, da ihre allgemeinen Zustände sich sehr ähneln. Die langjährigen Erfahrungen Frankreichs werden durch die, leider noch unvollständigen Erfahrungen Preußens bestätigt.

Der Hang zum Verbrechen macht sich frühzeitig bemerkbar, schon vor dem 16., in einzelnen Fällen schon vor dem 10. Lebensjahre, auch bei schwereren Verbrechen. Rasch steigt er und erreicht in Frankreich bereits um die Mitte der 20er Jahre sein Maximum. Von da an tritt eine, Anfangs sehr langsame, Abnahme der verbrecherischen Thätigkeit ein. Erst nach dem 35. Lebensjahre wird diese Abnahme stärker und rascher, erfolgt aber doch in einer ziemlich regelmäßigen Progression bis in das höchste Lebensalter, so daß erst mit dem Tode der verbrecherische Sinn erlischt. In der That kommen jährlich noch Verbrecher von über 70 Jahren und, wenn auch in ganz kleiner Zahl, sogar von über 80 Jahren vor die Schranken des Gerichts. Die neuesten Beobachtungen in Frankreich bestätigen in dieser Hinsicht, was den Hauptgang der Bewegung der verbrecherischen Thätigkeit in den einzelnen Lebensaltern anlangt, vollkommen die früheren Untersuchungen Duételet's und anderer französischer Statistiker. Vergleicht man verschiedene Länder mit einander, so findet man constante Unterschiede, welche aber so geartet sind, daß sie im Ganzen den gesetzmäßigen Charakter der Vorgänge nur noch deutlicher erhärten, indem sie sich mit Wahrscheinlichkeit auf nationale und geographische Unterschiede der Völker und Länder zurückführen lassen. Andererseits bestätigen sich die Beobachtungen gerade in denjenigen Puncten, in welchen das allgemein menschliche Moment stärker, wie das speciell landes= und volksthümliche, hervortritt. Mehrfach ist die Vergleichung der französischen und englischen Criminal=Statistik unternommen worden, auch in den amtlichen Berichten der französischen Justizminister selbst. Duételet hat seiner Zeit in einigen Puncten Frankreich, England, Belgien und das Großherzogthum Baden verglichen. Die neuerdings veröffentlichten preußischen criminal=statistischen Ergebnisse haben mich in den Stand gesetzt, eine genauere Vergleichung zwischen Frankreich und Preußen vorzunehmen, so weit dieß die leider viel weniger speciellen, auch sich noch auf viel kürzere Zeiträume beziehenden preußischen Berichte gestatten. Da Preußen immerhin die Hälfte der französischen Bevölkerung umschließt und in seinem Strafsystem und Gerichtsverfahren manche Aehnlichkeiten mit Frankreich hat, weit mehr, wie dieß zwischen Frankreich und England der Fall ist, so dürften die Resultate dieser Vergleichung besondere Beachtung verdienen, mehr als diejenigen, welche aus der Parallele zwischen Frankreich und viel kleineren Ländern gezogen sind.

Der Hang zum Verbrechen manifestirt sich im Ganzen in Preußen etwas später und Anfangs nicht so stark wie in Frankreich. Im Verhältnisse zur Bevölkerung kommen in Preußen vor dem 24. Lebensjahre relativ weniger Verbrechen vor, wie in Frankreich. Das Maximum fällt erst in die Jahre vom 25.—40sten und üb ragt die verbrecherische

Thätigkeit in der Periode vom 16.—24. Jahre sehr beträchtlich, während in Frankreich der Hang zum Verbrechen in der Zeit vom 26. bis 40. Jahre schon ein Wenig geringer wie in der vom 16.—25. ist. Nach dem 40. Jahre bis zum Lebensende, so weit in letzterer Beziehung in Preußen bei der geringeren Zahl von Altersclassen in den statistischen Ausweisen ein Schluß gestattet ist, scheinen sich diese Unterschiede zwischen beiden Ländern auszugleichen, wenigstens besteht keine bemerkenswerthe Verschiedenheit mehr. Die Special-Untersuchung bei den einzelnen Hauptarten von Verbrechen bestätigt die Beobachtung an der Gesammtzahl der Verbrechen. Es dürfte nicht zu gewagt sein, die in den früheren Lebensjahren obwaltenden Unterschiede auf nationale und geographische Einflüsse zurückzuführen; wir begegnen den letzteren auch in manchen anderen Erscheinungen der körperlichen und geistigen Entwickelung; die keltisch-romanische Bevölkerung Frankreichs entwickelt sich früher und rascher wie die germanisch-slavische Preußens.

Obgleich die Entwickelung des Hanges zum Verbrechen in Frankreich, wie bemerkt, auch in der neuesten Zeit in der Hauptsache dieselbe ist, wie vor Jahrzehnten, indem die einzelnen Altersclassen in der relativen Häufigkeit der Verbrechen dieselbe Rangstufe einnehmen, wie früher, so macht sich doch in einer Beziehung eine bemerkenswerthe Aenderung wieder mit großer Constanz geltend. Die Verbrechen sind nämlich relativ nicht mehr ganz so häufig in den jüngeren Jahren bis zum 40., und relativ häufiger wie früher in dem höheren Lebensalter, nach dem 40. Jahre. Die Vermehrung und Verminderung ist in den einzelnen Quinquennien nicht gleich, gestaltet sich aber wiederum nach einer ziemlich bestimmten Regel: die Verminderung ist im jugendlichsten Alter am stärksten und nimmt regelmäßig ab bis zum 40. Jahre; dann schlägt die Verminderung in die Vermehrung um und Letztere wird abermals regelmäßig stärker bis zum 60. Jahre, von wo an sie sich wieder verringert. Mit anderen Worten: die jüngere Generation betheiligt sich gegenwärtig absolut und relativ weniger an den Verbrechen, die ältere dagegen mehr wie früher. Jene wird besser, diese nicht, eher sogar schlechter. Um das 40. Jahr, also zur Zeit des Stillstandes der körperlichen und geistigen Entwickelung, bleibt der verbrecherische Hang fast gleich. In den 50er, speciell in der zweiten Hälfte der 50er Lebensjahre, ist die Zunahme der verbrecherischen Thätigkeit gegenwärtig absolut und relativ am größten. Es ist dieß dieselbe Lebensperiode, in welcher auch die Zunahme der Selbstmorde am stärksten ist. Diese höchst bemerkens-

werthe Erscheinung hat sich mir besonders beim Vergleiche des 6. Jahr-
zehnts unseres Jahrhunderts mit der 19jährigen, von Quételet untersuchten Periode, 1826—44, für Frankreich ergeben. Sie würde wenig
in's Gewicht fallen, wenu sie sich bei näherer Analyse als eben so gleichgiltig und nichts oder nichts Gutes für den sittlichen Zustand des Landes
beweisend darstellen würde, wie die früher besprochene, Erscheinung in
der Abnahme der Zahl der vor Schwurgerichten Angeklagten. Allein das
ist nicht der Fall. Ich werde die Gelegenheit haben, Ihnen zu zeigen,
daß auch im Einzelnen, bei einer Reihe der in moralischer Hinsicht
schlimmsten Verbrechen, das Verhältniß der Betheiligung der jüngeren
Generation im Ganzen günstiger, dasjenige der Betheiligung der älteren
Generation ungünstiger geworden ist. An die allgemeinere Bestätigung
dieser Thatsache würden sich wichtige Schlüsse anknüpfen lassen.

Die beiden Geschlechter zeigen einen zwar analogen, aber doch
nicht ganz gleichartigen Gang der Entwickelung bei der Betheiligung
am Verbrechen in den verschiedenen Lebensaltern. Die Betheiligung der
Männer beginnt in Frankreich sowohl etwas früher wie stärker als bei
den Frauen — im Gegensatze zu mancherlei anderen Erscheinungen der
physischen und geistigen Entwickelung. Das Maximum fällt in dieselbe
Lebensperiode, nur vielleicht ein Wenig später beim Weibe wie beim
Manne; es überragt ferner die Betheiligung in diesem Culminationspuncte
beim Weibe die Betheiligung in den anderen Lebensaltern stärker, wie dieß
beim Manne der Fall ist, was wohl wieder auf den vorwaltenden Einfluß geschlechtlicher Momente in dieser Lebenszeit, dem 25. Jahre, beim
Weibe hinweist. Mit zunehmendem Alter, besonders von den 40er Jahren an, wird alsdann die Betheiligung der Männer und Frauen immer
gleichmäßiger, d. h. das Verhältniß der Frauen im mittleren und höheren
Alter in Betreff der Betheiligung am Verbrechen gleicht Altersclassen-
weise ganz dem Verhältnisse der älteren Männer. Abermals ein Analo-
gon zu den physischen Vorgängen, dem Zurücktreten des geschlechtlichen
Momentes und Unterschiedes im höheren Alter.

Im Ganzen ist das Verhältniß der Betheiligung von Männern
und derjenigen von Frauen gleich geblieben, in den einzelnen Altersclassen
aber mancherlei anders geworden. Früher überwog die Betheiligung der
Männer in den jüngeren Lebensjahren, bis zum 35sten, stärker wie jetzt,
wogegen sie umgekehrt in den höheren Altern gegenwärtig bedeutend
stärker ist, wie früher. Dieses Resultat könnte an sich in den jüngeren
Jahren zu Gunsten der Männer oder zum Nachtheil der Frauen, in

den späteren Jahren zum Nachtheil der Männer oder zu Gunsten der Frauen sprechen, oder auch aus einer in entgegengesetzter Richtung erfolgten, aber gleichzeitigen Ab= und Zunahme der Betheiligung der Männer und der Frauen hervorgegangen sein. In Wirklichkeit ist es, wie die speciellere Untersuchung zeigt, vorzüglich durch eine in der Betheiligung der Männer erfolgte Aenderung verursacht. Die Betheiligung der Frauen in den einzelnen Lebensaltern ist im Ganzen gleichmäßiger geblieben, wie die der Männer, die Richtung der Abweichung ist aber doch dieselbe; in den jüngeren Jahren eine im Ganzen wie im Einzelnen wahrnehmbare Abnahme der Betheiligung, in den späteren Jahren eine Zunahme, aber in beiden Fällen nicht in einem so bedeutenden Grade wie bei den Männern. Die vorhin charakterisirte Aenderung in der Betheiligung der beiden Hauptaltersclassen am Verbrechen ist mithin hauptsächlich durch das männliche Geschlecht bewirkt worden. Oder mit anderen Worten, während die Betheiligung der Frauen, also ihr verbrecherischer Hang und ihre relative Sittlichkeit, im Ganzen sich nur wenig, aber doch ebenfalls etwas, und zwar in der allgemeinen Richtung, verändert hat, so daß die ältere Generation der Frauen schlechter, die jüngere besser, beide jedoch nur wenig anders geworden sind, ist offenbar ein stärkerer Umschwung zum Guten und Bösen beim männlichen Geschlechte eingetreten. Auch das ist sehr bemerkenswerth: es beweist, daß die neu in Wirksamkeit getretenen Einflüsse bis jetzt vorzugsweise auf die Männer einwirken und, wie immer, so auch hier die allgemeinen Zustände der Frauenwelt in sittlicher und geistiger Beziehung stabiler, neuen Einflüssen nicht so leicht zugänglich sind.

Uralte Reste eines Eisenschmelzwerkes am Hüttenberger-Erzberg.

Am 11. Juni 1864 wurden von mir in der Ziegelgruben am Gratzenmoose interessante alte Denkmale der Eiseninbustrie auf unserem Erzberge entdeckt.

Unter der Grasdecke ist eine circa 1' mächtige Torfschichte, auf diese folgt ein 6' mächtiges Lehmlager mit Trümmern von Schörlfels. Unter dem Lehmlager finden sich Hochofenschlacken; unter welchen dann Baumstöcke zu sehen sind.

In der letzten Schichte nun fanden sich Bruchstücke von Thonröhren, welche glücklicherweise zu 8 ganzen Röhren zusammengefügt werden konnten. Die Länge einer solchen angeschmolzenen Röhre beträgt 4″, der lichte Durchmesser 11‴ und die Fleischstärke 6‴. Das vordere Ende zeigt sich angeschmolzen, das hintere Ende ist ausgedreht. Es sind demnach evident Ofenformen, durch die in grauer Vorzeit der Wind zum Erze geleitet wurde, um es zu schmelzen. Das eine Ende lag gegen das Ofeninnere und das ausgedrehte Ende schloß an die Windleitung an.

Ueber das hohe Alter dieser Ofenformen geben folgende zwei Punkte einen Fingerzeig.

1) Zeigen sich die Schlacken so verwittert und zerreiblich, daß man sie für Braunerze hielte, wenn die Textur sie nicht verrathen würde.

2) Weiß jeder Geologe, wie lange es im günstigsten Falle braucht, daß sich ein Lehmlager von ½ Joch Fläche und 6′ Schuh Mächtigkeit, und darüber ein 1′ hohes Torflager bilde. Das Materiale zu dem Lehmlager kann hier augenscheinlich aus dem in schmalen Schichten dem Glimmerschiefer eingelagerten dunklen Thonschiefer. Jedenfalls ist ein und ein halbes Jahrtausend gering gerechnet darüber verstrichen, und es dürfte der Schluß nicht gewagt sein, daß die Römer mit thönernen Formen hier Eisen schmolzen.

Wenn einmal wieder weiter Lehm gegraben wird, um Ziegel zu machen, dürften sich noch weitere Alterthümer oder Ofengemäuer vorfinden

Lölling, 19. Juni 1865.   F. Seeland

Notizen.

Aus Anlaß des eben in Bremen Statt findenden Schützentages wurde seinerzeit ein Preis für ein Bundeslied der deutschen Schützen ausgeschrieben, welchen Hermann Lingg gewann. Das Preislied lautet:

Wohl ist im Nord und Osten
Das Land vom Feinde frei,
Doch soll darum nicht rasten
Der Stutzen und das Blei
Die Schüsse sollen knallen
Zur rechten Freud' und Lust,
Die Luft soll wiederhallen
In jeder deutschen Brust.

Wo Meereswogen brausen,
Wo stolze Ströme geh'n
Und wo im Sturmessausen
Die hohen Tannen weh'n. —
Wir halten blank die Wehre
In Frieden und Gefahr
Und wahren Deutscher Ehre
Und Sitten immerdar.

O Vaterland, und schallet
Dein Ruf, wir sind bereit;
Hoch schlägt das Herz und wallet,
Dir bis zum Tod geweiht.
Ja deutsches Land, du Wiege
Der Kraft und Tüchtigkeit,
Der Männer und der Siege,
Dein sind wir allezeit.

Einer freundlichen Mittheilung des Herrn Pfarrers David Pacher in Tiffen bei Feldkirchen entnehmen wir, daß daselbst unlängst an einer durch Regengüsse entblößten Stelle das Fragment eines Römersteines gefunden wurde, welches fast die vollständige Herstellung der Inschrift ermöglichen dürfte. Derselbe scheint zu den häufig vorkommenden Votivsteinen zu gehören. Das Fragment zeigt folgende Buchstaben:

```
     AV
  I VSCA
   RMI - A
  M EX VOT
    IMIVSVC
    VERVN
```

Der hiesige Oberrealschullehrer und Photograph, Herr Johann Reiner, hat für seine in den letzten Herbstferien im Maltathale gemachten Landschaftsaufnahmen, welche in tadelloser Ausführung in den Schaufenstern der Kleinmayr'schen Buchhandlung zu sehen sind und dort die allgemeine Aufmerksamkeit erregen, die goldene Medaille für Kunst und Wissenschaft erhalten.

Der soeben erschienene neue Band der „Mittheilungen des Alpenvereines" enthält folgende Aufsätze:

I. Aus der Venediger=Gruppe von F. Simony.

II. Geschichte der Glocknerfahrten, von A. Egger.

III. Das Gepantschjoch, von Dr. A. Ruthner.

IV. Die Südseite der Zillerthaler=Alpen, von K. v. Sonklar.

V. Der Sorapiß, von Paul Grohmann.

VI. Höhenbestimmungen in der Provinz Belluno und Umgebung, von Joseph Trucker.

VII. Der Obir in Kärnten, von J. Prettner.

VIII. Der heilige (Luschari=) Berg, von J. Prettner.

IX. Aus den Ortleralpen, von E. v. Moisisovics.

Unter den Notizen sind Tiefenmessungen in den Seen Kärnten's und Krains von Hochstetter. Von Malnitz über das Elend nach Gastein, von Dr. Wagl u. A. Der Band enthält 8 Kunstbeilagen. Wir machen hiebei die erfreuliche Wahrnehmung, daß Kärnten sowohl in objektiver Hinsicht, als was die Personen der Mitarbeiter an jenen Publikationen betrifft, auf das Würdigste vertreten ist. Im nächsten Hefte soll dieser neue Band der „Mittheilungen" eingehender besprochen werden.

Meteorologisches.

Witterung im Juni 1865.

Nach dem schönen, warmen Mai folgte heuer ein kalter und stürmischer Juni, und wie es nur 1847 und 1841 der Fall gewesen, war der Juni kälter als der Mai. Am 1. und 2. stieg an allen Stationen die Temperatur über 20° (Klagenfurt 25·7), das Maximum des Monats. am 3. aber kam ein Gewitter (Hagelschlag in Keutschach, Viktring, Radsberg) und brachte bedeutende Wärmeabnahme; noch mehr aber war dieß der Fall nach dem Gewitter am 11., welches, sehr ausgebreitet (Maltein, Würmlach), mit verheerendem Hagelschlage im Winitzthale, in St. Veit, im Krapfelde, bis gegen die Saualpe hin, die Alpen bis 5.600' mit einer Schneelage überziehend, an den folgenden Tagen bei andauernden Nord- und Ostwinden überall sehr tiefe Thermometerstände und an vielen Orten schädlichen Reif zur Folge hatte. In Klagenfurt war am 3. die tiefste Temperatur 3·0, in St. Peter 2·0, am Hochobir am 17. — 1·5, am 12., 15. und 16. fiel Schnee. Ostwinde dauerten, zuweilen sturmartig wehend, fort; am 30. traten bei Südweststurm Gewitter an mehreren Stationen auf.

Die durchschnittliche Wärme ist daher an allen Stationen nieder, Klagenfurt 13·1, St. Paul, Tiffen, Würmlach 12·5, Treibach, Maltein, über 11°, in Wiesenau, Hausdorf, Raibl gegen 11°, in St. Peter 10°, Bad Vellach nur 8·0, am Hochobir 4·5 (im Durchschnitte somit 6·2).

Der Niederschlag war dabei sehr ungleich vertheilt. In St. Paul betrug die Regenmenge des ganzen Monats nur 18''', in Wiesenau 21''', in Treibach 25, in Hausdorf, Maltein, St. Peter bei 30''', in Klagenfurt 41, dagegen in Würmlach 54, Tiffen 58, in Raibl gar 72'''.

Vergleicht man die für den vergangenen Juni berechneten Elemente von Klagenfurt mit den aus den vieljährigen Beobachtungen abgeleiteten normalen: so findet man, daß der Luftdruck (321·1''') um 1''' darüber, die Luftwärme (13·1) aber um 1·0 Grad darunter (zu kalt) war; noch kälter war der Juni nur in den Jahren: 1857 (12·8), 1847 (12·2), 1821 (12·2), 1820 (12·6), 1814 (12·1) und im Jahre 1813 gar nur 11·8 — der kälteste Juni. Kleinere Minima als 3·0 kommen öfter vor (1857 am 15. nur + 0·4 mit starkem Reif). Der Niederschlag von 41·6''' ist um 5·2 kleiner als der normale, doch kommen in 53 Jahren 19 Jahre mit noch kleineren vor. Ungewöhnlich groß ist die mittlere Windstärke und das Vorherrschen der östlichen Richtung.

Am 21. um 10½ Uhr Abends wurde in Klagenfurt ein schwacher Erdstoß wahrgenommen, jedoch an keiner anderen Station.

Diözesan-Notizen.

Der hochwürdige Herr Andreas Raßpottnigg, Ehrendomherr von Lavant, geistl. Rath, Commendator und Pfarrer am Rechberg, wurde zum Domcapitular am Gurker Domcapitel, Consistorialrath und Diöce=san=Buchhaltungs=Vorstand ernannt. Herr Valentin Nemez, Doctor der Theologie, wurde zum wirklichen Professor des Kirchenrechtes und der Kirchengeschichte ernannt. Der Diöcesanpriester Herr Joseph Puntschart wurde auf die Pfarre Döbriach, — Herr Anton Mayer, Pfarrer zu Althofen, auf die Pfarre Feldkirchen, — Herr Johann Pichler, Pfarrer zu Döbriach, auf die Pfarre Lind ob Sachsenburg, — Herr Jacob Oberhuber, Pfarrer zu St. Lorenz im Lesachthale, auf die Pfarre St. Stephan bei Dürnstein, — Herr Johann Einspieler, Pfarrer zu Saak, auf die Pfarre St. Margareth ob Weidisch; — Herr Karl Wasina, Dom= und Stadtpfarrcaplan zu St. Peter und Paul in Klagenfurt, auf die Pfarre Althofen, — Herr Anton Hobel, Caplan zu Eisenkappel, auf die Pfarre Grafenbach — und Herr Michael Simo=ner, Stadtpfarrcaplan zu Gmünd, auf die Pfarre St. Lorenz im Lesach=thale kanonisch investirt.

P. Manetus M. Prugg, Serviten=Ordenspriester und Provisor zu Würmlach, wurde zum Prior und Pfarrer in Luggau und Herr Joseph Böhm und (nach dessen plötzlichem Tode provisorisch) Joseph Gebauer zum Malteser=Ordens=Commende=Administrator und Pfarrer in Pulst ernannt. Herr Joseph Tauschitz, Pfarrer zu Förolach, und Herr Andreas Kern=jak, Pfarrer zu Ebriach, haben ihre Pfründen mit einander vertauscht. P. Maximilian M. Schlechter, Serviten=Ordenspriester, wurde als Pro=visor in Würmlach, Herr Gustav Schoffnegger, Caplan zu Ottmanach, als Provisor der Pfarre Laßnitz, Herr Franz Zeppitz, Provisor in St. Mar=garethen ob Weidisch, als Provisor in Rechberg, Herr August Bulacher, Provisor zu Lind ob Sachsenburg, als Dom= und Stadtpfarrcaplan zu St. Peter und Paul in Klagenfurt, Herr Georg Traun, Provisor in St. Stephan bei Dürnstein, als Caplan in St. Georg vorn Bleiberg, Herr Friedrich Sternath, Provisor in Laßnitz, als Caplan in Walburgen, Herr Alois Schatz, Caplan zu St. Stephan bei Niedertrixen, als Pro=visor allda, Herr Mathias Torkar aus der Diözese Laibach (wurde in die Gurker Diözese aufgenommen und) als Stadtpfarrkaplan in Bleiburg, Herr

Johann Dragatin als Caplan in Ottmanach und Herr Johann Zeichen als Caplan in Lavamünd angestellt.

Als Capläne wurden übersetzt: Herr Lukas Selnik von St. Walburgen nach Grafenstein, Herr Johann Globotschnigg von Ruden nach Saifnitz, Herr Paul Müller von Guttenstein nach Eisenkappel, Herr Joseph Oswald von St. Georgen vorn Bleiberg nach Guttenstein, Herr Lukas Wautischar von Arnoldstein nach Saifnitz und Herr Joseph Volkert von Feldkirchen nach Gmünd. Herr Leonhard Jergitsch, Stadtpfarrcaplan in Gmünd, und Herr Gustav Stangl, Caplan in St. Georgen am Längsee, wurden zeitweilig quiescirt. Die Pfarre Saak wird einstweilen von der Pfarrgeistlichkeit in St. Georgen vorn Bleiberg mitprovidirt, und die zweite Caplansstelle zu Gmünd vom Herrn Friedrich Bäder, Priester der Diöcese Chur, versehen.

Gestorben sind: Herr Anton Millner, Canonicus zu Völkermarkt und Pfarrer zu St. Stephan bei Niedertrixen, am 6. März; P. Norbert M. Mair, Serviten-Ordens-Priester, Prior und Pfarrer zu Luggau, am 29. März; Herr Johann Woita, Deficient, am 4. April; Titular-Herr Joseph Stutzin, geistlicher Rath, Jubelpriester, Pensionist und Beneficiat am Calvarienberge, am 19. April; P. Ottokar Tasch, Kapuziner-Ordens-Priester, am 11. Mai, und Herr Joseph Böhm, Malteser-Ordens-Commende-Administrator und Pfarrer in Pulst, am 27. Mai, und Herr Ignaz Anderwald, provisorischer Canonicus zu Maria Saal, am 6. Juni; welche dem frommen Andenken empfohlen werden.

Roheisen- und Blei-Preise im Juni 1865.

Eisen-Preise.

Per Zollcentner in ö. W.:

Köln: Holzkohlen-Roheisen 2 fl. 25 kr. — 2 fl. 62 kr., Cokes-Roheisen affinage 1 fl. 87 kr. — 2 fl. 10 kr., graues 2 fl. 25 kr. — 2 fl. 40 kr., Schottisches Nr. 1 2 fl. 40 kr. — 2 fl 55 kr. Stabeisen grobes 5 fl. 25 kr. — 6 fl.

Berlin: Schlesisches Holzkohlenroheisen 2 fl. 70 kr., Cokes-Roheisen 2 fl. 60 kr.

Schlesisches Stabeisen, gewalzt, loco Breslau 5 fl. 25 kr., geschmiedet 6 fl. 75 kr. — 7 fl.

Auf österreichische Meiler à 10 Wiener Centner berechnet:

Köln: Holzkohlenroheisen 25 fl. 20 kr. — 29 fl. 40 kr., Cokes-Roheisen affinage 21 fl. — 23 fl 50 kr., graues 25 fl. 20 kr. — 26 fl. 90 kr., Schottisches Nr 1 26 fl. 90 kr. — 28 fl. 50 kr., Stabeisen grobes 58 fl. 80 kr. — 67 fl. 20 kr.

Berlin: Schlesisches Holzkohlen-Roheisen 30 fl. 20 kr. Cokesroheisen 29 fl. 10 kr., Stabeisen loco Breslau: gewalzt 58 fl. 80 kr., geschmiedet 75 fl. 60 kr. — 78 fl. 40 kr

Blei-Preise.

Per Zollcentner Köln: Raffinirtes Weichblei 9 fl. 25 kr. — 9 fl. 50 kr., Hartblei 8 fl. 75 kr. — 9 fl. 25 kr.

Berlin: Sächsisches 9 fl. 50 kr., Tarnowitzer 9 fl. 63 kr.

Auf Wiener Centner berechnet:

Köln: Raffinirtes Weichblei 10 fl. 36 kr. — 10 fl. 64 kr., Hartblei 9 fl. 80 kr. — 10 fl. 36 kr.

Berlin: Sächsisches 10 fl. 64 kr Tarnowitzer 10 fl. 80 kr.

Durchschnittspreise der Lebensmittel zu Klagenfurt im Juni 1865.

		fl.	kr.			fl.	kr.
Weizen		4	93	Speck, gesalzter		—	44
Roggen		3	73	„ roher	das Pfund	—	36
Gerste	der Vierling	3	2	Schweinschmalz		—	44
Hafer		2	3	Eier		—	3
Heide		3	85	Hendl		—	75
Mais		3	63	Kapaunen	das Paar		
Brein (gestampfte Hirse)		7	5	Enten		1	10
				Gänse		2	—
Erbsen		4	—	12" Schetterholz, hartes		3	56
Linsen	der Vierling	4	50	12" Schetterholz, eine	loco Lent	2	38
Fisolen, weiße		5	—	weiches	n. ö. Klftr.		
rothe		4	50	30" Schetterholz, weiches		4	90
Erdäpfel		—	—				
Rindschmalz	das Pfund	—	53	Heu	der Zentner	—	85
Butter		—	45	Stroh		—	56

Herausgegeben vom Geschicht-Vereine und natur-historischen Landesmuseum in Kärnten. — Verantwortlicher Redakteur Dr. Heinrich Beil. — Druck von Ferd. v. Kleinmayr. — Geschäftsleiter Rudolf Bertschinger in Klagenfurt.

Carinthia.

№ 8.   August   1865.

Heimische Literatur.

Handbuch der Geschichte des Herzogthums Kärnten bis zur Vereinigung mit den österreichischen Fürstenthümern; begonnen von G. F. v. Ankershofen, nach dessen Tode fortgesetzt von Dr. Carlmann Tangl. **IV. Band, II. Heft.**

Nach beinahe zweijähriger Pause erschien wieder ein Heft der heimatlichen Geschichte. Wenn man sich der Kürze des menschlichen Lebens bewußt ist und die Zeit betrachtet, die der bisher vollendete Theil dieser Geschichte in Anspruch genommen hat (es sind mehr als zwanzig Jahre seit dem Beginne des Erscheinens) und entgegenhält was noch unvollendet ist (es haben von der Periode, die Tangl zu schreiben übernommen, noch vier Hefte zu erscheinen, während für die Geschichte der Herzoge aus dem Hause Sponheim eigentlich noch kein Historiker gewonnen ist, so wäre es wohl eine sehr kühne Hoffnung, wenn man darauf rechnen würde, daß viele der ursprünglichen Pränumeranten sich noch des Besitzes des ganzen Werkes erfreuen sollten. Es scheint unglaublich, daß die Geschichte eines Ländchens wie Kärnten eine so schwere Geburt haben sollte. Ich bin jedoch weit entfernt, gegen den Autor eine Rüge aussprechen zu wollen; dieser läßt es wahrhaftig an Fleiß und Umsicht nirgends fehlen, es liegen von ihm bereits zwei weitere Hefte zum Drucke bereit; ihm muß man im Gegentheile das unbedingteste Lob für seine aufopfernde Vaterlandsliebe zollen. Der Tadel trifft hauptsächlich den Drucker und Verleger, dessen Saumseligkeit schon über jedes Beispiel erhaben ist. Mag sein, daß ihm andere Geschäfte mehr eintragen, aber es wäre eine Sache der Vaterlandsliebe, des Anstandes gegenüber einem so uneigennützigen Autor, von dem sich der Verleger alle Opfer gefallen läßt, gegenüber den Pränumeranten, ein vaterländisches Werk nicht mit solcher Schneckenlangsamkeit erscheinen zu lassen.

Das vorliegende Heft umschließt einen Zeitraum von zehn Jahren, von 1276 — 86, den Zeitraum der Verwaltung Kärntens durch den Grafen Meinhard von Tirol. K. Rudolf hatte zwar den Befehl ergehen lassen, Philipp von Sponheim als Herzog von Kärnten und Herrn von Krain und der Mark anzusehen; trotzdem kam er nie zur Regierung dieser Länder, sondern selbe wurden vom Grafen Meinhard von Tirol verwaltet, der den Titel eines Hauptmanns oder auch eines Herrn von Kärnten führte. Dieß Verhältniß dauerte bis 1286. Diese Zeit scheint für Kärnten eine wildbewegte gewesen zu sein, reich an Kämpfen und Fehden, namentlich von Laien gegen Geistliche, trotzdem, daß der Kaiser am 8. Dezember 1276 eine Friedensordnung erlassen hatte. Als eine bittere Ironie und eine schlimme Vorbedeutung für die Haltung des allgemeinen Landfriedens war es, daß die hierüber erschienene Verordnung auch von dem Grafen Heinrich von Pfannberg als letztem Zeugen un=terfertigt war, der, wie sein Vater, nicht nur während seines ganzen Lebens den Clerus aufs Grimmigste verfolgt, sondern auch einige Mo=nate vor dem Erscheinen der Friedensordnung ein Sacrilegium durch frechen Einbruch an einem heiligen Orte und Bedrohung eines geweihten Hauptes begangen hatte. Erzbischof Friedrich von Salzburg schreibt hier=über mit tiefster Entrüstung an K. Rudolf:

(Ohne Datum, aber offenbar Anfangs Oktobers 1276.)

„Während wir neulich (gegen Ende Septembers) zu Passau in Euerer Provinz uns befanden, ereignete sich in Kärnten ein trauriger Fall, den wir Euerer königlichen Majestät mit schwerem Leidwesen und Schmerze berichten. Graf N. v. P. (Comes N. de P., nicht aber, wie es bei Gerbert fälschlich heißt: comes N. et P., Graf Heinrich von Pfanberg) schickte nämlich, nachdem er bereits Euch und dem Reiche den Eid der Treue geleistet und die Urkunde darüber (wahrscheinlich jene ddo. Rein am 19. September 1276 überschickt hatte, seine Kriegsknechte in das ehrwürdige Kloster St. Paul in Kärnten, welche mit Waffen=gellirr und heftigem Anschlagen (an das Klosterthor) in dasselbe ein=brangen, den Herrn N. (Gerhard, gewesenen Abt von St. Paul, seit 1275 erwählten, aber noch nicht bestätigten Bischof von Lavant) ge=fangen nahmen, mit blutgierigen Händen aus dem Kloster herausschlepp=ten und zu einem gewissen Schlosse N. (Stein, jetzt Ruine Steinberg in der Pfarre St. Georgen bei St. Paul) führten, welches derselbe Erwählte in seiner Gewalt hatte. Da er, (dort) von ihnen aufgefordert, ihnen unser Schloß zu übergeben, sich dessen weigerte, so warfen sie ihn zu Boden, setzten ihm dreimal die bloßen Schwerter an den Hals und fügten ihm noch andere schreckliche körperliche Unbilden zu, bis er aus Furcht vor dem bevorstehenden Tode dem Grafen selbst (ipsi comiti, der also dabei anwesend gewesen zu sein scheint) unser Schloß übergab, worauf durch denselben (Grafen) viele Victualien und mehrere kostbare Sachen aus dem Schlosse weggebracht wurden.

Obwohl die Provinz Salzburg zur Zeit der Verfolgung (durch K. Ottokar im Jahre 1275) in ihrem Clerus durch viele Widerwärtig= keiten schwer heimgesucht worden war, so hat sie doch niemals eine so gräßliche Unbild erlitten, vor deren tiefer Schändlichkeit alle Einwohner unserer Länder sich mit Recht entsetzen und mit Entsetzen sich fürchten. Denn wenn diese freche und grausame Verwegenheit dieses Menschen von der königlichen Macht nicht gestraft wird, so werden auch viele An= dere aufstehen, welche gleich dem genannten Grafen den Stand der Geistlichen und Kirchen mit Füßen treten werden.

Wir stehen daher im Namen aller Prälaten unserer Provinz zu Euerer königlichen Majestät, daß Ihr den besagten Grafen, welcher durch einen doppelten Frevel das Heilige des Herrn in einem heiligen Orte und an einer geweihten Person mit teuflischer Anmaßung besudelt hat und der, nicht achtend den Eid schuldiger Treue, den er als Vasall uns geschworen hat, sich unseres Schlosses sowohl durch betrügerische Nach= stellungen als auch durch offene Gewaltthaten bemächtiget hat, wegen seines gesetzlosen Benehmens durch den Herrn N. (Meinhard) Grafen (von Tirol), welcher zur Zeit des begangenen Verbrechens und noch jetzt in jenen Theilen (Ländern, Steiermark, Kärnten, Krain und der Mark als Reichsverweser) aufgestellt ist, dergestalt bessern (bestrafen) lassen möget, damit für diese Unbild, die nicht nur uns, sondern auch dem ge= sammten geistlichen Stande angethan worden ist, gebührende Genugthuung geleistet werde und damit auch die übrigen Geistlichen und Prälaten, welche ähnliche Vorgänge zu befürchten haben, nicht an Euerem Schutze verzweifeln, wenn sie sehen sollten, daß eine an uns (durch die Weg= nahme des Schlosses Stein) und an dem ehrwürdigen Bischofe von Chiemsee, dessen leiblicher Bruder jener Bischof ist, die wir Euch so ausdauernd angehangen haben und unter den anderen (Bischöfen) die ersten (Anhänger) von Euch gewesen sind, begangene so schwere Uebelthat straflos verübt worden sei.

Auch muß Euere Frömmigkeit dem begangenen so großen Ver= brechen begegnen, damit die Länder, welche nach dem Statute unseres schon vor längerer Zeit abgehaltenen Provinzial-Conciliums dem kirchlichen Interdicte unterworfen worden sind, nicht allzulang des Gottesdienstes entbehren und damit das Volk, welches noch im Zweifel schwankt, nicht auf den Abweg des Irrthums und Aergernisses gerathe, was leicht geschehen könnte. Aber weh jenem Menschen (dem Grafen Heinrich von Pfannberg), von dem dieses Aergerniß kömmt! Das Interdict aber können wir wegen der Verordnung, welche wir aus Furcht vor dem Herrn Könige von Böhmen schon vor längerer Zeit erlassen haben, wie die Bischöfe N. und N. wohl wissen, nicht aufheben, bevor nicht dieß Unrecht bestraft wird, was Graf M. (Meinhard), wenn er es anders will, leicht bessern (bestrafen) können wird."

Die Ursache war wahrscheinlich, daß Abt Gerhard den Grafen von Pfannberg, die zugleich Besitzer der Vesten Rabenstein und Loschenthal und nächste Nachbarn des Stiftes waren, das Vogteirecht über dasselbe, das schon ihr Vater besessen, nicht zuerkennen wollte.

Schloß Stein im Lavantthale (jetzt die Ruine Steinberg) gehörte dem Erzbisthum Salzburg und war den armen Bischöfen von Lavant als Residenz überlassen.

Daß der Clerus von den Laien sehr verfolgt wurde, beweist auch die Wiederbekanntmachung der Verordnung, welche Kaiser Friedrich II. im Dezember 1221 zum Schutze der Kirche erlassen hatte durch den Erzbischof von Salzburg und mehrere Bischöfe, was freilich ein Widerspruch war, nachdem der Kaiser, der sie erlassen, vor 55 Jahren im Bann gestorben war. Graf Meinhard scheint die Geistlichkeit in Kärnten durchaus nicht ernstlich beschützt zu haben, was aber wohl auch nicht zu erwarten war, nachdem er in seinem Stammlande ihr ärgster Feind war und nicht weniger als sieben Mal in den Kirchenbann gethan wurde, in welchem er auch starb. Ein Beweis dafür ist ferner, daß Kaiser Rudolf in der Urkunde vom 5. Jänner 1238 weder ihn noch den von ihm eingesetzten obersten Richter Gottfried von Trüchsen, sondern einen fremden Landesherrn, den Bischof Berthold von Bamberg, mit der Wahrung der öffentlichen Sicherheit betraute. Die Kirche zu Werd ward nämlich durch die Angriffe der Finkensteiner so wie der Edlen von Paradeis und Treffen, beständig gefährdet, und der Bischof wird gebeten, die Kirche zu schützen und das Schiedsrichteramt zu übernehmen, was er auch mit viel Eifer und Umsicht durchführte.

Zu dem 1238 erneuerten Kriege gegen Ottokar fehlt jede Angabe über die Aufgebote von Oesterreich, Kärnten und der Mark. Aus ihren eigenen Vasallen stellten Graf Ulrich von Heunburg 200, Graf Heinrich von Pfannberg 200 Reisige, theils Kärntner, theils Steirer; Graf Meinhard von Tirol führte 300, sein Bruder Albrecht von Görz 150 Spieße herbei. Von Friedrich von Ortenburg sagt die Reimchronik:

Graf Friedrich sich wundert
Von Ortenburg, wann er dar
Mit ym pracht ain solich schar,
Der den Kunig genugt wol
Vnb ez gern het für vol;

was ziemlich unverständlich scheint.

Der Zustand Kärntens in der Verwaltungsperiode des Grafen Meinhard muß kein sehr glücklicher gewesen sein, indem der Kaiser selbst in einer Urkunde ddo. 8. März 1279 einen arg verfallenen nennt und zur Bestrafung der Landfriedensstörer ein außerordentliches Gerichtsverfahren, das sogenannte Richten auf bösen Leumund, einführte, bei welchem bloß das allgemeine Gerücht, daß Jemand ein Landfriedensstörer sei, hinreichte, ihn vor Gericht zu ziehen, und die Stelle des Anklägers vertrat. Meinhard selbst scheint sehr selten in Kärnten residirt zu haben und da meist in dem Jagdschlößchen in Klagenfurt, nicht in St. Veit, wie dieß aus mehreren Urkunden ersichtlich ist.

Da die Angriffe der Friedensstörer hauptsächlich auf die Kirchen und Klöster gerichtet waren, so ward auf Betrieb des Erzbischofs von Salzburg ganz Kärnten mit dem großen Kirchenbanne belegt. 1279 trat in Kärnten der seltene Fall ein, daß zwei Brüder die beiden Bischofssitze inne hatten.

Philipp von Sponheim lebte in Krems in Niederösterreich. Sein Tod erfolgte nach Tangl's Nachweisung im Jahre 1279. Von großem Interesse ist sein Testament. Dieses ist vom 10. Juni 1279 und lautet:

Im Namen der heiligen und untheilbaren Dreieinigkeit. Amen Was in der Zeit geschieht, flieht zugleich mit der Flüchtigkeit der Zeit dahin, wenn es nicht durch die Züge der Schrift und durch die Anhängung der Siegel und durch die Unterschrift der Zeugen verewiget worden ist. Dieß ist der Grund, weßhalb Wir Philipp von Gottes Gnaden, Herzog von Kärnten, Herr von Krain, Allen, sowohl den Gegenwärtigen als auch den Zukünftigen, denen gegenwärtige Schrift zukommen dürfte, bekannt machen, daß Wir, zwar noch am Leben befindlich, aber nicht sehr gesund (adhuc existens vivus et non bene sanus, sollte wohl nur heißen sed oder at non bene sanus) wollen und anordnen, daß dieses Testament verfaßt werde, zum Heile und Wohle unserer Seele, damit, wenn der allmächtige Herr Uns hinweg nimmt, unsern Gläubigern, denen wir schuldig sind, Zahlung geleistet werde, weßhalb wir dieselben sowohl nach ihrem Namen als auch nach den Städten in gegenwärtiger Urkunde ansetzen, obwohl wir die gewisse und wahre Summe, die wir jedem einzelnen Gläubiger schuldig sind, weder wissen noch angeben können, sondern es ihrer Redlichkeit überlassen, was jeder ansagen mag.

Wir fügen diesem Testamente auch bei, daß, wenn wir den Münstern der Religiosen, den Klöstern und den Bisthümern (monasteriis religiosorum et claustris et episcopatibus) nämlich in Kärnten und Baiern, Schwaben und Steiermark, Krain und der Mark und wo sie immer gelegen sein mögen, einige Beschwerungen und Schäden zugefügt haben, ihnen diese von den Eigengütern und nicht von den Lehen, nämlich unserer Länder, Kärnten und Krain (proprietatibus et non Feudis scilicet terrarum nostrarum Karinthie et Carniole) bezahlt, und daß ihnen allen für die ihnen von uns zugefügten Schäden Genugthuung geleistet werden soll.

Die Eigengüter, von denen die Zahlung und Genugthuung geschehen soll, setzen wir gleichfalls in der gegenwärtigen Schrift namentlich an, indem wir sagen: dieß sind unsere wahren Eigengüter.

Zuerst im Lande Kärnten.

1. Das Schloß Briberch (Freiberg oder Freiburg, jetzt Ruine bei Obermühlbach) mit seinen Zugehörungen außer den Zehenten.

2. Die Stadt St. Veit entlang wie das Ufer läuft bis zum Thurme, welcher Pollantz (Poganz ob St. Veit gegen den Kalvarienberg?) heißt (civitas sancti Viti secundum quod ripa currit usque ad turrim, que dicitur Pollantz).

3. Das Schloß Himelberch (Himmelberg) mit seinen Zugehörungen, von welchen Zugehörungen wir zehn Mark Einkünfte unserm Bruder Amelrich und seinen Nachkommen zum erbrechtlichen Besitze gegeben haben.

4. Ein Gut, welches Pitschmann bei Veltchirchen (Feldkirchen) gehabt hat, welches wir gleichfalls, so wie jenes, unserm vorbesagten Bruder gegeben haben.

5. Das Schloß Griffenberch (Greifenberg, jetzt Greifenburg) nämlich das neue, mit seinen Zugehörungen; das alte (Schloß Griffen) aber gehört dem Bischofe von Bamberg.

6. Ein Gut zum Schloße **Werdenburch** (Werdenberg oder jetzt Wernberg bei Villach) gehörig mit Ausnahme der Zehente und des Schlosses selbst.

7. Die Stadt **Chlagenfurt** (Klagenfurt) mit ihren Zugehörungen außer den Lehen. Wir haben gehört, daß das Schloß **Chlagenfurt** zum Reiche gehöre, wissen aber nicht, ob dieß wirklich so sei oder nicht.

8. Ein gewisser Berg, welcher insgemein **Dietsch** (Diex= oder Dierenberg bei Heunburg, Haimburg) genannt wird, gehört uns eigen mit Ausnahme der Zehente.

9. Das Schloß in **Volchenmarcht** (Völkermarkt) mit seinen Zugehörungen dießseits der Drau (ex ista parte Trahe) mit Ausnahme der Stadt Volchenmarcht.

10. **Rechberch** (Rechberg) im Thale **Jawenthal** (Jaunthal) mit seinen Zugehörungen mit Ausnahme der Gerichte und der Zehente.

Folgende sind unsere Eigengüter in **Krain**:

11. Die Stadt und das Schloß **Laybach** mit ihren Zugehörungen, ausgenommen die Lehen und Zehente.

12. Das Schloß **Osterberch** (zu Pograd) mit seinen Zugehörungen.

13. Ein Dorf, welches **Chreutz** (Kreuz) heißt, mit allen Zugehörungen, bei **Stein** gelegen, welches wir auch unserm Bruder **Amelrich** gegeben haben, so wie anderes.

14. Das Schloß **Weinek** (Weineck oder Weinegg) mit seinen Zugehörungen, ausgenommen die Güter des Bisthums **Gurk** und die Zehente.

15. Das Schloß **Slanzenfuez** (vielleicht Slanzwerch in der Pfarre St. Kanzian im Bezirke Naßenfueß?) mit allen Zugehörungen außer den Zehenten.

16. **Schichenberch** (vielleicht Schichouselo? Ortsgemeinde Pechdorf, Pfarre St. Michael, Bezirk Lack) und **Gretschin** (wahrscheinlich eines der vielen **Gradische**). Ob dieses zum Reiche gehöre oder nicht, wissen wir nicht.

17. Das Schloß **Arch** (Arch), von welchem es heißt, daß mein Vater dasselbe von Otto von **Chunegesperch** gekauft habe.

Von diesen Eigengütern nehmen wir einige aus, welche wir im Testamente besonders vermachen:

1. Das Schloß **Grifenberch**, nämlich das neue, vermachen wir der heiligen **Salzburger** Kirche auf so lange, bis dieser Kirche voller

Erſatz für alle Schäden, die wir ihr zugefügt haben, geleiſtet ſein wird, und bis die Pfänder, welche von uns aus der Schatzkammer in Salzburg genommen worden ſind, ausgelöſt (bezahlt) ſein werden (et donec solvantur pignora, que por nos sunt recepta de Sacrario in Salisburga.)

2. Das Schloß **Himmelberch** mit ſeinen Zugehörungen, ausgenommen die 10 Mark Pfennig Einkünfte, welche wir unſerm Bruder **Amelrich** gegeben haben, vermachen wir im Teſtamente den Kirchen der Bisthümer **Chiemſee**, Gurk und Seckau auf ſo lange, bis ihnen für alle Schäden, die wir ihnen zugefügt haben, Erſatz geleiſtet worden ſein wird.

3. Die Stadt **Laybach** vermachen wir der heiligen **Aquilejer** Kirche gemäß der Verſchreibung, die ſie hierüber (von uns) hat.

In Betreff aller übrigen Eigengüter wollen wir, daß davon den vorgenannten Münſtern und Klöſtern (monasteriis et claustris) und nachgeſchriebenen unſern Gläubigern Zahlung und für alle ihnen von uns zugefügten Schäden Erſatz geleiſtet werde.

Folgende ſind die **Gläubiger**, denen wir zu zahlen ſchuldig ſind.

1. In **Prag** den Mindern Brüdern zum heil. Franciscus; ebendaſelbſt Michael dem Bürger und mehreren, welche durchaus ganz zu Grunde gerichtet worden ſind.

2. In **Brünn** dem Heinrich genannt **Swellar**, dem wir hundert und vierzig Mark Silber ſchuldig ſind.

3. In **Augsburg** den Bürgern Witmann und Heinrich genannt Chezzelſmit (Keſſelſchmied) und noch andern ebendaſelbſt, deren Namen wir nicht wiſſen.

4. In **Regensburg** einem Bürger, welcher Martſchant heißt.

5. In **Matfriet** dem Reinher.

6. In **Salzburg** Jakob dem Kleriker und Durinhard dem Kleriker.

7. In **Glemona** dem Sohne des Bürgers Occlo zwanzig Mark Aquilejer (Pfennige).

Wir ſchlagen auch das ganze hinterlegte Gut (depositum), welches wir bei den **Senenſern** (zu Siena) haben, zu demſelben Teſtamente hinzu, damit einigen Senenſern, aber nicht jenen, welche das hinterlegte Gut haben, ſondern jenen (Senenſern), welche uns bis nach **Gemunde** (Gmünd in Oberkärnten) ihre Waaren gebracht haben (qui tulerunt nobis mercimonia sua usque in Gemunde), ihre Forderungen von dem hinterlegten Gute bezahlt werden.

Zu Vollstreckern dieses Testamentes aber bestimmen wir:

1. Den ehrwürdigen Vater den Bischof von Seckau;

2. den Abt von St. Peter in Salzburg;

3. den Abt von Raitenhasla;

4. den Abt von Viktring;

5. den Abt von Landstrost (Landstraß);

6. den Prior des Prediger-Ordens zu Friesach;

7. den Prior desselben Ordens zu Wien;

8. den Quardian der Mindern Brüder in Stein;

9. den Bruder Gerold des Prediger-Ordens;

10. den Bruder Heinrich von Neuemburg unseren Generalbeicht-vater;

11. den Bruder Peter desselben Ordens der Prediger-Brüder.

Und damit dieses Testament die Kraft der Giltigkeit erlange, haben wir gegenwärtige Schrift mit unserm Siegel besiegeln lassen vor nichts desto minder lebenden Zeugen (coram testibus nihilominus vivis!), dem Bruder Rudolph genannt Stero, welcher unser General-Beichtvater ist, und dem Bruder Gerold desselben Ordens, der unser Notar gewesen ist und der dieß alles betitelt (intitulavit, in gehöriger Weise verfaßt) hat.

Datum apud Chremsam anno domini M. CC. LXXVIIII. et actum XIIII. Kalendas Augusti.

Dieß Testament ist sehr bezeichnend für den Charakter Herzog Philipp's. Meinhard scheint Philipp's letzten Willen nicht anerkannt zu haben, weil er mehrere Städte und Schlösser, welche jener als sein Eigenthum bezeichnete, z. B. St. Veit, Klagenfurt, Griffenburg (wahrscheinlich Greifenburg) im Besitze behielt.

Amelrich, Philipp's Bruder, von dem nur in diesem Documente Erwähnung geschieht, scheint ein natürlicher Sohn Herzog Bernhard's gewesen zu sein.

Durch Philipp's Tod war das Herzogthum Kärnten ein erledigtes Reichslehen geworden und K. Rudolph konnte nun daran denken, seinen treuen Parteigänger Meinhard, der ihm so thätige Hülfe in jeder Weise geleistet hatte, zu belohnen, wie es wohl schon lange seine Absicht gewesen sein mag, denn sonst hätte er Philipp wohl das Herzogthum, womit er ihn belehnt hatte, übernehmen lassen.

Am Reichstage zu Augsburg, im Dezember 1282, belehnte der Kaiser seine Söhne Albert und Rudolph mit den Herzogthümern und Fürstenthümern: Oesterreich, Kärnten, Krain, Windische Mark und Por-

tenau. Aber gleich nach der Belehnung gaben die neuen Herzoge das Her=
zogthum Kärnten dem Kaiser mit der Bitte zurück, selbes dem Grafen
Meinhard zu verleihen, der zur Eroberung und Behauptung jener Länder
so viel beigetragen, welche Heimsagung der Kaiser annahm.

Aber die Belehnung Meinhard's mit Kärnten konnte nicht unmittel=
bar erfolgen, da noch früher zum Theile sehr schwierige Verhandlungen
gepflogen werden mußten, nämlich folgende:

1. Es mußte bewiesen werden, daß Graf Meinhard ein völlig freier
Mann und nicht eines weltlichen Fürsten Vasall sei.

2. Es mußten die Willebriefe der Kurfürsten eingeholt werden.

3. Es mußten die Grafen, Edeln, Ministerialen und Vasallen des
Herzogthums Kärnten um ihre Zustimmung befragt werden.

4. Es mußten die Kirchenfürsten von Salzburg, Bamberg, Freising
u. s. w. befragt werden, ob sie geneigt seien, ihre Kirchenlehen, mit denen
bereits die Söhne des Kaisers belehnt worden waren, an den Grafen Mein=
hard als Herzog von Kärnten zu verleihen.

5. Es mußten endlich zwischen dem Kaiser und dem Grafen Ver=
handlungen über die Bedingungen gepflogen werden, unter denen der Graf
Kärnten besitzen soll.

Nachdem sämmtliche Hindernisse behoben waren, wurden Meinhard
und dessen Erben 1286 mit Kärnten belehnt. Dieß geschah auf der Reichs=
versammlung zu Augsburg am 1. Februar 1286, nachdem früher die zwi=
schen ihm und dem Kaiser schwebende Geldfrage geregelt war.

Merkwürdiger Weise vermißt man in der Belehnungsurkunde eine
Klausel über ein Zurückfallen des Herzogthums an Habsburg im Falle des
Aussterbens der tirolischen Mannslinie, was später auch bekanntlich die
Ursache großer Verwicklungen war.

Wir haben uns begnügt, den gedrängtesten Auszug dieses höchst
interessanten Heftes zu geben, indem wir nur andeuteten, was von unmit=
telbarster Wichtigkeit für Kärnten darin vorkommt, und empfehlen jedem
Freunde der vaterländischen Geschichte das eifrige Studium desselben.

Herbert.

Die Gesetzmäßigkeit in den scheinbar willkürlichen menschlichen Handlungen.

Von

Adolf Wagner.

III.

In den Verbrechen.

(Schluß.)

Der Hang zum Verbrechen äußert sich endlich in den einzelnen Lebensaltern auch in sehr verschiedenartigen Verbrechen.

Der Diebstahl begleitet den Menschen während seiner ganzen Lebenszeit. Mit ihm beginnt der Verbrecher. Hausdiebstahl macht den Anfang, der gewöhnliche Diebstahl folgt; mit der vollen Entwickelung der körperlichen Kräfte geht der Verbrecher zum gewaltsamen Diebstahl, zum Einbruch und Straßenraub über. Mord und Todtschlag gesellen sich bald diesen Verbrechen hinzu, sie stehen häufig auch mit Sittlichkeitsverbrechen in Verbindung. Die letzteren entwickeln sich schon früher, in der Zeit der Pubertät und unter dem Einflusse ungezügelter Leidenschaften; der Verbrecher beginnt damit, seine Opfer unter den Kindern zu suchen, bevor er seine volle physische Kraft erreicht hat. Dann aber schwinden die wilden Leidenschaften, die Begierde und die offene Gewalt, der Mensch wird kälter und vernünftiger, er prämeditirt und organisirt das Verbrechen, die Gewalt weicht der Tücke und Hinterlist, der Gebrauch der physischen Kraft der Benutzung geistiger Mittel, der Berechnung und der Täuschung. Der Verbrecher greift zu Gift und Dolch und Meuchelmord, überfällt sein Opfer im Dunkeln oder zündet ihm das Dach über dem Kopfe an, zwingt Kinder und schwache Personen mit dem Reste seiner Kräfte zur Befriedigung seiner· unerloschenen unsittlichen Gelüste, wo er Personen, — er greift zu Betrug, Fälschung und Meineid, wo er Eigenthum attakirt, und bietet so auf der letzten Stufe seiner Laufbahn das häßlichste Bild dar.

Diese Schilderung läßt sich Punct für Punct statistisch erhärten. In Frankreich wie in Preußen ist die Betheiligung der einzelnen Lebensalter und die Entwickelung dieser Betheiligung bei den Hauptarten der Verbrechen eine völlig analoge. Ich vermag Ihnen den Beweis für diese Behauptung an neun Hauptverbrechen zu führen: an dem Dieb=

stahl, der Brandstiftung, der Fälschung, dem Meineid, den Körperverletzungen, den Sittlichkeitsverbrechen, dem Kindsmord, dem Mord, der
Vergiftung. Kinder unter 16 Jahren werden in beiden genannten Staaten nur unter gewissen Bedingungen von den Schwurgerichten abgeurtheilt. Die Zahl der Angeklagten dieses Alters ist daher eine geringe.
Dessenungeachtet zeigen beide Länder eine große Uebereinstimmung auch
hier. Bei den meisten jener neun Verbrechen ist die Betheiligung wesentlich geringer, wie die durchschnittliche Betheiligung am Verbrechen überhaupt, und zwar in ziemlich gleichem Verhältniß in Frankreich wie in
Preußen. Nur bei einem Verbrechen ist die Theilnahme der jugendlichen
Angeklagten wesentlich größer, nämlich bei der Brandstiftung, diesem Verbrechen, welches in der Periode der Entwicklung der Geschlechtsreife so
merkwürdig monomanisch auftritt. Das romanische, früher entwickelte
Frankreich zeigt aber dieses Verbrechen in diesem Alter ungleich häufiger,
wie das kältere, germanische Preußen, eine Erscheinung, welche meine
frühere Bemerkung über den nebenhergehenden Einfluß des national-
geographischen Moments neben dem allgemeinen menschlichen bestätigt.
Hiermit stimmt auch überein, daß in der zweiten Altersstufe, vom 17.—24.
(25.) Jahre, die Brandstiftung zwar in beiden Ländern weniger häufig
vorkommt, wie im Durchschnitte alle Verbrechen überhaupt, aber in Preußen häufiger, wie in Frankreich. Ferner übertrifft die Betheiligung am
Diebstahl die durchschnittliche verbrecherische Thätigkeit in Frankreich in
der ersten Altersklasse bereits etwas, während in Preußen die Theilnahme
am Diebstahl derjenigen an allen Verbrechen gleich ist. Auch diese Thatsache läßt sich passend auf nationale Einflüsse der früheren Entwicklung
zurückführen. Nur bei der Vergiftung widersprechen sich die Erscheinungen; in Frankreich ist dieses Verbrechen im jugendlichen Alter ungleich
häufiger, wie andere Verbrechen, und wie das nämliche in Preußen. Möglich, daß darauf auch specielle Einflüsse der Entwicklung einwirken, womit es wiederum stimmte, daß in der zweiten Altersklasse die Vergiftung relativ seltener in Frankreich, wie in Preußen ist. Doch sind die
Zahlen dieses Verbrechens sehr klein, namentlich die preußischen, so daß
die auf die Thatsachen zu bauenden Schlüsse weniger Zuverlässigkeit gewähren. Wenn Sittlichkeitsverbrechen in Frankreich häufiger und auch
der Kindsmord in dieser ersten Altersklasse doch bereits in geringer
Zahl auftritt, in Preußen noch nicht, so erklärt sich dieses sehr wohl aus
der früheren physischen Entwicklung der französischen Bevölkerung.
In der zweiten Stufe des Alters, vom 17.—24. (25.) Jahre tritt

in beiden Ländern wiederum derselbe Gang der Bewegung im Großen entgegen. Nur Sittlichkeitsverbrechen machen hievon eine Ausnahme, indem sie in Preußen häufiger, in Frankreich etwa in demselben Maße seltener wie die übrigen Verbrechen vorkommen. Diese aus schon angedeuteten Gründen erklärliche, für Preußen ungünstigere Erscheinung wird zum Theil aufgewogen und wiederum mit erklärt durch die relativ größere Häufigkeit dieses Verbrechens in Frankreich in der ersten und abermals in der vierten Altersklasse (41.—60. Jahr). Die zweite Altersklasse ist im Uebrigen die des vorwaltenden Kindsmords, der schweren körperlichen Verletzungen, zum Theil auch des Todtschlags und die des Diebstahls. Dagegen kommen Mord, auch Giftmord, Brandstiftung, Fälschung und Meineid noch verhältnißmäßig selten vor. Die kleineren Unterschiede zwischen Frankreich und Preußen lassen sich nicht alle, aber doch zum Theile auf nationale Einflüsse zurückführen.

In der dritten Altersklasse, dem eigentlichen Mannesalter, der Vollkraft der körperlichen und geistigen Fähigkeiten, vom 24. (25.) bis 40. Jahre, tritt der Mord und die Fälschung stärker hervor, wie die übrigen Verbrechen, sodann die Körperverletzungen, Kindsmord und Diebstahl, worin aber zum Theil schon eine Verringerung gegen die zweite Altersklasse wahrzunehmen ist; Sittlichkeitsverbrechen und Vergiftungen, Brandstiftungen und Meineide sind seltener, wie die übrigen Verbrechen; die Veränderungen in der relativen Häufigkeit dieser vier Arten gegen die zweite Lebensstufe sind ebenfalls nicht ohne tiefere Bedeutung. Die Leidenschaften liegen mit der berechnenden Vernunft noch in Kampf, um mehr und mehr besiegt zu werden.

In der vierten Altersklasse, dem höheren Mannesalter von 41—60 Jahren, vermindern sich Diebstahl, Körperverletzungen, Kindsmord stark, die anderen Verbrechen, mit Ausnahme des Mords in Preußen, kommen häufiger vor, sowohl gegen die durchschnittliche Theilnahme am Verbrechen, wie gegen die nämlichen Verbrechen in der vorhergehenden Altersklasse. Besonders walten Fälschung und Meineid, dann auch bereits wieder Brandstiftungen vor, Vergiftungen werden in Preußen, Sittlichkeitsverbrechen in Frankreich schon wieder zahlreicher.

Die Verbrechen des hohen Alters, vom 60. Jahre an, sind endlich Vergiftungen und Brandstiftungen und vor Allem Meineide und Sittlichkeitsverbrechen. Auch die Fälschung steht in Frankreich noch ein wenig über dem Durchschnitte, ist aber viel seltener, bei der Abnahme der geistigen Energie in diesem Alter, wie in der vorangehenden Stufe, in Preu-

ßen wie in Frankreich. Der Mord tritt wenig, die Körperverletzungen
stärker, der Diebstahl und Kindsmord sehr stark zurück. Uebrigens ist
vom 40. Jahre an die Betheiligung am Kindsmorde in Frankreich erheblich größer, wie in Preußen, was auf die sittlich viel schlimmere Theilnahme anderer Personen, als der Mütter, an diesem Verbrechen schließen
läßt. Aber der hinterlistige feige Angriff des Lebens und Eigenthums
durch Gift, Feuerlegung und Meineid und das Aufflackern zügelloser Sinn-
lichkeit und die Befriedigung der Begierde an Kindern, dieß ist in der
That das häßliche Bild, welches uns der greise Verbrecher darbietet.

Die eingehendere Classifikation der Lebensalter der Angeklagten in
der französischen Criminalstatistik gestattet die Entwicklung des Hangs
zum Verbrechen noch spezieller im Einzelnen zu verfolgen. Ich muß
mich hier auf die vorhergehende Darlegung beschränken, und will nur
noch bemerken, daß in Frankreich Verbrechen gegen Eigenthum im jüngeren Alter, bis zum 40. Jahre, Verbrechen gegen Personen im höheren
Alter stärker vertreten sind, wie die andere Hauptart der Verbrechen.

Beim Vergleiche längerer Perioden findet sich in Frankreich die
bereits charakterisirte Erscheinung einer Abnahme der Verbrechen im jüngeren und einer Zunahme im höheren Alter bei den einzelnen Kategorien von Verbrechen bestätigt. Es zeigt sich dieß bei den eben erwähnten zwei Hauptarten, den Verbrechen gegen Personen, wie denjenigen
gegen Eigenthum. Von beiden werden gegenwärtig weniger von Leuten
unter 40, mehr von Leuten über 40 Jahren begangen. Bei beiden
erfolgt die Abnahme in regelmäßig sich verringernder Progression von
der ersten Jugend bis zum 35. Jahre, in regelmäßig steigender Progression
da an bis zum 60. Jahre. Doch ist die Abnahme, wie die Zunahme
bei den Verbrechen gegen Eigenthum nicht so stark, als bei denjenigen
gegen Personen, so daß die einwirkenden Ursachen also auf die letzte Art
von Verbrechen in größerem Maße ihren Einfluß üben. Diese Aenderung in der verbrecherischen Thätigkeit zeigt sich nicht so ausnahmelos
und konstant bei jedem einzelnen Verbrechen. Dieselbe Richtung in der
Aenderung waltet indessen doch auch hier unverkennbar vor. Die Untersuchung an 8 Hauptverbrechen, bei einem jeden 12 Altersklassen, 6 bis
zum 40. und 6 vom 40. Jahre bis zum 70. unterschieden, gab folgendes
Resultat: die verbrecherische Thätigkeit ist in den 48 jüngeren Altersklassen, welche sich bei dieser Combination der Lebensalter und Verbrechen ergeben, nur in 17 Fällen größer, in 31 geringer geworden, dagegen in den 48 Classen des höheren Alters nur in 14 Fällen gesunken,

in 34 gestiegen. Die Besserung der jüngeren und die Verschlechterung der älteren Generation zeigt sich daher in der That auch hier. Es sind namentlich die Verbrechen gegen die Sittlichkeit, der Todtschlag, die Körperverletzungen, die Meineide und die Diebstähle, — letztere am Wenigsten — bei welchem die Theilnahme des jüngeren Geschlechts geringer, also günstiger, und die Verbrechen gegen die Sittlichkeit, — diese in erster Linie, — die Körperverletzungen, die Todtschläge, die Morde (assassinats), die Diebstähle und Fälschungen, bei welchen die Betheiligung des älteren Geschlechts größer, also ungünstiger geworden ist. Mehrfach ist es wieder die Altersklasse zwischen 50 und 60, besonders zwischen 55—60 Jahren, welche eine starke Zunahme aufweist.

Diese merkwürdigen Thatsachen sind aus der Vergleichung der Periode von 1826—44 mit jener von 1851—60 oder von 1857—61 gewonnen. Das Geschlecht der 16—40jährigen Personen, welches sich als besser geworden herausstellt, entstammt den Jahrgängen 1811—44, vorzugsweise denen von 1825—35; dasselbe Geschlecht der früheren Periode war zwischen 1786 und 1828, vorzugsweise zwischen 1801—10 geboren. Demnach fiel die erste Kindes= und Bildungszeit dieser früheren Generation der 16—40jährigen in die Epoche der französischen Revolution und der großen napoleonischen Kriege; die spätere Generation der 16—40jährigen ist großentheils im Frieden und in der ruhigsten, für den wirthschaftlichen und Bildungszustand günstigsten Periode in der neueren Geschichte Frankreichs aufgewachsen. Die Generation der über 40—70= und mehrjährigen Personen stammte in der Zeit von 1826—44 aus den Jahren 1746—1804, vorzüglich aus 1770—1790, also aus der Zeit vor der Revolution. Diese nämliche Generation der Periode von 1851—61 ist zwischen 1771 und 1821, vorzüglich zwischen 1791 und 1811 geboren, mithin in der Revolutions= und Kaiserzeit; das Geschlecht der 50—60jährigen, welches im Allgemeinen in Betreff der Sittlichkeit, soweit darüber nach den Ergebnissen der Kriminal= und Selbstmordstatistik zu urtheilen ist, in der neueren Zeit am Ungünstigsten dasteht, wurde geboren und empfing seine erste Erziehung und Bildung ebenfalls in der Periode der französischen Revolution und des Kaiserreichs.

Es liegt nahe und erscheint nach keiner Seite als zu gewagt, zwischen den günstigen und ungünstigen öffentlichen Zuständen, insbesondere im Erziehungs= und Unterrichtswesen Frankreichs und dem schwächeren und stärkeren Hang zum Verbrechen der den betreffenden Perioden ent=

stammenden Altersklassen, einen bestimmten Zusammenhang anzunehmen. Sogar in physiologischer Hinsicht erscheint es nicht ganz unmöglich, daß die in der Revolutions= und Kriegszeit geborene und theilweise aufge= wachsene Generation einen ungesetzlicheren, gewaltthätigeren Sinn zeige. Jedenfalls glaube ich annehmen zu dürfen, daß die Verbesserung, welche wir in der jetzt lebenden jüngeren Generation wahrnehmen, theilweise wenigstens keine reelle, sondern nur eine relative, aus der Vergleichung gewonnene ist und sich aus der ungewöhnlich stärkeren Schlechtigkeit der jüngeren Generation der früheren Periode erklärt. Dem entsprechend würde auch die Annahme berichtigt werden müssen, daß die frühere ältere Generation reell bedeutend über dem Durchschnittsniveau stand: es ist vielmehr nur das jetzige ältere Geschlecht, welches aus den angedeuteten Ursachen besonders ungünstig sich darstellt. Wenn dasselbe abgestorben ist, so tritt wieder das gewöhnliche Verhältniß ein.

Aber andererseits läßt sich die besprochene Aenderung doch an sich auch wirklich zu Gunsten der seit dem Pariser Frieden von 1815 gebo= renen und aufgewachsenen Generation deuten und insofern mit auf die Verbesserung der Volkserziehung, des Volksunterrichts zurückführen. Um letzteres gewiß behaupten zu können, müssen die Beobachtungen jedenfalls noch auf einen längeren Zeitraum, etwa die Jahre von 1861—80 aus= gedehnt werden. Wenn ich mir vergegenwärtige, mit welcher Constanz das Verhältniß der Betheiligung der jüngeren Leute am Verbrechen sich im Ganzen, wie im Einzelnen verbessert, so möchte ich geneigt sein, einen solchen günstigen Einfluß der Volkserziehung theilweise als mit= wirkend anzunehmen. Andere, früher berührte Bedenken erheben sich gegen diese Ansicht. Schlußberechtigend liegt das Material noch nicht, um die wichtige Frage zu entscheiden. Andere Deutungen der eingetre= tenen Aenderung scheinen mir ebenfalls berücksichtigungswerth zu sein.

Bruchstück aus dem Drama:

Jacobäa von Bayern-Holland.

Von

Friedrich Marx.

III. Act. 10. Scene.

(Köhlerhütte im Teyllnger Forste am Rheine; Nacht, Sturm und Wetterleuchten.)

Jacobäa.

(Als Jägerin erscheint auf einem Hügel nächst der Hütte.)

Daß mir im Sturm so wohl, wer mag mir's deuten? ...
Umgeben zwar von meiner Mädchen Schaar,
Genieß' ich einer sonntäglichen Ruhe,
Belehre, tröste, helfe, wo ich kann,
Und nehme Theil an ihren kleinen Freuden,
Ja, wie das festlich weiße Kleid, das ich
Seit meinem Sturz zu tragen liebe, kommt
Mir auch ein Lächeln nicht vom Angesicht!

Wär' dies das Glück, das man so hoch erkauft
Und kaum vom tiefsten Elend unterscheidet?
Ich weiß es nicht, allein mein Herz ist öde,
Als wie das Gotteshaus nach einer Feier!
Was lebensvoll von den Altären sprach
Aus Bild und Stein, — es kehrt in dumpfes Schweigen;
Verstummt sind der Choräle Harmonie'n,
Und in den hohen Bogenfenstern zieh'n
Die Wolken nur, des Lebens einz'ge Zeugen!

Und nun zur Köhlerhütte, wo mich wie
Ein frischer Trunk die rauhe Sitte labt!

(Steigt vom Hügel und nähert sich dem Eingange der Hütte.)

11. Scene.

Jacobäa. Frank von Borssellen.

Jacobäa.

Ich komme spät; ihr spracht den Abendsegen,
Und schloßt darin wohl auch die Fürstin ein?

23

Frank.

Was Holland für dich fühlt, das ist Gebeth!

Jacobäa.

Du magst es ehrlich meinen wie der Köhler,
Allein des Köhlers Stimme ist das nicht.

Frank.

Doch eines Freund's!

Jacobäa.

        Dann räume gleich die Schwelle;
Der sich die Finsterniß zum Mantel wählt —

Frank.

Wird dich bei hellem Sonnenlichte bald
Zurückgeleiten auf den Thron der Väter!

Jacobäa.

Und kannst du's auch, — wer sagt dir, ob ich's will?

Frank.

Das unerschütterte Vertrau'n auf dich!
Wie schön es sei, es füllt dein weiblich Schaffen
Auf Teylingen dein großes Herz nicht aus.
Im Glück und Unglück bist du deines Volkes!
Und siehst du nicht, wie es verblutet? Setzt
Der Feind den Fuß nicht auch auf deinen Nacken,
Der uns're Burgen bricht, den alten Städten
Die Thore niederreißt, der Frauen Blüthe
Zum Spotte fremder Buben werden läßt.
Und jedes freie Haupt dem Henker weiht?

Jacobäa.

Darum nimm, Freund, des eig'nen dich in Acht!

Frank.

O wenn's ein Saatkorn nur der Rache wäre,
Für das ich mir Vertrau'n, Vergebung kaufte!

Jacobäa.

Vertrau'n, worin? Vergebung, sprich, wofür?

Frank.

Vertrau'n in das Befreiungswerk, zu dem
Das nächste Morgenroth uns leuchten soll;

Vergebung für die Maske, die ich trug,
Und die ich nun zu deinen Füßen lege.

Jacobäa.
Wie heißt dein Anhang, und wer bist du selber?

Frank.
Mein Anhang sind nicht Honks und Kabeljau's,
Durch mich vereint nur Kinder e i n e s Landes! —
„Statthalter Philipp's hieß die eh'rne Maske,
Die Frank's getreues Herz selbst dir verbarg!

Jacobäa.
Frank von Borssell, ihr habt mir weh' gethan,
Unsäglich wehe! — Ja, es war ein Tag,
Wo ich so gern auf Euren Arm mich stützte, —
Doch das ist nun vorbei! Was soll ich Euch?

Frank.
Den Drachen tödte, der das Land verheert,
Heile die Wunden, die du selbst uns schlugst;
Und wie auf Teylingen ein munt'rer Kreis
Von Kindern dich beglückt, als Heil'ge ehrt,
So werde Mutter deinem ganzen Volke!

Jacobäa.
Kurz ist die Spanne Zeit, die mir noch bleibt.

Frank.
Ein einz'ger Tag genügt uns zu beglücken,
Du füllst Jahrhunderte in einem aus!
Wenn uns're Burgen längst in Schutt gesunken,
Und uns'rer Dome altehrwürdig Wunder
Hineinragt in die Wunder neuer Zeiten,
Dann walle du ein lichtes Gnadenbild
Durch segensreiche Gau'n und blüh'nde Städte,
Wo du im Lande lebst, dein Niederländer,
Von weisen Fürsten mild beherrscht, sich fragt:
Wer ist so frei, wer so beglückt als ich?

Jacobäa.
Ja, du entrollst mir ein preiswürdig Bild,
Und gerne wollt' ich sä'n, wo ich nicht ernte.
Doch ich bin kinderlos, und fällt ihr schon

Nach meinem Tode dem Burgunder zu,
So ist es besser, ihr gewöhnt euch gleich
An seine Eisenfaust und macht den Frieden.

Frank.

Nie wird französisch sich und deutsches Blut,
Geradsinn mit der Arglist sich vertragen!
Wir sind ein deutsches Vorland, Herzogin,
Durch uns're Ströme an das Reich gebunden;
Du selbst, die Enkelin des großen Bayers,
Du schuldest einen deutschen Fürsten uns.
Manch wackern Fürstenjüngling zählt dein Haus,
So sende denn nach Ingolstadt, daß Einer
Der Vettern unter deinen Augen sich
Im Freiheitskampf den Rittersporn verdiene
Und deines Ruhmes würd'ger Erbe sei!

Jacobäa.

Ei, glaubst du wohl, ich hätt' es nicht gethan,
Wenn meinen Vettern nicht der inn're Hader
Viel mehr am Herzen läge, als der Kampf
Um Hollands reiche Länderperle, die,
Wie ich besorg', für alle Folgezeit
Dem deutschen Reich' und meinem Haus' verloren?
Von dieser Seite hoffet nichts!

Frank.
Der Kaiser —

Jacobäa.

Ist meines Hauses Feind, und brächt er je
Des Reiches Fürsten auch zur Jagd zusammen,
So möchte Philipp, der gesetzte Leu,
Sich unterm Pfeile der Verfolger krümmen,
Allein die Beute ließ' er nimmer los!

Frank.

Nun denn, so kämpfen wir als wie ein Mann,
Der nichts mehr hofft, nur ficht für seine Ehre!
Die Losung heißt Holland und Wittelsbach, —
Wie du, entehrt, so ist das Land gekettet!

(läßt sich auf ein Knie nieder)

Ja, hohes Frauenbild, in Noth und Schmach,
Wer dich befreit, hat auch dein Volk gerettet!
Das Unglück leiht dir größere Gewalt,
Als einst der Glanz von blut'gen Heldensiegen, —
Die Kette fällt, des Ruhmes Gipfel strahlt,
Mit unserm Banner wirst du ihn erstiegen!

Jacobäa.

Das bist du selbst, bist wieder mir der Frank,
Der einst den Eber schlug an meiner Seite;
Und ob ich blutend dir mein Herz verschloß,
Und Philipp's Schergen mich zu hassen zwang,
So tauchte doch des kühnen Jägers Bild
Sich glückverheißend stets in meine Träume,
Und warm und sonnenhell ward's mir zu Muth!
(ihm die Hand reichend)
So bin ich dein, ja, führ' mich wie ein Kind, —
Steigt auch der Weg in dunkle Wolkenferne,
Getrost hinan, bis wir am Ziele sind
Und Hollands Freiheit schreiben in die Sterne!

Frank.

O ging's hinaus nur in den Tod für dich!

Jacobäa.

Nein, du sollst leben, theurer Mann, für mich,
Bin müde, ach, zu herrschen und zu schaffen,
So führe du, mein trauter Spielgenoß,
Nun Jacobäa's sieggewohnte Waffen,
Und mache Holland glücklicher als groß!

Frank.

Was ist die Größe, die nicht dich erreicht,
Und was das Glück, wenn's dir nicht, Hohe, gleicht?
In deine holden Züge laß mich schauen, —
Empfange Hollands Huldigung und Schwur,
Und nun hinaus in Kampf und Todesgrauen!

Jacobäa.

(Die Arme um seinen Nacken schlingend.)

Ich fühle tief, daß wahre Größe nur
Des Mannes ist, so wie die Huld — der Frauen!

(Jacobäas Jagdgefolge ist mit Fackeln herbeigekommen und bricht in Jubel aus,
als es den Statthalter Philipps des Guten von Burgund, bisher erklärten Feind
ihrer Fürstin an Jacobäas Hand sieht. Unter einer Melodie der Jagdhörner fällt
der Vorhang.)

Märchen aus Kärnten.

Mitgetheilt von **Valentin Pogatschnigg.**

I. Die drei Königssöhne.

Ein König hatte drei Söhne gehabt, die schickte er mit den Worten in die Fremde hinaus: Wer von euch mir eine goldene Kette mit
nach Hause bringt, die dreimal um mein ganzes Königreich herumlangt,
der bekommt das Reich. Sie zogen nun aus und kamen an eine Stelle,
wo drei Wege nach verschiedenen Richtungen führten. Der jüngste von
ihnen wählte den schmälsten der dreie, die beiden anderen je eine Straße.
Der jüngste zog weit, weit fort und kam zu einem Schloße. Da ging
er hinein; eine schwarze Katze kam ihm entgegen, welche ihn fragte,
weßhalb er in diese Gegend gereist wäre und was er denn wolle. Er
that redlich Bescheid auf ihre Frage und bat dann um ein Nachtlager.
„Nachtlager sei dir gewährt," antwortete ihm die Katze, „auch die goldene Kette, die dreimal um das Königreich langt, sollst du haben, wenn
du sieben Jahre bei mir verbleibst." — Er willigte ein. Als die sieben
Jahre verstrichen waren, gab die Katze dem Königssohne eine Schachtel
mit dem Auftrage, dieselbe ja nicht, bevor er nach Hause gekommen, zu
öffnen, da es ihm sonst zum Schaden sein könne. Wenn er dann wieder
einmal von der Heimat fortzöge, so möge er wieder zu ihr kommen.

Er machte sich auf den Weg nach Hause. Dort trafen alle
drei Brüder gleichzeitig ein; die zwei anderen brachten eine Kette von
Zaunringen mit, welche sie aus Fichtenästen selbst gemacht. Da fragte
man auch ihn, wo er die Kette habe, und er antwortete, auf die Schachtel
zeigend: „Hier." Alle fingen über ihn, der ohnehin immer als der

dümmste galt, zu lachen an. Wie er aber die Schachtel öffnete, sahen sie darin eine sehr fein gearbeitete Kette aus lauterem Golde, die dreimal um das Königthum reichte.

Wieder sandte sie ihr Vater mit dem Auftrage fort, das feinste Tuch aufzusuchen; wer das werthvollste Tuch nach Hause brächte, der könnte sein Nachfolger werden. Sie zogen alle ihre alten Wege und der jüngere mußte wieder sieben Jahre auf dem Schloße bei der Katze bleiben. Dann erhielt er das gewünschte Tuch und kehrte zu seinem Vater zurück.

Nach einiger Zeit schickte sie der alte König wieder aus und sagte: „Welcher von euch die schönste Braut mitbringt, der wird mein Nachfolger." Sie gingen wieder jeder denselben Weg, welchen sie früher gezogen. Der jüngere blieb abermals sieben Jahre auf dem Schloße, und als die sieben Jahre vorüber waren, stand eine schöne Kutsche, mit zwei weißen Schimmeln bespannt, vor dem Thore. Die Katze befahl ihm einzusteigen und sagte, die gewünschte Braut werde er bald sehen. Darauf drehte sie sich dreimal um und um und stand als wunderschöne Prinzessin vor ihm; denn er hatte sie erlöst. Zu Hause angelangt, hatte wieder er unter seinen Brüdern den Sieg errungen. Das Königreich des Vaters aber lehnte er ab, indem er sagte, daß er es nicht brauche, und zog dann mit der Prinzessin auf ihr Schloß zurück. Da waren alle Steine in Häuser und alle dürren Baumstämme in Menschen verwandelt.

II. Von den drei Hirschen und der Königin.

Es war einmal ein Jäger, der hatte drei Söhne und eine einzige Tochter. Als der Vater gestorben, theilten sich diese in die Erbschaft und Alles ging in bester Ordnung und Eintracht von Statten. Da nahmen die Brüder wahr, daß ihre Schwester von Tag zu Tag mehr verblühe; bald sah sie aus wie eine geknickte Blume. Die Brüder drangen nun in sie, um zu erfahren, was denn das sei, daß sie so schlecht aussehe. Und die Schwester begann zu erzählen: „Alle Nacht komme ein großer Riese an's Fenster und verlange nach ihrer Hand, aus welcher er immer eine Weile sauge." Die Brüder verabredeten sich nun, den Unhold „abzupassen" und ihn zu tödten. Des Nachts, wie er nun wieder am Fenster erschien, schoß der eine nach ihm, so daß er todt zusammenstürzte. Am frühesten Morgen gingen die Brüder daran, den Leichnam wegzuschaffen. Sie brachten ihn weit weg vom Jägerhaus und begruben ihn im Walde. Eine herrliche Blume schoß aus seinem Grabe hervor. Daheim aber trugen sie ihrem Schwesterlein auf, sich ja nicht in die Nähe des Riesengrabes zu begeben oder wohl gar die Blume zu pflücken.

Das Schwesterlein aber konnte der Neugierde nicht widerstehen; ging in den Wald und pflückte die Blume ab. Mit dem Schatze kehrte sie nach Hause zurück. Aber wie kam es ihr da verändert und unheimlich vor! Niemand von ihren Brüdern war zu sehen. Spät Abends pochte es an der Thüre, und als sie zu öffnen hinausging, fand sie drei Hirsche davor. Das waren ihre drei Brüder, welche in Folge der leichtsinnigen Neugierde ihrer Schwester verwunschen wurden. Sie sagten ihrer Schwester, daß ihnen wieder Erlösung werde, wenn die Schwester sieben Jahre lang kein Wort spreche, und aus selbstgepflegtem und selbstgesponnenem Flachs drei Hembchen verfertige, welche sie den drei Hirschen, wenn sie nach 7 Jahren wieder kämen, an den Hals werfen solle. — Das Schwesterlein wurde sehr traurig darüber. Sogleich machte sie sich an das Werk, sperrte sich ein und begann die Hemblein zu weben. Da kam einmal der Königssohn, der in der Nähe wohnte, in den Wald und kam auch zum Jägerhaus. Er fand da alles offen und still, nur ein Gemach war verschlossen. Weil Niemand dem Klopfenden öffnete, läßt er es aufsprengen und — vor sich sieht er das schönste Mägdelein. Der König war ganz entzückt von ihren Reizen er spricht sie an, erhält jedoch keine Antwort. Da ließ er sie durch sein Gefolge aufheben und mit auf sein Schloß bringen. Aber da war man bald allgemein unzufrieden über die That des Prinzen, man tadelte dessen unbegreifliche Neigung zu dem stummen Mädchen, doch diesem gefiel sie nur immer mehr und er heirathete sie.

Da geschah es, daß der König ins Feld rücken mußte und die Regierung seiner Mutter übergab. Diese war schon lange der Tochter Feind und lauerte auf eine Gelegenheit, ihr einen Schaden zuzufügen. Wie nun die junge Königin während ihres Gemahles Abwesenheit eines Knäbleins genas, ließ die böse Mutter an die Stelle des Kindes, das ausgesetzt wurde, einen Kater unterschieben, und schrieb dann ihrem Sohne, was für Schmach sich begeben habe. Da befahl der König, daß sie sammt ihrer unmenschlichen Frucht lebendig verbrannt werden solle.

Ohne ein Wort zu sprechen, schritt die junge Königin zur Stätte, wo der Scheiterhaufen stand, mit ihren drei Hembchen am Arme. Eben sollte der Holzstoß angezündet werden, da ertönte ein gellender Pfiff und drei Hirsche kamen herangesprungen. Mit einem lauten Schrei warf sie die

Hemdchen auf dieselben und allsogleich standen die Brüder wieder in ihrer wirklichen Gestalt vor ihr; der eine hatte ein Kästchen in der Hand, in welchem das Knäblein lag, das sie geboren, und da kam es an den Tag, welche Bosheit die arge Königsmutter gegen die junge Fürstin geübt hatte, die unschuldig bald wäre hingerichtet worden. Der König war unterdessen vom Kriege heimgekehrt und gerade dazu eingetroffen, das traurige Schauspiel zu sehen. Er nahm sein Weib wieder gnädig auf, die böse Mutter aber mußte ihren Frevel auf dem Scheiterhaufen büßen, den sie zu ihrer Tochter Verderben errichten ließ.

III. Das Katzenschloß und die böse Stiefmutter.

Eine Witwe hatte zwei Töchter, eine eigene und eine Stieftochter. Die Stieftochter war ihr schon lange im Wege, doch sie wußte nicht, wie sie dieselbe wegschaffen könnte. Da erfuhr das böse Weib, daß sich ein Schloß in der Nähe befinde, wo große Schätze liegen und welches von „lauter" Katzen bewohnt sei. Wer sich dorthin wagte, wurde von den Katzen zerrissen, wenn er nicht die Arbeiten verrichten konnte, die sie ihm „auferlegten". Sie schickte ihre Stieftochter dahin. Das Mädchen erhielt von den Katzen die Aufgabe Linsen „auszuklauben"; bis Mitternacht mußte sie mit ihrer Arbeit fertig sein. Kaum hatte sie eine Weile geklaubt, so kamen Tauben an's Fenster und wollten hinein. Sie öffnete das Fenster und sieh'! die Tauben halfen ihr bei der Arbeit, so daß sie schon vor 12 Uhr fertig wurde. Als die Katzen nach Hause kamen und die Arbeit gut verrichtet sahen, bewirtheten sie das brave Mädchen und gaben ihr die Erlaubniß, am nächsten Tage so viel Gold mitzunehmen, als sie tragen könne. Mit der Menge des errungenen Schatzes kam sie nach Hause. Da dachte sich die Stiefmutter: schau, das kann deine eigene Tochter ja auch thun, und schickte auch diese nach dem Zauberschloße. Auch sie bekam Linsen zum „Ausklauben"; sie öffnete ebenfalls die Fenster, aber die Tauben blieben aus. Mitternacht kam herbei, ohne daß sie auch nur mit der Hälfte fertig gewesen wäre. Als die Katzen zurückgekehrt waren, zerrissen sie das Mädchen in tausend Stücke, ihren Kopf stellten sie vor das Fenster und gaben ihm Pomeranzenschalen in den Mund. Wie nun die Mutter, die ihr nachgegangen war, ihren Kopf beim Fenster herausschauen sah, rief sie freudig aus: „Ay! der geht es gut! die hat sogar Pomeranzen zum Essen!" Im

Schloße drinnen aber bemerkte sie, daß es ganz anders war. Die Katzen zeigten ihr den Kopf ihrer Tochter und hatten auch die Mutter bald in „eitle" Stücke zerrissen.

Statistische Ueberblicke.

Die vor einigen Wochen veröffentlichte vierte Auflage des Kolb'schen „Handbuchs der vergleichenden Statistik" enthält auch unter Anderem eine Reihe von Zusammenstellungen, aus denen wir verschiedene Notizen ausziehen, die auf den neuesten Daten, soweit dieselben festgestellt sind, beruhen.

Vor Allem die Menschenzahl. In Europa läßt sich dieselbe mit ziemlicher Bestimmtheit ermitteln. Das Ergebniß der Einzelberechnungen führt zur Zahl von 282 1/3 Millionen. Dies ergibt eine Durchschnittsziffer von 1555 Individuen auf die Quadratmeile. Während aber auf einem solchen Raume in Belgien 9011 leben, sinkt die Zahl in Norwegen auf 303 herab; im europäischen Rußland beträgt sie noch 663, im deutschen Bundesgebiete aber 3969. Dieses Bundesgebiet erscheint mit 45 1/2 Millionen Menschen, wovon 14 1/2 Millionen auf die preußischen und 13 1/2 Millionen auf die österreichischen Bundesländer, endlich etwas über 18 Millionen auf die rein deutschen Staaten kommen. — Auf dem ungeheuren Raume Amerikas leben nur etwa 73 Millionen Menschen — nicht mehr als 107 auf der Geviertmeile. Zu dieser Anzahl liefern die Vereinigten Staaten beiläufig 33 Millionen, also nahezu die Hälfte; Brasilien und Mexico erscheinen jedes mit ungefähr 8 Millionen; die europäischen Besitzungen umfassen 6,900.000. Besondere Schwierigkeiten bietet die Bevölkerungs=Berechnung in Asien und am allermeisten in Afrika dar. Bezüglich des letzteren sind jedenfalls nur völlig unzuverlässige Schätzungen möglich. Um irgend eine Ziffer einzusetzen, nimmt Kolb 80 Millionen an, was 147 Individuen auf die Quadratmeile ergäbe. — In Asien finden sich zwei Länder mit ungemein großer Volkszahl: China, dessen Menschenmenge unser Verfasser, mißtrauend der angeblich officiellen Angabe von 537 Millionen, auf 400—450, und Ostindien sammt der indo=chinesischen Halbinsel und den Inseln, in welchen er sie auf 250 Millionen schätzt. Bei diesen Voraussetzungen kommt er für den ganzen Erdtheil auf 780 = 99·4 auf die Geviertmeile. — Weitaus am dünnsten bevölkert ist der zuletzt bekannt gewordene Erd=

theil. In Australien sammt der ganzen dortigen Inselwelt leben nicht mehr als etwa 2 Millionen Menschen, d. h. 12 auf der Quadratmeile!

Die Gesammtsumme aller Menschen auf der ganzen Erde würde sich sonach auf etwa 1220 Millionen beziffern, mit einer Durchschnittszahl von 517 auf der Quadratmeile. — Wie viel mehr könnten auf dem Erdballe leben!

Besondere Beachtung verdienen die religiösen Verschiedenheiten. Ob der Statistiker gläubig oder ungläubig sei, so muß er die gewaltige factische Bedeutung der kirchlichen Spaltungen würdigen und ihren großen Einfluß auf die staatlichen Verhältnisse in das Auge fassen. In Europa beträgt nun die Zahl der Katholiken einschließlich der mit ihnen unirten Griechen 137·2 Millionen, die der Protestanten 66·8 Millionen, der Griechen 67·7 Millionen. Dazu kommen noch 354.000 andere Christen, dann 3·6 Mill. Juden und 4·8 Millionen Mohamedaner. — In Amerika nimmt unser Verfasser 36 Millionen Protestanten und 35 Millionen Katholiken an. Für die ganze Erde aber gelangt er zu folgender Aufstellung:

Christen: Katholiken 185 Millionen, Protestanten 106 Millionen, Griechen 80 Millionen, andere Christen*) 15 Millionen, zusammen 386 Millionen. Nichtchristen: Mohamedaner 70 Millionen, Juden 6 Mill. sogenannte Heiden 760 Mill., zusammen 836 Millionen.

Unser Verfasser fügt folgende Bemerkungen bei: „Von sämmtlichen Menschen bekennt sich nicht einmal ein Drittel (es sind eigentlich noch nicht einmal 31·62 Percent) zum Christenthume. In diesem selbst bilden die Katholiken nicht ganz die Hälfte (nur 47·91 Percent), während sie von der Gesammtsumme der Menschen noch nicht den siebenten Theil ausmachen (nur 15·14 Percent, wonach also 84·86 Percent aller Menschen Akatholiken sind). — Von den nichtchristlichen Glaubensbekenntnissen zählt der Buddhismus weitaus die meisten Bekenner, wahrscheinlich gegen 500 Millionen, also fast um die Hälfte mehr als alle christlichen Kirchen zusammengenommen und beinahe dreimal so viel als die katholische Kirche."

Auf die Verhältnisse Europa's übt bekanntlich die Stammesverschiedenheit der Völker einen mächtigen Einfluß. Die drei Hauptstämme stehen sich in unserm Erdtheil an Menschenzahl ziemlich gleich; am stärksten vertreten sind die Germanen mit 85·5 Mill., dann kommen die Slaven mit 79·4, endlich die Romanen mit 78·4 Millionen. An der Spitze dieser drei

---

*) Dabei Armenier, Jacobiten rc.; darunter die ganze Bevölkerung von Abyssinien.

Kategorien befinden sich: Die Deutschen mit 53·5, die Russen mit 48 und die Franzosen mit 34 Millionen.

Unter den Sprachen der Culturvölker ist übrigens die englische am verbreitetsten; sie wird von 76 bis 80 Mill. Menschen in allen Theilen der Erde als Muttersprache geredet; die deutsche von ungefähr 48 bis 50, die französische von 40 bis 42, die spanische von 35 bis 40, die italienische von ungefähr 26 Millionen. (Die chinesische Sprache besitzt bekanntlich eine weit größere Verbreitung.)

Die auswärtigen Besitzungen der europäischen Staaten umfassen gegen 252 Millionen Menschen, also weit über ¼ aller außerhalb unseres Erdtheiles lebenden Individuen. Davon befinden sich nicht weniger als 190 Millionen unter dem britischen Scepter und 22½ Millionen unter dem des türkischen Sultans; dann erscheinen die Niederlande mit 18 Mill., Rußland hat 8·4, Spanien 6·4, Frankreich 3·8 und Portugal 2·5 Millionen. Dänemark mit 45.000 und Schweden mit 2800 Colonial-Menschen verdienen kaum der Erwähnung. Es mag einigermaßen auffallen, mit welchen mäßigen Zahlen hier die einst weltbeherrschenden romanischen Staaten, namentlich Spanien und Portugal, erscheinen; selbst Frankreich verdankt die obige Stellung wesentlich nur dem wenig lohnenden Besitze Algiers, während Italien ohne alle auswärtige Besitzungen geblieben ist.

Notizen aus Californien.

I. Die Riesenbäume.

Diese prachtvollen Naturwunder, deren gleichen auf der ganzen übrigen Erde bis jetzt noch keine gefunden worden sind, wurden zuerst im Frühjahre 1852 entdeckt. Ein Jäger, der eine Compagnie Canal-Arbeiter in dem oberen Theile von Calaveras County mit frischem Fleische zu versehen hatte, verfolgte eines Tages die Spur eines Bären, als er zu allererst vor diesen Riesenbäumen stand, die seither überall berühmt geworden sind. Kaum traute er im Anfange seinen Augen, und in seiner grenzenlosen Ueberraschung und Bewunderung vergaß er seinen Bären ganz und gar und eilte, nachdem er sich mit dem Anschauen endlich gesättigt, zu seinen Kameraden, um denselben seine Entdeckung zu verkünden. Diese jedoch hielten die Sache für einen Scherz und wollten sich im Anfange, wie sie meinten, durchaus nicht zum Besten halten lassen, und alle Protestation und Betheuerungen des Jägers wurden mit Gelächter empfangen. Durch eine List brachte dieser jedoch am nächsten Sonntage einige derselben zu dem Platze hin, allwo dann ihr Unglaube der größten Bewunderung wich. In kurzer Zeit hatte sich die Nachricht wie Lauffeuer in der ganzen Gegend verbreitet, und von Nah und Fern strömte Alles herbei, um die großen Bäume zu sehen.

Die Calaveras liegt ungefähr 12 Meilen von Hurphys Camp, einem Minenplatze, entfernt, die Straße dahin ist gut fahrbar gemacht und bei den Bäumen selbst ein Hotel erbaut worden, wo man alle Bequemlichkeiten des Lebens finden kann, so daß der Ort ein allgemein beliebtes Ziel zu Ausflügen geworden ist.

Die riesigen Dimensionen dieser Bäume setzen auf den ersten Anblick Jedermann in Erstaunen. Von ungefähr hundert, die dort stehen, haben zwanzig unten über 25 Fuß im Durchmesser, also 75 Fuß im Umfange. Am Boden liegt ein längst umgefallener Stamm, welcher den Namen „Vater des Waldes" erhalten hat. Dieser Baum, als er noch stand, kann nicht weniger als 400 Fuß hoch gewesen sein, was man aus der Gasse, die er in seinem Falle durch den Wald kleiner Bäume gemacht hat, ersehen kann. Man denke sich einen Baum von der Höhe des Straßburger Münsters. An der Wurzel mißt dieser Stamm 110 Fuß im Umfange und von dort 200 Fuß bis zu seinem ersten Aste. Das Innere ist hohl genug, daß man zu Pferd durchreiten kann. Der größte der noch stehenden Bäume ist die „Mutter des Waldes", 321 Fuß hoch und 90 Fuß im Umfange. Ein Vandale von Amerika nahm dessen Rinde, 11 Zoll dick, bis zu einer Höhe von 116 Fuß weg, um dieselbe in den Staaten Europa's zur Schau auszustellen. Der Baum ist dadurch im Absterben begriffen.

Ein ähnlicher Act der Rohheit wurde für den gleichen Zweck an einem anderen Baume begangen, welcher 302 Fuß hoch war und an der Wurzel 96 Fuß im Umfange hatte. Fünf Mann waren 25 Tage beschäftigt, um Löcher in den Stamm zu bohren, denn von Aexten konnte keine Rede sein. Als der Baum ganz vom Rumpfe getrennt war, fiel er dennoch nicht, seine Geradheit erhielt ihn im Gleichgewichte, und erst nachdem zwei Tage lang Keile in die Oeffnungen getrieben worden waren, fing er an zu wanken und stürzte zuletzt mit donnerähnlichem Gekrache nieder. Sein Stumpf ist verebnet worden und 32 Personen können bequem darauf tanzen; auf seinem Rumpf wurde eine Kegelbahn errichtet!

Nächst an Größe kommen „Herkules", 320 Fuß hoch und 96 F. Umfang, der „Eremit", 318 Fuß hoch und 60 Fuß Umfang, der „Wächter", 320 Fuß hoch und 81 Fuß Umfang, „Uncle Toms Cabin", 305 F. hoch, 21 F. Umfang; seinen Namen hat dieser Baum von einer Aushöhlung, worin 25 Personen bequem zusammen sitzen können. Ferner sind noch zu erwähnen: „die Schönheit des Waldes", 307 Fuß hoch, 65 Fuß im Umfange, „der Stolz des Waldes", 275 Fuß hoch und 60 Fuß im Umfange, „der Hagestolz", 298 Fuß hoch und 60 Fuß im Umfange, und „die alte Jungfer", 261 Fuß hoch und 59 Fuß im Umfange, diese beiden Letzteren malitiöser Weise ihres etwa verwitterten Aussehens halber so genannt.

Andere Bäume wieder stehen in malerischen Gruppen, deren schönste unzweifelhaft die „drei Grazien" sind, drei gleich nahe aneinander stehende Stämme von gleicher Höhe, 295 Fuß, „Mann und Frau", 252 Fuß hoch, die „siamesischen Zwillinge", 300 Fuß hoch, und anscheinlich aus einer Wurzel entsprossen, „Mutter und Sohn", 315 und 302 Fuß hoch, und die beiden „Garden", 300 Fuß hoch, welche am Anfange des Waldes gleichsam Wache stehen. Viele dieser Bäume sind von Stürmen und Waldbränden arg zugerichtet worden, aber die Zähigkeit ihres Holzes ist derart, daß dasselbe der Fäulniß am längsten widersteht. In dem abgehauenen Stamme hat man 3000 Ringe gezählt, es hätten demnach diese Riesen des Waldes ein Alter von 3000 Jahren.

Ueber die Gattung der Bäume waren die Gelehrten lange Zeit nicht einig, ein englischer Professor erklärte sie für eine neue Gattung und nannte sie Wellingtonia gigantea, nach echter Engländer Art; natürlich konnten dieß die Amerikaner nicht zugeben und hießen sie, als ihr Eigenthum, „Washingtonia gigantea". Seitdem hat ein Anderer erklärt, daß die Bäume in die Verwandtschaft der Taxodia und zur Gattung Sequoia gehören, und daß der eigentlich wissenschaftliche Name Sequoia gigantea sei und sein müsse. Lange glaubte man, daß diese Gruppe die einzige ihrer Art wäre; im Jahre 1855 jedoch erklärte ein Jäger von Mariposa County, daß er solche Bäume bei den oberen Zuflüssen des Merced-Flusses gesehen habe. Auch ein Geometer, welcher für Fremont einen Canal vermaß, berichtete, daß an den Quellen des Freyno-Flusses es dergleichen Bäume gebe. Eine genauere Nachforschung darüber wurde jedoch, der unwirthsamen Gegend halber, erst im Jahre 1859 unternommen.

Diese stellte heraus, daß wirklich zwei Wälder dieser Bäume dort existiren, der eine genannt „Mariposa Grove", welcher auf 500 Stämme geschätzt wird, und ein anderer, beinahe eben so groß, zwölf Meilen davon entfernt, welcher noch keinen besonderen Namen führt. Die Bäume dort sind eben so stark, aber um ein Kleines niedriger als die der Calaveras-Gruppe. Der Weg dorthin ist äußerst beschwerlich und kann nur zu Pferde gemacht werden; nichtsdestoweniger strömen jährlich Tausende Naturbewunderer hin, welche die Mühe nicht scheuen, diese prächtigen Wälder und das nicht weit davon gelegene pittoreske Posemite-Thal zu besuchen.

II. Die Gräber-Ceremonien der Chinesen.

Die Verehrung, welche die Chinesen ihren Todten erweisen, ist ein Hauptbestandtheil des merkwürdigen Religionsystems, welches seit den ältesten Zeiten unter diesem Volke herrscht. Ihre Weisen oder Heiligen lehrten wenig über die Gottheit selbst und die unsichtbare Welt. Ihr großer Lehrer Confucius gab zu, daß er nicht viel von der Gottheit verstehen könne, welche die Begriffe der Menschen doch nicht erfassen würden, und zeigte, daß die Erfüllung der Pflichten gegen Mitmenschen in der Anbetung sichtbarer Geister vorzuziehen sei. Die Religion der Chinesen, wenn nicht mit angebornem oder eingeschlepptem Aberglauben vermischt, kann deßhalb als eine derjenigen der alten Griechen ähnliche Schule der Philosophie betrachtet werden. Diese Verehrung der Todten, welche in ganz China und überall, wo Chinesen hinkommen, beobachtet wird, kann deßhalb schwerlich Götzendienst genannt werden. Die Formen und Ceremonien scheinen eher den Zweck zu haben, im Gedächtniß des Volkes die heiligen Pflichten der Ehre und des Respektes ihrer Vorfahren zu erhalten. Die Geister der Verstorbenen, so weit als die National-Religion die Existenz von Geistern zuläßt, werden angeredet, wahrscheinlich mehr um ihr Gedächtniß zu erhalten, als sie um Gnaden und Gunstbezeugungen zu bitten. Für die Seelenruhe der Verstorbenen zu beten fällt dem Chinesen nicht ein Ihre Gebetsformeln sind daher Danksagungen zu nennen. Eine dieser Formeln lautet folgendermaßen:

„Ich Sin Kwang, zweiter Sohn des dritten Geschlechtes, erscheine „an dem Grabe meines Vorfahren Sin Kung. Der Jahreswechsel hat „wieder den Frühling herbei gebracht. Mit Verehrungsgefühl trete Ich an

„dein Grab und reinige es. Niedergeworfen, bitte ich dich zu kommen und
„gegenwärtig zu sein und deinem Nachkommen Segen und Ruhm zu brin=
„gen. In dieser Jahreszeit der befruchtenden Regen und milden Winde wünsche
„Ich mich dem Gründer meiner Existenz aufrichtig dankbar zu erweisen.
„Erhalte mir deinen Schutz und mein Vertrauen ist auf deinen Geist. Mit
„Verehrung bringe Ich dir das fünffache Opfer, ein S ch w e i n, ein H u h n,
„eine E n t e, eine G a n s und einen F i s ch, eben so ein Opfer von fünf Ge=
„fäßen F r ü ch t e und geistigen G e t r ä n k e n, ernstlich flehend, daß du
„kommst und es ansehest. Mit der größten Achtung ist diese Kunde dir
„oben dargebracht."

In zwei Perioden jährlich findet diese Verehrung der Todten statt.
Die erste ist im Anfang April, genannt Tsing-Ning, und besteht in einer
allgemeinen Anbetung des Vorfahren, welche Pai-shan oder Anbetung
bei den Hügeln genannt wird. Die andere findet im August statt und
heißt Schan oder die Verbrennung. Dabei werden papierene Kleider,
Häuser, Geräthschaften und Puppen, letztere Diener vorstellend, verbrannt
zur Ehre oder Benefiz des Verstorbenen.

Beim ersten Fest, welches am weitesten verbreitet ist und am streng=
sten gehalten wird, begeben sich die Leute nach den Gräbern mit nachgetra=
genen gebratenen Schweinen und Geflügel, Getränken, Kerzen und Räuche=
reien und verrichten die üblichen Ceremonien. Beim zweiten Fest scheint
das Verbrennen von Papier und Feuerwerk die Hauptsache zu sein. Die
Chinesen in Californien begehen den Pai-shan regelmäßig jedes Frühjahr.
In San Francisco sieht man sie dann schaarenweise nach ihrem Begräbniß=
platz am Lone Mountain Friedhof wandern zu Fuß und zu Wagen, die
Fuhrwerke beladen mit gebratenen Schweinen, Ferkeln, Hühnern, Enten
Fischen, Früchten, eingemachten und anderen Leckerbissen. Ferner tragen sie
allerlei verzinkte, versilberte, vergoldete Streifen Papier, ebenso farbiges
Wachs und Räucherkerzen mit sich.

Am Grabe angekommen, wird dasselbe zuerst von Unkraut, Gras
Blättern u. s. w. gereinigt, dann werden Matten ausgebreitet, worauf vor
dem Grabe die Opferspeisen ausgelegt werden, während andere die brennen=
den Kerzen in den Grund stecken, die mitgebrachten Papiere anzünden und
herum streuen und Schwärmer verpuffen. Mittlerweile tritt einer der
Anbeter vor das Mahl hin, kniet nieder und verneigt sich dreimal zur Erde,
während er eine Gebetsformel spricht, dann steht er auf, schenkt drei kleine
Tassen Thee, Wein und sonstiges geistiges Getränke ein, welche er auf den
Grund ausgießt, worauf er zurücktritt und die übrigen das Gleiche thun.

Diese Ceremonien werden von den Verwandten der Verstorbenen und zu deren Andenken und Ehre verrichtet. Nachdem dies verrichtet ist, werden die mitgebrachten Opfer wieder auf die Wagen geladen und die Anbeter kehren nach ihren Wohnungen zurück, wo sie den Tag damit beendigen, daß sie sich die Opferspeisen wohl schmecken lassen. Nur selten wird an den Gräbern selbst etwas Frucht gegessen. Die ganzen Ceremonien bestehen im Ausgießen von Getränken, Verbrennen von Papieren, Kerzen und Räucherwerk, Niederknien, Hersagen von Gebeten, und zuletzt in einem Familienschmaus, welcher, zur Ehre der Chinesen sei es gesagt, nie in bachanalische Orgien ausartet. Alles geht mit dem größten Decorum und in der besten Harmonie von Statten.

Statistik der vom Blitze Getroffenen in Frankreich.

Aus dem Bulletin international der Meteorologie. Juli 1865.

1. Von 1835 bis 1863 hat man in Frankreich 2238 durch den Blitz schnell getödtete Personen gezählt.

2. Die höchste jährliche Zahl davon betrug 111, die niederste 48.

3. Rechnet man die Zahl der durch den Blitz Verwundeten auf das Doppelte der schnell Erschlagenen, so beträgt von 1835 — 1863 die Zahl der Opfer im Ganzen 6714, oder im Jahre durchschnittlich 230.

4. Von 1854 — 1863 kamen auf 880 Opfer 243 Personen weiblichen Geschlechtes, d. i. 26.7 auf 100.

5. Das nämliche Verhältniß beträgt in England 21·6 zu 100.

6. In mehreren Fällen, wo der Blitz in Gruppen beider Geschlechter einschlug, hat er vorzüglich Männer getroffen, die Weiber mehr oder weniger verschonend.

7. In vielen Fällen hat der Blitz Herden von mehr als 100 St. getödtet; Hornvieh, Schweine, Schafe, ohne den Hirten oder Führer, wenn er auch in der Mitte der Herde stand, zu beschädigen.

8. Es gibt mehrere Beispiele, daß Buchen vom Blitze getroffen wurden, daher hat Maxwell mit Unrecht die Unverletzlichkeit dieses Baumes angekündigt, welchen Irrthum man bei der letzten wissenschaftlichen Versammlung zu Manchester wiederholte.

9. Es bestehen mindestens 2 Fälle, daß Personen in ihrem Leben mehrmal vom Blitze getroffen wurden; eine dieser Personen wurde am linken Fuß zweimal in einem Zeitraume von 15 Jahren verwundet;

die andere wurde drei Mal in drei verschiedenen Wohnungen vom Blitze besucht.

10. Im Jahre 1853 sind unter 34 vom Blitze auf dem Felde Erschlagenen 15, also fast die Hälfte, unter Bäumen erlegen. Von 1841 bis 1853 waren unter 107 vom Blitze Erschlagenen 21 als unter Bäumen getroffen bezeichnet.

11. Wenn man das Verhältniß der vom Blitze unter Bäumen erschlagenen Opfer blos von 25 zu 100 rechnet, so findet man, daß von den, im Jahre 1835 bis 1863 in Frankreich getroffenen 6714 fast 1700 Personen die Verwundung und selbst den Tod hätten vermeiden können, wenn sie sich während des Gewitters von den Bäumen entfernt hielten.

12. In einem Zeitraume mehrerer Jahre ereignete sich die höchste Zahl der Blitzeinschläge in Frankreich und England in den Monaten Juli und August; kein Todesfall durch Blitz wurde bekannt von den Monaten November, Dezember, Jänner, Februar.

13. Unter 53 vom Blitz Erschlagenen, deren Todesstunden aufgezeichnet wurden, fanden 46 von 9 Uhr Morgens bis 9 Uhr Abends statt, nur 7 von 9 Uhr Abends bis 9 Uhr Morgens, d. i. in den zwei Zeiträumen war der Zahlenunterschied wie 7 zu 1.

14. Im Zeitraume von 1835 — 1863 wurden die meisten Opfer des Blitzes in folgenden Departements beobachtet: Lozere, Haute-Loire, Basses-Alpes, Hautes-Alpes, Haute-Savoie. .

Die am meisten verschonten Departements sind gewesen:

Manche, Orne, Eure, Seine, Calvados.

15. Das Verhältniß der Opfer des Blitzes war dreimal größer im Departement Lozere als im Departement Manche.

Ueber die altslavischen Alterthümer in Kärnten.

Ohne Zorn und Parteisucht, deren
Ursachen wir ferne liegen.
Tacitus Anal. L. 1. C. 1.

Schon lange fahndeten wir in Kärnten auf altslavische Denkmale, weil wir natürlich glaubten, in einem Lande, wo Slaven wohnen, und zwar seit dem 6. Jahrhunderte nach Christus, müßten auch alte Inschriften auf Steinen oder Säulen gefunden werden. Denn wir fanden selbst mehrere hebräische Steinschriften, obgleich der Hebräer nie viele

hier anſäſſig waren; um ſo eher hofften wir immer irgendwo eine altſlaviſche Steinſchrift zu finden. So unterſuchte ich mit einem Slaven eine
Schrift auf einer Steinſtufe vor der Thüre der Kapelle in St. Georgen
am Sandhofe in der frohen Erwartung eine Inſchrift mit cyrilliſchen
Lettern, wie man glaubte, zu finden. Allein ich bemerkte endlich, daß
der Stein verkehrt eingelegt und ſomit die Inſchrift von der Kapellenthüre
aus zu leſen ſei. Das unerwartete Reſultat unſerer genaueſten Unterſuchung
entſprach unſerem Wunſche nicht — wir fanden eine deutſche Grabſchrift
mit gothiſchen Typen für eine Bauernfamilie aus Arndorf und
weiter nichts Anderes. Man hoffte ferner auch auf der Lichtſäule bei
der Pfarrkirche in Völkermarkt eine altſlaviſche Inſchrift zu
entdecken; man ſprach viel von dieſer Säulenſchrift. Endlich machte man
davon einen Abklatſch und auch dieſer ſtellt heraus, daß die Inſchrift deutſch
zu leſen ſei. Dieſe Steinſchrift in gothiſchen Buchſtaben lautet
wie folgt: Die Stifl des ewigen Licht iſt der pruderſchaft
der Schuſter und Leder 1477. Alſo die Stifter dieſes ewigen Lichtes
ſind hier in dieſer deutſchen Inſchrift verewiget. Damals im 15.
Jahrhundert war das Zunftweſen der Handwerker ausgebildet und die Religion durchdrang auch alle Stände. Daher ſo viele fromme Stiftungen
und Bruderſchaften in den alten Urkunden ſich finden. Endlich wurde als
altſlaviſches Denkmal auch die Inſchrift auf der Lichtſäule
bei dem Dome in Maria Saal bisher bezeichnet und ſteht auch
leider als ſolche im „Führer für Kärnten", wodurch die Reiſenden in Irrthum
geführt werden. Auch in die öſterreichiſche Volksſchule von Joſ. Alex Freiherrn v. Helfert iſt dieſer Irrthum übergegangen. Vergl. Carinthia 1860
Nr. 11. Der Irrthum, dieſe Säulenſchrift als eine altſlaviſche zu leſen,
wurde veranlaßt von unſerem kärntneriſchen Slaviſten, Herrn Pfarrer Urban
Jarnik, der dieſe gothiſche Steinſäulenſchrift als eine altſlaviſche
erklärte und in der noch ungedruckten Chriſtianiſirung Kärntens beſprochen
hat. Es ſteht nämlich auf einem durch die Hand eines Engels ſich ſchlän-
gelnden Spruchbande eine gothiſche erhaben gemeißelte Schrift,
aus welcher Urban Jarnik folgende zwei ſlaviſche Worte zu leſen beliebte:
„chera . . . r . . Khopawu. Ihre Bedeutung erklärte er ſo ziemlich
willkürlich ſo: Das erſte Wort, deſſen mittlere Buchſtaben ſchon unleſerlich
geworden ſind, hieß nach ſeinem Muthmaſſen cheranwice, d. i. Behält-
niß. Das zweite Wort, nämlich K'popawu bedeute dann: zum Verbrennen. Nun aber iſt die ganze Inſchrift, wie ein treuer Abklatſch,
den der Herr Skriptor des Geſchichtvereines, Alois Weiß, gütigſt be-

sorgte, darthut, bisher falsch gelesen worden. Diesem gemäß ist diese kurze Säulenschrift folgendermaßen zu lesen: cl. erasms ι Kapaun. Also ist auch cl durch das alte Abtheilungszeichen vom Wort Erasmus getrennt, wie dieses vom Worte Kapaun getrennt ist. Nun was besagen diese Worte: cl ι Erasms Kapaun. Offenbar bezeichnen sie nichts Anderes als den Eigennamen Erasmus Kapaun; aber cl? vielleicht clarus oder clericus, oder Clemens; jedenfalls ist es eine Abkürzung. Heißt es clericus, so ist sein priesterlicher Charakter damit bezeichnet. Nach dieser richtigen Lesung ist dieser Erasmus Kapaun offenbar ebenfalls nur der Stifter dieses ewigen Lichtes, das auf dieser Lichtsäule unterhalten wurde.

Zur Erhärtung dieses Beweises können wir noch eine Urkunde dieser Stiftung vom 21. Oktober 1497 anführen, worin unser Erasmus Kapaun ganz unwidersprechlich als Stifter dieses ewigen Lichtes auf dem Lichthäuschen oder Thürmlein bei dem Dome in Maria=Saal erscheint.

Diese Urkunde befindet sich in unserem Geschichtvereine und steht Jedermann zur Einsicht zu Gebote.

Klagenfurt, am 12. Juli 1865. Dr. Carlmann Flor.

Die Drau und ihr Flußgebiet.
Von Thomas Hermanitz.

Der Draustrom entspringt zu Oberinnichen im Pusterthale in Tirol auf dem Toblacher Felde, tritt an der westlichen Landesgrenze, eine halbe Meile von dem Markte Oberdrauburg, in Kärnten ein, durchströmt das Land in östlicher Richtung in einer Länge von 30 Meilen, tritt eine halbe Meile unter dem Markte Unterdrauburg, von welchem Orte an sie auch links zugleich die Landesgrenze bildet, nach Steiermark über und mündet bei Essegg in Slavonien in die Donau.

Sie macht, ausgenommen vor dem Markte Sachsenburg in Oberkärnten, wo sie von ihrer östlichen Richtung in der Länge von zwei Meilen gegen Norden zu abweicht, keine besonderen Krümmungen, wechselt aber an vielen Stellen, theils ihres starken Falles wegen, theils aber wegen der bedeutenden Versandung durch viele Gebirgsbäche häufig an mehreren Orten ihr Flußbett, theilt sich oft in mehrere Arme, bildet ungemein viele Sandbänke und mehrfach namhafte Inseln, die in der Folge wieder abgeschwemmt werden.

Die Drau ist dessenungeachtet und nur die strengsten Wintermonate, in welchen sie an einigen Stellen mit einer Eisdecke überzogen wird, ausgenommen, stets, jedoch in der Thalfahrt allein, in ihrer ganzen Länge durch die Provinz schiffbar, insbesondere aber wird von Greifenburg und noch mehr von Villach an die Schifffahrt mit Holzproducten, der Montanausbeute, Colonialwaaren, Möbeln, Passagieren u. s. s. sehr lebhaft betrieben. Die Hauptlandungsplätze sind zu Oberdrauburg, Weisach, Mauthbrücke, Villach, Rosegg, Feistritz, Hollenburg, Unterferlach, an der Steinerbrücke, Völkermarkt, Lippitzbach, Lavamünd und Unterdrauburg.

Sie hat bei mittlerem Wasserstande durchschnittlich eine Breite von 30 Klaftern und eine Tiefe von 6 Fuß.

Obgleich beim Eintritte in diese Provinz von keiner besonderen Größe, nimmt sie aber in ihrem Laufe durch Aufnahme bedeutenderer Flüße, als der Möll, der Lieser, der Gail, der Gurk, der Lavant und vieler Bäche an Breite und Tiefe namhaft zu und steigt bei eintretendem Hochgewässer, seltener im Sommer, meist aber zu Ende Oktobers, oft zu außergewöhnlicher Höhe; insbesondere waren es die Jahre 710, 792, 881, 1142, 1202, 1211, 1316, 1342, 1347, 1400, 1491, 1500, 1502, 1555, 1572, 1595, 1621, 1677, 1701, 1703, 1707, 1742, 1747, 1761, 1765, 1784, 1797, 1800, 1813, 1821, 1823, 1824, 1827, 1833 und 1851, wo sie ungemein viele Verheerungen durch Ueber- und Abschwemmungen und durch Aenderungen ihres Flußbettes anrichtete, welches die noch vorhandenen, theils zu Sümpfen gewordenen, weit von ihrem gegenwärtigen Standpunkte entfernten alten Flußbette und insbesondere die mehrfach zu Tage tretenden Reste der Jochstöcke von ehemaligen hölzernen Brücken in weiter Entfernung vom gegenwärtigen Flußbette, namentlich bei Hollenburg, nachweisen.

Sie ist vom April an bis November meistens trüb und nur die übrigen Monate und selten manchmal im Herbste, wenn sehr kleiner Wasserstand vorkommt, durchsichtig, wo dann auch der Fischfang mit gutem Erfolg und vorzüglich nach dem sehr gesuchten und oft eine Länge von 5 Schuh erreichenden Huchen betrieben wird.

Außer den Huchen kommen in der Drau noch folgende Fische vor, als: Hechte, Barben, Rutten, Bratschen, Naßfische, Weißfische, Alten und seltener auch Forellen.

Der einstige Fischreichthum, worauf die bei den vormaligen Herrschaften bestandene Archrobot, die Einlieferungsbücheln, so wie die Ueberrefte von großartigen Fangvorrichtungen der Herrschaft Hollenburg in dem Flußbette bei Gleinach hindeuten, ist bedeutend herabgekommen und dessen Abnahme von 10 zu 10 Jahren immer mehr bemerkbar; als wahrscheinliche Ursache dürften wohl die vielen Ueberschwemmungen zu betrachten sein und dann der Umstand, daß der Fischfang hauptsächlich gegen das Frühjahr zu, wo die Fische ihre Brut absetzen sollen, vorherrschend betrieben wird und daß überhaupt für die Fischzucht bisher in Kärnten fast nichts geschehen ist.

Die Drau überziehen nebst den Eisenbahnbrücken zu Stein und Wernberg mehrere stehende und zur Tragung namhafter Lasten geeignete Brücken, als zu Oberdrauburg, Sachsenburg, Mauthbrücke, Villach, Rosegg, Hollenburg, Sager, Stein, Völkermarkt und Unterdrauburg; ferner sind Seilüberfuhren für Wägen und Pferde zu Unterferlach, Lippitzbach und Unterdrauburg angebracht und nebst denen bestehen noch viele Kahnüberfuhren.

Zum Flußgebiete der Drau gehört ganz Kärnten mit Ausnahme der südlichen Hälfte des Canalthales. Die daselbst fließende Fella, so wie einige anderwärts abfließende Grenzbäche, werden am Schluße näher bezeichnet.

Die Drau nimmt in ihrem Laufe durch Kärnten folgende Flüße und vorzüglichere Bäche auf:

A. An ihrem rechtseitigen Ufer:

a) den Lorenzbach bei Flaschberg,

b) den Feistrizbach bei Feistriz,

c) den Gussenbach bei Sachsenburg,

d) den Weißenbach, im Weißensee entspringend, bei Feistriz unweit Paternion.

e) den Kreuznerbach bei Kellerberg,

f) den Bleiberger, auch Weißenbach genannt, bei Gummern,

g) den Gailfluß, aus einem See ob Tilliach in Tirol entspringend; derselbe tritt bei Luggau in Kärnten ein, durchzieht das Lessach-, dann das Ober- und Untergailthal in dessen ganzer Länge, gibt letzterem auch den Namen, tritt alljährlich sehr verheerend auf und mündet nach Aufnahme folgender Bäche, als:

1. des Karlsbaches, zugleich Tiroler Grenzbaches, links,

2. des Wolayabaches bei Kornat, rechts,

3. des Valentinbaches unter Mauten, rechts,

4. des Doberbaches unter Rattendorf, rechts,

5. des Grenitzerbaches unter Möderndorf, rechts,

6. des aus dem Raiblersee tretenden Wild- oder Seebaches bei Vorbernberg, rechts,

7. des Achomitzer Baches bei Feistritz, rechts,

8. des Gößringbaches unter Hermagor, links,

9. der aus dem Schliza- und dem Bartolobache entstehenden Gailiz vor Arnoldstein, rechts,

unter Villach in die Drau ein.

Ferner münden in die Drau an ihrem rechtseitigen Ufer:

h) der Mühlbach unter Rosegg,

i) der Rosenbach ob Maria Elend,

k) der Dürn- oder Suchabach ob Suetschach,

l) der Feistritzbach in Feistritz,

m) der Loibler- und der Weibischbach bei Unterferlach,

n) der Freibach bei Abtei,

o) die Wönla oder Vellach bei Gallizien,

p) der Gösseldorfer Seebach nächst Kühnsdorf,

q) die Feistritz, auch Libuschka genannt, ob Schwabegg,

r) die Miß, zugleich Grenzfluß gegen Steiermark, welche in der Koprein entspringt, dem Mißthale den Namen gibt, den von Windischgraz kommenden, auch weiter südöstlich die Grenze gegen Steiermark bildenden Grazbach aufnimmt und gegenüber von Unterdrauburg in die Drau einmündet.

B. An ihrem linkseitigen Ufer nimmt die Drau auf:

a) den Gnopnizbach bei Greifenburg,

b) den Grazbach bei Steinfeld,

c) den Rigleierbach bei Sachsenburg,

d) den Möllfluß, welcher im Pasterzengletscher am Großglockner, 6086 Fuß hoch entspringt, dem Möllthale den Namen gibt, dasselbe und somit die in selben liegenden Bezirke Winklern und Obervellach, und zwar bis Reinthal in südlicher, dann bis Obervellach in nordöstlicher, endlich bis Möllbrücke wieder in südlicher Richtung, in einer Länge von 20 Stunden mit einem Gefälle von 4000 Fuß durchzieht und folgende Bäche als:

1. den Leiterbach bei der St. Briccius-Capelle rechts,

2. der Gößnizbach vor Heiligenblut, rechts,

3. der Grabniz- oder Gradenbach bei Putschall, rechts,

4. der Wagerinzbach bei Reinthal, rechts,

5. der Lamitzbach bei Lamitz, rechts,

6. der Wöllabach bei Wöllatratten, rechts,

8. der Teuchlbach ob Kollnitz, rechts,

9. der Teuchlbach ob Seebach bei Döllach, links,

10. der Dösenbach bei Mörtschach, links,

11. der Fraganter Bach bei Fragant, links,

12. der Metnitzbach bei Groppenstein, links, und

13. der Kaponigbach bei Obervellach, links,

aufnimmt und unter Sachsenburg bei Möllbrücke in die Drau mündet;

e) den Liserfluß, welcher an der Salzburger Grenze unter dem Schwarzhorn aus dem See in der Gemeinde St. Peter, Bezirks Gmünd, entspringt und

1. den Maltabach bei Gmünd, rechts,

2. den Rablbach bei Trebesing, rechts,

3. den Hinterreckbach ob Liserhofen, rechts,

4. den Kremserbach bei Kremsbrücke, links,

5. den Leobner Bach bei Leoben, links,

6. den aus dem Millstätter See, in welchen See sich östlich der Döbriacher Bach, der Oswaldibach und der Roßbach ergießen, westlich ausfließenden Seebach

aufnimmt, meist sehr verheerend auftritt und ⅛ Meile unter Spittal in die Drau einmündet;

f) den Ossiacher Seebach, gespeist mit der bei Pernegg im Bezirke Feldkirchen entspringenden Tiebl, die nach Aufnahme des Teuchner Baches nächst Steindorf in den Ossiacher See tritt und bei St. Ulrich ob Wernberg in die Drau einfällt;

g) den Gurkfluß, welcher am Fuße des Eisenhut aus dem Torrer See in der Gemeinde Winkl-Reichenau, Bezirks Feldkirchen, entspringt, diesen Bezirk südöstlich, den Bezirk Gurk östlich, die Bezirke Althofen, St. Veit, Eberstein südlich und den Bezirk Klagenfurt zuerst südöstlich, dann östlich durchzieht, dem Gurkthale den Namen gibt und gegenüber von Stein in die Drau mündet.

Zu dem Flußgebiete der Gurk gehört das Gurker, Metnitz-, Glan- und Görtschitzthal, dann das Krapp- und Tainacher Feld, in welchen sie

1. den Griffner Bach, links,

2. den Slatnizbach bei Kleinglödnitz, links,

3. den Jauernigbach ebendort, links,

4. den Silberbach unter St. Martin, links,

5. die Metniz mit ihren Nebenbächen, als:

    a) dem Schwarzenbach unter Möbring,

    b) dem Teichlbach bei Metniz,

    c) dem Roßbach unter Grades,

    d) dem Olsabach unter Grafendorf,

    e) dem Feistrizbach, unter Grades einmündend, aufnimmt;

6. die Görtschiz, welche in Steiermark als Hörafeldbach entspringt, ob St. Martin bei Silberberg nach Kärnten eintritt, hier ihren Namen annimmt, das von ihr die Benennung tragende Görtschizthal durchfließt und nach Aufnahme des Metnizbaches bei Hüttenberg und des Löllinger Baches bei Mösel bei St. Johann am Brückl links in die Gurk einfließt;

7. die Glan; sie entspringt an der nordöstlichen Seite des Köstenberges bei Pernegg im Bezirke Feldkirchen, durchfließt östlich das nach ihr benannte Glanthal, berührt St. Veit, durchzieht dann in westlicher Richtung die Ebene von Maria Saal, wendet sich nach Süden ob Mageregg, nimmt bald darauf wieder die östliche Richtung an und mündet bei Zell unter Ebenthal rechts in die Gurk. — Dieselbe hat in ihrem ganzen Laufe einen oft kaum bemerkbaren Fall, ist sehr fischreich und nimmt während ihres Zuges den Regabach unter Dietrichstein, den Wimizbach oder Hungerbrunn, den Wölfnizbach bei Mageregg und die aus dem Wörther See kommende Glanfurt bei Ebenthal auf;

h) Den Waisenberger Bach, vom Dieterberge kommend und bei Neudenstein einmündend;

i) den Aschenizer oder Mühlgrabenbach, bei St. Stefan ob Hainburg sehr mächtig entspringend und unter Völkermarkt in die Drau eintretend;

k) den Lippizbach, entstehend aus dem bei Griffen zusammenfließenden, aus der südlichen Seite der Saualpe entspringenden Grafenbache und Wölfnizbache und den im Orte Lippizbach mächtig hervortretenden vielen Quellen, welcher sich hier in die Drau ergießt;

l) den Lavantfluß, der im gleichnamigen See an der Weitalpe in Steiermark unfern der Landesgrenze entspringt, die Bezirke St. Leonhard, Wolfsberg und St. Paul durchzieht, dem Ober= und Unter=

Lavantthale den Namen gibt, durchaus eine südliche Richtung hat und bei Lavamünd in die Drau tritt.

Die Lavant nimmt in ihrem, 7 Meilen langen Laufe, wobei sie in der ersten Hälfte ihres Laufes ein bedeutendes Gefäll hat,

1. den Töplizbach ob St. Leonhard,
2. den Waldensteiner Bach bei Twimberg,
3. den Kambach ob St. Gertraud,
4. den Prössingbach bei St. Gertraud,
5. den Weißenbach in Wolfsberg,
6. den Arlingbach am Priel und
7. den Granizbach bei St. Paul auf.

Ferner kommen in Kärnten noch folgende Grenzbäche vor, welche aber nicht zum Flußgebiete der Drau gehören:

Nördlich an der steiermärkischen Grenze:

      a) der Felfernigbach,
      b) der Scharrbach,
      c) der Schachmarbach.

Diese entspringen sämmtlich in der Gegend von Metniz, bilden theilweise die Grenzen, fließen nördlich nach Steiermark aus und münden in die Mur.

Südlich an der Grenze gegen Krain:

Die Kanker, welche an der nördlichen Seite des Grintouz entspringt, nach Krain abfließt und sich in die Save ergießt.

Südwestlich an der italienischen Grenze:

Die Fella, welche im südlichen Theile des Canalthales entspringt,

      1. den Wolfsbach,
      2. den Ugebach,
      3. den Malborgether Bach und
      4. den Weißenbach

aufnimmt, bei Ponteba in das venetianische Gebiet übertritt und in den dem abriatischen Meere zufließenden Tagliamento einmündet.

Meteorologisches.

Witterung im Juli 1865.

Die Witterung des Juli war andauernd warm und heiter. Nur am 12. wurde diese durch einen Gewittersturm unterbrochen, der der Ebene den sehnlich erwarteten ausgiebigen Regen brachte, die Alpen jedoch sehr ungleich mit einer Schneelage bis 5500' herab bedeckte und eine durch mehrere Tage anhaltende Temperaturdepression zur Folge hatte. Am 13. und 14. wurden ziemlich tiefe Wärmegrade beobachtet, in Klagenfurt 4·0, am Luschariberg 1·3, am Hochobir, wo 5 Zoll Schnee lag — 0·1. Der ganze übrige Monat war sehr warm, nur wenig von kurzen Gewitterschauern abgekühlt. Die größte Wärme wurde am 8. oder vom 18. zum 20. beobachtet und stieg in Klagenfurt auf 27·2, St. Paul 25·0, Gottesthal 25·6 selbst in Wiesenau und Bad Vellach über 23°, am Luschariberg wurden 17·0, am Hochobir 18·0 verzeichnet (im Juli 1859 aber 23·0).

Der Niederschlag, nur vom Gewitterregen kommend, war sehr ungleich im Lande vertheilt, nur das Gewitter vom 12. war ein allgemeines, die übrigen local in Klagenfurt fielen nur 2·9, in St. Paul nur 1·5, dagegen in Saifnitz 4·1, Sachsenburg 4·3, in Raibl 4·5, in Maltein 4·6, in St. Peter 5·0, in Würmlach (Gailthal) gar 5·8 Zoll Regen. An mehreren Orten fiel der Regen wolkenbruchartig, so am 9. zu Reichenfels (Oberlavantthal) und am nämlichen Tage in Treffen bei Villach. — Von Hagel begleitet waren die Gewitter am 30. und 31., so in Hausdorf, in Raibl u. a.

Vergleicht man die dießjährigen Mittel der meteorologischen Elemente des Juli zu Klagenfurt mit den normalen, so finden wir, daß der Luftdruck von 320·6 nur wenig über dem normalen (320·2) die Luftwärme aber mit 16·9 um 1·7° darüber war, überhaupt gehört der vergangene Juli zu den wärmsten, denn in der ganzen Beobachtungsreihe hatten nur folgende Jahre noch größere Mittelwärme im Juli: 1859 (17·4), 1839 (17·9) 1834 (17·5) und 1827 (17·6.)

Der Niederschlag betrug in Klagenfurt nur 2·9 Zoll Wasserhöhe, während er normal 4·6 Zoll erreichen soll, in den letzten Jahren fielen weniger: 1859 (2·6), 1857 (2·1), 1846 (2·6), 1843 (2·7) u. s. f. Eben so ist die Anzahl Tage mit Regen zu klein, die der mit Gewitter aber normal. Die Bewölkung ist im Juli normal 4·9 und war heuer nur 3·5.

Am Hochobir war die Mittelwärme 9·5; nach bereits 18 Jahre umfassenden Beobachtungen ist sie im Juli im Durchschnitte nur 7·8, in in dieser Jahrreihe war der Juli nur 1861 (10·9) und 1855 (9·7) und 1859 (9·8) wärmer als heuer; jedoch stieg die Temperatur, die heuer nur 18° erreichte, in 5 dieser Jahre über 20·0, 1859 sogar auf 23·0.

Schulnotizen.

Die Herren Lehrer Kaspar Anderwald in Tiffen und Thomas Lausegger in Lippitzbach erhielten das Bestätigungsdekret.

Im Competenzwege übersetzt wurde: Herr Ignaz Rausch von St. Paul ob Ferndorf nach Kellerberg.

Als wirkliche Lehrer wurden dekretirt die Herren: Joseph Mitsche für Forst; Engelbert Fercher für Stockenboi; Johann Lulek für Altenmarkt; Karl Schaller für Penk.

Als Schulprovisoren wurden abgeordnet die Herren: Franz Kneschaurek nach St. Paul an der Gail; Mathias Steiner nach Kaning; Simon Perne nach Innerteichen; Johann Eigner nach Fürnitz; David Kaufitsch an die Pfarr-hauptschule in Wolfsberg.

Gestorben sind: Oswald Wuzella, pens. Lehrer zu St. Jakob im Rosen-thale; Bartlmä Janach, Lehrer in Fürnitz, und Matthäus Grünwald, prov. Lehrer in Wolfsberg.

Mittheilungen aus dem Geschichtverein.

Mit Tod abgegangen sind:

Das Vereins-Ehrenmitglied Herr Johann Karl Schuller, pens. k. k. Statt-halterei-Rath 2c. 2c., in Hermannstadt;

Die ordentlichen Vereins-Mitglieder:

Herr Franz Fridrich, inful. Dompropst von Lavant 2c. 2c., in Marburg;

Herr Johann Witzeling, inful. Domdechant von Gurk 2c. 2c., in Klagen-furt, und Herr Diez, Handelsmann in Villach.

Ausgetreten ist: Herr Joseph Egger, Handelsmann in Villach.

Als Geschenke sind dem Geschicht-Vereine zugelangt:

Vom Vereine für Geschichte und Alterthum Schlesiens: a. Zeit-schrift des Vereins-Registers zum Bande I — V. — Sechster Band 1. und 2. Heft. — b. Codex diplonaticus Silesiae. VI. Band. (Enthält: Urkunden zur Geschichte

Oberschlesicus.) — c. Acta publica. Verhandlungen und Correspondenzen der schlesischen Fürsten und Stände. Jahrgang 1618. —

Vom Vereine für Hamburgische Geschichte: Von den Arbeiten der Kunstgewerke des Mittelalters zu Hamburg. XI. Blatt. Abbildungen nebst Erläuterung.

Vom historischen Vereine zu St. Gallen: Mittheilungen zur vaterländischen Geschichte. 4. Band.

Mittheilungen der k. k. geographischen Gesellschaft in Wien. 8. Jahrgang 1864. Heft 1.

Vom historischen Vereine von und für Oberbaiern: a. Jahresberichte für 1861 und 1862. — b. Oberbaierisches Archiv für vaterländische Geschichte. 23. und 25. Band.

Sitzungsberichte der königl. baierischen Akademie der Wissenschaften in München. 1865. Band 1. Heft 1. und 2.

Vom historischen Vereine für Steiermark: a. Mittheilungen des Vereines. 13. Heft. b. Beiträge zur Kunde steiermärkischer Geschichtquellen. — 1. Jahrgang 1864.

Verhandlungen des historischen Vereines von Oberpfalz und Regensburg. 23. Band.

Berichte und Mittheilungen des Alterthums-Vereines in Wien. 8. und und 9. Band. (Enthält: Wien und seine Bewohner während der zweiten Türkenbelagerung 1683. Von Albert Camesina.)

Darstellung mehrerer bisheriger Systeme für Anordnung von Sammlungen mittelalterlicher und moderner Münzen und Medaillen und Begründung eines wissenschaftlichen Systemes von Kaiser Karl dem Großen bis auf unsere Tage. Von Jos. Bergmann, wirklichem Mitgliede der kaiserlichen Akademie der Wissenschaften. (Geschenk vom Herrn Verfasser.)

Beitrag zur Geschichte des heraldischen Doppeladlers. Von F. K. Fürst zu Hohenlohe-Waldenburg. (Besonderer Abdruck aus dem Anzeiger für Kunde der deutschen Vorzeit. 1864.) — (Geschenk vom Herrn Verfasser.)

Ueber die Siegel der Pfalzgrafen von Thüringen. Von F. K. Fürst zu Hohenlohe-Waldenburg. (Geschenk vom Herrn Verfasser.)

Beiträge zur älteren deutschen Sprache und Literatur. Von Joseph Diemer. (Geschichte Joseph's in Aegypten. Deutsches Gedicht des 11. Jahrhunderts. Nach der Vorauer Handschrift mit Anmerkungen. (Geschenk vom Herrn Verfasser.)

Reihe aller bisherigen Erzbischöfe zu Salzburg, wie auch Bischöfe zu Gurk, Sekau, Lavant und Leoben, sammt einer kurzen Geschichte dieser Bisthümer vom Jahre 582 bis 1817. Von Peter Leardi. Graz 1818. (Geschenk vom Herrn Thomas Hermanitz, k. k. Finanzdirektions-Beamten.)

Vom Herrn August Nekermann, k. k. Bezirksvorsteher zu St. Leonhard: a. Zwei Faszikel-Urkunden aus dem 16. — 18. Jahrhunderte. b. Ein Faszikel Grab- und Glockeninschriften aus St. Leonhard, Reichenfels, Prebl und Gräbern. c. Kupfermünzen aus neuerer Zeit.

Vom Herrn Ferdinand Steiner, k. k. Landesgerichts-Adjunkten: Zwei antike Bronce-Münzen.

Vom Herrn Dr. Vinzenz Hartmann, k. k. Oberrealschul-Lehrer: Eine chinesische Neujahrs-Karte. (Original.)

Von der Direktion der k. k. Oberrealschule in Klagenfurt. 4 Exemplare des Programms vom Schlusse des Schuljahres 1864/65.

Angekauft:

Mittheilungen der k. k. Central-Commission zur Erforschung und Erhaltung der Baudenkmale. 10. Jahrgang. Doppelheft Mai und Juni 1865.

Deutsches Staatswörterbuch von Dr. J. C. Bluntschli und K. Brater. 87. und 88. Heft. (Socialismus-Staaten. Verträge.)

Biographisches Lexicon des Kaiserthums Oesterreich. Von Dr. Constant von Wurzbach. 12. und 13. Theil.

Chronica, das ist: Wahrhaffte, eigentliche und kurze Beschreibung aller Herzogen zu Venedig. Durch den Ehrnfesten und Hochgelahrten Heinrich Kellnern, b. R. Doktorn. Frankfurt a. M. 1574. (Mit vielen Holzschnitten.)

Respublica, das ist: Wahrhaffte, eigentliche und kurze Beschreibung der herrlichen und weitberümpten Statt Venedig. Frankfurt a. M. 1574. Von Sigmund Feyerabendt.

Historia Herrn Georgen Und Herrn Casparn von Frundsberg, Vatters und Sons, beyder Herrn zu Mündelheym, Ritterlicher und löblicher Kriegsthaten. Frankfurt a. M. 1568.

Ein antikes Bronce-Schwert; 1' 7⅞" lang; in drei Stücken. Gefunden nächst Stein im Jaunthale bei den Eisenbahn-Erdarbeiten.

Mittheilungen aus dem naturhistor. Landes-Museum.

I. Vermehrung der Bibliothek im Schriftentausch.

Bulletin de la société imperiale des naturalistes de Moscou. 1865. I.

Verhandlungen des naturhistorischen Vereines der preußischen Rheinlande und Westphalens. 2 Hefte.

Bulletin de la société Vaudoise des sciences naturelles T. VIII. Bul. 52.

Monatberichte der königl. preußischen Akademie der Wissenschaften aus dem Jahr 1863.

Leopoldina Nr. 3 et 4.

Zeitschrift der deutschen geologischen Gesellschaft. XVII. 1. Heft.

Bericht über die Sitzungen der naturforschenden Gesellschaft zu Halle 1864.

Verhandlungen der schweizerischen naturforschenden Gesellschaft zu Zürich. 48. Versammlung. Jahresbericht 1864.

VI. Jahrgang des zoologischen Gartens, herausgegeben von Professor Dr. C. Bruch. 1—6., von der zoologischen Gesellschaft in Frankfurt.

II. Naturalien.

Herr Türk in Kötschach ein sehr schönes Exemplar eines Wespenbussars sammt 2 Eiern desselben.

Herr Michael Busch in Grafenstein: einen Blasenstein eines männlichen Schweines.

Herr Max Ritter v. Moro: 3 Eier eines Thurmfalken.

Herr J. Ullepitsch: 2 Eier eines Kanarienvogels.

Herr Inspektor Löffler einen Uhu.

Herr Vogl, Lieutenant des Regimentes Baron Maroičić, eine Bachmöve.

Herr Thomas Umfahrer, Pfarrer in Tigring, ein junges Exemplar eines weißen Pfauen.

III. Mitglieder:

Eingesendet wurden: Vom Gau St. Paul: Von Herrn Tonitz, k. k. Notar 5 fl.; von Herrn Professor Ambros Pauler 2 fl.; von Hrn. Domaingo, Bürgermeister 2.

In Klagenfurt sind für 1865 nachstehende Jahresbeiträge eingefolgt:

Von den Herren: Dr. Joseph Luggin 3 fl.; Bernhard Mainzinger 2 fl., Franz Mathé 3 fl.; Anton Matschnigg 3 fl.; von der Frau Matuschka 3 fl.; von den Herren: Alois Maurer 3 fl.; Maurer Söhne 2 fl.; Fr. Mayer 2 fl.; Joseph Mayer 2 fl. 10 kr.; Simon Martin Mayer 2 fl. 10 kr.; Franz Melling 5 fl.; von der Frau Franziska Menner 5 fl.; von den Herren: Dr. Anton R. v. Millesi 3 fl.; Dr. Mitteregger 2 fl.; Gebrüder Ritter v. Moro 26 fl. 25 kr.; von Fräulein Josephine v. Moro 4 fl.; von den Herren: Leopold Ritter von Moro 3 fl. 15 kr.; Max Ritter von Moro 5 fl. 25 kr.; Thomas Ritter von Moro 10 fl. 50 kr.; von Frau Franziska v. Moser 2 fl. 10 kr.; von den Herren: Paul Mühlbacher 20 fl.; Viktor Nagel 2 fl.; Alois v. Narebl 2 fl.; Christof Reuner 5 fl. 25 kr.; Anton Ohrfandl 3 fl.; Karl Pamperl 2 fl. 10 kr., Adam Pichler, Propst 2 fl. 10 kr.; Dr. Plasch 4 fl. 20 kr.; Eduard Preschern 5 fl. 25 kr.; Georg Prettner 2 fl.; Johann Prettner 5 fl. 25 kr.; Franz Puntschart sen. 3 fl.; J. R. v. Rainer 21 fl.; von den Fräulein: Clementine v. Rainer 3 fl.; Marie v. Rainer 3 fl.; von den Herren: Eduard Rauscher 5 fl. 25 kr.; Sr. Durchlaucht Fürst Rosenberg 12 fl.; Michael Rothauer 5 fl.; von der Frau Auguste von Scheiblin 5 fl. 25 kr.; von den Herren: Anton Schmidt 4 fl.; Dr. Schönberg 4 fl. 20 kr.; von Fräul. v. Schwerenfeld 2 fl.; von den Herren: Hermann Spitzer 5 fl.; Dr. Stieger 3 fl. 15 kr.; Ludwig Tazoll 2 fl.; Dr. Alois Wölwitsch 2 fl.; von Fräul. Auguste v. Wobley 2 fl. 10 kr.; vom Herrn Ferdinand von Wolff 3 fl.; von der Frau Albine von Farlatti 3 fl.; vom Herrn Vinzenz Kurzel 4 fl. 10 kr.

Roheisen- und Blei-Preise im Juli 1865.

Eisen-Preise.

Per Zollcentner in ö. W.:

Köln: Holzkohlen-Roheisen 2 fl. 25 kr. — 2 fl. 62 kr., Cokes-Roheisen affinage 1 fl. 87 kr. — 2 fl. 10 kr., graues 2 fl. 25 kr. — 2 fl. 40 kr., Schottisches Nr. 1 2 fl. 32 kr. — 2 fl. 50 kr. Stabeisen grobes 5 fl. 25 kr. — 6 fl.

Berlin: Schlesisches Holzkohlenroheisen 2 fl. 65 kr., Cokes-Roheisen 2 fl. 55 kr.

Auf österreichische Meiler à 10 Wiener Centner berechnet:

Köln: Holzkohlenroheisen 25 fl. 20 kr. — 29 fl. 40 kr., Cokes-Roheisen affinage 21 fl. — 23 fl 50 kr., graues 25 fl. 20 kr. — 26 fl. 90 kr., Schottisches Nr. 1 26 fl. — 28 fl., Stabeisen grobes 58 fl. 80 kr. — 67 fl. 20 kr.

Berlin: Schlesisches Holzkohlen-Roheisen 29 fl. 68 kr. Cokesroheisen 28 fl. 56 kr.

Oesterreichisches Roheisen loco Hütte:

Vordernberg 31 fl., Eisenerz 27 fl., Kärntnerisches 26 fl. — 27 fl., Böhmisches 35 fl. — 40 fl., Mährisch-schlesisches 36 fl. — 39 fl., Oberungarisches weißes und halbirt 19 fl. — 22 fl., loco Poprad 22 fl. 50 kr. — 24 fl.

Blei-Preise.

Per Zollcentner Köln: Raffinirtes Weichblei 9 fl. 25 kr. — 9 fl. 75 kr., Hartblei 8 fl. 75 kr. — 9 fl. 25 kr.

Berlin: Sächsisches 9 fl. 38 kr., Tarnowitzer 9 fl. 50 kr.

Auf Wiener Centner berechnet:

Köln: Raffinirtes Weichblei 10 fl. 36 kr. — 10 fl. 64 kr., Hartblei 9 fl. 80 kr. — 10 fl. 36 kr.

Berlin: Sächsisches 10 fl. 50 kr. Tarnowitzer 10 fl. 64 kr.

Kärntner-Blei loco Hütte 11 fl. — 12 fl. 50 kr.

Durchschnittspreise der Lebensmittel zu Klagenfurt im Juli 1865.

		fl.	kr.			fl.	kr.
Weizen		4	50	Speck, gesalzter		—	44
Roggen		3	23	roher	das Pfund	—	37
Gerste	der Vierling	2	83	Schweinschmalz		—	44
Hafer		1	90	Eier		—	3
Heide		3	65	Hendl		—	60
Mais		3	50	Kapaunen	das Paar	—	
				Enten		—	97
Brein (gestampfte Hirse)		7	40	Gänse		2	—
Erbsen		4	70	12" Scheiterholz, hartes		3	52
Linsen	der Vierling	—	—	12" Scheiterholz, weiches	loco Lend eine n. ö. Klftr.	2	80
Fisolen, weiße rothe		4	50	30" Scheiterholz, weiches		4	80
Erdäpfel							
Rindschmalz	das Pfund	—	52	Heu	der Zentner	—	75
Butter		—	45	Stroh		—	56

Herausgegeben vom Geschicht-Vereine und natur-historischen Landesmuseum in Kärnten. — Verantwortlicher Redacteur Dr. Heinrich Weil. — Druck von Ferd. v. Kleinmayr. — Geschäftsleiter Rudolf Bertschinger in Klagenfurt.

Carinthia.

№ 9.　　　　September　　　　1865.

Ueber die Sprache.

Von Dr. Heinrich Weil.

(Schluß.)

Sobald wir versuchen die Frage nach dem Ursprunge der Wurzeln
zu beantworten, müssen wir gleich im Vorhinein dabei auf die Hilfsmittel
verzichten, welche sonst historische Quellen darbieten; die Uranfänge
der Geschichte fallen nämlich schon in die Zeit der ausgebildeten Sprachen.
Es bleibt daher für unsern Zweck nichts übrig, als auf inductivem Wege
dem Ziele nachzustreben. Dieser ist es auch, welchen Alle betraten, die dem
Ursprunge der Sprache nachforschten. Dabei ist es leicht erklärlich, daß
man diese Frage noch nicht so zugespitzt hatte, wie dieß von uns an der
Hand der neuesten Forschungen geschehen, welche die prädicativen und
demonstrativen Wurzeln als den Niederschlag der sprachlichen Analyse
aufzeigten. Unter den Philosophen welche den Sprachenursprung behandelten, lassen sich zwei Classen scharf unterscheiden, von denen die eine
die Theorie der Schallnachahmung (Onomatopöie), die andere jene der
Empfindungsäußerungen (Interjectional=Theorie) aufstellten. Die Erstern
behaupten, daß alle Wortbildung zuerst auf Nachahmung der Laute oder
Schalläußerungen beruht haben müsse welche die Gegenstände der Natur
von sich geben, eine Ansicht, welche im vorigen Jahrhundert sehr populär
war. Es mag nun zugegeben werden daß eine Sprache auf diesem Wege
allenfalls entstehen könnte, es ist jedoch der Beweis nicht geführt worden,
daß nur eine einzige auf diesem Wege wirklich entstanden sei. So viel ist
ferner gewiß, daß dieses Prinzip der Wortbildung wenn irgendwo anwendbar, bei der Bildung der Thiernamen die größte Rolle gespielt haben
müßte; nun ist aber zwischen den Worten für die mit Schalläußerungen
verbundenen Thätigkeiten der Thiere und den Eigennamen dieser Thiere
selbst in der That kein lautlicher Zusammenhang zu entdecken, wie z. B.

zwischen Gans und gackern, Henne und glucken, Ente und quacken, Sperling und piepen, Taube und girren, Schwein und grunzen, Pferd und wiehern, Katze und miauen, Hund und bellen oder heulen. Damit soll jedoch das Zustandekommen einzelner Worte auf dem Wege der Schallnachahmung gar nicht geläugnet werden, wie ja obige Worte für die Aeußerungen einzelner Thiere, nämlich quacken, girren, glucken u. s. f., selbst ein Beispiel dafür geben. Ein anderes Beispiel wäre z. B. der Name des Vogels Kuckuck, französisch coucou, sanskr. kokila, griechisch kokkyx, lateinisch cuculus, Ausdrücke welche ihren Ursprung, eine Nachahmung des diesem Vogel eigenthümlichen Rufes zu sein, nicht verläugnen können.

Aehnliches gilt von dem französischen coq, der Hahn, womit dessen gackernder Ton nachgeahmt wird, so wie das Sanskritwort hiefür, nämlich kukuta, das Hahnengeschrei treffend nachahmt. Wie vereinzelt aber derlei Wortbildungen seien und wie sie nicht die Regel sein können, zeigt die Betrachtung, daß derlei Worte im Sprachschatze sich als äußerst unfruchtbar zeigen. Sie stehen kinderlos unter den weitverzweigten enkelreichen Familien der Uebrigen, und bringen es kaum zu Adoptivkindern, wie man jene Worte nennen könnte, welche nur in Folge einer metaphorischen Anwendung mit einem solchen Worte wie coq zusammenhängen. Während wir z. B. aus Wurzeln wie spás, spähen, und ar, ackern, einen breiten Wortstrom entstehen sehen, fand das Wort coq nur im Wege der Metapher eine armselige Ausbreitung in Ausdrücken wie coquet (ursprünglich hahnenähnlich einherschreitend), coquetterie, cocart (eingebildet), cocarde, coquelicot (die dem Hahnenkamm ähnliche Klatschrose) u. s. f. Worte aber wie Kuckuck und die früher genannten stehen ganz einsam und verlassen da; andererseits gibt es Wörter, die man als Nachahmungen von Lauten anzunehmen sehr geneigt ist, die aber bei eingehenderem Studium auf eine prädicative Wurzel zweifellos zurückgeführt wurden. So glaubte man allgemein, daß der Name Rabe, angelsächsisch hrafn, althochdeutsch hraban, im Sanskrit kârava, lateinisch corvus, griechisch korone mit dem Gekrächze des Vogels zusammenhänge. Doch hängen alle diese Worte mit der Wurzel ru oder kru zusammen, welche allerdings ein Tönen jedoch der verschiedensten Art, vom leisen Flüstern bis zum rauhen Geschrei, bedeutet. Von dieser Wurzel und der secundären rud werden im Sanskrit viele Worte abgeleitet; im Lateinischen kommt raucus heiser, rumor ursprünglich das Geflüster, im Deutschen rünen, raunen, leise sprechen, und runa, das Geheimniß, davon her. Ebenso das lateinische lamentum, das für ravimentum steht. Das lateinische rugire und das deutsche r u f e n wird auf dieselbe Wurzel zurückgeführt.

Wie oft haben wir uns nicht selbst vorgesagt, daß das deutsche: Donner, das englische thunder und das französische tonnèrre eine Nachahmung des rollenden Geräusches sei, welches entsteht, wenn wie die alten Germanen sagten der Gott Thor, oder wie wir den Kindern sagen, die lieben Engelein droben Kegel schieben? Und doch ist nichts unrichtiger als jene Meinung. Das Wort stammt von der Sanskritwurzel tan, strecken, spannen, welcher auch das Wort tonos (da die vibrirende gespannte Saite den Ton erzeugt), entspringt. Von dieser Wurzel kommen im Sanskrit die Formen tanyu und tanyatu, welche Donner bedeuten, und aus diesen Worten wird wohl Niemand mehr das berüchtigte Kegelschieben heraushören wollen. Dieselbe Wurzel hat Ableitungen wie im lateinischen tener und tenuis, sowie im französischen tendre und englischen tender, zart, im Sanskrit tanu, das wie das englische thin, im Deutschen dünn bezeichnet. Das über eine große Fläche Ausgespannte wird zart und dünn. Dünn hängt also mit Donner zusammen. — Aus dem Zucker, französisch sucre wollte man etwas Süßes heraushören; nun stammt das Wort mit der Pflanze aus Indien, wo es sanskrit. sarkhara (lateinisch sacharum) heißt, und aus diesem Worte würde eher die Vorstellung des Sauren entstehen können. So wollte man aus dem Worte Katze das Zischen des erzürnten Kätzchens vernehmen, allein das Zischen das in der Sibillante z wirkt, kommt im lateinischen catus und im Deutschen Kater, englisch cat, gar nicht vor. Und so könnten wir noch an manchem Beispiele die gewohnte Selbsttäuschung nachweisen.

Die Unhaltbarkeit jener Theorie trieb die Forscher auf eine andere Seite, wo aber ein nicht minder falscher Weg sie aufnahm; wir meinen die Interjektional-Theorie. Gewohnt, den Menschen in seinen Anfängen in allen Beziehungen dem Thiere an die Seite zu stellen, und von der Beobachtung geleitet, daß einerseits Thiere durch Laute eine gewisse Verständigung zu erzielen vermögen, andererseits aber der Mensch selbst auf der höchsten Stufe der Cultur eine Menge von Empfindungen durch Interjektionen auszudrücken pflegt, welche man auch „laute Gesten" genannt hat, gelangte man zur Annahme, daß die Empfindungslaute der Anfang der menschlichen Rede seien, und daß sich Alles darin aus diesen Rudimenten herausgearbeitet habe. — Es ist nun allerdings richtig, daß Empfindungslaute in jeder Sprache vorkommen, daß manche Wortzusammensetzungen sich auf dieselben zurückführen lassen; es ist aber dieß nur bei einer sehr kleinen Zahl von Worten nachweisbar, und es ist wohl zweifellos, daß die Sprache eigentlich erst dort anfängt wo die Interjectionen aufhören. Es ist eine That-

sache der Erfahrung, daß ein Ausruf bestimmter Art ohne eigentliche Wort-
bedeutung, namentlich in Verbindung mit einer Geste, oft mehr zu sagen
und tiefer zu erschüttern oder höher zu entzücken vermag, als eine lange
wohlgesetzte Rede; es wird dieß aber immer nur dort der Fall sein, wo die
Aufgeregtheit der physischen Natur, die Leidenschaftlichkeit des Blutes den
Menschen auf seine rein natürliche Stufe herabdrückt, die Klarheit echt
menschlichen Denkens und Wollens trübt, oder die gefährliche Situation
ihn zwingt, auf die kürzeste Weise sein Bedürfniß auszudrücken. Das be-
redte Wort geht dann in berückendes Stammeln, die Zorneswuth in den
Aufschrei, das gekränkte Gefühl in Wimmern, die Todesangst in den Hilf-
schrei über. Wenn wir auch sehen, daß es beim Thiere normal ist, im beschränkten Kreis seiner Empfindungen und Bedürfnisse durch im Ganzen
nicht sehr modulirbare Laute sich auszudrücken, so berechtigt uns doch nichts,
das, was in anormalen oder wenigstens nicht gewöhnlichen Stimmungen
beim Menschen erscheint, als das der Eigenthümlichkeit seiner Art Entsprechende, als das Normale, als den wesentlichen Anfang seiner Sprache, als
dasjenige anzuerkennen über das die Natur auch bei seiner Ausstattung nicht
hinausgegangen ist. Diese, sowie die früher gedachte Theorie entstammen
eigentlich der seinerzeit sehr beliebten Parallelisirung zwischen den Anfängen
der Menschheit und dem Kindesalter des Menschen. Nachdem man metaphorisch von einer Kindheit der Menschheit sprach, glaubte man auch die
Erscheinungen bei der Kinderwelt auf jene frühe Periode übertragen zu
können. Das Kind ahmt gerne nach, es nennt die Kuh mit Vorliebe Muh,
das Schaf Bäh; in den vielen Fällen, wo es die natürliche Empfindung
überkommt, schreit, weint und lacht es, statt eine schöne Rede zu halten.
Also — müsse es auch in der Kindheit der Menschheit so gewesen sein! Der
Schluß ist jedenfalls falsch.

Auch bei der Interjectional-Theorie waren die Versuche die einzelnen
Worte auf diese Weise zu erklären, ziemlich verunglückt. So finden wir
z. B. folgende Darstellung. Der Ekel so hieß es, mache sich zu allererst in
Gerüchen geltend; da sei es eine natürliche Schutzhandlung, die Nase zu
rümpfen, und durch die zusammengepreßten nach vorn verlängerten Lippen
den Athem gewaltsam herauszustoßen, wodurch Interjektionen wie pfui, fi,
hu u. dgl. entstehen. Die den physischen Ekel ausdrückenden Laute habe
man dann auch auf das moralisch Verabscheuungswürdige übertragen, und
so seien Worte wie Feind entstanden. Wenn dieß richtig wäre, so müßte
der Ausdruck der Verachtung in der Aspirata F gesucht werden, wobei es
freilich sehr merkwürdig wäre, daß das Wort Freund mit derselben **Aspirata**

beginnt. Das Wort Feind, gothisch fijands, ist ein Partizip von der gothischen Wurzel fijan, althochdeutsch fajan und da der aspirata im Gothischen immer eine tenuis im Sanskrit entspricht, so müßten wir im Letztern ein Wort finden, welches mit b oder p oder dgl. beginnt; und wirklich finden wir hier die Wurzel pij, hassen, woraus das gothische fijan entstanden ist, so wie das Wort Freund auf die Sanskritwurzel pri, sich ergötzen, zurückzuführen ist. Im Sanskrit finden wir also schon keine Spur von einer Verachtung, Ekel ausdrückenden Interjection. Nicht glücklicher waren andere Erklärungsversuche im Sinne dieser Theorie, welcher man das Gewaltsame, Geschraubte auf den ersten Blick ansieht. Gegen beide obengenannte Theorien spricht aber auch ein philosophischer Grund, wenn man Inductionsschlüsse mit diesem Ausdrucke benennen will. Die heutige Wissenschaft scheut sich nicht mehr, auch den Thieren eine Seele und mit ihr gewisse geistige Fähigkeiten zuzuerkennen, womit zugleich auch der Satz verbunden wird, daß mit jeder geistigen Fähigkeit eines Geschöpfes ein entsprechendes natürliches Organ zur Bethätigung derselben verknüpft sei. Die vergleichende Psychologie hat nun im Menschen eine Fähigkeit gefunden, die ihn qualitativ selbst von den höchsten Thieren unterscheidet; man nannte dieselbe Vernunft oder das Vermögen der Abstraktion, die Fähigkeit a l l g e m e i n e I d e e n zu bilden. Damit stimmt auch das Resultat der Sprachforschung überein, wonach die Wurzeln, auf welche man ja alle Sprachen zurückgeführt hat, durchaus nur allgemeine Ideen enthalten. Die Induktion nöthigt somit zu der Annahme, daß das Organ welches dieser höhern Fähigkeit dienen solle, ein anderes sein müsse als die Gabe bloß Empfindungslaute hervorzubringen womit das Thier allerdings ausreicht, oder sich bloß nachahmend gegenüber den einzelnen Naturlauten zu verhalten. Man schließt daher daß es eine natürliche Fähigkeit im Menschen geben müsse welche der geistigen Fähigkeit allgemeine Ideen zu bilden, wie sich diese in den Wurzeln ausdrückt, genau entspreche. Hiernach haben wir uns auch bei Ermittlung der Antwort auf unsere Schlußfrage zu halten.

Bevor wir jedoch dieselbe geben, sei es gestattet noch eine andere Richtung zu charakterisiren, in welcher strenge Philosophen sich dem Problem zu nähern suchten, indem sie die Frage zu beantworten strebten woran denn die Dinge der Außenwelt e r k a n n t werden, und was — ob nämlich der Einzelgegenstand oder ein Allgemeines — zuerst von dem Menschen b e n a n n t worden sein müsse? Es ist dieß um in der Schulsprache zu reden, die Frage nach dem primum cognitum und dem primum appellatum.

Auch hier dürfen wir uns nicht wundern ebenfalls entgegengesetzte Ansichten zu finden, von denen jede mit Aufwand von Scharffinn und Gelehrsamkeit vertheidigt wurde. An der Spitze stehen Männer deren Namen allein schon hinreichen sollte, Achtung vor diesem Kampfe der Meinungen und Interesse für den Gegenstand zu erwecken. Es sind Adam Smith und Leibnitz. Der Erstere stellt die Behauptung auf daß Substantive die ersten Worte gewesen sein müssen, nämlich solche, welche die noch im Zustande der Wildheit zu denkenden Menschen zur Bezeichnung der für sie wichtigsten Naturgegenstände im Verkehre miteinander nöthig hatten, und zwar so, daß sie einer bestimmten Höhle z. B. welche ihnen Obdach bot, einem bestimmten Baume der ihnen Schatten und Früchte gab, einer bestimmten Quelle die ihren Durst löschte, eben diesen oder irgendwelchen ihrem rudimentären Jargon entsprechenden Namen gaben. Jede Höhle, jeder Baum, jede Quelle u. s. f., die sie ferner sahen, mußte sie an derlei früher benützte oder ihnen irgendwie wichtig gewordene Gegenstände erinnern, und es war natürlich, daß sie diesen neuen Gegenständen denselben Namen gaben, gerade so wie das kleine Kind jeden Mann mit Papa anredet, und jedem Flusse den Namen jenes gibt, der am väterlichen Hause vorbeifließt. Das zuerst Erkannte sei also das Individuelle, Einzelne gewesen, dieses war es auch, welches zuerst benannt wurde, und mit dem Fortschreiten der Erfahrungen, mit der Erweiterung des Gesichtskreises, wodurch der Begriff einer Gattung als der Mehrheit ähnlicher Individuen sich bilden mußte, sei endlich die Uebertragung des Namens des Einzelgegenstandes auf die ganze Classe der ähnlichen Erscheinungen geschehen. Die erste Höhle wurde so genannt, dann jede zweite, dritte u. s. f. bis man endlich das Wort zur Bezeichnung dessen überhaupt, was die Eigenschaften einer Höhle in sich vereinigt, benützte. — Die ganz entgegengesetzte Ansicht wird von Leibnitz aufgestellt, und zwar ebenfalls wieder mit Rücksicht auf die Erfahrungen welche die Kinderwelt darbietet. Nach ihm pflegen nämlich Kinder und solche die von einem Gegenstande wenig verstehen, statt die individuelle Bezeichnung dessen, was sie eben meinen, zu geben, sich allgemeiner Ausdrücke wie Pflanze, Ding, Thier, zu bedienen; hieraus und aus andern Beobachtungen zieht er nun den Schluß, daß die ersten Worte Gattungs= oder Gemeinnamen gewesen seien, und es überhaupt sich nur sehr selten ereignet haben dürfte, daß ein Mensch gerade nur für ein Individuum ein Wort erfunden hätte. So werde z. B. der Name Großhaupt demjenigen gegeben worden sein, der in der ganzen Stadt den größten Kopf hatte oder der Mann von der größten Bedeutung war. Der Wortbildung sei daher das Erkennen des Allgemeinen vorausgegangen, dieses Allgemeine sei dann zunächst auch benannt, und erst dieser Name dann auf die einzelnen Individuen übertragen worden. Im Folgenden soll nun gezeigt werden daß beide Ansichten im Rechte sind, und daß ihre Unrichtigkeit nur in ihrer Ausschließlichkeit liegt. Adam S m i t h hat Recht, indem ganz sicher die erste Höhle jeder fernern den Namen gab, sowie ja auch die erste Kaiserwohnung auf dem palatinischen Hügel jedem späteren Palaste, Cäsar allen späteren Kaisern den Namen gab. Aber auch L e i b n i tz hat Recht, wenn er in jeder Namengebung die Benennung eines Allgemeinen wittert, wie wir an einigen Beispielen sehen wollen. Betrachten wir nämlich die Ausdrücke für Höhle im Lateinischen, wie antrum, cavea oder caverna. Antrum, welches mit internum das Innere zusammenhängt, wird mit diesem auf eine pronominale Wurzel im Sanskrit nämlich an oder antar, welches zwischen, drinnen bedeutet, zurückgeführt. Bevor also die erste Höhle antrum genannt wurde, mußte der allgemeine Begriff des Inwendigen, des Darinnenseins dem Geiste vorgeschwebt und selbst schon mit an oder antar benannt worden sein. Der Wilde nannte die Höhle die ihn barg, die ihn vor Wetter und Thieren schützte, sein Inneres, sein Drinnen, und nannte auch naturgemäß alle späteren Höhlen so die ihm vorkamen.

Betrachten wir nun auch die Ausdrücke cavea oder caverna für Höhle, welche von cavus, hohl sich ableiten. Die Wurzel cav kommt von der Sanskritwurzel ku oder sku, in der die Idee des Bedeckens (couvrir, coprire, cover) liegt. Bevor man hohl cavus nannte, mußte daher der allgemeine Begriff des Deckenden, Schutz gewährenden gefunden und mit ku oder cav bereits benannt worden sein; dann mußte in der Höhle der Begriff des Hohlen erkannt und dieses mit cavus benannt worden sein, und dann erst konnte die eine bestimmte Höhle cavea oder caverna genannt werden, welche dann freilich allen später gefundenen Höhlen den Namen gab. So verhält es sich mit allen Nominibus und kann leicht nachgewiesen werden. Der Name für F l u ß rivus, rivière, river war offenbar der Name eines bestimmten Flusses bei dem man den Begriff d. i. die Allgemeinvorstellung des F l i e ß e n d e n hervorhob, welches im Sanskrit ru oder sru heißt, woraus dann rivus, rivière und river entstand. Dieselbe Wurzel tönt im Worte Rhenus oder Rhein, und wenn das Wort bei diesem bestimmten Flusse stehen blieb ohne sich zu einem Gattungsnamen zu erweitern, wie dieß bisweilen vorkommt, so kann daraus nichts gegen die Richtigkeit obiger Behauptung abgeleitet werden. Wir sehen somit, daß das erste wirklich E r k a n n t e und B e n a n n t e ein Allgemeines ist, daß diese Benennung bei

der Bildung des Wortes für ein Individuum an dem man jenes Allgemeine (als Eigenschaft u. f. f.) vorfand, mitwirkte, daß dieser neue Name
dann allen ähnlichen Individuen beigelegt und auf diesem Wege endlich ein
Gattungsname wurde. Daß dieß sich wirklich so verhalte, zeigt am besten
das Wort „Name" selbst, in dem wir die soeben geschilderte Ansicht gleichsam aufbewahrt finden. Der Name lateinisch nomen, welches für gnomen
wie notus für gnotus, natus für gnatus steht, heißt im Sanskrit nâman,
goth. namo. Dieses Wort kommt von der Sanskritwurzel gnâ, kennen,
her, und bezeichnet zunächst das, woran wir etwas kennen lernen.
Dieß heißt nichts anderes, als daß das an einem Dinge Erkannte den Grund
der Benennung dieses Dinges abgibt, oder daß das Ding nach dem benannt
wird, woran wir dasselbe als solches erkennen. Wie erkennen wir aber die
Dinge? Wenn wir dasselbe nur erst durch die Sinne wahrnehmen, werden
wir gewiß nicht behaupten daß wir es erkennen. Wir merken es, aber wir
erkennen es nicht. Wenn man sagt daß das Kind seine Mutter erkenne,
so ist dieß eine Licenz des Sprachgebrauches, denn man müßte eigentlich
sagen, daß das Kind — welchem wir damals noch gar keine Erkenntniß
vielleicht zuschreiben — die Wiedererinnerung an die Mutter habe. Wir
erkennen nämlich ein Ding erst dann, wenn wir dasselbe als Ganzes oder
Theile davon unter allgemeine Ideen zu bringen vermögen, wenn wir Begriffe b. i. Allgemeinvorstellungen die wir haben, in demselben wiederfinden
Die Benennung eines Dinges geschieht also — falls man zugibt, daß die
obige Ableitung des Wortes „Name" richtig ist — erst dann, nachdem man
Eigenschaften des Dinges erkannt und für diese den Ausdruck gefunden
hat. Dieß ist aber auch der wichtige Punkt, wo sich der Mensch vom Thiere
scheidet; hier liegt die geheimnißvolle Grenze welche das Thier nicht zu
überschreiten vermag, hier endlich liegt auch der ideelle Grund, warum es
das Thier nie zu einer Sprache im eigentlichen Sinne des Wortes bringen
kann, obwohl die Fähigkeit fast alle Laute des Alphabetes hervorzubringen
wie beim Papagei und beim Spottvogel, vorhanden ist. Das Thier hat
Sinne und damit Wahrnehmungen, es vermag selbst zu vergleichen, zu
wählen u. f. f., es vermag aber nicht allgemeine Ideen zu bilden, es hat kein
Abstraktions= oder Begriffbildungsvermögen, es bedarf daher die Sprache
gar nicht, während andrerseits der Mensch welcher jenes Vermögen besitzt,
in seinem Organismus ein demselben entsprechendes Ausdrucksmittel ein
Organ bedarf, das man Sprachfähigkeit nennt. Mit dem ersten Begriffe bethätigt sich diese Fähigkeit, das Kind ringt unablässig nach dem
Ausdrucke. Dieses findet aber den Ausdruck bei seiner Umgebung vor, die

ihm die bereits gebildete Sprache entgegenbringt; die Menschheit auf ihrer ersten Stufe aber mußte sich mittelst jener Fähigkeit die Sprache erst bilden. Und so finden wir bei jedem Worte das wir analysiren, daß es eine allgemeine dem damit bezeichneten Gegenstande eigenthümliche Idee ausdrückt. So heißt der „Mond" von mâ messen, dadurch eigentlich der Zeitmesser; die „Erde" von ar ackern, die Gepflügte; „animal" das Thier von an blasen, das (durch den Hauch Gottes) Belebte. Die „Seele" gothisch saivala von saivs See, das wieder auf die Wurzel si oder siv (griechisch seio) schütteln zurückführt, heißt hienach eigentlich das geschüttelte, bewegte Wasser. Die ältesten Sprachbildner, welche also die Seele als ein auf- und abwogendes Meer in uns auffaßten, zeigen sich damit als die ersten Poeten; und es ist wieder ein Beweis einer echt nationalen Dichternatur, wenn Heine singt: „Mein Herz gleicht ganz dem Meere — Hat Ebb' und Sturm und Flut." Liebe im Sanskrit smara und Schmerz im englischen smart ferner, die ewig Verbündeten, entsprossen auch sprachlich der Wurzel smar, sich erinnern. Im Worte sarpa Schlange, ist die allgemeine Idee des Kriechens ausgedrückt die in der Wurzel srip liegt. Die Schlange heißt aber auch im Sanskrit ahi, im Griechischen echis, im Lateinischen anguis, Worte die von der Sanskritwurzel ah oder anh, welches ersticken, würgen bedeutet, sich ableiten. Das Merkmal oder die Idee des Würgens, Umschlingens, Zusammendrückens hat also zu dem Ausdrucke für die Schlange geführt. Dasselbe Wort bedeutet im Sanskrit aber auch Sünde, offenbar weil das Bewußtsein der Sündhaftigkeit für den Geist etwas Erdrückendes, Erwürgendes, gleichsam Unentrinnbares hat, ein Zustand für den die berühmte Laokoon-Gruppe als symbolische Darstellung gelten könnte. Wenn daher die Bibel durch die Schlange im Paradiese die Sünde in die Welt kommen ließ, so ist damit auch das wiederholt, was der Sprachgeist im Sanskrit bereits ausgedrückt hatte.

Von derselben Wurzel anh kommen dann auch die Worte ango ängstigen mit den Adjektiven anxius, angustus; dann angina (die Bräune) und angor, im Deutschen noch: die Enge, die Thürangel, bang u. s. f., Worte, in welchen näher oder entfernter jene allgemeine Idee des Würgens, des Erdrückens oder Pressens liegt. Diese Reihe von Beispielen wollen wir mit einigen Ausdrücken für jenen Begriff schließen, der uns immer am höchsten interessiren wird, nämlich mit den Ausdrücken für den Menschen und zusehen, welches Allgemeine oder welche Eigenschaft die alten Bildner der Sprache beim Menschen zum Unterschiede vom Thiere besonders hervorgehoben und wonach sie ihn benannt haben.

Der Mensch heißt im Lateinischen homo, im Französischen l'homme welches sich zu l'on und endlich zu on verkürzt. Dieses homo hängt durch seine Wurzel mit dem lateinischen humus Erde und humilis am Boden befindlich, zusammen. Homo bedeutet demnach den aus Erdenstaub Gebornen, den aus „Lehm Gemachten". Der Mensch heißt im Sanskrit marta, wovon das lateinische mortalis und griechisch brotos sterblich. Er galt ihnen also vorzüglich als das Sterbliche; eine Auffassung, die ohne die Annahme, daß jene Sprachbildner auch den Begriff der Unsterblichkeit hatten, nicht möglich ist. Ein anderes und zwar das bezeichendste Wort für Mensch war bei ihnen das Wort manu von man denken (und dieses von mā messen). Der Mensch war ihnen das **Denkende**. Im Gothischen finden wir man, im Deutschen **Mann**, und manniska, im Deutschen **Mensch**.

Es sind dieß aber nicht die einzigen Ausdrücke dieses Begriffes, welcher ja so viele Seiten der Betrachtung darbietet, und in welchem man so viele allgemeine Beziehungen entdecken mußte. Dieß gilt aber auch von den meisten Dingen. Hat doch z. B. der berühmte Orientalist von Hammer im Arabischen 5744 Ausdrücke ermittelt, welche auf das Kameel Bezug haben. Die Zahl der Synonymen muß in jener Periode des Sprachenfrühlings eine ungeheure gewesen sein, und wenn wir bei den heutigen verhältnißmäßig in den Zustand der Ruhe gekommenen Sprachen die Anzahl der Ausdrücke beschränkt sehen, wenn wir Redensarten und Wendungen, sowie die mit dem Lebensprocesse einer Sprache zusammenhängenden grammatischen Regeln und Redeformen in der Gegenwart gewissermaßen conventionell festgestellt erblicken, so wird es auch auf diesem Gebiete der Erscheinungen erlaubt sein, zwischen den Erzeugnissen des Sprachvermögens ebenfalls jenen Kampf um das Dasein, den Sieg des Stärkeren über den Schwächern, den Untergang des Ungenügenden, Unvollkommeneren sowie die Fortdauer des zweckmäßiger Organisirten anzunehmen, welche der berühmte Naturforscher Darwin in neuester Zeit für die Thierwelt als solche nachzuweisen, und dadurch die Erscheinungen derselben in der Gegenwart zu erklären bemüht ist. *)

Alle diese Kämpfe mußten sich aber zuerst an den Wurzeln selbst vollzogen haben, so wie uns eine der wenigen noch übrig gebliebenen Wurzelsprachen z. B. das Chinesische dieß bei näherer Untersuchung beweist. — Faßt man aber nun zum Schlusse nochmals das bisher Gesagte zusammen, so ergibt sich, daß alle Sprachen sich auf Wurzeln reduziren, welche der

---

*) Vergleiche „Die Darwin'sche Theorie und die Sprachwissenschaft" von August Schleicher. (Weimar, Hermann Böhlau 1863.)

physische Ausbruck einer im Geiste erfaßten allgemeinen Idee sind, und daß dieß nicht nur von den sogenannten prädikativen, sondern auch von den demonstrativen Wurzeln gilt.

Es erübrigt nun nur noch, die Antwort auf die Frage: auf welche Weise die Wurzeln zum Ausbrucke allgemeiner Ideen wurden? möglichst kurz zu beantworten.

Es ist oben schon darauf hingewiesen worden, daß ein Unterscheidendes zwischen Thier und Mensch in der Fähigkeit des Letztern Begriffe zu bilden, liege, und daß die Möglichkeit Empfindungslaute hervorzubringen, die er sammt den niederen physischen Vermögen mit dem Thiere theilt, als kein jener höheren geistigen Thätigkeit entsprechendes und für ihren Ausbruck genügendes Aeußerungsmittel angesehen werden können. Er muß also auch eine besondere physische Fähigkeit dafür besitzen, und dieß ist die dem Menschen ausschließliche Fähigkeit Sprachwurzeln zu bilden. Mit jeder Wahrnehmung oder Vorstellung die in jener Kindesperiode des Menschengeschlechtes zum erstenmale durch das Gehirn des Einzelnen zog, wurde auch jene Fähigkeit zur Thätigkeit angeregt und eine Wurzel ausgesprochen. Die Zahl dieser Wurzeln muß deßhalb im Anfange auch eine fast unendliche gewesen sein, und nur auf dem Wege der geschilderten Prozesse, welche wir oben metaphorisch den „Kampf um's Dasein" nannten, sowie durch andere Einflüsse welche in ihrer Naturnothwendigkeit wirkten, heute aber mehr geahnt als streng nachgewiesen werden können, war es möglich, daß im Laufe der Aeonen einerseits die mannigfaltigsten Sprachen sich abzweigten, und andrerseits die fortlebenden Wurzeln sich auf eine relativ so geringe Anzahl beschränkten. Jene Fähigkeit, Vorstellungen mit artikulirten Lauten zu begleiten, allgemeine Ideen durch Wurzelworte zu bezeichnen, ist eine rein natürliche, der Menschengattung besonders verliehene, wenn man will ein Instinkt.

Dieser stumpft sich wie alle andern unzweifelhaft auch dem Menschen innewohnenden Instinkte durch die Cultur ab, weil man seiner nicht mehr bedarf. Der feine Geruchsinn des Indianers z. B. ist ja auch dem Europäer nicht mehr eigenthümlich. Mit der Fortentwicklung der Sprachen mußte also auch diese Fähigkeit sich abstumpfen, und bei dem zivilisirten Menschen unseres Jahrhunderts, welchen eine fertige Sprache schon an der Wiege begrüßt, wird man nur mehr dunkle Spuren jenes in der Zeit des Schöpfungsfrühlings offenbar ungemein energischen Instinktes zu finden hoffen können. — So sind wir von der komplizirten Erscheinung der ausgebildeten Sprachen ausgegangen, und sind schließlich bei einem einfachen natürlichen Vermögen als der physischen Urquelle jener Erscheinungen angelangt, wobei wir die geheimnißvolle Grenze, welche unsere altgewohnten Anschauungen zwischen Geist und Materie ziehen, berührten, und wo sich uns eine Perspektive in die Zukunft eröffnete, in welcher Philosophie und Naturwissenschaft nicht mehr getrennt sondern vereint wirken dürften.

Die vorliegende Darstellung welche lediglich in der Absicht geschah, eine ausführlichere Anzeige des Eingangs gedachten ausgezeichneten Werkes zu geben, hat ihren Zweck vollkommen erreicht, wenn es damit gelang, die Aufmerksamkeit auf die großen Ergebnisse der Sprachwissenschaft zu lenken, und das Interesse für einschlägige Studien oder wenigstens Beobachtungen in dieser Richtung zu wecken.

Wenn diese „Anzeige" etwas breiter ausfiel als ursprünglich in der Absicht des Verfassers lag, so mag dieß durch den Umstand entschuldigt werden, daß es bei einem einerseits so interessanten andererseits aber selbst vom gebildeten Publikum so wenig gekannten Gegenstande nicht angeht auf Vorausgesetztes sich zu stützen, sondern daß es dabei nöthig wird selbst auf Einzelnes näher einzugehen.

Ueber den Weinbau in Kärnten.

Eine Skizze von Thomas Hermanitz.

Den Weinstock, die edelste Pflanze der Welt, trifft man in unserm Gebirgslande, wenn auch in verschiedenen Gegenden, nur mehr vereinzelt, fast allenthalben an, und wird ihm außer um Wolfsberg, zu Thürn, in Neuhaus, am Preglhof und in der Umgebung von Sittersdorf, nur selten mehr die gehörige Aufmerksamkeit und Pflege geschenkt, die er zum guten Gedeihen unumgänglich nöthig hat.

Aus seiner großen Verbreitung fast in allen Thälern des Landes, aus den bestehenden Sagen und den, auf eine einstige Weinkultur hindeutenden Orts- und Häuserbenennungen (wie Weinleiten, eine Gegend bei St. Salvator, Weinberg ein Dorf bei Ettendorf nächst St. Paul, mit 36 Häusern, Weinberg, Dorf bei Völkermarkt mit 23 Häusern, Weindorf, bei Guttaring mit 6 Häusern, Weindorf unweit Osterwitz mit 10 Häusern, Weingarten, Dorf bei Viktring mit 3 Häusern, Weinzerl, Dorf bei Sternberg mit 8 Häusern; den Bezeichnungen der Pfarre

St. Georgen „am Weinberg" nächst Trixen und St. Georgen „am Weinberg" zu Köttmansdorf bei Hollenburg, der Filiale St. Benedikt „am Weinberg" bei Groß St. Paul), welche Orte alle so wie überhaupt das Lavantthal, das Jaunthal, das ganze Glanthal, das untere Drauthal und die linken Ufer des Millstätter-, Ossiacher- und Wörthersees eine für die Weinkultur vorzüglich geeignete Lage haben; insbesondere aber aus den noch vorhandenen Schriften, Weinzehent- und Robotregistern, dann Rentrechnungen der vormaligen Herrschaften und den hie und da noch vorkommenden Weingärten geht zuverlässig hervor, daß der Weinbau in Kärnten in der Vorzeit in einem ausgedehnten Betriebe gestanden seie, welches auch darin seine Bestätigung findet, daß in der für Kärnten erlassenen Polizeiordnung von E. H. Karl ausdrücklich von Weingärten, Weinlese und Hauern Erwähnung geschieht.

Nach Megiser hätten die Soldaten der Margareth Maultasche während ihrer Belagerung der Veste Osterwitz in dem Zeitraum von 1330 — 1340 die dort liegenden Weingärten vernichtet.

Ein im Gurkerarchive vorfindiger Zehentregister erwähnt, daß das Domstift Gurk von 24 bei Launstorf nächst Osterwitz gelegenen Weingärten den Zehent bezogen habe, welche Gegend sich wegen des daselbst befindlichen Kalkgebirges zur Weinkultur besonders eignet; ebenso bezogen die ehemaligen Herrschaften Sonnegg und Eberndorf von Sittersdorf und Umgebung einen namhaften Weinzehent in natura und die Cameral-Herrschaft St. Andrä hiefür ein Relutum bis in die neueste Zeit, mehr noch aber in der Vorzeit Hartneidstein und Wolfsberg von umliegenden Weingärten, wo Zehentregister staunenswerthe Summen nachweisen, wie es Dr. Karlman Tangl in seinen Beiträgen zur Geschichte des ehemaligen Weinbaues bei Wolfsberg im Lavantthal „Archiv für vaterländische Geschichte und Topographie 1861" dargethan hat.

Bürger von Wolfsberg kelterten aus ihren Weingärten im Jahre 1557 allein 602 Startin Wein, nach einer im Wolfsberger Archive vorfindigen Urkunde, ein.

Wann der Wein in Kärnten eingeführt wurde, läßt sich wohl schwerlich mehr ermitteln; jedenfalls dürfte der Weinstock schon unter den Römern in unsere Heimat gelangt oder gewiß schon kultivirt worden sein, worauf die vielfach vorkommenden Embleme auf noch erhaltenen Römersteinen deuten.

Große Verdienste um die Einführung, sicherlich aber Hebung der Weinkultur im Mittelalter, haben sich die Bischöfe von Bamberg als einstige souveräne Herren ansehnlicher Theile dieser Provinz, wie des Lavantthales, der Griffnergegend, der Stadt Villach, von Feldkirchen und des Kanalthales (1007—1759) erworben, deren aus den Rheingegenden hieher versetzte Vizedome, Burgvögte und ihr Gefolge edlere Reben aus ihrem früheren Aufenthaltsorte, den Rheinprovinzen, mitbrachten, und eine geregelte Kultur in der Weinzucht einführten.

Eben diesen neuen Ansiedlern ist auch die ausgedehnte Obstzucht im Lande, die noch immer in den von ihnen einst besessenen Gegenden in der ausgedehntesten Kultur steht, so wie die Einführung der Lavantthaler Hornviehrace zu verdanken, die sich eines europäischen Rufes erfreut.

Nicht minder erheblich dürften die Bemühungen der im 15. und und 16. Jahrhunderte um die Landeskultur vorzüglich verdienten K h e - v e n h i l l e r gewesen sein; geschichtliche Daten liegen aber nur von Christof v. Weißenwolf, der Ungnab genannt, vor, der auf seinen abenteuerlichen Ritterzügen und als Gesandter in Spanien, wo er den Weinbau sich eigen machte, edle Reben theils hieher sandte, theils mitbrachte, bei seinem Schlosse Sonnegg einen ausgedehnten Weingarten anlegen ließ und höchst wahrscheinlich die Veranlassung zur Anlegung oder gewiß Verbesserung der noch bestehenden Weingärten im Jaunthale war. Er starb 1484, wahrscheinlich in Sonnegg und liegt in der Ungnabischen Gruft begraben. Eben diesem Manne wird auch die Hebung der Bergwerke in Kärnten, Krain und Steiermark zugeschrieben. Kaiser Friedrich verlieh ihm 1466 die Befugniß in diesen Ländern Gold und Silbererze zu suchen und darauf allein oder mit Mitgewerken zu bauen. Ob nicht selbst die bei Schwabegg vorfindliche Masse ausgebauten Menge Gesteines und der Schlacken aus seiner Zeit herrühren?

So wird ihm auch die erste Einfuhr der, in neuester Zeit wieder zur Geltung gekommenen Seidenzucht in Kärnten zugeschrieben, welche er in Spanien und auf seinen weitern Reisen aus persönlicher Anschauung kennen lernte; noch sind am Schloßberge von Soneg und Umgebung einzelne uralte Maulbeerbäume vorhanden, welche, wie das benachbarte Seidendorf, eine Ortschaft mit 7 Häusern, auf eine einstige Seidenkultur hindeuten dürften.

Von dem vor wenigen Jahren wieder zur besonderen Geltung gekommenen Sittersdorf-Weine wird erzählt, daß solcher einst König Karl III. von Spanien von seiner Unverdaulichkeit heilte, !? nachdem sein Alicante, Malaga, Xeres und Madeira nichts vermochten. Der damalige österreichische Gesandte Fürst Franz v. Rosenberg 1757 — 1765 ließ den Wein eigens von Sonnegg nach Madrid kommen und es soll sogar von diesem Könige, der diesen Wein sofort liebgewann, bei der Verlobung der Prinzessin Maria Louise mit dem Erzherzog Leopold von Toscana, mit dem Sittersdorfer ein Toast auf die Gesundheit seines Schwiegersohnes ausgebracht worden sein.

Gegenwärtig leider ist aber die Weingartenkultur in Kärnten auf ein Minimum herabgekommen und in vielen Gegenden sogar ganz verschwunden.

Wann eigentlich die Liebe zur Weinpflege zu erkalten begann und welche Ursachen deren Veranlassung waren, ist noch zweifelhaft. War es wohl die zunehmende Rauhheit des Klimas durch die vielfache und fortwährend noch vermehrte Lichtung der Wälder, zufolge welcher den rauhen Nordwinden mehr Spielraum gestattet wurde, waren es vielleicht mehrere nach einander erfolgte ungünstige Ernten, oder trug, wie Manche behaupten, die für Kärnten und Oesterreich so unheilvolle Austreibung der Protestanten im Beginne des 17. Jahrhunderts wohl so viel bei, da Kärnten an seiner Intelligenz, an Geld= und Menschenkräften viel verlor, oder war es die erleichterte Konkurrenz in Einfuhr der bessern und vielleicht billigern Weine aus Steiermark durch die im Jahre 1725 vollendete neue Verbindungsstraße mit Marburg, oder gab wohl auch die in Folge des Rektifikationspatents vom 5. September 1747 erfolgte ziemlich hohe Besteuerung der Weingärten zur häufigeren Auflassnng derselben Anlaß; jedenfalls aber muß die Weingartenkultur größtentheils viel früher erkaltet sein, als die Aufhebung der Weinmaut zwischen Steiermark und Kärnten unter Kaiser Joseph II. verfügt wurde.

Wahrscheinlich hatten aber alle diese Umstände zusammengewirkt, um den Weinbau in unserer Provinz auf die gegenwärtige, gegen die Vorzeit, wohl höchst geringe Ausdehnung herabzudrängen. Die eigentlichen Ursachen und die Stadien des Rückganges der Weinkultur werden sich genau ermitteln lassen, wenn einmal die noch so viele dermal unbekannte Vorkommnisse der Vorzeit bergenden Archive der ehemaligen Herrschaften einer gründlichen Sichtung unterzogen werden, wozu der unermüdete Geschichtforscher Dr. Karlmann Tangl bereits Hand anlegte.

Im Jahre 1780 wurden die Weingärten Kärntens mit 224 Joch Rebengrund mit einem Erträgnisse von 422 Eimer besserer und 881 Eimer schlechterer Qualität im Geldwerthe von 8090 fl. aufgenommen. Nach dem neuesten Cataster beträgt die gesammte Weingartenfläche im

Lande nur mehr 114 Joch, welche sich auf 537 meist kleinere Weingärten vertheilt und nach statistischen Erhebungen vom Jahre 1863 905 Eimer Wein im durchschnittlichen Werthe à 5 fl. 72 kr. mit 5177 fl. abgeben.

Die Weinproduktion im Jahre 1864 belief sich aus Anlaß der stattgefundenen, allen Erbfrüchten ungünstigen naßkalten Witterung, die sich auch in allen benachbarten Provinzen bemerkbar machte, auf nur 35 Eimer schlechten Weines.

In dem letzten Dezennium war aber nur dieses ein Mißjahr, wo hingegen die Jahre 1858, 1859, 1861 und 1863 eine verhältnißmäßig gute, die übrigen aber eine mittelmäßige Ausbeute lieferten.

Die vorzüglicheren Weingärten bestehen gegenwärtig noch in Auen bei Wolfsberg und Thürn bei St. Andrä im Lavantthale, beim Schloße Neuhaus, in Oberdorf bei Schwabegg und in den Gemeinden Globasniz, Sonnegg und Sittersdorf des Jaunthales, jener noch vor zwei Dezennien im besonderen Rufe gestandene Weingarten zu Hollenburg, ist seit dem Jahre 1850 fast gänzlich eingegangen.

Mit Beginn der Dreißiger Jahre kam der Weinbau aus seinem Stillstande, in den er zu Ende des vorigen Jahrhunderts gerathen war, wieder etwas empor; in Hollenburg und Wolfsberg bemerkte man ein rasches Aufblühen, so wie seit wenigen Jahren in der Umgebung von Sittersdorf und seit neuester Zeit in Neuhaus.

Um die erstgenannten Orte erwarben sich Güterdirektor Johann Neuhold und Fabriksdirektor Thomas Scherl viele Verdienste, welch' Letzterer auch den ziemlich verbreiteten Wolfsberger-Schaumwein erzeugte; in Bezug des seit Kurzem liebgewonnenen, gesunden und im Preise hoch gestiegenen Sittersdorferweines waren es Gutsbesitzer Meglitsch in Sittersdorf und Pfarrer Karl Tscherniz in Globasniz, die auf Vermehrung der Weingärten und eine bessere Kultur einwirkten, und in neuester Zeit Baron de May in Neuhaus, der sich die Einführung einer systematischen, auf neuere Erfahrungen gegründeten Weingartenpflege zur Aufgabe machte.

Wer erinnert sich noch der im Jahre 1834 in Hollenburg abgehaltenen solennen Weinlese, an welcher über 300 Personen theilnahmen, worunter man die meisten Gutsnachbarn, viele Notabilitäten von Klagenfurt, dann den damaligen Landesgouverneur von Laibach und den Erzbischof von Wien bemerkte. Welch' ein heiteres Treiben war damals auf Hollenburg! Die meisten der Damen als Winzerinnen gekleidet, brachten gar bald den Scherz und die neckische Laune zur Herrschaft, dabei von zwei als Hofnarren fungirenden Herren wacker unterstützt. Wie übel erging es nicht dem Silenus auf seinem Langohr inmitten des Bacchantenzuges, als er seinem Herrn und Freunde Bacchus entgegenritt, der auf seinem Triumphwagen von Faunen und Satyren umtanzt, prächtig einherzog. Wie schmählich fiel er nicht in den Sand; was hatte er aber auch so nach den Winzerinen zu schielen? Machte ihn etwa die Verbindung des Classischen mit dem Romantischen schwindeln? — Natürlich fehlte es dabei auch nicht an den zur Ausschmückung des Triumphzuges erforderlichen duftigen Blumen, Trinkhörnern, Thyrsusstäben, Keulen und Thierfellen, Zimbeln und Tamburinen, dann allerlei auf Neckereien abzielenden Geräthen, womit Satyre, Faune und Mänaden ausgestattet waren, die im wilden Tanze ihr Unwesen trieben. Selbst Bajazzos und Lustigmacher, die in den wilden Tanz hineinstürmten und manchem Gaste verborgen geglaubte Geheimnisse aus seinem Vorleben in Erinnerung brachten, erwirkten allseits heitere Laune.

Zwei Musikbanden, das Dröhnen der auf verschiedenen Seiten aufgestellten und einen herrlichen Widerhall aus dem gegenüber liegenden Herlouzgebirge hervorrufenden Pöller, die Beleuchtung der beiden Felsengrotten unter dem Schlosse, das Abbrennen eines Feuerwerks u. dgl machten das Fest zu einem äußerst lebensvollen, das endlich in dem für das Herren= und Volkshaus im Rittersaale des Schlosses und dem Saale des Gutes Wegscheide abgehaltenen Balle einen glänzenden Abschluß fand.

Der Ertrag der Weinlese in diesem Jahre war aber auch ein ansehnlicher, denn außerdem, daß vor derselben an frühreifen Trauben mehrere Centner verkauft und bei der Weinlese selbst eine ziemliche Quantität vertilgt wurden, gab die Presse noch 16 Halbstartin vortrefflichen und in späteren Jahren von Kennern gepriesenen Weines.

Auch dieser Weingarten mit seinen 116 Gattungen von Reben aus allen Gegenden Europa's, worunter die köstliche Lacrima Christi, auch er ist dahin und mit ihm — ein Stück Poesie!

Ueber die Farbenabänderungen der Säugethiere und Vögel, namentlich in Weiß und Schwarz.

Die Farben, welche die Haare und Federn der Säugethiere und Vögel darbieten, rühren von eigenthümlichen Farbstoffen her, auf welche das Licht jedenfalls von großem Einflusse ist, da nicht nur die Thiere der Tropengegenden häufig viel grellere Farben zeigen, als die höherer Breiten, sondern auch das Grannenhaar und Conturgefieder intensiver gefärbt erscheint, als das Grundhaar und Flaumgefieder. Im Allgemeinen tritt ein dunkler Farbstoff, von welchem die verschiedenen braunen Farbentöne herrühren, am häufigsten auf; nimmt derselbe ab, so wird die Farbe immer blasser und endlich weiß, wenn er ganz schwindet; nimmt er zu, so wird die Färbung dunkler und zuletzt ganz schwarz.

Bei den Säugethieren finden wir durchaus nur die von diesem Farbstoffe abhängenden Farben, nämlich Braun in seinen verschiedenen Abstufungen, dann Schwarz und Weiß und endlich Grau in den verschiedensten Tönen. Diese Farben treten entweder für sich allein auf, so daß die Thiere einfarbig weiß, schwarz, braun oder grau erscheinen, oder es treten mehrere zugleich auf die mannigfachste Weise über die Oberfläche vertheilt auf, wodurch dann die verschiedenfarbigen Flecken, Bänder oder sonstigen Zeichnungen bedingt werden; ja, man findet diese Farben: Schwarz, Braun und Weiß oder Grau, zuweilen längs eines und desselben Haares vertheilt.

Bei den Vögeln treten zu diesen allgemein vorkommenden Farben und deren Abstufungen, abgesehen von dem hier gerade so häufigen und nicht unmittelbar von dem Farbstoffe abhängigen Metallglanze, nicht selten noch die grellen Farben: reines Gelb, Roth, Grün und Blau *), und deren Mischungen sowohl unter sich als mit jenem allgemeinen dunklen Farbstoffe; indessen zeichnen sich durch diese grellen Farben vorzüglich nur Vögel wärmerer Himmelsstriche aus, während dieselben bei

---

*) Zur Vermeidung von Mißverständnissen wird hier bemerkt, daß keineswegs alle bunten Farben bei Vögeln, Amphibien, Fischen und niederen Thieren auf der Anwesenheit eigenthümlicher Farbstoffe beruhen, wie die bräunlichen und schwärzlichen Farben, sondern in vielen Fällen, gleich dem Metallglanze der Tropenvögel, reine Oberflächenerscheinungen (Interferenzfarben) sind, woraus sich zugleich ihre Dauerhaftigkeit erklärt, von welcher im Verfolge merkwürdige Beispiele hervorgehoben werden.

Vögeln höherer Breitegrade viel seltener und dann meist nur an einzelnen Stellen des Gefieders auftreten.

Oft ist die Farbe der Säugethiere und Vögel bei einer und derselben Art nach dem Alter oder dem Geschlechte verschieden, welche Verschiedenheit meist nur durch die verschiedene Intensität oder den theilweisen Mangel des allgemeinen dunklen Farbstoffes und die verschiedene Vertheilung der davon abhängigen Farben bedingt, und bald schon nach dem ersten Haar= oder Federwechsel, bald auch erst später bemerkbar wird. So sind die neugebornen Füchse ganz schwarzgrau, die neugebornen (wilden) Kaninchen dunkelbräunlichgrau und die neugebornen Fischottern ganz gelblichweiß, welche Farben jedoch sehr bald den normalen Farben Platz machen. Die Raubvögel sind in der Jugend meist dunkler gefärbt, als im Alter, und tragen ihr Jugendkleid wenigstens ein volles Jahr; bei dem Seeadler wird der in der Jugend schwarzbraune und nur heller gefleckte Schwanz im Alter schneeweiß, der in der Jugend schwärzliche Schnabel im Alter gelb; bei den nordischen Edelfalken, sowie bei der Schneeeule schwindet die dunkle Farbe mit dem Alter immer mehr, während sich die weiße Farbe mehr ausbreitet u. s. w. Aber auch bei den meisten übrigen Thieren bemerkt man in höherem Alter ein mehr oder minder starkes Schwinden des dunklen Farbstoffes und daher ein allmähliges Bleichen der normalen Farbe. Nicht selten zeigen die Thiere auch im Sommer und Winter eine verschiedene Farbe, was insbesondere von Thieren des Nordens und der Hochgebirge gilt (Polarfuchs, Alpenhase, Wiesel, Schneehuhn ꝛc.) und hauptsächlich darauf beruht, daß gegen den Winter hin der dunkle Farbstoff ganz oder theilweise schwindet und daher an die Stelle der braunen oder schwarzen Farbe die weiße tritt oder die dunkle Farbe wenigstens mehr oder weniger mit Weiß gemischt erscheint, gegen den Sommer hin dagegen allmählig wieder auftritt.

Abgesehen aber von diesen normalen Farbenveränderungen, zeigen nicht selten auch einzelne Individuen einer Art ein ungewöhnliches Farbenkleid, welches sich selbst in vielen Fällen, wenn gleichgefärbte Individuen gepaart werden, auf die Nachkommen fortpflanzt, wodurch dann constante Farbenspielarten entstehen. So sehen wir bei der Hauskatze die drei Grundfarben des normal gefärbten Katzenhaares, Schwarz, Weiß und Rostgelb, häufig getrennt auftreten, weßhalb es außer den normal grau oder gelblichgrau gefärbten Hauskatzen auch ganz schwarze, ganz weiße und ganz rostgelb gefärbte, ferner schwarz und weiß, rostgelb und schwarz gescheckte und dreifarbige Hauskatzen gibt. Gleiches oder doch Aehnliches sehen wir bei den Kaninchen, Hunden, Pferden, Ziegen, Rindern und Schweinen. Auch bei dem Hausgeflügel, namentlich den Hühnern, Tauben und Aenten, treten ganz ähnliche Farbenänderungen auf und pflanzen sich auch hier, wie bei den Haussäugethieren, auf die Nachkommen fort, ja nicht selten, wie wir dieß namentlich bei den Tauben sehen, mit einer ganz bestimmten Vertheilung der verschiedenen Farben über den Körper. Bei den Aenten nimmt der grün gefärbte Spiegel auf den Flügeln, wenigstens häufig, keinen Antheil an der Farbenänderung. Aehnliche Abänderungen kommen auch bei Thieren im halbwilden Zustande, z. B. bei Damhirschen und Fasanen, vor. Schwarzes, weißes und geschecktes Damwild ist sehr gewöhnlich; in der Fasanerie zu Werneck gab es Fasanen, deren Grundfarbe durchaus bräunlichgrau war, auch ganz weiße Fasanen sind eben nicht selten.

Seltener als bei den zahmen und halbwilden Thieren treten derartige bedeutende Farbenabänderungen bei Thieren im vollkommen wilden Zustande auf, und zwar bewegen sich dieselben auch hier der Hauptsache nach nur in den verschiedenen Tönen von Grau und Braun, dann in Weiß und Schwarz. Die grellen Farben, wie das reine Gelb, Roth, Blau und Grün, erleiden viel seltener eine Aenderung; daher findet sich auch unter den von C. Jäger in Nr. 7 der Zeitschrift „Zoologischer Garten“, VI. Jahrgang, aufgeführten Albinos kein auffallend grell gefärbter Vogel, weder die Blaumeise, noch die Kohlmeise, der Pirol, die Mantelkrähe oder der Eisvogel, und bei dem Stieglitz, der sowohl in Weiß, als auch in Schwarz abändert, ist in beiden Fällen der gelbe Schild auf den Flügeln häufig unverändert; ebenso sind bei weißen Eichelhehern, wenn auch nicht immer, die blauen Deckfedern der Handschwingen, so wie bei Aenten der grüne Spiegel unverändert.

Diese Farbenabänderungen sind, namentlich in ihren Extremen, wo einerseits durch völliges Verschwinden des Farbstoffes eine weiße Färbung, andererseits durch sehr starke Ueberhandnahme des Farbstoffes eine schwarze oder doch sehr dunkle Färbung hervorgerufen wird, nicht nur in physiologischer, sondern gewiß auch in zoologischer Beziehung von hohem Interesse, jedoch lange noch nicht mit der Sorgfalt beobachtet, welche erforderlich ist, um der eigentlichen Ursache dieser Erscheinung auf die Spur zu kommen, wenn ihnen auch sonst vielfache Aufmerksamkeit geschenkt wurde.

Im Allgemeinen wird wohl die Abänderung in Weiß, die gewöhnlich Albinismus genannt wird, häufiger beobachtet, als die in Schwarz, und erst in jüngster Zeit hat Jäger in Bischofsheim ein Verzeichniß derjenigen Vögel bekannt gemacht, an welchen er Albinismus beobachtete. Der Herausgeber des „Zool. Gartens" hat dieses Verzeichniß noch ergänzt, dazu aber mit Recht bemerkt, daß bezüglich des Albinismus verschiedene Grade unterschieden werden müssen, welcher Unterscheidung im Allgemeinen noch viel zu wenig Rechnung getragen worden sei. Es erstreckt sich nämlich der Mangel des Pigmentes entweder nur auf die Haare oder Federn, oder auch auf die speciellen Horngebilde des Körpers, den Schnabel, die Bedeckung der Beine, die Krallen und Hufe, oder endlich auch auf die Augen, so daß dann Schnabel und Beine hell fleischfarbig oder weiß, die Augen roth oder doch röthlich erscheinen. Ob bei einem Mangel des Pigmentes in den genannten Horngebilden dasselbe jederzeit auch in den Augen fehlt, bedarf für die eigentlich wilden Thiere noch einer genauen Beobachtung; bei den weißen Varietäten unserer Hausthiere, deßgleichen bei den weißen Damhirschen ist es sicher nicht der Fall. Jedenfalls aber muß der Mangel des dunklen Pigmentes in den Augen als der höchste Grad von Albinismus betrachtet werden, und es scheint dann in den genannten Horngebilden stets auch das Pigment zu fehlen, während die Haare oder Federn selbst in diesem Falle nicht immer vollkommen und durchaus weiß gefärbt sind. Hiernach muß man einen vollkommenen oder echten und einen unvollkommenen oder partiellen Albinismus unterscheiden.

Der echte Albinismus, bei welchem stets das dunkle Pigment in den Augen fehlt, so daß diese roth oder doch röthlich erscheinen, ist immer angeboren, dauert zeitlebens und vererbt sich auch auf die Nachkommen, wie wir dieß so häufig bei weißen Ratten, Mäusen und Kaninchen sehen; gleichzeitig sind die echten Albinos reizbarer, gegen äußere Einflüße empfänglicher und nicht selten auch kleiner und schwächlicher, als Thiere derselben Art im normalen Zustande, so daß daher der echte Albinismus jedenfalls in einem krankhaften Zustande des Organismus seinen Grund zu haben scheint und daher als eine eigenthümliche Krankheit (Leukopathie) aufgefaßt wird, deren Entstehungsursache jedoch bis jetzt noch unbekannt ist. Uebrigens ist, wie schon oben bemerkt, auch bei den echten Albinos die Behaarung und Befiederung nicht immer vollkommen und rein weiß, sondern zeigt zuweilen noch eine, wenn auch schwache, Beimischung von Schwarz oder Braungelb, so daß dann die Thiere entweder gefleckt, oder auch nur ungewöhnlich hell, blaßgelblich erscheinen. Beispiele derartiger echter Albinos liefern die sogenannten russischen Kaninchen (S. Nr. 9 des V. Jahrganges des „Zool. Gartens"), die Frettchen ꝛc.; auch die Sammlung der Frankfurter Central-Forstlehranstalt besitzt unter andern einen rothgelb und weiß gescheckten Fuchs, so wie eine ganz lichtfahle Becassine, die gewiß echte Albinos sind. Die erwähnten russischen Kaninchen sind in dieser Beziehung besonders beachtenswerth, da dieselben ganz weiß geboren werden und erst später an einzelnen Stellen des Körpers die Behaarung eine schwarze Farbe annimmt.

Der unechte Albinismus, bei welchem der Mangel des Pigmentes sich nicht auf die Augen erstreckt, kommt viel häufiger vor, als der echte Albinismus. Die Befiederung oder Behaarung der Thiere ist dann entweder rein weiß, oder nur mehr oder weniger weiß gescheckt, oder auch nur ungewöhnlich blaß gefärbt; dabei nehmen zuweilen auch der Schnabel, die Krallen und Hufe an der Entförbung Antheil (weiße Hausthiere, weiße Damhirsche), ohne daß jedoch die Augen roth oder auch nur röthlich erscheinen. Solche Thiere unterscheiden sich außerdem weder in der Größe, noch sonst irgendwie von normal gefärbten Individuen derselben Art und zeigen weder eine außergewöhnliche Reizbarkeit, noch verrathen sie sonst einen krankhaften Zustand. In manchen Fällen ist diese Art von Albinismus nachweisbar erworben, dauert dann nur eine einzige Befiederungs- oder Behaarungsperiode, so daß die Thiere später wieder normal gefärbt erscheinen, und vererbt sich auch nicht auf die Nachkommen. In anderen Fällen dagegen ist auch diese Art von Albinismus angeboren, dauert zeitlebens und pflanzt sich auch auf die Nachkommen fort, wie wir dieß bei den weißen Varietäten unserer Hausthiere (Gänse, Aenten, Tauben, Hühner, Hunde, Katzen ꝛc.) sehen, deren Stammeltern, soweit wir diese kennen, nicht weiß gefärbt sind und deren weiße Färbung daher jedenfalls auch als unvollkommener Albinismus aufgefaßt werden muß.

Leider ist die Beschaffenheit der Augen, die nur im Leben oder kurz nach dem Tode mit Sicherheit beobachtet werden kann, bei den in Sammlungen aufbewahrten Albinos nicht immer mit der nöthigen Zuverlässigkeit beachtet worden, so daß daher Sammlungspräparate häufig keinen sicheren Anhaltspunkt zu der Entscheidung gewähren, ob man es mit echten oder mit unechten Albinos zu thun hat; dagegen ist der Mangel des dunkeln Pigmentes im Schnabel, Beinbedeckung, Krallen und Hufen, der wenigstens bei ganz wilden Thieren in der Regel auf echten Albinismus hinzudeuten scheint, auch an Sammlungspräparaten noch deutlich erkennbar.

Uebrigens kommt echter Albinismus nicht bloß bei Säugethieren und Vögeln vor, indem Professor von Siebold diese Erscheinung auch an einem Fische, dem Bartgrundel (Cobitis barbatula) beobachtete, derselbe war gleichmäßig blaßröthlich gefärbt mit rother Pupille und röthlich schimmernder Iris.

Die Umänderung der normalen Farbe in Schwarz ist im Ganzen, wenigstens bei Vögeln, seltener, als die in Weiß, namentlich bei im Freien lebenden Thieren, wurde aber doch schon bei verschiedenen Thieren beobachtet, z. B. bei dem Wolf, Fuchs, verschiedenen Katzenarten, ferner bei dem Kaninchen, Eichhorn, Hamster, Damhirsch; desgleichen bei verschiedenen Vögeln, namentlich bei in Käfigen gehaltenen, z. B. bei dem Blutfink und dem Stieglitz. Auch die schwarze Varietät der Kreuzotter, die früher als eigene Art unter dem Namen Vipera prester aufgeführt wurde, sowie die schwarze Varietät der Lacerta montana Mikan, welche Sturm unter dem Namen Lacerta nigra Wolf abgebildet hat, gehören hierher. Auch diese schwarze Färbung ist in manchen Fällen thatsächlich erworben und macht dann später, wie dieß mit Sicherheit an den Bastarden von Stieglitz und Canarienvogel beobachtet wurde, der normalen Farbe wieder Platz. Diese Bastarde waren im Herbst nach der ersten Mauser ganz schwarz, nahmen aber nach der zweiten Mauser ganz die Färbung gewöhnlicher Stieglitz-Bastarde an, für welche Farbenänderung sich um so weniger ein Grund angeben läßt, als zwei Geschwister dieser Vögel auch nach der ersten Mauser nicht schwarz, sondern normal gefärbt waren. Dagegen scheint auf das Schwarzwerden von in Käfigen gehaltenen Blutfinken und Stieglitzen das Futter von Einfluß zu sein, indem eine solche Farbenänderung namentlich eintreten soll, wenn diese Vögel zu reichlich mit Hanf gefüttert werden; ob solche schwarz gewordene Vögel bei geändertem Futter ihr normales Kleid wieder anziehen, ist meines Wissens noch nicht beobachtet worden. In anderen Fällen, wie bei den schwarzen Eichhörnchen und Kaninchen, ist die schwarze Farbe angeboren, indessen scheint auch hierbei, wenigstens bei dem Eichhörnchen, das Futter eine Rolle zu spielen, da man die schwarze Varietät desselben vorzüglich in Nadelwäldern, dagegen selten in Laubwäldern findet. Uebrigens wirken dabei wahrscheinlich auch noch andere Ursachen mit, wenigstens läßt es sich kaum auf das Futter zurückführen, daß vor mehreren Jahren in der Gegend von Alpenau, einige Stunden von hier, unter den dort häufigen Kaninchen mehrfach schwarze gesehen wurden. In den zuletzt erwähnten Fällen dauert die schwarze Farbe zeitlebens und pflanzt sich wohl auch auf die Nachkommen fort, wenn nur gleichgefärbte Individuen zur Paarung gelangen, wenigstens läßt sich hierauf von den schwarzen Varietäten unserer H a u s - t h i e r e (zahme Kaninchen, Katzen, Hunde, Aenten, Tauben 2c.) schließen, bei welchen die schwarze Farbe auch auf die Nachkommen übergeht.

(Aus dem „Zoologischen Garten" Jahrgang VI.)

———

Märchen aus Kärnten.

Mitgetheilt von **Valentin Pogatschnigg.**

(Aus dem Mölltbale.)

IV. Neunundneunzig in einem Streiche.

Ein Schneider erschlug einmal 99 Fliegen, welche auf einem „Aepfel- putzen" saßen. Dann ließ er sich eine Kappe machen, auf welcher die Worte standen „99 in einem Streich" und ging damit in die Fremde. Er kam zu einem König der ihn fragte, ob die Worte auch wahr seien. Als er bejaht hatte, mußte er beim König bleiben und einige Probestücke ablegen. Das erste war, einen Wald von drei Riesen zu säubern, welche ihn unsicher machten. Dazu verlangte er ein Stück ganz neuen Käs, aus dem er noch Wasser herauszupressen vermöchte. Dann ging er in den Wald, fing hier einen Vogel, steckte denselben zu sich und marschirte vorwärts den Riesen zu. Bald kam er zu dem einen der drei Unge- heuer. „Sind die Worte wahr, die auf deiner Kappe stehen?", fragte ihn dieser. Er bejahte es. „Nun wollen wir auch etwas probiren, ant- wortete ihm der Riese, indem er einen Stein vom Boden aufhob und zu Mehl zerdrückte. Der Schneider aber griff zum Käse und preßte Wasser aus demselben heraus. Solches gestand der Riese ein, nicht zu vermögen, und führte ihm zum zweiten. Dieser wollte den Worten des ersten nicht glauben und sich erst selber überzeugen, was hinter dem Schneiderlein stecke. Er nahm einen Stein und schleuderte ihn mit solcher Gewalt in die Höhe, daß derselbe erst nach einer halben Stunde zurückfiel. Das kann ich auch, meinte der Schneider, nahm statt des Steines den Vogel, welchen er bei sich hatte, und ließ ihn fortfliegen. Der kehrte gar nicht mehr zurück. Darüber geriethen die beiden Riesen in großes Staunen. Sie führten ihn dann zum dritten Riesen. Lange unschlüssig, was er unternehmen sollte was der Schneider nicht „bermachen" würde, schlug er endlich vor, große Bäume umzubiegen. Der Schneider ging darauf ein und der Riese bog einen Baum so weit um, daß der Schneider „den Wiftel" erlangen (berglängen) konnte. Weiter aber vermochte er ihn nicht mehr zu biegen und befahl nun dem Gegner, den Baum bis zur Erde zu zwingen. Das Schneiderlein lachte und sagte: Das Niederbiegen ist mir zu wenig, ich springe über diesen Baum sogar darüber hinaus." Dann hielt er sich beim Wipfel, der Riese ließ denselben los und weithin wurde der Schneider hinausgeschnellt. Da sah endlich der Riese ein, daß der Fremdling mehr vermöge als sie alle drei. Sie führten ihn darauf in eine Höhle und wiesen in einer Abtheilung derselben ein Bett ihm als Nachtlager an. Wie er von ihnen allein gelassen wurde, untersuchte er das Bett näher und fand eine Leiche darunter. Die nahm er heraus, legte sie ins Bett und verkroch sich während der Nacht unter demselben. Um Mitternacht traten die Riesen zum Bette, und schlugen um den Schneider zu tödten, mit ihren Eisenstäben auf dasselbe und entfernten sich wieder. Am Morgen trat er aus dem Verstecke heraus vor die Riesen, die nicht wenig staunten ihn noch lebend zu sehen. Er stellte ihnen die Wahl, entweder sich von ihm die Hände auf den Rücken binden zu lassen, oder von ihm getödtet zu werden. Da sie das Erstere vorzogen, schloß er sie zusammen und brachte sie so zum Könige, der sie dann tödten ließ. — Zuletzt mußte der Schneider noch ein „Einhorn" und ein Wildschwein erlegen, welche beide der Gegend gefährlich waren. Nachdem er diese Aufgaben alle glücklich vollführt hatte, wurde er zum Lohne dafür zum Vizekönig des Landes ernannt.

V. Der verwunschene Kaufmannssohn oder der Wildscheck.
(Aus dem Mölltale.)

Es ist einmal eine Kaufmannswitwe gewesen, die hatte eine wunderschöne Tochter gehabt. Da die Leute immer redeten daß die Tochter viel schöner als ihre Mutter sei, so sann diese auf ein Mittel, die Schönheit ihrer Tochter zu verderben. Sie berief eine alte Hexe und fragte sie um Rath. Diese ging in den Wald, jagte alle wilden Thiere so lange umher bis sie sämmtlich „gefamt haben" (geschäumt haben), sammelte den Schaum und gab denselben in den Kaffee der schönen Tochter. Als die Tochter in die Wochen kam, gebar sie einen Wildscheck, das ist ein gar wild aussehendes Thier mit allerlei Farben, wie man seines Gleichen auf der Erde keines findet. Dieser Wildscheck wurde immer größer und größer und gegen die Menschen mit Ausnahme seiner Mutter von Tag zu Tag gröber. Von der Mutter ging er fast gar nie weg. Man schaffte endlich beide auf ein Schiff in der Absicht, den Wildscheck dann ins Wasser zu werfen. Aber als man die That vollbringen wollte, zerriß der Wildscheck alle Leute die sich am Schiffe befanden und schonte nur seiner Mutter. Mit ihr landete er dann auf einer Insel, wo sie ausstiegen. Er trug seiner Mutter Nahrung und Kleidung zu und begab sich dann zum König, um in seine Dienste zu treten. Da derselbe eben auf Werbung ausziehen wollte, ließ er sich nicht früher besänftigen bis ihm der König erlaubte mitzufahren. Sie fuhren eine Zeit lang miteinander, da rollte ein großer Stein vom Berge herab gerade dem Wagen zu in dem der König fuhr. Der Wildscheck fing ihn auf und schleuderte ihn über den Wagen hinaus. Ueber eine Weile kamen Räuber, die wollten den König ausrauben und ermorden. Der Wildscheck zerriß sie alle in kleine Stücke. Am Schloße wo der König um die Braut werben wollte, verließ der Wildscheck den Herrn und sagte ihm, daß er nur so oft er sich in einer Gefahr befinde, an ihn denken solle; dann würde er als Retter erscheinen. Des Königs Wahl fiel auf die jüngste der Töchter. Als sie des Nachts zusammen schliefen, nahten sich die beiden ältern Schwestern dem Bette mit dem Vorsatze, den König zu ermorden. Sie trafen jedoch ihre Schwester, daß sie sofort todt blieb. Der Verdacht des Mordes fiel auf den jungen König und er sollte hingerichtet werden. Da gedachte er des Wildschecks, der auf der Stelle erschien und alle zerriß die des Königs Tod verlangt hatten. Für diese Lebensrettung forderte der Wildscheck, daß der König seine Mutter heirathen solle. Der König gerieth darüber in große Trauer, denn er glaubte, daß die Mutter ein gleiches Ungeheuer wie ihr Kind der Wildscheck wäre, gab aber endlich doch seine Einwilligung, weil er sich vor dem Sohne fürchtete. Als er die Mutter sah und bemerkte daß sie eine gar große Schönheit besitze, nahm er sie allsogleich zu sich nach Hause und veranstaltete eine glänzende Hochzeit, zu der auch die Großmutter des Wildscheck geladen wurde. Dieß mußte aber dreimal geſchehen. Als ſie erſchien, nahm ſie der Wildſcheck zu ſich und machte ihre ſchwarze That offenbar. Darauf zerriß er ſie in tauſend Stücke und wuſch ſich im Blute derſelben. Dann ſtand er als ein wunder= ſchöner Jüngling vor der Verſammlung.

Herwigs Brautwerbung.

(Aus der Gudrunſage.)

Auf ſtolzem Thron, in weitem Saal,
Um ihn der Mannen reiche Zahl
   Saß König Hettel mit Sinnen.
Und dieſer und der gab guten Rath,
Wie man durch Wort. wie man durch That
   Dem Volk mag Heil gewinnen.

Und ſieh! ein Page ſchmuck und ſchlank
Durch all den Schwarm zum König drang
   Und neigte ſich in Ehren:
„Herr König am Strand ſteht Maſt an Maſt,
Es iſt, als wollte die See in Haſt
   Gleich tauſend Schiffe gebären!"

Der Erſte ging, da drängte ſchon
Ein Zweiter ſich an Hettels Thron:
   „Uns ſchütze Gott im Himmel!
Sie drängen ſich ans Land zu Hauf,
Da wallt es ab, da wallt es auf,
   Ein kriegeriſch Getümmel!"

Da keucht der Dritte, kaum zu verſtehn:
„Wie wird's uns Armen nun ergehn,
   Sie ſind ſchon eingezogen!
Da kamen wohl an tauſend Mann,
Der Allerkeckſte ſprengt voran,
   Sie ſind nur ſo geflogen!"

„„Ei! ſprach der König, Knabenblut!
Bedenke doch! in Frieden ruht
   Das Reich zu dieſen Zeiten.
Viel Pilger zieh'n an unſerm Strand,
Sie wallen, um das heil'ge Land
   Im Oſten zu erſtreiten.""

Eintritt ein Rele, leck und frei,
Die Männer rings, sie weichen scheu,
 Und reih'n sich im Gewühle.
Er schreitet auf den König zu
Und unter seinem Eisenschuh
 Erbebt und knirscht die Diele.

Er sprach: „Zu wissen, wer ich bin,
Seht durch das Bogenfenster hin,
 Mein Herrscherwort beseelet
Manch' kühne Faust, manch' starken Mast,
Ein froher oder schlimmer Gast,
 Wie ihr euch's eben wählet."

„Was ich begehr', das steht mir hoch,
Ja höher als mein Leben noch,
 Drum setz ich ein mein Leben!
Sprich frei, Herr König, willst du heut
Die Tochter, des Nordens schönste Maid,
 Gudrun zum Weib mir geben?"

Der König lachte: „„Bei meinem Bart
Das heiß ich eine lust'ge Art
 Sich seine Braut zu holen.
Wer mir so frech die Tochter raubt,
Der hätte bald vom eignen Haupt
 Die Krone mir gestohlen!""

„Nicht nach dem Thron steht mein Gelüst
Ich hole was mein eigen ist,
 Das ist nicht Raub zu heißen.
Was treu sich liebt, gehört sich an,
Und keiner wird mit frechem Wahn
 Dieß feste Band zerreißen!

„„Ein Schelm, der solche Bürgschaft gibt,
Denn morgen kann, was heut sich liebt,
 Wie Wogen und Sturm sich haffen
Zwar lockt die See so spiegelglatt,
Doch den, der ihr vertrauet hat,
 Hat oft das Glück verlassen!""

Und trotzig sah der Fremde drein,
Sein Schwert, das gab so hellen Schein,
 Er riß es von der Seiten:
„Was mir kein flehend Wort verschafft
Das will ich mit des Armes Kraft
 Vom Teufel selbst erstreiten!"

Da sprang der König empor vom Sitz,
„„Was quäl ich länger meinen Witz
  Um deinen Muth zu proben!
Wer auch den Herwig noch nicht sah,
Sein Ruhm ward von den Skalden ja
  In Liedern hoch erhoben;““

„„Wohl kenn ich dich, du Kämpe gut,
In dir glüht wahres Königsblut,
  Sollst Gudrun auch besitzen!
Du bist ein Sohn nach meiner Wahl,
Dein Muth, so treu und fest wie Stahl,
  Versteht ein Weib zu schützen!““

Und saht ihr schon, wie in dunkler Nacht
Urplötzlich der leuchtende Tag erwacht
  Und in blendendem Glanz sich erhoben?
Es glühen die Berge in Sehnsuchtsdrang
Es jubelt die Lerche den Morgengesang
  Hoch über den Wolken oben.

So wird es in Herwig begeistert und licht,
Ihm leuchtet die Freude im Angesicht —
  Das tost und frohlockt in der Halle,
Die Männer, die vorhin so trotzig und stumm,
Sie wandeln in Freunde, in Brüder sich um,
  Er möcht' sie umarmen alle.

Zum Strande die Kunde gedrungen war,
Da drängt' in Eile die letzte Schaar.
  Wie ein Bienenschwarm aus den Kielen,
Die Segel blähten sich weiß und voll,
Die Woge selber rauscht und schwoll
  Als könnte sie menschlich fühlen.

Zur Geschichte der Erdbeben in Kärnten.

Mitgetheilt von A. Weiß.

Unter den so massenhaft aufgehäuften Schätzen der königlichen
Bibliothek zu München findet sich so manches, der Bearbeitung harrende
Materiale für die Geschichte Oesterreichs und auch insbesondere Kärn-

tens, welches bei der großen Liberalität die dort geübt wird, Jedermann zur Benützung freisteht.

Unter den Kärnten betreffenden Manuscripten finden sich auch zwei, welche Aufzeichnungen über, in unserem Heimatlande stattgehabte Erdbeben enthalten, und da deren Schilderung eben so originell als interessant ist, so folgt dieselbe in der Ursprache.

Das erste Manuscript ist aus dem Jahre 1377, welche Zeitangabe im Eingange des Werkes vorkommt. Es beginnt: „Incipit liber de naturio rerum." Nach dem Index heißt es: Daz ist daz puch von den Naturlechen dingen. ze deutsch pracht von maister Chunraten von Magenberch.

Seite 38 heißt es „von dem Erdpidem":

„Dan der warhait geschahen grozze dinch von dem erdpidem in Chernden zu der stat villach, da man zalt von christi gepurd brewzehen hundt. jar darnach in dem acht vnd virzigisten iar. an sand paulstag. als er bechert ward. wan gar vil leut umkumben in der vorgenannten stat und vielen die münster nider und die hewser und etwa ein perch auf den andern. wann der erdbidem was umb vesperzeit vnd was so stark vnd so grozz daz er sich raich auz über die Tunaw in Marchem und auz in payrn vnt vber Regensburch. und weit mer dan virtzig tag. also daz nach dem ersten je ain chlainer cham. dar nach über etswie viel tag. oder wochen. Es cham auch in dem selben gepurg ein merchleich erpydem darnach in dem andern jar. an sand stephanstag. als er funden ward."

Nun fährt der Autor fort und berichtet über die Folgen von Erdbeben und kommt dann auf die Dünste, welche der Erde hiebei entquillen, folgendermaßen:

„waz dunst in dem grozzen Gepirg beslozzen sei gewesen, der het sich gesamment manich jar" . . . . . . vergift den luft enhalb des geperges mer dan über hundert läng meil."

In Folge dessen sei die Sterblichkeit in diesem und in dem nächsten Jahre sehr groß, besonders in den Städten am Meere gewesen; hierüber sagt der Bericht:

„ez sturben leut on zal in den steten pey dem mer daz venebig und daz Marsili vnd vberal in pullen vnd ze avion, in den ersten jar des grozzen erdpydens vnd waz der jamer so groz, daz der pabst Clemens der sechst ain new mezz macht für den tot. ob man got geflehn möcht. daz er sich vber daz volch erparmt. die

mez hebt sich an Recordae domini testamenti tui. Ez sturben auch
des selben jars gar vil leüt in dem gepurg, vnd hie auzzen in etli=
chen steten. aber gar vil volchs starb in dem nachsten iar darnach in
der stat ze wyenn in Osterreich. also daz man zalt. von sunben=
den vnd ze unser vrowen tag als sie geporn ward mer dann vier=
zig tausend leich. vnd so vil hinüber daz an zal waz in der aine
stat ze wyenn vnd streckt sich die sterb aus in payrn vntz passaw.
vnd vil verrer."

Nun spricht er als weitere Folge der Erbbeben von Wundern,
worunter eines speciell Kärnten betrifft:

"Wizz auch daz erdpibe vil wunder hervorbringt," das eine
ist, daß von dem auffsteigenden Dunst „lewt vnd ander tyr ze stain
wernt. vnd aller maist auf dem gepürg vnd darpey da man salz erzt
grebt. daz ist davon daz derley dunst vnd chraft so starch ist. vnd
so überschwenkchig. daz er die tyr also verchert. also lernt der maister
Pytwolf hertzoge Friedrichs chantzler in Ostrrein. daz auf
ain hohen alben in chernten, wol fünftzig houpt men=
schen vnd rinder hie vor ze stainen worden wern. vnd daz die
maat (Magd) noch vnder dem rind saz mit eine hantschuch. recht als
si saz und si payde zu stainen wurden."

Weiter spricht er von Flammen, Winden zc. als Folgen des Erd=
bebens und erwähnt unserer Heimat nicht mehr.

Das zweite Manuscript enthält nur eine ganz kurze Erwähnung
eines großen Erdbebens. Leider fehlt die Jahreszahl.

Die Handschrift, ein „Arzney=Bader= und Apotheker=Buch" aus dem
15. Jahrhunderte beginnt:

„Antidotarius Mesue & Nicolay. das puch hat uns gemacht
maister Mesue vnd Nicolaus daraus conficirent all apotekär. Nw pin
ich Wenesenutus Grapheus Jerosolimitanus Chwnigs Goldans Arzt
gepeten worden von den maistern ze donasto (Damascus?), das ich
aus allen exprimenten schollt das pest aus zuechen...."

Die Verbeutschung scheint von Ortolf zu sein, der fol. 8, b. we=
nigstens beim „Tractat de vrena" sich als Uebersetzer nennt.

Fol. 10 a kommt er in dem Tractat „de epidemia" auch auf
Kärnten, und zwar:

„motus terre, erdpibem also das sich das ertreich schütt vnd dy
heffen sprüngent von den stellen als geschach enhalb Villach yn Kharn=
ten zwo meyl in dem chauold da ein perkh vmb vnd vber viell vnd

verschütt XVIII törff mit leyt vnd alls hewt auf biesen tag wissen=
leich ist *), vnd der selbig luft tunst" . . . . . wirkte schädlich auf Thier
und Menschen und erzeugte die Pest.

✝

Dr. Johann Holeczek

wurde am 24. Jänner 1813 zu Smiržitz, einem Städtchen im König=
grätzer Kreise in Böhmen geboren. Seine Eltern waren daselbst einfache
Bürgersleute, welche nebst einem kleinen Grundbesitze einen Viktualien=
handel hatten, der sie und ihre Familie spärlich ernährte. Unter sechs
Kindern der einzige Sohn, zeigte er schon frühzeitig gute Anlagen, und
von mehreren Wohlthätern unterstützt besuchte er zuerst die dortige Volks=
schule, in welcher er auch die deutsche Sprache lernte. Von da kam er
im Herbste 1824 an das Gymnasium nach Königgrätz, wo er schon von
der ersten Klasse an sich theilweise selbst durch Unterrichtgeben noth=
dürftig fortbrachte. Immer unter den Ersten seiner Schule sich befindend,
meist mit dem 1. oder 2. Schulpreise am Ende jedes Studienjahres
belohnt, absolvirte er hier unter vielerlei Entbehrungen und unter den
mißlichsten Umständen die vier Grammatikal= und zwei Humanitätsklassen
(der damaligen Eintheilung), und kam im Herbste 1830 nach Prag.

Das Jahr 1830 und 1831 aber war die traurigste Zeit seines
Lebens; den Leidenskelch, den die Welt einem „armen Studenten" kredenzt
mußte er bis zur Hefe leeren; Kummer und Noth waren seine Begleiter
und der Hunger sein Stubengenosse.

Im Jahre 1831 im Frühjahre begann eine heftige (die erste)
Choleraepidemie in Prag, und da er gerade in dem Stadttheile wohnte,
wo sie am heftigsten wüthete, so verlor er seine wenigen Unterrichts=
stunden in Folge Furcht seiner Stundengeber vor Ansteckung und doch
hatte er bisher fast ausschließlich nur durch Unterricht und Copiren der

---

*) Hier scheint der Absturz der Villacher Alpe im Jahre 1348 gemeint zu sein,
ebenso wie oben in der ersten Stelle. Diese letztere erscheint als ein neues Be=
legstück für die Feststellung des Zeitpunktes jenes Erdbebens. Vergleiche auch
Carinthia 1864 S. 91 Anmerkung.   Anm. d. Red.

Vorträge sein Leben gefristet. Nur eine solche Unterrichtsstunde blieb ihm, jene im Hause seines künftigen Schwiegervaters, des Handschuh- und Lederfabriksbesitzers J. M. Stifter, der sich seiner in seinem Elende nun auf das wärmste annahm, ihn auf alle mögliche Weise unterstützte und ihn fast wie einen Sohn seines Hauses behandelte. — Durch seine Entbehrungen wurde er sehr kränklich und erholte sich einigermaßen erst am Ende seiner Studien von seinem steten Unwohlsein.

Im Jahre 1832 nun, eine besondere Vorliebe für das Studium der Medizin hegend, wurde er als ordentlicher Hörer der Medizin an der Karl Ferdinandsuniversität in Prag immatrikulirt, und er betrieb nun dieses Studium mit dem ungetheiltesten anhaltendsten Eifer und stets bestrebt, einer der Ersten seiner Collegen zu sein.

Am 24. Jänner 1838 disputirte er, seine Dissertation: Historia synoptica blepharophthalmo - blennorrhoeae acutae adnexae epicrisi seinem künftigen Schwiegervater „in perenne sinceri amoris gratique animi signum" dedicirend, und am 27. d. M. wurde er in der althergebrachten feierlichen Weise der Prager Universität zum Doktor der Medizin promovirt.

Etwas über ein Jahr brachte er nun als praktischer Arzt in Prag zu, wo er bereits eine ziemliche Praxis erlangte. Hier schon lernte er im Hause seines künftigen Schwiegervaters durch den daselbst behandelnden Arzt die Homöopathie kennen, für die er bei den unsicheren Prinzipien der damaligen medizinischen Schule, namentlich der Pharmakologie und Pharmakodynamik ein lebhaftes Interesse faßte, und die er nun selbst eifrig zu studiren begann. Wünschend, eine Anstellung und einen festen Wohnsitz sich zu erwerben, erhielt er im Frühjahre 1839 die Stelle als hochfürstlich Alfred zu Windisch=Grätz'scher Herrschaftsarzt zu Klabrau im Pilsener Kreise in Böhmen, wo er vom 1. Mai 1839 bis 6. Februar 1842 blieb. Im Jahre 1840 heirathete er die älteste Tochter seines stets wohlwollenden Gönners, des Herrn Stifter in Prag. Während dieser zwei Jahre sich stets mit der Homöopathie beschäftigend, schrieb er zahlreiche Aufsätze in die „Hygea", eine homöopathische Zeitschrift, und trat mit dem Redakteur derselben, dem nachmaligen Generalstabsarzte Dr. L. Grießelich in Karlsruhe in schriftlichen Verkehr. Im November 1841 erhielt er durch den Med. Dr. Waßle, welcher bisher praktischer Arzt in Klagenfurt, nach Wien übersiedelte und der ihn aus seinen Arbeiten in der „Hygea" kennen gelernt hatte, den Antrag, als homöopathischer Arzt nach Klagenfurt zu gehen. Die Aussichten waren jedenfalls günstiger als jene, die sich bei einem längeren Aufenthalte in Klabrau boten, wenngleich er auch hier sich allgemeines Vertrauen erwarb, und durch viele ausgezeichnete Kuren, so wie durch sein humanes Wesen die Achtung und das Vertrauen Aller sich erworben hattte. Nach mehrmonatlichen Unterhandlungen reiste er vom Fürsten entlassen nach Klagenfurt ab. Am 28. Februar 1842 langte er hier an, und begann sogleich seine Thätigkeit als Arzt. Schon die ersten Jahre übertrafen weit die Erwartungen, denen er sich hingegeben; nicht blos viele Bewohner der Landeshauptstadt beehrten ihn mit ihrem Vertrauen, sondern gar oft wurde er schon jetzt in weit entfernte Gegenden berufen, überall unermüdlich bemüht, mit seinem besten Wissen den leidenden Menschen zu dienen. 23 Jahre waren ihm nur gegönnt, seine segensreiche Thätigkeit in Klagenfurt zu entfalten, und daß das Vertrauen der Kranken zu ihm während dieser Jahre nicht abnahm, sondern nur wuchs, zeigte der ungewöhnlich lange Zug Jener, welche ihn zur letzten Ruhestätte begleiteten, zeigte die ungeheuchelte Rührung, ja der in Thränen ausbrechende Schmerz so mancher derselben.

Im Jahre 1852 sah er zum letzten Male seine Heimat, wo er seine Eltern besuchte, die er mit der kindlichsten Liebe verehrte.

Während dieser Zeit wurde er korrespondirendes Mitglied des Vereines der homöopathischen Aerzte Oesterreichs für physiologische Arzneiprüfung (am 2. Jänner 1847), des rheinischen Vereines für praktische Medizin (am 7. Juni 1842) der „Société de médecine homœopathique de Paris" (am 16. Dezember 1847), des historischen Vereines und naturhistorischen Landesmuseums in Kärnten, sowie der k. k. Landwirthschaftsgesellschaft. In seinen Mussestunden beschäftigte er sich am liebsten mit der Landwirthschaft.

Aus seiner Ehe entsprossen 6 Söhne und eine Tochter, die schon im zarten Kindesalter starb.

Schon im Jahre 1841 hatte er eine gefährliche Herzentzündung überstanden, an deren fühlbaren Folgen er lange Jahre litt und welche den Grund zu seiner Todeskrankheit legte. Seit mehreren Jahren, besonders zur Winterszeit leidend, aber sich selbst zu wenig schonend und sich mehr um das Wohl seiner Patienten als um sein eigenes bekümmernd, schritt das Herzübel besonders im letzten Winter bedeutend fort. Er erkannte es selbst gar wohl, doch dessenungeachtet erfüllte er noch stets seine Pflichten als Arzt, bis er nicht mehr konnte. Am 1. Juni d. J. reiste er nach Preblau, hoffend, dort eine Linderung seiner Leiden zu finden. Leider war das nicht der Fall. Um sich nun über seinen Krankheitszustand zu vergewissern, unternahm er noch die für ihn so beschwerliche Reise nach Wien, wo die berühmten Professoren Skoda und Oppolzer ihn untersuchten und leider nur bestätigen konnten, was die hiesigen Aerzte ihm gesagt, was er selbst fühlte und wußte. Von dort zurückgekehrt, verweilte er dann bis Ende Juli im Alpenbade St. Leonhard, was ihn einigermaßen kräftigte. Aber für seine Herzkrankheit gab es keine Hilfe, er sah selbst einem traurigen schmerzvollen Ende entgegen nach langwierigen Leiden. Doch der Himmel verschonte ihn damit. Noch immer trotz seiner schweren Leiden Krankenbesuche machend, ereilte ihn bei einem derselben am 14. August Abends 9 Uhr der Tod, ein Schlaganfall machte seinem Leben ein Ende und in den Armen seiner Gattin und seines ältesten Sohnes verschied er nach kurzem Todeskampfe.

Und so ist wieder ein Mann heimgegangen, den Kärnten, das ihm seine zweite Heimat geworden, mit Befriedigung zu den Seinen zählen konnte.

Ein Mann, dessen Leben und Schicksal, wenn auch nicht glanzvoll gestaltet, ein echt menschenwürdiges gewesen, da es nur das wahre Ziel der Humanität, d. i. der Menschenliebe kannte.

Einfach und schmucklos wie er selbst war auch sein äußeres Schicksal, aber länger als der Glanz, den äußere Ehren verleihen, wird die dankbare Erinnerung an seine segenbringende Thätigkeit in Kärnten leben.

Friede seiner Asche!

Meteorologisches.

Witterung im August 1865.

Im vergangenen Monate wechselten 2 Mal Sturmperioden mit schönem, ruhigem Wetter. Schon am 3. und 4. unterbrachen die andauernd schöne Witterung heftige Stürme, welche, begleitet von ungewöhnlichen magnetischen Störungen, ganz Europa durchliefen, mehr oder weniger ihre Spuren durch Verwüstungen bezeichnend. Im Canal, der Nord- und Ostsee wurden viele Schiffbrüche durch die dort eingeführten Sturmsignale verhütet, welche, ein Geschenk der fortschreitenden Wissenschaft, vom Wetter den Seefahrern die heranbrausenden Stürme vorher

verkünden. Auch über Kärnten zogen diese Gewitterstürme. An allen
Stationen sind an diesen Tagen Gewitter verzeichnet. In Hausdorf
(Gurkthal) fiel am 3. etwas Hagel, in Saifnitz bei Nordweststurm
1·8 Zoll hoch Regen, in Raibl förmlicher Wolkenbruch und Hagel; es
ist an die an tropische Regengüsse erinnernde Regenmenge von 5·2 Zoll
Wasserhöhe verzeichnet; in Würmlach (Gailthal) betrug sie an diesem
Tage 1·7 Zoll; am Hochobir fiel, während der Südweststurm allmä-
lig in Nord umschlug, nach vielem Regen eine 5 Zoll hohe Schichte
Schnee.

Diese Stürme brachten sehr kühle Luft, an den meisten Stationen
ist in den nächsten Tagen das Temperatur-Minimum verzeichnet, in
Klagenfurt 5·6, in Bad Vellach 5·0, Luschariberg 3·6, am Hochobir — 1·0. Erst am 10. stieg die Wärme wieder, erreichte an den
meisten Stationen in der Mittagsstunde 20 Grade, wurde aber am 17.
und 18. wieder durch Stürme unterbrochen, die jedoch, mehr den nördlichen Theil Europa's berührend, bei uns nicht sehr heftig waren, so daß
gegen Ende des Monats noch eine warme Periode eintrat, ja, an den
meisten Stationen sehr hohe Temperaturen, zugleich die höchste des Monats, erst am 29. beobachtet wurde. Ueberall stieg an diesem Tage das
Thermometer über 20 Grade, Klagenfurt 24·8, Hausdorf 24·0,
Raibl, Saifnitz, Vellach 23·0, St. Peter 21·3; am Luschariberg
wurden nur 16·5, aber selbst am Obir noch 20·0 beobachtet. Unmittelbar darauf aber kam am 30. ein Gewittersturm, der in Hausdorf,
Micheldorf und Tiffen mit verderblichem Hagelschlag auftrat.

Vergleichen wir nun die Durchschnitte der Witterungselemente,
mit den aus der langjährigen Beobachtungsreihe zu Klagenfurt abgeleiteten normalen, so finden wir jene mit diesen ziemlich übereinstimmend; der Luftdruck ist um 0·3''', die Luftwärme um 0·25 Grad über,
der Niederschlag (3·8 Zoll) um 0·3'' unter dem normalen Augustmittel.
An den meisten Stationen war der Niederschlag viel stärker, in Wiesenau 5·5'', in Saifnitz 5·6'', in Würmlach 5·9'', in Raibl gar
10·8''. Am Hochobir war die mittere Temperatur 8·1, nach 18jährigem
Durchschnitt ist sie im August 7·8°, der wärmste August 1861 hatte
11·0, der kälteste 1849 4·5 Grad Mittelwärme.

Mittheilungen aus dem naturhistor. Landes-Museum.

I. Vermehrung der Bibliothek im Schriftentausch.

Correspondenzblatt des Vereines für Naturkunde zu Preßburg, redigirt von Professor C. Mack. 2. Jahrgang 1863.

Monatsberichte der königl. preußischen Akademie der Wissenschaften zu Berlin aus dem Jahre 1864.

Schriften der naturforschenden Gesellschaft in Danzig. Neue Folge 1. Band, 2. Heft.

Abhandlungen der Schlesischen Gesellschaft für vaterländische Cultur: Abtheilung für Naturwissenschaft und Medizin. 1864. 1. Heft. Philosophisch-historische Abtheilung 1864. 2. Heft.

42. Jahresbericht der schlesischen Gesellschaft für vaterländische Cultur 1864.

II. Naturalien:

Herr J. Holler in Klagenfurt ein Nest sammt 4 Eiern von Turdus cyaneus

Herr Türk, k. k. Hofsekretär: eine Sammlung von 82 Arten Orthopteren und 7 Wachspräparate von Tritonen.

Herr G. A. Zwanziger, k. k. Bibliotheksamanuensis, eine Sammlung von 106 Arten Laubmoose Kärntens, von ihm selbst gesammelt.

Roheisen- und Blei-Preise im August 1865.

Eisen-Preise.

Per Zollcentner in ö. W.:

Köln: Holzkohlen-Roheisen 2 fl. 25 kr. — 2 fl. 62 kr., Cokes-Roheisen affinage 1 fl. 87 kr. — 2 fl. 10 kr., graues 2 fl. 25 kr. — 2 fl. 40 kr., Schottisches Nr. 1 2 fl. 33 kr. — 2 fl 50 kr. Stabeisen grobes 5 fl. 25 kr. — 6 fl. Gußstahl 33 fl. — 36 fl., Puddelstahl 15 fl., Edelstahl 21 fl.

Schlesisches Holzkohlenroheisen loco Berlin 2 fl. 60 kr., loco Oppeln 2 fl. 35; Walzeisen loco Breslau 6 fl. 75 kr. — 6 fl. 88 kr., geschmiedet 9 fl. — 9 fl. 50 kr.

Auf österreichische Meiler à 10 Wiener Centner berechnet:

Köln: Holzkohlenroheisen 25 fl. 20 kr. — 29 fl. 40 kr., Cokes-Roheisen affinage 21 fl. — 23 fl 50 kr., graues 25 fl. 20 kr. — 26 fl. 90 kr., Schottisches Nr. 1 26 fl. — 28 fl., Stabeisen grobes 58 fl. 80 kr. — 67 fl. 20 kr. Gußstahl 369 fl. 60 kr. — 403 fl., Puddelstahl 168 fl., Edelstahl 235 fl.

Schlesisches Holzkohlenroheisen loco Berlin 29 fl. 12 kr. loco Oppeln 26 fl. 82 kr., loco Breslau Walzeisen 58 fl. 85 kr. — 60 fl. 25 kr., geschmiedet 67 fl. 20 kr. — 75 fl. 60 kr.

Blei-Preise.

Per Zollcentner Köln: Raffinirtes Weichblei 9 fl. 25 kr. — 9 fl. 75 kr., Hartblei 8 fl. 75 kr. — 9 fl. 25 kr., Goldglätte 9 fl. 30 kr. — 9 fl. 75 kr., Silberglätte 8 fl. 70 kr. — 9 fl.

Berlin: Tarnowitzer 9 fl. 38 kr. — 9 fl. 75 kr, sächsisches 9 fl. 38 kr. — 9 fl. 63 kr.

Auf Wiener Centner berechnet:

Köln: Raffinirtes Weichblei 10 fl. 36 kr. — 10 fl. 64 kr., Hartblei 9 fl. 80 kr. — 10 fl. 36 kr.

Berlin: Tarnowitzer 10 fl. 50 kr — 10 fl. 64 kr., sächsisches 10 fl. 50 kr. 10 fl. 48 kr.

Durchschnittspreise der Lebensmittel zu Klagenfurt im August 1865.

		fl.	kr.			fl.	kr.
Weizen		4	10	Speck, geselchter		—	44
Roggen		3	35	„ roher	das Pfund	—	37
Gerste		2	30	Schweinschmalz		—	44
Hafer	der Vierling	1	53	Eier		—	3½
Heide		3	62	Hendl		—	48
Mais		3	38	Kapaunen	das Paar	—	—
				Enten		—	78
Brein (gestampfte Hirse)		6	65	Gänse		—	—
Erbsen		—	—	12" Scheiterholz, hartes		3	38
Linsen	der Vierling	4	1	12" Scheiterholz, weiches	loco Lent eine n. ö. Klftr.	2	9
Fisolen, weiße		—	—				
rothe		—	—	30" Scheiterholz, weiches		—	—
Erdäpfel		—	—				
Rindschmalz	das Pfund	—	50	Heu	der Zentner	—	87
Butter		—	44	Stroh		—	75

Programm

der aus Anlaß der hundertjährigen Jubiläums-Feier des Bestehens der k. k. kärnt. Landwirthschafts-Gesellschaft in Klagenfurt in den letzten Tagen des Monats Sept. d. J. stattfindenden landwirthschaftlichen Schaustellung.

Erster Abschnitt.

Allgemeine Bestimmungen.

1. Die Gesellschaft haftet während der Dauer der Ausstellung, in soferne es möglich, für die ausgestellten Gegenstände. Für den Transport zur Ausstellung und zurück übernimmt dieselbe keine Haftung.

2. Die Aufstellung besorgt die Gesellschaft auf eigene Kosten; der Hieher- und Rücktransport erfolgt auf Kosten des Eigenthümers, und wird sich die Gesellschaft bemühen, für den Eisenbahn-Verkehr ermäßigte Frachtsätze zu erwirken.

3. Jeder auszustellende Gegenstand muß von Seite des Ausstellers mit einer Anzeige versehen sein, ob und zu welchem Preise selber ver-

läuflich. Jeder Aussteller erhält für den ausgestellten Gegenstand ein Certificat, und nur gegen Rückstellung desselben wird ihm nach beendeter Ausstellung der Gegenstand rückgefolgt.

4. Lebende Thiere und Gegenstände, welche dem Verderben unterliegen, müssen binnen 24 Stunden nach Schluß der Ausstellung von dem Eigenthümer, respective Käufer, abgeholt werden.

5. Die übrigen Ausstellungsgegenstände müssen binnen acht Tagen aus den Localien der Ausstellung abgeholt werden.

6. Der Ausschuß der Gesellschaft wird aus seiner Mitte und aus den P. T. Ausstellern ein Preisrichter-Comité zusammenstellen, welches die für die Ausstellung bestimmten Preise zuerkennen wird. Die Gesellschaft hat aus ihren Mitteln zu diesem Zwecke gewidmet:

6 Stück goldene Medaillen im Werthe von je 8 Ducaten,
6   4
20   silberne   4 Vereinsthalern,
30   2
40   1

Außerdem wird die Gesellschaft ehrende Anerkennungen ertheilen; auch sind überdieß noch Privatpreise in Aussicht gestellt.

Endlich wird die Gesellschaft jedem Aussteller eine broncene Erinnerungs-Medaille ausfolgen.

7. Mit der Ausstellung wird eine Lotterie in Verbindung gebracht, bei welcher zumeist von der Gesellschaft aus verschiedenen Fächern der Ausstellung angekaufte Gegenstände nebst vielen anderen verlost werden. Loose hiezu werden à 50 kr. österr. Währung von der Gesellschaft verkauft, und zwar an jedem Wochentage Vormittag von 10 bis 12 Uhr im Gesellschafts-Locale, Burg, zu ebener Erde. Außerdem findet deren Verkauf auch bei den Herren: Menner und Nagel, Suppan, A. Ohrfandl, so wie in mehreren Tabaktrafiken statt.

Zweiter Abschnitt.
Eintheilung der auszustellenden Gegenstände.

I. Section: Nutzthiere.

1. Pferde.
2. Hornvieh.
3. Vorstenvieh.
4. Schafe.
5. Ziegen.
6. Hunde.
7. Federvieh.
8. Fische und Krebse.

II. Section: Forstwirthschaft.

1. Waldsamen.
2. Holzarten (rohe).

3. Holzwaaren: Bretter, Fourniere, Bindergeräthe u. s. f.

4. Miscellanea, als: Einschlägige Zeichnungen, Culturproben, Sammlungen forstschädlicher und nützlicher Insecten und Pflanzen u. s. f.

III. Section: Feldfrüchte und Mahlproducte.

1. Sämereien und Feldfrüchte aller Art, gereinigt und am Stenzel.

2. Gewächse: Knollen, Zwiebel, Oelpflanzen, Karden, Flachs, Hopfen u.s.f.

3. Mahlproducte: Mehl, Grütze u. s. f.

4. Mechanische und chemische Präparate: Oele, Oelkuchen, Färbestoffe u.s.f.

5. Wildwachsende Handelsgewächse: Speik, Enzian, Kalmus, Schwämme u.s.f.

IV. Section: Gartenbau.

1. Sämereien.   3. Blumen.

2. Gemüse,   4. Obst.

V. Section. Seidenbau.

1. Futter.   2. Raupenarten.   3. Producte, roh und gesponnen.

VI. Section: Bienenzucht.

1. Bienenstöcke: Nach verschiedenen Systemen.

2. Producte: Honig, Wachs.

VII. Section: Landwirthschaftliche Producte.

1. Eßwaaren: Käse, Butter, Schmalz, Selchfleisch, Eier, Speck u. s. f.

2. Getränke: Wein, Most, Beerenwein u. s. w.

3. Gemischte Produkte: Horn, Häute, Wolle, Federn u. s. w.

VIII. Section: Maschinen und Geräthe.

1. Werkzeuge allgemeiner Benützung: Schaufeln, Krampen, Siebe, Haken u. s. w.

2. Landwirthschaftliche Maschinen.

3. Garten-Instrumente: Schneidewerkzeuge, Spritzen u. s. w.

IX. Section: Industrie-Erzeugnisse.

1. Metallwaaren, insoferne selbe nicht in die früheren Sectionen gehören.

2. Gespinnste und Gewebe aller Art.

3. Eßwaaren: Brot, Pökelfleisch, konservirte Gemüse und Früchte u. s. w.

4. Töpfer- und Thonwaaren.

5. Chemikalien und Destillate: Pottasche, gebrannte Flüssigkeiten, Bier Essig, Preßgerm, Meth, Malz u. s. w.

X. Section. Düngemittel.

1. Natürliche: Gyps, Mergel, Malzkeime u. s. f.

2. Künstlich bereitete: Knochenmehl, Mineralsalze, Gaskalk u. s. w.

Klagenfurt, am 1. Juli 1865.

Die Direction

der k. k. kärnt. Landwirthschafts-Gesellschaft.

Herausgegeben vom Geschicht-Vereine und natur-historischen Landesmuseum in Kärnten. — Verantwortlicher Redakteur Dr. Heinrich Weil. — Druck von Ferd. v. Kleinmayr. — Geschäftsleiter Rudolf Bertschinger in Klagenfurt.

Carinthia.

№ 10. Oktober 1865.

Skizze zur Geschichte des Protestantismus in Kärnten.

Die lutherische Lehre verbreitete sich, ungeachtet, daß bald nach dem zu Speier im Jahre 1526 abgehaltenen Reichstage alle Neuerungen in Kirchensachen zu verhindern angeordnet wurde, zwar im Geheimen, aber festen Fußes fortschreitend von Baiern aus über Oberösterreich, Salzburg, Tirol und Steiermark nach Kärnten, und fand überall, wenn auch deren Ausübung nur den Adeligen auf ihren Schlössern gestattet war, bei der Vorliebe der Bürger in Städten und intelligenteren Personen am Lande für selbe, doch bald allgemeinen Anhang. Insbesondere waren es die Grenzgegenden, wo ein lebhafter Straßenverkehr mit den Nachbarprovinzen statt hatte, als das Katsch-, Drau-, Malta- und Lieserthal, in denen der Protestantismus zuerst allseits Anklang fand.

In Oberkärnten, wo damals der Bergbau und der Handel den Haupterwerb bildete und die Veranlassung zum größeren Verkehr mit dem Auslande war, gewann der Protestantismus zuerst festen Boden und breitete sich nach dessen Thälern, von Familie zu Familie allmälig fortschreitend und von mehreren hervorragenden Personen des Landes begünstiget, reißend schnell aus, ohne auf besondere Hindernisse zu stoßen oder Gewaltthätigkeiten zu veranlassen, und alle Gegenden Kärntens beherbergten ungeachtet der angestrengtesten Entgegenwirkung von Seite einiger Mönchsorden in der Umgebung ihrer Klöster, wie beispielsweise einmal einige Unterthanen des Stiftes Millstatt in Verhaft genommen und sogar in Eisenbergwerke geschickt wurden, die neue Lehre. Slavische Gegenden waren Anfangs aus Mangel an slovenischen Predigern weniger dafür empfänglich, doch griff sie zuerst im Gailthale, dann im Kanalthale, im Oberrosenthale und in der Umgebung von Klagenfurt, sowie im Jaunthale nach und nach um sich, wiebald die später berufenen slovenischen Prediger bei ihren Excursionen Anhänger gefunden hatten und

28

Bibeln in windischer Uebersetzung (von den Landständen allein über 600 Exemplare) vertheilt wurden, und auch Pastor Andre Lang's slovenische Predigten, die er in Druck legen ließ, mehr bekannt geworden waren.

Geistliche Stifter, wenige Ordenspersonen nur ausgenommen, enthielten sich aber davon ganz.

Besondere Beförderer waren aus Steiermark die mächtigen Hoffmann, von Gastein im Salzburgischen aus die reiche Familie Weitmoser, in Kärnten selbst die Paradeißer, Weißbriach, Dietrichstein, Ernau, Liechtenstein, Welzer, Rambschießl, die Weißenegger, Bibriach, Bergheim, Anna v. Neuman und insbesondere Freiherr Johann von Ungnad, der durch persönlichen Umgang für Luthers Lehre besonders eingenommen war und die Bibelübersetzung, so wie Luthers Katechismus und dessen Predigten in slovenischer Sprache in Graz drucken und in Kärnten vertheilen ließ; dann die durch Edelsinn und Rittertugend hervorleuchtenden Bartlmä, Franz und Hans Khevenhiller auf Landskron, Osterwiz, und Karlsberg, die sich im Jahre 1540 öffentlich zum Protestantismus erklärten und als Patrone der Probstei Kreug daselbst einen protestantischen Probsten einsetzten, der in kurzer Zeit zahlreiche Anhänger seiner Lehre in der Umgebung fand.

Auf verschiedenen Burgen wie Landskron, Osterwiz, Hollenburg, Kreug, Weißenegg, Sonnegg, Waldenstein, Paternion, Gmünd, Finkenstein u. a. m. wurden protestantische Prediger gehalten, solche auch in die Orte Seeboden und Trebesing berufen, und als Kaiser Karl V. auf seiner Flucht von Innsbruck nach Villach kam, und am 16. Juli 1552 daselbst den Passauer-Vertrag unterzeichnet hatte, erhielt die protestantische Lehre allseits die Oberhand. Der Katholizismus lag schon Jahre lang ganz darnieder; der eigentlichen Seelsorge schenkte man wenig Aufmerksamkeit, Schulen kamen höchstens in vorzüglichern Orten und da nur nothdürftig zu Stande, da die Sorge der geistlichen Würdenträger mehr dem Erwerbe weltlicher Güter und Ehren als dem Seelenheile ihrer anvertrauten Gemeinde zugewandt war, wozu die Vorgänge in den höchsten Kreisen und insbesondere in Rom selbst verleiteten und Mißgriffe vorkamen, die sogar dem gemeinen Manne Anlaß zu verschiedenen Betrachtungen gaben und sein Vertrauen auf die damaligen geistlichen Hirten sehr erschüttern mußten. Der eingerissene Mangel an Seelsorgern, die Sittenlosigkeit und üblen Beispiele der meist sehr herabgekommenen Ordenspersonen, der Abgang an Schulen und nur halbwegs befähigten

Lehrern, das Unwesen mit dem Ablaßverkauf und der Handel damit in verschiedenen Formen und Gestalten, das häufig üble Gebahren mit den Kirchengeldern u. s. f. mußten das Ansehen der katholischen Kirche herabbringen, und dem Protestantismus zur schnellern Ausbreitung Gelegenheit geben. Insbesondere war es aber der Ablaß, zumeist auf den Bau der Peterskirche in Rom berechnet, der selbst unter katholischen Priestern so viele Streitigkeiten hervorrief, das Ansehen der katholischen Kirche am meisten niederdrückte und das Bestreben nach Unabhängigkeit von Rom mehr beförderte.

Nach und nach entstanden Bethäuser und Pastorate in Villach, Gmünd, Kremsbrucken, Steinfeld, Oberdrauburg, Etting, Nörring, Großkirchheim, Tarvis, Bleiberg, Afritz, Landskron, Himmelberg, Klagenfurt, St. Veit, Kreug, Obermühlbach, Althofen, Hüttenberg, Eberstein, Töllerberg, Völkermarkt, Höhenbergen, Wolfsberg, Kleining, und ehemalige katholische Gotteshäuser wie die zu Steinfeld, Radlach, Lind, Paternion, Gnesau, Teuchen, Afritz, Arriach, St. Ruprecht, Bleiberg im Gailthale, zu Vornbleiberg, Goderschach, St. Leonhard, Mitschig, Vobernberg, Wasserleonburg, Liemberg, St. Martin, Silberegg, so wie deren Filialen wurden von Protestanten benützt, wo von exkurrirenden Prädikanten der Gottesdienst gehalten wurde. Viel Anlaß hiezu hatte auch die Einziehung einträglicher Präbenden und die Nichtbesetzung der dießfälligen Seelsorgstationen, oder kümmerliche Bezahlung der Priester und zumeist die große Empfänglichkeit des niedern Clerus selbst gegeben.

Schon bei den in den Jahren 1522, 1537, 1548, 1549, 1562, 1573 und 1576 zu Salzburg abgehaltenen Provinzialsynoden wurden über Ausartungen und Sittenlosigkeit der Geistlichkeit Klagen geführt, und daß so viele Stifte und Kapitel ihre auswärtigen Pfarren und Kaplaneien nicht besetzten; selbst Kaiser Ferdinand I. ließ unterm 20. März 1548 von Augsburg aus deßhalb an die Bischöfe unter Androhung des Verlustes des Lehenrechtes eine Rüge ergehen, nachdem schon vorher und zwar am 16. Jänner 1528 die Seelsorger aufgefordert worden waren, das Volk nicht durch übermäßige Ueberbürdung mit geistlichen Abgaben sich gehässig zu machen.

Vorzüglich waren diese Uebelstände in dem kärntnerischen Diözesantheile von Aquileja auffallend hervorgetreten, wo insbesondere das umfangreiche Stift Arnoldstein nur zwei Kapitulare mehr hatte und die Landbewohner selbst schon zur Besetzung ihrer geistlichen Seelsorgstationen schreiten mußten. Dieses war auch die Veranlassung, daß der Befiter der Burgfefte Finkenftein Graf v. Dietrichftein fein Patronatsrecht über die Pfarrkirchen Villach und Maria Gail den Bürgern von Villach abtrat.

Derlei Umstände waren daher der Verbreitung der evangelischen Lehre, besonders weil in deren Funktionen die jedem Bewohner verständliche landesübliche Sprache gebraucht wurde und die Pfarrinsassen dabei nicht wie bisher allerlei Abgaben unterworfen waren, die häufig in für sie unbekannte oder ihnen nicht als wohlthätig einleuchtenden Zwecke abgefordert wurden, ihnen somit auch läftig und drückend werden mußten, ungemein fördernd.

Im Jahre 1562 versuchte Kaifer Ferdinand in einem Erlaffe an die zu Salzburg abgehaltene Kirchenversammlung und 1563, unmittelbar an den Papst felbst, um der katholischen Priefterschaft aufzuhelfen und eine Annäherung der Katholiken und die Proteftanten dadurch zu erzielen, einen Vermittlungsweg, indem er die Priefterehe und den Genuß des heil. Abendmahles in beiden Gestalten bei den Katholiken befürwortete, allein erfteres wurde vom Papfte Pius IV. ganz abgeschlagen, Letzteres zwar genehmigt, in der Folge vom Bischofe Christof Andrä von Gurk 1584 aber wieder aufgehoben.

In Klagenfurt, inzwischen zur Hauptstadt des Landes erhoben, gewaltig vergrößert und gut befestigt, wo sich viele Häuser und darunter mehrere schöne Paläste erhoben, die meisten adeligen Familien des Landes bleibend sich niederließen, das von wohlhabenden eingewanderten Bürgern bewohnt und der mehrfachen großartigen Bauführungen wegen von fremden Künftlern und Baumeiftern befucht wurde, hatte sich die Einwohnerzahl bald über 4000 Köpfe erhoben, die theils die neue Lehre mitbrachten, theils aber bald dafür eingenommen waren, zumal sich in der damals einzig bestandenen Kirche kein felbftftändiger Pfarrer befand, und die Seelforge nur vom Kapitel in Maria Saal aus providirt wurde.

Der katholische Gottesdienft hörte, da über Aufforderung der Landesrepräfentanz zur Anfiedlung unter den günstigsten Bedingungen, viele und vorzugsweise proteftantische Familien aus Schwaben und Sachfen einwanderten, nach und nach auf, die Seelforge ging auf ihre mitgebrachten Prediger über. Da sich die Nothwendigkeit einer Ordnungsherstellung in Kirchensachen ergab, so wurde im Jahre 1563 von den damaligen Landständen über Anregung ihres noch im ruhmvollen Angedenken stehenden Burggrafen Augustin Paradeißer, dann vom Stadtrichter Andre Prenner und den Stadtverordneten einstimmig beschloffen,

ben protestantischen Kultus öffentlich einzuführen und für ordentliche Anstellung der Seelsorger die nöthigen Einleitungen zu treffen, da Kaiser
Ferdinand I. die scharfen Generalien mit der angedrohten Exekution
gegen die Protestanten mittlerweile gemildert, im Jahre 1556 aber
vollends zurückgenommen hatte. Es wurde deßhalb Pastor Martin Knor
aus Klattau in Böhmen nach Klagenfurt berufen und ihm noch im
Jahre 1563 die Stadtpfarrkirche St. Egiden mit der Weisung übergeben, daselbst den Gottesdienst nach dem protestantischen Ritus auszuüben.

Schon im folgenden Jahre hörten die von Maria Saal aus ge-
leiteten öffentlichen Festumzüge der Katholiken auf.

Pastor Knor fungirte bis zum Jahre 1570; ihm folgte als wirklicher Stadtpfarrer Ambrosius Ziegler vom Jahre 1570 — 1575,
Bernardin Steiner vom 9. Nov. 1575 bis zu seinem am 15. Jänner
1594 erfolgten Tode, zuletzt Adam Kolbius Flagius bis 7. Nov.
1600. Pastor Steiner führte zuerst die noch vorhandenen Tauf- und
Sterberegister 1571 ein.

Inzwischen erbaute die Landschaft aus der einstigen vor Erbauung
der Ringmauer außer der Stadt gelegenen sogenannten Spitalkapelle anno
1581 die heilige Geistkirche und besetzte sie mit eigenen Predigern als
dem Magister Paul Oberdörfler, Sebastian Amatorius und dem
aus Wittenberg berufenen Truber, ferner berief sie noch für die Slovenen in Georg Körbler, Moriz und Georg Faschang eigene Prediger
dahin, weil hier für Slovenen der Gottesdienst gehalten und das Wort
Gottes in ihrer Sprache vorgetragen wurde.

Ein anderer Faschang fungirte bereits seit dem Jahre 1576 an
der slovenischen Pfarre zu Tultschnigg als Pastor.

Um in Kirchensachen eine Diszziplin herzustellen und eine Ordnung
zu erhalten, da ein in Villach vorgekommener Streit Differenzen hervorrief, bildete man für Kärnten in Klagenfurt ein Superiorat, worin der
Pastor von St. Egiden sammt den Predigern und die gebildeteren Lehrer der wissenschaftlichen Anstalten Theil nahmen. Die Gewalt und
Oberaufsicht über die getroffenen Verfügungen war in den Händen der
Stände.

Da der ganz darnieder gelegene Schulunterricht einer Verbesserung
bringend bedurfte, so wurde alsbald zur Organisirung der Schulen und
möglichsten Erweiterung der Schulanstalten geschritten, und schon im
Jahre 1569 der Bau eines allgemeinen, allen Ständen zugänglichen

Gymnasiums unternommen, das sich am Platze, wo gegenwärtig der südliche Trakt der Burg steht, allmählig erhob und einen hölzernen Thurm zur Sternwarte erhielt. Von verschiedenen auswärtigen Universitäten und Bildungsanstalten wurden sofort Lehrer berufen, worunter Jakob Brentl, Philipp Merbach und Hieronymus Megisser sich in der Rektorswürde folgten.

Im Jahre 1582 begann die Landschaft den Bau eines allgemeinen Versorgungshauses für sämmtliche Landesbewohner mit einer großen Kirche, welchen Bau man 1593 beendigte.

Diese Bauten bilden gegenwärtig die Jesuitenkaserne und die Domkirche.

Gleichzeitig wurde auch der Friedhof bei der Stadtpfarrkirche St. Egiden aufgelassen und ein neuer großer Friedhof angelegt, der am 2. April 1591 vom Pastor Bernardin Steiner unter Assistenz von vier Priestern eingeweiht wurde.

Schloßprediger Gotthard Christalnik in Osterwiz, später Pastor in St. Veit, begann mittlerweile an einer kärntnerischen Chronik, welche in der Folge vom Megisser vollendet und im Jahre 1612 in Nürnberg gedruckt wurde und wenn dieselbe in ihrer Bearbeitung im damaligen Zeitgeiste weniger anziehend und auch lückenhaft ist und deßhalb öfters angegriffen wurde, so gibt sie doch Zeugniß von einem denkenden Forscher und ist als erstes derlei größeres Werk interessant, wird von jedem parteilosen Geschichtforscher benützt und war die Veranlassung zur Aufstellung einer spätern umfassenderen Geschichte Kärntens, der sie viele, sonst gewiß verloren gegangene Daten lieferte.

Eben so dürfte die in Wittenberg im Jahre 1584 gedruckte slovenische Bibel, um so gewisser in Kärnten oder von einem Kärntner übersetzt worden sein, weil darin die vom Uebersetzer Georg Dalmatina gebrauchte slovenische Sprache in allen Worten dem in Kärnten herrschenden windischen Idiome eigen, von jedem Slovenen hier vollkommen verstanden wird. An deren Uebersetzung hat sich auch der ehemalige Laibacher Domherr Primus Truber, der mit seinen Collegen zum Protestantismus übertrat, und in der Folge vielerlei Verfolgungen erbulden mußten, betheiligt.

Von dieser Bibel wurden eine Unzahl Exemplare in Kärnten vertheilt, noch in neuester Zeit wurden wieder zwei Exemplare entdeckt, wovon sich eines gegenwärtig in der Bibliothek des historischen Vereines befindet.

Die meisten Denksteine an der Stadtpfarrkirche St. Egiden rühren von protestantischen Familien aus jener Zeit her.

Besonders bemerkenswerth bleibt auch die von den protestantischen Ständen für kärntnerische Studenten an der Universität in Wittenberg und gewiß mit einem großen Geldaufwande gemachte Stiftung mehrerer Plätze, welche noch aufrecht besteht und wovon im 16. Jahrhunderte ungeachtet der weiten Entfernung 29 unadeliche Studenten allein schon Gebrauch machten, da diese Hochschule, wenn gleich nach dem Muster der Pariser Universität bereits in Prag, Wien, Ingolstadt, Padua u. a. m. gleiche Lehranstalten bestanden, damals eines vorzüglichen Rufes durch ihre durch Wissenschaft hervorragende Professoren genoß und von Studenten aus allen Gegenden deutscher Zunge vorzugsweise besucht wurde.

Zu welcher Zeit diese Stiftungen und unter welchen Modalitäten sie errichtet wurden, oder von wem sie ausgegangen sind, ist hier nicht mehr zu erheben, weil einestheils schon wahrscheinlich während der Gegenreformation, bei Vernichtung aller auf Förderung des Protestantismus Bezug habenden Dokumente, Bücher und religiösen Schriften ein großer Theil abhanden gekommen, anderntheils aber die aus dem Vandalismus allenfalls noch geretteten Urkunden bei den späteren Feuersbrünsten und zwar namentlich jener am 17. August 1777 in Klagenfurt, wo das ständische Archiv, und der zu Spittal im Jahre 1797, wo das Archiv der Grafschaft Ortenburg ganz ausbrannte, zu Grunde gegangen sein dürften.

Mehrere Stiftungsplätze dürften von einstigen Besitzern der Grafschaft Ortenburg, oder von Bewohnern des Marktes Spittal ausgegangen sein, weil in der an das Laibacher Gubernium noch vor drei Dezennien ergangenen Aufforderung von Seite der Universität Wittenberg, namentlich von zwei, für Studenten aus dem Markte Spittal erledigten Stiftungsplätzen die Rede ist.

Laut einem vorhandenen Verzeichnisse von Schmidl in Wien studirten schon seit dem Jahre 1504 kärntnerische Studenten an der Universität in Wittenberg und namentlich: Christof Texte von Villach 1504, Georg Scharf von Villach 1525, Georg Hildebrand von Villach 1528, Barthlmä Mestriz von Popichl 1532, Johann Peter aus Villach 1535, Michael Kraner 1536, Wolfgang Meßlinger von St. Veit 1539, Johann Greifensteiner 1542, Christof Sommeregger 1542, Martin Tirnauer 1543, Martin Siebenbürger 1544, Anton Goldstein 1544, Jodok Rothhaft 1546, Andrä

Sezenser 1546, Johann Zolner 1549, Urban Zusner, Mediziner 1551, Bartlmä Reiter 1553, Amand und Franz von Gera 1557, Adam Venediger 1557, Georg Kramer von Villach 1557, Abel Altendorf und Adam Egger von Friesach 1558 — Familiennamen, die noch größtentheils gegenwärtig in Kärnten vorkommen.

Martin Siebenbürger wurde als Physiker in Villach ange-stellt nnd starb allbort.

Ferner wurden immatrikulirt am 2. Mai 1555 David Freiherr v. Ungnad, Sohn des Andrä v. Ungnad, Freiherrn v. Sonegg, und im Jahre 1557 allbort zum Rektor gewählt. Außerdem studirten noch die Freiherrn Ludwig, Christof und Simon v. Ungnad, Johann und Karl von Ungnad, Letzterer starb zu Gastein und ruht in der Ungnab'schen Kapelle zu Völkermarkt.

In dieser Periode studirten in Wittenberg auch 32 Steirer und 5 Jünglinge aus Krain.

Schon im Jahre 1548, ben 5. April, verbot Kaiser Ferdinand's Sohn, Karl II., den Ständen ihre Söhne zur Ausbildung an unkatho-lische Hochschulen zu senden, weil sie mit den Grundsätzen der neuen Lehre zurückkommen und meist ausländische Hofmeister mitbrachten, die sich dem geistlichen Stande widmeten und hier nicht selten als Prädi-kanten Anstellungen fanden.

In der zweiten Hälfte des 16. Jahrhunderts dürften nach Witten-berg und auf andere ausländische Bildungsanstalten noch mehrere Stu-denten abgegangen sein, weil im Jahre 1556 der nichtkatholische Adel erwirkte, seine Söhne an „zulässigen Orten" studiren zu lassen.

Diese Stiftung wurde nun seit der Gegenreformation ungeachtet wiederholter Aufforderungen von Seite des Rektorates in Wittenberg und zuletzt noch vor drei Dezennien an das vormals bestandene Landes-gubernium in Laibach, nicht mehr benützt.

Die Frage, ob diese für Kärntner gegründeten Stiftungsrechte auch noch in ihrem ganzen Umfange bestehen, und in diesem Falle, ob es nicht zweckmäßig wäre, basselbe zu benützen, kann an diesem Orte nicht näher erörtert werden.

(Schluß folgt.)

Das Johannisfest.

Das Geburtsfest St. Johannis des Täufers bildet neben Mariä und Christi Geburt das dritte Geburtsfest in unserem Kalender. Die Festbräuche, welche das Volk am Johannistage übt, knüpfen sich jedoch keineswegs an die Lebensgeschichte oder an die Legende des St. Johann und es findet sich darin nicht die entfernteste Anspielung an diesen Heiligen. Wir müssen vielmehr auch hier wie bei den meisten an christlichen Festen üblichen Volksgebräuchen auf einen heidnischen Ursprung zurückgehen.*)

In alten Urkunden wird der Johannistag auch „Sunnewende", „Sunwinde", „Sumethen", „Singethen" (die Sonnenwende) genannt, und dieß führt uns auf ein Hauptfest des altdeutschen Heidenthums, auf das „Mittesommer"- oder „Sonnewendfest", welches der Sonne, die in der Zeit unseres Johannisfestes am höchsten steht in ihrer Kraft, und dem Feuer galt. Unsere Vorfahren feierten dieses Fest, wie fast alle ihre Feste, durch Hauptopfer, durch große Volksversammlungen, Gerichthalten und Gelage, und wir haben uns den Ritus desselben etwa folgendermaßen zu denken: Wenn die Sonne am höchsten stand, versammelte man sich an heiliger Stätte, gewöhnlich auf einem hohen Berge. Mit einer auf eine ungewöhnliche Weise, meistens durch die Umdrehung eines das heilige Sonnenrad darstellenden Wagenrades erzeugten Flamme, zog man im Kreise um einen mit Blumen und allerlei heiligen Kräutern umwundenen Baum, welcher die Stelle der Achse oder Nabe eines Rades versehen sollte — eine symbolische Darstellung des heiligen Sonnenrades. Sodann wurde ein aus neunerlei Holz, wobei natürlich auch das Holz der dem Thonar, dem himmlischen Feuergott, geweihten Eiche nicht fehlen durfte, aufgeschichteter mächtiger Scheiterhaufen (die Zahl 9 galt den heidnischen Völkern Nord-Europa's für heilig) von einem Priester angezündet, und man tanzte, mit allerlei Blumen und Kräutern bekränzt und mit Sträußen davon in den Händen, um die heilige Flamme. Feierliche Gesänge zu Ehren der Gottheit wurden angestimmt und von den Tänzern Blumen und Heilkräuter opfernd ins Feuer geworfen. Mit diesem Feuer wurde aber nicht nur die strahlende Gottheit an ihrem Ehrentage freudig begrüßt, sondern es war auch zugleich ein Sühn- und Reinigungsfeuer, da es durch das Symbol derselben geweckt und ein von

*) Vergleiche Carinthia vom Jahre 1864, Seite 218.

ihr stammendes Element war. Man ging ober sprang durch die Glut, um sich zu läutern oder vor kommendem Unheil zu bewahren, und trieb das Vieh hindurch, um es vor Seuchen und Krankheiten zu schützen, und beobachtete, wo der gedeihenbringende Rauch hinzog. Endlich fanden auch, wie bei allen Festen unserer Vorfahren, noch Opfer statt, nicht nur von Thieren, namentlich von Pferden, welche als die vorzüglichsten Opferthiere galten, sondern auch von Menschen. Es waren jedoch nicht Opfer von schuldlosen Menschen, wie sie bei den alten Griechen, Römern und Juden und bei den jüngeren morgenländischen Heidenvölkern üblich waren, dergleichen hatten die alten Deutschen nicht. Es wurden keine schuldlosen Menschen geopfert, sondern nur schuldige, zum Tode verurtheilte, und das von der Gemeinde gefällte Todesurtheil wurde im Namen der richtenden Gottheit durch die Hand ihres Priesters, des „Gottesfron", nur in Form eines Opfers vollzogen. Die Sonne, welche das Verbrechen durchschaut und entlarvt, stand bei unseren Altvordern in engster Beziehung zu Gerichthalten und Gerechtigkeit. Ihr mußte die Sühne gebracht werden, und die Zeit, wo sie am höchsten stand, war der Hauptgerichtstag. War das Feuer abgebrannt, so veranstaltete man ein Mahl, bei dem hauptsächlich das Fleisch vom Pferde, welches vielen Göttern geweiht war, genossen und mancher Becher den Göttern zu Ehren geleert wurde. Am Schluße der Feierlichkeit streute man, die Saaten zu schützen, die Asche auf die Felder, nahm sich abgelöschte Brände mit nach Hause, wo sie als Amulete vor dem Fenster aufgehängt oder auf das Dach gelegt wurden, um das Haus vor allerlei Unheil und namentlich vor dem Blitz zu sichern.

Ein bedeutungsvoller Ueberrest dieses altheidnischen Cultus der Mitsommerwende sind ohne Zweifel die Johannisfeuer, große Feuer, welche am Johannis=Vorabende angezündet werden, ein Brauch, der im Mittelalter sich über den größten Theil Europa's, namentlich über die von gothischen Stämmen eroberten Länder, von jenseits der Pyrenäen bis über die Weichsel, verbreitet war und in vielen Strichen noch jetzt beobachtet wird. In Norddeutschland scheinen die Johannisfeuer gegenwärtig nicht mehr gebräuchlich zu sein, dahingegen sind sie in Oesterreich und zwar vorzüglich in dessen Gebirgsländern, dann in Franken, Süd=Thüringen, Schwaben, Baiern, Schlesien und in einigen Rheingegenden noch zu Hause und heißen jetzt noch hin und wieder mit dem älteren Namen Sonnwendfeuer. Dort flammen sie am Vorabende des Johannistages auf allen Höhen, so weit das Auge reicht. Einige

Tage vorher durchziehen Knaben die Straßen der Städte oder Dörfer und sammeln Reisig und Theerfäßer zu dem Feuer, auch wohl Eier und andere Lebensmittel ein, welche am Johannisabende verschmaust werden.

Im Lande ob der Enns und weit über den Inn und daran nördlich über die Donau hinaus, wo die Johannisfeuer besonders gebräuchlich sind, sind sie ein ungemein beliebtes Volksfest. Jeder Bürger oder Bauer muß dort der Reihe nach für den Tag vor Johannis einen Wagen, ein anderer ein Pferd, ein dritter einen Buben stellen. Mit Strohbändern festlich aufgeputzt, fährt man am Morgen dieses Tages von Haus zu Haus, mit einem herkömmlichen Spruche die Holzscheiter einzusammeln und zur Theilnahme an der Feier einzuladen. Wenn nun des Abends auf dem Feuerplatze das Einladungszeichen durch eine mit Strohbändern umwundene und angezündete Stange gegeben wird, welche aus der Mitte des Holzstoßes emporragt und diesen bei ihrem Niederbrennen in Brand steckt, eilen die „Springer", „Bäher" und „Gaffer" von allen Seiten herbei. Die „Springer" sind junge Eheleute oder Brautleute, welche paarweise durch das Feuer springen, so lange es ihnen beliebt. Diese springenden Paare werden beständig von einer Menge müßiger Zuschauer, „Gaffer" genannt, recensirt. Sie höhnen und spotten, wenn ein Paar mit dem Springen zaudert oder eine Weile innehält, oder wenn ein Wagehals einen verunglückten Sprung gethan hat und entweder in das Feuer oder daneben niedertaumelt; den glücklichen Springer aber belohnen sie mit ihrem Jubelruf und bringen auf diese Weise das regsamste Leben in die Festlichkeit. Zuweilen ist der Holzstoß so hoch angelegt, daß auch die kühnsten Springer sich nicht hindurchtrauen. Neben den kleinen Feuern, welche zur Belustigung der Kinder brennen, sitzen die Großeltern und alten Basen, die „Bäher", und rösten an langen Stangen mit Salz bestreute Brodschnitten (Bäher) in der Glut, die sie für die Hungrigen in Bereitschaft halten, während der Wirth des Ortes für Getränke sorgt. Die fröhliche Feier endet selten vor Mitternacht.

Im Mittelalter, wo Johanni eine hochheilige Zeit war, zu welcher wie um Pfingsten, große Volks= und Reichsversammlungen gehalten wurden, waren auch die Johannisfeuer, jetzt zur Volkslustbarkeit herabgesunken, weit großartiger, heiliger und ehrwürdiger, und nicht bloß das niedere Volk, auch der Adel und selbst Fürsten versammelten sich darum. In Augsburg zündete 1497 in Kaiser Maximilians Gegenwart die schöne Susanne Neithard das Johannisfeuer eigenhändig mit einer Fackel an, und machte dann zuerst den Reigen um die Flamme an des Erzherzogs

Philipp Hand. Zu Paris wurde noch im siebzehnten Jahrhundert auf dem Platz vor dem Stadthause ein mächtiges Johannisfeuer angezündet. Der Holzhaufen war mit Laub und Blumen aufgeputzt und wurde von dem Bürgermeister selbst in Brand gesteckt.

Dieser weit verbreitete Feuercultus zu St. Johanni ist ohne Zweifel heidnischen Ursprungs, da sich darin kein Bezug, weder auf das Christenthum, noch auf den heiligen Johannes finden läßt. Das ganze Mittelalter hindurch begegnen wir auch wiederholten Verboten der Heidenbekehrer und der Geistlichen, welche gegen die dabei gebräuchlichen Lieder und Tänze als heidnischen Unfug und Teufelsspuck eifern. Es verband sich in der That und verbindet sich noch heutzutage mit den Johannisfeuern allerlei Aberglaube und abergläubischer Brauch, die den heidnischen Ursprung nicht verkennen lassen. Man treibt das Vieh über die Brandstelle, um es gegen Seuchen und Hexenzauber zu sichern; man tanzt, mit allerlei Heilkräutern bekränzt, um die Flamme herum, springt darüber oder läuft durch die glimmenden Kohlen, um das ganze Jahr vor allerlei Uebeln, namentlich vor dem Sonnenstich und vor Augenübeln, bewahrt zu bleiben; man streut die Asche des verglimmenden Feuers auf den Acker, um die Fruchtbarkeit des Bodens zu vermehren, und wendet sie sonst noch als Heilkraft in vielen Dingen an; man legt Kohlen vom Johannisfeuer auf das Dach des Hauses, um letzteres vor dem Blitz zu sichern. Weder Johannes noch Elias stehen in Beziehung zu jener überirdischen Flamme, noch tritt ersterer in der Bibel als mit Heilkräften begabt auf. Auch dürfte es nicht unwichtig sein, daß unter den Israeliten die heidnische Sitte herrschte, Söhne und Töchter durch ein Feuer gehen zu lassen, welches zu Ehren des Sonnengottes brannte, und daß die alten Römer bei ihrem Hirtenfest der Palilien beinahe ganz denselben Ritus beobachteten. Dann begegnen wir auch bei den Johannisfeuern entschiedenen Spuren von Opfern. Der im Thüringischen, Meißnischen und Bergischen überlieferte Brauch, einen Pferdekopf in das Johannisfeuer zu werfen, erinnert an die Thieropfer. Eine andere Spur, auf die früheren heidnischen Menschenopfer deutend, ist der früher, im Mittelalter, in allen Schichten verbreitete und jetzt noch im Volke lebende Aberglaube, daß St. Johann an seinem Festtage jedesmal drei Todte als Opfer fordere, und sie sich am Grund, aus der Luft oder in der Fluth hole, daher sich die Läufer, Klimmer und Schwimmer an diesem Tage in Acht nehmen mögen.

Der hel'ge Zink Jan
Will drei Dhuken han

ist ein unter dem Volke noch gewöhnlicher Spruch. Altgläubige Landleute warnen daher am Johannistage ihre Kinder besonders vor Klet-
tern und Baden. Noch zu Karls des Großen Zeiten setzten die bekehr-
ten Deutschen solche von ihren heidnischen Vorfahren zur Sonnenwende
gebrachte Opfer heimlich fort, und die heilige Vehm ist vielleicht eine
Verzweigung dieses Brauchs und dieser Ansichten. Auch finden wir
noch in allen alten Weisthümern „St. Johannismissen zu Mittesommer"
als ein ungebotenes Gedinge, als einen festgesetzten Gerichtstag vor, wie
es ja die Sonnenwende in der heidnischen Zeit gleichfalls war.

Es sei uns gestattet, noch einen wichtigen Umstand zu erwähnen,
welcher es zur Gewißheit macht, daß die Ceremonie der Johannisfeuer
der Rest des heidnischen Sonnenwendcultus ist, welcher mehr den Charakter eines Sühn- und Reinigungsfestes als den eines Freudentages
trug. Die Ueberlieferung hat bewahrt, daß man in früheren Zeiten die
Johannisfeuer ganz auf dieselbe Weise wie die sogenannten „Nothfeuer"
(nod fyer) erweckte, was einen augenscheinlichen Zusammenhang mit
demselben ergibt, welche erwiesenermaßen aus vorchristlicher Zeit stammen.
Unter Nothfeuer verstand man eine auf eine ungewöhnliche und ganz
auf ähnliche Art, wie die alten Römer das erloschene Feuer der Vesta
wieder anzündeten, erzeugte Flamme, z. B. durch Reibung von trocke-
nem Holze, eine der gewöhnlichsten Arten. Diese Nothfeuer waren bis
in das jetzige Jahrhundert hinein in Norddeutschland, England und
Schweden, in früherer Zeit aber allenthalben üblich, wohin deutsche
Stämme ihre Sitten verpflanzt hatten. Da man der auf die erwähnte
Weise erzeugten Flamme mehr Heiligkeit zuschrieb, als der von Menschen
bereits abgenützten und fortgepflanzten, so galten die Nothfeuer als
Schutz- und Heilmittel gegen Krankheiten, und man brachte sie gemeiniglich dann in Anwendung, wenn eine Pestilenz oder Viehseuche ausgebrochen war. Das Vieh wurde durch die Flamme getrieben, um es
von der Seuche zu heilen oder davor zu bewahren; auch wurden Kohlen
vom Feuer den Thieren in die Krippe gelegt. Vorher mußte Jeder in
seinem Hause das Herdfeuer auslöschen und dasselbe später mit Bränden
vom Nothfeuer wieder anzünden. Auch mußte, was recht deutlich den
heidnischen Ursprung verräth und an die Heilighaltung der Zahl 9 bei
den heidnischen Völkern Nordeuropa's erinnert, neunerlei Holz zum Nothfeuer verbraucht werden und neunmal neun Männer bei der Ceremonie

thätig sein. Den Nothfeuern kommt also offenbar ein hohes Alterthum zu, und unsere heidnischen Vorfahren zündeten dieselben nicht nur zur Reinigung und Befreiung bei unmittelbar drängender Gefahr an, sondern auch an gewissen Tagen des Jahres als Sicherung gegen das mögliche Uebel. Keine Zeit konnte hiezu geeigneter sein, als die Sonnenwende des Sommers, wo die Sonne ihren höchsten Triumph über die Macht der Finsterniß feiert, und auch unsere Johannisfeuer, welche, zieht man den übrigen damit verbundenen Brauch und Glauben mit in Erwägung, entschieden ein und dasselbe mit dem Nothfeuer sind, haben diesen Charakter des Sühn= und Reinigungsfeuers in die christliche Zeit mit hinüber= genommen.

In einigen Gegenden, besonders in solchen, wo die Johannisfeuer abgekommen sind, wird St. Johanni durch den „Johannisbaum“ gefeiert. Man pflanzt eine mit Bändern und Blumenkränzen gezierte Maie oder Tanne oder auch eine Blumenpyramide auf, um welche die Jugend herumtanzt. In manchen Städten, wo dieser Gebrauch besonders üblich, sieht man fast in allen Straßen solche Johannisbäume errichtet. An manchen Orten schickt man sich einander auch den „Johannisstrauß“ zu, der aus allerlei wohlriechenden, mit Bändern umwundenen Blumen be= steht, oder man pflanzt einen mit Blumen geschmückten Topf auf einen Tisch und tanzt mit Gesang und Jubel um denselben herum, was den „Johannis= oder Rosentopf spielen“ heißt. (U. a. h. H.)

Aus dem Briefe eines Kärntners in der mexikanischen Fremden-Legion.

Puebla, 20. Mai 1865.

Wie Du weißt, gingen wir am 12. Dezember 1864 von Laibach nach Triest, leider Nachts, so daß uns der Anblick des heimatlichen Bo= dens nicht mehr möglich war. Um 9 Uhr Vormittags des 13. kamen wir in Triest an, um 12 Uhr waren wir am Bord des Schrauben= dampfers Veracruz, eines Schiffes erster Größe, das uns unter den herz= lichsten Zurufen eines zahlreichen Publikums vom heimatlichen Boden, dem Lande unserer Jugend und ersten Thätigkeit, das wir vielleicht nie wieder sehen werden, wegführte. In der Meerenge von Messina hatten wir einen Sturm mitzumachen, der von 6 Uhr Abends bis 10 Uhr Früh währte und als erstes Erlebniß genügte. Vor Gibraltar lagen wir circa 36 Stunden, konnten uns jedoch nicht ausschiffen; man brachte uns viele nothwendige Gegenstände auf kleinen Schiffen zu; wir kauften um verhältnißmäßig billige Preise. Endlich verließen wir auch den europäischen Boden und, Anfangs längs der afrikanischen Küste segelnd, näherten wir uns den Antillen; jedoch bevor wir Martinique, unser nächstes Ziel, erreichten, hatten wir wieder einen Sturm zu bestehen — ihn zu beschreiben fehlt Zeit und Raum —; für jetzt nur so viel, daß während dessen Wüthen auf einmal in der Küche ein gefahrdrohendes Feuer entstand, das das finstere Verdeck magisch erleuchtete. Die Nacht hindurch lagen wir vor Martinique, um 7 Uhr Morgens landeten wir daselbst. Die Insel ist französisch, hat zwei bedeutende Forts und gewährte durch die üppigste Vegetation einen schönen, ja überraschenden Anblick. Während unseres zweitägigen Aufenthaltes daselbst kamen wir zuerst mit schwarzer und weißer Bevölkerung in Berührung, deren beider freundliches Benehmen uns sehr erfreute. Wir gaben uns dem Vergnügen hin, besonders sprachen wir in Vorahnung des baldigen Abschiedes dem köstlichen Weine zu, von dem die Bouteille ¾—1 Franc kostet. Wir genoßen die herrliche Rundschau über die schöne Insel und ihre Nachbarinnen. — In zehn Tagen durchfurchten wir das caraibische Meer und in zwei Tagen den Meerbusen von Mexico, welches Gewässer dem kühnsten Seemanne alle Vorsicht gebietet. Unter fortwährendem Auswerfen des Senkbleies sollten wir noch einen Sturm erleben, der uns die ganze Furchtbarkeit und die volle Größe des beweglichen Elementes zeigen sollte. Morgens erhob sich ein Wind und man bedeutete uns auf einen Sturm gefaßt zu sein. Als wir Nachmittags unsere Jause, am Verdecke liegend, einnahmen, stürzten auf einmal die Wellen über Bord, uns in die Mitte des Schiffes schleudernd. Bei der Unmöglichkeit uns zu erheben mußten wir auf allen Vieren in die Kajüten oder das Zwischendeck kriechen; in Ersteren war wegen Ueberfüllung der Aufenthalt unerträglich, im Letzteren hielt Einer sich am Andern fest oder suchte an Stricken oder was sonst Halt und Stütze gab sich anzuklammern.

Da unser Schiff wie ein Spielzeug herumgeschleudert wurde und wir ganz durchnäßt waren, so sahen wir wie Leichen aus und Viele überfiel die Seekrankheit, wurden auf Haufen zusammengeworfen und mußten wir so in der peinlichsten Lage bis 7 Uhr Morgens ausharren, da Niemand außer den Matrosen das Verdeck betreten durfte.

Wir hörten auf zu glauben, daß wir noch einmal Land sehen würden. — Mehr kann ich Dir brieflich nicht mittheilen.

Doch der Allmächtige schützte uns und am 21. Jänner waren wir in Veracruz. Von Weitem schon sahen wir, daß der Krieg die Stadt arg mitgenommen hatte, was ein Gang durch dieselbe noch deutlicher zeigte; die vielen großartigen Kirchen sind zusammengeschossen oder in Casernen verwandelt, sonst ist die Stadt schön und regelmäßig, nur das Wort: „gelbes Fieber" und die tausend nichtscheuen Aasgeier, welche sie umschwärmen und die höchsten Giebel der Gebäude bevölkern, — sie zu tödten ist bei Strafe verboten — machen den Aufenthalt unheimlich.

Nachdem wir dort einige Tage in einer Kirche — Caserne lagen, fuhren wir mittelst der Eisenbahn trotz der Steigung schneller nach Cameron, ja schneller als man in Oesterreich fährt.

Je näher wir gegen Orizaba kamen, desto höher und schöner wird die Gegend, besonders aber die herrliche Vegetation, man fühlt nur den Mangel an fleißigen Händen.

In Orizaba, mit seiner sehr schönen Umgebung und der Menge zertrümmerter Klöster und Kirchen befanden wir uns so ziemlich angenehm. Wir waren in der Carmen=Kirche bequartiert und hielten die vielen Leichname der Männer, Frauen und Kinder in den Grüften derselben für Reste der Inquisition.

Von dort kamen wir nach mehreren Märschen nach Puebla; so angenehm es dort war, so lästig waren Letztere; in der größten Hitze, im Sande bis über die Knöchel, den der Wind wie Wolken aufwirbelte, und der uns nicht 10 Schritte weit zu sehen erlaubte, wateten wir bis zur Unkenntlichkeit geschwärzt durch Kaktuswälder. Puebla liegt schön und regelmäßig innerhalb der sie dominirenden Forts, doch ist die Stadt auffallend zerstört, besonders aber deren Kirchen und Klöster.

Eine Kirche wurde zuletzt von mehr als 1000 Geistlichen vertheidigt, von den Zuaven und Legionären aber genommen; in ihrer Nähe ist ein Schwefelbad, das man um 2 Tlacs benützen kann.

Hier empfanden wir unsere schwere Aufgabe, 63 ganz wilde, ungezähmte, mit dem Lasso gefangene Maulthiere für unsere Gebirgsbatterie abzurichten, zu bändigen.

Der Lasso ist ein langer Strick mit einem Klang, der in der Entfernung geworfen wird.

Die einzige Hoffnung, die mir bleibt, ist die Aussicht auf die Auflösung; ich habe viele dumme Streiche in meinem Leben gethan, doch dümmern konnte ich keinen thun.

Die erste Batterie war bereits im Gefechte und brachte dabei ihre Opfer. Sobald wir unsere Bestien etwas eingeschult haben werden, ist es möglich, daß wir noch einige Tagmärsche hinter Mexiko kommen, dann —

Lieber Freund, bleibe in deinem guten und gemüthlichen Europa, dort genießt du für dein Geld doch etwas, was du hier selbst bei hohem Verdienste nicht haben kannst, weder Bier noch Wein, nichts als Pulque, das aus einer Kaktusgattung gewonnen wird, und durch die Kehle eines Oesterreichers nicht gehen will. Mit enormer Spannung sehen wir der Zukunft entgegen, besonders wenn man hört, daß die Guerillas unsere Leute auf 20 — 30 Schritte Entfernung mit dem Lasso abfangen und im Gallop davonsprengend selbe nachschleifen, oder andere empörende Handlungen verüben, die ich nicht weiter berühren kann.

Ueberlebe ich dieß, so will ich entweder nach Californien oder nach Nordamerika, erkundige dich, welche Kärntner im ersteren Lande sind.

Denke dir, daß wir abgehärtet sind, wie ich es nie geglaubt hätte; von Laibach weiter lagen wir noch nie auf einem Strohsack, stets auf hartem Boden mit der Decke und dem Mantel, um 4 — 5 Uhr Morgens kommen wir auf die Beine und um 9 Uhr auf das harte Lager. Theile mir in deinem Nächsten recht viel aus der Heimat mit, an die ich trotz des vielen Ungemachs das ich dort erlebt, mit warmen und betrübtem Herzen denke.

Allen Freunden meinen herzlichsten Gruß. Dich im Geiste umarmend, dein
C. B.

Die Erdatmosphäre.

Die atmosphärische Luft, welche unsere Erde als eine dicke, nach außen dünner werdende Schale umgibt, erscheint dem oberflächlichen Beobachter kaum der Beachtung werth. Bevor wir sie näher kennen lernen, wollen wir einen flüchtigen Blick auf die wichtige Rolle werfen, welche der Schöpfer derselben angewiesen hat. Die atmosphärische Luft ist zur Existenz der Menschen, Thiere und Pflanzen unentbehrlich. Ohne Luft wäre das Athmen, folglich die Belebung des Blutes und die Erzeugung der Lebenswärme unmöglich. Man pflegt den Athmungsprozeß nach Liebig mit einer Verbrennung zu vergleichen, bei welcher der Kohlenstoff des Blutes, bei Berührung desselben mit dem eingeathmeten Sauerstoffe zu Kohlensäure sich verbindet. Diese wird mit andern Luftarten (Stickstoff, Wasserdunst) zugleich ausgeathmet, und das frisch belebte rothe Blut durchkreiset den Körper. Bei dieser Verbrennung entsteht auch die dem Körper eigenthümliche Wärme, welche er in allen Erdzonen und in allen Jahreszeiten unverändert zeigt. Indessen ist die atmosphärische Luft nicht nur eine nothwendige Bedingung des thierischen Lebens, sondern sie erleichtert auch die körperlichen Bewegungen auf der Erde und ermöglicht dieselben über der Erdfläche. In einem luftleeren Raume müßten die Gliedmaßen durch die alleinige Muskelkraft gehoben und bewegt werden. Die Bewohner einer der Atmosphäre beraubten Erde hätten nicht die Schnellkraft der Glieder und nicht die Regsamkeit der jetzigen Geschöpfe. Gefiederte Thiere, welche sich über die feste Erdfläche erheben könnten, würde es gar nicht geben. Die Geschöpfe einer luftleeren Erde wären lautlos, weil eben die Luft die Trägerin des Schalles ist. Auch die Pflanzen, welche ihre Nahrung zum Theil aus der Luft nehmen, könnten nicht gedeihen. Die Erde wäre starr und unveränderlich dieselbe, und nur unterirdische Kräfte würden zuweilen gewaltsame Veränderungen an der Erdoberfläche erzeugen, wogegen jener langsame aber ununterbrochene Strom des Werdens und Vergehens, welcher durch die Berührung mit der Luft an allen Körpern der Erdoberfläche hervorgebracht wird, gänzlich fehlte. Die mannigfachen Wechsel der Lichterscheinungen würden, wo nicht ganz verschwinden, doch nur in langweiliger Gleichförmigkeit erfolgen. Auf die lebenslose Erdrinde würde sich der Himmel nicht als ein blaues, lichterfülltes, sondern als ein schwarzes Gewölbe stützen, ohne Farbe und ohne Glanz, an welchem die Sterne Tag und Nacht sichtbar wären. Die Wärmeverhältnisse unserer Erde ohne Atmosphäre wären viel ungünstiger als die gegenwärtigen, denn der Sonnenstrahl würde wohl die feste Erde, aber nicht den die Erde umgebenden luftleeren Raum erwärmen. Ueberdieß würde die der Erde eigenthümliche Wärme ungehindert in den Weltraum ausstrahlen, und die Erdrinde hätte sich schon längst bis zur Eistemperatur abgekühlt. Endlich gewährt die elastische Erdhülle dem Erdkörper und seinen Bewohnern einen starken Schutz in jenem möglichen Falle, in welchem ein Komet eine unsanfte Berührung mit der Erde anstrebte.

Bestandtheile der Atmosphäre.

Nachdem wir die Wichtigkeit der Erdatmosphäre in Umrissen betrachtet haben, wollen wir zur nähern Untersuchung dieser Kugelhülle schreiten. Sie ist ein Gemenge aus verschiedenen luftförmigen Stoffen, welche entweder immer und überall vorgefunden werden, oder nur zeit- und ortweise in derselben vorkommen. Die wichtigeren dieser Stoffe sind:

1. Der Sauerstoff. Priestley hat im Jahre 1774 die Gegenwart des Sauerstoffes in der Atmosphäre nachgewiesen und Cavendish im Jahre 1783 auf 20·84 Raumtheile in 100 Raumtheilen Luft bestimmt. Die übrigen 79·26 Raumtheile nimmt größtentheils Stickstoff ein. Dieses Mischungsverhältniß bleibt sich gleich in jeder Jahreszeit, bei jeder Witterung, in tiefen Thälern und auf hohen Bergen, in Städten und auf dem flachen Lande. Der Sauerstoff dient zum Athmen, zur Verbrennung, zur Verwesung organischer Stoffe. Der Mensch braucht täglich 25 Kubikschuh Sauerstoff, und mit je 100 Pfund trockenen Holzes verbinden sich beim Verbrennen 112 Pfund oder nahe 1400 Kubik-Fuß Sauerstoff zu Kohlensäure. So groß auch die Menge des Sauerstoffes in der atmosphärischen Luft ist, so müßte dieser doch durch das Athmen der Menschen und Thiere, durch die Verbrennung und durch die Verwesung von Pflanzen und Thieren verbraucht und größtentheils durch Kohlensäure ersetzt werden, wenn nicht der weise Schöpfer für Entfernung der Kohlensäure und für Ergänzung des Sauerstoffes gesorgt hätte. Die dem thierischen Organismus verderbliche Kohlensäure ist ein Nahrungsmittel für Pflanzen, indem diese unter dem Einflusse des Sonnenlichtes die Kohlensäure zerlegen, den Kohlenstoff zur Nahrung behalten und den Sauerstoff der atmosphärischen Luft zurückgeben.

2. Der Stickstoff, welcher in der atmosphärischen Luft in großer Menge vorkommt, dient unmittelbar, indem er sich mit dem frei gewordenen Wasserstoffe zu Ammoniak verbindet, den Pflanzen zur Nahrung. Ammoniak kommt in der Atmosphäre in geringer Menge vor, wird vom atmosphärischen Wasser absorbirt und kommt mit den wässerigen Niederschlägen zur Erde. Es bildet sich hauptsächlich bei der Verwesung und Fäulniß organischer Ueberreste und wird von der feuchten Erde zurückgehalten. Ueberdieß hat die große Menge Stickstoff in der Luft noch einen andern Zweck. Sein Dasein in der Atmosphäre vergrößert ihre Dichte, wodurch die Verdunstung der Gewässer und der Feuchtigkeit an der Oberfläche der Pflanzen verlangsamt, die Ausstrahlung der Wärme

frei wachsender Pflanzen geschwächt, die Fallgeschwindigkeit der Regen=
tropfen und Hagelkörner vermindert wird. Auch unterstützt der starke
Luftdruck die Bewegungen der thierischen Glieder und die Bewegung
der Säfte in den Pflanzen.

3. Die Kohlensäure. Bergmann hat das Vorhandensein der
Kohlensäure in der atmosphärischen Luft im Jahre 1774 zuerst nach=
gewiesen. Nach Saussure, dem wir die ersten verläßlichen Versuchs=
resultate verdanken, schwankt der Kohlensäuregehalt in 10.000 Raum=
theilen Luft zwischen 5·78 und 3·2 solcher Raumtheile. Im Mittel
enthält die Luft des Continentes 5 Raumtheile Kohlensäure in 10.000
Raumtheilen Luft.

Feuchtigkeit vermindert den Kohlensäuregehalt, daher ist dieser auf
Bergen größer als über feuchten Thälern. Auch beobachtet man des
Morgens ein Maximum, des Abends ein Minimum von Kohlensäure.
Ein Perzent Kohlensäure in der Luft verursacht dem Menschen schon
Unwohlsein und die Luft muß gereinigt werden.

Mittelst dieser drei Mischungsbestandtheile der atmosphärischen Luft
vermittelt die Weisheit des Schöpfers die Erhaltung der Thier= und
Pflanzenwelt, indem durch Verbrennung, durch das Athmen der Menschen
und Thiere, sowie durch Verwesung und Fäulniß ihrer Körper den
Pflanzen Kohlensäure und Ammoniak geliefert wird; die Pflanzen dage=
gen der Thierwelt nicht nur Mittel zur Ernährung bereiten, sondern
auch die Kohlensäure, die das Leben der Thiere gefährdet, entfernen und
die Atmosphäre mit einem Sauerstoffe versehen. Die Kohlensäure der
Luft schließt in Verbindung mit Wasser die Gebirgsarten auf und ermög=
licht die Verwandlung des harten Steines in fruchtbare Erde.

4. Der Wasserdunst. Aus dem auf der Erdoberfläche verbreiteten
Wasser steigen Wasserdünste in die Atmosphäre, und zwar um so häu=
figer, je höher die Temperatur und je geringer der Luftdruck ist. Diese
Dünste breiten sich in der Atmosphäre aus, nehmen darin einen bestimm=
ten Raum ein und haben eine eigene Spannkraft, mit welcher sie im
Verein mit Sauerstoff und Stickstoff der Luft auf das Barometer drü=
cken. Ist die Luft bei ihrer Temperatur mit Wasserdunst gesättigt, so
verwandelt sich bei einer Temperaturerniedrigung ein Theil des Dunstes
in Wasser, welches als Thau, oder Regen, oder Hagel, oder Reif, oder
Schnee zur Erde zurückkehrt. Wir haben Instrumente, mit deren Hilfe
man das Gewicht des in 1 Kubikschuh Luft vorhandenen Wasserdunstes
ermitteln kann. So z. B. gibt die Rechnung, daß, wenn die Luft bei

12° C. mit Wasserdunst gesättigt ist, sich in einem Kubikschuh Luft 4·6 Grän desselben befinden. Die Menge des Wasserdunstes in der Luft variirt mit den Tages= und Jahreszeiten. Zur Zeit des Sonnenaufganges ist die Dunstmenge in der Luft am kleinsten. Mit wachsender Wärme des Tages wächst die Dunstmenge, und zwar im Winter ziemlich regelmäßig bis nach 12 Uhr; mit sinkender Temperatur nimmt auch die Dunstmenge bis zum nächsten Morgen ab, indem sich ein Theil des gebildeten Dunstes an Gegenständen, welche kälter als die benachbarte Luft sind, als Thau, oder wenn die Temperatur unter 0°C. sinkt, als Reif niederschlägt. Im Sommer dagegen beginnt die erwärmte Luft nach 9 Uhr Früh in die Höhe zu steigen und den erzeugten Wasserdunst mitzunehmen. Daher zeigt sich in den unteren Luftschichten eine Abnahme der Dunstmenge von 9 Uhr Früh bis 4 Uhr Abends. obwohl sich fortwährend neuer Wasserdunst auf der Erdoberfläche entwickelt. Nach 4 Uhr Abends wächst der Dunstgehalt bis 9 Uhr Abends, nach welcher Zeit sich bei der abnehmenden Temperatur immer weniger Dunst entwickelt, während der vorhandene sich niederzuschlagen beginnt. Ebenso findet man im Verlaufe des Jahres die kleinste Dunstmenge im Jänner, die größte im Juli, entsprechend der Temperatur. Uebrigens hängt die Dunstmenge eines Ortes von seiner mittleren Jahrestemperatur, von seiner Lage, Nachbarschaft, von den herrschenden Winden ab. Bei einer Jahrestemperatur von 9° beträgt die Verdunstung durchschnittlich 3¾ Fuß Wasserhöhe. Von der Dunstmenge ist der Feuchtigkeitsgrad der Luft wohl zu unterscheiden. So z. B. haben wir bei der geringsten Dunstmenge im Winter in der Regel die größte Feuchtigkeit. Der Dunstgehalt der Luft irgend eines Ortes hat großen Einfluß auf den klimatischen Charakter des Ortes, auf die Beschaffenheit der ihm eigenthümlichen Thier= und Pflanzenwelt, so wie auf das Befinden der Menschen und ihre Betriebsamkeit.

5) Andere Beimengungen kommen entweder in sehr geringer, kaum nachweisbarer Menge vor, oder sie sind lokal als Erhalationen der Erde oder als Producte faulender thierischer und vegetabilischer Stoffe. Hieher gehören Kohlenwasserstoffgas, Schwefelwasserstoffgas. In der Seeluft ist Chlorwasserstoffsäure (Salzsäure) entweder frei oder an Basen gebunden vorhanden. Auch Chlormetalle finden sich manchmal im Regenwasser. In der Luft kommen auch Stoffe vor, die sich bei der Fäulniß, Verwesung oder bei Krankheiten entwickeln, welche, weil sie sich im Zustande der Zersetzung befinden, auf die gesunde Blutmasse zersetzend wirken. Man nennt sie Miasmen. Auch Samen, Infusorien oder andere leichte Körper werden vom

Winde in die Atmosphäre gehoben und fallen an einem anderen entfernten Orte frei oder mit wässerigen Niederschlägen zur Erde zurück.

Die genannten miteinander gemengten Luftarten bilden die Atmosphäre, welche als ein in steter Bewegung befindliches Luftmeer die Erde umgibt. Wenn die Bewegungen in den untersten Schichten der Atmosphäre vor sich gehen, so nennen wir sie Winde, welche nach den Weltgegenden, aus denen sie kommen, und nach Verschiedenheit ihrer Geschwindigkeiten verschiedene Namen erhalten. Ihre Wirkungen sind für die Menschen manchmal wohlthätig, manchmal höchst verderblich. In den höheren Luftschichten erkennen wir das Dasein der Winde aus den Bewegungen der Wolken, wenn diese vorhanden sind, sonst vermuthen wir solche Winde aus den Schwankungen des Barometers. An den Grenzen der Atmosphäre besteht eine Fluth und Ebbe des Luftmeeres, welche durch die Anziehung des Mondes und der Sonne hervorgerufen wird und nach Laplace einer Quecksilbersäule von $0·159'''$ für den Mond, $0·0637'''$ für die Sonne entspricht. Ueber die Höhe der Atmosphäre oder über den Abstand der Atmosphärengrenze von der Erdfläche sind die Meinungen der Physiker getheilt nach Verschiedenheit der Voraussetzungen, von welchen sie bei Berechnung dieser Höhe ausgehen. Ich lege meiner Berechnung den Satz zu Grunde, daß die Grenze der Atmosphäre dort ist, wo Schwere und Fliehkraft eines Lufttheilchens einander das Gleichgewicht halten, d. i. wo ein Lufttheilchen mit eben so großer Kraft zum Erdmittelpunkte gezogen, mit welcher Kraft dasselbe vom Erdmittelpunkte getrieben wird. Ein solches Theilchen kann dem Erdmittelpunkte weder näher rücken, noch kann es sich von demselben weiter entfernen, wenn keine fremde Kraft (Mond, Sonne) mitwirkend auftritt. Das nächste unter dem Grenztheilchen liegende Lufttheilchen muß schon theilweise von seiner Unterlage getragen werden. In Folge dieses Satzes hat die größte Höhe der Atmosphäre, am Aequator nämlich, $5·6$ Erdhalbmesser (1 Erdhalbmesser $=$ $859·4$ geographischen Meilen, 1 geographische Meile $= 23.474·8$ W. Fuß) und die kleinste Höhe an den Erdpolen hat $3·77$ Erdhalbmesser.

Der Druck, welchen die Luftsäule von $0°$ C. an der Meeresküste auf die Erdfläche übt, ist genau so groß wie der Druck einer Quecksilbersäule von 28 Pariser Zoll oder $28'' 9·3'''$ Wiener Maß, welchen Barometerstand man den normalen nennt. Hätte die innere Oeffnung der Barometerröhre $1\square''$ Fläche, so wäre der Barometerstand ebenfalls $28'' 9·3'''$ Wiener Maß als Repräsentant des Luftdruckes. Aus dem Gewichte der Quecksilbersäule von $1\square''$ Fläche und $28'' 9·3'''$ Höhe findet man $12·4$ Wiener Pfund als entsprechenden Druck der ganzen Luftsäule auf 1☐" Fläche, welchen Druck man eine Atmosphäre nennt. Diesen Druck habe ich aus den Gewichten der einzelnen übereinander liegenden Luftschichten durch Rechnung gefunden. Darnach findet man den Druck, welchen die Luft auf die Körperoberfläche eines erwachsenen Menschen übt, durchschnittlich größer als 200 Centner. Diesen großen Druck merkt jedoch der Mensch nicht, weil der von außen nach innen gerichtete Druck durch einen gleich großen umgekehrt gerichteten aufgehoben wird. Sobald sich aber der Mensch in die Luftsäule erhebt, sei es im Luftballon oder beim Besteigen eines hohen Berges, so wird er die Verminderung des äußeren Luftdruckes, während im Körper die dichtere Luft sich befindet, auffallend merken. Das Athmen wird keuchend, die Lungen bewegen sich schneller, um die gewohnte Sauerstoffmenge in derselben Zeit zu erhalten; aus Lippen, Zahnfleisch, Augen tritt Blut aus, die Bewegung der Füße ist eine schwerfällige. Die Brüder Weber haben nämlich bewiesen, daß der Fuß des menschlichen Körpers vom Drucke der Luft, welche beide Gelenkflächen zusammenpreßt, getragen werde. Dadurch erhält der Fuß seine volle Drehbarkeit in der Pfanne. Wer das Unglück gehabt hat, den Fuß im Hüftgelenke auszulenken, der kennt das Gewicht des von Muskeln und Bändern getragenen Fußes. Diese Bemerkung erklärt zugleich die große Ermüdung, welche der Besteiger hoher Berge erfährt.

Aus der bekannten Größe der Erdoberfläche läßt sich das Gewicht der ganzen die Erde umgebenden Atmosphäre berechnen. Es beträgt über neun Trillionen Pfund. In diesem Gesammtgewichte ist so viel Sauerstoff, daß $\frac{1}{1000}$ davon hinreicht, das ganze Menschengeschlecht auf 10.000 Jahre mit Sauerstoff zu versorgen. Freilich wäre die Luft wegen der jährlich auf eine Schichte von 9·48 Fuß anwachsenden Kohlensäure viel früher zum Athmen untauglich. Uebrigens befindet sich ein großer Theil Luft in den Gewässern und überhaupt in der Oberfläche des festen Erdkörpers. Daß die Temperatur der Atmosphäre mit wachsender Höhe abnimmt, ist außer Zweifel. Nach welchem Gesetze jedoch die Abnahme stattfindet, ist unbekannt. Bauernfeind vermuthet, daß in der Höhe von 6 Meilen eine Kälte herrsche, welche der Temperatur von 272° C. unter dem Gefrierpunkte gleichkommt.

Robida.

In tiefer Noth.

Trink aus den Kelch des Leidens,
Er bleibt dir nicht erspart;
Die Stunde ernsten Scheidens,
Sie ist dir aufbewahrt.
Ob auch das Herz will brechen,
Die Seele will vergeh'n,
Sprich's aus, du mußt es sprechen:
Auf Nimmerwiederseh'n!

Was hilft es, daß du weinest
In deiner tiefen Noth,
Und immer hoffst und meinest
Es käm' dein Morgenroth?
Dein Schmerz ist bald verschollen,
Es bricht dein fester Sinn,
Des Schicksals Räder rollen
Gewaltsam drüber hin.

Weh' dir, wenn du beständig
Vergessen suchen mußt,
Dann wühlet tausendhändig
Die Qual in deiner Brust.
Du kannst sie nicht bezwingen,
Und kannst auch nicht besteh'n;
Du mußt in deinem Ringen
Allmählig untergeh'n.

Maria im See.
(Beldes.)

Kennst du den See? den schönen See?
Mit lieblichem Gestade?
Hoch ragt ein Schloß auf Felsenhöh',
Ein Eiland mitten in dem See.
Trägt einen Ort der Gnade.

Da weht die Luft so weich, so mild
Von hohen Alpenmatten;
Die Sonne blickt ihr Strahlenbild,
Umrahmt vom blumigen Gefild,
Tief in der Fluth, der glatten.

Die alte Burg erzählet viel
  Vom Glanz vergang'ner Tage;
Und in der Bäume Blätterspiel,
Und in den Wogen klar und kühl,
  Da sinkt und klingt die Sage:

Sie war die allerschönste Frau —
  Und trug ein Herz voll Kummer,
Die Thräne floß wie Morgenthau,
Der Blick erlosch, der Augen Blau
  Deckt nie der süße Schlummer;

Denn ihren Gatten hat der Tod,
  Der schlimme, ihr entrissen.
Nun ist verblaßt der Freude Roth:
Maria hilf mir aus der Noth,
  Ich kann ihn nimmer missen!

So klagt sie und gelobt dabei
  Ein Glöcklein reinsten Klanges.
Schon naht es aus der Gießerei;
Wie bald, so schwebt es hoch und frei,
  Ein Wecker frommen Dranges.

Allein es hat das schöne Weib
  Gemach das Weh' verwunden.
In andern Armen ruht ihr Leib,
Und neuer Liebe Zeitvertreib
  Versüßet ihr die Stunden.

Wohl war der ew'gen Treue Schwur
  Ein trüg'risch Selbstvermessen,
Ein Wahn, der durch die Seele fuhr —
Es siegt die flatt'rige Natur
  Des Weib's — sie hat vergessen.

Und seit der neuen Liebe Spiel
  Die Seele ihr gefangen,
Vergaß sie auch das heil'ge Ziel,
Maria im See, wo sie einst viel
  Des Trostes hat empfangen.

O Weib, du hörest nimmermehr
  Vom Thurm die Glocke schallen! —
War sie dem Kahne allzu schwer?
Sie sinkt — sie klingt — darüber her
  Die Wogen rauschend wallen.

Nun liegt sie unten in dem See
  Bis auf die heut'ge Stunde.
Zuweilen nur, wenn weiß wie Schnee
Der Strahl des Mondes streift den See,
  Klingt's zaub'risch aus dem Grunde.

Ludwig Ihleib.

Hymne.

Die Sonne sinkt, es ruht das Land,
In Schönheit, während purpurne Glut
Aufglänzt, auslischt und wieder lohend flammt.
Hoch von Berg zu Berg entschwebt Gewölk
Gleich dem Geläut des Abends im Thal.

Wie der Stein, den leichten Tritts
Des Schäfers Fuß berührt im Gebirg:
Er rollt, er stürzt, er fliegt im Riesenschwung,
Bis den Stürmer hemmt das weiche Thal,
Seh ich entfliehen die Tage, o Freund!

Schweigend schwebt herau die Nacht und langsam!
Laß sie nahen, ob sie auch bald vielleicht
Auf immer ruhen heißt die schaffende Hand.
Nicht ohne Arbeit floh der Tag mir; das genügt
Wenn Menschen nicht, ewigen Göttern doch!

Dank.

Sinnend von Stern zu Stern fliegt aufwärts kühn der Gedanke,
  Sich zu neigen vor dir, ewiger Herrscher des All.
Doch den letzten erreicht er nimmer im feurigsten Fluge
  Und so kehrt er beschämt wieder zum heimischen Kreis.
Hier auf die Stirne des Sohnes, der lächelnd das Aermchen zu mir streckt,
  Drück ich als Opfer für dich, Vater! den innigen Kuß.

Adolf Pichler.

Märchen aus Kärnten.

Mitgetheilt von Valentin Pogatschnigg.

V. Das Zauberbüchel.
(Aus dem Möllthale.)

Ein König besaß einmal zwei Söhne und drei Töchter, welche letzteren sehr schön waren. Eine Menge von Freiern warb um dieselben, aber der König wollte sie nur jenem geben, der mit einem goldenen Wagen zur Werbung erscheine. „Ihr müßt aber Wort halten," sprach einmal der jüngere Sohn zu dem Vater, der dieß auch gelobte. Am nächsten Tage kam nun wirklich ein Freier in einem goldenen Wagen herangefahren, um die älteste Prinzessin zu werben. Aber er war sehr häßlich und der Vater wollte schon, des gegebenen Wortes vergessend, ihm die Tochter verweigern; da erinnerte ihn der Sohn an sein Versprechen, daß er nachgab und in die Heirat einwilligte. Die älteste Tochter zog als die Frau mit dem Freier in dessen Haus. Mit Hilfe des jüngeren Sohnes gelang es auch den anderen Freiern sich die übrigen Prinzessinnen zu erwerben und heimzuführen. Nachdem auf solche Art alle Töchter ausgeheiratet und fortgezogen waren, erfuhr der Vater kein Wort mehr von ihnen. Da wurde der König krank und machte sein Testament, in welchem er den älteren Sohn zum alleinigen Erben einsetzte. Ueber solche Zurücksetzung verletzt, begab sich der jüngere zum Vater und fragte ihn, ob er ihm denn nichts geschaffen habe. „Dir habe ich nichts," antwortete ihm der Vater, „geschaffen, als ein altes kleines Büchel, das ich im Keller verborgen hielt; mit diesem kannst du die ganze Welt ausreisen und deine Schwestern aufsuchen." Der jüngere Sohn begab sich verdrießlich in den Keller, fand das besagte Buch und zog dann, dasselbe gering achtend, in die Welt hinaus. Da kam er in ein Königreich, in welchem ein König mit seiner einzigen Tochter herrschte. Um sich die Zeit zu kürzen, zog er einmal sein Büchelchen heraus und las in demselben. Plötzlich erschien ein grüngekleidetes Manndl und redete ihn also an: „Was will der Herr? Was schafft der Herr?" Der Königssohn gab zur Antwort: „Dreißig Gulden!" Gleich darauf brachte ihm das Männchen das gewünschte Geld und der Königssohn ging in die Residenz, um dort eine Wohnung zu nehmen. Da erfuhr er, daß die Tochter des Königs sich verehelichen wolle, doch der König wollte sie nur dem zur Gemahlin geben, der ihm früher drei Aufgaben gelöst hätte. Er ließ sich beim

Könige als Freier melden und unterzog sich den Aufgaben. Für den ersten Tag verlangte der König von ihm, daß zwölf Regimenter englischer Reiter durch seinen Hof marschiren sollen. Der Königssohn zog sich in seine Wohnung zurück, las aus dem Buche, worauf ihm das bekannte Männchen mit derselben Frage wieder erschien und das Verlangte herschaffte. Am zweiten Tage verlangte der König 12.000 Kameele. Wieder schlug der Königssohn sein Buch auf und las darinnen. Das Männchen erschien und brachte was begehrt worden. Am dritten Tage forderte der König, er sollte ihm während einer Nacht einen Palast aufbauen, welcher glänze wie die Sonne. Das Männchen stellte den Palast her ganz von Glasperlen und Edlesteinen, und so glänzend, wie ihn der König gewünscht hatte. Wie nun der König am Morgen alle drei Aufgaben so gut gelöst sah, übergab er ihm seine Tochter sammt dem Königreiche, und Beide wohnten hinfort im neuen Palaste. Aber bald brach Hader und Zwist zwischen dem Königssohne und der Frau aus, denn diese hatte schon früher einen Anderen geliebt und vermochte ihn nur deßhalb nicht zum Manne zu bekommen, weil er außer Stande war, die Aufgabe ihres Vaters zu lösen. Da stahl die Königin einmal ihrem Manne, während er schlief, das Zauberbüchlein und überbrachte es ihrem Geliebten. Er las aus demselben bis das Männlein erschien und ihn fragte, was er begehre. Da verlangte er, daß der junge König in die größte und furchtbarste „Keeskluft" getragen werde. „Dieß werde ich gleich machen," sagte das Manndl, sich entfernend. Am nächsten Morgen befand sich der König weit, weit von seinem Königreiche in einer schrecklichen „Keeskluft". Während daheim jetzt der Geliebte seiner Frau nunmehr König wurde, zog der Verwunschene in dem ihm ganz unbekannten Lande weiter, weit, weit, bis er endlich zu einem Schloße kam. Hier fand er seine Schwester, welche an einen schrecklichen Riesen verheirathet war. Sie wußte Anfangs nicht, wie sie ihren Bruder vor der Wuth des Mannes schützen solle; endlich sperrte sie ihn in einen Kasten und wartete ruhig ab, bis der Riese nach Hause kam. Kaum hatte dieser die Thürschwelle überschritten, rief er schon: „Ich rieche Menschenfleisch; heraus damit!" Die Riesenfrau suchte ihn durch Liebkosungen zu beschwichtigen und sagte, es habe ihr geträumt, daß heute ihr jüngerer Bruder angekommen sei. Wenn es der jüngere wäre, so würde er ihm nichts zu Leide thun, denn er hatte ja den Vater an sein Versprechen erinnert. Durch diese Antwort ermuthigt, führte sie den Bruder aus seinem Verstecke heraus vor den Riesen, welcher ihn willkommen hieß. Der Riese wollte ihm auch die Hand drücken, der Königssohn aber, den Rath seiner Schwester befolgend, drückte ihm einen Stein in die Hand, den der Riese zu Mehl zerdrückte. Beim Abschiede gab derselbe dem Schwager ein Paar „Siebenmeilenstiefel" mit, mit denen man in einem Schritte sieben Meilen Weges zurücklegte. — Von da weiter wandernd, fand er auch seine zweite und dritte Schwester glücklich auf. Auch diese hatten Riesen zu ihren Männern. Wie beim ersten wurde er auch von ihnen aufgenommen und erhielt von jedem zum Abschied ein Gastgeschenk mit. Der zweite gab ihm einen Geldbeutel, welcher nie leer wurde, der dritte verehrte ihm einen Mantel, in den er sich einhüllend sich unsichtbar machen konnte. Mit diesen Geschenken machte er sich wieder weiter auf den Weg und begegnete einem Rattentreiber, welcher ihn fragte, warum er denn so traurig wäre. Er erzählte ihm die ganze Geschichte vom Diebstahle seines Zauberbüchels, worauf jener versprach, ihm zum Buche wieder zu verhelfen. Nun wanderten Beide gemeinsam zu seiner ehemaligen Residenz. Der Rattentreiber schickte zwei Ratten in das Gemach, in dem der König schlief. Die Ratten machten sich ans Werk, bissen die Thüren durch und als sie sich im Gemache befanden, setzte sich eine derselben auf die Brust des schlafenden Königs, stach mit ihrem Schwanze in das Nasenloch, so daß der König plötzlich niesen mußte. Unterdessen zog die zweite Ratte das Buch unter dem Haupte desselben hervor und ging damit fort. Wie nun der eigentliche König wieder im Besitze seines Zauberbüchleins war, verbannte er seinen Nebenbuhler, so daß er nie wieder erschien.

VI. Der Ochsenhirt und die drei Riesen.
Aus dem Mölltale.

Ein Ochsenhirt lebte allein bei seinem Vieh auf der Alm, wo viel wilde Thiere hausten. Der Gefahr halber führte er stets ein Gewehr bei sich. Einmal hielt er dasselbe spielend in der Hand, es ging dabei los und traf einen Ochsen, welcher todt zu Boden fiel. Da machte sich der Hirte mit dem Gewehre auf, ging weit, weit fort, um seiner Strafe zu entfliehen, und kam zu einem Königsschlosse. Er trat ein, bat um Arbeit und wurde als Viehhirte aufgenommen. Man zeigte ihm den Platz, auf welchem er weiden solle, verbot ihm jedoch zugleich, in den anstoßenden Garten zu treten, er würde sonst dabei sein Leben einbüßen, weil in demselben drei Riesen ihre Wohnung aufgeschlagen hatten. Er gelobte das Verbot gewissenhaft zu halten. Aber gleich am erften Tage plagte ihn schon heftig die Neugierde und um sich von dem Dasein der Riesen zu überzeugen, stieg er in den Garten und begann Birnen zu „brocken." Da kam ein Riese herbei und herrschte ihn an: „Was thust du Erdenwurm da? — Aufgebracht über den Ton, mit welchem der Unhold ihn ansprach, nahm er sein Gewehr und schoß auf denselben, daß er sofort todt zusammenfiel. Dasselbe erfolgte am nächsten Tage mit dem zweiten Riesen; in gleicher Weise erlag am dritten Tage der dritte. So oft er in den Garten gekommen war, wo er Tags zuvor einen Riesen erschoß, vermißte er den Rumpf der Leichname, der an keiner Stelle zu finden war. Wie er am dritten Tage nach Erlegung des dritten in ihr Wohnschloß eindrang, fand er kein lebendes Wesen in demselben, nur die Rümpfe der beiden erschossenen Unholde und eine „Unmasse" aufgehäuften Geldes. Nachdem er sich in den Besitz desselben gesetzt hatte, heiratete er eine der Töchter des Königs, in dessen Diensten er stand und war recht glücklich. Der Garten aber, den die Riesen bewohnten und vordem dem Könige geraubt hatten, fiel wieder an das Königreich zurück.

VII. Der dem Teufel Verschriebene.
(Aus dem Mölthale.)

Es lebte einmal ein gar armer Keuschler, der mit seinem Weibe und den Kindern fast nichts mehr zu essen hatte. In seiner Noth begab er sich einmal in den Wald, um ein Wild zu erlegen; da erschien ihm ein Jäger und fragte ihn, warum er so traurig wäre. Der Keuschler erzählte ihm den Grund seiner Betrübniß. Da holte der Jäger ein Säckchen voll Geld hervor und sagte: Das soll alles Dir gehören, wenn du mir das überläßt, was du nicht weißt. Der Keuschler willigte ein und begab sich mit dem erworbenen Schatze nach Hause, wo er den Hergang seinem Weibe erzählte. „Ja weißt du denn nicht, sprach das erschrockene Weib, daß ich schwanger bin? Jetzt hast du dein eigenes Kind dem Teufel verkauft!" — Sie gebar einen wunderschönen Knaben, der schnell heranwuchs und sich vor allen andern Kindern durch große Weisheit hervorthat. Wie er nun schon hübsch groß geworden war, bemerkte er, daß seine Mutter immer weine, so oft sie ihm Brod gab. Er drang mit Fragen in sie und erfuhr nun den Grund ihrer Traurigkeit. Da begab er sich auf den Weg, um sich vom Teufel los zu machen, und ging weit, weit fort und kam zu einem Einsiedler. Sein

Anliegen ihm mittheilend, bat er um Rath; dieser sagte, er wolle ihm eine Salbe geben, damit solle er nach dem Hause gehen, das tief im Walde stehe, dort wohne der „schwarze Michel", der größte der Räuber seiner Zeit. Dieser habe ein Kind, zu dem der Teufel „Göttl sei", und das voll des Aussatzes wäre, wenn er dieses mit seiner Salbe einreibe, so würde es schnell gesund werden. Dafür solle er aber vom Vater zum Lohne verlangen, daß er ihn vom Teufel befreie. — Er ging hierauf richtig mit der Salbe fort, und kam zu einem Hause, wo er um ein Nachtlager ansuchte. Da der Räuber nicht zu Hause war, trugen seine Leute Bedenken, den Fremden aufzunehmen, denn sie wußten wohl, daß er die Menschen schon von Weitem rieche und daß er ihn „umbringen" werde. Indeß versprach der Fremde, das Kind zu heilen, und machte gleich einen Versuch mit dem Finger, der glücklich ausfiel. Auf das hin fand er Aufnahme und Nachtherberge bei ihnen.

Unterdessen kam der Räuber ganz „wilder" nach Hause; bei Eintritt schon rief er: „I schmöck Menschenfleisch." Sie beruhigten ihn mit der Nachricht, daß der Fremde, welchem sie Herberge gegeben, sein Kind heilen wolle, worüber der Riese sich außerordentlich freute. Er ließ ihn gleich vor sich führen und forderte ihn auf, als Lohn dafür zu verlangen was er wolle. Der Fremde heilte das Kind und verlangte als Preis, der Räuber solle bewirken, daß ihn der Teufel losgebe. Nun führte der Räuber den Knaben mit sich in die Hölle zum Luzifer, und erzählte diesem, daß der Fremde sein Kind geheilt habe, und sagte zugleich, was er dafür sich ausgebeten. Die Heilung des Kindes machte dem Luzifer große Freude, da er dessen Pathe war. Den Wunsch des Fremdlings zu erfüllen, blies er in mehrere Hörner, worauf die Teufel allesammt einer nach dem andern hereinsprangen. Er fragte jeden, ob er den Knaben verschrieben habe; keiner wußte etwas davon, bis endlich der letzte, ein krummer, hereintrat und die Frage bejahte. Luzifer stellte ihm die Wahl, ob er sich der Strafe des Räubers unterziehen oder lieber den Knaben freigeben wollte. Er zog das Letztere vor und kam bald mit dem Zettel herbei, durch den ihm derselbe verschrieben worden war, und übergab den Wisch dem Knaben, der froh nunmehr nach Hause eilte. —

Der Räuber war begierig zu wissen, was für Strafen ihn in der Hölle erwarteten, und richtete, bevor er die Hölle verließ, an Luzifer die Frage. Da erfuhr er, daß er auf einem Stuhle werde sitzen müssen, der ganz mit eisernen Stiften besetzt war. Weiters müsse er sich auch in einem Wasser baden, dessen Hitze so stark war, daß die Eisenstange, welche er in dasselbe hineinhielt, allsogleich schmolz. Darüber stieg ihm ein „Grausen" auf und er ging hinaus und begab sich zum Einsiedler im Walde, nm ihn zu fragen, was er thun solle. Der fromme Mann gab ihm ein schwarzes Bein und machte die Bemerkung dazu: „Gehe zu allen Brunnen und wasche dieses Bein, wird es weiß, so hast du Hoffnung erlöst zu werden, sonst jedoch nicht." Das zu versuchen ging der Räuber den ganzen, ganzen Tag, und kam zu vielen Brunnen. Doch alles Waschen war vergebens. Da setzte er sich nieder und fing bitterlich zu weinen an; eine Thräne fiel auf das Bein und — es ward weiß.

VIII. Der wilde Mann und die wilde Eva.

Drei Kinder gingen einmal „Roaper" klauben und kamen unterwegs zu einem lebzeltenen Dache. Die Lust nach dem Lebzelten verleitete sie davon zu essen. Da kam die „wilde Eva" heraus und sagte: „Wer is bei mein löbzeltenen Dach? Kimts her, i wer enk Läus suchn!" Hierauf packte sie allesammt in ihre Schürze und sperrte um die Kleinen zu mästen sie in eine Hühnersteigen. Nach einigen Tagen begab sich der wilde Mann nachzusehen, ob sie schon fett genug „zum Abstöchen" seien. Er hieß sie die Finger heraushalten, die Kinder aber steckten statt derselben „a Krensl" (kleines Stück einer dünnen Ruthe) heraus; beim Hineinschneiden in das Holz rief der wilde Mann „zaumdürr!" und gebot dem Weibe, die Kleinen recht gut („schröckla guet") zu füttern. Ueber kurz ließ er, bei der Steigen erscheinend, ihre Finger heraushalten; die Kinder steckten ein „Hennpatsel" hinaus. Er schnitt hinein und sprach: „Spöckfast!" Sein Weib mußte sie jetzt herausnehmen und braten. Als sie aber den Kindern zeigte, wie sie sich auf das Feuer setzen sollten, wurde sie von den Kindern rücklings ins Feuer gestürzt, daß sie verbrannte. Die Kinder ergriffen jetzt die Flucht, wurden jedoch vom wilden Manne verfolgt. Als dieser ihnen schon ganz auf der Ferse war, warfen sie eine Bürste hinter sich. Da entstand sogleich ein ungeheurer dichter Wald, so daß der wilde Mann eine gute Weile brauchte, sich durch denselben durchzuarbeiten. Unterdessen gewannen die Kinder, weiter eilend, einen bedeutenden Vorsprung. Er kam ihnen aber doch wieder nach. Nun warfen sie einen Kamm hinter sich, worauf ein großer, großer See sich bildete. Da er diesen nicht hinüber konnte, fragte er die Kinder um Rath. Sie sagten, er möge sich einen Mühlstein an den Hals hängen, dann würde es gelingen. Der wilde Mann befolgte den Rath, sank unter und ersoff.

Historische Miscelle.

Wer kennt nicht die alten homannischen Landkarten — die sogenannten Nürnberger? — sie gehören schon einer bessern Zeit an (17. Jahrh.) und geben meist schon ein deutliches Bild des Landes, das sie vorstellen. Es dürfte mehrseits in Kärnten also auch jene des Carinthiæ ducatus *) bekannt sein, geziert am untern Rande mit der Ansicht der Hauptstadt **) und links davon das Bild, die Erbhuldigung, rechts aber jenes die Loiblstraße vorstellend, eine im Ganzen gute Arbeit. Leider spielen auf allen ältern Karten die Straßenzüge nur eine Nebenrolle — sind oft gar nicht verzeichnet, während sie doch Hauptsache sind. Wie auch Megiser und alle späteren „Bildermacher" meist nur die Schlösser und Kirchen sich zum Vorwurfe nahmen, den unendlichen Schatz von malerischen Naturschönheiten aber ganz übersahen, bleibt überall nur der Besitz und dessen Bezeichnung die Hauptsache und so finden wir im mattgrünen Bilde des erwähnten Herzogthumes die ersten Enclaven Salzburgs und die gelben Flecke, die Herrlichkeit Bambergs ***) bezeichnend, im Kärntnerlande bis in die neueste Zeit.

Hätte man im 14. Jahrhundert schon solche Blätter geliefert, würde auch Aquileja und zwar mit der Gegend um Windischgrätz, und auch zu Kärnten gehörig — eine besondere Enclave gebildet und seine eigene Farbe gehabt haben, denn die Erwerbung derselben Gegend (beiläufig des heutigen Amtsbezirkes Windischgraz in Untersteier) durch die Herzoge von Oesterreich 1362 geschah noch für Kärnten, das sich viel weiter südöstlich hinab erstreckte.

Sitten, Sprache und viele andere Verhältnisse hier deuten diese unsere Angehörigkeit noch scharf an, denn die neuere Eintheilung dürfte erst nach 1440 erfolgt sein, welche das Mißlingthal und die Grafschaft Widerdrüß (Videris primum et secundum) dem Herzogthume Steier-

*) Nova et accurata car. duc. tabula geographica in superiorem et inferiorem divisa etc. etc. in lucem edita a J. Bapt. Homanno S. C. M. Geographo Norimbergae.

**) Es ist eine nordöstliche Ansicht der Stadt mit ihren Ringmauern und Bastionen, die heutige Domkirche als Colleg. academ. bezeichnet — natürlich ohne ein Gebäude der heutigen Vorstädte.

***) Zu Ersterem gehörten Sachsenburg, Friesach, St. Andrä — zu Letzterem: Villach, Malborgeth, Bleiburg, Wolfsberg, — daher noch der später öfter vorkommende Name eines Vicedoms, wie die Verwalter hießen.

mart einverleibte. Daher auch unsere Sympathie für dieß Nachbarland und der lebhafte Verkehr mit Kärnten, dem nur die Trace der neuesten Zeit erst eine andere Richtung geben dürfte.*)

Wollte man noch weiter zurückgehen, so dürfte auch der Geologe die Grenze südlich von der Koralpe fort über den Lamser ziehen, theils ob der Urgebirgs-Formation beider Gebirgszüge, theils ob der entsprechend gleichen Richtung der beiden Seitenthäler, deren Gewässer in geringer Entfernung von einander der Drau zueilen — doch geht dieß nur den Naturhistoriker an; der Geschichtforscher aus Urkunden (aber nicht der steinernen Registratur unserer Alpengebilde!) findet jedoch im Dezemberhefte der Mittheilungen des krainerischen historischen Vereines v. J.**) sehr interessante Beiträge und Beweise zum Vorangeführten und wie die Theile der großen Kärntner Mark abgerissen wurden, bis sich erst das beiläufige heutige Kärnten bildete, von dem auch 1357 erst die Cillier Grafschaft (Saunegg) abgetrennt ward, was er auch schon aus Hermann's, des unvergeßlichen Historiographen, Schriften weiß.   J. C. H.

Notiz.

Die Feier des hundertjährigen Jubiläums der k. k. Landwirthschaftsgesellschaft in Klagenfurt fiel in die Tage vom 28. September bis 1. Oktober d. J. — Am 28. September Vormittags war feierliche Eröffnung der landwirthschaftlichen Ausstellung ***), wobei Nachmittags und den folgenden Tag Versuche mit den landwirthschaftlichen Maschinen und Geräthen vorgenommen wurden. Am 28. September Nachmittags fand auch eine Schauübung der im vorigen Jahre errichteten freiwilligen Feuerwehr statt.

Am 29. September Nachmittags wurde ein Trabwettfahren mit Einspännern in zwei Abtheilungen auf der Heide nächst der St. Veiter Reichsstraße abgehalten, wofür namhafte Preise, besonders für die zweite

---

*) Schreiber dieser Zeilen lieferte dießfalls Beiträge seiner Zeit für die Carinthia in eben dieser Beziehung, die Näheres darüber berichten.

**) Herzog Rudolf IV. und das Land Krain — historische Skizze von Radics, Seite 99, eine ungemein gediegene Arbeit dieses Historikers.

***) Das Programm dieser Letzteren ist im vorigen Septemberhefte enthalten.

Abtheilung, ausgesetzt waren, an welcher sich nur Landwirthe mit Pferden kärnt. Zucht betheiligen konnten.

Am 30. September fand die Generalversammlung der Mitglieder der k. k. Landwirthschaftsgesellschaft unter Anwesenheit des als Regierungs-Commissär fungirenden berühmten Landwirthschaftslehrers Pabst, derzeit Ministerialrath im k. k. Ministerium für Handel und Volkswirthschaft, Statt. *)

Abends vereinigte ein Festmahl eine große Zahl der Mitglieder.

Am 1. Oktober wurde aus Anlaß des Jubiläums ein feierliches Hoch-amt in der Domkirche celebrirt.

Nachmittags schloß ein buntes Volksfest auf dem Kreuzberge die Feierlichkeiten. **)

Meteorologisches.

Witterung im September 1865.

Die außerordentliche Unregelmäßigkeit der Witterung im vergan-genen September zeigte sich auffallend, wenn man die Mittel der vor-züglichsten Elemente, wie sie sich zu Klagenfurt ergaben, mit dem nor-malen aus der langen Beobachtungsreihe abgeleiteten vergleicht. Der Luftbruck war im Mittel 323·2 P. Linien, während er normal im

*) Verhandlungsgegenstände waren folgende: 1. Administrationsbericht. 2. Vorlage der Jahresrechnung über das Gesellschaftsvermögen. 3. Antrag zur Errichtung einer Ackerbauschule in Klagenfurt. 4. Zuerkennung der Erzherzog Johann Preise. 5. Antrag über die Art und Weise, wie das landwirthschaftliche Wissen bei den Landwirthen zur praktischen Geltung in ausgedehnterer Weise gebracht werden könne. 6. Neuwahl des Direktors, Kanzlers und mehrerer Ausschüße, deren Resignation vorliegt, oder deren Wahlperiode abgelaufen ist. 7. Wahl einer Sektion für künstliche Fischzucht. 8. Berathung des vorliegenden Ent-wurfes neuer Gesellschafts-Statuten.

**) Die Geschichte der Landwirthschaftsgesellschaft während des abgelaufenen Jahr-hunderts ist nebst den Biographien von vier hervorragenden kärnt. Oekonomen, nämlich: Dr. Johann Burger, Georg Mayr, Mathias Achazel und Thad-däus v. Lanner, in dem im Auftrage der Gesellschaft vom bisherigen Kanzler derselben, Dr. Johann Burger, herausgegebenen Jubiläums-Album enthalten.

September nur 320·8 ist; wir finden seit Beginn der Beobachtungen 1813 keinen September mit so hohem Luftdruck (1854 mit 322·4 war der höchste). Die Luftwärme war + 12·0, normale Septemberwärme ist + 10·9. Wärmer war der September 1861 (12·5), 1857 (12·2), 1844 (12·2), 1842 (12·2), 1840 (12·6) u. s. s. in 12 Jahren unter 51; am höchsten stieg die Wärme am 11. auf 23·4 und fiel am 27. auf + 0·3, normale Extreme sind + 21·7 und + 1·2; 1861 stieg die Wärme auf 23·7, 1854 auf 24·1, 1855 auf + 26·0 u. s. w.; sie fiel 1855 auf — 1·2, 1854 auf —2·4.

Die Luftfeuchtigkeit, die im September normal 83 Perzent der Sättigung beträgt, war heuer nur 73 (1857 72), fiel aber am 18. bei lebhaftem Ostwind auf 23, was noch bedeutend unter dem 1857 vorgekommenen Minimum von 29 ist; die Trockenheit der Luft um die Mittagsstunde war ungewöhnlich nur 45 Perzent.

Der Niederschlag aber war ganz außerordentlich gering, indem es den ganzen Monat (vom 28. August bis 4. Okt.) und nur am 12. nur 0·09 Zoll hoch regnete, dieß also die ganze Monatregenmasse ist, die normal 3·4 Zoll betragen soll; es wurde noch kein so regenarmer September beobachtet, die nächst trockenen waren 1857 (0·34 Zoll), 1854 (1·24), 1834 (1·00) u. s. w. Wenn man den ganzen Niederschlag vom Jänner bis 30. September summirt, so betrug er 1865 20·8, 1861 19·6, 1857 15·4, 1834 nur 13·6, das laufende Jahr war also bei weitem nicht so regenarm wie die 8 anderen angeführten, betrachtet man den Sommer (Juni, Juli, August) allein, so betrug der Sommerregen heuer 10·2, 1861 8·4, 1857 5·0, im Jahre 1834 aber 9·0 Zoll.

Die Bewölkung des Himmels betrug (wenn 0 ganz rein, 10 ganz trüb) nur 1·4, wir finden in den Aufzeichnungen seit 22 Jahren nicht nur keinen September, sondern überhaupt keinen so heitern Monat (Februar 1863 1·6', Juni 1860 mit 1·8); auch finden wir keinen mit 18 ganz heitern Tagen, und keinen September mit nur einem Regentag; dagegen ist die Zahl der Tage mit stärkerem Wind 13 ungewöhnlich groß.

Der verflossene September war also, bei außerordentlich hohem Luftdruck, ziemlich warm, sehr trocken, windig, mit außerordentlich wenig Niederschlag und ungewöhnlich heiter.

Diesen Charakter hatte er in ganz Kärnten; an den meisten Stationen stieg die Wärme noch auf 20, St. Peter 18·4, Hochobir 14·0, Luschariberg 13·2 und fiel überall in den letzten Tagen auf 2 oder 3, Luschariberg 0, Hochobir — 1·0, die Regenmenge betrug nur in St. Paul und St. Peter über zwei Linien, in Wiesenau war sie 0. Der September muß also als ein ganz außerordentlicher in Bezug auf Witterung verzeichnet werden.

Diözesan-Notizen.

Ernennungen: Se. fürstliche Gnaden haben den Alumnats-Vicedirektor und Ehegerichts-Offizial Herrn Peter Funder zum Domherrn, den Alumnats-Spiritual Herrn Karl Dürnwirth zum f. b. geistlichen Rath, dann die Herren Dekanats-Administratoren: Johann Freiherrn von Aichelburg, Martin Krall und Anton Valentinitsch zu wirklichen Dechanten ihrer Dekanalbezirke ernannt.

Die Pfarre Heiligen-Blut wurde dem dortigen Provisor Johann Wawra, dem Pfarrer zu Lavamünd, Herrn Ignaz Gözl und dem Pfarrer zu Dier, Herrn Michael Krositsch wurden Kanonikate am Kollegiatkapitel in Völkermarkt verliehen.

Herr Johann Marinitsch, prov. Kanonikus zu Maria Saal und Administrator der Pfarre St. Georg am Sandhof wurde zum wirklichen Kanonikus ernannt.

Herr Georg Groß, Pfarrer zu St. Martin am Krappfeld, wurde für die Pfarre St. Nikolaus am Kamp, Herr Lukas Wautischar, Kaplan zu Arnoldstein für die Pfarre Sack und Herr Joseph Sketh, Kaplan zu Stift Griffen für die Pfarre Greutschach präsentirt.

Herr Friedrich Bäder (aus der Diözese Chur) wurde als Beichtvater der Ursulinen-Klosterfrauen, Herr Ignaz Schöpf (aus der Diözese Brixen) als Kanonikats-Provisor zu Straßburg, Herr Lorenz Sever, Kaplan in Rosegg, als Provisor in Vorderberg, Herr Johann

Tschibaschek, Kaplan zu St. Peter an der Perau als Provisor in Mieger, Herr Alois Schatz, Provisor zu St. Stefan bei Niedertrixen als Provisor in Lavamünd, Herr Joseph Skerbinz, provisorischer Kanonikus zu Völkermarkt, als Provisor in Diex, Herr Josef Widowitz, Kaplan zu Köttmannsdorf, als prov. Kanonikus in Maria Saal und Herr Filipp Lobe, Provisor zu Kamp als Kaplan in St. Michael bei Wolfsberg angestellt.

P. Virgil Petsch, Kaplan zu Wieting wurde in das Benediktinerstift St. Peter in Salzburg zurückberufen und der Konventual P. Pius Greinz als Kaplan in Wieting angestellt.

Als Kapläne wurden übersetzt:

Herr Franz Lippitz von Althofen nach Berg, Herr Andreas Breschan von St. Johann am Brückl nach St. Kanzian, Herr Johann Blasi von Greifenburg nach St. Stefan an der Gail, Herr Maximilian Bornschek von St. Kanzian nach Keutschach, Herr Johann Leber von Maria am See nach Köttmannsdorf, Herr Leopold Unterkreuter von Berg nach Gmünd, Herr Johann Globotschnigg von Saifnitz nach St. Peter an der Perau, Herr Johann Podlipnik von Tainach nach Arnoldstein, Herr Matthäus Scheriau von Eberndorf nach Maria am See, Herr Johann Sablattnigg von St. Stefan an der Gail nach St. Johann am Brückl und Herr Adam Wilhelmer von St. Urban ob Glanegg als provib. Kaplan nach Steuerberg.

In die Seelsorge wurden neu angestellt die absolvirten Diözesan-Alumnen:

Herr Simon Inzko als Kaplan in Rosegg, Herr Valentin Kapun als Kaplan in Eberndorf, Herr Josef Rainer als Kaplan in Greifenburg, Herr Jakob Rebernigg als Kaplan in Tainach, Herr Franz Schneider als Kaplan in St. Georg am Längsee, Herr Johann Schuster als Kaplan in St. Urban ob Glanegg, Herr Johann Sengthaler als Kaplan in Althofen und Herr Anton Trobesch als Kaplan in Lavamünd.

Herr Johann Lesiak, Pfarrer zu Sternberg und Herr Friedrich Haberer, Spätprediger an der Stadtpfarrkirche St. Egiden zu Klagenfurt werden in den Ruhestand versetzt.

Die Pfarre St. Martin am Krappfeld wird von der Pfarrgeistlichkeit zu St. Paul in der Kappel, die Pfarre St. Peter bei Grafenstein von der Pfarrgeistlichkeit in Grafenstein und die Kurazie Pörtschach am Berg von der Pfarrgeistlichkeit in Maria Saal mitprovidirt.

Gestorben sind: Herr Josef Meßner, Pfarrer zu St. Peter bei Grafenstein, am 18. Juli, der hochwürdige Herr Johann Wizeling, infulirter Domdechant, Konsistorialrath, Präses-Stellvertreter bei dem Diözesan-Ehegerichte und Prosinodal-Examinator, am 22. Juli und Herr Johann Walenta, Kurat zu Pörtschach am Berg am 9. August, welche dem frommen Andenken empfohlen werden.

Roheisen- und Blei-Preise im September 1865.

Eisen-Preise.

Per Zollcentner in ö. W.:

Köln: Holzkohlen-Roheisen 2 fl. 40 kr. — 2 fl. 62½ kr., Cokes-Roheisen affinage 2 fl. — 2 fl. 25 kr., graues 2 fl. 25 kr. — 2 fl. 40 kr., Schottisches Nr. 1 2 fl. 40 kr. — 2 fl 50 kr., Stabeisen grobes 5 fl. 25 kr. — 6 fl.

Schlesisches Cokesroheisen loco Hütte 2 fl. 10 kr., Walzeisen loco Breslau 5 fl. 25 kr. — 5 fl. 50 kr., geschmiedet 6 fl. 75 kr. — 7 fl.

Auf österreichische Meiler à 10 Wiener Centner berechnet:

Köln: Holzkohlenroheisen 26 fl. 88 kr. — 29 fl. 40 kr., Cokes-Roheisen affinage 22 fl. 40 kr. — 25 fl. 20 kr., graues 25 fl. 20 kr. — 26 fl. 88 kr., Schottisches Nr. 1 26 fl. 88 kr. — 28 fl., Stabeisen grobes 58 fl. 80 kr. — 67 fl. 20 kr.

Schlesisches Cokesroheisen ab Hütte 23 fl. 80 kr., Walzeisen loco Breslau 58 fl. 80 kr. — 61 fl. 60 kr., geschmiedet 75 fl. 60 kr. — 78 fl. 40 kr.

Kärntnerisches Holzkohlenroheisen kam in diesem Monat gegen Baarzahlung selbst zu 21 fl. — 24 fl. zum Verkauf.

Blei-Preise.

Per Zollcentner Köln: Raffinirtes Weichblei 9 fl. 25 kr. — 9 fl. 50 kr. Hartblei 8 fl. 62½ kr. — 9 fl. 25 kr., Goldglätte 9 fl. 30 kr. — 9 fl. 75 kr., Silberglätte 8 fl. 70 kr. — 9 fl.

Berlin: Sächsisches Blei 9 fl. 75 kr. — Tarnowitzer 9 fl. 37½ kr.

Auf Wiener Centner berechnet:

Köln: Raffinirtes Weichblei 10 fl. 36 kr. — 10 fl. 64 kr., Hartblei 9 fl. 66 kr. — 10 fl. 36 kr., Goldglätte 10 fl. 42 kr. — 10 fl. 92 kr., Silberglätte 9 fl. 74 kr. — 10 fl. 8 kr.

Berlin: Sächsisches Blei 10 fl. 92 kr., Tarnowitzer 10 fl. 50 kr

Kärntnerisches Blei sank zu Anfang Oktober loco Bleiberg gegen Baarzahlung auf 11 fl. 60 kr., in Unterkärnten auf 10 fl. Bei einem Silberagio von 0·8 berechnet sich der eine Preis auf 10 fl. 74 kr., der andere auf 9 fl. 26 kr. in Silber.

Durchschnittspreise der Lebensmittel zu Klagenfurt im September 1865.

		fl.	kr.			fl.	kr.
Weizen		4	20	Speck, geselchter		—	44
Roggen		3	54	roher	das Pfund	—	37
Gerste	der Vierling	2	32	Schweinschmalz		—	44
Hafer		1	48	Eier		—	3½
Heide		3	38	Hendl		—	50
Mais		3	2	Kapaunen	das Paar	—	—
				Enten		—	74
Brein (gestampfte Hirse)		4	80	Gänse		—	—
Erbsen		4	60	12" Scheiterholz, hartes		3	35
Linsen	der Vierling	4	22	12" Scheiterholz, weiches	loco Lenh eine n. ö. Klftr.	2	10
Fisolen, weiße		4	45	30" Scheiterholz, weiches		4	30
rothe		4	5				
Erdäpfel		—	—				
Rindschmalz	das Pfund	—	50	Heu	der Zentner	—	92
Butter		—	43	Stroh		—	76

Herausgegeben vom Geschicht-Vereine und natur-historischen Landesmuseum in Kärnten. — Verantwortlicher Redakteur Dr. Heinrich Weil — Druck von Ferd. v. Kleinmayr. — Geschäftsleiter Rudolf Bertschinger in Klagenfurt.

Carinthia.

№ 11.　　　November　　　1865.

Skizze zur Geschichte des Protestantismus in Kärnten.

(Schluß.)

Im Vertrauen, daß die bei dem Landtage am 1. September 1547 gewählten Abgeordneten bereits beim Reichstage in Augsburg die Religionsfreiheit befürwortet haben, so wie auf die Brukerbeschlüsse vom Jahre 1578, und über die neuerliche Aufforderung der Stände: sich in Klagenfurt, aus Anlaß des Gabbriefes vom Kaiser Maximilian ddo. 24. April 1518 an die Stände nunmehr zur neuen Hauptstadt erhoben, so wie in andern Städten und Märkten und am Lande überhaupt, wo durch Uebersiedlung nach Klagenfurt die Bevölkerung sich verminderte, sich ansässig zu machen, wanderten fort und fort kenntnißreiche Männer und darunter Manche mit namhaften Kapitalien im Lande ein, nahmen zumeist den im Schwunge gestandenen Bergbau und die Raffinirwerke, so wie verschiedene andere industriöse Erwerbszweige in die Hand, zogen eine Menge Arbeiter aus dem Auslande, insbesondere aus Schwaben und dem gewerbsthätigen Sachsen, wo die Ausbeute der Erze sich zu vermindern begann, herbei und brachten das Bergwesen, in Bezug auf Gold, Silber und Kupfer zu einer nie gesehenen Blüte, was auch die Veranlassung zur Hebung anderer Industriezweige und damit eines vermehrten Wohlstandes ward.

Beweise davon liefern die noch vorhandenen ämtlichen Nachweisungen über die Montanausbeute der damals bestandenen sieben Bergrichter und viele in damaliger Zeit zur höchsten Blüthe gelangten, ausgedehnten Ortschaften, Märkte und Städte, wie: Apriach Döllach, Kleining, Krems, St. Leonhard, Mauthen, Pontafel, Obervellach, Raibl, Reichenfels, Sagriz, Steinfeld, Ugowitz, Weißbriach und Würmlach, die sich in, dem Ackerbau meist ungünstigen Gegenden nach und nach erhoben, dermal aber mit ihren ausgedehnten Gebäuden und der spärlichen Bevölkerung nur mehr ein trauriges Bild von der einst bestandenen Wohlhabenheit abgeben.

Noch vielfach werden Trümmer vormaliger vom Gewerbfleiße hervorgerufener Werkgaden gezeigt, welche den Hintergrund mannigfacher Volkssagen bilden.

Unter der Regierung Maximilians II., der bei seiner Weisheit und Mäßigung, ungeachtet der Drohungen des Papstes und der Einflüsterungen seiner Umgebung, insbesondere aber von Seite der in ihren Einkünften bedrohten Prälaten und der aus ihrer behäbigen Ruhe aufgeschreckten Mönche, von seinem Prinzipe, der Toleranz, nicht abzubringen war, wurde, wenn er gleich selbst am alten Glauben hing, die freie Religionsübung freilich meistens nur den Adeligen auf ihren Schlößern gestattet. Dringende Aufforderungen dagegen einzuschreiten, wies er mit den Worten zurück: „Gott allein steht die Herrschaft über die Gewissen zu" und unterdrückte alle Reibungen durch gegenseitige Schmähungen und polemische Zänkereien. Unter ihm blühte der Protestantismus und erreichte unter seinem Nachfolger im Jahre 1584 der Kulminationspunkt.

Allein schon das seit 1546 tagende Trientiner Concilium deffen Beschlüsse 1564 zu Ende gebracht worden waren, verschiedene Vorgänge in andern Staaten, wie das Blutbad in Stockholm 1520, insbesondere aber die Pariserbluthochzeit vom 24. — 27. August 1572, ferner die Berufung der damals alle christlichen Höfe beherrschenden Jesuiten, deren Orden 1540 in Spanien entstand und welche im Jahre 1552 nach Wien und über Anrathen des Bischofs Urban von Gurk als Statthalter von Steiermark, zugleich Kaiser Ferdinands geheimer Rath, Hofprediger und Administrator des Bisthums Wien im Jahre 1570, durch Erzherzog Karl auch nach Graz berufen worden waren, Beichtväter und beständige Rathgeber bei Hofe wurden und mit weittragenden Plänen umgingen, waren gefahrdrohende Anzeichen für die Protestanten, denen nach und nach jede Hoffnung auf eine friedliche Ausgleichung so wie aller Glaube auf Treue der erhaltenen Zusicherungen benommen wurde, nachdem ihre wiederholten Bitten anno 1541 und 1548 um Gestattung freier Religionsübung mit leeren Ausflüchten hintangehalten worden waren.

Dieser Zustand wirkte nur nachtheilig auf den Fortschritt der Intelligenz und den Gewerbfleiß im Lande.

Erzherzog Ferdinand von Innerösterreich, später, am 28. August 1619, als Ferdinand der II. zur Kaiserwürde erhoben, welcher nach In-

golstadt gesendet, daselbst von Jesuiten erzogen und dabei gegen die Re-
formation einen unversöhnlichen Haß eingesogen hatte, trat sogleich, als
er von seinem toleranteren Vater Erzherzog Karl II. die Regierung
1591 der inneröſterreichiſchen Erblande übernommen hatte, als Gegner
der proteſtantiſchen Lehre auf. Mit ihm nun fing, nachdem ſich die
Gegenreformation zum Grundſatze gemacht hatte, alle Prädikanten und
die bei der neuen Lehre beharrenden Bewohner auszutreiben und ihre
Vereinigungsorte zu zerſtören, der in Oeſterreich aufgegangene Stern
des Proteſtantismus allmählig zu erbleichen an.

Die erſte Aufgabe zur Einleitung der Gegenreformation für Kärnten war die Berufung des ſtreng katholiſchen Grafen Nagarol zum
Landeshauptmann, die Aufnahme mehrer katholiſcher adelicher Familien
in das Gremium der Landſtände, ſowie das Verbot zur Beſchickung der
Landtage mit Deputirten der l. f. Städte St. Veit und Völkermarkt
um die Lutheraner zu iſoliren, welchem ſpäter 1604 über Anrathen des
Biſchof Stobäus von St. Andre, die Einberufung der Jeſuiten folgte.

Das gegen Buchdrucker und Händler mit Edikt vom 24. Juli
1528 ergangene Verbot wegen Conficirung und Verkauf akatholiſcher
Schriften bei Todesstrafe durch's Waſſer und Verbrennung aller Werke,
wurde erneuert, ſämmtliche Proteſtanten jedweden Ranges und Standes aus dem Rathe des Fürſten und deſſen Umgebung entfernt, die
Gehäſſigkeiten gegen die Proteſtanten nahmen allenthalben einen ernſtern
Charakter an, verſchärftere Maßregeln gegen die freie Religionsübung
tauchten allmählig auf und bereits am 11. November 1600 erſchien vor
Klagenfurt eine Gegenreformations-Commiſſion mit einer bewaffneten
Macht von 1000 Mann an deren Spitze Biſchof Martin von Seckau,
einer der leidenſchaftlichen Gegner des Proteſtantismus ſtand.

Vizedom v. Hoffmann wurde ſchon 1583 vom neu erwählten
Bambergerbiſchofe Ernſt von Mangersdorf auf Betreiben des Biſchofs
Johann Georg von Standor, von ſeinem Dienſtpoſten entfernt.

Die Gegenreformations-Commiſſion rückte mit der ſich geſtellten
Aufgabe: ſämmtliche Prädikanten auszurotten, die geiſtlichen Verſamm-
lungsorte, Kirchen, Pfarrhöfe, Schulen und Beerdigungsorte der Lutheraner zu zerſtören, die von denſelben occupirten Kirchengüter den Katholiken wieder zuzuführen und überhaupt alle Perſonen, welche bei der
neuen Lehre verharren wollen, aus dem Lande zu treiben, von Murau
aus über Gmünd, Spital, Paternion, Bleiberg, Feldkirchen gegen Kärntens Landeshauptſtadt vor, ließ mit wohlberechnetem Angriffsplane einſt-

weilen auch die ansehnliche Stadt Villach unbehelligt, occupirte die kleinern Städte und Märkte und das immer zugängliche flache Land, nicht ohne hie und da auf erheblichen Widerstand von Seite der Bauern zu stoßen.

Nachdem auch Tarvis, Pontafel, Hermagor, Himmelberg, Friesach Althofen, Hüttenberg, St. Leonhard, Wolfsberg, Völkermarkt, und alle Umgegenden zurück reformirt waren, auch die Stadt St. Veit des Besuches sich erfreut hatte, und die ganze Umgebung Klagenfurts aufgeräumt war, die Stadt nun ganz isolirt dastand, kam auch die Reihe an sie.

Klagenfurt, seit der Gründung der Neustadt und ihrer Erhebung zur Hauptstadt des Landes in Folge der von den Ständen ergangenen Aufforderung und dabei zugestandenen vielseitigen Begünstigungen, von Leuten aus verschiedenen Gegenden Kärntens und vielen Gewerbsleuten zumeist Fremden aus Schwaben bezogen, wo auch der Adel sich eigene Palais zum zeitweiligen Aufenthalte erbauen ließ, wo im Dezember 1591 zum ersten Mal und dann ferner immer der Landtag in dem 1581 neu erbauten Landhause abgehalten wurde und das zur auffallenden Blüte gediehen war, zählte beim Beginne der Gegenreformation nur mehr drei katholische Familien.

Auf die Hauptstadt war daher das Augenmerk des ganzen Landes so wie der Commission gerichtet und wenngleich deren Bewohner auf die ihnen ergebene hinlängliche Besatzung und deren gute Bewaffnung, so wie auf die starken Befestigungswerke und überhaupt den Muth und das gute Einvernehmen der Bürgerschaft bauen konnten, so war doch auf einen längeren Widerstand nicht zu denken, zumal die Stadt vom Lande ganz abgeschnitten, bei einer Belagerung keinen Succurs zu erwarten hatte und die Angreifenden in der Lage waren, sich täglich zu verstärken. Nachdem sich die Gegenreformations-Commission in den Besitz der Stadt gesetzt hatte, begann sie vor Allem mit der Reorganisation der Stadtbehörden, für alle hervorragenden Stellen wurden wie schon vorher bei den Landständen, die noch ihre Versammlungen in St. Veit hielten, durch Berufung des Katholiken Grafen von Nagarol zum Landeshauptmann, Einführung der früher nie am Landtage betheiligten Bischöfe und Prälaten, und Verleihung des Indigenates an mehre katholische Familien wie die Basseio, Kochler, Reitenau, Rumpfen, Rosenberg, Salamanka u. a. m. bloß Katholiken und Geistliche berufen, um das Superiorat der Protestanten zu schwächen.

Sämmtliche Kirchen wurden den Akatholischen entzogen und sogleich mit katholischen Priestern besetzt und Jedermann im ganzen Lande aufgefordert in den Schoß der alten Kirche zurückzugehen, oder das Land binnen 8 Wochen mit Rücklassung des zehnten Pfennings zu verlassen.

Alle Kirchen wurden neu eingeweiht, und der Gottesdienst alsbald nach katholischem Ritus abgehalten, von den Schulen die protestantischen Lehrer entfernt, wobei im Schulvortrage bis zur späteren Einführung der Jesuiten und Franziskaner und Uebergabe der Bildungsanstalten an dieselben, ein förmlicher Stillstand eintrat.

Alle unter den Bewohnern vorhandenen protestantischen Werke, Druckschriften, Gebetbücher, Verzeichnisse und sonstige auf ihre religiöse Einrichtung und geschichtlichen Denkmäler sich beziehenden Bücher wurden eingefordert oder ihnen gewaltsam abgenommen und bis auf die Sterb- und Taufbücher der Stadtpfarrkirche St. Egyden, theils öffentlich verbrannt, theils anderwärtig vernichtet, um wo möglich jede Spur eines Angedenkens oder zu einer Aufmunterung zu vernichten.

Johann, Patriarch von Aquileja, ließ bereits schon im Jahre 1581 in seinem Diözesanantheile Kärntens und in Krain bei einer Kirchenvisitation über 2000 lutherische Bücher, meistens Bibelübersetzungen in slovenischer Sprache des Domherrns Truber, verbrennen.

Verschiedene Verhandlungen zur Aenderung oder wenigstens Milderung dieser Verfügungen wurden sowohl von den Landständen, als Bürgern eingeleitet, aber nur mit Mühe erwirkten sie eine längere Frist, um ihre Angelegenheiten ordnen zu können.

In der Hoffnung auf einen baldigen Umschwung der Dinge, wozu kriegerische Vorgänge und diplomatische Verhandlungen in Deutschland mehrmals Anlaß gaben, entschloß sich der größte Theil vorläufig zur Annahme des katholischen Glaubens, um den verschiedenen Plackereien zu entgehen; wer aber Mittel hatte, oder wem Kunst und Industrie zu Gebote stand, zog, unterstützt von auswärtigen Glaubensgenossen von dannen, und so verließen Viele vom Adel und mit ansehnlichem Gefolge, Industrielle, Bauersleute, besonders aber Bergleute das Land und zogen nach Ungarn, Siebenbürgen, Baiern, Württemberg und in das nördliche Deutschland, ja sogar nach Amerika.

Am 5. April 1604 erschien Bischof Martin von Seckau wiederholt in Klagenfurt, nachdem kurz zuvor die des Protestantismus überführten friedlichen und angesehenen Bürger Gobäus Koph, Georg Grinz, Sigmund Laubinger und Friedrich Stainbl nach Graz berufen und in

Verhaft genommen worden waren und nahm nochmals eine strenge Untersuchung gegen alle Bewohner vor. Wer noch ausfindig gemacht werden konnte und nicht zum Katholizismus rückkehren wollte, mußte mit Rücklassung seines zehnten Pfennings von der Habe sogleich auswandern und Stadt und Land für immer verlassen, alle akatholischen Beamten wurden entfernt und wie die abgegangenen Mitglieder der Landschaft durch Katholiken ersetzt. Der Bischof hielt sich bei dieser Untersuchung bis 26. Juli im Lande auf.

Von Klagenfurt allein wanderten über 50 Bürger mit ihren Familien aus, wie viele von anderen Orten, ist nicht mehr verzeichnet, jedoch muß es eine namhafte Zahl gewesen sein, weil in der Folge aller Gewerbsfleiß gänzlich darniederlag und lange Zeit hindurch eine allgemeine Trauer herrschte.

Noch im Jahre 1609 erschienen beim Landtage 70 lutherische Landstände und es wurden deßhalb Beichtzettel eingeführt, um sich über ihre Glaubensmeinung zu überzeugen.

Vom protestantischen Adel, welcher sich theilweise, ungeachtet im Jahre 1625 und 1628 wiederholt abgehaltener Commissionen, noch bis zum Jahre 1629 erhielt, wanderten die ansehnlichen und geachteten Familien Khevenhüller, Paradeißer, Dietrichstein, Welzer, Weißeneger, Thenhauser, Freiberg, Aichlberg, Lichtenstein, Neuhaus, Ernau, Leiningen, Ungnad, Egg, Hagen, Haleg, Keutschach, Auersberg, Kroneg, Kemeter, Metnitz, Sternberg, Mager, Praunfalkh, darunter Grafen und Freiherren und noch mehrere Andere aus dem Lande, fast alle reich begütert und vom Volke geliebt, und so manche unter ihnen, die, gleichwie ihre Ahnen sich in den größten Gefahren Verdienste um das Land und um Oesterreich erworben hatten. Sie verließen Kärnten meist mit einem ansehnlichen Gefolge.

1629 wurden die Khevenhüller'schen Güter Landskron, Velden und Osterwitz vom Staate eingezogen.

Welche Leiden dadurch über die Bewohner Kärntens gekommen sind, läßt sich denken. Hiezu kamen noch 1601 neuerliche Pestfälle, woran in Klagenfurt 98 Personen starben und die im Jahre 1622 und 1643 ausgebrochene Hungersnoth, in Folge welcher selbst Bürger von Klagenfurt ausbrachen und die Bauern in der Umgebung von Hollenburg um ihre Lebensmittel beraubten; dann ein Aufstand der Hüttenberger Knappen, die wegen Mangel an Verdienst und Nahrung das ganze Krapfeld bis St. Veit herab plünderten.

So viel auch die Zurückgebliebenen zu leiden hatten, so war doch das Schicksal der Exilirten noch kläglicher. Die meisten im Lande geboren, in der evangelischen Lehre auferzogen, viele auch begütert oder durch Fleiß und Thätigkeit wohlhabend geworden, durch Familienbande aneinander gekettet, allgemein geachtet und geliebt, sollen den zumeist schon von ihren Eltern eingesogenen und als ihr höchstes Gut betrachteten Glauben ablegen, oder ihren wohnlichen Herd, ihren Geburtsort, ihre Heimat, fast plötzlich, unverschuldet, für immer verlassen und sich in unbekannten Gegenden unter ganz fremden Menschen, und viele darunter schon im Alter, eine neue Heimat gründen, wozu ihnen häufig noch die Mittel fehlten, da Leute mangelten, die ihnen für ihre, durch jahrelangen Fleiß und Anstrengung erworbenen Habseligkeiten einen nur erklecklichen Ersatz bieten konnten.

Welche Beschwerlichkeiten und welchen Zeitaufwand damals eine Reise verursachte, läßt sich noch aus vielen Beschreibungen von damaliger Zeit entnehmen.

Wie viel Kummer und welche Noth mußte erst da herrschen, wo eine zahlreiche Familie vorhanden war.

Wie grausam erscheint das Vorgehen des damaligen Patriarchen Hermolaus Barbarus von Aquileja, als er dem im Schloße Landskron im Mai 1607 verstorbenen Franz v. Khevenhüller die Beerdigung in der Khevenhüller'schen Gruft in Villach versagte, wo doch die Khevenhüller so große Gutthäter der Kirche und um Kärnten so hochverdiente Männer waren, um diesen seltenen Mann allgemeine Trauer in der Umgebung herrschte und so manche Thräne floß; seine Leiche mußte nach dreitägigem Zanke mit der Geistlichkeit nach Osterwitz geführt werden, wobei ein nie gesehener Trauerzug statt hatte. Sie ruht nun in der Schloßkirche alldort und ein herrlicher Denkstein verewigt sein Andenken.

Kärnten fühlte lange diesen fast plötzlich gekommenen in dieser Art vorher von Niemanden geahnten furchtbaren Schlag. Ackerbau und besonders Industrie, selbst die Wissenschaften blieben weit zurück.

Alle Verfolgungen, alle Plackereien und in allen Arten angewandte Strafen waren aber nicht vermögend, den einmal lieb gewonnenen Glauben selbst in dem langen Zeitraume von fast 200 Jahren gänzlich in Kärnten auszurotten.

In den Gebirgen Oberkärntens, wo viele Schluchten vorhanden, wo ausgedehnte Thäler mit großen Waldungen vorkommen, und der Bergbau einen bequemen Versteck vor abgesandten Spähern gestattete, erhielt sich der evangelische Glaube im Geheimen noch immer aufrecht und mehrere Tausende stärkten sich hier einzig im Lesen der heiligen Schrift und durch Aufmunterung zeitweise heimlich erschienener auswärtiger Missionäre.

Die protestantischen Kärntner waren strenge in ihrem Lebenswandel, hielten fest an der Sitte ihrer Väter und zeichneten sich, wie es noch allenthalben wahrnehmbar, durch genaue Erfüllung ihrer religiösen Pflichten, eine musterhafte Ordnung im Hauswesen und in der Familie, durch Gastfreundschaft, durch zutrauliches Entgegenkommen aus. Ihre Lieblingsbücher waren damals die Weimar'sche Bibel, Luther's Katechismus, Scheidenberger's evangelische Sendbriefe und die Schriften eines Möller, Spangenberg und Müller.

Erst nach einem Verlaufe von fast 200 Jahren, als der unvergeßliche Kaiser Joseph II. zur Regierung gelangte, dessen ganzes Leben fortwährend nur dem Wohle seiner Mitmenschen gewidmet war, der vielfach verkannt und von Zeloten geschmäht wurde, dem aber die Weltgeschichte, wie noch keinem Monarchen, mit dem Nachrufe: „Millionen Menschen weinten um den Vater des Vaterlandes" das würdigste Denkmal setzte, geschah wieder ein Schritt vorwärts auf dem Wege zur Religionsfreiheit.

Wie er allen Verwaltungszweigen einen fast plötzlichen Umschwung gab, um den Zeitforderungen gerecht zu werden, so sicherte er auch in seinem Toleranz-Patente vom 15. Oktober 1781 die Duldung allen Religionsgenossenschaften und bald traten die in verschiedenen Gegenden zerstreuten Evangelischen aus ihren Asylen hervor und machten von dem kaiserlichen Machtspruche Gebrauch.

Als eine Nachtragsverordnung zum Toleranzgesetze den Akatholischen gestattete, in Orten, wo 100 Familien sich befanden, ein Bethaus, jedoch ohne Thurm und Glocken und ohne Eingang von der Straße, zu erbauen, Prediger und Schullehrer anstellen und die gottesdienstlichen Functionen ausüben zu dürfen, war die Gemeinde Arriach die erste, wo eine ziemliche Anzahl Einwohner öffentlich auftrat, sich als Protestanten erklärte und in der Person des Hager sich einen Pastor aus Preßburg holte, der ein sehr würdiger Mann war.

Schon bald stieg deren Zahl in Kärnten auf 12.000 Köpfe.

Hieronymus Graf v. Lodron, ein junger, sehr geachteter katholischer Cavalier, war der Erste, der im wahrhaft christlichen Sinne handelte und seinen evangelischen Unterthanen zu lieb das Bethaus zu Dornbach bei Gmünd nebst einem Pfarrhofe erbaute, die Kirche mit einem herrlichen Altar, dann einer Orgel versah und einen Pastor hinsetzte.

So sehr sich auch Anfangs Viele bemühten, die Anwendung des Toleranzpatentes, theils durch verstümmelte, theils lückenhafte Publikation desselben und selbst durch Vorenthaltung zu verkümmern, so halfen doch alle diese Umtriebe nichts. Der die Güte und Menschenfreundlichkeit beurkundende Befehl des Monarchen, dessen edle reine Absichten sogar vom Papste Pius VI., der sich noch zu einem Besuche des Kaisers in Wien entschloß, um ihn von seinen Entwürfen abzubringen, anerkannt wurden, drang allenthalben durch und erschien zur größtmöglichsten Verlautbarung alsbald in Druck. Wenngleich der von feindlichen Elementen aufgestachelte Pöbel hie und da thätig war, die Rechte der Protestanten zu kränken, so entwickelte sich der Protestantismus dennoch zusehends. Aber selbst zwischen den Evangelischen wäre es wegen Einführung des holsteinischen Gesangbuches bald zu Reibungen gekommen, dem jedoch im Jahre 1786 dadurch abgeholfen wurde, daß ein neues, die beliebten alten und neuern Lieder enthaltenes sogenanntes gemischtes Gesangsbuch ausgegeben ward.

Vom Auslande haben die Protestanten sehr viele Wohlthaten empfangen, nicht allein wurden sie bei ihren Auswanderungen unterstützt und allenthalben mit offenen Armen empfangen, sondern sie erhielten auch während ihrer Unterdrückung Trost und Hilfe: Vorzüglich waren es aber ansehnliche Beiträge, welche ihnen von der Gesellschaft zur Beförderung der reinen Lehre, und aus Basel durch den Nürnberger Handelsmann Tobias Kiesling zuflossen..

Allenthalben stiegen nun alsbald Bethäuser empor wie zu Feld, Arriach, St. Ruprecht, Wiedweg, Gnesau, Feldkirchen, Sirniz und am Kreigerberge, öffentliche Schulen wurden errichtet, die evangelische Bevölkerung im Distrikte vertheilt und so entstanden die Pastorate:

1. Arriach.
2. Feld mit der Filiale.
3. Gnesau.
4. Feldkirchen.
5. St. Ruprecht mit den Filialen St. Josef und Einöde.
6. Fresach mit der Filiale Buch.
7. Trebesing mit der Filiale Unterhaus.
8. Dornbach.
9. Eisentratten.
10. Fefferniz.
11. Zlan.
12. Bleiberg mit der Filiale Aggoritsch.
13. Watschig.
14. Treßdorf
15. Weißbriach mit der Fi-

liale Weißenstein, und in   16. Klagenfurt mit den Filialen
neuester Zeit   Eggen und Wolfsberg.

Wenn freilich dieses so lange ersehnte Recht noch mancherlei Be-
schränkungen, wie bei gemischten Ehen, im gehinderten Kirchenausbaue,
in der Aufstellung von Glocken, durch Verpflichtung zur Entrichtung der
Kollektur und Stollgebühren an die katholischen Pfarren, und die mög-
lichste Erschwerung des Eintrittes von Protestanten in öffentliche Aemter
enthielt, so war für Protestanten damit doch schon viel geschehen, daß
sie von nun an ihrem Glauben offen, frei und unbeirrt nachleben konnten.

In Klagenfurt, der Hauptstadt des Landes mit dem Sitze der
Landesbehörden, wo die evangelische Lehre, welche dort einst allein herrschte
in der Folge ausgerottet wurde, hatte sich doch ein kleines Häuflein
ungeachtet aller Gegenbestrebungen noch heimlich erhalten und in der Folge
vergrößert. Aber erst seit dem Jahre 1809 feierte man jährlich am
zweiten Montage nach Ostern, wenn der in Gnesau stationirte evangelische Geistliche von seiner Exkursion vom Kreigerberge rückkehrte, entweder in einem Gasthause oder in der Kapelle des k. k. Militärspitales,
weil mehrere vom Militär auch am Gottesdienste Theil nahmen, das
heilige Abendmahl nach evangelischem Ritus.

Im Jahre 1853 schloßen sich die Protestanten Klagenfurt's an die
evangelische Kirchengemeinde Feldkirchen an und hielten, nachdem sie sich
zu einer Filialgemeinde konstituirt hatten, jährlich zwei Gottesdienste,
zuerst in einem Gasthause, dessen Besitzerin evangelisch war, dann im
ständischen Landhause, wo der geräumige, einer derlei Feier entsprechende
Saal zur Abhaltung des jährlichen Gottesdienstes mit wirklich lobens-
werther Munificenz bereitwilligst zugestanden wurde.

Die Zahl der Protestanten, die in Kärnten mittlerweile auf
16.800 Seelen Seelen in 2420 Familien anwuchs, vermehrte sich in
Klagenfurt auf 500 Köpfe, wovon die Hälfte aus dem Militärstande ist
und es wurde daher ein eigenes Gotteshaus mit einem selbstständigen
Seelsorger schon zum dringenden Bedürfnisse.

Um dem vielseitig laut ausgesprochenen Wunsche zu entsprechen,
kauften im Jahre 1858 die damaligen Gemeindevorsteher Johann Wink-
ler, Franz Mathé, Peter Schwaiger, Karl Goldstein und Stephan
Gaßer unter Mitwirkung des Pastors Adam Wassertheurer von Feldkirchen das eben feil gestellt gewesene Haus Nr. 55 in der Villachervorstadt,
welches die für den Pfarrer geeignete Wohnung und einen zum Baue der
Kirche räumlichen Garten enthielt, um den Betrag von 6400 fl., wobei

die Energie und Aufopferung dieser Männer, die bei einem Kaſſaſtande von nur 150 fl. den Handel eingingen und durch ihre Thätigkeit es dahin brachten, daß ſchon beim Abſchluſſe des ſchriftlichen Vertrages eine Abſchlagszahlung von 400 fl. und dann jährlich 1000 fl. geleiſtet werden konnte, volle Anerkennung verdient.

Durch die Weisheit und Milde unſeres hochherzigen Monarchen Kaiſer Franz Joſef I. iſt endlich mit dem Patente vom 8. April 1861 die letzte, für die Proteſtanten beengende Schranke gefallen, die noch drückend geweſenen Feſſeln ſind für immer gelöſet und damit für Oeſterreich ein ewig denkwürdiger Tag angebrochen.

Volle Gleichberechtigung mit andern Kirchen nach allen Richtungen des bürgerlichen und politiſchen Lebens, volle Autonomie in der Verwaltung und Leitung ihrer innern Angelegenheiten wurde dadurch gewährleiſtet.

Um die Mitte des Jahres 1862 wurde in Klagenfurt ein eigener Pfarrvikar angeſtellt und ſeiner Seelſorge ferner die Filialgemeinde Eggen am Kreigerberge, jene zu Wolfsberg und die ſonſt noch in Unterkärnten vorkommenden Evangeliſchen zugewieſen.

Bis nun hat die kleine Gemeinde theils aus Beiträgen von eigenen Glaubensgenoſſen, theils aus Liebesgaben, woran ſich auch mehre menſchenfreundliche Katholiken betheiligten, nicht nur die Kaufſumme des Hauſes bis auf 2400 fl. abzutragen vermocht, ſondern ſogar noch einen Fond von 5000 fl. geſammelt, womit ſie den Bau der Kirche, der auf 24.000 fl. veranſchlagt iſt, beginnen konnte und nun innerhalb zwei Jahren beendigt hat.

Am 1. Oktober 1863 fand die Grundſteinlegung der Kirche nächſt dem Lendhafen an einem ſchönen freien Platze, nachdem dieſem Akte am 27. September die feierliche Inſtallation des Superintendenten Andreas Guneſch im Landhausſaale vorangegangen war, in Gegenwart des Landeschefs, der Landtagsausſchüſſe, der beiden Bürgermeiſter mit dem Gemeinderathe, der beiden Regimentskommandanten mit zahlreicher Offizierbegleitung und unter Anweſenheit eines zahlreichen Publikums aus allen Ständen der Stadt und des Landes, und aus verſchiedenen Gegenden und ſelbſt des Auslandes erſchienenen zahlreichen Würdenträgern, ſtatt.

Dieſes hier ganz neue Feſt wurde mit Vortragung des Liedes: „Der Tag des Herrn" durch die hieſige Liedertafel eröffnet, hierauf vom Pfarrer Waſſertheurer eine auf das Feſt Bezug habende Anſprache, worin er dem Gemeinderathe, unter dessen Schuße der Bau gelang, so wie der Sparkasse und den übrigen Wohlthätern für ihre Beiträge seinen Dank aussprach, gehalten, sonach die Urkunde von einem Gemeindemitgliede vorgelesen und der feierliche Akt der Grundsteinlegung vom Superintendenten Gunesch nach einer ergreifenden Ansprache, nachdem die Gründungsurkunde, die Bildnisse Ihrer Majestäten, eine Abbildung der zu erbauenden Kirche, der Bauplan, das k. Patent vom 8. und Ministerial-Erlaß vom 9. April 1861 und eine geschichtliche Darstellung der Schicksale des Protestantismus in Kärnten in den Denksteinen hinterlegt worden waren, vorgenommen.

Den Schluß bildete ein Gebet des zum Vikare und mittlerweile zum Pfarrer ernannten Karl Rolf und die Absingung eines geistlichen Liedes unter Theilnahme der ganzen Gemeinde. Diese Festlichkeit, erhöht durch die Anwesenheit des Finanz-Ministerialrathes und Sektionschefs Samuel Bell, vieler Pfarrer und Glaubensgenossen aus benachbarten Provinzen zeichnete sich durch Einfachheit und Würde aus und machte einen erhebenden Eindruck, geeignet, Grundsätze der christlichen Nächstenliebe und der Duldung in den Herzen aller Theilnehmer zu bestärken.

Der Kirchenbau ist nun vollständig zu Ende geführt und noch innerhalb des laufenden Jahres wird die innere Einrichtung bewerkstelliget sein, worauf im kommenden Mai die feierliche Einweihung erfolgt und das Gotteshaus der öffentlichen Benützung übergeben werden wird.

Schließlich ist noch zu erwähnen, daß die evangelische Gemeinde in Klagenfurt der Sorge, sich einen eigenen Friedhof zu verschaffen, überhoben ist, da die große und nachahmenswerthe Toleranz des in Klagenfurt residirenden Fürstbischofs von Gurk, Dr. Valentin Wiery, es gestattet, auf dem katholischen Friedhofe katholische und protestantische Leichen ohne Unterschied zu beerdigen.

Klagenfurt, den 1. November 1865.

Beiträge zur Geschichte der Stadt Friesach.

Mitgetheilt von Alois Weiß.

Die kön. Bibliothek in München besitzt ein Manuscript (Cod. germ. 1180. Zusammengetragene Verordnungen, Chroniken 2c.), in welchem sich auch eine Chronik von Friesach befindet, die, wenn auch mangelhaft und sich beinahe nur auf Aufzählung der Feuersbrünste beschränkend für die heimische Geschichte doch nicht ganz ohne Interesse ist.

Der Anfang derselben ist ziemlich übereinstimmend mit Megisers Chronik und überhaupt allen älteren Chronisten die über Kärnten geschrieben, was besonders an dem zu erkennen ist, daß alle Virunum an die Stelle des heutigen Friesach setzen.

Dasselbe ist auch in der hier mitgetheilten der Fall und somit wäre der Eingang nicht auf Friesach, sondern auf Virunum die zerstörte Stadt am Zollfelde, zu beziehen. Der weitere Theil der Chronik beschränkt sich fast nur auf die in Friesach stattgehabten Brände.

Hohenauer in seinem Werke „Die Stadt Friesach" lieferte ein Verzeichniß der Feuersbrünste dieser Stadt, welches aber von dem Chronisten in vieler Beziehung ergänzt wird. Ersterer hat nicht alle verzeichnet, die in der Chronik enthalten sind, und letztere behandelt die Beschreibung meistens ausführlicher, indem sie nicht bloß das Factum hinstellt, sondern meist auch die Entstehung und Größe des Brandes bekannt gibt

Wo das Datum gegenseitig nicht übereinstimmt, ist es ersichtlich gemacht.

Denkwürdige Sachen der Stadt Friesach. Ihr Auf= & Abnehmen auß unterschiedlich Verzeichnissen & Scribenten zusammengetragen.

Die uralte Stadt Friesach, welche von dem Plinio, Tacito & Ptolomaeo Virunum genennt wurde, ist schon vor Christi Geburt in hohem Ansehen gewesen, hernach aber, als die Romaner das Norikum unter ihren Gewalt gebracht, ist sie zu einer Colonia gemacht worden, da die romanischen Landshauptleute oder Befehlshabere gemeiniglich ihre Sitze gehabt haben. Diese ist mit andern Städten um das Jahr Christi 451 von denen Hunen zerstöhrt= & gleichsam ganz zu Boden geschleift= aber von Marco Cassiodoro Romanischen Befehlshabern wieder erbaut= & aufgericht worden. Um das Jahr 490 erlitte diese Stadt einen Anstoß von Ottokaro der Rugen *) König, welcher mit Theodorico dem letzten romanischen Landshauptmann in Chärnten einen Krieg geführt, der viele Orte in Österreich, Steyer & Khärnten eingenommen = ausgeblindert = & verderbet hat, worunter auch Friesach ware.

Um das Jahr nach Christi Geburt 499 hat Theodo Erzhörzog in Bayern das Römische Joch von sich geworfen, einen Krieg mit denen Römern angefangen, da er in einer Schlacht, auf dem Marchfeld genannt, die Römer überwunden, nahent bei dem Ynn, hat er seine victori fort= gesetzt, die Römer aus Norico vertrieben, deme sein Sohn Theodo in der Regierung nachgefolgt, auch in der Glückseligkeit zum anderten mahl die Romaner geschlagen, dadurch das ganze Noricum sowohl Ripense als Mediteraneum, darunter auch Khärnten von dem römischen Joch erlediget, welcher Krieg sich bis auf 521 erstrecket. Nach diesem haben die Bayern, mit ihren Bundsgenossen denen Wenten, die Lande, so sie denen Römern abgedrungen, getheilet, da dann Khärnten meistentheils denen Wenten oder Windischen zugeeignet worden, & Herzog Theodo der andere der erste Herzog in Khärnten worden.

Zu dieser Zeit waren die Bayern, wie auch die Kärntner noch in dem heidnischen Glauben, biß um das Jahr Christi 559 sich Diopold mit Otto seinem Bruder von dem h. Ruperto hat tauffen lassen.

Unter diesen ersten Hörzogen bliebe Friesach bei 200 Jahren ein fürstl. Residenz Stadt, bis sie hernach durch Heyrath auf die Grafen von Tauer kommen, von welchen die Landgrafen von Friesach & Zelt= schach mit Wilhelm dem Letzten, so die heylige Hemma zu einer Ge= mahlin gehabt, sich geendet. (Dann folgt die oft erzählte Historie „Wie Friesach an Salzburg gekommen"). Interessanter ist folgender Theil:

Unterschiedliche Zufälle der Stadt Friesach.

**) Gebhardus ein geborner von Helfenstein erbaute das Schloß zu Friesach anno 1074.

Anno 1095. Da Bertholdus mit dem Thiemo um das Erzbis= thum Salzburg gestritten, ist Thiemo der rechte Erzbischof von Pertholdo

---

*) Rugier, ein germanisches Volk, das seine Stammsitze an der Odermündung hatte. Odoacer selbst ein Rugier trat als Jüngling in römischen Kriegsdienst und wurde Feldherr und schließlich, da er die Kaiserwürde nicht annahm, Be= herrscher Italiens.

**) Erzbischof von Salzburg und päpstlicher Legat, hatte auch das Bisthum Gurk und die Abtei Admont errichtet. (Hohenauer „Die Stadt Friesach" Seite 37.)

verfolget worden, alda er über den Thauern sich retirirt, aber von Ulrich Pfalzgrafen in Kärnten gefangen bekomen, & Pomponi zu verwahren übergeben worden. Nachdeme aber Perdoltus die Stadt Friesach, die es mit Thiemo gehalten, belägert und eingenommen, hat sich allein das Schloß Geyersperg trefflich gehalten. Wie nun Graf Ulrich & Pomponio gesehen, daß sie mit dem Schloß nichts ausrichten könnten, haben sie den fromen gefangenen Erzbischofen Thiemo gebundener vor das Schloß gestellet, dennen Belägerten gedroht, ihren Herrn zu ermorden, wo sie nicht wollten das Schloß übergeben, deßgleichen drohten sie dem Thiemo, er sollte den seinigen zusprechen, widrigen falls wollten sie ihme auf das grausamste umbringen, Thiemo aber gab ihnen zur Antwort, das Schloß gehöre nicht sein, sondern dem h. Ruperto & seiner Kirche zu, deswegen er nicht Macht habe dieses seinen Feinden zu übergeben; Graf Ulrich erzürnt über diese Rede, befiehlt dem Scharfrichter, er sollte dem Erzbischofen das Haupt abschlagen, welches er auch im Werk vollziehen wollen, jedoch nicht mehreres vermögt, als daß er dem Thiemo die Haut verletzet, nach diesem will der Scharfrichter in seinem Befehl fortfahren, führt den anderten Streich, welcher ohne Zweifel durch einen Engel in eine Säul oder Thräm geführt worden, daß das Schwert in Stücken zersprang & Thiemo nich berühret, weil Gott diesen frommen Erzbischofen zu einen mehreren Sigkränzl vorbehalten, wie er dan hernach mit anderen Herren aus Teutschland mit einem gewaltigen Kriegs-Heere in das gelobte Land gezohen, von denen Sarazenen gefangen, in der Stadt Carazein grausamlich gemarteret, Händ & Füße abgehauen, sein Brust eröffnet, daß er sein Herz selbsten leichtlich sehen können, & durch seine Quall sein h. Leben mit der Marterkron gezieret, dieser h. Thiemo ward ein geborner Graf v. Mättlingen.

Anno 1275. hat Miloth Zeuch, König Ottocars Feldobrister, Friesach eingenommen, dieselbige Stadt ganz zerstöret und verbrannt, welche von den Herren Hardracius von Pressing & Otto Ungnad als Salzb. Haubtleuten eine lange Zeit trefflich verfochten, leytlich doch solche verlohren worden.

Anno 1289 hat Erzherzog Albrecht zu Österreich die Stadt Friesach unter den damaligen Erzbischof Rudolph am Tage S. Philippi & Jakobi*) eingenommen, ganz ruinirt & abgebrennt. Zu dieser Zeit ware Vizedom Herr Ulrich von Fohnstorf.

*) 1. Mai.

Anno 1309 ist an S. Marxen=Tage *) abermalen die Stadt in die Brunst gerathen und von Holzmarkt an biß auf den Geyersberg völlig abgebrennt worden. In demselben Jahr entstunde abermahl ein Feuersbrunst am St. Bartholomaei=Tag **) & brennte noch, was übrig war, alles ab, sammt den Frauenkloster unter dem Berg.

Anno 1323. Am St. Maximiliani=Tag ***) entstande ein solche greuliche Feuersbrunst, das kein einiges Haus in der ganzen Stadt übrig verblieben.

Anno 1340 ist ein Feuer in den äußern Spittal entstanden, kam über die Stadt=Mauer, brennt die ganze Stadt, sammt dem Predig & Frauenkloster in dem Sack ab, daß nichts übergeblieben, als allein die Kirchen S. Bartholomaei & Virgilii.

Anno 1364 den 7. Oktober ist bei einem Bürger Namens Kötter durch seine Beischläfferin ein Feuersbrunst entstanden, & durch den starken Wind die ganze Stadt abgebrennt, bis auf das Kloster S. Mauritti & das Stift Virgilii.

Anno 1384 ist bei einem Burger halb Edl genannt ein Feuer auskomen & hat die ganze Stadt verbrennt.

Anno 1455 seind in der Stadt 40 Häuser abgebrunnen.

Anno 1461 ist in der Nacht den Freytag nach Sontag Laetare †) ein Brunst entstanden, welche die halbe Stadt hingenohmen.

Anno 1482 unter dem Erzbischof Bernhard von Salzburg hat Wanwitsch, des Königs Mathiae Corvini in Ungarn Feldobrister, die Stadt Friesach belagert und nach gehaltener Schlacht dieselbige mit Gewalt eingenommen & übel zugerichtet, seine Besatzung unter den Kralowetz darinnen gelaßen, welcher dieselbe widerumen reparirt & ziemlich gut Regiment darinnen gehalten, nach seinen Todt aber haben die Soldaten keinen rechten Comendanten darinnen gehabt, übel in der Stadt gehaust, auch das Gey um Friesach herum mit Sengen, Brennen & Rauben verherret, daß Niemand in der Gegend, noch an Krapfeld & Gurggenthal sicher gewest, bis Herr Gebhard Peüscher, Salzbg. Vice-Dom, mit Hülf des kaiserl. Landeshauptmann Hansen Ungnab & Maximiliani primi Feldobristen, Herrn Christof von Scherffenberg die stadt Friesach belägert und durch einen heimlichen Verstand mit einem von Adel & etlichen Burgern in die Stadt kommen, dieselbige, weilen das

*) 12. Oktober.
**) 24. August.
***) 12. Oktober.
†) 20. März. Bei Hohenauer den 26. März.

St. Veiter Thor eröffnet, eingenommen, die ungarische Besatzung sammt ihren Hauptmann Johann Tholczki auf dem Platz niedergemacht & also die Stadt wiederumen unter Salzburg gebracht im Jahre 1496, da Herr Leonhard von Keitschach das Erzbistum Salzburg regieret.

Anno 1493. Als noch die Ungarn die Stadt innen gehabt, ist in einem kleinen Häusl den Samstag vor Maria Magdalena *) Tag ein Feuer ausgekommen & den mehreren Theil der Stadt in Asche gelegt.

Anno 1500. Doch ist nicht wißentlich, in welchen Tag & Monat, ist abermalen die Stadt in Brandt gesteckt & verbrennt worden.

Anno 1582 ist den 3. Oktober um 9 Uhr Vormittag in eines Schusters Hauß, welcher Pöch gesotten, ein Feuer auskommen & ist die ganze Stadt durch den starken Wind sammt dem Teutschen-Hauß & Vorstadt in Grund abgebrunnen, wie auch das Kloster unterm Berg & das Stift Virgilii, welches hernach nimmer erbauet worden.

Anno 1652 ist den 2. Juni ein Haus in der Vorstadt nahe an dem Graben neben der Müll durch die kaiserl. Soldaten mit etlichen Musqueten-Schüßen angefeuert worden, die Flammen haben über die Stadt-Mauern gegriffen, die ganze Stadt von St. Veiterthor bis auf den Geiersberg in Asche gelegt, daß nichts außer des Seminarii, Predigtkloster, St. Johannes & Mauritzen-Kirchen stehen geblieben, in welcher Brunst auch 8 Personen geblieben sind. Zu dieser Zeit regierte das Erzbisthum Paris Graf v. Lotron & ware Vicedom zu Friesach, der hoch & wohlgeborne Graf Wolf Andre v. Rosenberg, welcher durch sein viel Vermögen bei einer löbl. Landschaft der Stadt ein ziemliche Beihülfe ausgebracht.

Anno 1673. Den 9. Juli um 3 Uhr Nachmittag ist bei Christian Schlögel Burger & Becken neben der Carthaus ein Feuer auskhommen, welches gleich die nächsten Häuser ergriffen & durch den Wind angetrieben innerhalb einer Stunde die Stadt in Brandt gesetzt, daß dieselbe neben den Stift- & Gotteshäusern, den 2 Schlößern die Hauptmannschaft & Lavant sammt dem Predigerkloster, & Mauritzer-Probstei bis ohne (sic) dem Geyersperg völlig in Aschen gelegt, daß außer des Vicedom Stabl, Teutschen-Haus & der Vorstadt daselbst fast nichts übrig geblieben.

Anno 1751.**) Den 15. Märzen um ½ sieben Uhr Abends ist in dem sogenannten Lämplwirthshaus in dem Stall Feuer entstanden, wodurch 35 Häuser & die Spittal-Kirche & die Kirche am St. Virgilii Berge gänzlich in die Aschen gelegt worden.

*) 22. Juli.
**) Nach Hohenauer im Jahre 1752 am 16. März

Ueber Volkssitte, Aberglauben und Volksmedizin.

Unter diesem Titel veröffentlicht der hochw. Pfarrer und Senior zu Neuhaus, Andreas Joh. Jäckel, im 2. Band der Abhandlungen der naturforschenden Gesellschaft zu Nürnberg die von ihm beim Volke in Franken gesammelten Notizen und Beobachtungen über den an gewisse Tages-, Jahres- und Festzeiten geknüpften Aberglauben, über die unter verschiedenen Lebensverhältnissen zu befolgenden abergläubischen Vorschriften und die Deutung zufälliger Ereignisse für das Schicksal eines andern Geschehens, das ganz außer irgend einer Beziehung mit jenem Ereigniß steht, über Heilung der Krankheiten durch sogenannte sympathetische Mittel, und über Glück und Unglück bringende Thiere. Diese mit dem großen Fleiß und der eingehenden Sachkenntniß eines ausdauernden Forschers gesammelten und zusammengestellten Aphorismen enthalten ein sehr reiches Material über die verschiedenen Formen des Aberglaubens, welche vielfach mit jenen des auch bei unserem Volke in Kärnten herrschenden Aberglaubens eine große Aehnlichkeit haben. Obwohl dieselben für eine gleichartige Zusammenstellung über Kärnten die beste Anregung und Vorarbeit zu geben im Stande wären, so müssen wir uns doch versagen, sie auch nur auszugsweise mitzutheilen, glauben jedoch die in mehrfacher Beziehung lehrreiche Einleitung, welche der Verfasser seiner Sammlung voraus schickt, unsern Lesern nicht vorenthalten, daran aber auch den Wunsch und die Hoffnung knüpfen zu sollen, daß ähnliche, für die Culturgeschichte wichtige Arbeiten sich doch einmal auch unser Volk zum Gegenstande machen möchten, wozu ja mehrere Mitarbeiter der Carinthia in kleineren Aufsätzen bereits Lust und die schönste Begabung gezeigt haben. Der obengenannte Verfasser leitet seine Zusammenstellung folgendermaßen ein:

Was ich hier gebe, sind nicht etwa allgemeine, localen Interesses entbehrende, aus alten Büchern, ökonomischen Tausendkünstlern u. s. w. abgeschriebene Schnurrpfeifereien; ich habe im Gegentheil das Meiste aus dem Munde und der Praxis des Landvolkes und der städtischen Nichtaufklärung, Einzelnes aus alten von Geschlecht zu Geschlecht forterbenden, als Quintessenz der Weisheit vergangener Jahrhunderte und als theurer Schatz in Ehren gehaltenen handschriftlichen Hausbüchern erhoben. Es ist nicht eben leicht, sich von dem unter dem Volke herrschenden, zum Theile noch recht crassen Aberglauben, besonders von Segenswünschen und kräftigen Mitteln gegen Krankheiten von Menschen und Vieh, Kenntniß zu verschaffen. Der

Volksarzt oder sonstige Besitzer eines solchen Mittels glaubt durch Mittheilung desselben einen Verlust zu erleiden, resp. sich Concurrenz zu bereiten,
oder er fürchtet, durch die Mittheilung an eine andere, besonders jüngere
Person könnte sein Geheimmittel alle Kraft verlieren, oder er verschließt sich
dem Fragenden mißtrauisch, mit der kurzen Abfertigung, die Herrenleute
wollten nur wissen, wie abergläubig und dumm der Bauer noch sei. Männern, die ihr Beruf in täglichen Verkehr mit dem Landvolke bringt, Geistlichen und Lehrern, wenn sie es recht anzufangen verstehen, gelingt es am
ersten, im gewöhnlichen und amtlichen Verkehr mit Jungen und Alten Vieles zu erfahren, was für Andere hinter Schloß und Riegel mißtrauischen
Schweigens zu bleiben pflegt. Ein freundliches Gespräch mit einem alten
Manne, eine Pfeife Tabak, ein Gläschen Schnaps, eine Tasse Kaffee 2c.
thut oft gute Dienste und macht die Leute zutraulich und mittheilsam. Wenn
ich oben von städtischer Nichtaufklärung sprach, so geschah das mit gutem
Bedacht! Wer kennt nicht, so schreibt mir der praktische Arzt Dr. Schil-
ling in Adelsdorf, die große Wallfahrt nach W. . . . . f? Groß und
Klein, Vornehm und Gering, aus Nah und Fern kommt zu Fuß, auf Karren und Wagen und Chaisen, besonders an Sonntagen herbei und, wie am
Teiche Siloah, so belagern Dutzende von Hilfesuchenden das Haus des viel-
berühmten Mannes, des ehr- und tugendsamen Schneiders und Schulzen
L. . . . z H. . . . . . n von W — f. Vom Wurm am Finger bis zum
complicirtesten Beinbruch, vom bösen Auge bis zur behühneraugten Zehe
weiß der L—z der Mittel probatumste. Aber auch für das liebe Vieh ist
er ein zweiter St. Wendelin. Die Kunst des Einrichtens, davon er den
weithin berühmten Namen „der Einrichter" trägt, und der Hocus-pocus der
Volksmedizin im weitesten Sinne ist in benannter Familie vom Urgroßvater
an erblich. Auch die Urenkelin des alten Hippokrates von W., des gegenwärtigen Afteräskulaps würdige Schwester, gibt Kurgastrollen in den verschiedensten Orten und erfreut sich außerdem großen Zulaufs. In den gewohnten Absteigquartieren erwartet sie beim Bierkruge die gläubige Menge
mit ihrem heilschwangeren, eisernen Dreifuße, in den rechten Zeichen unter
den rechten Sprüchen gekochten Salben und Tränken und Ruß vom Drei-
fuß, der probatum ist gegen Rothlauf. Nicht bloß der Bauer sucht den
großen Helfer an den Ufern des Aischflusses, auch Städter von Nahe und
Fern, von Nürnberg, Fürth, Erlangen, Bamberg 2c., sogenannte gebildete
Städter, ziehen — nützts nichts, so schadets nichts; und es gibt ja doch
unter dem Monde gar Manches, wovon sich unsere Philosophie nichts träumen läßt — nach W. und getröstet wieder nach Hause.

Wo in Stadt und Land wird nicht über Kurpfuscher geklagt? Wo wären nicht als Patrone der Volksmedizin, und deren Vertreter alte Bader, Kurschmiede, Abdecker, Scheerenschleifer, alte Weiber ꝛc. zu finden? Beweis genug, daß nicht bloß der Bauer, sondern auch der Städter noch tief im Aberglauben befangen ist. Welch höchst lächerliche Mittel sind mir bei mehrmaligem schweren Leiden an Intermittens (ein Fieber) von Männern aus den besten Ständen alles Ernstes angerathen worden! wie manche Thatsache, daß sich Gebildete, studirte Herren, wie achtungsvoll der Bauer sagt, Beamte, Geistliche u. s. w. in Erkrankungen „büssen, brauchen" ließen, daß selbst hie und da ein wissenschaftlicher promovirter Arzt steif und fest an Sympathie glaubt, ja (ich bemerke ausdrücklich, daß ich von einer erweislichen Thatsache rede) von einem Kurpfuscher des eigenen Bezirks sich behandeln ließ, ist mir bekannt geworden; wie oft habe ich aus dem Munde von Männern, bei denen ich ihrer manchmal hohen Stellung nach derlei Lächerlichkeiten nicht gesucht hätte, auf meine Bemerkung wegen ihres erfreulichen gesunden Aussehens ein sorgliches dreimaliges „Unbeschrieen" gehört!

Der Volksarzt erfreut sich zuweilen eines Rufes, wie selten ein praktischer Arzt; er wird sogar öfters noch neben dem behandelnden, anerkannt tüchtigen, selbst neben dem mit schweren Kosten aus mehrstündiger Entfernung herbeigerufenen renommirten Stadtarzt, demselben wie zur Controle, beibehalten. Wie kommt das? Es ist in der Volksmedizin jedenfalls nicht durchweg Alles Unsinn und Aberglaube. Gar viele Volksmittel sind noch zu Ende des vorigen Jahrhunderts laut Zeugniß alter Pharmacopöen (Pharmacopoea Wirtenbergica, Ausgaben von 1760 und 1786) von den wissenschaftlichen Aerzten angewendet, in neuerer Zeit aber verlassen worden und in den Arzneischatz des Volkes übergegangen. Auch ist nun und nimmer abzuläugnen, daß manchem Kurpfuscher in chirurgisch operativer Beziehung eine durch langjährige Uebung (probirt geht zuletzt über studirt) erworbene Fertigkeit zur Seite steht, die manchem promovirten Arzte wohl zu Statten käme. Dieser versteht ferner nichts von Schröpf- und Aderlaßtägen, lacht freventlich über Sympathie, und wenn die kräftigsten Sprüche gebraucht, Heilige und Apostel angerufen werden. Er kann ferner dem Bauern seinen innersten Zustand nicht so begreiflich machen, wenn es diesem „tabich" (taub) in der „Grippen" (Leib) ist; er kennt ja des Bauern Natur nicht. Oder er behauptet gar, es gehe den Kranken nichts an und habe derselbe nicht zu fragen, was ihm fehle. Das ist Alles bei dem Pfuscher, dem Thoma, dem Baders-Hans-Görg u. s. w. ganz anders. Die sehen es dem Bauern beim Eintritt in die Stube an, daß ihm die

Galle in Haut und Fleisch ſitzt. Es iſt gerade ein Glückstag zum Aber=
laſſen; ein Häfelein Buttermilch dazu reinigt den Leib von ſeiner Schär=
fung"; der Durſt iſt groß und könnte wohl der innerliche Brand eintreten;
ein Saft von Roßmiſt oder aus der Dunggrube vor dem Hauſe ein Töpf=
chen Gülle — und der Stoffel kriegt Schweiß und Oeffnung. Der alte
Herrle liegt „in der Hölle" und iſt verſchleimt: Lakritzenſaft in Bier hilft
ihm wieder auf die Beine; der Bube hat den „Mutterkrank", Windkolik,
da iſt Schnaps und Schweinſchwarte ein treffliches Mittel; ein anderer Pa=
tient erhält Pfeffer in Schnaps oder Lekkuchen in dem nämlichen Getränke
wieder ein anderer ein Pflaſter aus Wagenſchmiere und Taubenkoth. Das
ſind Mittel! und, was die Hauptſache iſt, ſie koſten wenig oder gar nichts.
Wie ſündtheuer ſind aber die Tränklein, die der Doktor verſchreibt. Was
drinnen iſt, weiß der Bauer ohnehin nicht, und wie ſchmeckt die Arznei!
und was hilft das Zeug zuletzt, wenn auch der Patient mit ſchwerem Herzen
ſeinen Leibgerichten, als da ſind rauhe Klöſe, Kraut und Fleiſch, Backes
und andern Leckerbiſſen Wochen lang Valet geſagt hat? Was Doktor und
Apotheker koſtet, nimmt vielleicht einen fetten Ochſen dahin, reicht wohl gar
nicht, und gleichwohl hätte der Kranke nicht die Haut davon gebracht, wäre
ihm nicht gerade noch, ehe es zu ſpät war, der Badersfritz, der Schinderle,
der Thume Stephala (Thomas Stephan), der Hügelſchneider, die Keller=
Charlotte, die Schäfersliesl oder die Fränz von Haid verrathen worden.
Das ſind Leute! helfen mit einer Kleinigkeit und ſind mit einem Stück
Rauchfleiſch, einigen Blut= und Leberwürſten, oder einem Seidlein Eicho=
rienkaffee, oder mit einem Häfelein Schmalz, mit einem Stollen Butter
oder aber mit einer Schüſſel Mehl und Eiern reichlich bezahlt. Ja das
ſind Leute! Der Eine „braucht, büßt" für dieſe, der Andere für jene Krank=
heit. Probatum ſind ſie alle; der oder die Eine iſt probatumer; am aller=
probatumſten aber iſt das Univerſalgenie N. N. Dieſer braucht den Kran=
ken nicht zu ſehen; wird ihm nur der Name und das Alter deſſelben ge=
nannt, dazu ein Kleidungsſtück, nur eine Zipfelmütze oder dergleichen von
ihm gebracht, ſo iſt er im Stande, mit kräftigem, in einſamer Kammer
gethanem Spruche auf ſtundenweite Entfernung die Schmerzen des Kran=
ken zu ſtillen. So weit (cfr. Evangelium St. Matthaei cap. VIII. vers 8)
geht der gute Glaube des Volkes der zweiten Hälfte des 19. Jahrhunderts.
Selbſt die Confeſſion des Wundermannes — für manche Gegenden bemer=
kenswerth! kommt nicht in Betracht Bei dem proteſtantiſchen Bettler
von H—f. bei St. ſucht Katholik und Proteſtant Heilung der kranken Augen
und ſelbſt die dem katholiſchen Bauern letzte Inſtanz, ſein Herr Pfarrer,

spricht dem Ketzer und seinem Blasen in die kranken Augen die Heilkraft nicht ab. Hinwiederum sucht der katholische wie der lutherische Christ, desgleichen der für sein Leben zärtlichst besorgte Jude bei dem katholischen „Einrichter" und dem „H . . . . r Weiblein" Hilfe.

Es ist in der That zu verwundern, daß es noch Krankheiten und leibliches Elend auf Erden gibt. Den Tod ausgenommen ist Nichts, wogegen nicht das Volk einem Kranken sogleich eine, auch mehrere probatume Persönlichkeiten zu nennen wüßte. Der Glaube an sie ist so fest, daß das Vertrauen nicht erschüttert wird, wenn z. B. ein Weib, das gegen die Blattern im Auge brauchen kann, auf einem Auge selbst oder eine von ihr behandelte Patientin, für welch beide Fälle ich in ein und derselben kleinen Ortsgemeinde Beispiele kenne, auf beiden Augen erblindet, oder eine mit Ingredienzien der medicina stercoraria behandelte Hand abgenommen werden muß. Eine Ausrede ist leicht gefunden, und da Nichts in der Welt leichter Eingang findet, als der bodenloseste Blödsinn, wenn er sich in das Gewand des Geheimnisses kleidet und sich mit Namen von Heiligen, heiligen Zeichen und Formeln zu umgeben weiß, so wird die Probatumheit nicht im Mindesten angezweifelt. Das Fehlschlagen des „Brauchens" der „Buße" liegt nicht am Volksarzt, sondern am Kranken. Dieser hat vor dem Brauchen geflucht; er erinnert sich dessen zwar nicht bestimmt, aber wer kann denn merken, wie oft er fehle? Oder es hat Patient bei dem Brauchen gelacht, oder — und das ist die häufigste Ausflucht — den unerläßlichen festen Glauben an die Wirksamkeit des angewendeten sympathetischen Mittels rc. nicht gehabt und in diesem die kräftigsten Mittel vereitelnden Mißglauben wohl gar noch einen Doktor gerufen, der schließlich dem Volksarzt Alles verpfuscht hat.

Im größten Ansehen steht immer die Persönlichkeit, welche nicht bloß bei Krankheiten der Menschen, sondern auch des lieben Viehes probatum ist. Denn die jungen Schweinlein, eine kranke Kalbe, eine gefallene Kuh oder ein umgestandener Ochs oder Gaul verursacht in bäuerlichen Haushaltungen manchmal tieferen Kummer und lauteres Wehklagen, als Krankheit und Tod eines Kindleins, ja sogar einer Ehefrau. „Weiber-Sterben ist kein Verderben, aber Gaul-Verrecken, das bringt Schrecken", ist ein oft gehörtes fränkisches Sprichwort, und es will etwas heißen, wenn der Bauer (einzelne meiner näheren Bekannten werden sich hiebei zu großer Heiterkeit des alten „Schwelken Görgen" und seiner höchst betrübten Miene erinnern) versichert, die beste Kuh im Stalle gäbe er darum, wenn die Anna-Bärbel noch lebte; denn ein schöneres Weibsbild sei „im ganzen Grunde nicht gestanden" · Mit dem A B C ländlicher Thierheilkunde ist der fränkische Landmann vertraut. Gleichwohl ist es nicht immer möglich, sich gegen der Truden Macht und Tücke mit den alltäglichen Vorsichtsmaßregeln und Mitteln genugsam zu schützen. Wie Marder und Iltis leicht ein Löchlein findet, durch welches er den schmiegsamen Leib zwängt, um Unheil anzurichten, so die Trud. Ist sie trotz des Trudenfußes oder der 3 Kreuze und der zwischen dieselben gesetzten 3 heiligen Buchstaben C M B (Caspar, Melchior, Balthasar, die Namen der heiligen 3 Könige), in den Stall gelangt, dann gilt es, schleunigst die Hilfe eines in die Mysterien der Zauberei völlig Eingeweihten zu suchen, der es versteht, die Ställe wieder zu räumen, das heißt: die Truden entweder zu vertreiben oder im Stalle zu verbohren. Ein weitberühmter Hexenmeister war und ist vielleicht noch — ich weiß nicht, ob der Mann noch lebt — der Bauer P . . . . . r in Sch . . . . n in der Gegend von Coburg. Ich kenne Landwirthe, darunter einen Bräuer, welche vor längeren Jahren zur Zeit einer Viehseuche die weite Reise aus dem königl. bayerischen Landgerichte Herzogenaurach bis in die Nähe Coburgs machten und heute noch behaupten, daß ihnen der genannte Bauer die Personen, welche ihr Vieh verhext, im leibhaftigen Spiegelbilde gezeigt, ihnen das Detail ihrer Ställe auf das genaueste angegeben und Quecksilber zum Verbohren im Barren behändigt habe, welches bewirkte, daß ihnen kein weiteres Stück Vieh mehr gefallen sei. Ein anderer Hexenmeister verstand es, die Trud vor sein Forum zu citiren. Sie mußte nämlich in Gestalt einer schwarzen Katze erscheinen, die jämmerlich zerschlagen ward. Die angebliche Folge war, daß sich nach dieser Prozedur die Trud wie gerädert und zerschlagen fühlte, daß sie entweder etliche Tage auf schmerzhaftem Krankenlager darniederliegen oder kreuzlahm, seufzend und mit eingebundenem Kopfe umherschleichen mußte. Hat ein solcher Hexenmeister etwa auch noch einen Erbschlüssel, um ihn als Glüheisen gegen Hundswuth oder zur Namhaftmachung von Dieben verwenden zu können, versteht er etwa auch, wie der Schlotfeger zu H . . . ., die Kunst, einen „Pöppel" (Polter= und Qualgeist für Menschen und Vieh) zu fangen und vor das Städtlein oder Dorf hinauszutragen, so ist das Zutrauen des Landmannes ein unbegrenztes.

Nach dem Volksglauben verstehen einzelne, besonders ausgelernte Hexenmeister, seltene Zauberkunst. So vermochte ein noch nicht lange verstorbener Bauer in H . . . . . ., wie steif und fest geglaubt wurde, jeden Obstdieb auf dem Baume festzubannen. War bis Sonnenuntergang der Zauber nicht gelöst, so mußte der Dieb zu Staube zerfallen Ein Anderer konnte Flinten bannen, daß auch der bestgezielte Schuß nicht traf; ein

Dritter, ein Bauer von St . . . . , war ein Hasen= und Pferdebanner. Er pfiff den Hasen; diese blieben stehen und ließen sich untersuchen, ob sie gut von Wildprett seien. Waren sie schlecht, so ließ er sie laufen. Einmal vom Patrimonial=Gerichte P . . . . wegen Wilderns abgestraft, that er es aus Rache den Pferden des an seinem Hause vorüberfahrenden Patrimonialrichters an, daß sie nicht mehr weiter konnten. Erst auf An= suchen des Beamten, dem er trotzig sagte, daß dieß für das Einsperren sei, löste er den Bann und die Pferde konnten von der Stelle. (Dicitur, tra- ditur.)

Wolfgang Menzel (siehe Literaturblatt 1857 Nr. 50) legt dem Aber= glauben einen pädagogischen Nutzen bei. Er behauptet, der fromme (!) Aber= glaube in Tirol schütze z. B. die Vogelnester vor muthwilliger Zerstörung durch böse Buben viel besser, als dasselbe Polizei=Verbote und schulmeisterliche Er= mahnungen anderswo vermögen. So heiße es, das Haus müsse abbrennen, wenn man den Rothschwänzchen die Jungen aus dem Neste nehme; wer ein solches Vögelchen tödte, dessen Kühe geben rothe Milch; man solle keine Frösche und Kröten tödten, weil arme Seelen darinnen seien. Wie zart berechnet sei dieser Aberglaube, um die Kinder von grausamer Behandlung unschuldiger Thiere zurückzuhalten. Menzel ist wegen seiner „romantischen, doch etwas zu weit gehenden Schwärmerei für den Rost des Mittelalters" angegriffen und beschuldigt worden, daß er die alte Geschichte vom Austrei= ben eines Teufels durch den andern wiederhole. Man mag über die Worte und Begriffe streiten; gleichwohl hat Menzel nicht Unrecht. Ein Familien= vater, der in der Nähe seines Wohnhauses fließendes oder stehendes Wasser zu großer Besorgniß wegen seiner Kinder hat, wird, und wenn er noch so wenig für den Rost des Mittelalters schwärmt, den Kindern sagen, daß im Wasser „Häckelmännlein" oder „Wasserjungfern" seien, welche die am Ufer spielenden Knaben und Mädchen in das Wasser häckeln, zu sich hinabziehen und in den Fluthen begraben. Hievon wird er sicherlich mehr pädagogischen Nutzen sehen, als von den rationellsten fortgesetzten Verwarnungen. Wie das Kind, so will im Ganzen und Großen heute noch ein gut Theil des Landvolkes behandelt sein. Es wäre gewiß höchst erfreulich, wenn z. B. die Unflätherei, daß sich zwei oder mehrere Personen in ein und demselben Wasser waschen, den Gesetzen der Reinlichkeit wiche, oder wenn, um ein weiteres Beispiel anzuführen, eine Wöchnerin um ihres Kindleins willen aller Handthierungen am oder im Wasser sich enthielte. Vernünftiger Vor= stellung jedoch gelingt die Abstellung von Uebelständen in diesem Betreff heute, wie ehedem, nur in sehr eingeschränktem Grade. In richtiger Wür=

digung dieses alten Erfahrungssatzes hat ein kluger Mann in längst ver=
gangener Zeit die z. B. auf Reinlichkeit, auf diätetisches Verhalten im
Wochenbette, auf das Säugungsgeschäft u. s. w. bezüglichen Verhaltungs=
regeln in das Gewand des Aberglaubens gekleidet und erreicht auf diese
Weise heute noch in Kreisen seinen Zweck, die für Vernunft wenig zu=
gänglich sind. An Fastnacht ist in vielen fränkischen Gegenden nicht
leicht ein Holzfrevler oder Dieb im Walde anzutreffen, weil — an die=
sem Tage der Teufel Holzförster ist. Dem Glauben und der Forstpolizei
ist Aehnliches noch nicht gelungen; der Aberglaube vermags. Was nicht
auf ethischem Grunde ruht, hat freilich keinen wahren Werth; gleichwohl
werden Diejenigen nicht irren, welche dem Aberglauben in gewissem Sinne
einen pädagogischen Nutzen vindiziren. Die wenn auch unethisch basirte
gute Gewöhnung kann leichter auf den richtigen Standpunkt gestellt,
werden, als die aufgeklärte Rohheit, die eben in ihrer Aufklärung um
den Aberglauben, wie um den Glauben, um Gott und Teufel sich nichts
kümmert.

Sehr wahr sagt der Wandsbecker Bote in seiner Correspondenz
zwischen ihm und seinem Vetter über die Frage, ob er seine Kinder ver=
nünftig oder unvernünftig solle werden lassen? „daß oft unvernünftige
„Gründe, die helfen, besser sind, als vernünftige, die nicht helfen. Der
„Herr Vetter weiß, daß die Wahrheit einem ehrlichen Kerl über Alles
„geht. So gibt es auch Unwahrheiten und Aberglauben, die durchaus
„ausgerottet und nicht geduldet werden müssen. Ich meine nur, daß die
„Vernunft nicht immer geradezu und ohne Unterschied zufahren muß und
„daß es Fälle gibt, wo es besser ist, sich um einer guten Absicht willen
„bis weiter so gut zu helfen, als man kann. — Der Herr Vetter weiß
„die Kinderstuben=Sage, daß neugeborne Kinder nicht allein gelassen
„werden dürfen, weil sonst der Alp das Kind holt und dafür einen Wech=
„selbalg in die Wiege legt. Nun will ich gerade nicht dafür stehen,
„daß es Wechselbälge gibt u. s. w. Aber ich weiß, daß gute Gründe
„vorhanden sind, die Wärterinnen glauben zu machen: daß sie neuge=
„borne Kinder nicht aus den Augen lassen dürfen; und daß diese Gründe
„bei allen Wärterinnen nicht rechtskräftig sind. Wenn nun Jemand,
„der das auch wußte und die Natur der Wärterinnen besser kannte,
„als unser eins, wenn nun der den Alp und Wechselbalg inventirt hätte,
„um allen neugebornen Kindern einen Dienst zu thun; wer ist der
„Klügste, der, der den Wechselbalg auf die Bahn brachte, oder der
„Ritter St. Georg, der ihn mit seinem Lichtspeer erlegte?"

Märchen aus Kärnten.

Mitgetheilt von **Valentin Pogatschnigg**.

IX. Von dem Kaufmannssohne mit der Grint.

(Aus der Gegend von Müllstatt.)

Ein reicher Kaufmann hat einmal einen einzigen Sohn gehabt. Er starb und die großen Schätze des Vaters gingen auf den Sohn über. Dieser nahm sich darauf ein Weib, und zwar ein starkes, um recht viel Kinder zu bekommen. Weil sie ihm aber doch keine Kinder gab, machte er ihr oft arge Vorwürfe. Da kommt sie endlich doch in die Hoffnung, sucht es jedoch ihrem Manne zu verheimlichen. Dieser, mißmuthig über einen eben vorgefallenen Zank mit seinem Weibe, begab sich in den Wald hinaus. Da begegnete ihm ein grünes Manndl und fragte ihn: „Was fehlt dir denn und wohin gehst du?" — „Na, was geht denn das di an," erwiderte der Mann dem Fremden, „helfen kannst du mir ja so (ohnehin) nit." — „Ah! wer was as denn?" gab ihm wieder das Männchen zur Antwort und versprach sogar, Hilfe zu schaffen, wenn er ihm zum Lohne dafür den halben Erben überließe. Denn das „Mannle" hatte schon gewußt, daß das Weib schwanger sei. Der Kaufmann geht auf die Wette ein, sie verschreiben sich mit Blut und wechseln darauf die Zettel. Zu Hause erzählte er seinem Weibe, was geschehen sei. Da wußte sie sogleich, daß das grüne Manndl der Teufel sei, und fing laut zu jammern an über das Unglück, das ihr Mann angerichtet habe.

Bald darauf kam das Weib richtig nieder und genas zweier Knaben. Diese wuchsen schnell und stark heran; so oft ihnen die Mutter Brot geben mußte, kamen ihr helle Thränen in die Augen. Den Buben fiel das auf und sie drangen in die Mutter nach dem Geheimniß. Sie erzählte es ihnen. Wie die Knaben nun groß geworden, nahm sie der Vater mit sich in den Wald, wo er das grüne Manndl getroffen hatte. Und da erschien das Männchen richtig ganz auf demselben Fleck. „No, wie is es denn mit der Verschreibung?" fragte der Grüne den Vater. Der aber that, als ob er nichts davon wüßte, und sagte: „Ja, i hab ka Zödele." — „Hab obr wohl i," meinte Jener, „mei Zödele, „greifs när an!" Endlich hats der Herr angegriffen, während unterdessen der Grüne einen Buben erwischte und mit ihm davonflog, wer weiß wohin gar.

Auf einer Insel weit, weit im Meer hat er endlich den Buben ausgelassen, da er ihn nicht mehr weiter zu tragen vermochte. Vögel und Fische waren hier seine Nahrung während seines dortigen Aufenthaltes. Eines Tages, als er ganz allein war, machte sich der Knabe auf den Weg und kam zu einem Schloße. Alle Thüren desselben standen „in weiten Scheder offen" und drinnen waren eine Menge Speisen aufgedeckt. Hungerig war er und darum ging er „hàlt" ins Haus hinein. Weil kein Mensch da erschien, getraute er sich nicht, etwas anzurühren. Endlich kam ein großer Mann herein und fragte ihn, was er denn wolle. Der Junge bat ihn um Verzeihung für seine Keckheit. Er wäre „hàlt" den ganzen Tag gegangen und ganz matt daher gekommen. Der Mann fragte ihn auch, wie weit er habe gehen wollen; der Knabe konnte kein Ziel ihm angeben. Er solle nur bleiben, sagte der Mann, er werde schon eine Arbeit bekommen. Er müsse nur fleißig aufräumen, zu essen und zu trinken werde er genug haben, doch dürfe er nie mehr Weines herauslassen, als er auf einmal trinken könne, und auch nie mehr abschneiden, als so viel er zu essen vermöge. Solcher Weise lebte er hier volle drei Jahre hindurch, während welcher ganzen Zeit Niemand die Einsamkeit besuchte. Da verreiste einmal sein Herr. Vorher aber führte er ihn in allen Ställen herum, über die er die Aufsicht haben solle, und gab ihm das strenge Verbot, in einen derselben nicht hineinzuschauen. Die Neugierde trieb ihn jedoch bald, das Verbot zu übertreten. Wie er hineinschaut, sieht er einen Esel am Barren und einen Bären, der Erstere fraß Fleisch, der Letztere Hafer. Er geht hinzu und tauscht den Beiden das Futter um. Im Hintergrunde des Stalles aber befand sich ein Fensterle gegen das Meer, unter dem eine „Standn" (Faß) aufgestellt war. Da er nicht recht hineinsehen konnte, was darin war, so tauchte er seinen Finger hinein und zog ihn ganz goldglänzend wieder zurück. Vergeblich suchte er seinen Finger abzuwaschen, jedoch je mehr er wusch, desto schöner wurde derselbe, und so mußte er den Finger verbinden, damit es sein Herr nicht merke. Der war aber auch gleich wieder da und fragte ihn, was ihm fehle. Er habe sich in den Finger geschnitten, war seine Antwort. Nach einiger Zeit ging der Mann wieder fort und sagte, daß er diesmal sehr lange ausbleiben werde. Vor seiner Abreise verbot er ihm wieder, in den Stall hineinzugehen. Doch der Bursche ging wieder hinein und indem er auch diesmal das Gleiche sah, tauschte er dem Esel und Bären das Futter um. Wie er zum Faße kam und zum Fenster hinausschaute, trug der Wind seine langen Haare

ins Wasser des Faßes und sie wurden ganz golden. Indem er ganz erschrocken den Rückweg antritt, ruft der Esel ihm zu: „Dort hängt a
Sattel, thua mi sätteln, nimm an Pachtfetzen (rother Fetzen am Kum-
met) und an Kampl und a Peitschn, wir wollen übers Meer fahren;
aber nur schnell, denn er wird gleich da sein, der Herr." Er thut, wie
ihm der Esel gerathen, und sitzt bald auf dem Rücken desselben und
schwimmt über's Meer. „No hiaz gib nar Obacht," meinte der Esel,
„wenn du den Herrn a klans Ertl hinter uns sixt, wirf an Fetzn abe,
abr gleim hinter dem Rucken." Wie er ihn nun daher schwimmen sah
und derselbe schon ganz nahe war, wirft er schnell den Fetzen hinunter
und es ist allsogleich ein großes Eisfeld entstanden. „Sixt, schau," sagte
der Esel zu seinem Gefährten, „hiaz kimmt er mit seinen Krempeln
schon a Weil nit uns nach." Eine Weile verging richtig, endlich holte
er sie doch wieder ein. Da warf der Bursche die Peitsche hinter sich,
und es entstand ein großer, dichter Wald. Wie er ihn das dritte Mal
hinter sich erblickt, wirft er den Kampel hinab, da entstand ein gläser-
ner Berg, über den hinaus der wilde Mann keine Macht mehr hatte.
Sie erreichten eine Alm; der Esel wünschte, daß ihn sein Gefährte „als
a gsattelter" hinaufführen und dort eine Zeit lang weiden lassen solle.
Dem Burschen aber zeigte er eine Stadt und hieß ihn dahin ziehen und
beim königlichen Gärtner daselbst Dienste nehmen. Seinen Kopf möge
er mit einem Tüchel verbinden und sagen, er habe die Grint (Kopfaus-
schlag). Der Gärtner sieht den zerlumpten Buben an, nimmt ihn aber
endlich doch, da er ihm gscheid vorkam, in seine Dienste. Zu Allem,
wozu er ihn verwendete, zeigte er sich sehr anstellig und fleißig, Alles
ging ihm von Statten. Jeden Sonntag machte er sich auf den Weg
nach der Alm, den Esel zu besuchen. Als er wieder einmal auf der Alm
war, sagte der Esel ihm, er solle aus dem Sattel einen Salatsamen
nehmen, weiters einen Samen für dreierlei Blumen, eine gelbe, eine
blaue, eine weiße für die Prinzessinnen. Daheim säet er diese Samen
und schnell ging der Salatsamen auf; er hatte schon ordentliche „Kö-
pflan", obwohl es noch früh im Jahre war. — Da gibt der König
einmal eine Tafel, bei welcher auch dieser Salat auf den Tisch kam.
Man fragt von allen Seiten, woher der ausgezeichnete Salat wäre, und
der Gärtner erklärte, daß er ihn von einem Gärtnerbuben habe, der
kreuzbrav, aber nur ein Bißchen zerlumpt und krank wäre. Auf den
Wunsch des Königs wird der Knabe in den Saal gebracht. Er hatte
zugleich auch drei Blumen von jenen drei verschiedenen Samen mit-

gebracht. Die weiße Blume gibt er der jüngsten, die blaue der mittleren, die gelbe der ältesten Prinzessin, und dieselben waren wie der König ganz außer sich über Schönheit und Duft der Blumen. Der Absicht des Königs, ihn heilen zu lassen, entgegnete der Bursche mit der Bemerkung, daß es umsonst wäre. Da läßt ihn der König kleiden und ihm ein schönes Häuschen bauen, in welchem er sich und seiner Arbeit leben sollte.

Gar oft ließen sich die Prinzessinen in dem Garten sehen und unterhielten sich gerne mit dem Jungen. Am häufigsten erschien die jüngste von ihnen, weil er ihr gefiel und sie sich vor der Grint nicht fürchtete. Wie er einmal im Zimmer allein war und sein goldenes Haar kämmte, weilte diese eben im Garten und bemerkte einen hellen Schein, der ihr aus dem Zimmer entgegenstrahlte. Unwissend, was das sei, fragte sie hierauf den Gärtnerjungen nach der Ursache. Der aber that, als ob er nichts wüßte, und reizte durch sein Benehmen die Neugierde der Prinzessin. Um nicht noch einmal entdeckt zu werden, stand er das nächste Mal um Mitternacht auf und kämmte sich wieder. Die „Gliachten" trieb die Prinzessin auf; sie begab sich zum Gartenhaus, drückte die Schlüßel desselben in Wachs und ließ sich hierauf einen darnach machen. Wie er sich zum dritten Male auskämmt, war es schon nahe am Morgen. Da schleicht die Prinzessin, wieder von dem auffallenden Lichte geweckt, hinab, reißt die Thür auf und sagt: „A! hiaz sieg i deine Grinten!" Der überraschte Bursche bittet sie um Verzeihung und daß sie schweigen möge, was sie ihm auch verspricht.

Am folgenden Sonntag begibt sich der junge Gärtner wieder zu seinem Esel auf die Alm. Da theilt ihm dieser mit, daß jetzt bald werde ein Krieg entstehen, und forderte ihn auf, wenn sie in der Stadt die schwarzen Tücher aushängen werden, wieder zu ihm hinaufzukommen. Richtig greift ein feindlicher König seinen Herrn an und ein großer Krieg bricht zwischen den Beiden aus. Als das eintrat, was der Esel ihm angesagt, geht der Gärtner wieder auf die Alm. Da sagte ihm der Esel: „Da im Sattel drin befindet sich ein weißes Hembe, eine gelbe Binde und eine Krone. Nimm sie heraus und lege dir sie an." — Wie ihm geheißen wurde, that er und ritt dann in diesem Anzuge auf dem Esel zur Stadt hinab. Unter Weges rat ihm der Esel umzusehen, und sieh! — da folgte ihm eine ganze Schaar Volkes nach. Die zwei feindlichen Könige, ob des unerwarteten Anrückens erstaunt, hofften jeder jetzt, daß er ihm helfen würde. Weil der fremde König nicht gutwillig nachgab, griff ihn der Gartner mit seinem Volke an und richtete ihn jämmerlich zu Grunde. Dabei wurde der Bursche jedoch arg verwundet, und da er dem Wunsche des Königs, der ihn auf sein Schloß bringen wollte, nicht Folge gab, verband ihm dieser mit eigener Hand die verwundete Stelle mit seinem Tuche, die Schaaren zerstreuten sich und auch der Esel kam herbei und empfahl sich, für die Erlösung sich bedankend, bei seinem Herrn, da er ihn nunmehr nicht mehr brauchen würde.

Als der Friede wieder hergestellt war, befand sich der Gartner wieder als solcher auf seinem Posten im Garten, ohne daß es Jemand wußte, daß er der rettende Bundesgenosse des Königs gewesen sei. Einmal aber kam die jüngste Prinzessin wieder in den Garten und erblickt ein Zipfel von dem Tuche ihres Vaters aus dem Stiefel des Burschen herausschauen. Sie theilt dieß sogleich dem König mit; der laßt den Gartner rufen, dieser zeigt das Tuch vor und damit war Alles entdeckt. Freudig entblößte der König sein Haupt, sank demselben in die Arme und übergab ihm die Herrschaft über das Land. Die jüngste Prinzessin wurde sein Weib, ihre beiden Schwestern aber haben sich aus Neid erhängt.

Literarische Anzeige.

Wir begrüßen dießmal ein im heimischen Verlage von Kleinmayr erschienenes Buch, welches in vielen Beziehungen eng mit unserem Heimatlande verknüpft ist, nämlich eine deutsche Uebersetzung des im vorigen Jahre zu London herausgekommenen Reisewerkes: The Dolomit e Mountains. Excursions through Tyrol, Carinthia, Carniola and Friuli in 1861, 1862 & 1863. By Josiah Gilbert and G. C. Churchill F. G. S. London : Longman, Green, Longman, Roberts and Green. 1864. (gr. 8. 576 S.) Die erste Abtheilung der Uebersetzung liegt uns nun vor unter dem Titel: Die Dolomitberge. Ausflüge durch Tirol, Kärnten, Krain und Friaul in den Jahren 1861, 1862 und 1863. Mit einem geologischen Abschnitte. Von Josiah Gilberth und G. E. Churchill. Aus dem Englischen von Gustav Adolf Zwanziger. Klagenfurt, Kleinmayr, 1865. Sie enthält:

1. Erster Anblick der Dolomitberge. 2. Eine Wanderung durch das Fassathal. 3. Eine Reise durch Süd-Tirol, Kärnten und Krain.

Der Styl des Buches ist leicht und fließend, die Darstellungen sind anmuthig und abgerundet und die Schilderungen der Bewohner und ihrer Sitten und Gebräuche, so wie die Reiseerlebnisse der Verfasser launig und unterhaltend. Für England haben die Verfasser fast ganz unbekannte und unbesuchte Gegenden ans Licht gezogen und ihre Naturschönheiten mit empfänglichem Sinne und offenen Augen beschrieben. Auch die Bewohner der geschilderten Gegenden des ganzen südlichen Alpenzuges von Bozen bis Cilli haben Ursache, sich über das Erscheinen eines solchen Buches in England zu freuen, welches möglicher Weise durch gesteigerten Verkehr und Besuch von Fremden einen wohlthätigen Einfluß zu üben bestimmt ist. Besonders lobenswerth müssen wir an dem Buche die völlig unparteiische und vorurtheilslose Auffassung der Verfasser finden, die keine Spur von jenem anmaßenden Stolze verrathen, den man den Briten so häufig und vielleicht oft mit Unrecht vorwirft, welche überall nur wieder die Gewohnheiten ihrer geliebten Nebelinsel finden wollen und alle anderen Sitten und Gebräuche, als barbarisch, ihrer Beachtung nicht für werth halten.

Vielen Lesern dürfte der Name „Dolomit" fremdartig klingen. Es ist eine Verbindung von kohlensaurer Bittererde (Magnesia) und kohlensaurer Kalkerde in sehr verschiedenen Verhältnissen gemischt, deren Entstehungsweise noch ziemlich im Dunkeln liegt. Dieses Gestein tritt am mächtigsten im südöstlichen Theile von Tirol auf, zwischen den Städten Brixen, Trient, Belluno und Lienz, und nur hier beherrscht es völlig den Ausdruck der Landschaft, obwohl es auch in unseren Alpen vereinzelt auftritt. Die Bergformen des Dolomites sind meist schlank und spitz und sehr phantastisch; zuweilen nehmen sie die Gestalt von Thürmen und Obelisken an, bald sind die Spitzen wieder so schlank und in solcher Menge zusammengehäuft, daß man unwillkürlich an ein Bündel Bayonnete oder Schwerterklingen erinnert wird. Der Name wurde der Gesteinsart zur Ehre ihres Entdeckers, des französischen Mineralogen Dolomieu gegeben.

Obwohl der eigentliche Bereich der Dolomitgebirge, also hauptsächlich das südöstliche Tirol, den Hauptgegenstand des Buches bildet, so beschäftigen sich die Verfasser doch mit besonderer Vorliebe mit Kärnten, welchem sie eine eingehende Behandlung widmen, daher wir das Buch auch allen Vaterlandsfreunden wärmstens empfehlen. Es erfüllt uns mit wahrer Freude, unser schönes und so wenig bekanntes Kärnten in so anerkennender Weise der großen englischen Lesewelt vorgeführt zu sehen, und der Amanuensis der hiesigen k. k. Studien-Bibliothek hat das Verdienst, das Buch auch den deutschen Lesern und vor allen den Einheimischen zugänglich gemacht zu haben. Die Ueberseßung muß freilich in schlichterem Gewande auftreten, als ihr Vorbild, und des glänzenden Schmuckes der prachtvollen Landschafts=Ansichten in Farbendruck mit äußerst naturgetreuen Tinten sowie einer sehr reinlich und deutlich ausgeführten Uebersichtskarte des bereisten Gebietes und einer geologischen Karte eines Theiles von Südtirol entbehren, was aber auch dem Preisverhältnisse der beiden Bücher entspricht. Das englische kostet 2 Pfd. Sterling (= 21 fl.), die erste Abtheilung des deutschen nur 1 fl. 80 kr., so daß die vollständige Ueberseßung nur auf etwas über 3 fl. zu stehen kommt. Doch hat die Ueberseßung das gleiche Titelbild, einen heraldischen Dolomit, den die Verfasser im Landhaussaale sahen. Es ist das Wappen des Johann Martin Hubmerthofers von Sonnenberg, welches den Verfassern so wohl gefiel und so gut zu dem Gegenstande ihres Buches zu passen schien, daß sie es abzeichneten und ihm als Zierde vorsetzten. Eine anziehende, fast romanhaft klingende, aber verbürgte Schilderung der Entstehung dieses jetzt ausgestorbenen Geschlechtes, welches richtiger von Singerberg heißen sollte, findet sich von der Feder Heinrich Hermann's im Jahre 1857 der „Carinthia", Nr. 2 und 3.

Die Verfasser waren, wie die meisten Engländer, gut zu Fuße und hatten ihre Frauen bei sich, welche es ihren Männern an Ausdauer gleich thaten, wie sie durch ihren Gang von Kappel nach Sulzbach, der aber nicht zu den mühelosesten gehört, beweisen. Wir wählen aus diesem Besuche von Kappel eine Stelle als Probe der unterhaltenden Darstellung aus:

„Nach einigen Stunden Aufenthalt wurden die zwei Pferde vor einen der leichten Karren gespannt; zwei rothbraune Ochsen vom Bauernhofe — ungeheure, aber unschuldig aussehende Geschöpfe — vor den andern und der Anstieg begann. Wir dachten uns, in der Hitze des Nachmittags und mit einer solchen Zugkraft, uns wohl erlauben zu dürfen uns über jeden Berg hinaufziehen zu lassen; eine Erfahrung von einigen Minuten in der fast senkrechten Rinne, welche eine Straße genannt wurde, brachte uns aber schnell auf unsere Füße heraus, sowohl um die sich anstrengenden Thiere von unserem Gewichte zu befreien, sowie uns selbst von dem Gefühle, hinter ihren Schweifen mit dem Kopfe nach abwärts geschleppt zu werden. Wir können Alle versichern, daß wir in unserem ganzen Leben niemals einen solchen Berg sahen. Der bloße Gedanke, einen Reisewagen denselben entweder hinauf oder hinab fahren zu sehen, ist schon spaßhaft, kann jedoch nur am Orte selbst gehörig

gewürdigt werden. Es war eine fortlaufende Reihe von steilen Abschü=
ßen; so oft wir glaubten die Höhe des Hügels erreicht zu haben, waren
wir schon wieder an dem Fuße eines eben so steilen. Das Ganze führt
den Namen Seeberg.

Endlich auf dem Gipfel! Er ist, wie ich vermuthe, häufiger ein
Versammlungsort der Wolken, als eines anderen Verkehres. Einige
Schuppen und ein oder zwei Hütten, wo Männer und Pferde ausruh=
ten — waren Alles, was wir hier fanden, und was die Aussicht anbe=
langt, so gab es nichts als Wälder, Wälder und Wälder — welche sich
nach unten hinab verloren und oben dünn zerstreut waren auf den Ab=
hängen kegelförmiger Berge, welche den größten Theil der felsigen und
schneegestreiften Gebirge verdeckten. Die Ochsen wurden ausgespannt, alle
Radschuhe und Ketten in Bereitschaft gesetzt und wir setzten uns auf
zum Hinabfahren. Aber die Pferde auf ihren Schenkeln hinabgleiten zu
sehen und zu fühlen, wie die Wägen nach der Seite rutschten, bis zu=
weilen der hintere Theil vorne war, war schlimmer als vorher und wir
waren schnell wieder heraus. Wenn es früher geschienen hatte, als ob
der Berg, den wir hinaufstiegen, keinen Gipfel hätte, so schien derselbe
jetzt keinen Grund zu haben. Die Kniee schmerzten von der fortwähren=
den Anstrengung und die Wägen ober uns, welche in einer abgeschmackt
hilflosen Art herabrutschten, erinnerten uns an ihre Schwierigkeiten durch
lose Steine, welche unseren Fersen nachrollten, oder plötzliches Getöse,
welches anzudeuten schien, daß ihre Zerschmetterung endlich stattgefunden
habe. Da aber jedes Ding ein Ende hat, so hatte mit der Zeit auch
der Berg sein Ende und seine verzweifelten Höhen verliefen sich in ein
tiefes, enges und dicht bewaldetes Thal. Es war kaum ein Zeichen sicht=
bar, daß es bewohnt sei, und wir fingen an darüber Betrachtungen an=
zustellen, wo das Vellacher Bad sein könne, bei welchem wir, nach jeder
Berechnung, bald anlangen sollten.

Unsere Kutscher fuhren noch immer schweigsam weiter. Wir hatten
den Versuch lange aufgegeben, aus ihren slovenischen Köpfen irgend dien=
liche Nachrichten herauszuziehen, und wurden von der Einförmigkeit der
Gegend und Bewegung verstimmt, als auf einmal ein sonderbärer Ge=
genstand sichtbar wurde. Auf einem Felsen, welcher den Weg zu versper=
ren schien, erschien plötzlich eine riesige Gestalt, welche über die Bäume
emporragte und von der zurückgeworfenen Glut des Abends beleuchtet
wurde. Nun, die Riesen waren in alten Zeiten den Reisenden nicht gün=
stig. Glücklicherweise war der Riese in diesem Falle ein Heiliger — sein

anderer als der ehrliche St. Christoph, welcher „das Kind" auf seinen
sehnigen Schultern trug und sich anschickte mit seinem Eichbaume den
Fluß zu durchwaten, welcher hier so passend zu seinen Füßen floß. Er
war augenscheinlich erst wieder frisch bemalt und glänzte in den hellsten
Farben. Wir waren dem Heiligen oft an Kirchenmauern begegnet —
denn die Sage ist, wie sie es verdient, in diesen fluß- und waldreichen
Gegenden sehr beliebt — doch niemals waren wir dem guten Heiligen
in einer solchen Einsamkeit, wie hier, begegnet und an einem Orte, welcher der wirkliche Schauplatz seines seltsamen Abenteuers sein konnte. In
den dunkleren Schatten des Abends oder passend von den Strahlen des
Mondes beleuchtet, mag die unerwartete Erscheinung einen einsamen Wanderer nicht wenig erschrecken.

Nicht weit darüber hinaus, wo das Thal etwas breiter wird, ver-
sprachen die Doppelthürme einer Kirche eine Ortschaft und wir kamen
auch sogleich darauf in eine ansehnliche Gasse. Die Kutscher fuhren beinahe vor allen Häusern vorüber, bis sie endlich vor einem niedrigen,
aber hübschen Wirthshause stille hielten, wo es stark nach Getreide roch
und Thorweg und Stiege von Mehl weiß waren. Eine Frau Popp war
die Eigenthümerin — eine heitere, ehrbare Frau. Sie gab uns zwei
geräumige Zimmer und schien freigebige Ansichten hinsichtlich des Nacht-
essens zu haben. Ich glaube, es war erst am nächsten Tage, daß wir zufällig entdeckten, wir seien gar nicht in Vellach, sondern in Kappel! Vor
Ersterem — einer Gruppe roher Badehäuser, abgelegen und fast hinter
Bäumen versteckt — waren wir nichts bemerkend vorübergefahren, bei
fünf (engl.) Meilen zurück. Die Männer hatten gewiß guten Grund uns
nicht dort abzusetzen, obwohl unser Vertrag dahin lautete, so viel wir
wußten. Wahrscheinlich hatten sie schon die ganze Zeit die Absicht gehabt,
uns nach Kappel zu führen und unsere umnachteten Personen so viel von
Vellach reden zu lassen, als uns gefiele.

Wir gingen lieber in den Speisesaal unten hinab, als in der ehr-
baren Zurückgezogenheit unseres Schlafzimmers zu Nacht zu essen. Er
war klein, rauchig und in vieler Hinsicht unangenehm. Die Abend-
Stammgäste — der Geistliche, der Arzt, der Rechtskundige, was sie
sein mochten, und einige Andere, lauter muntere Gesellen — waren laut und
ziemlich neugierig; doch hatten wir den Vortheil von dem Einzigen unter
ihnen, welcher selbst hier von dem Kessel und seinem Dorfe Sulzbach
etwas wußte, sogleich Nachrichten einziehen zu können. Es war befriedigend zu erfahren, daß jetzt ein kleines Wirthshaus im Dorfe sei. Herr

Lipold mußte noch beim Herrn Pfarrer wohnen. Ebenso, daß die Leute die Gewohnheit hatten, Samstags nach Kappel herüber zu kommen, um sich mit verschiedenen nothwendigen Gegenständen zu versehen, und daß wir, da heute Freitag war, morgen die beste Gelegenheit hätten, von den Zurückkehrenden unser Gepäck tragen und den Weg zeigen zu lassen. „Vergeßt nicht," sagte unser Auskunftgeber, „so viel Fleisch mitzunehmen, als Ihr während Eures Aufenthaltes brauchen werdet; es ist ein gar sonderbarer Ort." „Sind noch Bären in den Gebirgen?" fragten wir. Die Antwort war: „Ihr werdet nicht leicht einem begegnen" „Nicht leicht!" S— und A— würden eine bestimmtere Verneinung vorgezogen haben.

Am Morgen wurden einige Leute von Sulzbach aufgestöbert — drei Männer und ein Weib — die Letztere ein starkknochiges Geschöpf, welche mehr werth war, als alle Anderen. Sie war in einen kurzen blauen Rock gekleidet, ein rothes Tuch war kreuzweise um ihre Brust geschlungen, sie trug weiße Aermel und einen runden Hut mit breiter Krempe. Sie stand lachend da, als die Männer ernste Gesichter machten, wenn sie die schwereren Stücke unseres Gepäckes hoben und abwogen. Zuletzt das schwerste auf ihre eigenen Schultern nehmend und sich selbst damit erhebend, ohne andere Hilfe als ihren eigenen starken Stock, machte sie sich munter allein auf den Weg und lud S— und A— ein, ihr zu folgen. Mit der vollen Ladung hielt sie an, um ein oder zwei Kinder in der Gasse zu küßen und eine Menge „Handküße" unter ihre Lieblinge zu vertheilen, als sie dahin schritt.

Churchill und ich waren bemüßigt so lange zu warten, bis es unseren trägeren Bauern gefällig sein würde aufzubrechen. Während wir vor dem Thore herumtraten, gesellte sich ein großer Geistlicher zu uns, dessen schwarzer Rock seine schöne Gestalt sehr vortheilhaft hervorhob, während seine schönen Züge von einer militärischen, mit einer Goldschnur umsäumten Mütze beschattet wurden — eine Erscheinung, welche dadurch erklärt wurde, daß er ein auf Urlaub befindlicher Feldcaplan war. Er war nicht wenig erstaunt, unsere Frauen und das Weib von Sulzbach allein nach dem Berge wandern zu sehen. Unsere Erscheinung erleichterte sein Gemüth etwas über diese Beschwerden und noch mehr über die Entdeckung, daß wir Engländer seien. Wir erwarteten fast wieder in Verbindung mit Türken gebracht zu werden, aber er sagte uns nur Schmeichelhaftes über unsere „guten Füße" und versprach solchen unternehmenden Fußgängern langes Leben."

Die Ausstattung der Uebersetzung ist gut. So nehmen wir denn Abschied von dem Buche in der Hoffnung, daß auch die zweite Abtheilung bald erscheinen werde, und wünschen, daß die Verlagshandlung durch einen reichlichen Absatz des Werkchens seine Rechnung finden möge und von ähnlichen Unternehmungen durch Nichttheilnahme nicht abgeschreckt werde.

Meteorologisches.

Witterung im Oktober 1865.

Ganz im Gegensatze zur heiteren und trockenen Witterung des Septembers war im Oktober der Südwestwind mit Stürmen, Gewitter und Regen zur unbestrittenen Herrschaft gekommen. Schon am 4. wurde der eingetretene Kampf im Luftkreise durch stürmischen Ost und Barometerschwanken angedeutet, vom 8. und 9 an aber zogen beständig Südweststürme über Europa hin, wie dieß schon durch den fortwährend schwankenden, im Mittel niedern Luftdruck zu erkennen war.

In Kärnten wehte der Südwest vorherrschend, besonders stürmisch aber am 15., 19., 23., 24., endlich 28. an den meisten Orten, am Hochobir (Beobachtungs-Station 36° unter der höchsten Spitze des Obir) waren an den genannten Tagen und am 9. und 10. heftige Südweststürme.

Gewitter wurden am 3. und 11. im westlichen, am 25. Nachts im östlichen Theile von Kärnten beobachtet.

Die Niederschläge waren überall ziemlich reichlich, in den Kalkalpen (Saifnitz, Raibl, Würmlach) wurden wieder fast tropische Regenfälle verzeichnet; so am 19. bei Südweststurm in Saifnitz 2·7, in Raibl 3·5, in Würmlach 2·8 Zoll, am 23. in Raibl 2·5, in Würmlach 3·5 Zoll hoch Wasser in 24 Stunden. Die Summe der Regenmasse betrug in Klagenfurt 4·3, in St. Paul nur 1·4, in Wiesenau 3·2, in Hausdorf 1·8 Zoll; bedeutend mehr schon innerhalb der Centralalpen in Oberkärnten: in Maltein 4·8, in St. Peter 5·4, in Sachsenburg 6·8; dagegen ist sie in den Kalkalpen erstaunlich groß: Saifnitz 7·4, in Raibl und in Würmlach fast gleich: 16·1; sechzehn Zoll Regen ist nahezu wie in den Tropen. — Bei den häufigen, wenn auch vorüberzehenden Stößen aus Nord fiel auf den

Alpen öfter Schnee, so am 5. bis 2800′ Seehöhe herab (Hausdorf, Raibl, Saifnitz, St. Peter u. s. w.), am 20. wieder bis 5000′, am 25. abermals, jedoch jedes Mal in dünner Lage; am 29. und 30. aber wurden die Alpen bis 3500′ dicht mit Schnee überzogen.

Die Temperatur der Luft war bei dem vorherrschenden Südwind ziemlich hoch; das Maximum trat am 3. mit 14 bis 16°, das Minimum meist am 29. bis 31. mit etwas unter 0° auf; schon am 7. und 8. aber wurde an den meisten Stationen Reif bei nahe 0° verzeichnet; am Jaulenberg (5240′) und am Hochobir wurden am 6. schon — 5·0 beobachtet; die mittlere Temperatur ist zwischen 5½ bis 7, am Hochobir nur 1·3.

Vergleicht man die Oktobermittel von Klagenfurt mit den für diesen Monat berechneten normalen, so findet man, daß der Luftdruck um 1·4‴ tiefer, die Wärme um 0·2°, der Niederschlag um 7‴ darüber ist. Am Hochobir ist die Luftwärme (1·30) um 1·02 unter dem Durchschnitt von 20 Jahren.

Mittheilungen aus dem Geschichtverein.

Gestorben: Die ordentlichen Mitglieder Herren Joseph Egger, Dechant und Pfarrer in Feldkirchen, und Johann Ritter von Aichenegg, k. k. Steuereinnehmer und Gutsbesitzer in Winklern.

Ausgetreten: Herr Ignaz Herbert, Kurat zu St. Ulrich ob Feldkirchen.

Neu beigetreten: Herr Johann Sticker, k. k. Kanzellist des Bezirksgerichtes Spittal

Als Geschenke hat der Geschicht-Verein erhalten:

Von der „Historisch statistischen Sektion der k. k. mährisch-schlesischen Gesellschaft zur Beförderung des Ackerbaues, der Natur- und Landeskunde": a) deren Schriften. 14. Band. b) Karl von Zierotin und seine Zeit. Von Peter Ritter v. Chlumecky.

Von der „Königl. baierischen Akademie der Wissenschaften in München": deren Sitzungsberichte. Jahrgang 1865. I. Band, Heft 3 und 4.

Von der Direktion des evangelischen Untergymnasiums zu Mühlbach: Die Schulprogramme von 1859/60, 1862/63, 1863 64 und 1864/65

Von der Direktion des evangelischen Obergymnasiums in Bistritz: Die Schulprogramme von 1857, 1864 und 1865.

Vom Herrn Abte des Benediktinerstiftes Lambach, Theodorich Hagn, Ehrenmitgliede des kärntnerischen Geschicht-Vereines: Breve Chronicon beatæ Mariæ virginis Lambacensis, ordinis S. Benedicti

Von der „K. k. statistischen Central-Commission" in Wien: Mittheilungen aus dem Gebiete der Statistik. 12. Jahrgang. 1. Heft.

Von der „Direktion des k. k. Obergymnasiums" in Klagenfurt: XV. Programm. Am Schlusse des Studienjahres 1865.

Vom Museum Carolino Augusteum in Salzburg: Jahresbericht für 1864.

Vom „Historischen Vereine für Steiermark“ zu Graz: a) Mittheilungen. 9. Heft. b) 3., 4., 9., 10., 12., 14. und 15. Jahresbericht. c) Berichte über die 6., 10 und 11. allgemeine Versammlung des Vereines. d) Beiträge zur Kunde steiermärkischer Geschichtquellen. 2. Jahrgang 1865.

Von der „Direktion des k. k. Obergymnasiums“ in Laibach: Die Studien-Progamme und Jahresberichte für die Schuljahre 1861 bis einschließlich 1865

Vom „Vereine für Landeskunde von Niederösterreich“ in Wien: Blätter für Landeskunde von Niederösterreich. 1. Jahrgang 1865. Nr. 1 — 6.

Vom „Germanischen Museum in Nürnberg“: Anzeige für Kunde der deutschen Vorzeit. Nr. 5 — 7. Jahrg. 1865

Von Herrn Heinrich Hermann, Hörer der Rechte: a) 10 Bändchen aus der Sammlung römischer Prosaiker in neuen Uebersetzungen von Tafel, Osiander und Schwab. b) Zehn Reden des Demosthenes. Mit Einleitungen herausgegeben von Dr. Pauly. 2 Bändchen. c) Ajax von Sophokles. In der Originalsprache.

Vom Herrn Karl Dürnwirth, f. b. geistl. Rath und Spiritual des fürstbischöfl. Gurker Alumnates: a) Jacobi Balde, e societate Jesu, Lyricorum libri IV. 1706. b) Teutschredender Owenus, oder: Eilf Bücher der lateinischen Ueberschriften des überaus sinnreichen englischen Dichters Oweni. 1661.

Von Herrn Franz Kornke, Pfarrer in Oberdrauburg: Dye Cronica von keysern und bebsten. Gedrukt von Hannsen schönperger in Augspurg. 1487. (Gut erhalten.)

Vom Herrn Alois Weiß, Scriptor des kärntnerischen Geschicht-Vereines: a) Urkunden, Abschrift und 14 Urkund-Regesten aus dem Archive des germanischen Museums in Nürnberg. b) Denkmünze auf das baierische Schützenfest in Nürnberg. 1865; und c) Denkmünze auf das 2. baierische Landesschießen in Nürnberg, 1865. (Beide in Neusilber.)

Von Herrn Georg Haslinger, k. k Bezirksvorsteher in Eberstein. a) Denkmünze auf Papst Pius IX. (Neusilber.) b) Die vorzüglich schöne Denkmünze (Bronce) auf die Einweihung der Metropolitan-Kirche in Agram. 1837.

Von Herrn Johann Heiß, Postexpeditor in Spittal: Eine türkische Silbermünze.

Vom Herrn Joseph Turkowitzer, Pfarrer zu St. Martin ob Villach: Einen Silbergroschen des Erzbischofes Johann Ernest (Grafen von Thun). 1690.

Vom Herrn Eduard Hermann, Hörer der Rechte: a) Schöne große biblische Denkmünze (Silber) von 1546. b d. Drei schöne wohlerhaltene antike griechische Geschirre (eine große bauchige Urne mit Henkel, eine etrurische Vase und eine Schale mit Deckel), aus der Sammlung des ehemaligen Direktors der königl. Gärten in Athen, Theodor Heldreich.

Vom Herrn Ludwig Walter, Inhaber des Warmbades bei Villach: Eine auf dem Plateau nächst dem Bade aufgefundene keltische Fibel von sehr zierlicher Arbeit mit Gravirungen.

Vom Herrn Peter Kitzl, Gasthofs- und Realitäten-Besitzer in Klagenfurt: Die Portraits Kaisers Josef II. und des Großherzogs von Toscana, Leopold. (In Rahmen)

Von Frau Therese Hauser in Klagenfurt: Großes Oelbild, zechende Holländer darstellend.

Von Frau Therese Holeczek, Med. Doctors Witwe: Des Abraham Ortelius großes Theatrum Terrarum (Atlas). Antwerpen 1729.

Vom Herrn Valentin Pogatschnigg, Doctoranden der Rechte und der Philosophie: 1 Silber-Solidus des Patriarchen Petrus von Aquileja. (1299 — 1302. Selten.)

Vom Herrn Karl Schneider, k. k. Steueramts-Controlor in Klagenfurt: Eine päpstliche Urkunde von Clemens XI. (Original mit Bleisiegel.)

Vom Herrn Hugo Freiherrn von Aichlburg, Pfarrer in Spittal 2c. 2c.: 1 Silbermünze des Erzherzogs Maximilian von Oesterreich als Administrator Magnae Prussiae.

Vom „histor. Vereine für den Niederrhein" zu Köln: Dessen Annalen. 13. bis 16. Heft.

Von Sr. Excellenz dem Freiherrn Anton von Prokesch-Osten, k. k. Feldmarschall-Lieutenant und Internuntius bei der ottomanischen Pforte 2c. 2c. 2c.: 142 Stück antike römische Bronce- und Kupfermünzen.

Vom Museum „Francisco-Carolinum" in Linz (über an den Vereins-Ausschuß gestellte Bitte): Die Jahresberichte des Museums, nebst den Beiträgen zur Landeskunde von Oesterreich ob der Enns und Salzburg, Nr 1—8, 11, 12, 14—23.

Vom Herrn August Prinzhofer in St. Veit: Das sehr schöne, alterthümliche, noch mit Radschloß und dem Originalschafte versehene Scheibengewehr seines Vaters, Herrn Karl Prinzhofer (geboren 1774, gestorben 1861) in St. Veit, welcher seiner Zeit der berühmteste Scheibenschütze Kärntens war und dieses Gewehr noch zu Anfang des 19. Jahrhunderts benützt hatte. (Ein vorzüglich schönes, hochwillkommenes Geschenk.)

Vom „Vereine für Mecklenburgische Geschichte und Alterthümer" in Schwerin: Jahrbücher und Jahresbericht. 30. Jahrgang. 1865. Inhalt: Der Pfahlbau bei Wismar. — Nachrichten über andere Pfahlbauten und Höhlenwohnungen in Mecklenburg und den angrenzenden Ländern. — Jahrbücher für Alterthumskunde. Vom Archivsrathe Dr. Lisch.

Vom „Freiberger Alterthums-Vereine": Dessen Mittheilungen. 2 Hefte.

Vom Herrn Anton Steinbüchel Edlen v. Steinwall, pensionirten Director des k. k. Münz- und Antiken-Cabinetes 2c. 2c. 2c. in Triest: Der lithographirte Plan der Stadt Aquileja nach einem Originale aus dem Jahre 1435.

Herr Dr. Josef Beck, k. k. Oberlandesgerichtsrath 2c. 2c. in Brünn, widmete dem Geschicht-Vereine für dessen Zeitschrift ein von ihm verfaßtes Manuscript sehr interessanten Inhaltes, betitelt: Ein Beitrag zur Geschichte der Wiedertäufer in Kärnten. Nach Handschriften des 15., 16. und 17. Jahrhunderts mitgetheilt.

Vom Herrn Dr. Hartmann, k. k. Realschul-Lehrer: Chinesischer Partezettel.

Angekauft: Album der Familie Dimpffl in Regensburg. Mit vielen schön ausgeführten Miniaturen.

Original-Diplom für die Freiherren von Ursenbek als Erbland-Stabelmeister in Steiermark. Vom Jahre 1735.

Original-Adels-Diplom des Adolf Christian Avemann 1736.

Zwei Pläne der Stadt Pettau und ihrer Umgebungen.

Altes Druckwerk mit sehr vielen schönen Holzschnitten: Marsilii ficini von Florenz, Buech des Lebens und Ortus Sanitatis: Hort der Gesundheit. Gedruckt zu Straßburg durch Johann Grüninger anno 1528. (Leider vielfach beschädigt und manque.)

Altes Kräuter- und Medizin-Buch mit vielen Holzschnitten. Gedruckt zu Straßburg anno 1509 durch Johann Grüninger (Stark beschädigt.)

Weltgeschichte von Dr. Georg Weber. Sechster Band.

Deutsches Staats-Wörterbuch. Von Dr. Bluntschli und K. Brater. 89. u. 90. Heft. (Staaten-Verträge — Staats-Rath.)

Grundriß zur Geschichte der deutschen National-Literatur. Von August Koberstein. Sechste Lieferung des 3. Bandes.

Mittheilungen der k. k. Central-Commission zur Erforschung und Erhaltung der Baudenkmale. 2 Doppelhefte (Juli—Oktober).

Denkmale deutscher Baukunst, Bildnerei und Malerei. Von Ernst Förster. 226. bis 237. Lieferung.

Geschichte der deutschen Volksrechte. Von Gsörer. 1. Band.

Die Dolomitberge. Ausflüge durch Tyrol, Kärnten, Krain und Friaul in den Jahren 1861—1863. Von J. Gilbert und G. C. Churchill. Aus dem Englischen übersetzt von G. A. Zwanziger. I. Abtheilung. Klagenfurt. 1865.

Roheisen- und Blei-Preise im Oktober 1865.

Beide haben in diesem Monate im Vergleich zum September keine oder nur unbedeutende Veränderungen erlitten.

Eisen-Preise.

Per Zollcentner in ö. W.:

Köln: Holzkohlen-Roheisen 2 fl. 40 kr. — 2 fl. 62 kr., Cokes-Roheisen affinage 2 fl. — 2 fl. 25 kr., graues 2 fl. 25 kr. — 2 fl. 46 kr., Schottisches Nr. 1 2 fl. 40 kr. — 2 fl. 50 kr., Stabeisen grobes 5 fl. 25 kr. — 6 fl.

Schlesisches Cokesroheisen loco Hütte 2 fl. 5 kr., Holzkohlen-Roheisen 2 fl. 32 kr., Walzeisen loco Breslau 5 fl. 25 kr. — 5 fl. 50 kr., geschmiedetes 6 fl. 75 kr. — 7 fl.

Auf österreichische Meiler à 10 Wiener Centner berechnet:

Köln: Holzkohlenroheisen 26 fl. 88 kr. — 29 fl. 40 kr., Cokes-Roheisen affinage 22 fl. 40 kr. — 25 fl 20 kr., graues 25 fl. 20 kr. — 26 fl. 88 kr., Schottisches Nr 1 26 fl. 88 kr. — 28 fl., Stabeisen grobes 58 fl. 80 kr. — 67 fl. 20 kr.

Schlesisches Cokesroheisen loco Hütte 23 fl. 78 kr., Holzkohlen-Roheisen 26 fl., Walzeisen loco Breslau 58 fl. 80 kr. — 61 fl. 60 kr., geschmiedet 75 fl. 60 kr. bis 78 fl. 40 kr.

Kärntnerisches Holzkohlenroheisen kam in diesem Monat gegen Baarzahlung selbst zu 21 fl. — 24 fl. zum Verkauf.

Blei-Preise.

Per Zollcentner Köln: Raffinirtes Weichblei 9 fl. 25 kr. — 9 fl. 50 kr. Hartblei 8 fl. 62½ kr. — 9 fl. 25 kr., Goldglätte 9 fl. 30 kr. — 9 fl. 75 kr., Silberglätte 8 fl. 70 kr. — 9 fl.

Berlin: Blei blieb unverändert fest bei starker Ausfuhr und wenigem Vorrath; Sächsisches 9 fl. 38 kr. — 9 fl. 50 kr., Tarnowitzer 9 fl. 37½ kr. — 9 fl. 63 kr.

Auf Wiener Centner berechnet:

Köln: Raffinirtes Weichblei 10 fl. 36 kr. — 10 fl. 64 kr., Hartblei 9 fl. 66 kr. — 10 fl. 36 kr., Goldglätte 10 fl. 42 kr. — 10 fl. 92 kr., Silberglätte 9 fl. 74 kr. — 10 fl. 8 kr.

Berlin: Sächsisches Blei 10 fl. 50 kr. — 10 fl. 64 kr., Tarnowitzer 10 fl. 78 kr.

Durchschnittspreise der Lebensmittel zu Klagenfurt im Oktober 1865.

		fl.	kr.				fl.	kr.
Weizen		4	40	Speck, geselchter		das Pfund	—	44
Roggen		3	86	roher			—	37
Gerste	der Vierling	2	50	Schweinschmalz			—	45
Hafer		1	54	Eier			—	3½
Heide		2	80	Hendl			—	50
Mais		2	62	Kapaunen	das Paar		—	—
				Enten			—	85
Brein (gestampfte Hirse)		4	37	Gänse			—	—
Erbsen		4	—	12" Scheiterholz, hartes			3	20
Linsen	der Vierling	4	20	12" Scheiterholz, weiches	loco Lend eine		2	10
Fisolen, weiße rothe		—	—	30" Scheiterholz, weiches	n. ö. Klftr.		4	16
Erdäpfel		—	—					
Rindschmalz	das Pfund	—	48	Heu	der Zentner		—	86
Butter		—	44	Stroh			—	30

Herausgegeben vom Geschicht-Vereine und natur-historischen Landesmuseum in Kärnten. — Verantwortlicher Redakteur Dr. Heinrich Weil. — Druck von Ferd. v. Kleinmayr. — Geschäftsleiter Rudolf Bertschinger in Klagenfurt.

Carinthia.

No. 12.   Dezember   1865.

Die Bora und der Tauernwind.

(Eine meteorologische Studie.)

Von J. Prettner.

Zu den seltsamsten und verwickeltsten meteorischen Erscheinungen gehört der am Ostrande der Südalpen auf beschränktem Gebiete auftretende Sturmwind, welcher die „Bora“ genannt wird.

Die ganze Kette der südlichen Kalkalpen unterscheidet sich von der nördlichen schon durch ihre Wasserarmuth. Während in der nördlichen die großen Wasseransammlungen, welche die schönen Seen des Salzkammergutes und Oberbaierns bilden, den Reichthum an Wasser verrathen, finden sich in der südlichen nicht nur sehr wenige solcher Seen, sondern sie sind auch überhaupt ärmer an Flüssen, Bächen und Quellen, wie jeder, der viel in ihnen herumgewandert, sich in unliebsamer Weise überzeugen konnte; dort jedoch, wo diese Alpen zum Meere abdachen, an der Nordküste des adriatischen Meeres tritt dieser Charakter der Wasserlosigkeit besonders auffallend hervor; dort ist die Schichtenstellung des Kalkes eine solche, daß alles auffallende Wasser alsbald in die Tiefe sinkt. Dort rauschen nur in der dunklen Tiefe der Erde die Gewässer, die erst weit entfernt irgendwo zu Tage treten oder unterirdisch zum Meere abfließen. An der Oberfläche aber, der somit das Lebenselement aller vegetativen Thätigkeit, Feuchtigkeit fehlt, vergilbt alsbald die spärliche Vegetation, dort breitet sich die Wüste der Alpen aus: der Karst.

Nur in den trichterförmigen Vertiefungen (Dolinen) des Kalkbodens hat sich Wald erhalten und einige Kultur angesiedelt, die Bäume zeigen aber überall ein seltsames Aussehen, indem sie an der Nord- und Ostseite wenig Aeste und mit ihren Gipfeln gegen Südwest geneigt sind; auch die Häuser, die alle stark und massiv gebaut sind, haben gegen Nord und Ost wenig oder keine Oeffnungen, nur glatte Wände und ihre Fensterfront immer gegen Südwest gekehrt. Es herrscht nämlich dort auf diesem Gebiete auch noch eine böse Fee, eine Furie, welche die Oede und Verlassenheit dieser Gegend mit bedingt. Unsichtbar weilt sie lange in den einsamen wüsten Felsklüften des Gebirges, aber plötzlich springt sie hervor und jagt als heulender Sturm über die kahlen Felsen= flächen bis weit über die Fluthen der Adria hin, diese zum wildesten gefährlichsten Wogentanze aufwirbelnd. Diese Furie ist die berüchtigte Bora des Karstes, deren räthselhaftes Wesen im Folgenden etwas näher untersucht werden soll.

Die Bora (wohl nach dem klassischen Boreas so benannt) ist ein heftiger, meist mit sturmartiger Geschwindigkeit wehender Nordostwind, der meist plötzlich aufspringt und einen beschränkten, gegen Nord scharf begrenzten Verbreitungsbezirk hat.

Die Bora tritt häufig, ja am gewöhnlichsten nach länger dauern= den Sciroccal=Regenwetter und meist plötzlich mit Heftigkeit auf. Die Leser erinnern sich wohl einer auch bei uns zuweilen eintretenden Witte= rungsänderung, die einen schnellen Wechsel von Regen zu kaltem schö= nen Wetter in sich schließt. Nach längerem warmen Regenwetter, bei welchem der Himmel und die Alpen mit von Süd kommenden Wolken tief verhangen sind, heben sich in solchem Falle diese im Westen, es wird da ein lichter Streifen sichtbar, ein frischer Westwind setzt ein, der in Nordwest übergehend die Wolkenschichte in Haufenwolken auflockernd, diese vor sich hertreibt, später als Nord oder Nordost über den klaren reinen Himmel weht und dann immer schönes Wetter, aber auch starke Temperaturdepression (nicht selten Reif) im Gefolge hat.

In solchem Falle tritt am Karst und dem adriatischen Meere immer die Bora auf. „Die Bora ist immer zu befürchten", sagt Wül= lerstorff*), wenn eine feuchtwarme Luft vom Meere gegen unsre Küste weht; lichten sich die Ränder der Gebirge und hebt sich das Gewölk von den Bergen, kann man in kurzer Zeit Bora erwarten und oft bleibt vom Augenblicke ihrer Entfernung vom Gebirge kaum Zeit die Segel zu bergen." Hie und da erhebt sich nur schwache Bora, Borino und weht kurze Zeit ohne völlige Aufheiterung, meist aber setzt die Bora schnell, manchmal plötzlich mit ihrer ganzen Stärke ein und weht, diese

---

*) Sieh Sitzungsberichte der Akademie der Wissenschaften. Jahrgang 1863, Juni, Juli.

beibehaltend und den Himmel aufheiternd, ununterbrochen bis zum drit=
ten Tage.

Die Richtung dieses Sturmwindes ist Anfangs immer Nord,
allmählig in Nord=Ost, zuletzt in Ost=Nord=Ost und auch Ost übergehend.

Der Barometer, der vor dessen Eintritt immer ziemlich tiefen
Stand eingenommen, erhebt sich während dessen Wehen und zeigt zuletzt
durch starkes Steigen sehr starken Luftdruck an.

Die Luftwärme hingegen nimmt während der Bora ab, behält
aber fast immer noch ein Paar Grade über Null, nur im Winter sinkt
sie zuweilen, wiewohl nicht bedeutend darunter.

Ebenso nimmt die Feuchtigkeit der Luft, die vor ihrem Ein=
treten gewöhnlich damit gesättiget ist, sehr rasch ab und die Luft, welche
die Bora bringt, ist immer sehr trocken.

Die Zeit der Bora ist vom Oktober, wo sie zuweilen auftritt,
vorzüglich der November und Dezember; im Jänner ist sie seltener,
häufiger wieder im Februar und März, zuweilen noch im April, in den
Sommermonaten ist sie selten und nie heftig.

Die Stärke der Bora ist die eines heftigen Sturmwindes; sie
weht mit ziemlich gleich bleibender Stärke nur seltenen Intervallen und
stärkeren Stößen, zur Zeit des größten Luftdruckes (9 bis 10 Uhr Mor=
gens und Abends) nimmt ihre Heftigkeit zu und es ist ein Zeichen bal=
digen Erlöschens derselben, wenn dies nicht eintritt. Sie weht auch
nicht überall gleich stark, in einigen Schluchten und eigenthümlich confi=
gurirten Stellen des Karstes scheint ihre Intensität am größten zu sein,
die Strecke der alten Laibach=Triester Straße von St. Peter in der
Peik bis Divazza bei Canzian mußte aufgegeben werden, weil dort die
schwersten Frachtwagen umgeworfen, Menschen und Thiere aufgehoben
und auf weite Strecken fortgetragen wurden. Auf der Strecke gegen
Präwald wurde im Jahr 1805 eine Abtheilung der aus Italien sich
zurückziehenden Armee beim Ansteigen der Höhe von heftigem Borasturm
überfallen, daß jede Hoffnung des Weiterkommens aufgegeben werden
mußte und, ohne feindliche Verfolgung viele Mannschaft und Munition
zu Grunde ging, alles aber in höchst bedenkliche Lage gerieth.[*)]

Ueber die Stärke und Geschwindigkeit dieses Windes gibt F.
Pfeiffer[**)] folgende Angaben: Die mit Steinen etwa 10 Pfund
auf den Quadratfuß beschwerten Hohlziegel der Dächer werden wie

---

[*)] Cattinelli: „Ueber die Fortsetzung der südlichen Staatseisenbahn."
[**)] Die Eisenbahn über den Karst. Görz 1850.

Spreu auf doppelte und dreifache Entfernung ihrer Fallhöhe getragen, woraus er einen Druck von 10 Pf. per Quadratfuß und eine Geschwindigkeit von 70-bis 80 Fuß berechnet. Bei nicht sehr starker Bora wurde ein mit 80 Ctr. beladener Frachtwagen, der dem Winde 100 Quad.-Fuß Fläche darbot, mit einer Geschwindigkeit von 8 Fuß per Secunde horizontal fortgetrieben, woraus wieder ein Druck von 10 Pf. per Quadr.-Fuß berechnet wird. — Fensterscheiben von 18 Zoll im Quadrat werden vom Winde eingedrückt, was einen Druck von 22 Pf. auf den Quadr.-Fuß gibt u. s. f. Die Bora ist also immerhin ein Sturmwind von ziemlicher Stärke und Intensität.

Der Schauplatz ihrer stürmischen Thätigkeit ist im Allgemeinen die Nordküste des adriatischen Meeres, zunächst der Karst, Görz, Triest, Istrien, der Quarnero, die dalmatinische Küste und das Meer selbst bis in die Breite von Ancona und bisweilen noch weiter hinab. Sie ist an der östlichen Küste viel stärker als an der westlichen, von Istrien, Triest gegen Venedig hin abnehmend, am Quarnero, an den dalmatinischen Inseln oft mit Heftigkeit wehend, während sie in Venedig viel weniger und weiter hinab sehr wenig verspürt wird. Höchst merkwürdig und eigenthümlich aber ist die scharfe Begrenzung ihres Verbreitungsbezirkes gegen Norden; sie scheint hier eigentlich auf dem Karstplateau von Adelsberg zu entstehen, stürmt da, bei Planina und selbst Loitsch mit großer Heftigkeit, während in Oberlaibach, Laibach und ganz Oberkrain völlige Windstille herrscht. Diese Grenzlinie zieht sich von da gegen Westen über die Höhen südlich von Idria*) durch den Tarnowaner Wald nördlich um Görz zwischen Udine und Palma hin, wo sie jedoch ihre Schärfe verliert, so daß die Stärke der Bora weiterhin allmählig abnimmt und z. B. schon in Grado geringer ist als in Triest, und gegen Venedig hin ihren sturmartigen Charakter ganz verliert. Auch gegen Ost verliert sich diese scharfe Grenze, indem da der Nordsturm allmählig in gewöhnlichen starken Ostwind übergeht.

Innerhalb dieses Gebietes gibt es Stellen besonderer Intensität, wo nämlich durch die Configuration des Bodens begünstigt, die stürmisch heranbrausenden Luftmassen ungehinderten Zugang finden (Adelsberg, Planina, Heidenschaft und St. Veit im Wippachthale u. a. m), während andere Orte wieder völlig von ihnen geschützt sind.

---

*) Pogatschnigg: „Uebersicht der Witterung in Oesterreich 1859."

Wollen wir nun nach diesen skizzirten Andeutungen über die Erscheinungen der Bora nach ihrer Entstehungs-Ursache fragen, verlangen wir eine Erklärung, wie so rein lokal ein heftiger Sturm wüthen kann, während regelmäßig in nächster Nähe Windstille herrscht, so finden wir, die umfassendste und gründlichste Aufklärung darüber in dem auf Kosten der k. k. Akademie gedruckten trefflichen Werke des Dr. Lorenz*) über den Quarnero.

Alle Physiker, welche dieses Phänomen zu erklären versuchen, gehen darin begreiflicher Weise von dem Gegensatze lokal ungleich erwärmter Luftmassen aus; die feuchte und warme Luft, welche bei Sciroccalwetter über der weiten Fläche des adriatischen Meeres lagert, veranlaßt die an den Kämmen oder in den Thälern und Schluchten der kahlen Alpen, oder, wie Andere meinen in den Tiefebenen Ungarns durch Strahlung abgekühlten Luftmengen niederzusinken und im raschen Sturze stürmend jene zu verdrängen, bis der Gegensatz der Temperatur wieder ausgeglichen ist. Es kann auch gar keinem Zweifel unterliegen, daß diese Momente im Phänomen der Bora eine große, bedeutende Rolle spielen, und bei Betrachtung derselben nicht außer Acht gelassen werden dürfen.

Dennoch will es uns scheinen, daß durch diesen Gegensatz allein die Bora nicht nach allen ihren Momenten genügend erklärt werden könne, daß namentlich ihre Dauer (Menge der abfließenden kalten Luft) ihre Heftigkeit, ihre lokale Begrenzung und vorzüglich der Umstand darin nicht genügende Erklärung finde, daß während ihres Stürmens gerade in den Thälern der Alpen, wohin ihre Entstehung verlegt wird, gleichzeitig völlige Windstille und Ruhe herrscht.

Wir wollen versuchen, eine mit andern meteorischen Vorgängen mehr im Zusammenhange stehende Erklärung dieses auffallenden Phänomens anzudeuten, die wenigstens als Studie desselben gelten möge. Wir müssen dabei den Laien unter unsern Lesern in Erinnerung bringen, daß nach Dove die Veränderlichkeit des Klima's unserer Breiten durch den Kampf zweier entgegengesetzten Luftströmungen erklärt wird: der warmen Aequatorial- und der kalten Polarströmung. An den heißesten Stellen der Erde (der Tropenzone) steigen die erwärmten, an den warmen Meeren mit Feuchtigkeit gesättigten Luftmassen in die Höhe, fließen zu beiden Seiten des Aequators gegen die Pole hin ab, werden auf

---

*) Dr. Lorenz Physikalische Verhältnisse und Vertheilung der Organismen im quarnerischen Golfe 1863.

ihrer Wanderung abgekühlt, laſſen ihre Feuchtigkeit als Regen, Schnee ꝛc.
fallen und ſtrömen endlich als kalter Polarſtrom (Paſſatwind) wieder
gegen den Aequator hin. Durch die Axendrehung der Erde erhält der
vom Aequator kommende Luftſtrom eine ſüdweſtliche, der polare eine
nordöſtliche Richtung. Je nach dem Vorherrſchen der kalten trockenen
Polar= oder der warmen, feuchten Südſtrömung herrſcht trockene, kühle
oder warme und feuchte Witterung; der ſtäte Kampf beider bedingt eben
die Veränderlichkeit unſerer Witterung.

Es liegt in der Natur der beiden Ströme, daß der Südweſt=
Paſſat (Aequatorialſtrömung) als der wärmere in der Höhe der Atmo=
ſphäre herrſcht, während der kalte Polarſtrom an der Erdoberfläche hin=
ſtrömt; es können auch wohl beide an derſelben Stelle einer über den
andern wehen. Treffen ſie irgendwo ein Gebirg als Hinderniß, ſo wird
der Südweſt vielleicht über deſſen Gipfel ziehen, dieſe erwärmen (wäh=
rend im Thale kalte Luft liegt), oder er wird von oben niederſinkend langſam in
die Thäler bringen; der kalte, an der Erde fortfließende Nordoſt=Paſſat
aber wird durch die Gebirge aufgehalten und gezwungen über ihre Kämme
und Gipfel aufzuſteigen, darüber wegzuziehen und nur dort in die Thä=
ler dringen, wo niedere Sättel und lange Thalbildungen ihm dieß erleich=
tern oder möglich machen. An ſolchen günſtig geſtalteten Paſſagen wird,
da die Luftmaſſe durch die nachrückenden und theilweiſe von der Seite
eindringenden hindurch gepreßt werden, der Wind zu ſtarkem Sturm ſich
ſteigern. Es kann ſomit gar wohl an den Berggipfeln und beſonders
configurirten Thälern heftig ſtürmen, während in andern völlige Wind=
ſtille herrſcht.

Daß dem ſo ſei, zeigen auffallend die in Kärnten angeſtellten
Witterungsbeobachtungen. Wir rühmen uns in Kärnten, mindeſtens in
Klagenfurt vorzüglich windſtiller Witterung und nicht mit Unrecht; aber
es iſt nicht überall ſo! Während wir vollkommener Windſtille uns
erfreuen, ſtürmt an anderen Orten der Nordwind oft mit boraartiger
Heftigkeit. Wir heben unter den vielen Stationen zwei heraus, St. Peter
am Rennweg, im Thale gelegen, wo die Beobachtungen bis 1849 zurück=
reichen und Hochobir, das nur 230′ unter dem Gipfel des Berges Obir
(6751) liegende Knappenhaus, wo ſchon ſeit 1847 Beobachtungen Statt
finden An beiden Stationen iſt nicht nur die mittlere Windſtärke viel
größer als in Klagenfurt, ſondern wir finden in jedem Monat, beſonders
aber Herbſt und Winter, Tage mit heftigen, meiſt Nordſtürmen, wo es
gleichzeitig in Klagenfurt vollkommen windſtill iſt. Es iſt alſo nicht

Hypothese, sondern Thatsache, daß es an den Berggipfeln stürmt, während im Thale Windstille herrscht; Thatsache, daß der Nordsturm über unsern Häuptern brausend dahin zieht, ohne daß wir von ihm eine Spur haben.

In Oberkärnten nennen die Leute den an manchen Stellen mit Heftigkeit wehenden Nordwind von seiner Richtung den Tauernwind; er ist aber überall dort zu verspüren, wo die Gebirgsgestaltung ihm den Zugang erleichtert. Im erwähnten Orte St. Peter im Lieserthale ist es der niedere Paß am Katschberg, wo der durch das obere Murthal wehende Wind das Gebirg übersetzt und in das breite nach West und dann gegen Süden geöffnete Thal vordringen kann. — Ein anderer solcher Zugang des Tauernwindes ist das Mallnitzthal, in das er über die Tauernsattel niederstürzt und Obervellach wieder theilweise übersetzend, im Möllthale sich ausbreitet; das Thal der Seen bei Afritz, das Thal von Gnesau, der Paß bei Einöd oder Friesach scheinen weiters solche Passagen des Nordpassates in unsern Alpen zu sein.*)

Vergleicht man aber die Tage mit starkem Tauernwind an den bezeichneten Orten mit den Boratagen in Triest, so findet man eine merkwürdige Uebereinstimmung; wir haben wenigstens für ein Jahr (Oktober 1864 bis Oktober 1865) die oben erwähnten Stationen St. Peter und Obir mit Triest verglichen und gefunden, daß immer gleichzeitig mit starker Bora in Triest, in St. Peter heftiger Tauernwind, am Hochobir Nordsturm herrschte. So wehte beispielsweise während der Boratage in Triest vom 3. bis 5. Oktober 1864 in St. Peter starker Nordwind, am Obir Nordoststurm, am 8. und 9. November gleichzeitig mit starker Bora in Triest heftiger Nordsturm am Obir und Tauernwind in St. Peter, dasselbe war der Fall in den Boratagen vom 28. bis 30. November, 23. bis 25. Dezember 1864, eben so am 4. bis 6. Jänner, 11. Februar d. J. An allen diesen Tagen war es in Klagenfurt, Bad Vellach, Althofen u. s. f. mehr oder weniger windstill.

Diese unmittelbar beobachteten Thatsachen nöthigen uns anzuerkennen, daß die Bora wie der Tauernwind nicht bloß lokal auftretende, durch lokale Ursachen und Bedingungen erzeugte eigene meteorische Vorgänge, sondern daß sie nur lokal auftretende Modifikationen einer und derselben Witterungserscheinung sind; Tauernwind wie Bora sind

---

*) Sieh Kohlmayr: „Der Tauernwind und seine Hauptstraßen in Oberkärnten.“ „Carinthia“ 1864, Märzheft.

eben nur der in den warmen Südwestwind eindringende kalte Polarstrom, durch lokale Ursachen verstärkt und modifizirt.

Es wird uns nicht schwer werden, die mit der Bora verbundenen eigenthümlichen Erscheinungen durch die lokale Eigenthümlichkeit der Gegenden, in welchen sie herrscht, genügend zu erklären. Wie wir schon oben angedeutet, wird der am Grunde des Luftmeeres, an der Erdoberfläche hinströmende kalte Polarstrom durch ihm entgegenstehende Gebirge gezwungen, über diese aufzusteigen; durch die ihm innewohnende Geschwindigkeit weht er, ohne in die Thäler niederzusinken, über ihre Gipfel hin, nur dort, wo niedere Kämme und Einsattelungen oder sich in seiner Richtung hin ausbreitende Thäler dieß gestatten, strömt er in diese Thäler und längs derselben hin.

Werfen wir nun einen Blick auf die Bodengestaltung des Landes, wo die Bora haust, so sehen wir, daß im Norden desselben ein Zweig der Südalpen, die Karawanken von West nach Ost sich ausdehnend, dem Polarstrome in seiner ganzen Breite sich entgegenstemmt, daß dieser Zweig gegen Ost in den Steiner Alpen noch ein mal massig zu bedeutender Höhe (7800' Kamm= 8200' Gipfelhöhe) aufsteigt und von dieser rasch zum niedrigen Hügellande von Steiermark und Krain herabsinkt. Durch das schmale Savethal getrennt, erhebt sich südlich von den Karawanken die Terglouketten, sendet aber ihre mächtigen Ausläufer gegen Süd und Südost bis nahe an die adriatische Meeresbucht. Der stürmisch heranbrausende Nordpassat wird durch die Alpen gezwungen aufzusteigen, weht über ihre Kämme und Gipfel hin, zuletzt noch über den massigen hohen Gebirgsstock der Steiner Alpen (Kotschna=Gruppe). Hat er diese jedoch überschritten, so trifft er die breite Ebene von Oberkrain und erst jenseits derselben die Ausläufer des Terglou; da diese schon zu weit entfernt sind, so sinkt er in einer seiner Geschwindigkeit entsprechenden Entfernung in das Thal nieder, wird, theilweise die erwähnten Ausläufer anprallend, von diesen reflektirt, weht, dadurch verstärkt, mit Heftigkeit frei über den Karst und stürzt von dessen Plateau in das weite freie Becken der Adria. Dazu mag noch in Rechnung kommen, daß der Polarstrom, immer mehr in Nord=Ost und theilweise in Ost übergehend, über das östliche Hügelland Unterkrains in den Schauplatz der Bora eindringen und an den südlich sich auszweigenden Flanken der Terglouketten anprallend, wesentlich zur Verstärkung des eigentlichen Borastromes beitragen kann. — Es mögen dem Leser diese skizzirten Andeutungen genügen, um sich mit Hilfe einer Gebirgskarte der erwähnten

Länderstrecken, das Bild des von Nord und Nord=Ost kommenden Polar=
stromes auszumalen, wie er von den Gebirgen gestaut, über dessen
Kämme mit Wucht in das Thal niederstürzt, an den Wänden der Ge=
birge anprallend, an gewissen Stellen mit besonderer Heftigkeit wehen
und noch durch östlich heranbringende Arme des Luftstromes verstärkt
werden kann. — Wir haben dann hier ein Wiederbild der Erscheinung,
wie sie der Südwestpassat an manchen Orten der Südalpen in der
Schweiz als gefürchteter Föhn hervorbringt.

Fassen wir nun die Bora, gleich dem Tauernwinde als lokale Er=
scheinung des Nordpassates auf, so werden wir die Eigenthümlichkeiten
dieses Sturmwindes uns meist einfach und ungezwungen erklären können.
Wie dieser bringt sie meist plötzlich und stürmend in den längere Zeit
wehenden Südwest=Passat (Scireccalwetter) in rascher Winddrehung von
Süd=West in West, Nord=West und Nord heftig ein, das Lichten
der Wolken im Nord=West und Nord an den Kämmen der Gebirge,
die allmählige Aufheiterung, Steigen des Barometers, Sinken der Tem=
peratur, Trockenwerden der Luft u. s. f. sind ja ihr, wie dem Nord=
passat überhaupt zukommende Eigenthümlichkeiten, wie auch ihre Dauer
und allmäliges Erlöschen nach allgemeiner Aufheiterung des Himmels.
Das Auftreten der Bora muß mit ähnlichen Witterungserscheinungen an
andern Orten immer Hand in Hand gehen, wie es auch schon ein
flüchtiges Vergleichen der betreffenden Beobachtungs=Journale zeigt. Wir
brauchen uns auch nicht mehr zu verwundern, daß ein Wind mit solcher
Heftigkeit durch mehrere Tage wehen kann, denn es sind eben nicht die
an den Gebirgen oder in Ungarn lagernden, sondern die Luftmassen weit
entfernter, weiter Ländergebiete, welche seine Nahrung bilden.

Die größere Heftigkeit, mit welcher der Nordpassat als Bora weht,
erklärt sich nach obigem leicht durch die Konfiguration der Gebirge; er
wird ja durch diese gestaut, stürzt gewaltsam ins Thal, prallt am andern
Gebirgszweige an, wird von diesen reflektirt und noch durch seitlich von
Osten kommende Arme des Hauptstromes verstärkt. Dies alles kommt
noch zu dem bei allen Erklärungen der Bora als wesentlich betonten
Gegensatze der starken Erwärmung und Feuchtigkeit der über dem Meere
lagernden Luftmassen zur Kälte und Trockenheit der vom Nord über die
Gebirge herabströmenden.

Die lokale Begrenzung und Ausbreitung der Bora aber dürfte
kaum auf andere Weise einfacher zu erklären sein. Die ihr eigenthüm=
liche scharfe Grenzlinie von Sturm und Windstille hat eine dem Zuge

der Gebirge und daraus gefolgerten obigen Erklärung vollkommen entsprechende Krümmung, es ist eben die Linie, wo die Luftmassen ihrer
Geschwindigkeit entsprechend, in das Thal gelangen können. Es läßt sich
bei genauer Erwägung der Gebirgsgestaltung leicht erklären, wie die Luftmassen an den südlich auslaufenden Gebirgszweigen anprallend mit großer
Wucht über das hindernißfreie Karstplateau und von diesem über die
weite, freie Meeresfläche hinwehen; es ist erklärlich, wie die westlicheren
Gegenden durch die Gebirge theilweise geschützt, weniger oder gar nichts
von der Bora spüren, während diese gegen die östlichen hin allmählig in
den gewöhnlichen Nordost-Passat übergeht.

Es würde uns leicht sein, aber zu weit ab von unserm Ziele führen, ganz ähnliche Verhältnisse auch am Tauernwinde darzuthun, gewiß
haben wir an diesem (dem Gegensatze des Föhn) ein auffallendes Ana-
logon zur Bora und wie es in der Natur der Sache liegt, daß der
Südwest-Passat besonders am Südwestrande der Alpen lokal mit Intensität auftreten muß, und als Föhn es auch thut, der Nordost-Passat
aber am Ostrande derselben, so muß auch dieser je nach der Gebirgs-
stellung mit besonderer Eigenthümlichkeit auftreten und als Bora seine
mit dem Tauernwinde identische Natur vielleicht schwer erkennen lassen.

Vielleicht mag unsere Studie diese Identität und es den Lesern
wahrscheinlich machen, daß die Bora eben nur eine Art Tauernwindes
sei, vielleicht kann sie einen Beitrag liefern, die seltsame und verwickelte
Erscheinung der Bora auf eine einfachere Weise erklären zu können.

Blaaden,
eine deutsche Enclave in Venezien.
Vom k. k. Oberlandesgerichts-Rathe M. F. v. Jabornegg-Altenfels.

Es ist bekannt, daß an der nördlichen Grenze der venezianischen Provinz Vicenza auf den Ausläufern der Tiroleralpen in einigen Gemeinden
ein Völkchen mit allen äußeren Kennzeichen deutscher Abkunft und den
Ueberresten deutscher Sprache lebt, welches man gewöhnlich die Bewohner
der sieben Gemeinden — sette communi — nennt.

Auch an der südwestlichen Grenze Oberkärntens befindet sich eine
Enclave mit deutscher Bevölkerung, genannt das Thal „Blaaden" italienisch
Sappada.

Ueber das dort ansässige deutsche Völkchen, das seine Muttersprache, seine Sitten und Gebräuche noch erhalten hat, wollen wir einige aus verläßlichen Quellen uns zugekommene Notizen mittheilen, welche noch wenig bekannt sein dürften.

In dem nordöstlichen Winkel der venezianischen Provinz Belluno, im Distrikte Auronzo, an den Quellen der Piave, mehr als 3000 Fuß über der Adria, von den Karneralpen eingeschlossen, liegt das Thal Blaaden, und lebt ein deutsches Völkchen, umgeben von den durchaus italienischen Gemeinden Forni Avoltri in Osten und Nordosten, Canale in Westen, Comelico inferiore im Norden. Dort ertönt deutsche Sprache von Berg und Thal, in der wohnlichen Stube der Gehöfte, und an Gott geweihter Stätte.

Das Thal, von seinen ersten deutschen Einwanderern „Blaaden" zur Erinnerung an den unwirthlichen Zustand so genannt, in welchem sie es bei ihrer Ankunft fanden — denn Bloode oder Blaade bedeutet eine unbebaute nur mit Gesträuch und Wald bedeckte Fläche — ist etwas über eine Stunde lang, und bei einer durchschnittlichen Breite von einer halben Stunde erstreckt es sich in flacher Ausdehnung von Westen nach Osten. Die Ausläufer der karnischen Kalkalpen in ihrer südlichen Abdachung bilden diese Thalmulde, und zwar: im Westen der Erlen- und Eggerkofel, in Nordwesten und Norden der Eisenberg und die Albe, in Nordosten der Käferkofel, in Osten die Defnerspitze, im Südosten und Süden der Jou (italienisch Giovo), dann die Spitze, der Krautbüchel und die Haberdörre, fast sämmtlich zwischen 6000 und 7000 Fuß über dem Meere. Hinter diesen schaut im Osten die Kollinspitze, 9000 Fuß *) und im Norden die Pieralba oder Montalba, Weißenstein, von 8497 Fuß Höhe in das Hochalpenthal Blaaden herab.

Dieses Thal wird von der Piave durchschnitten, welche an der nordöstlichen Grenze von Blaaden im sogenannten Tsez (italienisch Sesis) entspringt, dann den Fuß der südlichen Grenzgebirge bespült, und in das Kamelgische (Camelico) hinüberfließt, nachdem sie die kleinen Bäche des Blaadnerthales, nämlich: am linken Ufer den Leck-, Zähren- und Brum-Bach, am rechten Ufer aber den Platten- und Mühlbau-Bach, so das Buchen- und Fauner-Bachel aufgenommen hat.

Dem rechten Ufer der Piave entlang, und wohl auch auf den Anhöhen nächst diesem Flusse reihen sich die Wohnplätze der Blaadner in kleinen Dorfgruppen und in kurzen Zwischenräumen hin, und zwar im äußersten Osten:

---

*) Nach Mojsisovics in den Mittheilungen des österreichischen Alpenvereines vom J. 1863. S. 320.

Zuboden, (italienisch Zima Sappada) am höchsten gelegen, dann Kreut, (Crette), Buche (Piuche), Egge (Egghe), Mühlbau (Milpa), Bach, Bühel (Pill), Moos, endlich Großdorf (Gran villa).

So weit der geographische Theil dieses kleinen Gebietes. Die Bewohner desselben sind nach der unter ihnen fortlebenden Sage, und nach urkundlichen Beweisen, wie der würdige Pfarrer Herr Andreas Schneider in Blaaden bemerkt, vor nahe 700 Jahren aus dem Pusterthale in Tirol und zwar aus dem Thale Villgraten bei Sillian nach dem Blaadnerthale aus unbekannten Ursachen eingewandert, und sind nach Körperbau, Charakter und Sprache Deutsche geblieben. Wie gering auch die Anzahl der ersten Einwanderer gewesen sein mag, ihre Nachkommen zählen jetzt bei 1250 Seelen, die mit großer Vorliebe an ihrem jetzigen Vaterlande hängen.

Sie sprechen im Verkehre unter sich ausschließlich die deutsche Sprache in der Mundart der Pusterthaler, z. B. Bui statt Bube, Bruider statt Bruder, Muitter statt Mutter u. s. w.; allein wie es bei der von deutscher Verbindung so abgeschlossenen, und dem italienischen Einflusse seit Jahrhunderten bloßgestellten Lage nicht wohl anders sein kann; so fehlt es auch an Einmengung italienischer Worte in ihre deutsche Sprache nicht, so sagt das Volk z. B. sturbiren anstatt stören, von disturbare, fidaren, trauen, glauben, von fidare, tschangen, kindisch wie junge Hunde spielen, von cane, friaulisch tschang.

Der Unterricht in Schule und Kirche ist der Hauptsache nach deutsch· Die Hauptschule ist zu Mühlbau mit einem Lehrer; ein Beihilfs-Lehrer ist zu Zuboden (Zima Sappada). In der Schule wird auch Unterricht in der italienischen Sprache wegen dem Verkehre mit Italien ertheilt.

Die Schreibnamen der Bewohner dieses Thales sind fast durchgehends deutsch als: Benedikter, Bozzinger, Bruner, Eder, Egger, Fauner, Fäßler, Gatterer, Gißler, Goller, Grazer, Hofer, Krater, Laner, Ortner, Pachner, Pichler, Piller, Schneider, Salderer, Tasenbacher, Tschurtschenthaler, u. s. w. Manche Schreibnamen sind auch italienisirt. Da mehrere Familien gleiche Schreibenamen führen, wird den einzelnen Familien gewöhnlich zu ihrer genaueren Bezeichnung der Name ihres Dorfes und den einzelnen Personen auch noch der Taufname ihres Vaters beigegeben. Auch den Behausungen werden wie in Kärnten, Tirol u. s. w. bestimmte Namen, z. B. beim Sieder, Tanzer ꝛc. beigelegt. Aber nicht nur die Namen der Familien haben sich reindeutsch erhalten, auch ihr Blut ist unvermischt geblieben, denn eheliche Verbindungen mit Italienern, die dann in der Gemeinde bleiben, kommen fast gar nicht vor.

In der Regel werden Heiraten nur unter Blaadnern geschlossen, oder aber Männer aus Tirol oder Deutsch=Kärnten genommen; so kamen die Bozzinger, Tassenbacher und Tschurtschenthaler aus Sexten in Tirol, die Erler aus Luggau in Kärnten.

Deutsch ist auch die Lebensweise der Blaadner, nur haben sie sich in Betreff der Nahrungsmittel von den Italienern die Polenta mit Käse ange= eignet.

Der Aufenthalt der Familie ist meist in der Küche um das auf nie= drigem Herde lodernde Feuer, denn unter Tages ist die Benützung der Wohnstube, die in keinem Hause mangelt, viel seltener. Die hohe Lage dieses Thales, die rauhe Luft und die sonneraubenden Berge haben diesen echten Aelplern die besondere Rücksicht auf die Bauart ihrer Wohngebäude vorgezeichnet. Zwei Eingänge, einer östlich, einer westlich, führen in die Hausflur (Hausvorlaube, dort Laaben genannt), die immer den nördlichen Theil des Gebäudes einnimmt. Von der Vorlaube führt dem Süden zu eine Thür in die Küche, und eine andere in die anstoßende Stube; eine Stiege führt dann in das obere Stockwerk, in welchem ober der Vorlaube des Erdgeschosses der Söller, dort Sölder genannt, ober Küche und Stube aber je ein Zimmer angebracht ist, so daß alle Hauslokalitäten mit Aus= nahme der Vorlaube und des Söllers der Sonne zugewendet sind. Beinahe alle Häuser sind im Gegensatze der Steinbauten ihrer italienischen Nach= barn aus Holz gebaut, und so der Kälte weniger zugänglich, denn die Blaadner haben ihre Waldungen noch nicht wie ihre Nachbarn ausgerottet und daher sowohl Bau= als Brennholz zum nöthigen Bedarf.

Wie die Lebensweise so läßt auch der Körperbau des Einzelnen den Blaadner sogleich als Deutschen erkennen. Er ist schlank, kräftig gebaut, im Durchschnitt mehr als mittelgroß, in seinen Bewegungen sicher, etwas bedachtsam aber fest und entschieden thatkräftig, und ohne körperliche Ge= brechen; verkrüppelte Menschen sind eine große Seltenheit im Ländchen.

Die Gesichtsfarbe des Blaadners ist frisch, roth und gesund wie die Luft seiner Berge. Sein blaues Auge, seine blonden Haare, die bei Ein= zelnen ins Hochrothe schlagen, sind die unverkennbaren Merkmale seiner Abkunft, sein deutscher Heimatschein.

Seine geistigen Anlagen halten die schöne Mitte, ja er kann eher für geistig begabt gelten. Sein Temperament ist vorherrschend sanguinisch; sein Charakter ist offen und frei, im Umgange ist er nicht gerade roh aber derb, im Ganzen natürlich und unverdorben, aber dagegen unbeständig, plauderhaft und leichtgläubig. Seit lange vom deutschen Mutterlande ge=

trennt, hat dieses Völkchen an tirolischer Biederkeit, Ausdauer und Zuver=
lässigkeit schon merklich verloren.

Der Lebensunterhalt in Blaaden ist karg bemessen. Der Feldbau
erträgt nur so viel an Kartoffeln, Weizen, Roggen, Gerste und Hafer, als
für die auf der kleinen Grundfläche vertheilte, doch immerhin bedeutende
Einwohnerzahl nur beiläufig für 4 Monate ausreicht; das weiters erforder=
liche Getreide, insbesondere Weizen und türkisches Korn muß aus Italien
beschafft werden.

Der Flachsbau deckt den Hausbedarf hinreichend; die Heuernte von
den Mähdern genügt für den mäßigen Viehstand, der eine nicht unbedeu=
tende Rubrik für den Lebensunterhalt deckt. Der Viehhandel selbst aber ist
gering, weil der Blaadner nur wenig entbehrliches Vieh besitzt.

Feld, Stall und Haus besorgt fast ausschließlich das weibliche Ge=
schlecht, so daß die kraftvollen Männer anderem Erwerbe zur Bestreitung
des Nothbedarfes für die immerhin noch nicht gedeckten 8 Monate des Jah=
res nachgehen können. Diesen Erwerb bieten im Lande selbst die Gemeinde=
und Privat=Waldungen durch Holzarbeit, durch Zurichten, Verkauf und
Ausfuhr von Merkantilholz, wobei den Blaadnern die neu angelegte schöne
und solid ausgeführte Gemeinde=Straße sehr zu statten kömmt, welche aus
Camelico der Piave entlang durch die Schluchten von der Einmündung der
Visdende in die Piave bis zur Hochebene von Blaaden angelegt wurde, und
außer den Gemeinde=Roboten bei 100.000 fl. kostete.

Nahe an 100 Männer gehen jährlich während der Sommermonate
dem Hausirhandel, so wie dem Klempner= und Glaserer=Gewerbe nach und
nehmen ihre Richtung gewöhnlich in die deutschen Gebirgsländer, nament=
lich in die Schweiz, nach Tirol, Kärnten und Steiermark.

Der Geschäftsverkehr der Blaadner mit den kärntnerischen Lessach=
thalern ist von keinem besonderen Belange, doch kommen die Ersteren jährlich
als Wallfahrer prozessionsweise mit ihrem Pfarrer zahlreich nach Luggau
zur Verrichtung ihrer Andacht.

Bericht über die Fortsetzung der Untersuchungen der Pfahlbauten im Keutschacher-See.

Wenn gleich die im vorigen Jahre (1864) vorgenommenen Untersuchungen des Keutschacher-Seees bezüglich der dort vermutheten alten
Pfahlbaute so entscheidende Ergebnisse*) nicht hatten, um mit Sicherheit
auf das Vorhandensein eines solchen Baues schließen zu können, waren
sie doch interessant und lohnend genug, um zu einer Forsetzung dieser Forschungen zu ermuntern, ja, aufzufordern.

Der Ausschuß des vaterländischen Geschicht-Vereines fand sich um so
mehr angeregt, das im vorigen Jahre Begonnene weiter zu verfolgen, als
der Wasserstand heuer in Folge der anhaltenden Trockenheit ungleich günstiger war und einem befriedigenden Resultate der Untersuchungen von dieser
Seite mindestens kein Hinderniß entgegen zu stehen schien.

Es wurde sofort in der zweiten Hälfte des Septembers der Vereins-
Scriptor, Herr Alois Weiß, von drei Arbeitern begleitet und mit Holz-
böken**) und Baggerschaufeln versehen, entsendet, um erneuerte Forschungen
an der schon im vorigen Jahre durch einige ganz interessante Fundstücke sich
kennzeichnenden Stelle vorzunehmen.

Diesen zufolge ist nun das Dasein einer Pfahlbaute in
der Mitte des genannten Seees wohl nicht mehr zu bezweifeln und es wird
durch fernere Nachforschungen, welche der Geschichtverein jedenfalls veranlassen wird, nur darzuthun sein, ob diese alt sei oder aus neuerer Zeit
stamme.

Nach dem Berichte des Herrn Weiß, der seine Aufgabe mit anerken-
nenswerter Umsicht und Sachkenntniß vollführte, mißt die fast in Mitte
des Keutschacher Seees gelegene Pfahlstelle beiläufig 40 Schritte in der Länge
und 25 Schritte in der Breite und bildet ein Oval, welches die Richtung
von Nord-Ost gegen Süd-West hält. Die Pfähle, deren Anzahl sich nach
beiläufiger Schätzung auf 2—300 beläuft, haben 3—12" im Durchmesser und stehen mehrentheils eng aneinander. Das Pfahlwerk ist theils
mit einer Schlammschichte bedeckt, theils überragt es diese stellenweise bis
zu 3' Höhe, wurde aber, ungeachtet des heuer so niedrig gewesenen Wasser-
standes, allenthalben vom Wasser überspült gefunden. Die Räume zwischen

---

*) „Carinthia", Oktober-Heft 1864, Nr. 10.
**) Kurze dicke Balken mit je vier hohen Füßen.

einzelnen, nicht fest aneinander stehenden Pfählen sind mit Steinen ver-
rammt. Diese Beschaffenheit des Pfahlbaues konnte nur dadurch eruirt
werden, daß einer der Arbeiter in das Wasser stieg, das ganze Pfahlwerk
umging und, so weit es möglich war, die Stellung der Pfähle untersuchte.
Leider konnten wegen der niederen Temperatur des Wassers diese Untersuchungen nur von kurzer Dauer sein und deßhalb auch nur beschränkte und
weniger genaue Resultate liefern.

Nach mehrstündiger fruchtloser Arbeit, für welche die mitgebrachten
Holzböcke sich als ganz unbrauchbar erwiesen und auch die Baggerschaufeln,
mit denen man zwischen die eng beisammen stehenden Pfähle nicht einfahren
konnte, keine Dienste leisten konnten, traf man auf eine weiche Stelle von
wenigen Quadratfußen im Flächenmaße, wo keine Pfähle sich vorfanden.
Hier wurden nun die Baggerschaufeln — und nicht ohne Erfolg — angewendet.

Man stieß nun auf drei übereinander liegende Schichten, deren erste
— oberste — aus einer beiläufig 4" mächtigen Schlamm-Masse besteht;
unter dieser liegt eine weitere Schichte groben Sandes, in welchem sich kleine
calcinirte Schnecken in sehr großer Menge vorfinden. Die dritte — unterste
— Schichte bildet eine aus vermodernden organischen Stoffen entstandene
filzartige Masse von schwärzlicher Farbe, in welche Topfscherben, Steine, Knochenreste, Kohlen, Holzstückchen ꝛc. förmlich einge-
wachsen sind, so, daß sie nur mit Mühe daraus gelöset werden können.

Die von Herrn Weiß mitgebrachten Topfscherben sind Bruchstücke
sehr roher, offenbar mit freier Hand — ohne Drehscheibe — verfertigter
Geschirre aus schwarzgrauem, ziemlich reinem Thone; auf einer derselben
sind sehr einfache Zeichnungen sichtbar, welche mit einem stumpfen
Werkzeuge — vielleicht nur mit einem Stückchen Holze — eingegraben worden sind.

Diese Topftrümmer sind den im Jahre 1864 von Herrn Ullepitsch
aufgefundenen ganz ähnlich und gleich diesen unbezweifelbar von sehr hohem
Alter.

Hiernebst brachte Herr Weiß Stückchen vegetabilischer Kohle, ange-
brannte Lehmstücke, das Bruchstück eines Röhrenknochens (von einem Säugethiere kleinerer Gattung herrührend) und ein wie ein T gestaltetes, auf
beiden Seiten leicht abgeschliffenes Stück Glimmerschiefers, welches diese
Form kaum anders als auf künstlichem Wege erhalten haben konnte.

So karg nun an und für sich diese Ausbeute ist, so dürfte sie — im
Vereine mit den übrigen Ergebnissen der heurigen und mit dem Gesammt-

resultate der vorjährigen Forschungen — doch schon jetzt zu dem ziemlich sicheren Schlusse berechtigten, daß man hier ein sehr altes Pfahlwerk vor sich habe.

Hiebei fällt vorzüglich auch die Thatsache ins Gewicht, daß im Bereiche der ganzen Pfahlstelle und ihrer näheren Umgebungen bis jetzt nicht das geringste Ueberbleibsel irgend eines Geräthes (Geschirr= oder Ziegel=Trümmer, Eisen= oder Holzwerk u. dgl.) aufgefunden wurde, welches — einer uns näher liegenden Zeit entstammend — auf eine neuere Baute schließen lassen könnte. Dagegen ist aber nicht minder bemerkenswerth, daß im Geschichtmuseum in Augsburg ein aus einer alten Pfahlbaute der Schweiz dahin gelangter Reib= oder Mahlstein aufbewahrt wird, welchem der in unserem Keutschacher=Pfahlwerke im vorigen Jahre aufgefundene Reibstein im Materiale, an Form wie an Bearbeitung bis zum Verwechseln ähnlich ist. Auch die aus diesem letzteren bis jetzt zu Tage gebrachten Topfscherben haben entschieden den Typus der Geschirre, welche man als Culturüberreste aus der Steinzeit annimmt.

Wir wollen demnach hoffen, daß eine dritte Durchforschung dieser, unser Interesse schon jetzt lebhaft in Anspruch nehmenden heimatlichen Pfahlstelle, welche der Geschichtverein, wenn nicht elementare Hindernisse dagegen eintreten, im Sommer nächsten Jahres mit den nach den jetzt gemachten Erfahrungen nothwendigen Hilfsmitteln zu veranlassen beabsichtet, uns über das Alter derselben nähere Anhaltspunkte bringen und die aufgewendeten Kosten und Mühe durch ein der vaterländischen Geschichte zu Nutzen kommendes günstiges Resultat lohnen werde.   Gallenstein.

Im November 1865.

———•———

Beiträge zur Kenntniß der Volkssitte und des Aberglaubens in Kärnten.

„Mundus vult decipi, ergo decipiatur." Wer kennt ihn nicht, diesen quasi-machiavellistischen Ausspruch, der sich aber bewährte vom Urbeginne der Geschichte an bis zur gegenwärtigen Stunde und wahrscheinlich gelten wird so lange als Menschen auf der Erde leben. Denn der Hang zum Wunderbaren, Geheimnißvollen ist und bleibt nun einmal ein gemeinschaftlicher Zug in der Natur des Menschen in allen Himmelsstrichen und zu allen Zeiten, und wird darum auch überall und immer von Schlauköpfen sorgfältig ausgebeutet und zu ihrem Vortheile verwerthet. Mundus vult decipi, will Sand in die Augen; sie verlangt es so und die Sandschleuderer, alle die verschiedenen Barnums und Schwindler finden noch überdieß ihre prächtige Rechnung dabei. Und glaube man ja nicht, daß die sogenannte „Masse" nur aus der Hefe des Volkes, aus den niedersten Klassen desselben bestehe. Nein! sie rekrutirt sich auch zeitweilig aus solchen Individuen, welche den höhern Ständen angehören, aber vom Hange zum Geheimnißvollen sich eben so wenig als das gemeine Volk loszutrennen im Stande sind. Man denke nur an die Tausende von Amuletten, welche zur Zeit des Krimkrieges von den französischen Militärs, auch höherer Kategorie, vertrauensvoll zum Schutze gegen die feindlichen Kugeln und Krankheiten auf sonst muthiger Brust getragen wurden, und erinnere sich an die in jüngster Zeit vorzüglich in Amerika, jetzt aber auch in unserem Erdtheile zu Paris, dem modernen Babylon, grassirende Geistesepidemie des Geisterklopfens, der Gespenstererscheinungen und dergleichen Humbug, welcher gerade unter Menschen, den höhern Ständen angehörig, so viel Anklang gefunden hat und noch findet. Kann und will man es dann dem gemeinen ungebildeten Volke gar so sehr verargen, wenn es von der angezeigten Sucht auch nicht frei ist, sollte sie auch hier aus nahe liegenden Gründen in höheren Prozenten auftreten, und wenn es zur Permanenz des Wunderbaren freiwillig sein Schärflein durch längere Zeit beitragen will? Und so beginne ich denn zur Illustration des in Kärnten unter tausenderlei Formen auftretenden Aberglaubens und der Volkssitte auch mit dem Wunderbaren und Geheimnißvollen, nämlich den an verschiedenen Orten etablirten Wunderdoctoren beiderlei Geschlechtes und den Volksärzten, deren Name strahlt in unserem Vaterlande vom Auf- bis zum Niedergange der Sonne und deren Hilfe gesucht wird vor, während, und nach den Visiten eines geprüften Arztes. Wann hat es ein graduirter Heilkünstler, ein Doctor Medicinä in Kärnten, der sein ganzes reiches Wissen und alle seine Kraft dem Wohle seiner leidenden Nebenmenschen widmet, jemals zu einer solchen Berühmtheit gebracht, als so ein Bauernarzt? Wann ist sein Ordinationszimmer von Hilfesuchenden so belagert als die rauchige Stube eines Wunderdoctors oder Doctoren auf dem Lande? Da geht es vorzüglich an Sonn- und Feiertagen gerade so zu, wie die „Carinthia", Heft 11, S. 431 aus Franken berichtet. Man geht und fährt zu ihm oder zu ihr wie zu einem Wallfahrtsorte, in deren Nähe sie auch wirklich öfters ihr lucratives Geschäft betreiben. Da kommen und sitzen nun zahlreich die von den Kranken um Hilfe ausgesendeten Boten mit dem obligaten, nie fehlenden Urinfläschchen andächtig und geduldig in ihren Händen oder falls dasselbe von einer schönen Jungfrau stammt auch wohl ziemlich verschämt in der Tasche. Nun fängt Hippokrates, Lieblingsschüler auch unverzüglich an, sich in vollem Glanze seiner Wissenschaft zu offenbaren und drastisch auf sein ganz verdutzt und mäuschenstill horchendes Boten-Auditorium einzuwirken. Die Harngläschen prüfend gegen das Licht haltend, weiß er jede Krankheit, äußerliche und innere, bei Menschen und Vieh mit wichtiger Miene aus denselben herauszulesen, ja manchmal im prophetischen Geiste sogar ein Wort über das Alter, Aufenthalt, Gewerbe des Kranken geschickt mit einzuflicken. Staunend vernimmt es die gläubige Schaar, bezahlt die fixe Taxe von 10 oder 20 Kreuzern, die mitzunehmende Medizin nicht mitgerechnet, und verläßt reich an Hoffnung und Trost für den zu Hause schon ungeduldig harrenden Kranken Aesculaps heiligen Tempel. Die Diagnosis eines solchen Bauernarzten ist jedenfalls unfehlbar, und sollte ihm auch dann und wann etwas Menschliches begegnen, daß er z. B. bei seinem Harngucken in der Erkenntniß der Krankheit, des Geschlechtes und dergleichen dennoch einen derben Schnitzer macht, so trägt natürlich nicht er, sondern nur der Bote oder der Kranke selbst die Schuld davon. Es wurde dann z. B. ein Theil des mitzunehmenden Urins verschüttet, oder er wurde zu viel durcheinander gebeutelt, so daß der Schmerz auf der rechten Seite des Leibes im Glase auf die linke zu stehen kam oder zu einer unrechten Stunde vom Kranken genommen. So gerirt sich der eigentliche landesberühmte Bauernarzt, von dessen Kunst im Harngucken unter dem Volke so manche sehr drollige Geschichten curfiren, welche zu seinem Ansehen nicht wenig beitragen, deren Aufzählung aber mich zu weit führen würde, obgleich sie mir durch die lange Zeit meines Aufenthaltes mitten unter dem Volke genau bekannt wurden, nicht minder als die geheimen Mittel, welche ein solcher Taschenspieler zur Inscenesetzung seines medizinischen Hocuspocus listig zu gebrauchen weiß. Allein mundus vult decipi! So ein ausgetrommelter „Gaiarzt" war z. B. vor einigen Jahren der täglich illuminirt gewesene „Jager" in W..., der Zulauf hatte auf viele Meilen in der Runde und sein Nachbar in T. bei F..., der alte Kr... Sie ruhen nun schon aus von ihrem Tagewerke. Wo möglich war der Name des Letzteren noch mehr in Kärnten berühmt, denn ich hörte ihn und den Maria-Saaler Abdecker preisen sogar in der nordwestlichsten Spitze Kärntens, in der Nähe des

Großvaters „Glockner". Seine Praxis und Fertigkeit im „Einrichten" und Heilen gebrochener Beine mittelst eines Pflasters, dessen Bereitung als Familiengeheimniß nicht ausgeplaudert wurde, verdient auch wirklich Anerkennung. Er verstand dieß Geschäft und spendete in diesem Punkte vielen Leidenden reelle Hilfe. Wegen Heilung innerlicher Krankheiten war er weit weniger berühmt. Jedoch nicht immer bereitet der Bauernarzt sein Pflaster, seine Salbe oder Medicin mit eigener Hand, sondern er versteht sich auch darauf, es nobel einem studirten Doctor „nachzumachen" und seine Orakelsprüche in halben Zoll langen Buchstaben in der nächstgelegenen Materialwaarenhandlung oder wohl gar Apotheke gegen baare Bezahlung in „materia medica" umzuwandeln. Gewisse Procente davon oder doch mindestens eine namhafte Gratification fließen ja ohnehin wieder zurück in seine Tasche, abgesehen davon, daß mittelst dieses Verfahrens auch eine gewisse Controle vonwegen des „Fortschickens in die andere Welt" hergestellt wird. Das Geschlecht der Bauernärzte ist übrigens unvertilgbar. Kaum segnet irgendwo einer derselben das Zeitliche, so steht in einer andern Gegend irgend ein Kleinhäusler, Holzknecht, Jäger, Abdecker, Inwohner oder Gästin als Erbe seines Ruhmes auf, denn das Metier ist rentabel. Was aber den wahren Wunderdoktor per eminentiam anbelangt, dessen Industriezweig gegenwärtig in einer Ortschaft unseres Heimatlandes nicht ferne vom Schreiber dieser Zeilen durch eine Person aus dem weiblichen Geschlechte vertreten wird, obschon es wahrscheinlich ihrer mehrere in Kärnten geben wird, so verschmäht derselbe, als wüßte er die Grundsätze der Neuzeit, alle und jede Medizin, braucht aber auch kein Wasser, weder kaltes noch warmes, keine Bäder, bekümmert sich auch nichts um Reinlichkeit und gesunde Luft, sondern kurirt bloß „sympathetisch" darauf los, indem er Gebete murmelnd hinaus in den Wald geht, und dort das Urinfläschchen unter gewissen Segenssprüchen und Anrufungen in einen Ameisenhaufen oder ins Moos vergräbt. Probatum est. Hilft es nicht, so hatte der Kranke keinen „felsenfesten Glauben" an die Wirksamkeit solcher geheimer Mittel und dann haben sie keinen „Erfolg". Daß sogar auch Personen aus Städten und Märkten bisweilen ihren Harn zum Begucken solchen Leuten überschicken, und Hilfe von ihnen begehren und erwarten, wenn sie erkranken, soll hier nur vorübergehend berührt werden, denn es ist für die Kulturstufe des Landes eben kein erfreuliches Zeichen. Das zeitweilige „Einkasteln" der renommirten Volksärzte, wie es bisweilen beliebt wird, um dem Aberglauben die Nahrung zu nehmen, führt zu gar nichts; sie erscheinen dann nur als Märtyrer ihrer guten Sache für die leidende Menschheit; das Volk hat Mitleiden mit ihnen, redet von Brodneid u. s. w. Nur die gesunde Ueberzeugung des Volkes, daß es von dergleichen Menschen an der Nase herumgezogen wird, ist allein im Stande, ihnen gründlich das Handwerk zu legen. Doch dazu ist vor der Hand noch keine Aussicht vorhanden.

Ich gehe nun auf einen andern Punkt über, auf einen Aberglauben nämlich, der ebenfalls durch das ganze Land verbreitet, aber weniger harmlos ist als der erstangeführte; es ist der festeingewurzelte Glaube an Hexen und Zauberer, der sich durch eine Menge dahinzielende Gebräuche und Ansichten täglich und stündlich vor meinen Augen zu erkennen gibt. Alles zu diesem Genre Gehörige zu berühren ist wohl unmöglich und auch zu eckelhaft für die gesunde Vernunft; ich begnüge mich also, nur Einiges davon anzuführen, was mehr auffällig ist. Kaum naht mit dumpfem Grollen ein drohendes Gewitter, so geht eiligst in Verwirrung und Angst entweder die Hausfrau oder die Küchenmagd zur Herdstätte, um eine geweihte Kerze anzuzünden und selbe auf den Tisch zu stellen. Auf glühende Kohlen werden dann verdorrte Zweige von Weidenbäumen, gewöhnlich von Salix daphnoides (der lorbeerblättrigen Weide), welche am Palmsonntage sind geweiht worden, dann Haare von Menschen und Vieh, Partikel von gedorrten Excrementen und altem Leder, verschiedene Feldblumen gelegt, und dadurch die ganze Umgebung in Rauch und Gestank gehüllt. Während nun der Rauch gegen die Wolken wirbelt, wird mit Weihwasser rings herum Haus und Hof besprengt und schließlich werden bei der geweihten Kerze am Tische mehrere Gebete gesprochen. Es bedarf wohl nicht der Erwähnung, gegen wen eigentlich alle diese Vorkehrungen, sowie das gleichzeitige Wetterläuten und Wetterschießen, an dem das Landvolk noch immer mit ganzer Seele hängt, gerichtet sind. Wenn finstere Blicke, die den kaum verhaltenen Ingrimm der Seele verrathen, Dolche wären, und das Errichten und Anzünden von Scheiterhaufen gesetzlich gestattet würde, wehe dann allen harmlosen und noch so wohlwollend denkenden Menschen, die aber beim Volke wegen ihrer Vorliebe zu physikalischen, botanischen, zoologischen und dergleichen Studien im Verdachte stehen, Zauberei zu treiben, und die schwarze Kunst auszuüben. Ohne Gnade und Barmherzigkeit würden sie, wenn ein zermalmender Hagelschlag die Felder verwüstete, auf dem lodernden Holzstoße zu Pulver verbrannt und dasselbe in alle Winde ausgestreut werden! — Bezüglich der Zerstörung der Feldfrüchte durch Sturmwind und Hagelschlag, dann des Umstehens seines lieben Viehes, was natürlich auch nur immer den verfl . . . „Zaberern" auf's Kerbholz geschrieben wird, versteht der Landmann nicht viel Spaß. „Gott wird das nicht wieder zerstören, was er so schön hat herwachsen lassen", sagte heuer im August eine Bäuerin zu mir, als ich, Schutz vor dem Un- gewitter suchend, welches am selben Tage rings herum die Fluren ver- heerte, in ihr Haus einzutreten gezwungen war, das thut nicht Gott, sondern die Zaberer, die es uns mit ihrer Kunst „anthun". — Kaum war dann das Gewitter vorüber, so erblickte ich am Fahrwege, den ich wandern mußte, auch sofort eine ganze Kette von Kreuzen und Truden- füßen, welche, aus zerknitterten Halmen, abgeschlagenen Baumzweigen, Rinden, Zaunstöcken u. s. w. bereitet, ein untrügliches Mittel gegen die Einwirkungen des bösen Feindes, der Hexen, Zauberer und Truden sind, welche trostlose Ansicht mir schon lange Zeit vorher genau bekannt war. Man legt sie hin, auch in „Friedenszeiten" auf alle Wege und Stege; in Flur und Wald und zeichnet sie mit Kreide an die Haus=, Zimmer- und Stallthüren, um das Eindringen der „Truden" und des Satans zu verhindern. Stereotyp aber stehen sie allezeit bei und zwischen den Anfangsbuchstaben der heil. drei Könige an den Zimmerthüren. Manche Krankheiten unter Menschen, welche sich der bäuerliche Verstand unmög- lich zurecht legen kann und die meisten der Epidemien unter dem Vieh- stande des Landmannes werden gewöhnlich der Hexerei und Zauberei, der schwarzen Kunst böser Menschen zugerechnet. Die Menschen sind „vermant", dem Vieh ist es „angethan" worden, so lautet die Antwort, wenn die Landleute offenherzig ihre Meinung darüber zu äußern sich getrauen. Zum Glück weiß man auch wieder Gegenmittel gegen die heimtückischen Angriffe des Satans und seines Anhanges. Noch steht mir lebhaft eine Scene im Gedächtnisse, welche sich vor etwa 3 Jahren am Hofe eines bäuerlichen Besitzers in meiner Nähe entwickelte. Es war dort unter dem jüngeren Hornvieh eine endemische Krankheit aus- gebrochen, und derselben drei bis vier Stücke zum Opfer gefallen. Wie wollte sich nun der Landmann gegen den sein liebes Vieh bebräuenden bösen Zauber schützen? Er ließ durch einen seiner Knechte einer umge- standenen Kalben den Kopf abschlagen, um selben ober der Stallthüre zu befestigen. Bei dieser Prozedur aber fiel der Knecht sammt dem animalischen Antidot von der Leiter herab und beschädigte sich dergestalt, im Hüftgelenke, daß er von der zauberischen Arena mußte weggetragen werden. Jetzt war es ihnen doch wohl sonnenklar, daß sie es mit höheren finsteren Mächten zu thun hätten, und einige Kernflüche und gutgemeinte Verwünschungen halb und halb zwischen den Zähnen unterdrückend, gaben sie jeden weiteren Versuch, der Hexerei muthig die Stirne zu bieten, auf. Aber Trudenfüße und Kreuze in und außer dem Stalle in Hülle und Fülle mußten wenigstens etwas Ersatz leisten für den mißlungenen Hauptstreich, den man den Hexen oder Zauberern hämisch spielen wollte. Auch wurde mit geweihten Ingredienzien weidlich der Stall beräuchert und mit Weihwasser besprengt. Mehr bedurfte es auch nicht, die Seuche hörte bald auf. Die Thierarzneikunde liegt da noch arg in der Wiege. Gegen Hexereien vermögen die Medicinen gar nichts, da muß man andere Mittel brauchen, die aber als Geheimniß weniger Auserwählten unter dem Deckmantel tiefster Verschwiegenheit nur wenigen guten Freunden mitgetheilt werden und alle andern, die nicht zur ländlichen Bevölkerung zählen, äußerst schwer erfahren. Mehr noch lüftet der Zufall und eine stichhältige Combination den Schleier. Ich will ein Beispiel darüber anführen. Ich brachte in Erfahrung, daß eine wohlhabende Bäuerin schwer erkrankt darnieder liege und es nicht ungerne sehe, wenn ich ihr einmal eine Visite abstatten würde. Nun wohl, ich ging. Beim Eintritte in die Krankenstube, Herr Jesus! was sah ich? Die arme Dulderin hatte die Gelbsucht im höchsten Grade! Ihr Gesicht war nußbraun, beinahe grün, die ganze Gestalt abgemagert und erschöpft. Neben ihr, zur Seite des Bettes, saß eine alte häßliche Vettel, eine „Bauernärztin", welche bei ihr Cur-Gastrollen gab und ihr den Rath ertheilte, die beste Hülfe gegen Gelbsucht sei eine rothe Wachskerze, welche am heil. Berge (Luschariberg) ist geweiht worden. Eine derlei Kerze ringelte sie gleich einer Schlange auch wirklich um den Hals der Bäurin und machte ihren Anblick noch viel grauenhafter. Die Kranke genas zwar nach längerer Zeit wieder, aber nicht in Folge des fabelhaften Unsinns, sondern eines rationellen Heilverfahrens. Solche Beispiele der crassesten Thorheit gibt es in Menge. Stirbt nun Jemand, so wird während seines Dahinscheidens ihm eine geweihte Kerze in die Hand gedrückt, manchmal auch das sogenannte Loretto-Glöcklein geläutet, vorzüglich aber die Wände des Gemaches, die Dielen, das Krankenbett, der Sterbende und die bei ihm Anwesenden mit Weihwasser gleich einem Platzregen übergossen, um der Zudringlichkeit des Satans eine Nase zu drehen! Probatum est. — Das Bettstroh wird bald nach erfolgtem Tode auf einem deserten Orte außer dem Hause verbrannt, um zu verhindern, daß der Geist des Verstorbenen nicht in das Haus zurückkehre, die Hinterlassenen zu beun-

ruhigen. Rührend und ergreifend ist übrigens in der Gegend, wo Ein-
sender Dieses lebt, die Sitte, daß die Leichenträger auf dem Gange zum
Friedhofe die Todtenbahre bei einem jeden Hause, wo der Weg vorüber
führt, zur Erde setzen, ihr Haupt entblößen, niederknien und ein Vaterunser beten. Oft ein erschütternder Anblick, wenn Beziehungen der
Freundschaft und herzlichen Einverständnisses statt hatten zwischen dem
Verstorbenen und den Hausbewohnern, und die Leichenbegleitung nun
mit thränenfeuchten Blicken hinschaut zur Stätte, wo der Verstorbene
so oft geweilt hat und von der er nun gleichsam Abschied nimmt! Ein
Akt tiefpoetischer Natur, wie er in Städten wohl nicht zu finden und
wegen des Obwaltens ganz anderer Localverhältnisse wohl auch nicht
anwendbar ist. Da ich gerade von den Todten rede, darf ich auch des
Vogels nicht vergessen, der durch sein Erscheinen oder Geheul um oder
in der Nähe eines Hauses nach allgemeinem Dafürhalten einen Sterbe-
fall vorher verkündigt, des „Todtenvogels“ — eine Eulen-Art. Von
dem tiefeingreifenden Nutzen, welchen dieses Vogelgeschlecht vorzüglich
dem Oekonomen gewährt, hat der Landmann nicht den mindesten Begriff.
Schonungslos wird ihm von Jägern und Landleuten der Krieg erklärt
und er im Falle seiner Habhaftwerdung oder dem Scheunenthor ange-
nagelt, denn er ist und bleibt nun einmal der Todtenvogel, der von
Jung und Alt gründlich perhorrescirte Todtenprophet. Man verzeihe
mir, wenn ich auch für diesen allgemeinen Glauben einen Beleg aus
eigener Erfahrung anführe. In die geräumige Vorlaube eines Pfarr-
hauses hatte sich eines Abends im Zwielichte ein Steinkauz (Strix noctua)
welcher in der Nähe seine Brutstätte hatte, hinein verstohlen und setzte
sich dort ganz gemüthlich an den Rand eines umgestürzten Fasses. Die
Wirthschafterin, welche mit dem Lichte in der Hand, zuerst an ihm —
mit seinen runden feurigen Augen — vorüber ging, fiel bei seinem Anblicke mit einem furchtbaren Angstschrei zu Boden und in gefährliche
Convulsionen und mußte bald darauf mit den Sterbesacramenten versehen werden. Das ganze Haus gerieth, wie bei einer feindlichen In-
vasion, in Allarm, bis endlich der mittlerweile hinzugekommene Pfarrer
in eigener Person den zweibeinigen gefiederten Unhold entfernte und so
den Aufruhr der geängstigten Gemüther wieder beschwichtigte. Dies
ereignete sich zu Ende Februar. Im April darauf war der Pfarrer
eine Leiche! Wer zweifelt nun daran, daß der „Kauz“ seinen Tod vorher
verkündete? Von den Landleuten vorweg Niemand, sie fanden darin nur eine
handgreifliche Bestätigung ihres alten Glaubens. Um nun solchen oder

ähnlichen unliebsamen Bescherungen, als: dem Verheren von Menschen und Vieh, dem eventuellen „Anthun" mit allerlei Uebel — vorzubeugen, werden die sogenannten Haussegen, gedruckte Bögen mit Bildnissen, verschiedener Heiligen und mit den kräftigsten Anrufungen derselben gegen alle höllischen Einwirkungen — an die Haus- und Stallthüren genagelt. Mehrere Kreuzzeichen und das Evangelium Johannis: Im Anfange war das Wort u. s. w., findet man auch an den meisten derselben. In jüngster Zeit bemerkte ich indeß eine Abnahme derselben, sie sind nicht mehr besonders in der Mode. Man beräuchert ja ohnedem an vielen Orten Kärntens, an den Vorabenden der 3 großen Festtage, als Weihnachten, Neujahr und h. 3 König, wie es ein Aufsatz in der „Carinthia" vom Jahrgange 1864 deutlicher auseinandersetzte, Haus und Hof, Feld und Weg in feierlicher Prozession aller Hausbewohner und spendet überall hin reichliches Weihwasser zum gleichen Zwecke, macht auch frische Kreuzzeichen und Trudenfüße mit den stereotypen C. M. B. an die Thüren, um dem Satan in Trudengestalt den Eingang zu verschließen. Gelingt es dessenungeachtet einem solchen verhaßten Kobold, in ein Haus oder in einen Stall sich einzudrängen, so findet sich allerdings auch in Kärnten hie und da ein renommirter Hexenmeister, ein in die Mysterien der Zauberei Eingeweihter, welcher sich gut darauf versteht, sie aus der Behausung wieder hinaus zu escamotiren. Auffallend ist es übrigens, daß viele von den Gebräuchen, Sitten, Meinungen und dergl. in Franken, wie selbe von dem Pfarrer und Senior in Neuhaus, A. J. Jäckel, gesammelt und in der „Carinthia" Heft 11, S. 430 ꝛc. angedeutet sind, mit denen in Kärnten eine sehr große Aehnlichkeit zeigen und somit auf einen gemeinschaftlichen Ursprung, eine und dieselbe Quelle: eine einstige Zusammengehörigkeit der Deutschen hüben und drüben hinweist. Wie sehr überraschte es mich, als ich im gedachten Artikel der Carinthia denselben Volksglauben über das Haus-Rothschwänzchen (Sylvia tithys) las, den ich im vergangenen Sommer aus dem Munde eines 8jährigen Schulmädchens vernahm, welches auf meine Frage, ob es den kleinen Vogel, welcher dort am Zaune sitzt, kenne, mir zur Antwort gab: „Ja, das ist ein „Brandele", das Nest von so einem Vogel darf man nicht zerreißen, ihn und seine Jungen nicht umbringen, denn sonst brennt das Haus ab, wo dies geschehen ist." — Prosit! da hätten wir ja auch hier in Kärnten manchen von W. Menzel vertheidigten, in pädagogischer Beziehung nutzbringenden Aberglauben! W. Menzel hat Recht: gäbe es unter dem Volke nur keine schlimmeren und nachtheiligeren Vorurtheile, als das eben angeführte oder ähnliche, so könnte man] sich getrost über den Aberglauben hinwegsetzen. Und wer steht denn dafür, daß manche von Denjenigen, welche sich jetzt ungeheuer gelehrt und weise dünken, nicht auch solche Meinungen hegen und pflegen, worüber — als über grundirrige Vorstellungen, — kommende Geschlechter die Geißel des Spottes schwingen werden? Liegt es doch in der Natur der Dinge, daß Vernunft und Wissenschaft sich mühsam Bahn bricht und langsam vorwärts schreitet in den Begriffen und Vorstellungen der Massen. Der Unvernunft hingegen sind viele Wege und Köpfe offen, und Unwissenheit leitet sie irre. Ist nur einmal der Unterricht in den Volksschulen auf eine höhere Stufe gehoben, namentlich — was nicht genug betont werden kann — einige Kenntniße von den Naturwissenschaften durch die Hand verständiger Lehrer uuter die niederen Klassen des Volkes gestreut, dann werden auch in unserem Vaterlande die Nebel mancher irrigen Meinungen zerfließen. Gegenwärtig sieht es mit der Naturge- schichte unter der ländlichen Bevölkerung freilich noch traurig genug aus, und wohl höchst selten hat Jemand am Lande z. B. vom Magnetismus oder der Electrizität auch nur den mindesten Begriff, hörte kaum einmal in seinem Leben den Namen davon aussprechen. Niemals, während meines langen Aufenthaltes auf dem Lande, hatte ich diese wissenschaftlichen Benennungen aus dem Munde eines Landmannes vernommen! Sieht er dann erst die Erscheinungen und Wirkungen dieser räthselhaften Naturkräfte, dann ist es freilich kein Wunder, daß er darüber ganz perplex wird und sich nicht anders zu helfen weiß, als schnell an den Teufel zu denken! Als ich vor einigen Jahren eines Tages einem mich besuchenden Landmanne einen Compaß zeigte, selben auf den Tisch legte und nun des Scherzes halber mit einem Magnetstabe unter die Tischplatte fuhr, um die Nadel in vibrirende Bewegung zu versetzen, da wurden seine Mienen sehr ernsthaft, er nahm seinen Hut und stürzte zur Thüre hinaus, war auch nie wieder zu bewegen, mein Zimmer zu betreten. Einem andern Bauer zeigte ich einen Bücherscorpion (Cholifer cancroides), der gerade in dem Objektträger meines Microscopes eingespannt war. Beim ersten Blicke in das Instrument prallte er erschrocken zurück, schüttelte den Kopf und meinte, daß er mit solchen „Zauberkünsten" nichts zu thun haben wolle! Ich bemerkte auch von dieser Zeit an, daß man mich mit mißtrauischen Blicken betrachtete, sich oft mit Kreuzen und Trudenfüßen gegen mich in vermeintliche Sicherheit stellte, und mir zweifelsohne das Diplom eines „Hexenmeisters" unweigerlich ausgestellt haben würde.

wenn ich mich darum beworben hätte. Wie oft hörte ich, bei ländlichen Conversationen, den Telegraphen, den Dampfwagen, das Dampfschiff und Aehnliches der Neuzeit unter die höllischen Künste zählen, und ganz ernsthaft die Neuigkeit mittheilen, daß der „Thomele" vorgestern der „Sannl", als sich dieselbe bei einem Falle auf dem Eise stark das Hinterhaupt beschädigte, die heftige Blutung mit dem „Abbeten" gestillet habe. „Mei Rößle ist jetzt immer gesund, meinte ein anderer Landmann, seitdem ich ihm geweihete Sachen in einem Beutelchen, um den Hals gehängt habe, das Vermante kumt hiaz nit mehr! —" Und solche Dinge gibt es noch viele. Ich kann sie nicht alle aufzählen, der Raum gestattet es nicht. Die Billigkeit erfordert es jedoch, im Hinblicke auf die vielhundertjährige Quelle seiner Irrthümer, in manchen Punkten wenigstens theilweise den Landmann zu entschuldigen. Die ersten Saugwurzeln mancher Vorurtheile wachsen ja in einem ganz andern Grund und Boden. Die fernere Erörterung eines Gegenstandes von so heiklicher Natur gehört aber nicht hieher, und was die Bauern-Aerzte anbelangt, an welchen das Volk mit so zäher Ausdauer festhält, ist es vorzüglich der Kostenpunct, welcher so bedeutend in die Wagschale fällt. Denn es kann doch gewiß nicht für einerlei gelten, in geldarmen Zeiten schon gar nicht, ob der Landmann oder sein armer Knecht oder eine Magd mit 20 Kreuzer oder mit 20 Gulden genesen oder — sterben kann! Schon bei dem bloßen Namen „Doctor" sträuben sich so einem armen Teufel alle Haare zu Berge! Na, sagte ein Bäuerlein zu mir, „an Doctor mag i nit, i will liaber sterben; i that ja mei ganzes Hüeble mit ihm verarztnen, und meine Kinder und der Notar bekameten nachher nir." Ich schwieg; das Argument entbehrte nicht jeglicher Begründung, und instinktmäßig trifft das Volk öfters den Nagel auf den Kopf. —

Die freundlichen Leser der „Carinthia" mögen es mir noch zu Gute halten, wenn ich zum Schlusse der vorstehenden Bemerkungen über einige kärntnerische Meinungen und Gebräuche im Volke auch noch eines Usus erwähne, der noch hie und da im Lande sich äußert, allein von Jahr zu Jahr seltener wird und dem Aussterben nahe ist, ich meine das sogenannte: „Brechelbraut-Einreiten" zu Ende October oder Anfangs November. Ist nämlich der Flachs (Linum usitatissimum) und Hanf geröstet und gebrochen, wo die Nachbarsleute mit ihrem Dienstpersonale sich gegenseitige Aushilfe leisten, auch öftere und extra gute Recreationen stattfinden, so rotten sich am Abende, wenn der letzte Brechelschlag verklungen ist, die Knechte des Hauses oder auch wohl einige

gute Kameraden von ihnen zusammen, um „einzuretten". Zu diesem Zwecke
suchen sie mit ihren Leibern (ihrer 4) und einigen künstlichen Zuthaten so
gut als möglich die Gestalt eines Pferdes zu formiren und bedecken sich
mit Leintüchern und Pferdedecken, mit Bändern und künstlichen Blumen.
Der Roßknecht führt das Pferd, auf welchem der „Ritter" sitzt, am Zügel,
einem gewundenen Strohseile. So erfolgt der Einzug durch die Haus-
und Zimmerthüre der Gesinde-Stube. Manchmal, bei größeren Gehöften,
ziehen auch wohl 2 Schimmel ein. In dem Gefolge des „Ritters" befinden sich ein „Schmid" und ein „Abdecker" mit ihren Ehehälften,
wenn genug Personale hiezu vorhanden ist. Mit einigen stereotypen
einleitenden Sprüchen begrüßt der „Ritter" die Versammlung in der
Stube, in deren einem Ecke, in einer gedeckten Stellung hinter dem
großen Speisetische die sogenannte „Brechelbrautmutter" sitzt, und allerlei
wünschenswerthe Sachen, z. B. eine Schnapsflasche, Weizenbrod, Obst,
künstliche und natürliche Blumen, bunte Bänder, Tabak u. dgl., auf einer
Bank hinter ihrem Rücken birgt. An sie ist jetzt die Ansprache des
„Ritters", die Enthüllung der Absicht, warum er gekommen, vorzugsweise gerichtet. Da entdeckt plötzlich — mitten im Flusse der Rede —
der dienstthuende Schmid, daß eines der Hufeisen am Roße schadhaft
sei. Er will den Fehler sogleich verbessern und das Roß an diesem Fuße
neu beschlagen. Der Abdecker protestirt aber dagegen und meint die
„Gurn" werde ohnehin bald „crepiren" und ihm dann als sichere Beute
zufallen. Darüber finden sich natürlich Ritter, Roßknecht und Schmid
sehr beleidigt und es entspinnt sich zwischen den zwei Parteien ein scharfer
Wortwechsel, wo es an derben negativen Komplimenten keineswegs fehlt.
Endlich legen sich auch die Weiber in's Mittel, d. h. der Streit wird
noch hitziger und lauter, die Beweise endlich handgreiflich. Bänke und
Stühle fangen an in diverse Bewegungen zu gerathen, die Combattanten
balgen sich am Boden herum, die Weiber, wie Furien voll Gift und
Galle, schreien und schimpfen gegenseitig auf einander los, die Männer
drängen und puffen sich, das „Roß" erhält zufällig einen gewaltigen
Stoß, wackelt und der Reiter purzelt, aus dem Sattel gehoben, auf
die Dielen herab. Doch schnell eilen die „Hörigen", des Dienstes
wartend, zu Hilfe herbei und heben ihn wieder auf das Roß hinauf.
Er winkt und stille wird es in der Stube. Abermals gegen die
„Brechelbrautmutter" gewendet, beginnt er eine Rede, welche an cynischen,
lasciven Ausdrücken, an Zoten und beißender Persiflage des legalen
Aufgebotes der Brautleute und des gewöhnlichen Inhaltes der Ehecontracte,

so wie auch an Verhöhnung und schonungsloser Enthüllung der weiblichen Schwächen und insbesondere der „Brechelbrautmutter", wenn ihm solche etwa bekannt sind, nichts zu wünschen übrig läßt. Je besser ihm dieser Sermon gelingt, je dicker er darin die Farben aufzutragen versteht, desto größeres Beifallsgelächter begleitet seine Worte, desto mehr erröthen die anwesenden „Weibsbilder", die Blicke zu Boden senkend, besonders dann, wenn sie sich „rußig" wissen. Ist die Rede geendet, so replizirt darauf die Brechelbrautmutter und parirt die ihr zugedachten Verbalhiebe. Muthig greift auch sie die Gebrechen der Männerwelt, und selbstverständlich mit Nachdruck jene des „Ritters" an, und verreißt ihn mit möglichster Zungenfertigkeit. Es kommt nun Alles darauf an, welcher der beiden streitenden Theile ein besseres „Mundstück" hat, oder von den etwaigen Schwächen des Gegenpartes besser unterrichtet ist. Die Gegenwärtigen, eine improvisirte Jury bildend, entscheiden schnell und unparteiisch. Unterliegt der Ritter, so trollt er sich ohne Zögern, sammt Gaul und Dienstpersonale, wieder zur Thüre hinaus. Hohngelächter und Lärm folgen ihm. Zieht aber, was gewöhnlich der Fall ist, die „Brechelbrautmutter" den Kürzern, so kommt nun die Reihe des Ausgelachtwerdens an sie. Von allen Seiten ertönt der Ruf und die Aufforderung an sie: heraus nun mit den Sachen hinter der Bank, heraus mit dem Schnaps! Leistet sie der Aufforderung keine Folge, so erfolgt eine Sturmpetition, d. h. man drängt ganz einfach Tisch und „Brechelbrautmutter" bei Seite, ergreift alle die Siebensachen und theilt selbe unter die Anwesenden aus. Unter Jubel und Gelächter macht nun die Branntweinflasche die Runde im Zimmer und erquickt die vor Hitze, Schreien und Tabakrauchen trockenen männlichen Kehlen. Aber auch Ritter und Dienstmann beeilen sich indessen, sich ihrer Umhüllung an irgend einem verborgenen Orte draußen wieder zu entledigen und in die Stube zurückzukehren, um an den Wohlthaten der kreisenden Schnapsflasche ebenfalls gebührenden Antheil zu nehmen und an dem von der Brechelbrautmutter ihnen lächelnd dargereichten Weizenbrod und Obste ihre Kaumuskeln in Thätigkeit zu setzen. Der Alkohol fängt unterdessen leise an im Capitolium sich anzumelden, Gesänge erschallen und die Heiterkeit steigert sich. Da erklingen urplötzlich die Töne eines musikalischen Instrumentes! Hei! jetzt wird es erst recht lebendig in der räucherigen Stube, im sämmtlichen Pedale juckt und zuckt es, schnell ordnen sich die Paare und unter Jauchzen und Pfeifen und dergleichen Freudenbezeigungen, mehr wird nun ein vulgo Steirer- oder Polkatanz herabgestrampft, und weil mittlerweile auch Succurs an Schnaps und anderen Tanzlustigen erschienen ist, so dauern Tanz und Jubel noch einige Stunden hindurch fort, bis Mitternacht, wo endlich Mattigkeit und Schlaf ihr Recht verlangen, die Gesellschaft sich trennt, um in einigen Tagen, bei einer ähnlichen Veranlassung, in der Wohnung des „Mörtl" das alte Spiel wieder von Neuem zu gewinnen, wo man, die vorher geleistete Aushilfe redlich vergeltend, dem „Einreiten des Schimmels" und dem Zwiegespräch der zwei vorerwähnten Personen mit neuer Spannung entgegenharrt. In weitere Entfernung geht man höchst selten.

Woher stammt nun diese Sitte, welche eingeholten Erkundigungen zu Folge uralt ist? Geht sie zurück in das Mittelalter, in die Ritterzeit? Stellt sie etwa die Werbung eines Ritters um ein flachsspinnendes Burgfräulein vor, um sie aus den elterlichen Händen, als sein ehelich Gemahl sammt Mitgift in sein warmes Felsennest heimzuführen? Fast scheint das Gefolge des Ritters darauf hinzudeuten. Referent stellt indeß hierüber nur Vermuthungen auf, keine plausible Lösung und führt die Thatsache dieser kärntnerischen nun allmählig erlöschenden Sitte nur deßhalb vor, um selbe in irgend einem Werke noch früher zu fixiren, bevor jede Spur davon verschwunden ist. Sagen- und Alterthumsforscher, in ähnliche Dinge eingeweiht, werden es besser verstehen und zu deuten wissen. Der jetzige Gebrauch des „Einreitens" scheint aber seinen ursprünglichen Charakter nicht mehr ganz beibehalten zu haben, sondern durch Zuthaten entstellt worden zu sein. Vielleicht finden sich Spuren hierüber auch in andern Ländern, wo dann ein Vergleich die endliche Wahrheit und Ursprünglichkeit herausstellen könnte. Auffallend bleibt sie immerhin und darum auch werth, selbe unter die alten, hierländischen Sitten und Gebräuche zu registriren und zwar um so mehr, als von den alten unserem Gebirgslande eigenthümlichen Gebräuchen einer nach dem andern aufhört, indem die jüngere Generation der Besitzer, welche auch, Dank den nun doch schon etwas verbesserten Schulen, weniger mit Aberglauben und Vorurtheilen befangen ist, weit weniger als ihre Vorfahren auf solche Dinge gibt. Auch die verschiedenen abergläubischen Meinungen und Gebräuche werden sich mit der Zeit verlieren, nur ist mit Grund zu befürchten, daß es dann bei der ländlichen Bevölkerung, wenn nicht unterdessen allgemeinere Bildung und Gesittung intervenirt, gerade so gehen wird, wie in vielen Dingen bei den Völkern überhaupt: man verfällt von einem Extrem in's andere. —

So nun auch der Landmann vom Aberglauben in Unglauben und rohe Gleichgültigkeit. Das ist aber ein Zustand, wo der Bauer für alle übrigen Stände anwidernd und rein unverdaulich werden würde. Will man etwas unbrauchbares bei ihm niederreißen, so ist es allerdings angezeigt, gleichzeitig auch etwas Besseres daneben aufzubauen. Die bloße Negation thut es nicht.

Weihnachtslieder.

Aus dem Volksmunde in Kärnten. *)

I.

(Aus St. Gertraud im Lavantthale.)

Afa' Buebma das hats g'schlåf'n,
reckts den Kopf åff d' Hech amåll,
thuets a˜ wenig ummer gåff'n,
lousts, was ist das für a˜ G'schåll!

I' håb mei˜ Lebtag oft g'hert singen,
geig'n und pfeif'n wunder rår,
so kåns kåner z˜weg'n bringen,
wenn s der beste Spilmånn wår.

„Mein! was håst nit für a˜ weif'n!
Rüep'l gib an˜ Frid amåll,
du rüefst schon allweil, komm nach auss'n,
du måchst mier schon a˜ rechte Gåll.

Lass es singen, l'ss es geig'n
lass es immer pfeif'n auf,
wenn se gnueg håm wern's' schon schweig'n,
i' will nou' åns schlåf'n drauf.“

Ei du fauler Bårenhäuter,
knotz nit so lång im Bett,
steh nur auf und geh mier weiter,
pfui! schämst denn du di' net!

---

*) Dem Anhange zu „Kärntnerisches Wörterbuch“ von Dr. Mathias Lexer. (Leipzig, Hirzel 1862) entnommen. Vrgl. auch „Weihnachtslieder aus Kärnten“ in „Carinthia“ Nr. 34 v. J. 1855, und „Weihnachtsfeier bei den indogermanischen Völkern“ von M. Lexer in „Carinthia“ Nr. 50 — 52 v. J. 1857.

Lāss di' so oft nèt hāss'n
steig amäll aus 'n Nest heraus,
wās hilft denn dei™ länges Prèss'n,
steh auf und treib die Schäflen' aus.

„Solt i' gehn die Schäf austreib'n,
ist kām die hälbe Nācht vorbei,
dās Ding lās i' sauber bleib'n,
es wār jā rechte Nárrerei.''

Die hälbe Nacht muess sein vergāngen,
ist ja umb und umb älls liecht,
thuet die Sunn zu schein änfāngen,
dass man überäll hinsiecht.

Es ist jā alles liecht von weit'n
a's wie beim helliecht'n Tāg,
wās muess dènn das Ding bedeut'n?
i' lāf fort, dāss ig's derfrāg.

Stèff·l, i' lāss mier's nit nemen,
sie hā'm den Himb·l z'viel g·hātzt ein,
dort oub'n ist a™ Foir auskemmen,
drumb thuet's so māchti' schein™.

Richti' wird es so sein·g·schèch'n,
die Eng·l flieg·n schüppelweis,
schaug nur auf, dort wirstu sèch'n,
wās sie hāb.n für a™ G·äus.

„Mein! wās hāst für a™ närrisch Schwāts'n
jā Rüep·l, wās dier nou' einfāllt,
wer wird dènn im Himb·l hāts·n,
unserm Herrgott is nit kālt.''

Thuen mier nu™ weiter frāg·n,
gehmer hin nāch Bethlachem,
dort wer'n sie uns woll sāg·n,
dāss mier die Sāch·n recht vernem™.

„Mein! wās wirstu dort denn māch·n,
wie geht es dort beim Stālleln zue!
dās ist gār an™ ernste Sāch·n,
i' kānn mi' nit bewundern gnue''.

Gehmer hin und thuemer guck·n,
schaugmer wås das Ding muess sein,
der Ståll ist umb und umb voll Luck·n,
können woll leichtla' schaug·n ein.

„Sigst an˜ ålt·n Våter huck·n,
wie er's Kind·l gnau betråcht,
wie die Mueter si' thuet tuck·n,
wie sie su ir·m Waz·l låcht?"

Gehmer hin und thuemer 's grüess·n,
die Leutlein seint jå voller Not,
wer'mer schon wås schènk·n müess·n,
so kriegmer nou' an˜ Dånkdergott.

In dem Kripp·l liegt das Kind·l,
auf einem so spitzig·n Heu,
hat nix ån a's schlechte Wind·l,
dåss ·s völli' sum erfrier·n sei.

O lieber Våter, liebe Mueter,
ei wie gebts ènk dènn schlecht;
der Es·l nix s-fress·n, 's Vich ka˜ Fueter,
ei das Ding ist woll nit recht.

Wènn ·s ènk hålt nit thåt verdriess·n,
so hiet·n mier ènk a˜ wenigs bråcht;
thuets dermit verlieb nem˜ müess·n,
unsern Will·n auch betråcht.

A˜ klånes Lamp·l und a˜ Kitz·l,
a˜ Paar Oar a˜ Kletz·nbrot
und a˜ Butterstritz·l,
nemts es ån und sögn·s ènk Gott!

II.

(Aus Flattach im Möllthale.)

So kommen mier mit Freuden an,
mier wünschen euch allen ein glückseligs neues Jahr.
darzue eine fröhliche Zeiten,
wie sie Gott selber von Himmel uns geit,
zum Trost uns armen Leuten.

Der Tag der reisst uns da aus dem Thron
mier singen den ehrsamen Hauswirt on,
seine Liebste und Kinder desgleichen;
Gott wolle ihnen geben einen b ständigen G sunt
und auch ein langes Leben.

Maria gebor ein Kindlein ohne Mann,
das Himmel und Erden mit Freuden aufnam,
das Paradeis wirt aufgeschlossen;
Kristus hat sein Kreuz auch selber müessen tragen,
sein Bluet für uns vergossen.

Künig Kaspar der komt aus Morgenlant,
Walthanser der komt aus Kriechenlant,
Melchori aus Esterreichen;
sie folgen alle drei dem liechten Steren nach,
der ihnen den Weg thuet weisen.

Und da sie nun gen Jerusalemb kam,
ein grosser, hoher Berg wol vor sen aufstand,
Der Steren wolt niemer leuchten;
Künig Kaspar wol zu den andern sprach:
Heunt müessen mier hier verbleiben.

Sie kommen vor Künig Herodes geritt,
Herodes empfieng sie mit ganz tugentreicher Sitt:
seit mier willkomm ihr drei Herren!
Euer Namen, die seint mier ganz frembd und unbekant
we wölt ihr euch hinkehren?

Herodes der redet aus falscher Begier:
und findet ihr das Kindlein komts widerumb su mier,
das thuets, ihr lieben drei Herren;
hab doch das Silber und das rothe Golt so vil,
damit ich das Kindlein will ehren.

Sie sassen wol auf und reiten dahin,
der schöne, liechte Steren kommt widerumb zu ihn,
und füert sie auf die rechte Strassen;
er füeret sie gen Wethlachem wol ein die schöne Stat,
da Maria beim Kindelein sasse.

Sie giengen wol in den Stall hinein,
sie grüessent Maria und das kleine Kindelein,
knieten nider und beten es ane;
Sie opferent dem Kindelein ein reich ja reichen Golt,
sie schenken ihm Weirauch, Golt und Mieren.

Also hat Maria das Opfer schon empfang,
von den heiligen drei Künigen aus frembd ja frembden Lant,
wie sie von ihnen thuet scheiden;
die Provezeiung muess werden schon erfüllt,
sie zogen in Gottes Geleite.

Sie wurden wol durch ein Engel ermant,
sie sollen niemer ziechen wohl durch Herodes Lant,
solten ziechen ein andere Strassen;
eine andere Strassen wol widerumb und heim
ein ieder in seine Lande.

Brief eines Kärntners aus Amerika.

Theure Mutter und Geschwister!

Euer liebevolles Schreiben vom 6. August 1864 ist mir den 25. Jänner 1865 richtig zu Handen gekommen, in welchem es mich wohl sehr erfreute aufzufinden, daß Ihr Euch Alle in bester Gesundheit befindet. Einige Tage zuvor habe ich auch vom Bruder Gottlieb im Felsengebirge und vom Bruder Georg in Südkarolina Briefe erhalten. Auch sie schreiben, daß sie gesund sind und daß es ihnen gut geht; und da auch ich mit Gesundheit gesegnet bin und es auch mir im Allgemeinen gut geht, so fühle ich es als meine höchste Pflicht und Schuldigkeit, Gott dem Allmächtigen, obschon er unsern lieben Vater von uns genommen hat, zu danken, daß er unsere so weit zerstreute Familie bis gegenwärtig vor allem Uebel und Gefahr bewahrte und mit Gesundheit, dem besten Segen, den der Mensch genießen kann, gesegnet hat.

Auch freute es mich sehr, der Schwester Marie Portrait erhalten zu haben, welches ich mit Verwunderung und Liebe bereits nicht genug anschauen kann.

Sehr angenehm war es mir, vom Herrn Onkel selbst einige Zeilen zu erhalten und gern möchte ich Euch einen langen Brief schreiben. Wie es aber bestellt ist, fehlt es mir an Zeit, Raum und Verfassung, indem wir hier keinen Tisch noch Stuhl haben und ich muß mich auf den Grund hinsetzen, um diese paar Zeilen zu schreiben. Doch möchte ich gern ein paar Worte sagen, und diese sind: daß ich mir schon oft gewünscht habe, des Herrn Onkels Talente und Fähigkeiten in Rechnung nehmen zu können und ich glaube, daß er gar nicht für das Möllthal geboren sei, sondern daß sie ihm für einen andern Platz und für eine andere höhere und wichtigere Stelle bemeint waren.

Die guten Nachrichten von Euch sammt den zwei Brüdern und mein eigenes Wohlbefinden möchte man glauben, sollte mich befriedigen, welches aber nicht ganz so ist. Und warum nicht? werdet Ihr Euch vielleicht denken. Darüber muß ich sagen, daß es mir vorkommt, als ob in Eurem Schreiben, obwohl es nicht geradezu niedergeschrieben ist, die liebe Mutter mich beschuldigen thät, daß ich meiner Verheißung gemäß nicht heimgekommen bin und daß die Ursachen, welche ich darüber angeführt habe, wankend wären, welche aber gerade so beschaffen sind wie ich sie bort anführte.

Und damit Eure Bekümmerniß ein Ende habe, so muß ich gerade so reden, wie es ist und wie es steht.

Ich habe in meinem vorigen Briefe geschrieben, daß wenn unser Regiment nicht freiwillige Soldaten genug bekommt, sie loosen oder ziehen müssen, zu welchem Auswege es zuletzt wirklich gekommen ist, und liebe Mutter, ihr müßt nicht erschrecken, wenn ich Euch sage, daß das Loos auch mich getroffen hat, und daß ich den Streifzug für Ein Jahr schon mitnehmen muß, von welcher Zeit jedoch schon bereits die Hälfte verflossen ist und um Euch noch mehr zu beruhigen, ich beifügen kann, daß ich das militärische Leben, obwohl es mitunter ziemlich hart kommt, doch viel erträglicher finde als wie ich es verhofft habe. Am härtesten dabei thut mir das Bewußtsein, daß es vielleicht die Mutter kränken wird, aus welcher Ursache ich nicht schon früher freiwillig dazu gegangen bin.

Die Loosung, bei welcher mein Name gezogen wurde, geschah den 30. September 1864, welches mir gleich schriftlich bekannt gegeben wurde. Am 5. Oktober hatte ich mich abgestellt, wurde untersucht, ward als militärfähig ausgesprochen und angenommen. Nun wurde ich gleich nach Springfield, der Hauptstadt von Illinois, geschickt, wo ich bis 7. November verblieb. Da aber bekomme ich einen fünftägigen Urlaub, um zur Präsidentenwahl heimzugehen. Ich kam heim, oder hin, wo es jetzt meine Heimat hieß, den 8. November, an welchem Tage ich den Abraham Lincoln, dem gegenwärtigen Präsidenten, das zweite Mal meine Stimme gegeben habe. Zugleich hinterlegte ich meine Habseligkeiten und Schuldbriefe in sichere Hände, und ging dann am 13. November wieder fort nach Springfield, von hier aber gleich südlich nach

Memphis, von dort östlich bis nahe an Nashville, der Hauptstadt von Tennessee, dann wieder zurück, und wir waren seit der Zeit in Arkansas und im Mississippi-Staate. In New-Orleans waren wir einen Monat, welche Stadt wir am 4. Februar 1865 verließen. Wir fuhren auf einem großen Dampfschiffe hinaus in den Golf von Mexico und dann herum nach Mobile-Hafen, bei den Festungen oder Forts vorbei, welche Fort Gaines und Fort Morgan heißen, und deren eines auf einer, das andere auf der anderen Seite der Einfahrt des Mobile-Hafens liegt, und welche ungefähr 4 bis 5 Miles von einander entfernt sind. Fort Gaines steht auf einer Insel, welche Dauphin-Insel heißt und ungefähr 10 englische Meilen lang und 8 Meilen breit ist und woselbst wir uns auch gegenwärtig befinden. Es ist sehr schön, angenehm und gesund hier, und ich möchte da gern einige Zeit verbleiben, was aber nicht sein kann, indem es in etlichen Tagen fort geht nach Mobile, welcher Platz noch in der Rebellen Händen sich befindet, und wovon wir jetzt gerade 30 Miles entfernt sind. Nachdem dieser Platz genommen ist, gehen wir wahrscheinlich nach Charlestown in Südcarolina, wo eben General Sherman und seine Armee weilt, bei welcher sich der Bruder Georg befindet.

Von Schlachten kann ich Euch noch nichts erzählen, indem ich noch keine mitgemacht habe, obwohl wir schon ein paar mal dem Feinde nahe waren. Sobald wir ihn angreifen wollten und auf ihn losgingen, ist er uns noch jedesmal durchgebrannt oder durchgelaufen.

So, liebe Mutter, müßt Ihr Euch meinethalben gar nicht bekümmern und ich darf Euch sagen, daß es nicht viel Gefahr hat, denn die Rebellen sind schon bereits durchgewichst. Soll ich aber z. B. unglücklich sein, so müßt Ihr auch dann noch nicht verzweifeln, indem Ihr Euch dadurch schadet Auch ist es mein Wille, daß im Falle meines Ablebens mein kleines Vermögen, welches aus 700 Thalern und 160 Acker Landes besteht, Ihr erben sollet. Das Geld liegt bei guten sichern Farmern in (folgen die Namen der Ortschaften) auf Interessen. Und das Land, was ungefähr 7 — 800 Thaler werth ist, liegt in (folgt der Name des Platzes). — Als Seltsamkeit kann ich Euch berichten, daß hier 1 Pfund Butter kostet 80 Cent. oder ⅘ Thlr. 1 Pf. Käse ½ Thlr. An unserem Golf bekommt man eine ungeheure Menge Austern, von denen wir am Ufer just so viel auflesen und kochen, als wir wollen; sie sind schmackhaft und gut zu genießen. Unser Regiment zählt 950 Mann gegenwärtig. Der amerikanische Soldat erhält als monatliche Löhnung 16 Thaler; und jährlich 52 Thaler für Kleidung. Ein amerikanischer Goldthaler beträgt 2½ österreichische Gulden. — Der Bruder Georg hat jetzt bei 400 Thaler erspartes Gold. Am besten ergeht es dem Bruder Gottlieb. Der besitzt augenblicklich 160 Acker Land und 4 Gold-Claims, nebst einigen hundert Thalern; er thut gut. Ein Gold-Claim ist ein Stück Land, welches zum Goldgraben benützt wird, und welches, glaube ich, 50 Fuß breit und 100 Fuß lang ist.

Die südlichen Winter sind wunderschön und sie scheinen mir mehr wie Sommer oder anfangs Spätherbst als wie Winter zu sein.

Ueber meine Erlebnisse in den letzten 6 Monaten, und was ich mitgemacht und gesehen habe, könnte ich Euch manches Interessante erzählen, wenn ich bei Euch wäre. Es sind jetzt bei 40.000 Soldaten hier, welche mit kleinen Ausnahmen alle gesund sind, und die krank sind, sind meistens selbst schuld daran, wegen der großen Unmäßigkeit in allen Sachen.

Für diesmal muß ich schließen u. s. w.

Verzeiht meinen schlecht geschriebenen Brief, denn ich muß mich auf den Grund hinsetzen, um denselben zu schreiben.

Euer aufrichtiger Sohn und Bruder

J. K.

Eine Reminiszenz.

Die älteren Klagenfurter werden sich wohl eines kleinen gebückten Greises mit weißen Locken, pfiffigen aber gutmüthigen blauen Augen, angethan mit langem blauem Rocke und unvermeidlichem weißem Halstuche, welcher noch in den zwanziger Jahren (vielleicht noch Anfang der dreißiger) ein gesuchter Klavierlehrer war und unermüdet pünktlich zu seinen Lektionen humpelte. Meine Zeitgenossen werden in dieser flüchtigen Schilderung wohl schon den alten Huber erkannt haben. Er war namentlich ein Damenlehrer und ich könnte manche der Frauen der gegenwärtigen Gesellschaft nennen, die sich unter seiner Leitung ausgezeichnete Fertigkeiten erworben haben. Von ihm nun erinnere ich mich als Knabe, da er Klavierlehrer meiner beiden ältern Schwestern war, ein Erlebniß gehört zu haben, welches wohl aufgezeichnet zu werden verdient. Huber war ein Salzburger und als Junge von 12 — 15 Jahren als Orgelspieler in einer Salzburger Kirche angestellt. Eines Sonntags, als er seinen Posten an der Orgel eingenommen hatte, kam der Regens Chori mit einem andern jungen Burschen von

Hubers Alter und bedeutete Huber, daß dieser heute spielen werde. Huber
weigerte sich vom Platze zu weichen, indem er die Befürchtung aussprach,
daß, wenn der Bengel nichts könne, er selbst die Schande und Verantwor-
tung werde zu tragen haben; man mußte ihn fast mit Gewalt entfernen.
Bald war er dann freilich durch das Spiel seines Ersatzmannes beruhigt,
daß ihm eine Verwechslung nur zur Ehre gereichen könne, und endlich elek-
trisirt. Als er dann um den Namen fragte, erfuhr er, der junge Mozart habe für ihn gespielt. Dies qui pro quo legte den Grund
zur Bekanntschaft und spätern Freundschaft.

Meteorologisches.
Witterung im November 1865.

Der fast im ganzen vorigen Monate October herrschende Südwestwind hat zu Anfang des November seine Herrschaft mit Macht und
Nachdruck geltend gemacht. Stürme, die uns nur starke Niederschläge
brachten, wütheten im atlantischen Meere, dem Kanal, der Nord- und
Ostsee mit verderblicher Wuth und langer Dauer. Am 10. und 11.
jedoch verdrängte den Südwind auf kurze Zeit ein mächtiger von Nord-
Ost ziehender Luftstrom und verbreitete über ganz Europa bei sehr hohem
Barometerstande anhaltenden Frost. Um den 14. oder 15. wurde überall
ungewöhnlich hoher Luftdruck und die tiefste Temperatur des ganzen
Monats beobachtet: in Haparanda 65° n. B. —10·1, St. Petersburg —9·4, Helsingfors —8·0 u. s. f.

Auch in Kärnten trat in diesen Tagen die kleinste Monatstemperatur auf: an den meisten Orten nur —4 bis —5, in Klagenfurt
—5·7, St. Paul —6·0, Wiesenau —6·8, Hausdorf —7·0,
am Hochobir bei heftigem Nordsturm —8·0.

Schon am 24. jedoch errang der Südwind die ihm auf kurze
Zeit entrissene Herrschaft wieder und an den Küsten der Nord- und Ostsee
kehrten auch die Stürme mit verheerender Heftigkeit wieder. So ganz
war der warme Südwestpassat durchgedrungen, daß bei uns die höchste
Monatstemperatur erst am 25. oder 26. eintrat. Diese erreichte in fast
allen Höhelagen 10° (Hausdorf 11·1, Klagenfurt 12·2). Es ist
nur selten der Fall, daß die höchste Temperatur im November erst in
der zweiten Monatshälfte eintritt.

Wie es beim Vorwiegen südlicher Luftströmungen immer der Fall
war, wie die Extreme, auch das Mittel der Luftwärme bis zu
einer beträchtlichen Höhengränze hoch und sehr gleichmäßig, meist etwas
über 3° (Klagenfurt 3·3, Raibl 3·3, Hausdorf 2·8), am Hochobir war
es — 0·56.

Die nur wenig unterbrochene hohe Luftwärme rief an vielen Orten
seltsame Vegetationserscheinungen hervor, blühende Veilchen, Kirschbäume

u. dgl. In Mühldorf (Möllthal) hatte ein Apfelbaum, der Ende August zum zweiten Male blühte, im November die zweiten Früchte!

Die Niederschläge waren ziemlich stark; in Zollen der Wasserhöhe in Klagenfurt 2·6, Hausdorf 1·8, in Raibl aber 7·0, in Würmlach (Gailthal) 7·6.

Vergleicht man die in Klagenfurt gefundenen Witterungselemente mit den normalen, so war der Luftdruck um 0·7''', die Luftwärme um 0·5 zu hoch, der Niederschlag aber ein kleinwenig zu klein. Noch wärmer war der November in den letzten 53 Jahren nur 6 Mal: 1862 (3·56), 1852 (4·67), 1840 (4·76), 1839 (5·91), 1838 (5·56) und 1830 (3·65). Ohne Schneefall war er in 10 dieser Jahre: 1852, 1849, 1839, 1830 u. s. w. Gewitter war ein Mal: in der Nacht vom 28. auf den 29.

Da das meteorologische Jahr mit 1. December beginnt, und mit 30. November endet, und vom 1. December an je 3 Monate (December, Jänner, Februar den Winter u. s. f.) die Jahreszeiten machen, so können wir das eben abgelaufene Witterungsjahr von Klagenfurt mit dem normalen und vorausgegangenen vergleichen.

Der Luftdruck war im Winter zu niedrig, im Frühling und Herbst zu hoch.

Die Luftwärme war nach den Jahreszeiten folgende: (die eingeschlossenen Zahlen sind die normalen) Winter —3·59 (3·47), Frühling +6·45 (6·53), Sommer 14·91 (14·59), Herbst 7·50 (6·60), Jahr 6·32 (6·06). Es war also der Winter (der Februar) und Frühling (März) etwas zu kalt, dagegen der Sommer etwas, der Herbst um fast 1° zu warm. Der Herbst war wärmer nur 1857 (7·78), 1844 (7·67), 1841 (7·68), 1840 (8·29), 1839 (7·73), 1822 (7·92); das ganze Jahr war wärmer 1863 (6·92), 1862 (6·61), 1861 (6·41), 1859 (6·78, 1848 (6·36), 1846 (7·31) u. s. f.; letzteres Jahr war nach 1834 (7·52) das wärmste seit 50 Jahren.

Die Niederschläge betrugen 1865 (die eingeschlossenen Zahlen sind die normalen) in Pariser Zoll Wasserhöhe: Winter 4·1 (4·8), Frühling 5·9 (7·6), Sommer 10·2 (12·7), Herbst 6·9 (9·8), Jahr 27·1 (35·0). Das Jahr 1865 war also in allen Jahreszeiten zu trocken, besonders Sommer und Herbst. Trockener oder nahe so trocken waren die Jahre 1861 (27·8) im Frühling, Sommer und Herbst, 1857 (21·7) im Winter, Sommer und Herbst, 1859 (28·2) im Winter und Sommer, 1834 (15·3) in allen Jahreszeiten, 1835 (23·0), 1822 (22·8), 1818 (21·4).

Diözesan-Notizen.

Der hochwürdige Herr Domscholasticus Jakob Rebernigg wurde infulirter Probst am Kollegiat-Kapitel zu Straßburg. Herr Johann Tschernitz, Beichtvater der Elisabethinen-Klosterfrauen, wurde für die Pfarre

Glödnitz und Herr Matthäus S p e n k o, Kurat zu Neuhäusl, für die Pfarre
Lavamünd präsentirt.

Herr Johann Jakobitsch, Pfarrer zu Goggau, wurde als Beichtvater der Elisabethinen-Klosterfrauen und im Kranken-Institute angestellt.

Herr Ludwig R a k e s c h, Pfarrer zu St. Margarethen in der Rei-
chenau, Herr Andreas v. S c h l u d e r m a n n, Pfarrer zu Poggersdorf, Herr
Simon L e s i t s c h n i g g, Pfarrer zu Lind ob Velden, und Herr Gustav
S c h o f f n e g g e r, Provisor zu Laßnitz, wurden in den Ruhestand versetzt.

Gestorben ist: Herr Franz K a r l, Pensionist und Benefiziat im
Bürgerspitale zu Klagenfurt, am 10. November, Herr Johann T h a l-
h a m m e r, Pfarrer zu Steuerberg, am 18. November 1865, welche dem
frommen Andenken empfohlen werden.

Mittheilungen aus dem Geschichtverein.

Als ordentliches Vereins-Mitglied beigetreten ist: Herr Ladislaus Ber-
tenczey, Privat in Klagenfurt.

Als Geschenke hat der Geschichtverein erhalten:

Von Herrn Johann Abermann, Pfarrer in Glanhofen: a) Ein altes Portrait einer Dame aus dem nun verfallenen Schlosse Pregrad bei Tiffen. (17. Jahrhundert.); b) Doktordiplom des Johann Khlettenhamer ddo. Padua 1648. (Original.)
c) Urkunde, betreffend den Tischtitel für Christian Fischer am Schlosse Biberstein,
ddo. 7. Februar 1713. (Original auf Papier.) d) 8 ältere Druckwerke verschiedenen
Inhaltes.

Von Herrn Joseph Gaisberger, regul. Chorherr von St. Florian, Ehrenmitglied des kärntnerischen Geschichtvereines rc.: Von ihm verfaßte antiquarische Mittheilungen, betitelt: Archäologische Nachlese. Linz. 1865.

Von Herrn Georg Haslinger, k. k. Bezirksvorsteher: Salzburgische Chronica. Von Franz Dückher von Haßlaw zu Winkel. 1666. Mit Kupferstichen.

Von Herrn Thomas Hermaniz, k. k. Finanzdirektions-Beamten: Eine
türkische Kupfermünze des jetzt regierenden Sultans.

Von Herrn Karl Trau, Handelsmann in Wien:

a) Eine kunstvoll geschnitzte chinesische Theebüchse aus Bambus;

b) eine chinesische Elfenbein-Kugel;

c) Eine Kugel aus Speckstein (chinesisch). Beide Stücke sind in durchbrochener
Arbeit verfertigte Kunstwerke von größter Schönheit.

d) Ein chinesisches Spiel, bestehend in verschiedenfärbigen, durch hohle Elfen-
beinrollen gezogenen Seidenfäden.

e) Ober- und Untertasse aus gemaltem japanischem Porzellan.

f) Untertasse aus japanischem Porzellan mit Goldzierrathen.

g) Ober- und Untertasse aus japanischem Porzellan, äußerst kunstvoll mit
einem feinen Bastgeflechte überzogen.

h) Paß eines chinesischen Küstenfahrers.

i) Zwei chinesische Bilder in Farbendruck.

Angekauft:

Chronologische Tabelle der Geschichte des Erzstiftes Salzburg und alphabeti-
sches Register zu J. Th. Zauner's Chronik und G. A. Pichlers Landesgeschichte von
Salzburg.

Denkmale deutscher Baukunst, Bildnerei und Malerei Von Ernst Förster.
Lieferungen Nr. 238 — 240.

Horazens Satyren und Episteln. Deutsch von L. Döderlein

Roheisen- und Blei-Preise im November 1865.

Eisen-Preise.

Per Zollcentner in ö. W.:

Köln: Holzkohlen-Roheisen 2 fl. 55 kr. — 2 fl. 70 kr., Cokes-Roheisen affinage 2 fl. 10 kr. — 2 fl. 40 kr., graues 2 fl. 25 kr. — 2 fl. 40 kr., Schottisches Nr. 1 2 fl. 40 kr. — 2 fl 50 kr., Stabeisen grobes 5 fl. 25 kr. — 6 fl.

Schlesisches Cokesroheisen loco Hütte 2 fl. 12½ kr., Holzkohlen-Roheisen 2 fl. 37½ kr., Walzeisen loco Breslau 5 fl. 25 kr. — 5 fl. 50 kr., geschmiedetes 6 fl. 75 kr. — 7 fl.

Auf österreichische Meiler à 10 Wiener Centner berechnet:

Köln: Holzkohlenroheisen 28 fl. 60 kr. — 30 fl. 26 kr., Cokes-Roheisen affinage 23 fl. 50 kr. — 26 fl 89 kr., graues 25 fl. 20 kr. — 26 fl. 88 kr., Schottisches Nr 1 26 fl. 88 kr. — 28 fl., Stabeisen grobes 58 fl. 80 kr. — 67 fl. 20 kr.

Schlesisches Cokesroheisen loco Hütte 23 fl. 50 kr., Holzkohlen-Roheisen 26 fl. 60 kr. Walzeisen loco Breslau 58 fl. 80 kr. — 61 fl. 60 kr., geschmiedet 75 fl. 60 kr. — 78 fl. 40 kr.

Blei-Preise.

Per Zollcentner Köln: Raffinirtes Weichblei 10 fl. — 10 fl. 12 kr., Hartblei 9 fl. 25 kr. — 9 fl. 75 kr., Goldglätte 9 fl. 30 kr. — 9 fl. 75 kr., Silberglätte 8 fl. 70 kr. — 9 fl.

Berlin: Blei blieb unverändert fest bei starker Ausfuhr; Sächsisches 10 fl. Tarnowitzer 10 fl. 12½ kr.

Auf Wiener Centner berechnet:

Köln: Raffinirtes Weichblei 11 fl. 20 kr. — 11 fl. 34 kr., Hartblei 10 fl. 36 kr. — 10 fl. 92 kr., Goldglätte 10 fl. 42 kr. — 10 fl. 92 kr., Silberglätte 9 fl. 74 kr. — 10 fl. 8 kr.

Berlin: Sächsisches Blei 11 fl. 20 kr. Tarnowitzer 11 fl. 34 kr.

Durchschnittspreise der Lebensmittel zu Klagenfurt im November 1865.

		fl.	kr.				fl.	kr.
Weizen		4	76	Speck, geselchter			—	44
Roggen		3	91	roher	das Pfund		—	37
Gerste	der Vierling	2	49	Schweinschmalz			—	44
Hafer		1	57	Eier			—	4
Heide		2	44	Heudl			—	50
Mais		2	64	Kapaunen	das Paar		2	25
				Enten			—	72
Brein (gestampfte Hirse)		4	61	Gänse			2	80
Erbsen	der Vierling	4	—	12″ Scheiterholz, hartes	loco Zent eine n. ö. Klftr.		3	14
Linsen		—	—					
Fisolen, weiße		5	27	12″ Scheiterholz, weiches			2	10
rothe		—	—	30″ Scheiterholz, weiches			4	87
Erdäpfel		—	—					
Rindschmalz	das Pfund	—	50	Heu	der Zentner		—	92
Butter		—	45	Stroh			—	87

Herausgegeben vom Geschicht-Vereine und natur-historischen Landesmuseum in Kärnten. — Verantwortlicher Redakteur Dr. Heinrich Weil. — Druck von Ferd. v. Kleinmayr. — Geschäftsleiter Rudolf Bertschinger in Klagenfurt.

Inhalt.

———

(Die Zahlen bedeuten die Seitenzahlen.)

Aufsätze historischen Inhalts.

Ueber die innere Einrichtung der Burgen und die Lebensweise der einstigen Bewohner, von Max Ritter von Moro, 1. — Unsere Landsleute in Nordamerika, von Heinrich Hermann, 17, 41. — Neuer Fund von menschlichen Körpern in den Ausgrabungen von Pompeji, 35. — Die Wälschen in der Sage, von B. Pogatschnig, besprochen von Dr. Karlmann Flor, 57. — Aufgefundenes Epitaphium im Thurmknopfe der Kirche St. Lorenz zu Großbuch, 181. — Uralte Reste eines Eisenschmelzwerkes am Hüttenberger-Erzberge, von Franz Seeland, 278. — Aufgefundenes Römerdenkmal in Tiffen, beschrieben von David Pacher, 280. — Heimische Literatur; die Fortsetzung des Baron Ankershofen'schen Handbuches der Geschichte von Kärnten durch Dr. Karlmann Tangl, besprochen durch P. Frhrn. v. Herbert, 285. — Ueber die altslavischen Alterthümer in Kärnten, von Dr. Karlmann Flor, 318. — Skizze zur Geschichte des Weinbaues in Kärnten, von Thomas Hermanitz, 344. — Zur Geschichte der Erdbeben in Kärnten, von Alois Weiß, 361. — Skizze zur Geschichte des Protestantismus in Kärnten, von Thomas Hermanitz, 373. — Historische Miscelle von J. C. H., 405. — Beiträge zur Geschichte der Stadt Friesach, von Alois Weiß, 425. — Eine Reminiscenz, 490.

Aufsätze naturhistorischen Inhalts.

Anglesitkristalle aus den Bleibergbauen von Schwarzenbach und Miß, 30. — Welwitschia mirabilis, 31. — Entdeckung von Giftorganen bei Fischen, 32. — Aufbewahrung des Blütenstaubes, 33. — Baumwollenkultur in Venetien, 34. — Das Mutterkorn, 34. — Bemerkungen über den Cretinismus, von Ratmund Kaiser, 66. — Wodurch wird der Wärmeverlust ersetzt, den die Sonne durch fortwährende Ausstrahlung erleidet?, 89. — Erzeugung von Bessemerstahl zu Heft, mitgetheilt von Friedrich Münichsdorfer, 96, 136. — Einiges über Petroleum, 114. — Der Fuchs 151. — Ueber die Sprache, von Dr. Weil, 165, 205, 245, 383. — Larvenzustände bei Fischen, 183. — Vom Dobratsch, von Ullepitsch, 237. — Kärnten und die kaiserliche Akademie der Wissenschaften, 258. — Notizen aus Californien, I. Die Riesenbäume, 312. — Ueber die Farbenabänderungen der Säugethiere und Vögel, 350. — Die Erdatmosphäre, von Professor Robida, 389. — Die Bora und der Tauernwind, eine meteorologische Studie von J. Prettner, 454. — Bericht über die Fortsetzung der Untersuchungen der Pfahlbauten im Keutschacher-See, von Gallenstein, 467.

Aufsätze kulturgeschichtlichen Inhalts.

Ueber die innere Einrichtung der Burgen und die Lebensweise der einstigen Bewohner, von Max Ritter v. Moro, . — Unsere Landsleute in Nordamerika, von Hermann, . — Die Montaninbustrie in Kärnten im Jahre 1863, — Neuer Fund von menschlichen Körpern in den Ausgrabungen von Pompeji, — Die Wälschen in der Sage, Abhandlungen von B. Pogatschnigg, besprochen von Dr. Karlmann Flor, . — Bemerkungen über Cretinismus, von Raimund Kaiser, . — Einführung des Bessemerstahles in Kärnten; Verdienstkreuz-Vertheilung an Friedrich Münichsdorfer, . — Aerztliche Kenntniffe und Arzneimittel der Landleute aus dem Maltathale, . Die Volksschule in Oesterreich, 111. — Volkswirthschaftliches aus Oesterreich, . — Ueber die Sprache von Dr. Heinrich Weil, . Die Gesetzmäßigkeit in den scheinbar willkührlichen menschlichen Handlungen, von Joseph Wagner, . — Kärnten und die kaiserl. Akademie der Wissenschaften, 258 — Uralte Reste eines Eisenschmelzwerkes am Hüttenberger-Erzberg, von F. Seeland, . — Notizen aus Californien II. Die Gräber-Ceremonien der Chinesen, . — Ueber den Weinbau in Kärnten, Skizze von Thomas Hermaniz, . — Skizze zur Geschichte des Protestantismus in Kärnten, . — Das Johannisfest, . — Historische Miscelle, von J. C. Hofmeister, . — Ueber Volkssitte, Aberglauben und Volksmedizin, 430.

Aufsätze vermischten Inhalts.

Unsere Landsleute in Nordamerika, von Hermann, . — Montaninbustrie in Kärnten im Jahre 1863, . — Verleihung des Franz Joseph-Ordens an Domherrn Heinrich Hermann, . — Aus der Oper, von W. — Glockenweihe in St. Paul, . — Verleihung des goldenen Verdienstkreuzes an Friedrich Münichsdorfer, . — Eine dreifache goldene Hochzeit im Maltathale, . — Brand der Bleiweißfabrik in Klagenfurt. . — Erzeugung von Bessemerstahl zu Heft, mitgetheilt von Friedrich Münichsdorfer, . — Malteinerstudien, von Paul Kohlmayer, . Die Volksschule in Oesterreich, . — Einiges über Petroleum, . Aus der Oper, Eis und Corsofahrt von W. . — Todesanzeige von Ignaz Edlen v. Kleinmayr, . — Der Fuchs, . — Vom Lenz, Grabgedanken, Plauderei, von W., . — Volkswirthschaftliches aus Oesterreich, . — Ueber die Sprache, von Dr. Heinrich Weil, . — Larvenzustände bei Fischen, . Das Versteck, Erzählung von M. F. . — Egyptische Antiken, . Nachrichten aus Sibirien, . — Ein Schwärmer, . — Neue Nordpolerpedition, . — Seltene Erscheinung, . — Humbug, . — Die Gesetzmäßigkeit in den scheinbar willkührlichen menschlichen Handlungen, von Joseph Wagner, . Die Alençon'schen Spitzen, . — Vom Dobratsch, von Ullepitsch, . — Kärnten und die kaiserliche Akademie der Wissenschaften, . — Landschaften-Aufnahme vom Maltathale durch Johann Reiner, und Anerkennung der Verdienste desselben durch Zuerkennung der goldenen Medaille für Kunst und Wissenschaft, . Märchen aus Kärnten, mitgetheilt von Valentin Pogatschnigg, . . — Statistische Ueberblicke, . — Notizen aus Californien, die Riesenbäume, die Gräberceremonien der Chinesen, — Statistik der vom Blitze Getroffenen in Frankreich, 317. — Die Drau und ihr Flußgebiet, von Thomas Hermaniß, — Ueber den Weinbau in Kärnten, Skizze von Thomas Hermaniß, — Ueber die Farbenabänderungen der Säugethiere und Vögel, — Programm der Jubiläumsfeier des Bestehens der k. k. kärntnerischen Landwirthschaftsgesellschaft, — Das Johannisfest, — Brief eines Kärntners in der mexikanischen Fremdenlegion, — Notiz über die Feier des hundertjährigen Jubiläums der k. k. kärntnerischen Landwirthschaftsgesellschaft, — Ueber Volkssitte, Aberglauben und Volksmedizin, 430.

Gedichte.

Von J Petschenegg: „nächtliche Reise", — „An die Orange", von Ernst Rauscher, — „In der Weinlaube" von Adolf Pichler, — Aus „Nora", von Ernst Rauscher, — „Bundeslied", von Hermann Lingg, Bruchstück aus dem Drama „Jakobäa von Baiern-Holland", von Friedrich Marx, — „Herwigs Brautwerbung", — „In tiefer Noth", „Maria im See", von Ludwig Ißleib, — „Hymen", „Dank", von Adolf Pichler,

Literarische Anzeigen.

Albert Guzmann's Erinnerungen aus dem italienischen Feldzuge vom Jahre 1859. Herausgegeben von Robert Hamerling, — Die Wälschen in der Sage, ausgegeben von B. Pogatschnigg, — Schiller's Kalender von 1795 – 1805, von Emilie von Gleichen-Rußwurm, — Mittheilungen des Alpenvereines, Baron Ankershofen'sches Handbuch der Geschichte des Herzogthumes Kärnten, fortgesetzt von Dr. Carlmann Tangl, IV. Band, Heft, — Deutsche Ausgabe des in London erschienenen Werkes: Die Dolomitberge, Ausflüge durch Tirol, Kärnten, Krain und Friaul in den Jahren 1861 — 1863, von Josiah Gilbert und G. E. Churchill, aus dem Englischen übersetzt von Gustav Adolf Zwanziger, Klagenfurt, Kleinmayr 1865,

Meteorologisches.

Witterung im Dezember 1864, ; im Jänner 1865, im Februar, 123; im März, im April, im Mai, im Juni, im Juli, ; im August, ; im September, im Oktober, im November,

Statistisches.

Die Montanindustrie im Verwaltungsjahre 1863 in Kärnten, von T—sch—r, — Die Gesetzmäßigkeit in den scheinbar willkührlichen menschlichen Handlungen, von Adolf Wagner, — Statistische Ueberblicke, — Statistik der vom Blitze Getroffenen in Frankreich,

Diöcesan- und Schulnachrichten.

Todesanzeige vom Domherrn Heinrich Hermann, 28. — Veränderungen im Klerus, im Monate Jänner 1865, 85; im Februar, 123; im Juni, 282; Veränderungen im Stande der Lehrer, 325. — Veränderungen im Stande des Klerus, 409, im November, 492.

Mittheilungen aus dem Geschichtvereine und dem naturhistorischen Museum.

Austritt aus dem Geschichtverein, Geschenke und Ankäufe im Monate Jänner 1865, 38. — Nekrolog vom Domherrn H. Hermann, 53. — General-Versammlung des kärntnerischen Geschichtvereines, 80. — Veränderungen im Stande der Mitglieder, Geschenke und Ankäufe im Monate Jänner. Geschenksnachweisung und Rechnungsabschluß des naturhistorischen Museums pro 1864, 163. — Veränderungen im Stande der Mitglieder, Geschenke und Ankäufe des Geschichtvereines im Monate Juni. 240. — Schriftenaustausch, Geschenke und Veränderungen im Stande der Mitglieder, und Beiträge des naturhistorischen Museums im Monate Juni, 241. — Personalveränderungen, Geschenke und Ankäufe im Geschichtvereine im Juli, 328. — Geschenke und Ankäufe im naturhistorischen Museum im Juli, 330. — Vermehrung der Bibliothek und Naturalien im naturhistorischen Museum im August 369. — Veränderungen im Stande der Mitglieder, eingelangte Geschenke beim Geschichtvereine, 449.

Roheisen- und Bleipreise.

Im Beginn des Jahres 1865, 40; im Jänner, 88; im Februar, 124; im März, 164; im April und Mai, 243; im Juni, 283; im Juli, 331; im August, 369; im September, 411; im Oktober, 452; im November, 494.

Marktberichte.

Durchschnittspreise der Lebensmittel in Klagenfurt im Monate Dezember 1864, 40; im Jänner 1865, 88; im Februar, 124; im März, 164; im April, 204; im Mai, 244; im Juni, 284; im Juli, 332; im August, 369; im September, 412; im Oktober, 452; im November, 494.

Nekrologe.

Domherr Heinrich Hermann, 53. — Todesanzeige von Ignaz von Kleinmayr, 122; — Friedrich Kofeil, 146; — Dr. Johann Holeczek, 364.

CPSIA information can be obtained
at www.ICGtesting.com
Printed in the USA
BVHW08*1508041018
529297BV00008B/487/P

9 780267 065523